"十三五"国家重点出版物出版规划项目
现代机械工程系列精品教材
普通高等教育汽车类系列教材

汽车理论

主　编　杨志华
副主编　王军年　李　静　卢延辉
参　编　郭建华　付铁军　陈志勇　汪　震
主　审　初　亮

机械工业出版社

本书是"十三五"国家重点出版物出版规划项目之一。

本书以"汽车性能取决于车辆、环境和操作三方面因素"的理论为基础，介绍了汽车各向运动的动力学模型和汽车各性能的评价方法。针对汽车的动力性、燃油经济性、制动性、操纵稳定性、平顺性和通过性等主要使用性能，书中讲述了各性能的含义和评价指标，进行了有关的汽车受力分析；在合理简化和假设的基础上，建立了汽车模型和动力学方程，以模型为对象、以方程为工具进行了评价指标的计算，讨论了性能指标与各种设计因素和使用因素的关系。另外，本书对相关的汽车性能试验也做了简要介绍，分析了试验测试与理论研究的关系。

本书可作为高等院校车辆工程等专业的汽车理论课程教材，也可作为相关行业人员了解和掌握汽车基本动力学分析原理和性能评价方法的参考资料。

本书配有PPT课件，采用本书作为教材的教师可登录www.cmpedu.com免费注册下载，或联系编辑tian.lee9913@163.com索取。

图书在版编目（CIP）数据

汽车理论/杨志华主编. —北京：机械工业出版社，2020.2（2025.6重印）
"十三五"国家重点出版物出版规划项目　现代机械工程系列精品教材
普通高等教育汽车类系列教材
ISBN 978-7-111-64628-0

Ⅰ．①汽…　Ⅱ．①杨…　Ⅲ．①汽车工程-高等学校-教材　Ⅳ．①U461

中国版本图书馆CIP数据核字（2020）第021182号

机械工业出版社（北京市百万庄大街22号　邮政编码100037）
策划编辑：宋学敏　责任编辑：宋学敏　赵　帅
责任校对：张晓蓉　封面设计：张　静
责任印制：张　博
北京中科印刷有限公司印刷
2025年6月第1版第7次印刷
184mm×260mm・23印张・566千字
标准书号：ISBN 978-7-111-64628-0
定价：62.00元

电话服务　　　　　　　　　网络服务
客服电话：010-88361066　　机　工　官　网：www.cmpbook.com
　　　　　010-88379833　　机　工　官　博：weibo.com/cmp1952
　　　　　010-68326294　　金　书　网：www.golden-book.com
封底无防伪标均为盗版　机工教育服务网：www.cmpedu.com

前　言

本书作为高等院校车辆工程等专业本科生的汽车理论课程教材，包括车辆动力学分析与使用性能评价等方面的内容，其主要知识基础是工程数学、理论力学和汽车构造等专业基础知识。

本书第一章至第七章依次讲述了汽车的动力性、汽车的燃油经济性、汽车动力装置的特性设计和参数选取、汽车的制动性、汽车的操纵稳定性、汽车的平顺性和汽车的通过性，第八章介绍了一些与上述性能评价相关的试验。有关院校在选用本书作为教材时，可依据自身条件和专业培养计划，配置适当的课程实验。

书中有些内容以楷体印刷，大致包括三种情况：

1) 相对于全书的主体内容，在难度上有一定提高，供有余力者学习和思考。

2) 相对于全书的主体内容，在范围上有一定扩展，供有兴趣者阅读和参考。

3) 相关研究在汽车理论和汽车动力学方面有诸多研究方法和结论，对于某些问题，不同研究者采用了不同的理论、方法或术语，本书选择了其中的一些，供读者参考和对比。

对于汽车理论的基本教学内容来说，楷体字的内容是相对次要的。

针对书中某些请读者思考的问题，编者制作了参考答案，读者可通过扫二维码获取。

本书由吉林大学汽车工程系编写。杨志华编写导论、第三章、第五章第六节、部分思考问题的参考答案（二维码内容），王军年编写第四章，李静编写第五章第七节、第七章，卢延辉编写第一章，郭建华编写第五章第一节~第五节，付铁军编写第二章，陈志勇编写第六章，汪震编写第五章第八节、第八章。本书由初亮主审。主审对本书内容进行了认真细致的审阅，提出许多宝贵意见，编者在此表示诚挚的谢意。

由于编者水平有限，书中难免存在疏漏与偏差，恳请读者批评指正。

编　者

常用符号表

第一章 汽车的动力性					
符号	含 义	单 位	符号	含 义	单 位
m	汽车质量	kg	i_t	传动系传动比	
G	汽车重力	N	i_g	变速器传动比	
α	坡道角度	rad 或(°)	i_0	主减速器传动比	
	节气门开度	%	η_T	传动效率	
i	坡度	%	T_t	驱动转矩	N·m
	液力变矩器的速比		r	车轮半径	m
u	车速	km/h	r_0	自由半径	m
v	车速	m/s	r_s	静力半径	m
	加速度	m/s²	r_r	滚动半径	m
a	地面法向反力偏移距	m	A	汽车迎风面积	m²
	汽车质心至前轴的距离	m	C_D	空气阻力系数	
b	汽车质心至后轴的距离	m	F_ψ	道路阻力	N
L	汽车的轴距	m	ψ	道路阻力系数	
h_g	汽车的质心高度	m	T_{in}	传动系输入转矩	N·m
t	加速时间	s	I_f	飞轮的转动惯量	kg·m²
F_N	汽车重力垂直于路面的分量	N	I_w	车轮的转动惯量	kg·m²
F_Z	轮胎的地面法向作用力	N	δ	旋转质量换算系数	
F_X	轮胎的地面纵向作用力	N	D	动力因数	
F_t	驱动力	N	K	液力变矩器的变矩比	
F_f	滚动阻力	N	η	液力变矩器的效率	
T_f	滚动阻力偶矩	N·m	F_φ	附着力	N
f	滚动阻力系数		φ	附着系数	
F_w	空气阻力	N	C_φ	附着率	
F_i	坡度阻力	N	F_{Zw}	空气升力	N
F_j	加速阻力	N	C_L	空气升力系数	
n	发动机转速	r/min	q	等效坡度	
T_e	发动机输出转矩	N·m	i_K	后轴转矩分配系数	
P_e	发动机输出功率	kW			

常用符号表

(续)

	第二章 汽车的燃油经济性				
符号	含 义	单 位	符号	含 义	单 位
Q_S	百公里燃油消耗量	L/100km	Q_b	发动机制动时的耗油速率	L/h 或 mL/s
b	发动机燃油消耗率	g/(kW·h)	T_m	电动机输出转矩	Nm
Q_t	耗油速率	L/h 或 mL/s	n_m	电动机转速	r/min
Q_{id}	怠速油耗	mL/s			

	第三章 汽车动力装置的特性设计和参数选取				
符号	含 义	单 位	符号	含 义	单 位
n	传动比数目		n^*	理想转速	r/min
R_t	速比范围		i_t^*	理想传动比	

	第四章 汽车的制动性				
符号	含 义	单 位	符号	含 义	单 位
F_N	制动器摩擦副之间的法向力	N	$MFDD$	充分发出的平均减速度	m/s²
F_p	制动踏板力	N	S	制动距离	m
p	制动管路压力	kPa	t_2	制动系反应时间	s
T_μ	制动力矩	N·m	u_0	制动初速度	km/h
F_μ	制动器制动力	N	F_y	汽车的侧向外力	N
μ	制动器摩擦副之间的摩擦因数		F_j	汽车的离心力	N
F_{Xb}	地面制动力	N	β	制动器制动力分配系数	
s	滑动率	%	z	制动强度	
φ_b	制动力系数		φ_0	同步附着系数	
φ_l	侧向力系数		φ_f	前轮的利用附着系数	
φ_p	峰值附着系数		φ_r	后轮的利用附着系数	
s_p	峰值滑动率	%	E_f	前轮的制动效率	
φ_s	滑动附着系数		E_r	后轮的制动效率	
a_b	制动减速度	m/s²	K_{ef}	制动效能因数	

	第五章 汽车的操纵稳定性				
符号	含 义	单 位	符号	含 义	单 位
a_y	侧向加速度	m/s²	R	转弯半径	m
F_Y	轮胎的地面侧向作用力(侧偏力)	N	R_0	中性转弯半径	m
F_y	轮心侧向力	N	ω_r	横摆角速度	rad/s
	汽车的侧向外力	N	T_Z	回正力矩	Nm
α	轮胎侧偏角	(°)或 rad	e	轮胎拖距	m
k	侧偏刚度	N/rad 或 N/(°)	k_γ	外倾刚度	N/rad 或 N/(°)
γ	车轮外倾角	(°)或 rad	Ψ	航向角	(°)或 rad
δ_{sw}	转向盘转角	(°)或 rad	I_z	汽车绕自身 oz 轴的转动惯量	kg·m²
δ	前轮转角	(°)或 rad	β	质心侧偏角	(°)或 rad

(续)

第五章 汽车的操纵稳定性

符号	含 义	单位	符号	含 义	单位
A_s	稳态横摆角速度增益	1/s	$K_{\Phi r}$	侧倾角刚度	Nm/rad 或 Nm/(°)
K	稳定性因数	s^2/m^2	m_s	汽车的悬挂质量	kg
v_{ch}	特征车速	m/s	m_u	汽车的非悬挂质量	kg
v_{cr}	临界车速	m/s	$\dfrac{\partial \gamma}{\partial \Phi_r}$	侧倾外倾系数	
S.M.	静态储备系数		$\dfrac{\partial \gamma}{\partial F_y}$	侧向力变形外倾系数	(°)/kN
ω_0	固有频率	rad/s	$\dfrac{\partial \delta}{\partial \Phi_r}$	侧倾转向系数	
ζ	阻尼比		$\dfrac{\partial \delta}{\partial F_y}$	侧向力变形转向系数	(°)/kN
τ	反应时间	s			
ε	第一峰值反应时间	s			
σ	稳定时间	s			
Φ_r	侧倾角	(°)或 rad			
$M_{\Phi r}$	侧倾力矩	N·m	B	轮距	m

第六章 汽车的平顺性

符号	含 义	单位	符号	含 义	单位
z 或 z_2	车身垂直位移	m	K	悬架刚度	N/m
z_1	车轮垂直位移	m	K_t	轮胎刚度	N/m
F_D	车轮-地面的动载	N	C	减振器阻尼系数	kg/s
K_D	车轮-地面的相对动载		ω_0 或 f_0	车身部分(悬架系统)固有频率	rad/s 或 Hz
f_d	悬架动挠度	m	ζ	车身部分(悬架系统)阻尼比	
a_w	总加权加速度均方根值	m/s^2	λ	频率比	
L_{aw}	加权振级	dB	ω_t 或 f_t	车轮部分偏频	rad/s 或 Hz
q	路面不平度	m	μ	质量比	
n	空间频率	m^{-1}	γ	刚度比	
G_0	路面不平度系数	m^3	p	人体垂直位移	m
W	频率指数		m_s	人体(含座椅)的质量	kg
f	时间频率	Hz	K_s	座椅的刚度	N/m
m_1	车轮部分质量	kg	C_s	座椅的阻尼系数	kg/s
m_2	车身部分质量	kg	ω_s 或 f_s	人体-座椅系统的固有频率	rad/s 或 Hz
ρ_y	车身绕过质心的横轴之当量回转半径	m	ζ_s	人体-座椅系统的阻尼比	
I_y	车身绕过质心的横轴之转动惯量	kg·m^2			

第七章 汽车的通过性

符号	含 义	单位	符号	含 义	单位
TC	牵引系数		E_f	燃油利用指数	J/ml 或 kJ/ml
F_d	挂钩牵引力	N	p	车轮-土壤的法向作用应力	kPa
TE	牵引效率(驱动效率)		τ	车轮-土壤的切向作用应力	kPa

常用符号表

(续)

符号	含 义	单 位	符号	含 义	单 位
\multicolumn{6}{c}{第七章 汽车的通过性}					
z	沉陷量	m	p_0	最大沉陷量处的法向应力(轮胎临界压强)	kPa
z_0	最大沉陷量	m			
K_c	土壤的黏聚变形模量	kN/m^{n+1}	p_i	轮胎充气压强	kPa
K_φ	土壤的摩擦变形模量	kN/m^{n+2}	p_e	胎体刚度产生的压强	kPa
n	土壤的沉陷指数		s	滑转率	%
b	压板或行走机构接地印迹的短边长度	m	RCI	土壤额定圆锥指数	lbf/in^2
τ_{max}	土壤的剪切强度	kPa	VCI	车辆圆锥指数	lbf/in^2
c	土壤的黏聚系数	kPa	CI	现场圆锥指数	lbf/in^2
φ	土壤的摩擦角	(°)或rad	RI	重塑指数	
j	土壤的剪切变形	m	MI	机动性指数	lbf/in^2
K	土壤的剪切变形模量	m	M_c	土壤含水量	%
γ	土壤的容重	kN/m^3	γ_1	接近角	(°)或rad
N_c、N_q 和 N_γ	土壤的承载能力系数		γ_2	离去角	(°)或rad
			h	最小离地间隙	m
F_{rc}	压实阻力	kN	β	纵向通过角	(°)或rad
G	垂直载荷	kN	d_{min}	最小转弯直径	m
D	车轮直径	m	W	转弯通道宽	m
F_{rb}	推土阻力	kN			
\multicolumn{6}{c}{第八章 相关汽车试验}					
符号	含 义	单 位	符号	含 义	单 位
R	第95百分位分布的标准差	L/100km	L	校正后的制动距离	m
n	重复次数		L'	制动距离的测定值	m
$\overline{Q}$	n次试验的燃料消耗量平均值	L/100km	u	初速度的规定值	km/h
ΔQ_{max}	n次试验中最大燃料消耗量与最小燃料消耗量之差	L/100km	u'	初速度的测定值	km/h
			ε	附着系数利用率	
ΔQ_v	试验结果的置信区间(置信度90%)	L/100km	h	脉冲输入行驶试验的凸块高度	mm
			B	脉冲输入行驶试验的凸块宽度	mm
Q_0	校正后的燃料消耗量	L/100km	A	幅频特性的峰值	输出物理量单位/输入物理量单位
C_1	环境温度校正系数				
C_2	大气压力校正系数		VDV	振动剂量值	$ms^{-1.75}$
C_3	燃料密度校正系数				

目 录

前言
常用符号表
导论 ………………………………………… 1
第一章 汽车的动力性 ………………………… 8
第一节 概述 ……………………………………… 8
第二节 汽车驱动动力学分析 ………………… 10
第三节 汽车动力性的分析计算方法 ………… 33
第四节 装有液力变矩器汽车的动力性
分析 ……………………………………… 45
第五节 附着问题 ………………………………… 53
复习与思考 ……………………………………… 68
第二章 汽车的燃油经济性 ……………………… 70
第一节 概述 ……………………………………… 70
第二节 汽车燃油经济性的分析计算
方法 ……………………………………… 73
第三节 装用液力变矩器汽车的燃油
经济性分析 …………………………… 84
第四节 电动汽车概述 …………………………… 85
复习与思考 ……………………………………… 92
第三章 汽车动力装置的特性设计和
参数选取 ………………………………… 93
第一节 发动机特性和重要参数的
确定 ……………………………………… 93
第二节 传动系统传动比的确定 ……………… 99
第三节 换档规律分析 …………………………… 113
复习与思考 ……………………………………… 117
第四章 汽车的制动性 …………………………… 118
第一节 汽车制动性的含义和评价
指标 ……………………………………… 118
第二节 制动力分析 ……………………………… 119
第三节 制动效能的评价 ………………………… 126
第四节 制动时汽车方向稳定性的
研究 ……………………………………… 131

第五节 前、后轮制动器制动力的分配
对汽车制动性的影响 ………………… 137
第六节 抗制动衰退性能 ………………………… 152
复习与思考 ……………………………………… 155
第五章 汽车的操纵稳定性 ……………………… 157
第一节 概述 ……………………………………… 157
第二节 轮胎的侧偏现象与侧偏特性 ………… 166
第三节 线性二自由度汽车模型的
建立 ……………………………………… 181
第四节 线性二自由度汽车模型的稳态
响应特性 ………………………………… 191
第五节 线性二自由度汽车模型的瞬态
响应特性和频率响应特性 …………… 206
第六节 对线性二自由度汽车模型的
修正 ……………………………………… 220
第七节 对线性二自由度汽车模型的
补充 ……………………………………… 246
第八节 操纵稳定性的其他问题 ……………… 253
复习与思考 ……………………………………… 256
第六章 汽车的平顺性 …………………………… 258
第一节 概述 ……………………………………… 258
第二节 路面激励的统计特性 ………………… 264
第三节 单质量系统模型的平顺性
分析 ……………………………………… 270
第四节 其他振动模型的平顺性分析 ………… 285
复习与思考 ……………………………………… 303
第七章 汽车的通过性 …………………………… 305
第一节 概述 ……………………………………… 305
第二节 牵引通过性 ……………………………… 306
第三节 几何通过性 ……………………………… 331
复习与思考 ……………………………………… 335
第八章 相关汽车试验 …………………………… 336
第一节 通用条件 ………………………………… 336

第二节　汽车的动力性试验 ………………… 338
第三节　汽车的燃油经济性试验 …………… 342
第四节　汽车的制动性试验 ………………… 344
第五节　汽车的操纵稳定性试验 …………… 346

第六节　汽车的平顺性试验 ………………… 351
第七节　汽车的通过性试验 ………………… 353
复习与思考 …………………………………… 355

参考文献 ……………………………………… 356

导论

本导论的目的，在于使读者对于本课程的基本含义、在车辆工程学科中的基本定位、本书的主要研究内容与基本理论方法等，有一个全面而概括的了解。

导论的部分内容引述了后续各章中的内容和结论，初学者可能有不理解之处。希望在学习课程和阅读全书之后，再次回顾此导论，可以对导论的主旨和汽车理论课程的基本思想有更深入、更透彻的理解和把握。

一、汽车理论的基本定义和主要研究内容

汽车理论：采用动力学分析的方法研究汽车的各主要使用性能。

动力学是理论力学的一个重要分支，主要研究宏观物体的受力和运动之间的关系。

汽车的"**使用性能**"（在有些资料中又称为"行驶性能"）可以理解为"完成某项汽车使用要求的本领"或者"履行驾驶人的某种意图的能力"。举例来说，当汽车以一定车速行驶时，期望不平路面传至车身或乘员的振动和冲击应尽量小，这就是平顺性的主要研究问题；当驾驶人急踩制动踏板时，汽车应能在尽可能短的距离内停止，同时不丧失方向稳定性，这就属于制动性问题。平顺性和制动性，就是汽车的使用性能。（另外，汽车的性能不仅影响汽车本身的使用，也包括对周围环境乃至全社会的影响，如噪声和排放等问题。）

汽车理论主要研究汽车的动力性、燃油经济性、制动性、操纵稳定性、平顺性和通过性，这"六大性能"将是本书的主要讲述内容。

还有一些使用性能，对汽车来说也是很重要的，但是汽车理论课程并不重点讨论，这主要是因为这些性能不大适合采用"动力学分析"的思想和方法。例如排放、噪声、电磁兼容、被动安全以及人机工程等方面的性能要求。

> 上述性能的划分，主要是依据人对车的要求、驾驶操作与意图以及所涉及的车辆系统与零部件等侧重点的不同，在行业和学科中已经被普遍接受。需要指出的是，人们对所有这些汽车使用性能的要求是同时存在的，从主观上说是希望这些性能都可以趋向最优化。然而，同时研究汽车的所有性能，评价指标与方法繁杂，需要考虑的因素很多，理论模型过于复杂，求解难度极大，而且这些性能要求之间存在关联乃至矛盾之处，给人们的分析与取舍判断造成困难。因此，与其他教材、资料一样，本书也将各主要使用性能按章分别讲解。希望读者在学习和参考时，保持"整体化"的观念和学习习惯，对

各相互关联的性能研究，多做联想，力争获得一个更加全面的理解。例如，在学习了相关章节之后，就可以思考诸如"汽车的总质量和质心位置的变化对于汽车的动力性、制动性、操纵稳定性、平顺性和通过性等分别可能造成何种影响"等问题。

汽车理论是车辆工程专业的核心主干课程之一，它以机械学科的力学、数学课程和汽车构造等先修知识为基础，通过汽车各使用性能的研究与评价，使学习者掌握车辆动力学分析的基本思想和方法，为进一步学习汽车设计、汽车试验、汽车（高等）系统动力学、车辆控制理论以及各专项设计方法等奠定基础，也可用于具体工程问题的计算与评价并为车辆设计和改进提供指导性建议。

二、性能评价的基本思想与方法

汽车使用性能的**评价**，就是依据某个或某些原则，指出该性能的优劣。汽车理论的评价采用理论计算的方式，因此有时又称为"预测"。

其基本方法是：针对所研究的使用性能，对车辆结构、行驶环境和驾驶人操作等要素进行适当的简化与抽象，建立理论分析模型，对该模型运用动力学分析方法，求解出若干评价指标，用这些评价指标的数值来表征该性能的优劣。

可见，为了科学、合理、准确地评价汽车的使用性能，需要解决两个关键问题：评价指标的选取和理论模型的建立。

1. 评价指标问题

所谓"**评价指标**"，就是一组物理量，可以利用其定量数值来表征汽车某方面使用性能的优劣（也有些指标是定性的，见下文）。例如，最高车速可以评价汽车的动力性，汽车几何通过性的评价指标之一是最小离地间隙等。

这些性能评价指标，一般来说源于某种驾驶体验，再经过适当的典型化或简化处理。选取的指标应科学、合理，同时尽量直观、方便应用。例如，为了表征汽车的加速能力（属于动力性的一方面），模拟驾驶人从车辆原地静止、起步挂档、连续换档加速直至达到某一预期高速的驾驶过程，规定了"原地起步加速时间"这一评价指标。该指标规定驾驶人以最大的加速强度进行操作，排除了不同的加速踏板开度和换档时刻选取等人为差异的影响，更能体现汽车自身的性能。同时，选取加速时间，而不是更体现物理本质的加速度作为评价物理量，这是因为在整个加速过程中加速度是个变量，不够直观，而全程加速时间则显得更直观，使用起来更方便。

汽车理论中的许多评价指标，与相关试验标准中的试验项目和工况有相同或类似之处。本书不详细介绍各汽车试验项目和相关标准的内容，有兴趣的读者可以参看这些标准文件，丰富感性认识，进一步加深对汽车性能评价指标的理解。

评价指标的制定和选取，还需要注意其规范性和灵活性。

（1）**规范性** 评价指标必须是整车层面的某种使用性能参数，而不应该是某个结构设计参数。通俗地讲，评价指标必须是驾驶人（或其他人员）直接"用得到"的某种东西。

举例来说，制动管路压力或制动轮缸直径等与汽车的制动性能密切相关，但这些参数不能作为制动性的评价指标，因为它们并不直接代表制动时的使用要求。再如，"以其他因素相同为前提，发动机功率越大，汽车的动力性越好"基本上是成立的，但是发动机功率不是汽车的动力性指标，因为它只是一个结构设计参数，而汽车作为交通工具，"驾驶人直接用得到的"动力性能应该是它的高速行驶能力、加速能力或者爬坡能力等。

（2）**灵活性** 本书对各个主要使用性能，均给出了若干评价指标，并且结合动力学分析的思想和原理，讲述这些指标的理论求解方法。这些指标都是长期以来形成的，在学术和学科领域得到普遍认可，在工程开发中也得到普遍应用，是具有"经典"地位的。使读者掌握这些指标的含义和计算方法，也是本书和本课程的重要任务。但是需要指出的是，汽车某一性能的评价指标，并不仅限于这些经典的、传统的指标，很多不同的部门、企业和研究单位，出于不同的应用目的、研究方法或测试条件，还规定了其他一些评价指标。事实上，只要切合某性能分析的基本动力学原理，同时便于求解和使用，很多物理量都可以作为该性能的评价指标。例如，经典的汽车动力性评价指标是最高车速、加速时间和最大爬坡度，但是也可以采用一定坡道上汽车的最高车速或加速时间等作为动力性评价指标，这些指标也完全可以通过动力性分析的基本理论和方法求解。

事实上，很多偏重于从基本力学分析的角度讲述汽车动力学理论的书籍和资料，重点阐述的是汽车模型的建立和动力学计算方法，对于具体使用性能的含义及其评价指标，并不做非常严格、刻板的规定，其出发点就是承认了评价指标具有高度的灵活性。

> 广义而言，汽车使用性能的评价，存在主观与客观两种方法。上述介绍的、以某些物理量的定量数值作为评价指标的方法，就是客观评价法。本书对汽车各性能的评价，主要采用客观方法。
>
> 主观评价法则是根据人（驾驶人或其他人员）的主观感受与体验，来判定某项性能的优劣。很显然，主观评价法不生成定量数值（或者说人的主观感觉很难量化），不适用于理论分析和对比。然而，汽车的最终使用目的是满足人的需求，汽车的所有使用性能，都可以归结为"汽车履行驾驶人（或其他人员）的某种意图的能力"。客观评价指标的制定，必然以人的主观需求为基础和主导，就这个意义上说，任何性能的评价，最终都可以归结为主观评价。

2. 建立理论模型

汽车是一种结构与技术高度集成化的复杂工业产品，如果追求建立一个完全等价于其真实物理特性的理论研究模型，要考虑非常多的因素，其求解也十分困难。通常根据所研究的内容和目的、车辆自身结构特点和行驶环境限制等，做出一些简化和假设，构建一个相对简单的理论模型，以代替实际车辆，运用动力学方法对其求解评价指标。这个模型应满足以下要求：容易建立和求解；尽可能具有代表性和普遍性；利用该模型进行理论计算时不应造成过大的、不能接受的误差（总体来说，误差源于两方面，分别是模型本身有误差和利用模型求解指标参数时需要使用数值方法从而造成误差）。

针对不同的性能研究，通常需要建立和采用不同的理论模型。对于同一问题的研究，出于对求解便利性以及精度的不同要求，也可选用不同的类型。

汽车理论

相关专业本科生所学的汽车理论，可以视作"初等汽车动力学"，采用的通常是比较基础、简单的理论模型。

在数学层面上，可以将所有理论模型的功能都抽象为一个广义函数：

性能评价指标 $=f$(驾驶人操作,车辆结构,行驶环境)

可以将上述函数称为"人-车-路"系统。这里的函数功能 f，就相当于理论模型，把驾驶人操作、车辆结构和行驶环境这三方面的因素代入该模型，就可以确定某个指标参数。简言之，给定了驾驶人、车辆和环境三方面因素，车辆的性能是可以确定的（对于理论研究来说，"确定"通常就是"算出"）。

有时，也将驾驶人和环境这两个因素统称为"使用因素（参数）"，上述模型"函数"就可以表达为**汽车性能 $=f$(结构参数，使用参数)**。

> 在模型函数的具体展开式中，不应出现除结构参数和使用参数以外的其他变量。例如，分析汽车动力性所使用的汽车受力平衡方程式（1-14a）中，可以出现速度 u，这是使用参数；也可以出现车重 G，这是结构参数；但不能出现加速阻力 F_j，必须将其表达为结构参数和使用参数的组合，分析可知 $F_j = \delta m \dfrac{\mathrm{d}v}{\mathrm{d}t}$。再如，研究操纵稳定性时，线性二自由度汽车的运动微分方程［式（5-6a）或式（5-6b）］有同样的要求。

汽车理论研究的侧重点是揭示汽车使用性能与结构参数的关系，因此在评价指标的定义中，通常对驾驶操作、行驶环境等使用条件做出明确的规定，如"水平良好路面上"或"转向盘角阶跃输入"等。

综上，汽车使用性能评价的大体步骤如下：

1. 定义使用性能，反映对驾乘者、其他交通参与者以及全社会的影响。
2. 选取评价指标，用以评价该性能优劣的若干参数。
3. 建立理论模型，对所研究的实际问题进行合理的抽象或简化。
4. 利用理论模型求解评价指标，以评价汽车的性能。

在此基础上，本书也会适当讨论"为了提高该性能，对汽车的设计参数、使用条件及操作方法等应提出哪些要求"等问题，即体现"汽车理论服务于汽车设计和使用"的思想。

这也就是本书各章中对汽车的各主要使用性能进行研究的总体思路。

> **理论模型的建立与具体构造（设计参数）的关系**
>
> 汽车理论研究的是汽车的各主要使用性能，这些性能的实现，当然要依赖于汽车的构造和设计参数。然而，在进行汽车理论研究时，如非必要，总是将所涉及的汽车结构元件抽象成尽量简单的数学模型，尽量不去研究每个零部件的具体结构和运作机理。例如，对于发动机，在进行一般性的动力性和燃油经济性研究、仅需要利用其外特性和万有特性（或负荷特性）时，就将其视为简单的形如"燃油消耗率 $=g$（转速，功率）"和"转矩 $=f$（转速）"的函数；如果研究旋转质量换算系数，就需要涉及飞轮的转动惯量，以及是否忽略活塞、连杆及曲轴平衡重的质量等问题；如果要精确计算附着率，则

还要考虑发动机是横置还是纵置以及横置发动机的旋向等问题。

有些汽车理论问题对汽车的构造和设计方法等知识依赖更大，这就需要读者对这些知识及时复习或查阅相关资料。例如，研究四轮驱动的动力分配方式对附着性能的影响，应该事先掌握差速锁、限滑差速器和电子限滑等构造和技术；为了深入理解前、后悬架的侧倾角刚度对汽车稳态响应特性的影响，就应该熟悉横向稳定器（杆）的构造和功用。

理论和试验的关系

从某种意义上来说，汽车理论和汽车试验是相对的。前者是通过理论分析和计算的方法来确定所求参数，是对汽车性能的一种预测；后者则是通过实际测试的方式确定汽车参数。而在学习过程中，不应该将理论和试验完全割裂开来。两者是互为补充、相辅相成的关系。汽车试验要在汽车理论（包括构造、试验学等基础知识）的指导下进行；而反过来，汽车试验又可以验证汽车理论的研究方法和结论的正确性，并且进一步丰富理论知识体系。本书讲述的许多理论模型和特性参数，其研究和确定都是建立在试验的基础上，为了深入分析某些理论问题，也会以试验为实例进行讲解。本书第八章还专门介绍了一些典型的汽车性能试验，但是并不系统、详细地介绍每一个使用性能的全部配套试验。使用本书作为教材的院校，可以结合自身条件，开设实验课。如果需深入了解汽车试验的基本理论、仪器设备工作原理、数据处理原理和具体操作方法等，还请查阅相关汽车试验学方面的教材和资料。

汽车理论的一些原理和结论，也可以和实际驾乘体验结合起来。由于各种理论模型或多或少都存在着局限性和不准确之处，对同一个实际发生的现象，可以尝试采用不同的理论来解释。希望读者在学习过程中，保持这种理论联系实际的习惯。

三、汽车的基本受力分析

1. 车辆坐标系

为了描述车辆的运动与受力，必须建立坐标系。进行汽车动力学分析时经常采用的坐标系是原点固结于汽车质心的空间直角坐标系，称为**车辆坐标系**。由于原点固结于汽车质心，该坐标系的原点和各坐标轴的指向是随车辆运动而改变的。

车辆坐标系 $Oxyz$ 如图 0-1 所示。坐标系原点 O 固结于汽车质心（有的定义要求为 xOz 平面是汽车的纵向对称面，也就是说原点 O 可能在汽车质心的"正左方"或"正右方"，因为汽车的质心不一定在纵向对称面内。这两种定义并无本质区别，也不会给分析和计算结果带来差异）。

x 轴平行于地面指向汽车的正前方，y 轴平行于地面指向汽车的正左方，z 轴垂直于地面指向汽车的正上方。注意，地面并不一定是水平面，可能有纵向或侧向坡度。

若将整车视为刚体，则共有 6 个运动自由度：沿三根坐标轴的线运动和绕三根坐标轴的角运动，如图 0-1 所示。

可见，这是一个标准的右手坐标系：当右手四指由 x 轴正方向绕向 y 轴正方向时，拇指指向 z 轴正方向，同理，由 y 轴正方向绕向 z 轴正方向以及由 z 轴正方向绕向 x 轴正方向时，

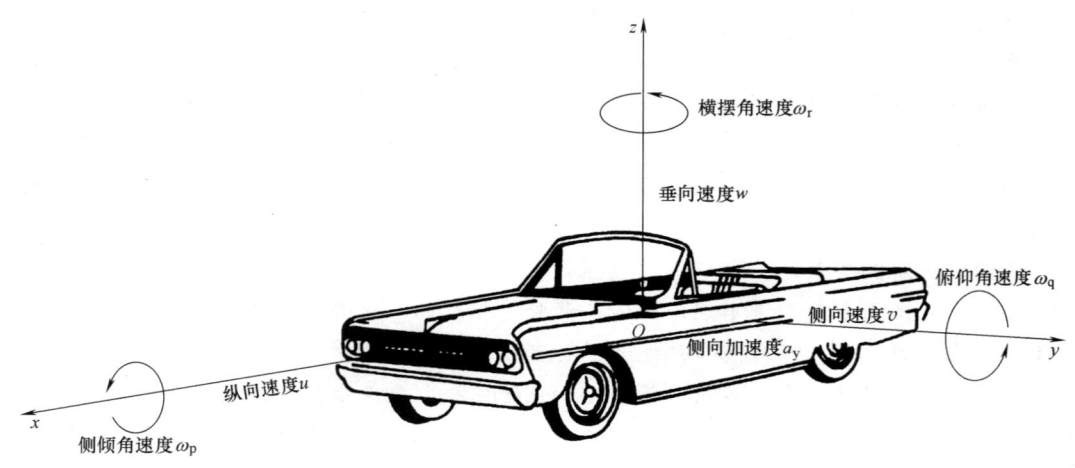

图 0-1 车辆坐标系与汽车的运动速度

亦然。另一方面,角速度等绕坐标轴的矢量,右手四指沿其正方向旋绕时,拇指指向对应坐标轴的正方向。

还有一种 SAE(美国汽车工程师学会)标准的坐标系,如图 0-2 所示。它仍然是一种右手坐标系,在有些车辆动力学的分析计算中,采用了这种坐标系统,请读者注意其坐标正方向与图 0-1 所示坐标系的区别。

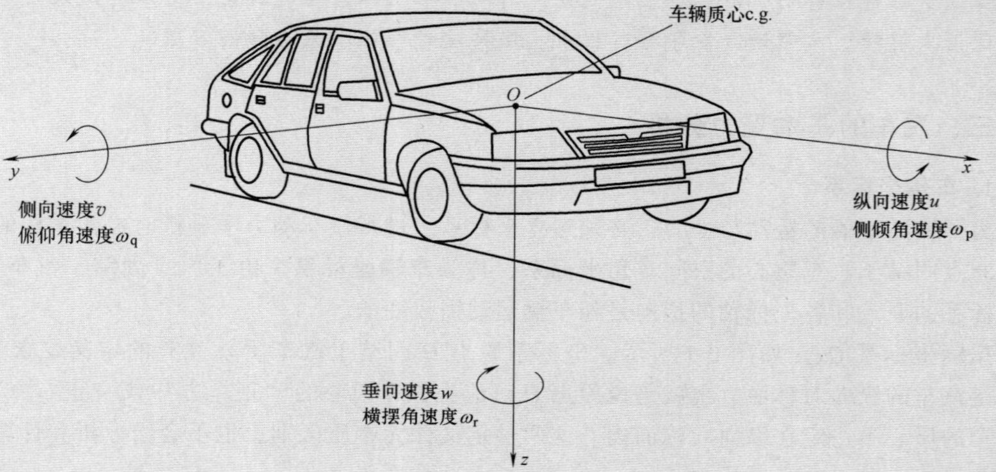

图 0-2 SAE 坐标系

本书采用图 0-1 所示的车辆坐标系。

2. 基本受力分析

物体运动状况的改变是由外力决定的。汽车所受到的外力,从施力物体的角度看,总体上有三个:重力、地面作用力和空气作用力,如图 0-3 所示。

重力源于地球引力,作用于汽车质心,垂直于水平面,其大小等于 mg(m 为汽车质量,

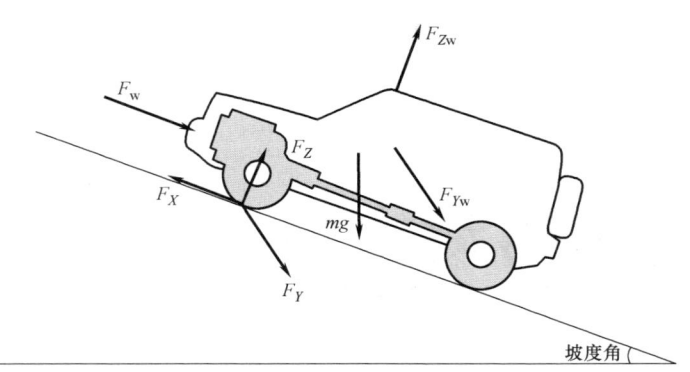

图 0-3　汽车所受外力

g 为重力加速度）。注意，重力未必总是正好指向车辆坐标系的 z 轴反方向，因为地面可能存在纵向或侧向坡度。

地面作用力指的是地面施加于轮胎与地面接触面的作用力。可将其合力按车辆坐标系的坐标轴方向分解：平行于 x 轴的称为**地面纵向作用力** F_X，以向前为正；平行于 y 轴的称为**地面侧向作用力** F_Y，以向左为正（纵向作用力和侧向作用力的合力，作用于轮胎与地面接触面内，可称之为**切向力**。在其他一些资料中，将 F_X 称为切向力）；平行于 z 轴的称为**地面法向作用力** F_Z，以向上为正。图 0-3 中只给出了左前轮受到的地面作用力。

空气作用力指的是空气与汽车之间存在相对运动时施加于汽车的力。和地面作用力一样，空气作用力也可以按车辆坐标系的坐标轴方向分解：在图 0-3 中，空气作用力平行于 x 轴的分量，就是**空气阻力** F_w；空气作用力平行于 z 轴的分量，称为**空气升力** F_{Zw}（注意，空气升力的实际作用方向，可能向上，也可能向下，与车身造型设计有关）；空气作用力平行于 y 轴的分量，称为**空气侧向力** F_{Yw}。

地面作用力主要取决于轮胎的机械特性、地面的条件、车轮负荷和轮胎与路面之间的相对运动关系等；空气作用力主要取决于车身的几何参数、环境的空气密度和空气与汽车之间的相对速度等。

汽车的运动状况与特性，从根源上说是取决于所有上述外力的合力。按牛顿第二定律的思想：合外力（矩）将决定汽车（角）加速度的方向和数值，这也是汽车动力学分析的基本出发点。例如，当合外力平行于地面并指向汽车前方或后方时，就会对汽车产生加速或减速效果，这主要涉及汽车的动力性和制动性，汽车的燃油经济性也受这些纵向外力的影响；如果合外力存在侧向分量，就会使汽车做曲线运动，这主要影响操纵稳定性；而如果垂向外力不平衡，汽车就会发生垂直方向的振动，这也就是平顺性要研究的问题。因此，以下各章对汽车的性能进行分析时，往往要先研究这些外力的特性和影响因素。

第一章 汽车的动力性

第一节 概述

一、动力性的定义

汽车的动力性，简言之，就是汽车的运动能力。具体地说，**汽车的动力性**指的是汽车在良好路面上依靠自身动力直线行驶时，高效完成运输工作的能力。

> 有些资料将动力性归结为"汽车行驶的平均速度"，这与本书的定义，在本质上是相同的。因为在给定运输任务（主要指承载量和路线）的条件下，"高效完成运输工作的能力"可以用"平均行驶速度"来体现。
>
> 关于定义中的"路面"一词，它指的是人工铺装路面，如常见的沥青或混凝土路面，也包括较好的石路或土路。如果使用了"地面"，严格来讲则不仅包括人工铺装路面，也可能指非人工铺装路面，如沙地、雪地、泥土地和涉水路面等。本章的"良好路面"，主要是强调不研究严重破损的路面或松软土壤等条件，而不一定是附着良好的路面（附着的问题详见本章第五节。）

作为一种交通工具，汽车最基本也是最重要的使用性能，显然就是这种"高效完成运输工作的能力"。

二、动力性的评价指标

评价指标是用于衡量性能优劣的定量参数。动力性的基本要求是行驶和运输能力，因此，从车辆的实际行驶工况出发，来选取评价指标。

汽车行驶时，在环境条件允许的情况下，会有高速行驶工况。汽车能达到的速度越高，运输效率就越高。

当车速较低时，为了提高运输效率，会有加速行驶工况。汽车的加速能力越强，运输效率就越高。

当遇到较陡的坡道时，动力性较差的汽车将被迫减档、降速甚至绕路行驶，可见，汽车的爬坡能力越强，运输效率就越高。

于是规定汽车的动力性评价指标包括以下三项:最高车速、最大爬坡度和加速时间。

1. 最高车速

最高车速是在水平良好路面上汽车所能达到的最高行驶速度,符号为 u_{max},单位为 km/h。

本书对车速符号采取如下约定:当使用工程单位 km/h 时,车速用 u 表示;当使用国际单位 m/s 时,车速用 v 表示。当然采用 u 还是 v,并无本质区别,但是出现在某些定量计算的公式中时,要注意单位的要求。

2. 最大爬坡度

坡度 i 指的是坡道角度 α 的正切值。如图 1-1 所示,坡度 $i = \tan\alpha = \dfrac{h}{L}$。

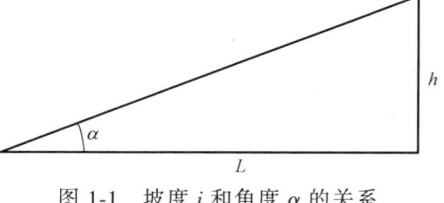

图 1-1 坡度 i 和角度 α 的关系

> 采用坡度而不是角度来评价坡道的倾斜程度,主要有以下两个优点:
> 第一是具有直观性。坡度 i 可以很直观地表示出水平距离 L 和垂直高度差 h 之间的关系。例如,坡度为 10%,就意味着水平前进 1000m,垂直升高 100m,这就是很陡的坡了。
> 第二是可以方便地计算附着能力。由力学的"自锁"问题可知,为了在坡度为 i 的坡道上静止(或匀速直线运动),物体和坡道表面间的附着系数至少要达到 i。例如,当坡度为 70%(即角度为 35°)时,对于能够四轮完全锁定的"硬派"四驱车,也需要轮胎与路面间的附着系数达到 0.7,才有可能沿坡道爬上去。而当坡度值达到 100%(即角度为 45°)时,即使将车辆彻底制动,确保所有车轮都不转动,汽车也很可能会下滑,因为以现有的技术水平,轮胎和路面间的附着系数很难稳定在 1 如此高的水平上。附着系数的定义参见本章第五节。

最大爬坡度指的是汽车依靠其自身动力能匀速向上行驶的最大坡度,符号为 i_{max}。

强调"依靠其自身动力",也就是排除了汽车凭借初速度"冲坡"的可能性。

由于变速器 1 档和倒档传动比不同,以及汽车质心的位置、汽车驱动形式(前轮驱动还是后轮驱动)等因素的影响,倒车时汽车有可能驶上更大的坡度。此处规定的"最大爬坡度",仅指前进时的爬坡能力。

> 另外,此处的最大爬坡度,仅考虑汽车是否能在该坡道上匀速向上行驶,而不研究在进入或离开该坡道时,是否会发生间隙失效。间隙失效问题可参见第七章第三节。

3. 加速时间

加速时间有两种,分别反映汽车在不同工况下的全力加速能力。

(1)**原地起步加速时间** 它是指汽车停止于水平道路上,以能够获得最大加速度的档位起步,加速踏板踩到底(除手动档车型在换档期间外),并在恰当的时机逐级换入高档,直至汽车达到某一预定的车速或行驶距离所需的时间,符号为 t,单位为 s。

注意,如果预定的车速不是很高,那么加速结束时不一定换至最高档。例如,对于广泛使用的"**百公里加速时间**"(汽车由原地静止全力加速至 100km/h 所需的时间)这一指标,一般的轿车都不会升入最高档。

有时候，加速终了的标志不是车速，而是行驶距离达到预定值。例如，"400m 加速时间"，指的就是汽车原地起步，全力加速行驶 400m 所需的时间。

（2）**超车加速时间**　它是指用最高档或次高档由某一较低车速全力加速至某一较高车速所需的时间，符号为 t，单位为 s。因为该加速过程变速器不换档，故又称为"固定档加速时间"。该指标反映的是汽车较高档位的加速能力。

> 需要指出的是，在实际驾驶过程中，如果需要以某一中等车速为基准全力加速超车，无论是手动档还是自动档车型，都不一定固定档位，更多的是会降低一个甚至几个档位，以获取更大的加速度，缩短加速时间，提高动力性和安全性（超车时间过长，碰撞隐患加大，尤其是在分道数较少且不封闭的公路上）。因此，"超车加速时间"这一指标并不完全代表车辆在使用中的真实超车加速性能。
>
> 另外，按上述定义，可以认为超车加速时间就是原地起步加速时间中的后一阶段（图1-2），如果掌握了原地起步加速时间的研究方法，也就会计算超车加速时间了。

本书下文中所讨论的"加速时间"，均指"原地起步加速时间"。

某经济型轿车装备 5 档手动变速器，其原地起步加速试验的车速-时间曲线如图 1-2 所示，图中曲线是在实测数据的基础上做了一定的平滑处理。该车以 2 档起步（此处选择 2 档起步并非因为其加速度最大，而是试验标准的要求），曲线的两处"平台"反映的是 2 档换入 3 档和 3 档换入 4 档的时间延误。它的 0→100km/h 加速时间为 11.7s，加速终了档位是 4 档。其中，从 3.8s 到 11.7s 阶段，都是使用 4 档加速。即该车的次高档 60km/h→100km/h 超车加速时间是 7.9s。

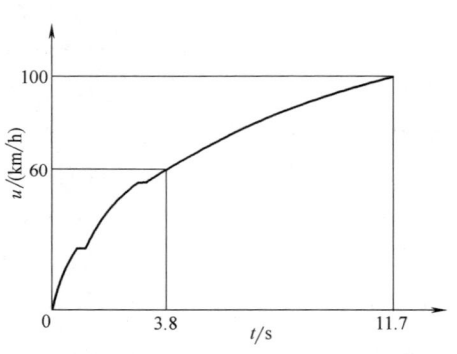

图 1-2　实测的车速-时间曲线

由经验可以判断出，这是一辆动力性比较弱的轿车。很多动力性较强的轿车在做原地起步加速测试时，在 3 档甚至 2 档就可以达到 100km/h 的速度。

在各种标准文件中，上述各指标的定义都会规定对应的车辆状态和技术条件，如装载状况、轮胎气压以及发动机和传动系统的技术状况等，可参见本书第八章。这是为了维护标准定义的规范性和唯一性，并确保实际使用中定量结果的可比性。而汽车理论研究的任务之一，就是揭示汽车的使用性能和结构参数之间的关系，因此，如非必要，对车辆参数的取值不做限定。例如，在后文的车辆模型及其计算中，整车质量就记为 m，允许其"自由变动"，其他各章也有类似的思想。

第二节　汽车驱动动力学分析

本节研究汽车在直线驱动行驶的一般工况下所受到的纵向外力，以及各力的影响因素和计算方法，推导出汽车的受力平衡方程和功率平衡方程。这些内容是汽车动力性分析的基础。"一般工况"，指的是汽车具有速度和加速度，同时路面有一定坡度。

现考虑一辆后轮驱动的双轴汽车，在具有一定角度 α 的坡道上直线向上行驶，某瞬间具有一定速度 u 和加速度 a，u 的单位为 km/h，a 的单位为 m/s²。画出其受力关系，如图 1-3 所示。

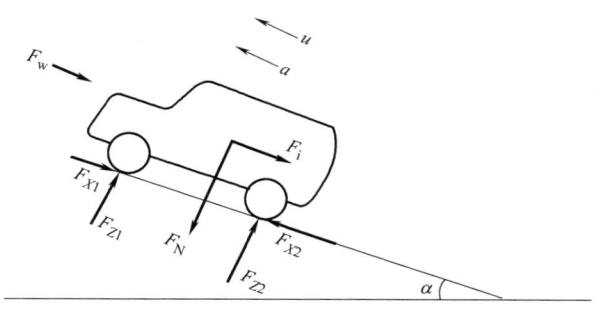

图 1-3　一般驱动工况下的汽车受力

图 1-3 中，按车辆坐标系（参见图 0-1）的坐标轴方向分析各外力：F_i 是汽车重力沿坡道向下的分量，F_N 是重力垂直于路面的分量；F_w 是空气作用力的与行驶方向相反的分量；前轮和后轮的地面法向作用力分别为 F_{Z1} 和 F_{Z2}；前轮是从动轮，其地面纵向力 F_{X1} 是阻力，方向向后，后轮是驱动轮，其地面纵向力 F_{X2} 是推力，方向向前。汽车质量为 m。（图中未画出空气升力，可参见图 1-32。）

在汽车行驶方向（即纵向）上运用牛顿第二定律，必然有：

$$F_{X2} - F_{X1} - F_w - F_i = ma$$

如果是前轮驱动，分析原理完全相同，只是 F_{X2} 改为阻力、F_{X1} 改为推力。

可将整车受力分析的通式写为：

$$F_{X驱} - F_{X从} - F_w - F_i = ma$$

> 如果是四轮驱动，则"$-F_{X从}$"中的"$-$"也改为"$+$"。四轮驱动的动力学问题，可以参见本章第五节。

本节的主要内容就是由该行驶工况出发，对上述各力和加速度进行详细研究，建立一个用汽车结构参数和使用参数表达的、具有普遍意义的汽车受力平衡方程，以便进一步利用该式求解汽车的动力性指标。

一、驱动力和滚动阻力

先研究地面和轮胎之间的纵向相互作用，即驱动力和滚动阻力。

注意，由后文的分析可知，这两个力并不是地面作用在轮胎上的真实推力和真实阻力。也就是说，在真实受力图 1-3 中，画不出这两个力。

1. 驱动力 F_t

汽车能够向前行驶，其动力的源泉在发动机。发动机输出转矩，经传动系统传递至驱动轮，转换为驱动力。动力的传递和变换关系如图 1-4 所示。注意，该图只是一个示意图，并没有利用到后轮驱动的特殊性。因而对于前轮驱动车辆，以下分

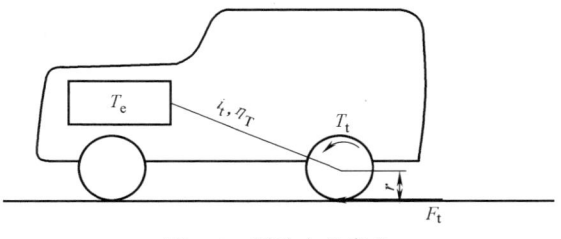

图 1-4　驱动力的定义

析仍然成立。

图 1-4 中，发动机输出转矩为 T_e，传动系统的传动比为 i_t、传动效率为 η_T，则驱动轮受到的**驱动转矩**为 $T_t = T_e i_t \eta_T$。显然，T_t 的作用是使车轮加速正转。

假定驱动转矩完全由地面施加于轮胎的纵向推力产生的力矩所平衡，那么这个纵向推力就称为**驱动力**，符号记为 F_t。令车轮半径为 r，则有 $F_t = \dfrac{T_t}{r}$。将驱动转矩 T_t 的表达式代入，得到汽车的驱动力为

$$F_t = \frac{T_e i_t \eta_T}{r} \tag{1-1a}$$

如果认为汽车传动系统的动力变换元件仅包括变速器和主减速器（即不考虑副变速器或者四轮驱动汽车的分动器具有高、低档位等情况），则传动系统的传动比 $i_t = i_g i_0$，i_g 为变速器传动比，i_0 为主减速器传动比。于是式（1-1a）又可以写为

$$F_t = \frac{T_e i_g i_0 \eta_T}{r} \tag{1-1b}$$

> 请注意，驱动力 $F_t = T_t/r$ 的思想是假定驱动转矩 T_t 完全由驱动力 F_t 来平衡。而在后面的分析中将看到，无论汽车匀速行驶还是加速行驶，这个假定的平衡都是不存在的，而且实际的驱动转矩也不一定是 $T_t = T_e i_t \eta_T$，所以地面作用于驱动轮的真实纵向推力 F_{X2}（对于前驱车则为 F_{X1}）并不等于驱动力 F_t。为此，可以将"驱动力" F_t 称为"名义驱动力"。举例来说，图 1-4 所示驱动力的分析中对于路面附着系数的大小、是否水平等并无限制，因为 F_t 并不依赖于地面的附着能力；再极端一点，假设发动机在输出转矩，变速器也挂上某档，此时将驱动桥架离地面，轮胎与地面完全不接触，那么地面作用于驱动轮的真实推力 F_{X2} 为 0，而（名义）驱动力 F_t 仍然采用式（1-1）计算。

驱动力 F_t 的本质，是对发动机输出转矩按一定比例的换算。其影响因素包括发动机转矩 T_e、传动系统传动比 i_t、传动效率 η_T 和车轮半径 r，以下分别讨论。

（1）发动机转矩

本书所采用的发动机性能指标，大都属于发动机的"有效指标"，即以曲轴对外输出有用功为基础（而不是以工质在气缸内对活塞做功为基础），体现发动机的整机性能。

通常，将发动机的转矩 T_e、功率 P_e 和燃油消耗率 b（此概念参见第二章）等均作为发动机转速 n 的函数，构成发动机的**转速特性**（也称"速度特性"）。

发动机发挥出最大动力性能时的转速特性，称为发动机的**外特性**。"发挥出最大动力性能"的要求，从外部操作来看，就是将加速踏板踩到底；从发动机内部的工作条件来看，就是汽油机节气门全开或柴油机喷油泵处于最大供油状况（标准文件一般称为"全负荷位置"），同时冷却液温度、空燃比、气门正时、点火提前角和供油提前角等技术参数也应处于最大动力性能所要求的理想状况。为简便起见，在后文的叙述中，常以"节气门全开"指代发动机处于外特性状况。

而在一般的驾驶操作中，驾驶人通常并不把加速踏板踩到底，节气门并未全开，此时发

动机工作于**部分负荷特性**状况。注意,"部分负荷"的度量和表述,通常按节气门开度,而不是负荷率(按相关学科和课程的定义,**负荷率**是发动机在某转速下实际发出的功率与该转速下所能发出的最大功率的比值。测定并绘制同一负荷率的转速特性曲线比较复杂),因为节气门开度含义直观且测定方便。

图 1-5 所示为典型汽油机的外特性曲线(图中未画出燃油消耗率 b 的曲线)。在节气门全开条件下,发动机的最低转速为 n_{min},最高转速为 n_{max}。最大功率 P_{emax} 对应的转速记为 n_P(工程上常称其为额定转速),最大转矩 T_{emax} 对应的转速记为 n_T。

汽车发动机的种类繁多、技术各异,外特性曲线的形状和走向未必都如此,图 1-5 仅作为示例。

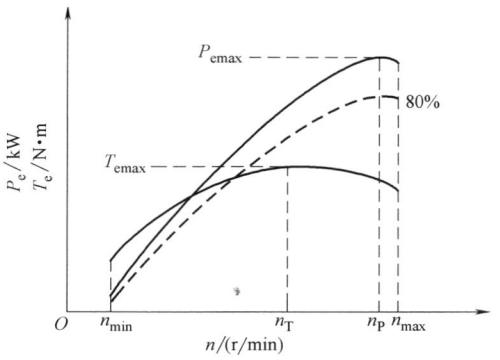

图 1-5 发动机的外特性曲线

图 1-5 中还用虚线画出了节气门开度为 80%的功率部分负荷特性曲线。需要强调的是,该曲线对应的工况是节气门保持最大开度的 80%,曲线上各点的负荷率则不一定是 80%。

本章研究的是汽车的动力性,期望发动机发挥出最大的动力性能,因此主要以外特性作为发动机的动力输出特性。

另外,由功率=转矩×角速度可知,转矩外特性曲线和功率外特性曲线,不是互相独立的,确定其中一条,就能算出(画出)另一条。在后文的分析中,视方便性的要求,有时以转矩外特性作为发动机的输出特性,有时则选用功率外特性。

> 有兴趣的读者可以思考如何根据图中给出的节气门开度为 80%的功率特性曲线,大致画出该节气门开度下的转矩曲线。

根据所带附件的不同,发动机的外特性可分为两种:使用外特性和理想外特性。

使用外特性是指带上全部附件设备时的发动机外特性,也可称为有附件外特性。发动机在正常运转时,它的附件也在工作。进、排气系统的空气滤清器和消声器等,会影响发动机的进、排气效率;水泵、风扇和发电机等,则会直接消耗一部分发动机功率。这些都会使得从曲轴后端输出的有效动力值下降。

卸下各附件后的发动机外特性,称为**理想外特性**,也称为无附件外特性。

> 关于使用外特性和理想外特性分别安装哪些附件以及某些附件(如节温器和发电机)的调节状态,相关国家标准做出了规定,一些研究单位和企业也拟定了自己的标准。引用发动机外特性数据时要注意这方面的信息,以科学、合理地确定发动机的真实动力性能。

显然,理想外特性的动力数值更高,使用外特性的动力性能则更接近真实情况。

使用外特性的最大功率,称为**最大净功率**或**净功率**;理想外特性的最大功率,有时称为**总功率**。依发动机种类、技术水平以及标定时附件状态的不同,现代发动机的净功率比总功率低 5%~20%。读取发动机和整车的产品铭牌时,要注意其区别。

外特性数据来自发动机台架试验,它是在确保发动机冷却液温度和机油温度正常且稳定运转于某一转速的条件下,测量其输出转矩(和燃油消耗率等参数),这是一种稳态试验方法。但是汽车在实际行驶中,发动机常处于变工况状态,如加速过程。此时,发动机不仅转速在变化,其热状况、进排气系统状况、空燃比以及混合气的燃烧状况等均与稳态时有所不同。与稳态试验数据相比,这种变工况下发动机的动力输出会稍有下降。然而,要全面模拟各种变工况下的发动机工作,测定其外特性是很困难的,因而在一般的分析和研究中,不考虑工况的改变对发动机外特性的影响。

综上,本章所使用的发动机外特性,均指源于发动机稳态台架试验的使用外特性。

> 如果把发动机的动力性能"数学模型化",其外特性就是一个一元函数:
>
> 发动机转矩=f(转速)
>
> 发动机的台架试验只能测试若干间断"转速点"的转矩输出,例如相关试验标准要求测试包括最低转速 $n_{\min}$、最高转速 $n_{\max}$、最大功率转速 n_P 和最大转矩转速 n_T 在内的至少 10 个转速。有的研究试图写出这个函数表达式,以便预测任意转速下的发动机动力输出。其基本方法是根据发动机台架试验数据,进行拟合(回归分析),得到一个形如 $T_e=a_0+a_1n+a_2n^2+\cdots+a_mn^m$ 的多项式。由于发动机工作条件的复杂性,要在 $n_{\min} \sim n_{\max}$ 全速域内形成一个统一的表达式,是比较困难的,通常会得到一个高次多项式,而且其精度也不是很高。因此,在更多的工程实践中,人们还是直接使用发动机台架试验数据,也就是说,类似图 1-5 所示的曲线,实际上是一些 (n_i, T_{ei}) 或 (n_i, P_{ei}) 的散点,各数据点之间的转速间隔越小,越能"逼近"一条曲线。当需要确定某任意转速的转矩时,可以通过该转速附近的已知数据点进行插值或者拟合。

(2)传动系统的传动比 传动比对于驱动力的影响是比较简单的。由 $F_t=\dfrac{T_e i_t \eta_T}{r}$ 或 $F_t=\dfrac{T_e i_g i_0 \eta_T}{r}$ 可以看出,在其他因素不变的条件下,传动比 i_t 越大,驱动力越大。例如,在汽车设计环节,把主减速器传动比 i_0 设计得大一些,汽车的驱动力会提高(其他因素不变);在驾驶操作中,换入低档,即增大变速器传动比 i_g,汽车的加速和爬坡能力就会增强(由图 1-19 下面的讨论可知,有些汽车的 1 档加速度不及 2 档)。

(3)传动效率 传动效率 η_T 是传动系统的输出功率 P_{out} 与输入功率 P_{in} 之比。由于汽车的传动系统内部存在机械和液力等损失,传动效率不可能达到 100%。

令损失于传动系统内部的功率为 P_T,显然有 $P_{\text{in}}-P_{\text{out}}=P_T$。

于是 $\eta_T=\dfrac{P_{\text{out}}}{P_{\text{in}}}=1-\dfrac{P_T}{P_{\text{in}}}$,即功率损失的占比越大,传动效率越低。

传动效率的高低,总体上取决于车辆的结构设计、驾驶操作和维护保养三方面,具体影响因素是较多的。

> 例如,手动变速器(MT)的效率比液力自动变速器(AT)要高;手动变速器中,两轴式变速器的效率一般比三轴式的高;而三轴式变速器如果使用直接档,那么效率又会提高。万向传动装置的万向节运转时的夹角越大,摩擦损失越大。主减速器设计时选

用准双曲面齿轮取代弧齿锥齿轮，有诸多优点，但是由于准双曲面齿轮副啮合时存在齿面的纵向滑磨以及需要使用黏度更大的齿轮油，其效率往往会下降。

传动元件内的润滑油温度过低或黏度过大，搅油阻力大，效率低；油温过高或润滑油过稀，可能无法形成可靠的流体动压润滑，对偶机件间的摩擦阻力又会增大。元件壳体内加注的润滑油过多，搅油阻力大，效率低；油面过低，热容量小，导致润滑油温升过高，效率也可能会降低。传递的转速高，传动元件的搅油阻力大，效率低；传递的转矩大，搅油阻力占比小，效率高。

合理使用，按期保养，维持车辆传动系统较理想的技术状况，效率就会较高。

在一般性的分析计算中，给定车辆，即可认为其传动效率 η_T 是常数。

在目前的技术条件下，采用手动变速器的乘用车，其传动效率为 0.9～0.92；商用车可以取得稍低些，如 0.85 左右。

也可以按表 1-1 给出的数据，由各传动元件的效率估算整车的传动效率。

表 1-1 典型传动元件的平均传动效率

传动元件	平均传动效率(%)
4～6 档手动变速器	95
副变速器或分动器	95
传动轴的万向节(一个)	98
单级主减速器	96
双级主减速器	92

注：万向节一般成对使用。液力传动装置的效率相对较低且变动较大，表中未列出，可参见本章第四节。

例如，采用前置前驱动形式、5 档手动变速器的普通轿车，其传动效率大致为 η_T = 0.95×0.96 = 0.912（未考虑前驱车半轴的球笼式万向节的损失）。注意，在汽车正常行驶时，离合器的主、从动部分完全夹紧，没有任何相对滑动，不存在内部损失，不需考虑其效率问题。

(4) **车轮半径** 车轮半径有三种不同的概念，分别对应不同的工况和应用场合。

1) **自由半径** r_0：指的是处于标准充气压力下，不承受载荷（但可以旋转）的车轮半径。显然，对于正常装配于车轴上、承受载荷的车轮来说，该参数没有意义。

2) **静力半径** r_s：也称"动负载半径"，指的是装在车轴上、承受载荷的车轮，其中心到车轮与道路接触面之间的距离（按相关标准规定，该半径指的是当车轮外倾角为 0°时的数值，一般性的分析可不考虑此限制）。注意，无论车轮静止还是运动，静力半径的概念都是存在的（有些资料根据车轮是否运动将此术语细分为"静力半径"和"动力半径"，两者的本质含义是相同的，本书统称为"静力半径"）。显然，静力半径也就是地面纵向力（无论是驱动还是制动）作用线至轮心的距离。

3) **滚动半径** r_r：指的是车轮滚动距离 S 和对应的滚动圈数 n_w 之间的比例关系，即 $r_r = S/(2\pi n_w)$。显然，滚动半径的思想是"将车轮视为纯滚动时的半径"。

静力半径 r_s 用于受力分析，也就是在力和力矩之间转换时使用。例如式（1-1a）和式

(1-1b) 中的车轮半径 r，确切地说就是 r_s。

$\underline{\text{滚动半径}}$ r_r 用于运动分析，也就是在速度和转速（角速度）之间转换时使用。令发动机转速为 n（r/min），传动系统传动比为 i_t，根据"将车轮视为纯滚动"的思想，运用滚动半径，可得对应的车速（km/h）为

$$u = \frac{n}{i_t} \times \frac{1}{60} \times 2\pi r_r \times 3.6$$

整理得 $u = 0.377 \dfrac{nr_r}{i_t}$。

静力半径与轮胎气压、垂直载荷和地面纵向力等有关，滚动半径主要取决于车轮和地面的打滑程度。在一般性的分析计算中，认为两者差异不大，一律称为车轮半径，记作 r。

因此，车速的计算公式按

$$u = 0.377 \frac{nr}{i_t} \tag{1-2a}$$

如果汽车传动系统中仅有变速器和主减速器对转速进行变换，则可写为

$$u = 0.377 \frac{nr}{i_g i_0} \tag{1-2b}$$

再次强调，（名义）驱动力 F_t 并非地面作用于驱动轮的真实推力。也不应将其与"牵引力"的概念混淆，"牵引力"可参见第七章。

2. 滚动阻力 F_f

顾名思义，**滚动阻力**指的就是轮胎在路面（地面）上滚动时所受到的阻力。形成滚动阻力的因素较多。

> 广义而言，轮胎受到的总的滚动阻力包含三方面分量：①单纯由于轮胎滚动造成的；②由于路面条件不佳造成的；③由于侧偏效应（"侧偏"的含义可参见第五章）和车轮定位造成的。单纯由于轮胎滚动造成的，又分三项：轮胎的弹性迟滞效应造成的、轮胎-地面相对滑动造成的、轮胎-空气相互作用造成的；路面条件不佳会造成三种阻力：凹凸不平路面附加的阻力、松软地面附加的阻力和路面积水造成的穿水阻力（也称"扰流阻力"）；当存在地面对轮胎的侧向作用力、车轮外倾角或车轮前束时，轮胎也会受到阻力（另外，实际车辆的制动系统技术状况不良以及车轮轴承的摩擦等，也会附加一定的滚动阻力）。如需详细研究这些因素，可参阅有关汽车动力学方面的书籍。
>
> 上述因素，有些在本章"良好路面、直线行驶"的研究条件下，不需考虑；有些在一般行驶条件下数值极小，可以忽略。

在本章的讨论中，认为轮胎的滚动阻力仅来源于轮胎的弹性迟滞效应。

（1）**轮胎的弹性迟滞与滚动阻力偶矩**　弹性迟滞指的是轮胎承受垂直载荷时，由于材料内部存在摩擦和阻尼等因素，加载过程的受力-变形关系和卸载过程的受力-变形关系之间存在一定滞后的效应，如图 1-6a 所示。

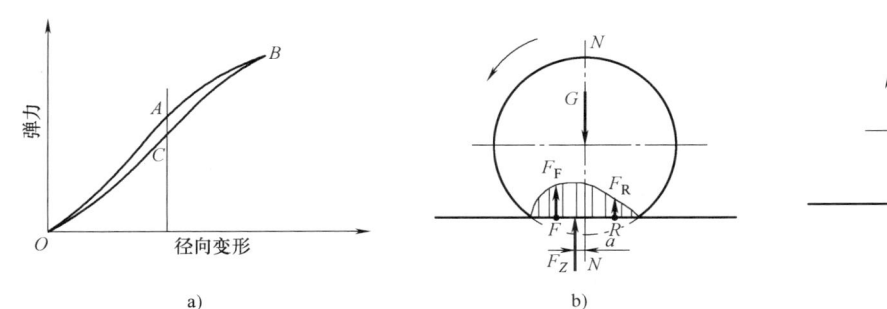
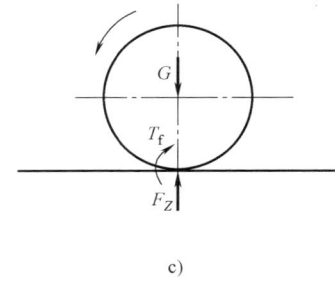

图 1-6 轮胎的弹性迟滞与滚动阻力偶矩的产生
a) 弹性迟滞效应 b) 滚动阻力偶矩的产生 c) 较简洁的等效画法

图 1-6a 所示为一定充气压力下轮胎垂向的载荷与变形关系。随着载荷的逐渐增大（加载），地面法向反力如 OAB 线增长；当载荷下降（卸载）时，地面法向反力如 BCO 线下降，两者不重合。直观表述就是，对应某一相同的变形量，卸载时的地面反力小于加载时的，如同点 C 与点 A 的关系。从能量的角度看，封闭曲线 OABCO 所围成的面积，就代表一次"加-卸载循环"中所损耗的机械能，这部分能量最终以热量的形式发散掉（如需维持轮胎的机械能水平，如速度，则应有外力做功以补充）。

现在研究一个在硬路面上滚动的轮胎，如图 1-6b 所示。车轮负荷 G 通过轮心，轮胎在该负荷作用下发生垂直变形，轮胎与路面的接触区呈前后对称。任取一对关于中心线 N—N 对称的轮胎接地点 F 和 R，显然两者的垂直变形量相同，但车轮滚动时点 F 处于加载（压缩）区、点 R 处于卸载（反弹）区，由于弹性迟滞效应的存在，必然有 $F_F > F_R$（F_F 和 F_R 实际上是点 F 和点 R 附近"接地微元"内的地面法向反力）。由于这是任意一对关于中心线对称的轮胎接地点，此规律必然适用于轮胎接地区的所有对称点。也就是说，所有关于中心线对称的接地点对，两者的地面法向反力关系必然都是"前大后小"，轮胎接地区内的地面法向反力大小的分布轮廓如图 1-6b 中曲线所示。（该轮廓线是一种较为理想化的平滑示意。另外，如果严格遵循图 1-6a 所示的"弹性迟滞"理论，接地区内地面法向力的最大值应作用于轮胎中心线处。而不同型号、不同充气压力条件下的轮胎试验均表明，实际地面法向力的最大值出现在中心线 N—N 之前，也就是说图 1-6b 中曲线轮廓最高峰的纵向位置是合乎实际的。）

地面法向反力的合力为 F_Z，由于轮胎在垂直方向上没有加速度，必然有 $F_Z = G$。但由于上述"前大后小"分布轮廓，F_Z 的作用线相对 G 的作用线前移了一距离 a，a 称为**地面法向反力偏移距**。F_Z 与 G 构成了一对力偶，由于其方向与车轮滚动方向相反，故称为**滚动阻力偶**，其大小就是滚动阻力偶矩 $T_f = Ga$。

有时，为了简洁起见，不需详细研究地面法向反力的分布特性，而将地面法向反力 F_Z 移至与垂直负荷 G 重合处、再另画出滚动阻力偶矩 T_f，于是得到图 1-6c。图 1-6b 与图 1-6c 的受力效果是等价的。

由上述分析过程可以看出，滚动阻力偶矩仅取决于滚动轮胎的弹性迟滞，与轮胎是匀速滚动还是加速滚动、是驱动轮还是从动轮都没有关系。

(2) **匀速滚动的从动轮** 下面研究匀速滚动的从动轮胎在水平路面上的纵向受力问题，

如图 1-7a 所示。

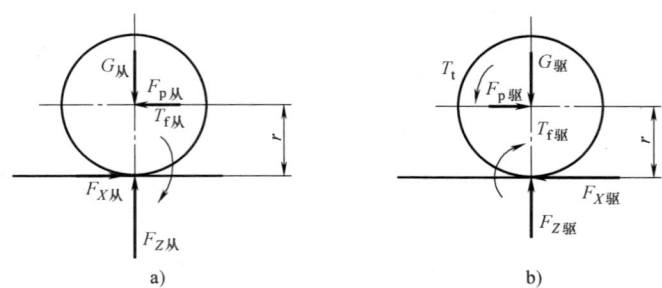

图 1-7 匀速滚动时从动轮和驱动轮的滚动阻力分析
a）从动轮 b）驱动轮

从动轮匀速滚动时，受到滚动阻力偶矩 $T_{f从}$。为了达到力矩平衡，需要地面给车轮一个向后的纵向力，记做 $F_{X从}$，计算可得 $F_{X从}=\dfrac{T_{f从}}{r}=G_{从}\dfrac{a}{r}$，$G_{从}$ 为从动轮的垂直载荷，r 为轮胎半径（读者可以思考，此半径确切地说应为静力半径还是滚动半径）。

同时，为了达到车轮的受力平衡，轮轴还会给该从动轮一个向前的推力 $F_{p从}$，显然 $F_{p从}=F_{X从}$。$F_{p从}$ 是汽车系统的内力，对于以整车为研究对象的动力学问题来说，如无特殊需求，这类内力都不需过多考虑。

可见，对于匀速行驶的汽车，其从动轮会受到一个纵向阻力：$F_{X从}=G_{从}\dfrac{a}{r}$。这个作用力是真实存在的。

（3）**匀速滚动的驱动轮** 对于驱动轮，如图 1-7b 所示，它受到驱动转矩 T_t 和滚动阻力偶矩 $T_{f驱}$，当车轮匀速转动时，地面必然给予轮胎一个向前的纵向力 $F_{X驱}$，计算可得 $F_{X驱}=\dfrac{T_t-T_{f驱}}{r}=F_t-G_{驱}\dfrac{a}{r}$，$G_{驱}$ 为驱动轮的垂直载荷。另外，轮轴会给该驱动轮一个向后的阻力 $F_{p驱}$，匀速行驶时 $F_{p驱}=F_{X驱}$。$F_{p驱}$ 也是汽车系统的内力，不需过多考虑。

可见，对于匀速行驶的汽车，其驱动轮受到的真实地面纵向推力 $F_{X驱}$ 比名义驱动力 F_t 要小一些，其差值为 $G_{驱}\dfrac{a}{r}$。

（4）**整车的滚动阻力与滚动阻力系数** 综上，对于在水平路面上匀速行驶的汽车，其从动轮受到的地面纵向阻力 $F_{X从}=G_{从}\dfrac{a}{r}$，驱动轮受到的地面纵向推力 $F_{X驱}=F_t-G_{驱}\dfrac{a}{r}$。计算整车受到的地面纵向合力 $\sum F_X=F_{X驱}-F_{X从}=F_t-G\dfrac{a}{r}$，其中 $G=G_{从}+G_{驱}$，为整车重力。也就是说，整车受到的地面纵向合力，相当于在驱动力 F_t 的基础上减掉一个力 $G\dfrac{a}{r}$，这个 $G\dfrac{a}{r}$ 就定义为汽车的**滚动阻力**，其大小取决于整车重力 G 和系数 $\dfrac{a}{r}$。系数 $\dfrac{a}{r}$ 称为**滚动阻力系数**，符号为 f。于是，整车的滚动阻力为

$$F_f = Gf \tag{1-3}$$

当不计坡度和加速度的影响时,整车的地面纵向合力为

$$\sum F_X = F_t - F_f = \frac{T_e i_t \eta_T}{r} - Gf \tag{1-4}$$

> 滚动阻力系数也可定义为:在车轮中心推动车轮使之在水平路面上匀速滚动所需的推力 F_p 与车轮垂直负荷 G 之比。

上述分析中,始终假定车轮(无论是驱动轮还是从动轮)做匀速滚动。当车轮加速时,滚动阻力偶矩的计算不变,但是车轮不再处于力矩平衡状态,地面作用于各轮胎的实际纵向力将发生变化。详细计算见本节"三、加速度分析"部分。但是请注意,只要采用了"滚动阻力"的提法、引用了 F_f 的符号,其大小就是 Gf。

如果需要单独研究驱动轮和从动轮的滚动阻力,则可以定义:从动轮的滚动阻力 $F_{f从}$ 就是车轮匀速滚动时,地面给从动轮的真实纵向阻力,其数值为 $G_{从}f$;驱动轮的滚动阻力 $F_{f驱}$ 是车轮匀速滚动时,地面给驱动轮的真实推力相比名义驱动力少掉的那一部分,其数值为 $G_{驱}f$。

> 分析中,为简便起见,将驱动轮和从动轮的地面法向反力偏移距都记作 a,因此前、后轮的滚动阻力系数 f 是相同的。实际上,前、后轮胎即使品牌和型号相同,由于载荷、气压和技术状况等不同,其 $\frac{a}{r}$ 值也可能是不同的。当前、后轮的滚动阻力系数存在较大差异时,就需要分别计算前轮和后轮的滚动阻力。

产生滚动阻力的机理在于滚动的轮胎变形时存在弹性迟滞,而造成变形的根本因素是地面法向力 F_Z,在上述公式中以重力 G 代替。当路面存在坡度时,则 $F_Z = G\cos\alpha$,汽车的滚动阻力 $F_f = Gf\cos\alpha$,α 为坡度角。

汽车行驶时会受到空气升力的作用,使得轮胎和路面之间的法向载荷减轻,即 $F_Z < G\cos\alpha$。在滚动阻力的分析中通常不考虑这一因素。因为当车速较低时,空气升力很小,对滚动阻力计算的影响可以忽略;车速很高时,空气阻力很大,滚动阻力计算的偏差对整车受力分析的准确度影响很小(这一点可参看例1-4计算中的讨论)。

(5)滚动阻力系数的影响因素 轮胎的滚动阻力系数 f 直接决定滚动阻力的水平,进而影响汽车的动力性和燃油经济性等。

人们在轮胎试验台以及试验道路上对许多不同结构的轮胎进行了不同工作条件下的滚动阻力系数的测定试验。研究发现,滚动阻力系数的影响因素除了道路条件外,主要有车速、轮胎气压、轮胎的垂直载荷、驱动力(特指驱动轮)以及轮胎的材料和结构设计等。

1)车速。研究表明,车速较低时,滚动阻力系数的变化不大。当车速提高到一定程度后,滚动阻力系数随车速的提高较快增长,如图1-8所示。图中提及的速度级别一般标示于轮胎产品的侧壁上,是轮胎代码的最后一位,代表最高允许车速。例如 S 表示最高允许车速 180km/h,H 表示允许 210km/h,V 表示允许 240km/h 等。

这是由于当车速较高时,轮胎的变形加剧,而滚动阻力产生的根源在于轮胎的变形。尤

其是车速达到某一临界值（不同型号的轮胎，该临界值不同）后，轮胎发生驻波，滚动阻力系数急剧增加。如图1-9所示，当车速极高时，胎面离开接地区后，变形来不及完全恢复就再次接地，致使轮胎周缘的离地部分出现较明显的波浪状抖动，这就是**驻波**。轮胎出现驻波后，不但滚动阻力系数大大增加，影响动力性和燃油经济性等，而且轮胎升温很快，同时造成轮胎内部不可逆的损伤，甚至引发爆胎事故。

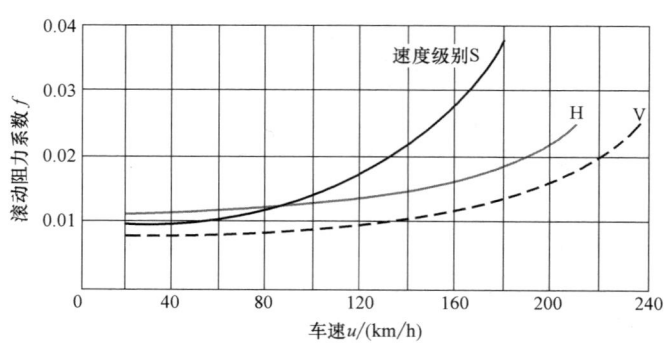

图1-8 不同速度级别轿车轮胎的滚动阻力系数与车速的关系

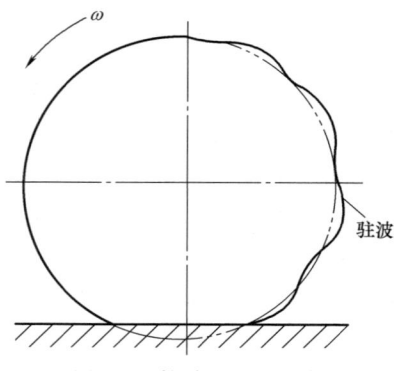

图1-9 轮胎的驻波现象

因此，驾驶时一定要注意，车速不要超过轮胎速度级别所允许的上限。

除车速过高外，载荷过大和气压过低，也是促使轮胎产生驻波的因素。

一些研究工作试图建立起轮胎的滚动阻力系数与车速之间的定量关系。例如，有人建议采用下式推算货车轮胎在良好路面上的滚动阻力系数（u的单为km/h）：

$$f = 0.0076 + 0.000056u \tag{1-5a}$$

对于在良好路面上行驶的轿车轮胎，则提出

$$f = f_0 + f_1\left(\frac{u}{100}\right) + f_4\left(\frac{u}{100}\right)^4 \tag{1-5b}$$

式（1-5b）只适用于对滚筒试验台上的轮胎滚动阻力系数做粗略估算（若将滚筒上的滚动阻力系数记为 f_z，则实际道路上的滚动阻力系数 $f = c f_z$。良好沥青路面上 $c = 1.2$，粗糙水泥路面上 $c = 1.3 \sim 1.4$）。式（1-5b）中的系数 f_0、f_1 和 f_4，取决于轮胎的速度级别以及充气压力，该式使用不大方便，且对某些型号的轮胎预测精度较差。

2）气压。轮胎充气压力越低，径向变形越大，接地区域的面积也增大，迟滞损失和滚动阻力系数就越大。其关系如图1-10所示。

3）载荷。轮胎的垂直载荷 G 增大时，滚动阻力 F_f 会增大，但是滚动阻力系数 f 会减小，如图1-10所示（注意，造成轮胎温升过高乃至爆胎的是滚动阻力，而不是滚动阻力系数，因而载荷过大仍然会提高驻波发生的概率）。

4）驱动力。驱动轮承受驱动力（其实质是承受驱动转矩）时，胎面相对路面有一定程度的滑动，加大了轮胎滚动时的能量损耗，因而滚动阻力系数会增大，如图1-11所示。

驱动力系数为驱动力与垂直载荷之比。由图1-11可知，当驱动力系数较大时，滚动阻力系数增加较快。

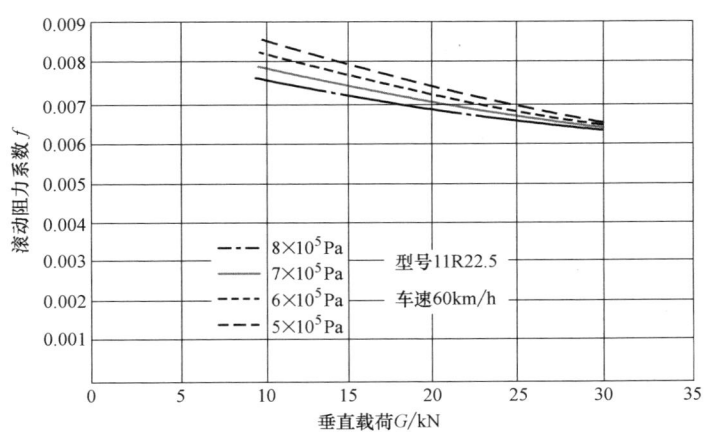

图 1-10 滚动阻力系数与载荷和气压的关系

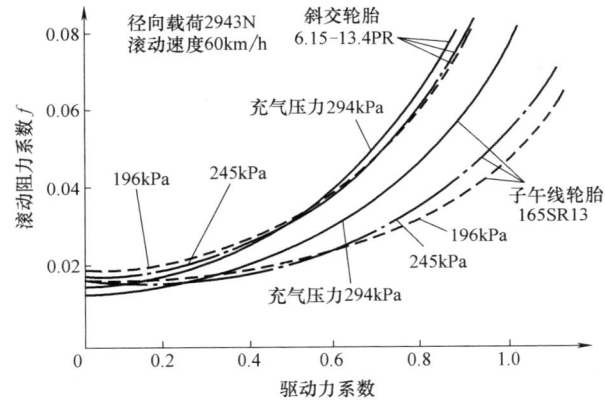

图 1-11 滚动阻力系数与驱动力系数的关系

由图 1-11 还可以发现，当驱动力系数较大时，提高轮胎气压会使滚动阻力系数增大。这是因为在较大的驱动转矩作用下，气压越高，胎面相对地面的滑动程度越大，"总的滚动阻力"中来自滑动摩擦的成分增大。

5) 轮胎的材料和结构设计。轮胎的材料和结构设计对滚动阻力系数也有影响。由图 1-11 可知，与斜交轮胎相比，子午线轮胎的滚动阻力系数较小，受驱动力系数变化的影响也较小。

较浅的胎面花纹和合理的胎面轮廓设计也可以在一定程度上减小滚动阻力。

单纯从降低滚动阻力系数的角度看，天然橡胶优于合成橡胶。但是后者在胎面寿命、附着性能（尤其是在湿滑路面上）、缓冲和降低噪声等方面具有优势，因此目前合成橡胶基本上已经取代了天然橡胶。

轮胎由多种材料混合而成。比较典型的胎面材料的质量比例为橡胶 41%、炭黑 36.9%、油 18.4%、其他物质 3.7%。

随着轮胎设计制造技术的进步，现代汽车轮胎（尤其是重载货车所使用的高压胎）的滚动阻力系数可以做到小于 0.01 甚至接近 0.005 左右的水平。

6）一般性的简化取值。在一般性的分析计算中，常认为给定了轮胎和道路，就确定了其滚动阻力系数。当车速不是很高时，正常充气压力的普通轮胎在各种典型道路条件下的滚动阻力系数值见表 1-2。

表 1-2　普通轮胎在常见道路上的滚动阻力系数值

道路条件	滚动阻力系数值
良好的沥青路或混凝土路，较平整的卵石路或碎石路	0.005 ~ 0.015
压实的砂砾路，损坏的搓板沥青路	0.02 ~ 0.03
损坏的搓板砂砾路	0.03 ~ 0.04
较坚实的土路	0.04 ~ 0.05
土路	0.05 ~ 0.15
沙地	0.15 ~ 0.35

在泥土路或沙地等松软地面上，轮胎的 f 值很大，而且 f 值通常随轮胎气压的增大而增大，这一点与硬路面上的特性不同。此时滚动阻力更多地是来自土壤的变形，而不是轮胎的变形与弹性迟滞。松软地面上的土壤阻力问题可参见第七章第二节的有关内容。

小结：汽车的驱动力 $F_t = \dfrac{T_e i_t \eta_T}{r}$，汽车的滚动阻力 $F_f = Gf\cos\alpha$。

二、空气阻力和坡度阻力

1. 空气阻力

空气阻力是汽车相对空气运动时，空气作用力在汽车行驶方向上（即沿车辆坐标系 x 轴的反方向）的分量。

（1）**空气阻力的构成**　空气阻力由压力阻力和摩擦阻力构成。

1）压力阻力。**压力阻力**是作用在车身表面上的空气法向压力的合力在行驶方向上的分量。

压力阻力可以理解为向后的空气压力与向前的空气压力之差，故又称为"压差阻力"。压力阻力又包括以下四个分量：

① 形状阻力。该力是压力阻力的主体，主要取决于车身的主体轮廓形状。

② 干扰阻力。该力是由车身表面的一些较小的凸起物引起的阻力，这些凸起物包括外后视镜、门把手、天线以及车底的一些未被保险杠和侧裙遮挡住的元件。

③ 内循环阻力。该力是发动机冷却、车室通风等所需的空气流经车体内部所形成的阻力。

④ 诱导阻力。该力是伴随着形状阻力而产生的附加阻力。

诱导阻力的产生机理较复杂，其根源在于车体上方的空气压力低于车体下方的，引起横流（气流由车底绕经车门流向车顶），进而影响车身周围纵向气流的分布，导致车体后部空气压力下降，即前、后压差增大。

2）摩擦阻力。由于空气具有黏性，会对车身表面产生切向作用，切向合力在行驶方向上的分量，就是**摩擦阻力**。摩擦阻力对车身较长的车辆（如大客车）的影响相对更大。

对于一般轿车，上述空气阻力分量的大致比例为：形状阻力占 58%，干扰阻力占 14%，内循环阻力占 12%，诱导阻力占 7%，摩擦阻力占 9%。

（2）**空气阻力的计算** 按空气动力学分析，空气阻力 $F_w = \dfrac{C_D A \rho v_r^2}{2}$。

其中，C_D 为汽车的空气阻力系数；A 为汽车的迎风面积（m^2）；ρ 为空气密度（kg/m^3）；v_r 为汽车与空气的相对速度（m/s）。

标准状况（空气压强为 $1.013 \times 10^5 Pa$、温度为 15℃、重力加速度为 $9.8 m/s^2$）下 $\rho = 1.225 kg/m^3$，在无风（或微风）环境中 v_r 即车速 v，换算为 u（km/h），于是得到空气阻力 F_w（N），即

$$F_w = \frac{C_D A u^2}{21.15} \tag{1-6}$$

关于式（1-6），需要注意以下问题：

1）如果环境风速较大，应该利用实际的汽车与空气的相对速度 u_r（单位为 km/h，参见图 1-12 中的 v_r，u_r 与 v_r 为同一参数，只是单位不同）代替车速 u。

2）如果实际环境的空气密度与标准值相差较大，可以根据实际的气压、温度和重力加速度等参数加以修正。

由于汽车正视图方向的截面轮廓较复杂，迎风面积 A 的实际值不易确定。有的研究认为，对于轿车，可以按 $A = 0.81BH$ 来计算（B 是汽车的宽度，H 是汽车的高度）；也有一些企业和研究机构，拟定了自己的迎风面积测算方法。因此，不妨将式（1-6）中的 $C_D A$ 看作一个参数。同一辆汽车，无论迎风面积如何定义，其 $C_D A$ 值是固定的，该参数的精确值大多是由整车或模型的风洞试验确定的。

为了降低空气阻力，从而提高车辆的动力性（和燃油经济性等），研究单位和制造企业不遗余力地采取措施，降低汽车的空气阻力系数 C_D，效果是非常显著的。例如，20 世纪 70 年代，典型轿车的 C_D 值为 0.41~0.49，现代轿车可以做到 0.3 左右，某些具有优良空气动力学特性的轿车（指家用级）可以低至 0.26。对于大型商用车，出于装载功能的考虑，无法过分追求低风阻设计，而且其车速低、载重大，降低滚动阻力是相对更重要的设计任务。目前货车的 C_D 值为 0.6~1.0，客车为 0.5~0.8。

另外，汽车在实际行驶中，会有其他一些使用因素影响其空气阻力系数的数值，在使用式（1-6）时需要注意。

例如，当汽车和空气存在侧向相对速度，也就是存在侧向风时，空气阻力（系数）会发生变化。

将汽车-空气的相对速度方向与车辆坐标系 x 轴的夹角称为**流入角**，也称风向角，记为 γ。注意，流入角不仅与风速 v_w 有关，还与车速 v 有关，如图 1-12 所示。

图 1-13 所示为空气阻力系数与流入角的关系，其中"空气阻力系数相对比值"是指一定流入角下的 C_D 值与流入角为 0 时的 C_D 值之比。由图 1-13 可知，空气阻力系数随流入角的增大而增大。其中，轿车由于车身较短且全封闭，受影响较小。货车由于底盘外露件较多，客车由于车身较长，受流入角影响均较大。由牵引车（或驾驶室）和挂车（或鞍式半挂车）组成的汽车列车，兼具车身长、底盘外露件多以及前、后段之间暴露空间大等特点，其空气阻力系数值对流入角的变化更为敏感。

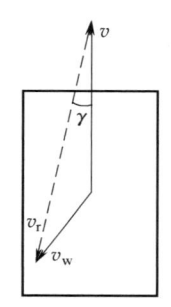

图 1-12　流入角 γ

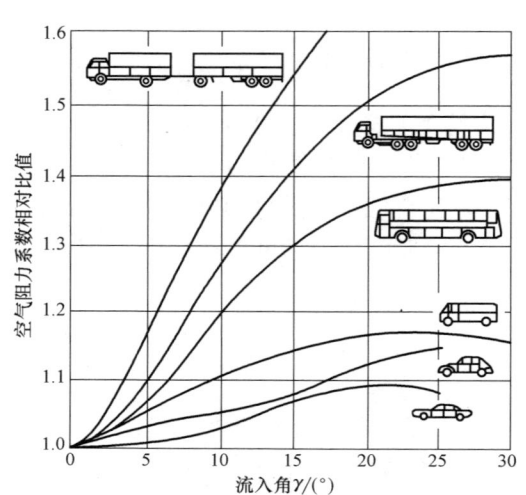

图 1-13　空气阻力系数与流入角的关系

还有学者研究了车流（车队）中，前、后车之间的影响。当两辆汽车大致沿相同的轨迹行驶且纵向距离较近时，后面的汽车就处在前车的"风影"中，空气阻力（系数）会有所降低。例如，试验研究表明，货车队列的行驶速度保持 80km/h 时，如果前、后相邻汽车之间保持"半个里程表车速"的安全距离，即 40m，那么第二辆汽车的空气阻力系数会下降 20% 左右，第三辆及其后面汽车的空气阻力系数则有可能下降 30%（如果车距非常接近，如小于 10m，第一辆汽车的空气阻力系数也会有所下降，但这种行驶间距过近的情况，存在安全隐患）。因此，可以通过车队组织或交通管理等措施，使汽车队列在足够安全的前提下保持尽可能小的间距，以提高整个车队的运输效率和燃油经济性。

运动赛车之间也存在类似的试验研究结论。

空气阻力的产生机理和计算方法，以及降低空气阻力系数的措施，涉及较多空气动力学方面的理论和方法，需要深入研究的读者，请查阅相关资料。

2. 坡度阻力

坡度阻力是汽车在上坡行驶时，重力沿坡道方向（即车辆坐标系 x 轴的反方向）的分量，即

$$F_i = G\sin\alpha \tag{1-7a}$$

式中，F_i 为坡度阻力；G 为整车重力；α 为坡道角。

当坡道角较小时，上式可近似表示为

$$F_i = Gi \tag{1-7b}$$

式中，**坡度** $i = \tan\alpha$。

> 一般道路的坡度都不大。例如按照国家标准，高速公路平原微丘区的最大纵向坡度 i_{max} 为 3%，四级公路山岭重丘区（这已经是日常驾驶中所能遇到的最低等级的公路条件。关于功能型公路的等级体系，读者可查阅相关标准资料）的最大纵向坡度 i_{max} 为 9%。即使按坡度 $i = 9\%$（对应坡道角 $\alpha = 5.1428°$），其正弦值 $\sin\alpha = 0.08964$，与坡度 i 值的相对误差仅为 0.4%。可见，用 i 代替 $\sin\alpha$，即用式（1-7b）代替式（1-7a），在一般道路上造成的误差完全可以忽略不计。
>
> 按标准规范修建的地下车库，其通车道的最大纵向坡度为 15%，读者可以尝试计算，此时 i 与 $\sin\alpha$ 的相对差异。

因为滚动阻力和坡度阻力都与道路情况有关，且都与汽车重力成正比，故可将其合计在一起，称为**道路阻力**，记作 F_ψ，即

$$F_\psi = F_f + F_i \tag{1-8}$$

定义道路阻力系数 $= \dfrac{道路阻力}{汽车重力}$，记作 ψ，则有

$$\psi = f\cos\alpha + \sin\alpha \tag{1-9a}$$

当道路坡度较小时，近似可得

$$\psi = f + i \tag{1-9b}$$

三、加速度分析

由上述分析可知，当汽车以一定速度在一定坡道上匀速行驶时，汽车的真实受力关系为

$$F_t - F_f - F_w - F_i = 0$$

其中，$F_t - F_f$ 是整车的地面纵向合力（驱动轮的推力与从动轮的阻力之差）。

将汽车的结构参数和使用参数代入，则有

$$\frac{T_e i_t \eta_T}{r} - Gf\cos\alpha - \frac{C_D A u^2}{21.15} - G\sin\alpha = 0$$

下面，将转动体的牛顿第二定律"合外力矩 = 转动惯量×角加速度"分别运用于发动机飞轮和汽车的驱动轮与从动轮，研究汽车具有一定加速度 $\dfrac{dv}{dt}$ 时的受力状况。

1. 发动机输出转矩转化为传动系统输入转矩

发动机输出转矩 T_e，是混合气燃烧做功，通过曲柄连杆机构作用于曲轴的转矩。按前文讨论的外特性，发动机的转矩值仅取决于转速值，与发动机匀速运转还是加速运转无关。

发动机转矩 T_e 通过曲轴作用于飞轮（对于装备液力变矩器的汽车，在飞轮位置上取而

代之的是液力变矩器壳。下文不详细区分，仍采用"飞轮"的提法），再通过飞轮作用于传动系统的输入元件，如离合器或者液力变矩器，产生传动系统输入转矩 T_{in}。

当汽车匀速行驶时，飞轮匀速运转，力矩平衡，显然有 $T_{in} = T_e$。

当汽车加速时，飞轮也在加速。如图 1-14a 所示，以飞轮为研究对象，必然有

$$T_e - T_{in} = I_f \varepsilon_e$$

式中，I_f 是飞轮的转动惯量（除飞轮本身外，可以认为曲柄连杆机构的其他运动件的转动惯量也包含于其中）；ε_e 是发动机的角加速度，即 $\varepsilon_e = \dfrac{d\omega_e}{dt}$，其中 ω_e 是发动机的角速度。

令此时汽车的速度为 v，传动系统的传动比为 i_t，车轮半径为 r，显然有 $\omega_e = \dfrac{v}{r} i_t$，可得 $\dfrac{d\omega_e}{dt} = \dfrac{i_t}{r} \dfrac{dv}{dt} + \dfrac{v}{r} \dfrac{di_t}{dt}$。其中，$\dfrac{dv}{dt}$ 是汽车的加速度，即图 1-3 中的 a；$\dfrac{di_t}{dt}$ 是传动比对时间的变化率，在此部分的分析中令加速时传动比不变（即不考虑液力变矩器、无级变速器的锥形带轮组等传动装置在加速过程中传动比连续变化的情况），即 $\dfrac{di_t}{dt} = 0$，则 $\varepsilon_e = \dfrac{d\omega_e}{dt} = \dfrac{i_t}{r} \dfrac{dv}{dt}$。于是，汽车加速时传动系统的输入转矩为

$$T_{in} = T_e - \frac{I_f i_t}{r} \frac{dv}{dt}$$

上述分析表明，由于飞轮转动惯量的存在，使得加速时传动系统获得的输入转矩相比匀速时有所减小。

2. 驱动轮的地面纵向力

如图 1-14b 所示，传动系统的输入转矩 T_{in} 经传动系统传至驱动轮，必然得到驱动转矩 $T_t' = T_{in} i_t \eta_T$，η_T 是传动效率（在此分析中，认为传动系统中各旋转元件的转动惯量较小，其影响忽略不计）。代入 T_{in} 的表达式，得 $T_t' = \left(T_e - \dfrac{I_f i_t}{r} \dfrac{dv}{dt}\right) i_t \eta_T$。

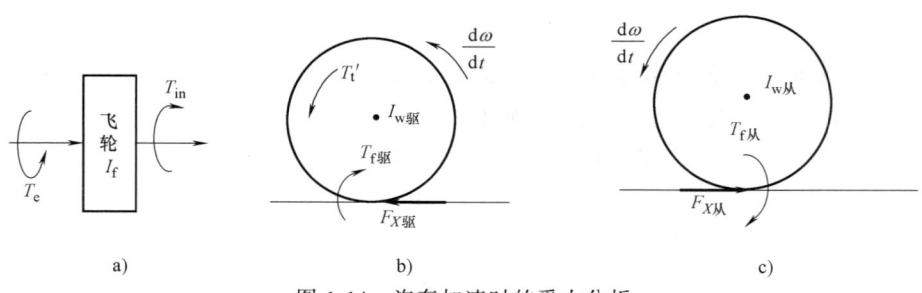

图 1-14 汽车加速时的受力分析
a）飞轮 b）驱动轮 c）从动轮

驱动轮受到的滚动阻力偶矩与汽车匀速还是加速无关，其值仍为

$$T_{f驱} = G_{驱} a = G_{驱} fr$$

式中，a 为地面法向反力偏移距（参见图 1-6b）；$G_{驱}$ 为汽车所有驱动轮的垂直载荷；f 为轮胎的滚动阻力系数。

除驱动转矩 T'_t 和滚动阻力偶矩 $T_{f驱}$ 外，驱动轮还受到地面纵向力 $F_{X驱}$ 的作用。于是存在：

$$T'_t - T_{f驱} - F_{X驱}\, r = I_{w驱}\frac{d\omega}{dt}$$

式中，$I_{w驱}$ 为汽车所有驱动轮的转动惯量之和；$\frac{d\omega}{dt}$ 为驱动轮的角加速度，显然 $\frac{d\omega}{dt}=\frac{dv}{dt}\frac{1}{r}$。

整理可得

$$F_{X驱}=\frac{T_e i_t \eta_T}{r}-G_{驱}f-\frac{I_f i_t^2 \eta_T + I_{w驱}}{r^2}\frac{dv}{dt} \tag{1-10a}$$

如果路面存在坡道角 α，则应为

$$F_{X驱}=\frac{T_e i_t \eta_T}{r}-G_{驱}f\cos\alpha-\frac{I_f i_t^2 \eta_T + I_{w驱}}{r^2}\frac{dv}{dt} \tag{1-10b}$$

式中，$F_{X驱}$ 为驱动轮受到的真实地面推力；$\frac{T_e i_t \eta_T}{r}$ 为（名义）驱动力 F_t；$G_{驱}f\cos\alpha$ 为滚动阻力，$\left(\frac{T_e i_t \eta_T}{r}-G_{驱}f\cos\alpha\right)$ 则是匀速行驶时驱动轮受到的真实地面推力。

可见，由于飞轮转动惯量和驱动轮转动惯量的存在，使得加速时驱动轮获得的真实地面推力相比匀速时有所减小。

也就是说，无论汽车匀速行驶还是加速行驶，驱动力 F_t 都不是驱动轮的真实地面推力（但是 F_t 源于发动机输出特性以及传动系统参数，容易获得，从本质上反映了"发动机的动力供应能力"；容易画出驱动力曲线，进行动力性分析，而且也便于进行燃油经济性分析。因此"驱动力 F_t"还是被普遍采用的一个概念）。

3. 从动轮的地面纵向力

如图 1-14c 所示，从动轮受到的滚动阻力偶矩 $T_{f从}=G_{从}\,a=G_{从}fr$，受到的地面纵向力为 $F_{X从}$，角加速度 $\frac{d\omega}{dt}=\frac{dv}{dt}\frac{1}{r}$。于是存在：

$$F_{X从}\,r - T_{f从} = I_{w从}\frac{d\omega}{dt}$$

式中，$I_{w从}$ 为汽车所有从动轮的转动惯量之和。

整理可得

$$F_{X从}=\frac{I_{w从}}{r^2}\frac{dv}{dt}+G_{从}f \tag{1-11a}$$

如果路面存在坡道角 α，则应为

$$F_{X从}=\frac{I_{w从}}{r^2}\frac{dv}{dt}+G_{从}f\cos\alpha \tag{1-11b}$$

式中，$F_{X从}$ 为从动轮受到的真实地面阻力；$G_{从}f\cos\alpha$ 为从动轮的滚动阻力 $F_{f从}$。

可见，由于从动轮转动惯量的存在，使得加速时从动轮受到的真实地面阻力比滚动阻力

有所增大（注意，车轮的"滚动阻力 F_f"是在匀速条件下定义的，$F_{X从}$ 比 $F_{f从}$ 多出的部分，是由于车轮加速造成的，与弹性变形、迟滞损失等无关）。

4. 加速度的计算和旋转质量换算系数

上文已经研究了汽车在直线驱动行驶工况下，同时具有速度、加速度和坡度时所受到的所有纵向外力，现总结如下（可参见图 1-3）：

空气阻力 $$F_w = \frac{C_D A u^2}{21.15}$$

坡度阻力 $$F_i = G\sin\alpha$$

驱动轮的地面推力 $$F_{X驱} = \frac{T_e i_t \eta_T}{r} - G_{驱} f\cos\alpha - \frac{I_f i_t^2 \eta_T + I_{w驱}}{r^2}\frac{dv}{dt}$$

从动轮的地面阻力 $$F_{X从} = \frac{I_{w从}}{r^2}\frac{dv}{dt} + G_{从} f\cos\alpha$$

这些力都是汽车在对应工况下真实存在的。对其合力运用牛顿第二定律，必然有 $F_{X驱} - F_{X从} - F_w - F_i = m\frac{dv}{dt}$，$m$ 为整车质量。将地面作用力的展开式代入，可得

$$\frac{T_e i_t \eta_T}{r} - G_{驱} f\cos\alpha - \frac{I_f i_t^2 \eta_T + I_{w驱}}{r^2}\frac{dv}{dt} - \frac{I_{w从}}{r^2}\frac{dv}{dt} - G_{从} f\cos\alpha - F_w - F_i = m\frac{dv}{dt}$$

结合已有的定义：驱动力 $F_t = \frac{T_e i_t \eta_T}{r}$、滚动阻力 $F_f = (G_{驱} + G_{从})f\cos\alpha$，代入上式，整理可得

$$F_t - F_f - F_w - F_i = \left(m + \frac{I_f i_t^2 \eta_T}{r^2} + \frac{\sum I_w}{r^2}\right)\frac{dv}{dt} \tag{1-12a}$$

式中，$\sum I_w = I_{w驱} + I_{w从}$，即汽车所有车轮的转动惯量之和。

当汽车加速时，驱动轮的垂直载荷 $G_{驱}$ 和从动轮的垂直载荷 $G_{从}$ 均与匀速或静止时不同，其具体计算可参见本章第五节。但是 $G_{驱} + G_{从} = G$ 总是成立的，G 为整车重力，即式 (1-12a) 中整车的滚动阻力 F_f 的计算是准确的。

对于加速过程中传动系统的传动比连续变化的车型（如变速器包含有液力变矩器或金属带/链-锥形轮等无级传动装置的情况），牛顿第二定律的关系应表达为

$$F_t - F_f - F_w - F_i - \frac{I_f i_0^2 i_g \eta_T v d i_g}{r^2 \, dt} = \left(m + \frac{I_f i_t^2 \eta_T}{r^2} + \frac{\sum I_w}{r^2}\right)\frac{dv}{dt} \tag{1-12b}$$

式中，i_0 是主减速器的传动比；i_g 是变速器的传动比；$\frac{di_g}{dt}$ 是变速器传动比对时间的变化率。

与式 (1-12a) 相比，式 (1-12b) 多出的一项 $\frac{I_f i_0^2 i_g \eta_T v}{r^2}\frac{di_g}{dt}$ 是加速过程中变速器传动

比的变化率。其来源是前文讨论的飞轮的角加速度 $\dfrac{d\omega_e}{dt}=\dfrac{i_t}{r}\dfrac{dv}{dt}+\dfrac{v}{r}\dfrac{di_t}{dt}$ 的第二项，有兴趣的读者可以自行推证一下式（1-12b）。

在一般性的分析计算中，不考虑 $\dfrac{di_g}{dt}$，即采用关系式（1-12a）。

由式（1-12a）可求得该工况下汽车的加速度：

$$\frac{dv}{dt}=\frac{F_t-F_f-F_w-F_i}{m+\dfrac{I_f i_t^2 \eta_T}{r^2}+\dfrac{\sum I_w}{r^2}}$$

$\left(m+\dfrac{I_f i_t^2 \eta_T}{r^2}+\dfrac{\sum I_w}{r^2}\right)$ 的思想是将飞轮与车轮的转动惯量"折算"入整车的平动质量，可将其进一步写为 $\left(1+\dfrac{I_f i_t^2 \eta_T}{mr^2}+\dfrac{\sum I_w}{mr^2}\right)m$。

对此，可以这样理解：平动质量加速会产生惯性力，也就是需要额外的推力（即合外力）来克服；旋转质量加速时则产生惯性力偶矩，也就是需要额外的主动力矩来克服。

为了便于计算，把旋转质量的惯性力偶矩折算为平动质量的惯性力，对于加速过程中传动比不变（指变速器置于某一档位时）的汽车，以系数 δ 作为计入旋转质量的惯性力偶矩后的**汽车旋转质量换算系数**，即：

$$\delta=1+\frac{I_f i_t^2 \eta_T}{mr^2}+\frac{\sum I_w}{mr^2}$$

则汽车的加速度可表达为

$$\frac{dv}{dt}=\frac{F_t-F_f-F_w-F_i}{\delta m}$$

可以这样认为，系数 $\dfrac{1}{\delta}$ 指的是"名义合外力"（$F_t-F_f-F_w-F_i$）中，用于产生汽车平动加速度的比例。一个典型的实例：如果 $\delta>2$，说明发动机输出至驱动轮的动力，克服滚动阻力、空气阻力和坡度阻力后的剩余部分，更多地用于各旋转元件的角加速，而不是整车的平动加速。

旋转质量换算系数的大小取决于发动机飞轮的转动惯量与整车质量之比、所有车轮的转动惯量与整车质量之比以及传动比。传动效率 η_T 对不同汽车来说差异不大，可不考虑其影响。

$\delta=1+\dfrac{I_{\mathrm{f}}i_{\mathrm{t}}^{2}\eta_{\mathrm{T}}}{mr^{2}}+\dfrac{\sum I_{\mathrm{w}}}{mr^{2}}$ 中，$\dfrac{\sum I_{\mathrm{w}}}{r^{2}}$ 可以理解为将所有车轮的转动惯量折算成一个半径为 r 的"圆环"质量；$\dfrac{I_{\mathrm{f}}i_{\mathrm{t}}^{2}\eta_{\mathrm{T}}}{r^{2}}$ 则可理解为将高速级（即飞轮）的转动惯量换算到低速级（即车轮）上，要乘以传动比的平方以及传动效率，再折算成一个半径为 r 的"圆环"质量。通常，汽车挂低速档时，$\dfrac{I_{\mathrm{f}}i_{\mathrm{t}}^{2}\eta_{\mathrm{T}}}{mr^{2}}$ 比 $\dfrac{\sum I_{\mathrm{w}}}{mr^{2}}$ 大得多。

m 是整车总质量。同一辆汽车处在不同的装载状态，即使变速器档位不变，其 δ 也会有差异。

传动比对旋转质量换算系数的影响：同一辆汽车（令总质量 m 不变），传动比不同，旋转质量换算系数 δ 可能有较大差异。最高档时 δ 最小，最低档时 δ 最大。

如果缺少所研究汽车的飞轮和车轮的转动惯量数据，也可以根据常见车型的典型数据，利用图 1-15 大致估算轿车和货车在不同传动比或档位的 δ 值。

不同车型的最高档 δ 值基本都不超过 1.08，差异不大。需要注意的是最低档：轿车的最低档 δ 值在 1.3～1.6 之间；大型商用车的最大传动比虽然较大，但是整车质量也很大，故其最低档 δ 值不是很大；而某些档数多、1 档传动比大且分动器具有高/低档位的越野车，其最低档 δ 值则会超过 10。

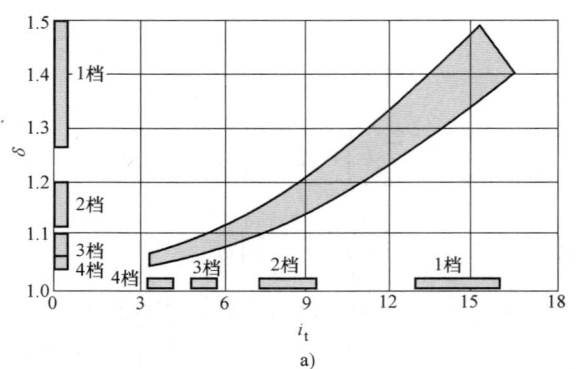

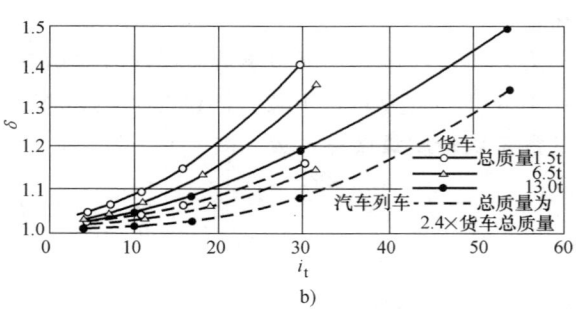

图 1-15　旋转质量换算系数与档位（传动比）的关系
a）轿车　b）货车

读者可以思考一下，最低档 δ 值如此之大的汽车，使用最低档行驶时的加速能力如何（如与 2 档相比）？设置这个档位的主要目的何在？

四、汽车受力平衡方程和功率平衡方程

1. 汽车受力平衡方程

根据上述加速度分析的结论，结合旋转质量换算系数 δ 的定义，将整车受力关系式 (1-12a) 重写为 $F_{\mathrm{t}}-F_{\mathrm{f}}-F_{\mathrm{w}}-F_{\mathrm{i}}=\delta m\dfrac{\mathrm{d}v}{\mathrm{d}t}$，这是基于牛顿第二定律的直接表达。

而在汽车动力学分析中,常常习惯于将其关系写成"驱动力=行驶阻力"的形式,于是得

$$F_t = F_f + F_w + F_i + F_j \tag{1-13}$$

式中,$F_j = \delta m \dfrac{dv}{dt}$,称为**加速阻力**。

注意,汽车加速时真正的惯性力(即真实合外力)为 $m\dfrac{dv}{dt}$。

有兴趣的读者可以思考一下,真实惯性力 $m\dfrac{dv}{dt}$ 的作用点在哪里?也就是说该力的作用线离地面多高?加速阻力 $\delta m \dfrac{dv}{dt}$ 作用线的离地高度又是多少?

另外,有的研究方法将加速阻力定义为 $F_j = (\delta m_v + m_c)\dfrac{dv}{dt}$,$m_v$ 和 m_c 分别是汽车的整备质量和装载质量。这种分析思想,是将飞轮和车轮等旋转元件的转动惯量折算到汽车的整备质量 m_v 中;装载质量 m_c 则完全是平动质量,可以另计。在此定义下,旋转质量换算系数 δ 值就与汽车的实际装载状态无关了。

可以定义**行驶阻力** $F_R = F_f + F_w + F_i + F_j$。式(1-13)的含义就是"驱动力与行驶阻力平衡"。在有些资料中则将这种关系表述为"动力供应与动力需求相平衡",动力供应是指驱动力 F_t,动力需求是指行驶阻力 F_R(当然,这种"平衡"是术语、符号的约定造成的,并不意味着汽车一定匀速运动)。

将式(1-13)中的各力展开,得到用结构参数和使用参数表达的**汽车受力平衡方程**:

$$\frac{T_e i_t \eta_T}{r} = Gf\cos\alpha + \frac{C_D A u^2}{21.15} + G\sin\alpha + \delta m \frac{dv}{dt} \tag{1-14a}$$

当道路的坡度较小时,上式可近似为

$$\frac{T_e i_t \eta_T}{r} = Gf + \frac{C_D A u^2}{21.15} + Gi + \delta m \frac{dv}{dt} \tag{1-14b}$$

关于"用结构参数和使用参数表达",式(1-14a)中的结构参数包括发动机转矩 T_e、传动系统传动比 i_t(也可视为使用条件,因其取决于变速器档位)、传动效率 η_T、车轮半径 r、整车重力 G、空气阻力系数 C_D 以及迎风面积 A,使用参数指的是滚动阻力系数 f(主要取决于道路条件)、车速 u、坡道角 α 和加速度 $\dfrac{dv}{dt}$,旋转质量换算系数 δ 则同时取决于结构参数(发动机飞轮和所有车轮的转动惯量与整车质量之比)和使用参数(变速器档位)。

式(1-13)可以看成是一种定性的"缩写"。在实际进行定量评价与计算时,利用的是其展开式(1-14a)或式(1-14b),驱动力 F_t 或者空气阻力 F_w 等参数不应直接出现,而必须由"结构参数和使用参数"来表达。

在汽车理论的研究中，各性能分析的指导性理论公式（常称为"汽车模型"），通常都追求写成这种"用结构参数和使用参数表达"的形式，因为它可以在给定车辆、给定行驶环境和给定驾驶人操作的条件下，定量求解某个性能评价指标。例如，在确定匀速行驶、水平道路的条件后，再结合发动机、传动系统和整车等参数，就可以对式（1-14a）采取解方程的方法，计算汽车的最高车速 u_{max}，如下节所述。

2. 汽车功率平衡方程

$F_t = F_f + F_w + F_i + F_j$ 表达的是"驱动力 = 行驶阻力"，两侧都乘以车速，就是"驱动功率 = 阻力功率"，即 $F_t v = (F_f + F_w + F_i + F_j) v$。

代入各力的展开式，得到：

$$\frac{T_e i_t \eta_T}{r} v = \left(Gf\cos\alpha + \frac{C_D A u^2}{21.15} + G\sin\alpha + \delta m \frac{dv}{dt} \right) v$$

两侧都除以传动效率 η_T，得到：

$$\frac{T_e i_t}{r} v = \frac{1}{\eta_T} \left(Gf\cos\alpha + \frac{C_D A u^2}{21.15} + G\sin\alpha + \delta m \frac{dv}{dt} \right) v$$

式中，$\frac{T_e i_t}{r} v = T_e \omega_e = P_e$。其中，$\omega_e$ 为发动机角速度，P_e 为发动机功率。

于是得到**汽车功率平衡方程**：

$$P_e = \frac{1}{\eta_T} \left(Gf\cos\alpha + \frac{C_D A u^2}{21.15} + G\sin\alpha + \delta m \frac{dv}{dt} \right) v \tag{1-15a}$$

注意上述参数的单位：功率 P_e（W），车速 u（km/h），车速 v（m/s），加速度 $\frac{dv}{dt}$（m/s²）。

> 可见，"汽车功率平衡"是在发动机上平衡，而不是在整车（即驱动轮）上。因为相对于驱动轮输出功率（可记为 P_t，$P_t = P_e \eta_T = F_t v$），发动机功率 P_e 是更常见的汽车参数。同样的道理，式（1-15a）左侧通常就记为 P_e，而不需展开为 $T_e \omega_e$。

如果采用较常见的工程单位，则**汽车功率平衡方程**可变形为

$$P_e = \frac{1}{3600\eta_T} \left(Gf\cos\alpha + \frac{C_D A u^2}{21.15} + G\sin\alpha + \delta m \frac{dv}{dt} \right) u \tag{1-15b}$$

式中参数的单位：功率 P_e（kW），车速 u（km/h），加速度 $\frac{dv}{dt}$（m/s²）。

当道路的坡度较小时，上式可近似为

$$P_e = \frac{1}{3600\eta_T} \left(Gf + \frac{C_D A u^2}{21.15} + Gi + \delta m \frac{dv}{dt} \right) u \tag{1-15c}$$

如采用简略的写法，功率平衡式则可表达为

$$P_e = \frac{1}{\eta_T} (P_f + P_w + P_i + P_j)$$

式中，P_f、P_w、P_i 和 P_j 分别表示用于克服滚动阻力、空气阻力、坡度阻力和加速阻力的功率。

需要说明的是，在本节的研究和分析中，有些参数是"名不副实"的。例如驱动力并非地面给驱动轮的真实推力，从动轮加速滚动时实际受到的地面阻力比滚动阻力大，驱动轮和整车的滚动阻力在受力图上画不出来等，但是式（1-14a）和式（1-15a）等是从汽车的真实受力出发，运用牛顿第二定律进行动力学分析得到的，除了某些参数（如滚动阻力系数、迎风面积、传动效率或旋转质量换算系数等）在实际应用中的具体取值可能存在一些误差外，这些公式在理论上是精确成立的，它们是下一节定量求解汽车动力性评价指标的理论基础。

第三节　汽车动力性的分析计算方法

汽车性能的好坏，是由性能评价指标来衡量的。动力性的指标是最高车速 u_{max}、加速时间 t 和最大爬坡度 i_{max}。汽车能够在一定的车速、加速度和爬坡度条件下行驶，需要满足两个条件：**驱动条件**——由发动机输出传至驱动轮的驱动力，足以克服行驶阻力；**附着条件**——地面与驱动轮之间的附着能力足以提供所需的纵向推力。只有同时满足驱动条件和附着条件，汽车才能实现所期望的行驶工况。本节研究的动力性指标的分析与计算，实际上就是驱动条件，一般认为它是汽车动力性的主要问题。附着的问题将在本章第五节中研究。

本节的汽车动力性分析，主要依据汽车受力平衡方程式（1-14a）以及功率平衡方程式（1-15a），对最高车速 u_{max}、加速时间 t 和最大爬坡度 i_{max} 进行计算。

一、用于汽车动力性分析的特性图

为了直观、形象地说明汽车动力性分析的过程和计算原理，这里先介绍驱动力-行驶阻力平衡图、动力特性图和功率平衡图。

1. 驱动力-行驶阻力平衡图

发动机的转矩外特性是转速 n 的一元函数，可记为 $T_e(n)$。结合驱动力 $F_t = \dfrac{T_e(n) i_g i_0 \eta_T}{r}$ 和车速 $u = 0.377 \dfrac{nr}{i_g i_0}$，可得 $F_t = \dfrac{T_e\left(\dfrac{i_g i_0 u}{0.377 r}\right) i_g i_0 \eta_T}{r}$。$T_e\left(\dfrac{i_g i_0 u}{0.377 r}\right)$ 的写法是将转矩 T_e 看作变量 $\dfrac{i_g i_0 u}{0.377 r}$（也就是转速 n）的函数。

在确定传动比 $i_g i_0$ 的条件下可以将驱动力视为车速的一元函数，即 $F_t = F_t(u)$。改变传动比，就得到不同的函数式。也就是说，变速器有几个前进档，驱动力 $F_t = F_t(u)$ 就有几个不同的函数关系式，将这些函数关系画在同一个坐标中，再画上阻力 $F_f + F_w = Gf + \dfrac{C_D A u^2}{21.15}$，就得到汽车的**驱动力-行驶阻力平衡图**，也称受力平衡图。图 1-16 所示为某变速器有 6 个前进档的汽车的受力平衡图。

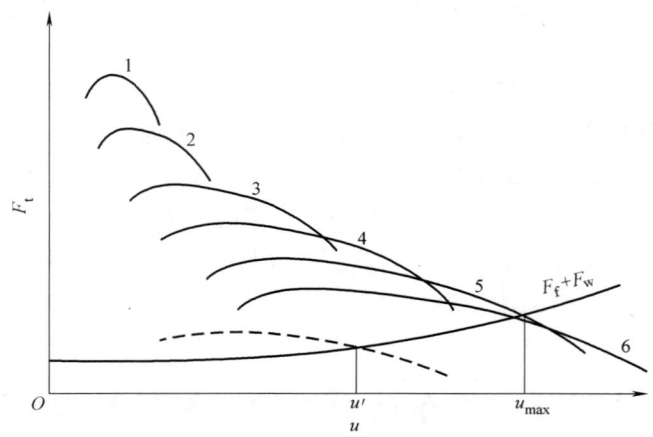

图 1-16　汽车的驱动力-行驶阻力平衡图

驱动力与车速的关系 $F_t = \dfrac{T_e\left(\dfrac{i_g i_0 u}{0.377r}\right) i_g i_0 \eta_T}{r}$ 很难进一步展开，因为发动机的转矩外特性 $T_e(n)$ 很难展开成代数式。

注意，此处的"行驶阻力"，指的是滚动阻力 F_f 与空气阻力 F_w 之和，只要汽车行驶，就会有这两项阻力。另外，此处的滚动阻力，是按没有坡度计算的，即 $F_f = Gf$。

驱动力与行驶阻力之差 $F_t - (F_f + F_w)$ 反映汽车的"净推力"，该数值越大，汽车的加速和爬坡能力越强。当汽车达到最高车速 u_{max} 时，$F_t - (F_f + F_w) = 0$。

最高车速 u_{max} 必然意味着 $F_t - (F_f + F_w) = 0$。那么，$F_t - (F_f + F_w) = 0$ 是否一定对应最高车速？

需要说明的是，这类曲线图是式（1-14a）、式（1-14b）等理论分析方法的直观解释，其主要目的在于提供感性认识，方便初学者理解和记忆。本书的许多图解法，都是这个目的。实际工程问题的求解效果，主要还是依赖于理论模型的可靠度和计算方法的精确度（读者结合本书的讲解做一些练习题，也会发现，实际计算的过程和结果数值，与曲线图的绘制效果无关）。

由于本章研究汽车的动力性，图中各档的驱动力线都按发动机外特性换算。在实际行驶时，也可以关小节气门，使发动机工作于部分负荷特性，那么各档的驱动力线就会降低。图1-16 中虚线所示为变速器处于 4 档、节气门部分开启时汽车的驱动力线，其与行驶阻力线的交点表明在此档位和节气门开度下汽车能够以 u' 匀速行驶。

2. 动力特性图

首先定义**动力因数**，汽车的动力因数 $= \dfrac{\text{驱动力} - \text{空气阻力}}{\text{汽车重力}}$，即

$$D = \dfrac{F_t - F_w}{G} \tag{1-16}$$

动力因数 D 是一个量纲为一的系数。

结合汽车受力平衡方程,可得 $D = f\cos\alpha + \sin\alpha + \dfrac{\delta}{g}\dfrac{\mathrm{d}v}{\mathrm{d}t} = \psi + \dfrac{\delta}{g}\dfrac{\mathrm{d}v}{\mathrm{d}t}$。其中,$\psi$ 为道路阻力系数,δ 为旋转质量换算系数。

> 行驶阻力共有4项,其中滚动阻力、坡度阻力和加速阻力均与车重成正比,因此,在驱动力中扣除唯一与重力无关的空气阻力,其结果就与重力成正比,再除以车重,就体现为某种"单位汽车重力所具有的动力性能参数",这就是动力因数。
>
> 动力因数 D 是一个较简练且能较全面反映汽车动力性的参数,很多研究部门和企业在进行汽车动力性(以及燃油经济性)方面的分析评价和优化设计时,将动力因数 D 作为汽车动力性的一个设计指标或约束参数,尤其是最低档和最高档(或直接档)的动力因数值比较受重视。

动力因数 $D = \dfrac{F_t - F_w}{G}$,而 F_t 和 F_w 都可以表达成车速 u 的函数,其中 F_t 与 u 的关系随传动比而改变(如图1-16所示的不同档位驱动力线)。因而,可以将动力因数 D 画成车速 u 的函数,并画上滚动阻力系数 f,于是得到**汽车的动力特性图**,如图1-17所示,不同档位的动力因数线不同。

与驱动力-行驶阻力平衡图一样,动力特性图中的滚动阻力系数 f 也不考虑坡度。

由图1-17可以看出,随着车速的提高,

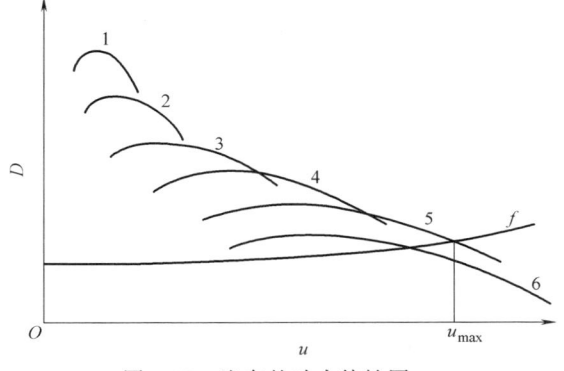

图1-17 汽车的动力特性图

动力因数与滚动阻力系数之差 $(D-f)$ 降低。汽车达到最高车速 $u_{\max}$ 时,$D-f=0$。而同一车速下,不同档位的 $(D-f)$ 不同,$(D-f)$ 越大,汽车的加速和爬坡能力越强。

> 关于驱动力-行驶阻力平衡图和动力特性图中的滚动阻力(系数)与车速的关系,可以采用不同的理论模型,如式(1-5a)、式(1-5b)等。在初步的定量计算中,可认为给定轮胎参数和道路条件,滚动阻力系数 f 为常数。

3. 功率平衡图

针对汽车的功率平衡方程式(1-15c),则可绘制**汽车的功率平衡图**。由发动机的功率外特性 $P_e(n)$ 和 $n = \dfrac{i_t u}{0.377 r}$,可以画出不同档位的发动机功率曲线 P_e-u,再画出 $\dfrac{1}{\eta_T}(P_f + P_w)$ 与 u 的关系曲线,即阻力功率曲线,如图1-18所示。

注意,阻力功率指的是用于克服滚动阻力与空气阻力的功率,而且要除以传动效率,即换算到发动机上"平衡"。当汽车的总质量、轮胎滚动阻力系数等发生变化时,阻力功率曲线也会随之改变。

汽车的驱动力-行驶阻力平衡图、动力特性图和功率平衡图，都源于汽车受力平衡方程式（1-14a、b），只是采用了不同的表征参数和坐标体系，其实质是相同的。

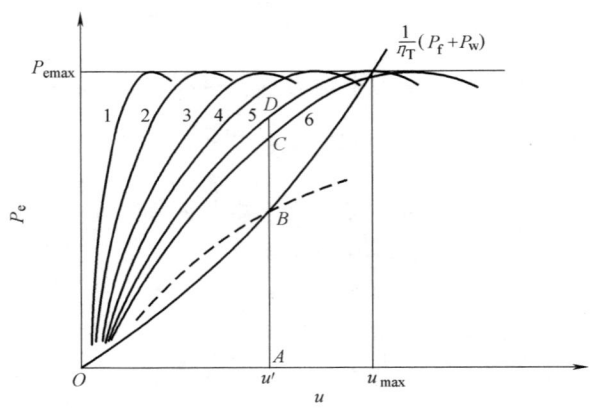

图 1-18　汽车的功率平衡图

二、最高车速

1. 理论分析和计算

按定义，计算最高车速 u_{max} 时，没有加速度和坡度，故有汽车受力平衡：$F_t = F_f + F_w$。其中，空气阻力的表达为 $F_w = \dfrac{C_D A u^2}{21.15}$；在本节的"驱动力-行驶阻力平衡图"部分已将驱动力表达为 $F_t = \dfrac{T_e\left(\dfrac{i_g i_0 u}{0.377r}\right) i_g i_0 \eta_T}{r}$；滚动阻力可取常数 Gf。那么汽车受力平衡方程表达为

$$\dfrac{T_e\left(\dfrac{i_g i_0 u}{0.377r}\right) i_g i_0 \eta_T}{r} = Gf + \dfrac{C_D A u^2}{21.15} \tag{1-17}$$

函数 $T_e\left(\dfrac{i_g i_0 u}{0.377r}\right)$ 的本质是发动机的转矩外特性 $T_e(n)$。

将式（1-17）看成是一个以车速 u 为未知数的方程，解之，即可确定车速 u。

随着变速器档位的变化，也就是传动比 $i_t = i_g i_0$ 的变化，式（1-17）有不同的具体表达式，应代入不同的 i_g 值进行求解。在较低档位下，u 无解，也就是档位较低且节气门全开时，驱动力 $\dfrac{T_e\left(\dfrac{i_g i_0 u}{0.377r}\right) i_g i_0 \eta_T}{r}$ 总是大于行驶阻力 $Gf + \dfrac{C_D A u^2}{21.15}$，汽车始终在加速；在若干较高档位下，存在车速 u 的解，在这些解中选取数值最大的，作为该汽车的最高车速 u_{max}。注意，最高车速不一定在最高档位下获得。

在具体计算中，由于很难写出 $T_e(n)$ [也就是 $T_e(u)$] 的解析式，无法形成最高车速 u_{max} 的代数解，通常需要根据发动机外特性的数据点，进行数值计算。

> 具体来说，可以采用插值、试凑等算法，本书不做详细介绍。
> 对后文的一些具体计算问题，本书也采取这样的方式：详细分析该问题的动力学原理，通过推导和演算给出数学模型，但是不详细讨论指标参数的具体计算方法。

2. 图解示意

1）可以利用驱动力-行驶阻力平衡图来解释上述计算过程。图 1-16 所示为一辆装备六

档变速器的汽车,当加速踏板踩到底,即发动机工作于外特性时,5 档和 6 档的驱动力曲线与行驶阻力曲线都有交点。换言之,在水平路面上用前 4 个档位行驶且加速踏板踩到底时,汽车始终在加速。

驱动力曲线与阻力曲线相交,意味着式(1-17)成立,交点对应的车速就是各档位的最高车速,其中 5 档的最高,即为这辆汽车的最高车速 u_{max}(设置第 6 档的目的主要是提高燃油经济性,详见第二章和第三章相关内容)。如果需要在某中低车速下匀速巡航行驶,驾驶人会放松加速踏板,发动机工作于某种部分负荷特性,在车速 u' 下驱动力和行驶阻力仍然平衡,图 1-16 中虚线所示为匀速行驶于 4 档的情况。

2)如果利用动力特性图来演示,则可参看图 1-17。由动力因数的定义 $D = f\cos\alpha + \sin\alpha + \frac{\delta}{g}\frac{dv}{dt}$ 可知,当汽车在水平路面上以最高车速行驶时,必然有 $D = f$。某档位的动力因数曲线与滚动阻力系数曲线的交点车速,即为该档位下的最高车速。与图 1-16 类似,图 1-17 中汽车的最高车速也在 5 档获得。

3)在功率平衡图 1-18 中,发动机功率曲线与阻力功率曲线相交,意味着 $P_e = \frac{1}{3600\eta_T} \times \left(Gf + \frac{C_D A u^2}{21.15}\right)u$,其本质即式(1-17),交点对应的车速即为某档位的最高车速。图 1-18 中,汽车的最高车速也在 5 档。

例 1-1 为了对本章的问题有比较直观、感性的认识,以某中级轿车为原型,构建一辆"基准车",用于若干动力性指标的分析和计算。车型参数如下:

汽车重力 $G = 15000$N,轮胎滚动阻力系数 $f = 0.012$,迎风面积 $A = 2.06$m^2,空气阻力系数 $C_D = 0.32$,车轮半径 $r = 0.316$m,传动效率 $\eta_T = 0.92$。采用六档变速器,$i_{g1} \sim i_{g6} = 3.923$、2.360、1.528、1.103、0.856、0.707。主减速比 $i_0 = 3.722$。发动机的转矩外特性(部分)见表 1-3。

表 1-3 "基准车"的发动机外特性(部分转速下的数据)

发动机转速/(r/min)	3000	3400	3800	4200	4600	5000	5400	5800	6200
发动机转矩/N·m	190	196	200	197	193	188	183	178	165
发动机功率/kW	59.7	69.8	79.6	86.6	93.0	98.4	103.5	108.1	107.1

注:发动机的外特性台架试验,直接测出的是对应转速下的转矩。此处按 $P_e = \frac{T_e n}{9549}$(单位为 kW)给出了对应的功率数值,供参考。

求上述"基准车"的最高车速(读者可以绘制驱动力-行驶阻力平衡图、动力特性图和功率平衡图,分别演示此例题的求解过程)。

针对每个档位,利用表 1-3 的转矩数据和车速 $u = \frac{0.377nr}{i_g i_0}$,计算各转速所对应的驱动力 $F_t = \frac{T_e i_g i_0 \eta_T}{r}$ 和行驶阻力 $\left(Gf + \frac{C_D A u^2}{21.15}\right)$,当驱动力与行驶阻力相等(或足够接近)时,对应车速就是该档位的最高车速(此过程相当于在驱动力-行驶阻力平衡图中逐点绘制各档位的驱动力线,汽车的行驶阻力线只有一条,求最高车速就是寻求驱动力线与行驶阻力线的交点)。

通过计算可知，1~4 档，无论发动机转速（车速）如何，总是有 $\dfrac{T_e i_g i_0 \eta_T}{r} > Gf + \dfrac{C_D A u^2}{21.15}$。

例如，挂 4 档，发动机工作于 6200r/min 时，驱动力 $F_t = 1972.1\text{N}$，行驶阻力 $Gf + \dfrac{C_D A u^2}{21.15} = 1188.9\text{N}$。也就是说该车在节气门全开的条件下，前 4 个档始终在加速。

在 5 档，当转速 $n = 5800\text{r/min}$ 时，达到 $\dfrac{T_e i_g i_0 \eta_T}{r} = Gf + \dfrac{C_D A u^2}{21.15}$，对应车速为 $u_{\max 5} = 217\text{km/h}$。

此处存在一个"巧合"：当该车的 5 档传动比 $i_{g5} = 0.856$ 时，最高车速对应的发动机转速为 5800r/min，对应发动机的最大功率为 108.1kW。也就是该传动比刚好能使发动机发挥出全部功率用于克服最高车速工况的行驶阻力。

> 请思考一下，如果没有这个数值的传动比，最高车速、对应发动机工作转速和最高车速时的发动机功率将如何？
>
> 在 6 档，经计算，$u_{\max 6} = 204\text{km/h}$。
>
> 由于发动机外特性数据离散，计算中对转速为 4200r/min 和 4600r/min 的工况进行了线性插值，得到驱动力和行驶阻力平衡的转速约为 4514r/min。
>
> 关于实际工程问题的具体数值求解，可以采取不同的方法。本书后面也不详细介绍具体的数值方法步骤。

综上所述，该车的最高车速为 217km/h，是在变速器位于 5 档时实现的。

同时，经计算可知，当汽车以最高车速 217km/h 行驶时，空气阻力（1468N）远大于滚动阻力（180N）。

另外，由计算可得，车速为 100km/h 时，匀速行驶所需的发动机功率 $P_e = \dfrac{1}{3600\eta_T} \times \left(Gf + \dfrac{C_D A u^2}{21.15}\right) u$ 仅为 14.8kW，与发动机最大功率 108.1kW 差距很大。说明在正常行驶条件下，轿车的发动机功率常有很大"冗余"。发挥出较大功率的机会应该是全力加速（或同时爬坡）等工况，而不是高速匀速行驶。

> 读者可以再计算一下，以我国公路的最高限速 120km/h 匀速行驶，此车发动机需要输出多大的功率？哪些档位可以实现这一速度？

三、加速时间

无论是原地起步加速时间还是超车加速时间，其定义都是汽车从某一低速 v_1 全力加速至某一高速 v_2 所需的时间，也就是说，加速区间的度量是速度。因此，加速时间 t 的计算，应该表达为某个函数 $f(v)$ 在速度区间上的定积分，可写为 $t = \int_{v_1}^{v_2} f(v)\,\mathrm{d}v$。同时，$t = \int_0^t 1\,\mathrm{d}t$。于是加速时间可表达为

$$t = \int_{v_1}^{v_2} \frac{\mathrm{d}t}{\mathrm{d}v} \mathrm{d}v$$

汽车的加速度 $a = \dfrac{\mathrm{d}v}{\mathrm{d}t}$，则上式可记为 $t = \int_{v_1}^{v_2} \dfrac{1}{a} \mathrm{d}v$，即加速时间是加速度的倒数 $\dfrac{1}{a}$ 在速度区间上的定积分。

全力加速时，通常不考虑坡度。由汽车受力平衡方程，可得加速度 $\dfrac{\mathrm{d}v}{\mathrm{d}t} = \dfrac{F_\mathrm{t} - (F_\mathrm{f} + F_\mathrm{w})}{\delta m}$（如果规定了"某给定坡度 i 条件下的加速时间"这类指标，则 $\dfrac{\mathrm{d}v}{\mathrm{d}t} = \dfrac{F_\mathrm{t} - (F_\mathrm{f} + F_\mathrm{w} + F_\mathrm{i})}{\delta m}$，$F_\mathrm{i} = G\sin\alpha \approx Gi$。然后同样按下述方法计算）。

展开 $\dfrac{\mathrm{d}v}{\mathrm{d}t} = \dfrac{F_\mathrm{t} - (F_\mathrm{f} + F_\mathrm{w})}{\delta m}$ 中各项，并将驱动力写成车速的函数 $F_\mathrm{t} = \dfrac{T_\mathrm{e}\left(\dfrac{i_\mathrm{g} i_0 u}{0.377 r}\right) i_\mathrm{g} i_0 \eta_\mathrm{T}}{r}$，代入加速时间的计算式 $t = \int_{v_1}^{v_2} \dfrac{\mathrm{d}t}{\mathrm{d}v} \mathrm{d}v$，得

$$t = \int_{v_1}^{v_2} \frac{\delta m}{\dfrac{T_\mathrm{e}\left(\dfrac{i_\mathrm{g} i_0 u}{0.377 r}\right) i_\mathrm{g} i_0 \eta_\mathrm{T}}{r} - Gf - \dfrac{C_\mathrm{D} A u^2}{21.15}} \mathrm{d}v \tag{1-18}$$

由于发动机的转矩外特性 $T_\mathrm{e}(n)$ 难以写出其代数式，式（1-18）中的被积函数也无法写出代数式，该定积分的计算通常采用数值解法。具体计算过程，可以利用驱动力-行驶阻力平衡图来演示，如图 1-19 所示。

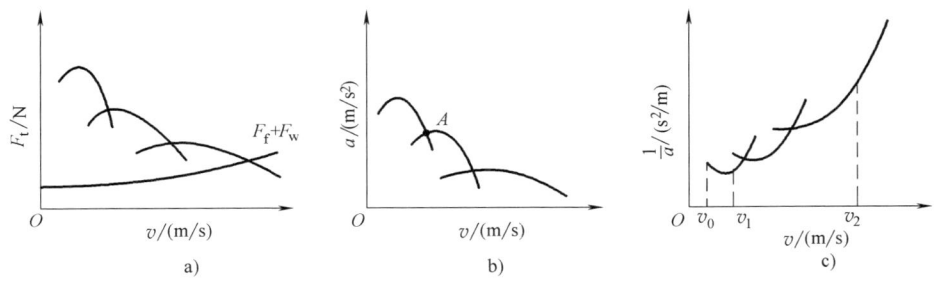

图 1-19 利用驱动力-行驶阻力平衡图解释加速时间的计算
a）驱动力-行驶阻力平衡图 b）加速度图 c）加速度倒数图

假定汽车的原地起步加速过程共使用 3 个前进档。利用每个档的驱动力，减去对应车速下的行驶阻力，得到的差值 $F_\mathrm{t} - (F_\mathrm{f} + F_\mathrm{w})$，有时被称为"**后备驱动力**"。它反映汽车的驱动力克服匀速行驶的阻力之后，还剩余多少"净驱动力"可用于加速或爬坡。由图 1-19a 可知，档位越低，后备驱动力越大，一般情况下汽车的加速和爬坡的能力也就越强。

后备驱动力 $F_\mathrm{t} - (F_\mathrm{f} + F_\mathrm{w})$ 再除以 δm（注意，不同档位的旋转质量换算系数 δ 不同），即得到各档位不同车速下的加速度值 $a = \dfrac{F_\mathrm{t} - F_\mathrm{f} - F_\mathrm{w}}{\delta m}$，如图 1-19b 所示。

注意，图1-19b中，档位越低，加速度越大，大部分汽车的加速性能也都符合这个规律。但是，如果1档的旋转质量换算系数非常大（如上节讨论的某些越野车或者某些重型货车），当变速器由2档换入1档，后备驱动力$F_t-(F_f+F_w)$增大的幅度不及δ，有可能其1档的加速度不如2档的大。因此，在第一节原地起步加速时间的定义中，规定的是"以能够获得最大加速度的档位起步"。

> 对于这类1档δ值很大的汽车，设置1档的主要目的不是用来提高起步加速能力，而是利用较大的传动比来增强汽车的爬坡、克服较大地面阻力、牵引从动部分或者输出强大的转矩进行其他作业等能力。

对加速度值取倒数，得到$\frac{1}{a}$，如图1-19c所示。由于难以求得解析解，可对$\frac{1}{a}$曲线下面的"分段曲顶梯形"的面积，从起始车速v_1到终了车速v_2划分为若干小区间，对各小区间的面积进行逐段累加，求得加速时间t的数值解。

上述计算过程中，需要注意以下问题：

1）计算原地起步加速时间时，可以忽略离合器等在起步时的打滑过程，即假定在起步瞬间，汽车就具有起步档位的最低车速。即在图1-19c中，原地起步加速时间的积分区间从速度v_0开始计算，而v_0相当于汽车起步档位的传动比和发动机外特性的最低稳定转速所对应的车速（如此计算，一般来说高估了汽车的起步加速能力。不过，要求极致的原地起步性能时，也可以采用"弹射起步"的方式，在起步前就将发动机转速拉高，起步瞬间可以得到更大的实际加速度）。

2）关于"恰当的换档时机"，如果较低档位与较高档位的加速度曲线有交点，如图1-19b中的点A所示，则在该交点对应的车速换档；如果没有交点，则使用较低档位加速，直至达到发动机最高转速，才换入较高档位。

3）对于有级式变速器，无论是手动档还是自动档，在实际换档过程中都存在一定程度的动力下降乃至中断（双离合变速器的设计出发点之一，就是尽量减小换档时的动力损失），如图1-2的两处"平台"所示，而在一般性计算中，并不考虑这一因素。

如果需要计算的是超车加速时间，则不存在"起步时的打滑过程""恰当的换档时机"以及"换档过程中动力下降"等问题，在指定档位的$\frac{1}{a}$曲线上由起始车速v_1到终了车速v_2进行积分即可得到加速时间t。

利用动力特性图也可以解释上述计算过程，方法基本与上述相同。先由动力因数曲线和滚动阻力系数曲线，并结合各档的δ值，得到加速度曲线，再得到加速度倒数曲线，之后在给定的速度区间内进行数值积分。

在功率平衡图中，难以直接求解加速度以及爬坡度的数值，因而通常采用后备功率来间接评价汽车的加速和爬坡能力。

后备功率指的是汽车在水平路面上以某车速匀速行驶所需的发动机功率，与该车速下能够发挥出的全部发动机功率的差值。后备功率与使用的档位有关。在图1-18中，当汽车以速度u'匀速行驶时，发动机工作于部分负荷特性（不同档位下的部分负荷特性曲线应有所区别，此处不详细区分，均以图中虚线代表），所需发动机功率为 AB。如果汽车以 6 档行驶，后备功率为 BC；如果降到 5 档，后备功率将增大为 BD。

> 请读者思考一下，如果希望后备功率进一步增大，应如何调节档位？

后备功率是发动机的全部功率（即相当于外特性工作状况）在克服匀速行驶的阻力功率后所剩余的部分，它可以反映汽车的加速和爬坡能力。后备功率越大，汽车的动力性越好。低档位的后备功率大，因而汽车使用低档或者说增大传动系统传动比，可以获得更强的动力性（当然，个别车型的 1 档加速能力不及 2 档）。

汽车的动力性有 3 个评价指标：最高车速、加速时间和最大爬坡度。后备功率主要反映的是加速和爬坡能力，而对于速度问题，增大后备功率往往意味着降低档位，这会降低最高车速。对此，可以这样理解：在动力性的 3 个指标中，增大后备功率可以提高其中两个，降低的只有一个；再者，从实际使用角度出发，汽车发挥最高车速的机会是较小的，尤其是对于乘用车，而对加速和爬坡能力的需求则是相对更为现实的。因此，"后备功率越大，汽车的动力性越好" 作为定性结论是成立的。

例如，当轿车以 6 档行驶，需要全力加速超车时，往往会降至 5 档或者 4 档，以获得更大的后备功率，提高加速能力。至于最高车速问题，以例 1-1 中的参数为例，6 档的最高车速为 204km/h，降至 5 档反而可以提升至 217km/h（当然这属于个例），4 档最高车速为 180km/h，即使降至 3 档仍然可以实现 130km/h 的最高车速，依旧超过我国的公路限速。

采用类似的图示，还可以定义发动机的负荷率。**负荷率**指的是匀速行驶时发动机实际承担的功率占所能发出的全部功率的比率。如图 1-18 所示，汽车在速度 u' 下，6 档的负荷率是 AB/AC，如果降到 5 档，负荷率会下降至 AB/AD。负荷率可用于汽车燃油经济性的分析（详见第二章）。

四、最大爬坡度

按照定义，汽车全力爬最大坡度时没有加速度，因而 $F_t = F_f + F_w + F_i$，展开可得

$$\frac{T_e i_t \eta_T}{r} = Gf\cos\alpha + \frac{C_D A u^2}{21.15} + G\sin\alpha \tag{1-19}$$

分析可知，爬坡能力最强的工况是传动比 i_t 处于最大（即变速器挂 1 档），同时发动机处于最大转矩的状况，式 (1-19) 中除坡道角 α 外，其余参数均已知（此时的车速对应发动机最大转矩转速 n_T 和传动系统最低档状况，即 $u = \frac{0.377 n_T r}{i_{tmax}}$）。利用 $\cos\alpha = \sqrt{1-\sin^2\alpha}$，将该式化为以 $\sin\alpha$ 为未知数的一元二次方程，解该方程，并舍弃不合实际的根，得到最大爬坡角：

$$\alpha_{\max} = \arcsin\frac{F - f\sqrt{(1+f^2)G^2 - F^2}}{G(1+f^2)} \tag{1-20a}$$

式中，$F = F_{tmax} - F_{wi}$。F_{tmax} 为最大驱动力，F_{wi} 为最大爬坡度工况（即最大驱动力 F_{tmax} 工况）对应的空气阻力。

展开可得

$$F = \frac{T_{emax} i_{tmax} \eta_T}{r} - \frac{C_D A \left(\frac{0.377 n_T r}{i_{tmax}} \right)^2}{21.15}$$

式中，n_T 为发动机最大转矩转速。

$\sin\alpha_{max}$ 是通过对 $\frac{T_{emax} i_{tmax} \eta_T}{r} = Gf\cos\alpha + \frac{C_D A \left(\frac{0.377 n_T r}{i_{tmax}} \right)^2}{21.15} + G\sin\alpha$ 解一元二次方程求得。该方程的代数解有两个：$\alpha_{max} = \arcsin \frac{F \pm f\sqrt{(1+f^2)G^2 - F^2}}{G(1+f^2)}$。分析可知，当分子取"+"时，意味着 $\sin\alpha_{max}$ 为正值，而 $\cos\alpha_{max}$ 为负值，即取值范围：$90° < \alpha_{max} < 180°$，显然与实际不符，故舍弃。

另外，有兴趣的读者可以思考一下，理论上爬坡能力最强的确切工况是"变速器挂 1 档且发动机处于最大转矩"的状况吗？换言之，此工况的"净推力"[$F_t - (F_f + F_w)$]（参见图 1-16）的确是最大的吗？按此工况计算，会造成较显著的误差吗？

式（1-20a）中 F 的含义为最大驱动力与空气阻力之差，结合动力因数 D 的含义，可知 $F = D_{I\,max} G$，$D_{I\,max}$ 就是 1 档最大动力因数。于是，得到用动力因数表达的最大爬坡角度公式：

$$\alpha_{max} = \arcsin \frac{D_{I\,max} - f\sqrt{1 - D_{I\,max}^2 + f^2}}{1 + f^2} \quad (1\text{-}20\text{b})$$

式（1-20b）和式（1-20a）的本质是一样的，实际计算过程也相同。例如，具体计算 $D_{I\,max}$ 时，也需要计算展开式 $F_{tmax} - F_{wi} = \frac{T_{emax} i_{tmax} \eta_T}{r} - \frac{C_D A \left(\frac{0.377 n_T r}{i_{tmax}} \right)^2}{21.15}$。因为这些公式都源于汽车受力平衡方程式（1-14a）。

如果最终结果需要表达成坡度值，则 $i_{max} = \tan\alpha_{max}$。

当道路的坡度不大时，可以近似认为 $\cos\alpha = 1$，$\sin\alpha = i$。则根据式（1-14b），爬坡度可表达为

$$i = \frac{F_t - (F_f + F_w)}{G} \quad (1\text{-}21\text{a})$$

式中，F_f 就按 Gf 计算。

或
$$i = D - f \qquad (1\text{-}21\text{b})$$

将式（1-21a）用驱动力-行驶阻力平衡图表达，就是用各档的驱动力曲线减去对应速度的行驶阻力曲线，得到后备驱动力 $[F_t-(F_f+F_w)]$，再除以重力 G，由此可以得到汽车的爬坡度图，如图 1-20 所示。与此类似，将式（1-21b）用动力特性图表达，也可以得到相同的爬坡度图。

需要注意的是，与式（1-20a）和式（1-20b）相比，式（1-21a）和式（1-21b）的计算较简练，但是存在一定误差，尤其是坡度较大时，误差会较显著。也就是说图 1-20 所示低档位的爬坡度不是很准确。如果要求高精度的解，还是应该采用式（1-20a）或式（1-20b）。

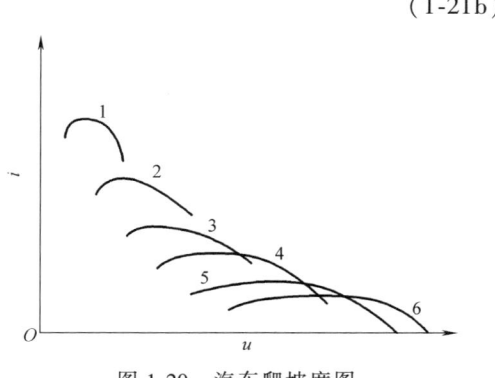

图 1-20 汽车爬坡度图

例 1-2 求本章"基准车"的最大爬坡度。

车辆参数与例 1-1 相同，可由精确式（1-20a）算得：

最大爬坡角度 $\alpha_{max} = 33.7°$，最大爬坡度 $i_{max} = 0.667$。

> 例 1-2 仅考核驱动条件，即假定发动机输出经传动系统传至驱动轮的驱动力能够完全发挥出来，可以完全用于克服行驶阻力。实际上，结合本章第五节讲述的附着问题将会看到，如此之大的爬坡度，对于普通的两驱轿车来说是不现实的。
>
> 另外，在计算过程中，得到 $F_{tmax} = 8502.1\text{N}$，该工况对应的空气阻力 $F_w = 29.96\text{N}$。可见，利用低档位全力爬坡（或加速）时，空气阻力的影响很小，可以忽略。

按式（1-21a）的近似方法，即图 1-20 所示，求得最大爬坡度 $i_{max} = 0.553$，与精确值 0.667 相比，相对误差达到 17.1%。可见，当爬坡度很大时，式（1-21a）或式（1-21b）是存在较大误差的。

假如仍然采用 1 档行驶，但是节气门未全开，发动机工作于部分负荷特性，令发动机转矩 $T_e = 100\text{N}\cdot\text{m}$，对应转速 $n = 3800\text{r/min}$，其余参数不变。按精确公式（1-20a）计算，得爬坡角度 $\alpha = 15.65°$，爬坡度 $i = 0.280$。按式（1-21a）的近似方法，即图 1-20 所示，得爬坡度 $i = 0.269$。与精确值 0.280 相比，相对误差为 3.9%。此工况仍有较强的爬坡能力，同时采用式（1-21a）或式（1-21b）所造成的误差已经显著下降了。

五、总结和扩展

1. 提高汽车动力性的基本方法

本节对汽车动力性的讨论，其出发点是汽车受力平衡方程式（1-14a），该平衡方程的表达重点是驱动力=行驶阻力。驱动力的本质是"对发动机输出转矩按一定比例的换算"。因此，提高汽车动力性的基本方法可以概括为两方面：提高发动机的动力输出、降低行驶阻力。

关于发动机的动力输出能力，可以用转矩或功率来描述。从单纯的物理本质上说，功率的重要性高于转矩，因为评定动力装置对外做功本领的物理量是功率；至于转矩，从理论上说，可以通过提高传动装置传动比的方式加以"放大"，但是与此同时速度下降了，也就是说功率是无法放大的。或者说，当传动系统的效率固定时，驱动轮上获得的功率仅取决于发动机功率，与发动机转矩无必然联系。

> 与之类似的是，驱动轮上功率的价值实际上也大于驱动力。因为单纯追求高驱动力，完全可以通过增大传动比实现，但是付出的代价是速度下降，除了单纯追求最大爬坡度或者极其艰难的越野行驶（包括牵引其他车辆脱困）等工况外，这种牺牲速度换取的驱动力是没有多少实际意义的。

在有些实际工程问题的分析中，也要考虑发动机的转矩问题。例如，出于对发动机的油耗、振动与噪声、耐久性等方面的考虑，规定了某个"理想的转速范围"，为了提高动力性，要求发动机的转矩在此转速区间内越大越好。实际上，在限定了转速的前提下，要求转矩尽可能大的本质就是要求功率尽可能大。

因此，单纯从动力性角度出发，对发动机动力输出的要求就是最大功率越大越好；有可能的话，最大功率（或者较高功率）覆盖的转速区间尽可能接近常用的"理想转速范围"。

为了使发动机输出功率尽可能大，还需要传动系统的配合。传动系统应一方面具有较高的效率，同时还应提供合适的传动比，将发动机转速控制在最大功率转速范围，使其发挥出尽可能大的功率。

举个直观的例子，驾驶人中速巡航行驶时，加速踏板未踩到底，变速器挂6档，发动机工作点为图1-21中点A，以获得较好的燃油经济性与安静性。当驾驶人意图全力加速或爬坡时，一方面将加速踏板踩到底，另一方面将变速器降到4档（或者自动变速器自动减两个档），发动机工作点变为图中点B。点B的功率比点A的大得多，于是汽车的动力性就提高了。

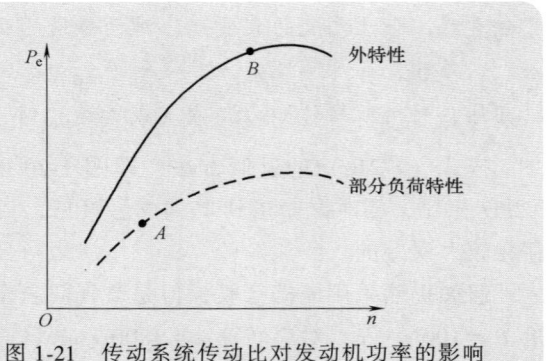

图1-21 传动系统传动比对发动机功率的影响

发动机和传动系统对汽车动力性的影响，在第三章中会有更详细的分析。

降低行驶阻力的措施是比较容易总结的：降低整车重力，降低轮胎的滚动阻力系数，降低车身的迎风面积和空气阻力系数。

在实际使用环节，维持汽车良好的技术状况，以及科学、合理地驾驶汽车，也有助于提高动力性。

2. 关于评价指标的灵活性

在本书的导论中，有这样的讨论："例如，经典的汽车动力性评价指标是最高车速、加速时间和最大爬坡度，但是也可以采用一定坡道上汽车的最高车速或加速时间等作为动力性评价指标，这些指标也完全可以通过动力性分析的基本理论和方法求解。"

"动力性分析的基本理论和方法",主要指的就是本节的方法:运用汽车受力平衡方程,代入已知信息,定量求解评价指标。

举例来说,有的研究部门和学者提出了这样的动力性评价指标:"满载的轿车在6%的坡道上 0→96km/h(约为60mile/h)的加速时间不超过20s"。对此,本节讲述的加速时间的计算方法仍然适用:

按 $F_t-(F_f+F_w+F_i)$ 计算出"后备驱动力"。注意,与前文的 $F_t-(F_f+F_w)$ 相比较,区别是增加了一个坡度阻力 $F_i \approx Gi = 0.06G$,另外就是滚动阻力应按 $F_f = Gf\cos\alpha$ 计算(由于坡度较小,此处 $\cos\alpha = 0.998$,采用 $F_f = Gf$ 也可)。

余下步骤相同:计算各档位不同车速下的加速度值 $a = \dfrac{F_t-(F_f+F_w+F_i)}{\delta m}$;取加速度倒数 $\dfrac{1}{a} = \dfrac{\mathrm{d}t}{\mathrm{d}v}$;在始末速度区间上积分,得到加速时间 $t = \int_{v_1}^{v_2} \dfrac{1}{a} \mathrm{d}v$。

> 还有类似"在6%的坡道上行驶的最高车速不低于104.6km/h(约为65mile/h)"这样的指标。读者可以思考一下这个指标的计算方法,例如结合图1-16的解释方法。

也就是说,掌握了本章(以及本书其他章节)所讲述的动力学分析方法和性能计算的基本原理,可以对很多评价指标进行计算,或者在实际工作中结合具体研究目的和条件,自行拟定合适的评价指标。

第四节　装有液力变矩器汽车的动力性分析

本章前几节所采用的汽车动力传动系统模型是发动机→变速器→主减速器→半轴(即驱动轮)。在此分析中,基本不考虑离合器和差速器的作用。其中,变速器认为是各档具有固定传动比的有级式变速器,其典型代表就是全齿轮传动的手动机械式变速器。

为了提高发动机与传动系统动力匹配的合理性,降低油耗与排放,并提高驾乘舒适性,越来越多的汽车装用了自动变速器。在相当多的汽车自动变速器中,设有液力传动装置,主要就是液力偶合器和液力变矩器。后者因其性能优势,逐渐取代了前者。

对于装有液力变矩器汽车的动力性分析,其基本原理与前面的讲述相同,但是在装置特性和计算参数的选取方面,必须考虑液力变矩器自身的特性。

一、液力变矩器

1. 概述

液力变矩器是一种液力传动装置,广泛应用于采用自动变速技术的汽车上。

典型的液力变矩器包括泵轮、涡轮和导轮,称为三元件式液力变矩器。泵轮是其输入端,连接发动机(曲轴);涡轮是其输出端,连接后续传动装置。液力变矩器之所以不同于液力偶合器,是因为它具有固定的导轮,从而具有变矩作用(很多液力变矩器的导轮在一定条件下可以自由转动,使变矩器进入偶合器工作模式,称为"综合式液力变矩器",见本节后文)。有些液力变矩器的导轮有两个,则可称为"四元件式"。

由下文的讨论可以看出，液力变矩器具有一定的无级变速和变矩能力，且输出特性近似于理想的"恒功率特性"（有关恒功率特性的讨论，可参见第三章第一节），但是液力变矩器本身的变矩能力和变速范围都很有限，无法满足汽车各工况行驶的要求。因此，现代汽车都是将液力变矩器作为"第一级"，与第二级的变速装置串联在一起，构成一台自动变速器。所谓"第二级的变速装置"，常见的有齿轮式变速装置（包括行星齿轮式和固定轴线式）和锥形轮-金属带（或金属链条）式变速装置等，如图1-22所示。

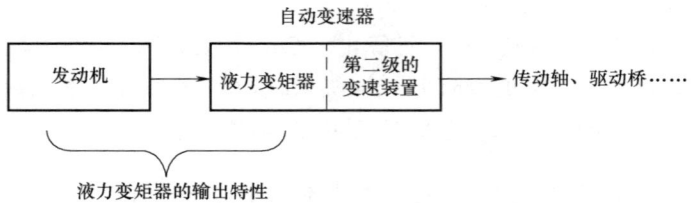

图1-22　液力变矩器与发动机及其他传动装置的匹配

因为液力变矩器的工作特性与发动机输出特性的相互影响很大，所以在本节中，把变矩器和发动机结合在一起分析，而不是和上述"第二级的变速装置"。

结合发动机的外特性和液力变矩器的无因次特性，可以得到**液力变矩器的输出特性**，该特性是进行装备液力变矩器汽车的动力性分析的基础。

2. 液力变矩器的无因次特性

液力变矩器的无因次特性反映的是液力变矩器本身的工作特性，与变矩器"上游"采用何种动力装置以及该装置的输出特性无关。

> "无因次量"指的是没有单位的物理量，或称参数，它是由若干与所研究特性有关的物理量经乘除法运算得到的，如圆周率或摩擦因数。由模型试验理论可知，当两个研究对象（如试验模型和实物原型）在某方面具有相似性时，两者的所有描述该方面特性的无因次量都是相等的。运用无因次量进行无因次分析，更能揭示研究对象的本质特征，而不受研究对象体量和所采用的单位制的影响，常见的无因次量包括动力性分析中的空气阻力系数、动力因数和滚动阻力系数，以及后面章节会出现的滑动率、滑转率和牵引系数等。

典型液力变矩器的无因次特性如图1-23所示。

图1-23中，i为液力变矩器的速比，也称变速比，$i = n_T/n_P$。其中，n_T是液力变矩器的涡轮转速，n_P是液力变矩器的泵轮转速。注意，该速比的定义是输出端转速除以输入端转速，与变速器、主减速器等装置的"传动比"的定义不同。

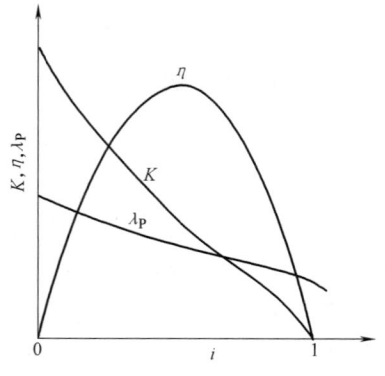

图1-23　典型液力变矩器的无因次特性

> 有时将$1-i$定义为滑移率（或滑差率），即涡轮与泵轮转速的相对差异程度。

K为液力变矩器的变矩比，也称变矩系数，$K = T_T/T_P$。其中，T_T是涡轮转矩，T_P是泵轮转矩。

η为液力变矩器的效率，效率的定义是装置输出功率与输入功率之比,可得 $\eta = \dfrac{T_T n_T}{T_P n_P} = Ki$。

K-i 的变化规律表明,液力变矩器具有连续的、无级变化的变速和变矩能力。当泵轮转动、涡轮不转,即速比 i 为零时,变矩比 K 最大,也就是对转矩的"放大能力"最强。这种特性,非常适合汽车的起步加速工况。随着速比的提高,变矩比下降。当速比达到 1,即涡轮转速和泵轮相等时,变矩比降为 0,变矩器失去传动能力。不同的液力变矩器设计,K-i 曲线的具体形状不同,但是大体上如图 1-23 所示,可以认为在一定程度上具有"恒功率特性"(理想的动力装置,其动力输出应该具有恒功率特性,这一点将在第三章第一节中指出),这也是液力变矩器传动的优点之一。

λ_P 称为液力变矩器的泵轮转矩系数,用于泵轮转矩的计算。泵轮转矩特性公式为

$$T_P = \lambda_P \rho g D^5 n_P^2 \tag{1-22}$$

式中,ρ 为液力变矩器的传动液密度;D 为变矩器的有效直径。

式(1-22)表明,对于给定的液力变矩器,当泵轮转矩系数 λ_P 取某一数值时,泵轮的转矩 T_P 与转速 n_P 之间存在确定的二次函数关系。需要注意的是,同一台液力变矩器,随着速比 i 的增大,泵轮转矩系数 λ_P 可能是变化的,如图 1-23 所示的一种单调减小的规律(按下文的定义,这是一种"透过性"的液力变矩器);有的则是先增加再减小;还有的液力变矩器的 λ_P 基本不随 i 变化。

液力变矩器的无因次特性,取决于液力变矩器的设计,可由变矩器的台架试验测出。为方便起见,通常将 K、η 和 λ_P 随 i 的变化关系画在同一张图中,如图 1-23 所示。不过,这三者的"标尺"是不同的,η 的最大值不会达到 1,K 的最大值(即 $i=0$ 时)一般会达到 2 左右(或更高),而 λ_P 的数量级则是 10^6。

3. 液力变矩器的输出特性

(1) 透过性与非透过性的含义 为了获得以液力变矩器转速和转矩为变量的输出特性,需要结合配套发动机的外特性信息。

液力变矩器的输入端是泵轮,连接发动机曲轴,显然泵轮的转速和转矩就是发动机的转速和转矩。在图 1-24 中,同时画出液力变矩器的泵轮转矩特性曲线[按式(1-22)]和发动机的外特性曲线。

本章研究汽车的动力性,对于发动机的输出性能,重点考查其外特性,即节气门开度 $\alpha = 100\%$ 时的 T_e-n 关系。如果驾驶人放松加速踏板,那么发动机特性就是某条部分负荷特性曲线,如图 1-24 中虚线所示。在本节下文的叙述中,发动机输出均按外特性处理。

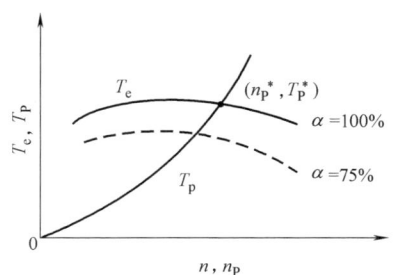

图 1-24 非透过性液力变矩器的泵轮端

也就是说,确定了发动机的节气门开度(也可以理解为确定了负荷率),液力变矩器泵轮(也就是发动机)的工作点就取决于泵轮转矩特性曲线。而在给定液力变矩器的 ρ 和 D 等设计参数的前提下,其泵轮转矩特性取决于泵轮转矩系数 λ_P,见式(1-22)。

根据泵轮转矩系数 λ_P 是否随速比 i 变化,液力变矩器分为两类:透过性的与非透过性的。

透过性的液力变矩器是指其泵轮转矩系数 λ_P 随速比 i 的增大而变化(一般来说是减

小),如图 1-23 所示。如果 λ_P 不随 i 变化,则是**非透过性的**,即 λ_P-i 关系是一条水平线。

绝对的非透过是不存在的,在工程上一般用透过度 p 来界定其透过性。**液力变矩器的透过度**定义为 $p=\dfrac{\lambda_{P0}}{\lambda_{Pc}}$。下标 0 指速比 $i=0$ 的工况;下标 c 指变矩比 $K=1$ 的工况,此时涡轮转矩等于泵轮转矩,故又可称为偶合器工况(液力偶合器是一种典型的"转速转换器",由于它不具有固定的导轮,无论速比 i 如何变化,其泵轮输入转矩和涡轮输出转矩始终相等,即恒有 $K=1$。在一定意义上,可将其理解为一个"液力离合器",下标 c 即代表离合器 clutch)。

结合式(1-22),显然有 $p=\dfrac{T_{P0}}{T_{Pc}}$。下标 0 和 c 的含义同上。据此,可由台架试验测定变矩器的透过度。

当透过度 $p=1\sim 1.2$ 时,认为变矩器属于非透过性的;当 $p>1.2$ 时,就是透过性的。

由此可以看出,"非透过性"的含义就是图 1-23 中的 λ_P-i 关系曲线基本上是水平的;而当该曲线明显倾斜时,变矩器就具有"透过性"。

一般来说,轿车的 $p\geqslant 2$,其他车辆可取 $p=1.3\sim 1.8$。

为叙述方便,下文仍然认为非透过性的液力变矩器,其 λ_P-i 关系是一条"绝对的水平线",这当然是一种理想化的模型。

(2)**非透过性液力变矩器的输出特性** 由定义可知,非透过性的液力变矩器具有固定不变的泵轮转矩系数,转矩 T_P 与转速 n_P 的关系按式(1-22)的描述,即泵轮转矩特性是一条固定的曲线。如果再给定发动机的节气门开度,如外特性工况,即 $\alpha=100\%$,那么发动机工作点(也就是变矩器泵轮工作点)就是唯一确定的,如图 1-24 中 (n_P^*,T_P^*)所示。

因此,对于采用非透过性液力变矩器的汽车来说,只要发动机的节气门开度保持不变,外界行驶阻力的变化只会影响汽车的行驶速度以及变矩器涡轮端的工况,泵轮端,也就是发动机的工作点是不会改变的。形象地说,就是外界环境条件的改变,无法"透过"液力变矩器作用于发动机。发动机工况仅取决于发动机的外特性(或一定节气门开度的部分负荷特性)和液力变矩器的泵轮转矩特性。

发动机动力直接作用于液力变矩器的泵轮,经变矩器的变换,由涡轮输出,将液力变矩器涡轮的转矩 T_T-转速 n_T 关系称为**液力变矩器的输出特性**。该特性由发动机和液力变矩器共同决定,如图 1-25 所示。

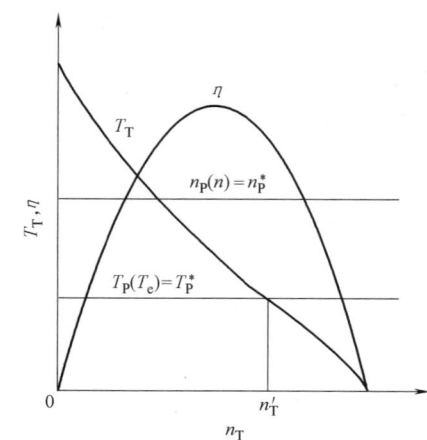

图 1-25 非透过性液力变矩器的输出特性

发动机的外特性是确定的;对于非透过性液力变矩器,其泵轮转矩特性也是确定的,因而存在唯一的泵轮工作点,即发动机工作点,如图

1-24 所示。再结合液力变矩器的无因次特性,就可以得到变矩器涡轮端的转矩 T_T-转速 n_T 关系,也就是液力变矩器的输出特性,如图 1-25 所示。

> 图 1-25 中 T_T 线上的任意点,其坐标 $(n_\mathrm{T}, T_\mathrm{T})$ 可表达为 $(in_\mathrm{P}^*, KT_\mathrm{P}^*)$。对于非透过性液力变矩器来说,在确定发动机负荷,如外特性的前提下,n_P^* 和 T_P^* 的数值是固定的,如图 1-24 所示。因此,对于同一套"发动机-非透过性液力变矩器"的组合来说,图 1-25 所示的 T_T 线与图 1-23 所示的 K 线的形状是相似的。同理,两者的效率 η 线的形状也是相似的。换言之,如果采用不同的比例尺,可以用图 1-23 代替图 1-25。

在图 1-25 中,还给出了泵轮转速 n_P(即发动机转速 n)和泵轮转矩 T_P(即发动机转矩 T_e)随涡轮转速 n_T 的变化规律。显然,对于非透过性液力变矩器来说,这两个数值就是图 1-24 中的 n_P^* 和 T_P^*,与涡轮端的工况无关。

另外,将涡轮转矩下降到与泵轮转矩相等时的涡轮转速记为 n_T'。此时变矩器的变矩比 $K=1$,相当于偶合器工况。

(3)**透过性液力变矩器的输出特性** 透过性液力变矩器,其泵轮转矩系数 λ_P 随速比 i 是变化的。也就是说,同一台液力变矩器,有若干条泵轮转矩特性曲线,如图 1-26 所示。对于发动机,图中只画出了外特性,未给出其他节气门开度的特性曲线。

图 1-26 中示意性地给出了 T_P0 和 T_P1 两条泵轮转矩特性曲线,分别对应不同的泵轮转矩系数 λ_P0 和 λ_P1,与发动机外特性的交点分别为 P_0 和 P_1。

由发动机的外特性、液力变矩器的泵轮转矩特性和无因次特性,可以求得透过性液力变矩器的输出特性,如图 1-27 所示。

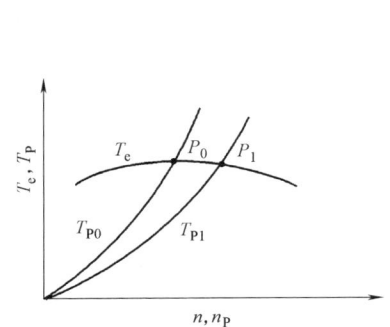

图 1-26 透过性液力变矩器的泵轮端

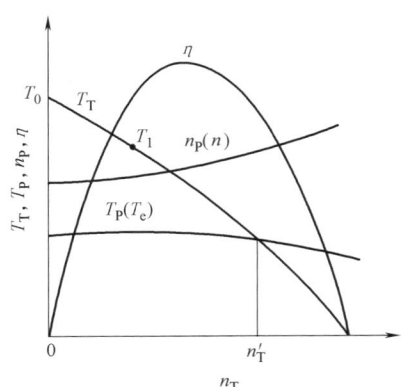

图 1-27 透过性液力变矩器的输出特性

图解法的基本思想如下:

当车辆刚起步时,车速为零,而发动机在运转,液力变矩器的速比 $i=0$,由无因次特性图 1-23 得到对应的泵轮转矩系数 λ_P0 和变矩比 K_0。由 λ_P0 可确定泵轮转矩特性曲线 T_P0,令其与发动机外特性曲线相交,如图 1-26 所示,得泵轮端工作点 P_0 (n_P0, T_P0)。则涡轮转矩 $T_\mathrm{T0}=K_0 T_\mathrm{P0}$、转速 $n_\mathrm{T0}=in_\mathrm{P0}=0$,即输出特性图 1-27 中的 T_0 点。

随着车辆逐渐加速,液力变矩器的速比也逐渐增大,当速比取某一值 i_1 时,由无因次特性图 1-23 得到对应的泵轮转矩系数 λ_{P1} 和变矩比 K_1。由 λ_{P1} 可确定泵轮转矩特性曲线 T_{P1}，令其与发动机外特性曲线相交，如图 1-26 所示，得泵轮端工作点 P_1（n_{P1}，T_{P1}）。则涡轮转矩 $T_{T1}=K_1 T_{P1}$、转速 $n_{T1}=i_1 n_{P1}$，即输出特性图 1-27 中的 T_1 点。

变换不同的速比 i 值，就可以得到其他涡轮端工作点 T_i（n_{Ti}，T_{Ti}）（图 1-27 中未标出），连接诸点，得到变矩器的输出特性曲线。

图 1-27 中也画出了泵轮转速 n_P 和转矩 T_P 随涡轮转速 n_T 的变化规律。对于透过性液力变矩器来说，这两个数值不再保持固定，而是与涡轮转速 n_T 有关。

图 1-27 中还给出了涡轮与泵轮转矩相等时（即偶合器工况，$K=1$）的涡轮转速 n_T'。

可见，对于采用透过性液力变矩器的汽车来说，行驶阻力的变化通过驱动桥、传动轴、自动变速器的第二级变速装置等作用于液力变矩器的涡轮端，再"透过"液力变矩器作用于泵轮端，从而改变发动机的工况。

> 涡轮输出特性图中 T_T 线上的任意点 T_i，其坐标（n_{Ti}，T_{Ti}）可表达为（$i n_{Pi}$，$K T_{Pi}$）。对于透过性液力变矩器来说，即使发动机负荷固定于外特性，随着变矩器速比 i 的变化，发动机转速 n_{Pi} 和转矩 T_{Pi} 的数值也是变化的，如图 1-26 所示。也就是说，对于透过性液力变矩器来说，图 1-27 中的 T_T 线的形状与配套发动机的外特性有关，与图 1-23 中 K 线的形状是不相似的。同理，两者的效率 η 线的形状也是不相似的。换言之，无论采用何种比例的标尺，都无法用图 1-23 代替同一台液力变矩器的图 1-27。

（4）简要的对比　下面对透过性与非透过性液力变矩器的动力性进行简单的对比。对于非透过性液力变矩器，可以通过调整 D 或 λ_P 的方法，使得变矩器的泵轮转矩特性曲线与发动机外特性交于最大功率转速，参见式（1-22）和图 1-24。即无论外界阻力和车速如何，节气门全开时发动机总是发出最大功率 P_{emax}。

如果此时汽车处于中高速巡航行驶，由车速 u 所决定的涡轮转速 n_T 较合适，使得变矩器速比 i 处在一个合适范围，那么变矩器的效率 η 就较高，如图 1-23 所示，驱动轮获得的驱动功率 $P_{emax}\eta\eta_T$（此处 η_T 为液力变矩器之后所有传动装置的效率，视为常数）就较大。

但是，对于刚刚起步或者低速爬陡坡等工况，由于车速即涡轮转速很低，而非透过性液力变矩器的泵轮转速不能改变（节气门开度不变的前提下），使得变矩器速比 i 很低，于是效率 η 很低，驱动轮获得的驱动功率并不大；如果能够降低发动机转速，也就是提高变矩器速比 i，那么尽管发动机输出功率 P_e 有所降低，但是变矩器效率 η 的提升幅度更大，驱动轮功率 $P_e\eta\eta_T$ 还是提高的。也就是说，发动机转速应该能随着行驶工况的变化而改变，即液力变矩器应该具有透过性。

4．提高液力变矩器效率的措施

由液力变矩器的无因次特性图或输出特性图可以看出，当速比很大或者涡轮输出转速很高时，变矩器的输出转矩和效率都下降。当变矩比 $K=1$（对应输出特性图 1-25 或图 1-27 中的转速记为 n_T'）时，涡轮转矩降低到与泵轮转矩相等，如果进一步提高速比或涡轮转速，那么涡轮转矩和变矩器效率都会趋向于 0，变矩器趋向丧失传动能力。因此，需要采取措施，对 $n_T=n_T'$ 或 $K=1$ 以后的特性曲线加以"修正"，提高其传动能力和传动效率。常见的措施有两种：采取液力偶合器模式和将泵轮及涡轮锁止。

(1) 可转换为偶合器模式的液力变矩器 当液力变矩器的变矩比 $K=1$ 时，涡轮转矩与泵轮转矩相等，处于液力偶合器工况。液力偶合器的变矩系数 K 恒为 1，故其效率 $\eta=Ki=i$；而液力变矩器的效率 $\eta=Ki$。可见，当速比 i 较低、变矩比 $K>1$ 时，变矩器的效率比偶合器高；当速比 i 较高、变矩比 $K<1$ 时，偶合器的效率比变矩器高。

因此，有的液力变矩器设有单向离合器（自由轮机构），当涡轮转速 n_T 较高（即速比 i 较高）、变矩比 $K=1$ 时，变矩器的导轮不再固定，而是与涡轮同步转动，于是液力变矩器就转入液力偶合器工作模式。这类液力变矩器被称为**综合式液力变矩器**，其输出特性如图 1-28 所示。

图 1-28 中涡轮与泵轮转矩相等（即 $K=1$）时的涡轮转速 n_T'，就是变矩器进入偶合器模式的起始转速。在此之前，还是按普通变矩器模式工作。

另外，由图 1-28 可知，n_T' 附近存在一个"效率低谷"，为进一步提高变矩器效率，又开发出了**四元件式液力变矩器**。它具有两个导轮，分别连接各自的单向离合器。（具体构造和工作原理，可参考汽车构造方面的资料）。整台液力变矩器的无因次特性，为两个变矩器特性和一个偶合器特性的综合，如图 1-29 所示。

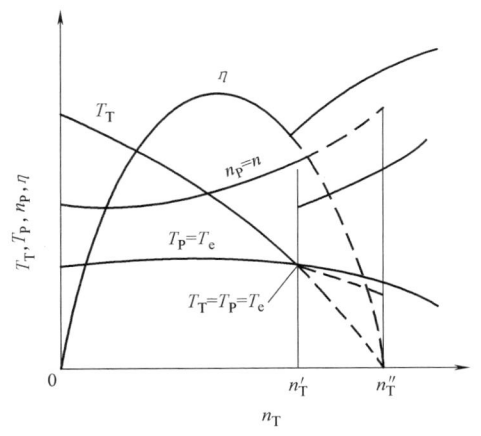

图 1-28 综合式液力变矩器（透过性）的输出特性

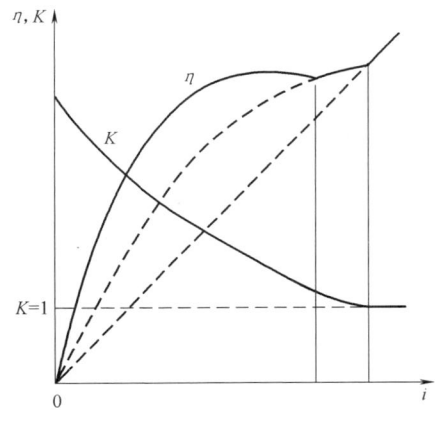

图 1-29 四元件式液力变矩器的无因次特性

(2) 可锁止的液力变矩器 综合式液力变矩器，无论是三元件式还是四元件式，当涡轮转速提高到一定程度从而进入偶合器模式后，效率都不会立刻达到 100%，而是逐渐提高（偶合器的效率 $\eta=i$）。究其根源，在于偶合器模式下，涡轮转矩和泵轮转矩相同，但是涡轮转速始终低于泵轮转速（否则液力元件无法传动），必然形成功率损失。

针对这种情况，开发出了带有锁止离合器的液力变矩器，当涡轮转速提高到 n_T'，即变矩比 K 降低到 $K=1$ 时，将液力变矩器的泵轮和涡轮锁止在一起，整个液力变矩器变为刚性传动，效率接近 100%。锁止式液力变矩器的输出特性如图 1-30 所示。

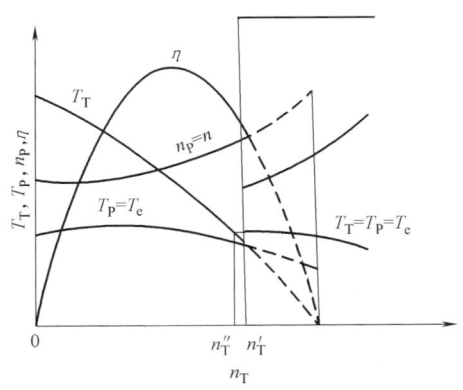

图 1-30 锁止式液力变矩器的输出特性

这种锁止式液力变矩器一般不会进入偶合器工况，但是通常仍然带有单向离合器。当锁止离合器接合、泵轮和涡轮同步转动时，单向离合器脱开，使导轮在传动液流中自由旋转，以降低液力损失。

理论上，除了起步和换档（指自动变速器的换档）等工况外，锁止离合器都可以锁止，并不一定需要涡轮转速达到 n'_T。很多液力变矩器的设计工作都在力争降低锁止转速、扩大锁止对应的行驶工况，以全面提高汽车的动力性和燃油经济性。

图 1-28 和图 1-30 中的曲线转折后，实线表示已经进入偶合器模式或锁止模式的特性，虚线表示"假如继续以变矩器模式工作"。

需要指出的是，无论是综合式液力变矩器还是锁止式液力变矩器，都是设法提高涡轮转速 n_T 较高工况的效率。当 n_T 较低时，如果进入偶合器模式，那么此时偶合器的效率不如变矩器；同时，较低的 n_T 可能对应起步加速工况，需要液力变矩器的泵轮和涡轮之间存在适当的滑差，也不能锁止。

二、装有液力变矩器汽车的动力性分析

上面分析中得到的液力变矩器的输出特性，是建立在发动机的外特性和液力变矩器的无因次特性基础上的。从动力传动匹配的角度看，在发动机后面串接一个液力变矩器，其功效就是将发动机的外特性转换为变矩器的输出特性。

> 发动机的外特性，是节气门全开时，随着外部阻力的变化，输出转矩和转速的关系；液力变矩器的输出特性，也是发动机节气门全开时，随着外部阻力的变化，输出转矩和转速的关系。两者在汽车动力学分析上的地位是相当的，只不过前者的输出端是发动机的曲轴（或变矩器的泵轮壳），后者是变矩器的涡轮轴。
>
> 此处强调"节气门全开"，是因为研究汽车的动力性。也可以在节气门部分开启的条件下研究并应用液力变矩器的输出特性，如图 1-24 所示。

换言之，装备液力变矩器汽车的液力变矩器的输出特性，就相当于没有液力变矩器汽车的发动机外特性。结合后续传动装置（主要指自动变速器的"第二级变速装置"、传动轴及主减速器等）以及整车的有关参数，运用本章第三节介绍的分析和计算方法，就可以求解汽车的最高车速、最大爬坡度和加速时间等动力性指标。

例如，由液力变矩器的输出特性 T_T-n_T，结合有关参数，就可以换算出汽车的驱动力和车速：驱动力 $F_t = \dfrac{T_T i_t \eta_T}{r}$，车速 $u = 0.377 \dfrac{n_T r}{i_t}$，其中，$i_t$ 为液力变矩器后面传动装置的总传动比，η_T 为液力变矩器后面传动装置的总传动效率（精确计算 η_T 时，不仅要研究液力变矩器后面的机械变速装置、传动轴和驱动桥等机械元件的效率，还应考虑液力变矩器液压泵的能耗和后续行星齿轮变速系统中各多片离合器的液力损失等），r 为车轮半径。进而画出汽车的驱动力图，如图 1-31 所示。

由于液力变矩器能在一定程度上实现自动、无级的变速与变矩，早期装用液力变矩器的自动档车型，为降低成本，档位数较少，如 3 个乃至 2 个前进档。当前，随着对汽车性能要求的提高，以及设计制造技术的进步，自动档车型的档位数目也呈上升趋势。例如，市面上

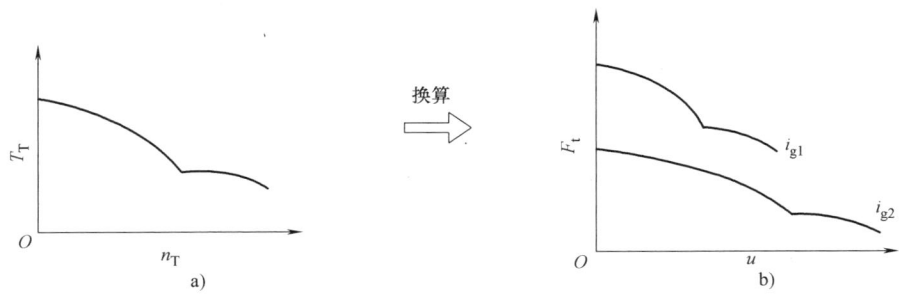

图 1-31 由液力变矩器的输出特性得到汽车的驱动力特性
a) 液力变矩器的输出特性图 b) 汽车的驱动力图

很多并非高端的车型,也装备了9个甚至10个以上档位的自动变速器。

为简便起见,图1-31中仅画出了液力变矩器后面有两个档的情况。由于液力变矩器的输出特性曲线的涡轮起点转速是0,汽车驱动力图上无论哪个档位的起始车速都是0。故装备液力变矩器汽车的起步比采用离合器的更平顺、柔和。

滚动阻力、空气阻力、坡度阻力和加速阻力的分析计算与本章第二节中的讲述完全相同。

如果在图1-31b中画出行驶中经常存在的阻力(F_f+F_w)。就可以按本章第三节介绍的图解法,计算汽车动力性的各指标,相同之处不再赘述。其中关于加速问题的计算,需要注意以下两点:

(1) 关于旋转质量换算系数 δ 对于装备非透过性液力变矩器的汽车,加速时发动机转速基本不变,即飞轮(泵轮壳)的转动惯量不起作用,而车轮的转动惯量所产生的"当量平动质量"是较小的。可以认为加速过程中 $\delta \approx 1$。对于轿车等变矩器透过性较强的汽车,加速时发动机转速的确是变化的,但是其角加速度远小于手动变速器车型,因此在缺乏详细数据资料时,仍然可以认为其 δ 值为1。

然而,越来越多的液力变矩器采用"广速域锁止"技术,也就是从较低的发动机转速开始就将泵轮和涡轮锁止,液力变矩器就相当于一个接合的离合器。在此情况下,"仍然可以认为其 δ 值为1"的做法就显得过于粗略了。

(2) 关于换档时刻 本章讨论的换档时刻,主要是针对手动变速器,由驾驶人判断和执行。液力变矩器都是和后续的自动变速装置配合使用的,换档时刻取决于汽车设计时设定的换档规律。也就是说,要定量计算汽车的加速时间,必须给出自动变速器的换档规律(第三章第三节会对换档规律问题做一定的讨论)。

第五节 附着问题

一、附着问题的基本理论和简化的计算方法

在上一节已经指出,汽车要实现某种行驶工况,首先要满足驱动条件:发动机输出的动力足够强,在驱动轮上能产生足够大的驱动力,克服行驶阻力。然而,在某些情况下,即使发动机输出的动力足够,驱动轮在过大的驱动转矩作用下打滑了,驱动轮真正获得的地面纵

向推力 F_X 还是不足以实现预期工况，这就是附着条件没有得到满足。

例如，在本章第三节关于最大爬坡度的例 1-2 中，当该普通轿车发挥出发动机最大转矩和最大传动比所对应的驱动力时，可实现最大爬坡度 $i_{max}=0.667$。由本章第一节关于"坡度"定义的讨论可知，这意味着即使全车的重力都可以转化为附着力，也需要轮胎和路面间的附着系数达到 0.67，已经接近普通铺装路面所能达到的上限（"附着力"和"附着系数"的概念见下文）。对于两轮驱动的普通轿车来说，由于从动轮的负荷无法转化为附着力，对道路附着系数的要求还要提高大约一倍（参见本节后面的例 1-3）。显然，对于普通的两驱轿车来说，即使发动机输出经传动系传至驱动轮的驱动力足够，也无法实现如此大的爬坡度，因为驱动轮和地面之间打滑了。

换言之，当车辆的动力输出足够时，其极限爬坡或极速行驶的能力取决于驱动轮的附着条件。在有些文献资料中，将这类与附着条件有关的问题称为"行驶极限"问题。

地面施加于驱动轮的纵向推力 F_X，存在着极限值，称为**附着力**，记为 F_φ。它与轮胎-路面的法向作用力 F_Z 成正比，其比例系数记为 φ，称为**附着系数**。即

$$F_{X\max} = F_\varphi = F_Z \varphi$$

就物理属性而言，纵向力 F_X 基本上是一种摩擦力。按古典"库仑摩擦"的理论，上述定义和公式也可以这样表述："界面间的最大摩擦力为 F_φ，等于法向压力 F_Z 与摩擦因数 φ 的乘积，摩擦因数 φ 的数值取决于对偶表面的材质、粗糙程度和湿润状况等"。在有些介绍汽车动力学的文献资料中，对轮胎和地面之间的纵向作用力就是采用了"摩擦力""摩擦因数"等称呼。

习惯上，如果应用了"摩擦力"或"摩擦因数"的称呼，则认为该系数在给定对偶表面特性的条件下是常数，其数值与摩擦副的相对运动状况等无关。而有关轮胎力学方面的大量试验和理论分析都表明，轮胎和路面间的切向力（无论纵向还是侧向）系数 φ，与诸多因素有关，包括车轮与地面之间的滑动/滑转状况和轮胎的侧偏角等。也就是说，给定了轮胎和路面，系数 φ 的数值还是可能变化的，可参见第四章和第五章的有关内容。因而，本书对轮胎与地面之间的这类相互作用问题，大都采用"附着力"和"附着系数"等术语，而不是用"摩擦"的称呼。

在本节的分析中，认为在给定道路的前提下，附着系数 φ 为常数。这里提供一些常见数据：良好、干燥的沥青或混凝土路面，φ 为 0.7~0.8，路面潮湿时取 0.5~0.6；干燥的碎石路，φ 为 0.6~0.7；干土路的 φ 为 0.5~0.6，湿土路可取 0.2~0.4。

轮胎花纹及其新旧程度，对附着系数也有一定影响。

有试验表明，在新建的优质道路上，使用花纹理想的轮胎，如果将滑转率控制在一个特定的范围，如 10%~15%（附着系数与滑动率或滑转率的关系参见第四章第二节），附着系数可以超过 1.1。当然这需要上述各条件同时存在，一般不作为道路实际能达到的附着条件的代表。

满足**附着条件**，就是汽车以某种工况行驶所需要的路面施加于驱动轮的纵向力，不能超过实际路面所能提供给驱动轮的附着力，将此关系写为 $F_{X驱} \leq F_\varphi$。

在本节的分析中，基本不考虑同一驱动轴左、右轮之间的差异，也就是采用"侧视图上的汽车模型"（可参见图 1-32），需要研究的是汽车的前轮和后轮。

可以采取一种较简便的方法研究此问题：

根据汽车受力平衡方程 $F_t = F_f + F_w + F_i + F_j$，给定汽车的结构参数和预期的行驶工况（速度、加速度和爬坡度），就可以算出驱动力 F_t。此处用驱动力 F_t 代替驱动轮所需的地面纵向力 $F_{X驱}$。

可以由整车的静态质量参数，确定驱动轮在水平地面上的法向力 $F_{Z驱}$。例如，整车重力为 G，轴距为 L，质心至前轴的距离为 a，后轮驱动，则 $F_{Z驱} = G\dfrac{a}{L}$。同时，已知路面附着系数为 φ。则路面实际能提供的附着力 $F_\varphi = \varphi G \dfrac{a}{L}$。

于是，附着条件 $F_{X驱} \leq F_\varphi$ 的要求可以表达为

$$F_t \leq \varphi G \frac{a}{L} \tag{1-23a}$$

如果是前轮驱动，令 b 为质心至后轴的距离，则附着条件的要求为

$$F_t \leq \varphi G \frac{b}{L} \tag{1-23b}$$

式（1-23a）或式（1-23b）是一种较简便的附着条件的验算方法，其核心是用驱动力代替驱动轮的地面纵向力，用水平静态轴荷代替驱动轮的地面法向力。但是，由本章第二节的详细受力分析可知，驱动轮受到的真实地面纵向力为 $F_{X驱} = \dfrac{T_e i_t \eta_T}{r} - G_{驱} f\cos\alpha - \dfrac{I_f i_t^2 \eta_T + I_{w驱}}{r^2}\dfrac{dv}{dt}$，而不是驱动力 F_t；由本节后面的论证可知，当行驶工况中存在坡度、速度和加速度时，驱动轮的地面法向力 $F_{Z驱}$ 也不是 $G\dfrac{a}{L}$（以后轮驱动为例）。因此，该方法存在一定误差，只适用于验算结果差异较显著的情况。

> 所谓"结果差异较显著"，以式（1-23a）为例，指的就是 F_t 和 $\varphi G\dfrac{a}{L}$ 的数值相对差异较大，附着条件的判定结果是充分满足或明显不满足的情况。而当 F_t 和 $\varphi G\dfrac{a}{L}$ 较接近时，由于误差的存在，计算结果的定性判断（即 "$\leq$" 或 ">" 的符号）可能是错误的。

二、附着率

附着条件的基本要求是 $F_{X驱} \leq F_\varphi$，将两侧都除以驱动轮的地面法向力 $F_{Z驱}$，得到 $\dfrac{F_{X驱}}{F_{Z驱}} \leq$

$\dfrac{F_\varphi}{F_{Z驱}}$。由上述可知，$\dfrac{F_\varphi}{F_{Z驱}}$ 就是地面的附着系数 φ。

驱动轮的地面纵向力与地面法向力的比值 $\dfrac{F_{X驱}}{F_{Z驱}}$，称为**附着率**，记为 C_φ。附着率的主体是驱动轮，对于前轮驱动，记为 $C_{\varphi 1}$；对于后轮驱动，记为 $C_{\varphi 2}$；对于四轮驱动，则同时存在前轮的附着率 $C_{\varphi 1}$ 和后轮的附着率 $C_{\varphi 2}$。

可见，**附着条件又可以表达为附着率≤附着系数**，即 $C_{\varphi i} \leq \varphi$，$i$ 取 1 或 2，对应前轮驱动或后轮驱动。

附着率是汽车为了实现某种预期的行驶工况，对驱动轮-路面的附着能力提出的最低要求。如果这个最低要求不超过地面的实际附着能力，那么该预期工况是可以实现的，也就是附着条件得到满足。附着率越大，即对路面附着系数的要求越高，附着条件就越差。

附着率的数值取决于车辆结构参数（主要是质量和几何两方面）和行驶工况，与实际路面条件无关。

由其定义可知，计算附着率的主要工作，就是计算给定车辆结构和行驶工况条件下驱动轮的地面法向力 $F_{Z驱}$ 和纵向力 $F_{X驱}$。

式（1-23a）与式（1-23b）之所以不准确，也正是因为对 $F_{Z驱}$ 和 $F_{X驱}$ 的估算有误。

1. 前、后轮的地面法向力 F_{Z1} 和 F_{Z2}

当汽车以一定的速度和加速度行驶于一定坡道时，前、后轮的地面法向力 F_{Z1} 和 F_{Z2} 的分析和计算是比较烦琐的，涉及诸多因素。此处采用"**工况累加法**"，针对一辆静止于水平路面上的汽车，依次令其具有爬坡度、速度和加速度，逐步求得前、后轮的地面法向力 F_{Z1} 和 F_{Z2}，计算过程如图 1-32 所示。图 1-32 所示的三幅图中，每一幅都"添加"了一个工况，图中只画出该工况对受力分析的影响，前面工况已有的结果不再画出。

受力分析中，忽略悬架变形等因素对汽车质心位置的影响。

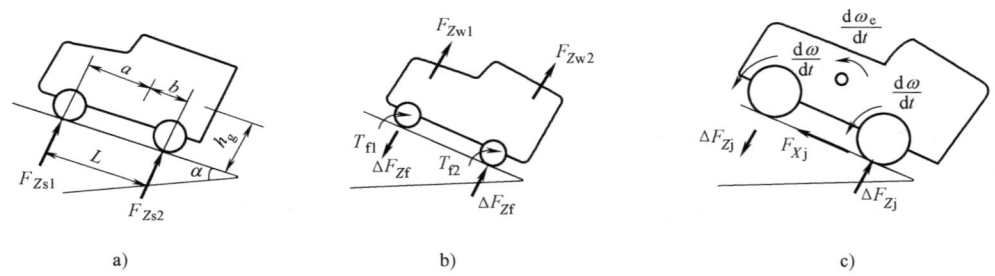

图 1-32 "工况累加法"计算前、后轮的地面法向力 F_{Z1} 和 F_{Z2}
a）静止于坡道 b）具有一定速度 c）具有一定加速度

（1）**静止于坡道** 如图 1-32a 所示，当汽车静止于角度为 α 的坡道上时（此时汽车必然受到向上的地面纵向力 $G\sin\alpha$，图中未画出此力，也不需要讨论该力来自哪个车轮、是行车制动器还是驻车制动器提供的），称此工况的前、后轮地面法向力为**静态分量**，记为 F_{Zs1} 和 F_{Zs2}。易知 $F_{Zs1}=\dfrac{G}{L}(b\cos\alpha - h_g\sin\alpha)$ 和 $F_{Zs2}=\dfrac{G}{L}(a\cos\alpha + h_g\sin\alpha)$。其中，$G$ 为汽车重力，

L 为汽车轴距，a 和 b 分别为汽车质心到前轴和后轴的距离。

（2）具有一定速度　当汽车在上述坡道上以一定速度行驶时，如图 1-32b 所示。在图 1-32a 所示受力的基础上，轮胎会受到滚动阻力偶矩的作用，车身会受到空气作用力，都会引起前、后轮地面法向力的变化，分别讨论如下：

车身受到的空气作用力，对前、后轮地面法向力的影响来源于两方面因素，一方面是由于空气阻力 F_w 在车身上的作用点相对地面具有一定高度，会形成一"向后倾覆的力矩"，为了抵消这个力矩，要发生轴荷转移，即前轮的地面法向力要减小、后轮的地面法向力要增大，增减数值相等；另一方面，由于车身相对空气运动时，车体上方的空气压力低于车体下方的空气压力（可参看本章第二节空气阻力中的"诱导阻力"部分），从而形成某种"机翼效应"，前、后轮的地面法向力都会改变，数值可能不同。

目前在研究这一问题时，基本上都是采取风洞试验的手段，测量前、后轮地面法向力的变化与车速的关系，将空气作用力对前、后轮地面法向力的影响直接记为空气升力 F_{Zw1} 和 F_{Zw2}，因而不必细究其具体来源是"向后倾覆的力矩"还是"机翼效应"。图 1-32b 中也没有画出空气阻力，而是直接画出车身在前、后轮处受到的空气升力 F_{Zw1}、F_{Zw2}。

前轮的空气升力 $F_{Zw1}=\frac{1}{2}C_{L1}A\rho v_r^2$，后轮的空气升力 $F_{Zw2}=\frac{1}{2}C_{L2}A\rho v_r^2$。其中，$C_{L1}$ 和 C_{L2} 分别为汽车前轴和后轴处的空气升力系数，来源于风洞试验；A 为汽车的迎风面积，单位为 m^2；v_r 为车身与空气的相对速度（可参考图 1-12），单位为 m/s，无风或微风条件下可认为就是车速 v；ρ 为空气密度。也可按空气阻力 F_w 的表达方式，化为 $F_{Zw1}=\frac{C_{L1}Au^2}{21.15}$，$F_{Zw2}=\frac{C_{L2}Au^2}{21.15}$，车速 u 的单位为 km/h。

向上的空气升力会导致车轮的地面法向力减小，降低车轮的附着性能，对于汽车的动力性、制动性和操纵稳定性等都有不利影响。因此在车身设计环节采取了很多措施，力争降低汽车前、后部的空气升力系数，甚至将空气升力系数降为负值，也就是由空气作用力提供额外的"下压力"。

前、后轮胎受到的滚动阻力偶矩分别为 T_{f1} 和 T_{f2}，分析可知 $T_{f1}+T_{f2}=(G\cos\alpha-F_{Zw1}-F_{Zw2})fr$，$f$ 为轮胎的滚动阻力系数，r 为轮胎半径。滚动阻力偶矩是由于轮胎与地面之间的法向作用力造成的，由于空气升力的存在，整车的"总法向压力"不是 $G\cos\alpha$，而是 $G\cos\alpha-F_{Zw1}-F_{Zw2}$。为了抵消这种"向后倾覆"的趋势，前、后轮胎的地面法向力必然发生重新分配，或者说轴荷转移，即 $\Delta F_{Zf}=\frac{(G\cos\alpha-F_{Zw1}-F_{Zw2})fr}{L}$。前轮的地面法向力降低，后轮的提高，如图 1-32b 所示。

注意，前、后轮的滚动阻力偶矩 T_{f1} 和 T_{f2} 通常不相等，但是转移量 ΔF_{Zf} 一定相等。

也可以这样理解：轮胎滚动时，由于地面法向反力偏移距的存在（参见图 1-6b 中的 a），车轮与路面的法向力作用点相对于静止时向前移动了该偏移距，也就相当于图 1-32 中的"汽车的质心向后移动了"。

（3）具有一定加速度 当汽车具有加速度时，如图 1-32c 所示，整车质量在平动加速，同时发动机的飞轮和所有车轮在旋转加速，会进一步影响前、后轮的地面法向力（图中小圆圈代表横置发动机的飞轮，不是汽车质心）。分别讨论如下：

整车质量的平动加速，必然意味着整车的地面纵向力（在前面已有工况的基础上）增加，显然增加的数值为 $F_{Xj}=m\dfrac{\mathrm{d}v}{\mathrm{d}t}$，其中 m 为整车质量，$\dfrac{\mathrm{d}v}{\mathrm{d}t}$ 为加速度。$F_{Xj}h_g$ 形成一个"向后倾覆"的力矩，导致前、后轮胎之间发生轴荷转移。转移的轴荷数值为 $m\dfrac{\mathrm{d}v}{\mathrm{d}t}\dfrac{h_g}{L}$，前轮的地面法向力降低，后轮的提高。

车轮加速时，其角加速度为 $\dfrac{\mathrm{d}\omega}{\mathrm{d}t}=\dfrac{\mathrm{d}v}{\mathrm{d}t}\dfrac{1}{r}$，其中 $\dfrac{\mathrm{d}v}{\mathrm{d}t}$ 是汽车的加速度，r 是轮胎半径。整车系统是一个质点系，其一部分质量在加速旋转，必然要求受到外力矩 M_{jw} 的作用，即 $M_{jw}=\sum I_w\dfrac{\mathrm{d}\omega}{\mathrm{d}t}$，$\sum I_w$ 为所有车轮的转动惯量之和。外力矩 M_{jw} 必然由前、后轮胎之间的轴荷转移提供，则转移的轴荷数值为 $\sum I_w\dfrac{\mathrm{d}v}{\mathrm{d}t}\dfrac{1}{rL}$，前轮的地面法向力降低，后轮的提高。

如果采用横置发动机，汽车加速时其角加速度 $\dfrac{\mathrm{d}\omega_e}{\mathrm{d}t}=\dfrac{\mathrm{d}v}{\mathrm{d}t}\dfrac{i_t}{r}$，$i_t$ 为传动系统的传动比。根据与上一段"车轮加速时"相同的力学原理，可得发动机加速造成的轴荷转移的绝对值为 $I_f\dfrac{\mathrm{d}v}{\mathrm{d}t}\dfrac{i_t}{rL}$，$I_f$ 为飞轮的转动惯量。当发动机（曲轴）的旋转方向与车轮的旋转方向相同时，前轮的法向力降低，后轮的提高；当发动机的旋转方向与车轮的旋转方向相反时，前轮的法向力提高，后轮的降低。

> 如果采用纵置发动机，其旋转加速会造成汽车左、右车轮之间的轴荷转移，本节不考虑这方面问题。

综合整车质量的平动加速和旋转质量的转动加速，由加速度造成的轴荷转移为 $\Delta F_{Zj}=\dfrac{1}{L}\left(mh_g+\sum I_w\dfrac{1}{r}\pm I_f i_t\dfrac{1}{r}\right)\dfrac{\mathrm{d}v}{\mathrm{d}t}$（当发动机的旋转方向与车轮的旋转方向相同时，第三项取 +；反之，取 –）。前轮的地面法向力降低，后轮的提高，如图 1-32c 所示。

（4）累加 将上述各工况所"要求"的前、后轮地面法向力累加，可得

$$\begin{cases} F_{Z1}=F_{Zs1}-F_{Zw1}-\Delta F_{Zf}-\Delta F_{Zj} \\ F_{Z2}=F_{Zs2}-F_{Zw2}+\Delta F_{Zf}+\Delta F_{Zj} \end{cases} \tag{1-24}$$

式（1-24）中第三项 $\Delta F_{Zf}=\dfrac{(G\cos\alpha-F_{Zw1}-F_{Zw2})fr}{L}$ 是滚动阻力偶矩造成的轴荷转移，其数值甚小；第四项 $\Delta F_{Zj}=\dfrac{1}{L}\left(mh_g+\sum I_w\dfrac{1}{r}\pm I_f i_t\dfrac{1}{r}\right)\dfrac{\mathrm{d}v}{\mathrm{d}t}$ 中的后两项 $\dfrac{1}{L}\left(\sum I_w\dfrac{1}{r}\pm I_f i_t\dfrac{1}{r}\right)\dfrac{\mathrm{d}v}{\mathrm{d}t}$ 是旋转质量加速造成的轴荷转移，数值通常也较小。忽略这两部分，得到简化的公式：

第一章 汽车的动力性

$$\begin{cases} F_{Z1} = F_{Zs1} - F_{Zw1} - \Delta F_{Zj} \\ F_{Z2} = F_{Zs2} - F_{Zw2} + \Delta F_{Zj} \end{cases} \quad (1\text{-}25)$$

即前、后轮的地面法向力 F_{Z1} 和 F_{Z2} 分别由三个分量组成：

静态分量 $F_{Zs1} = \dfrac{G}{L}(b\cos\alpha - h_g\sin\alpha)$ 和 $F_{Zs2} = \dfrac{G}{L}(a\cos\alpha + h_g\sin\alpha)$。

空气升力 $F_{Zw1} = \dfrac{C_{L1}Au^2}{21.15}$ 和 $F_{Zw2} = \dfrac{C_{L2}Au^2}{21.15}$。

加速分量 就是平动质量加速造成的轴荷转移 $\Delta F_{Zj} = \dfrac{mh_g}{L}\dfrac{dv}{dt}$。

车轮的地面法向力 F_{Z1} 和 F_{Z2} 的数值与汽车是前轮驱动还是后轮驱动无关。

由式（1-25）及其各项展开可见，当汽车加速、爬坡时，前轮的地面法向力 F_{Z1} 减小，后轮的地面法向力 F_{Z2} 相应增大。

那么，请思考一下，是前驱车更容易满足附着条件还是后驱车更容易？

2. 驱动轮的地面纵向力 $F_{X驱}$

能否利用已有的式（1-10b）来计算 $F_{X驱}$？

驱动轮的纵向力分析比较简单。对整车做预期工况下的纵向受力分析，参照图 1-3，按牛顿第二定律，易得 $F_{X驱} - F_{X从} - F_w - F_i = m\dfrac{dv}{dt}$，$m$ 为整车质量，本章第二节已经对式中各力进行了详细分析。

从动轮的地面纵向力 $F_{X从} = \dfrac{I_{w从}}{r^2}\dfrac{dv}{dt} + F_{Z从}f$，忽略第一项（由从动轮加速时的惯性力偶矩所产生），则从动轮的地面纵向力就是其滚动阻力，即 $F_{X从} = F_{f从} = F_{Z从}f$。

空气阻力 $F_w = \dfrac{C_D Au^2}{21.15}$，坡度阻力 $F_i = G\sin\alpha$。

则驱动轮的地面纵向力为

$$F_{X驱} = F_{f从} + F_w + F_i + m\dfrac{dv}{dt} \quad (1\text{-}26)$$

$F_{X驱} - F_{X从} - F_w - F_i$ 是汽车的真实纵向受力（从动轮的纵向力取 $F_{X从} = F_{f从}$ 则略有近似），因此式（1-26）中的 $m\dfrac{dv}{dt}$ 不需要乘以旋转质量换算系数 δ。我们知道，$F_t - F_f - F_w - F_i = \delta m\dfrac{dv}{dt}$。

另外，此处的 $F_{X驱}$ 不能采用式（1-10b）来计算。该式的思想是"假定地面附着条件足够，给出发动机转矩，经传动并扣除滚动阻力偶矩和惯性阻力偶矩的因素后，可以转化为多大的地面推力"；而附着问题考虑的是"给定的车辆以预期工况行驶，地面附着条件应如何"。简言之，式（1-10b）中所需的发动机转矩 T_e、传动比 i_t 以及传动效率 η_T 无法确定。

其中，从动轮的滚动阻力，按 $F_{f从} = F_{Z从} f$ 计算。$F_{Z从}$ 则应按从动轮是前轮还是后轮，在式（1-25）中选取 F_{Z1} 或 F_{Z2}。

3. 驱动轮的附着率 $C_{\varphi i}$

结合上述分析得到的驱动轮地面法向力 $F_{Z驱}$ 和地面纵向力 $F_{X驱}$，可以得到驱动轮的附着率 $C_{\varphi i} = \dfrac{F_{X驱}}{F_{Z驱}}$。

对于前轮驱动，有

$$C_{\varphi 1} = \frac{F_{f2} + F_w + F_i + m\dfrac{dv}{dt}}{F_{Zs1} - F_{Zw1} - \Delta F_{Zj}} \tag{1-27a}$$

对于后轮驱动，有

$$C_{\varphi 2} = \frac{F_{f1} + F_w + F_i + m\dfrac{dv}{dt}}{F_{Zs2} - F_{Zw2} + \Delta F_{Zj}} \tag{1-27b}$$

三、典型工况的附着率计算

在上述驱动轮的地面法向力 $F_{Z驱}$ 和纵向力 $F_{X驱}$ 的分析中，已经进行了一些近似和简化，但是直接按式（1-27a）和式（1-27b）计算，仍然比较烦琐，而且涉及的参数较多，不易分析汽车的结构设计因素对附着性能的影响。

下面针对两种对附着条件要求较高的典型工况，进行附着率分析，在计算过程中，会根据各工况的不同特点，再进行一些合理的简化。

1. 全力加速、爬坡时的附着率

这里针对车速较低、爬坡度和/或加速度较大的工况，进行附着率的计算。

（1）前轮驱动 当采用前轮驱动时，附着率应按式（1-27a）计算。车速较低，则空气作用力造成的 F_w 和 F_{Zw1} 可以忽略（可参见本章例 1-2 后的讨论）；爬坡度和/或加速度较大，则滚动阻力可以忽略。于是式（1-27a）可简化为

$$C_{\varphi 1} = \frac{F_i + m\dfrac{dv}{dt}}{F_{Zs1} - \Delta F_{Zj}}$$

展开可得

$$C_{\varphi 1} = \frac{G\sin\alpha + m\dfrac{dv}{dt}}{\dfrac{G}{L}(b\cos\alpha - h_g\sin\alpha) - \dfrac{mh_g}{L}\dfrac{dv}{dt}}$$

将上式的分子和分母同时除以 $G\cos\alpha$，可得

$$C_{\varphi 1} = \frac{i + \dfrac{1}{g\cos\alpha}\dfrac{dv}{dt}}{\dfrac{b}{L} - \dfrac{h_g}{L}\left(i + \dfrac{1}{g\cos\alpha}\dfrac{dv}{dt}\right)}$$

参数 $i + \dfrac{1}{g\cos\alpha}\dfrac{dv}{dt}$ 包含了爬坡度 i 和加速度 $\dfrac{dv}{dt}$ 两方面工况，将其定义为"**等效坡度**"，符号记为

q。于是，前轮的附着率为

$$C_{\varphi 1}=\frac{q}{\dfrac{b}{L}-\dfrac{h_g}{L}q} \qquad (1\text{-}28\text{a})$$

可见，在给定整车质心位置参数 L、b 和 h_g 的条件下，可以将前轮的附着率 $C_{\varphi 1}$ 视为等效坡度 q 的函数。对式（1-28a）取反函数，则可得

$$q=\frac{\dfrac{b}{L}}{\dfrac{1}{\varphi}+\dfrac{h_g}{L}} \qquad (1\text{-}28\text{b})$$

在给定整车质心位置的条件下，式（1-28a）反映的是为了实现预期的等效坡度，前驱汽车对路面的附着系数所提出的最低要求；式（1-28b）则表明在给定道路附着系数下前驱汽车所能克服的等效坡度。

> 直接对式（1-28a）取反函数，应写为
>
> $$q=\frac{\dfrac{b}{L}}{\dfrac{1}{C_{\varphi 1}}+\dfrac{h_g}{L}}$$
>
> 由于该式表达的含义是"在给定道路的附着系数下……"，因而在式（1-28b）中采用的是附着系数的符号 φ，而不是附着率 $C_{\varphi 1}$。

由式（1-28b）可以看出，在路面附着系数一定的前提下，为了爬上尽可能大的坡度，对前驱车来说，要求汽车的质心尽可能低、尽可能靠前。

（2）**后轮驱动** 采用与上述相同的方法，研究后轮驱动的附着问题，可得

$$C_{\varphi 2}=\frac{q}{\dfrac{a}{L}+\dfrac{h_g}{L}q} \qquad (1\text{-}29\text{a})$$

$$q=\frac{\dfrac{a}{L}}{\dfrac{1}{\varphi}-\dfrac{h_g}{L}} \qquad (1\text{-}29\text{b})$$

在给定整车质心位置的条件下，式（1-29a）反映的是为了实现预期的等效坡度，后驱汽车对路面的附着系数所提出的最低要求；式（1-29b）则表明在给定道路附着系数下后驱汽车所能克服的等效坡度。

由式（1-29b）可以看出，在路面附着系数一定的前提下，为了爬上尽可能大的坡度，对后驱车来说，要求汽车的质心尽可能高、尽可能靠后。

（3）**四轮驱动** 对于四轮驱动的汽车，其前轮和后轮都是驱动轮，需要分别计算两者的附着率 $C_{\varphi 1}$ 和 $C_{\varphi 2}$。

车轮的地面法向反力 F_{Z1} 和 F_{Z2} 与驱动形式无关，可以沿用上述结果，如式（1-28a）和式（1-29a）的分母。

为了分析四驱汽车前、后轮的地面纵向力，定义**后轴转矩分配系数** i_K：后轴的驱动转矩占全部驱动转矩的比例，即 $i_K = \dfrac{T_{t2}}{T_{t1}+T_{t2}}$，$T_{t1}$ 和 T_{t2} 分别为前轴和后轴的驱动转矩。

也就是说，为了实现某预期的行驶工况所需要的总地面纵向力，对于四驱车来说，按 $\dfrac{1-i_K}{i_K}$ 的比例分配给前、后轮。

在本章第二节中，给出了驱动轮的地面纵向力的精确解：$F_{X驱} = \dfrac{T_e i_t \eta_T}{r} - G_{驱} f\cos\alpha - \dfrac{I_t i_t^2 \eta_T + I_{w驱}}{r^2}\dfrac{dv}{dt}$。而在本处"针对车速较低、爬坡度和/或加速度较大的工况"的前提下，已经忽略了滚动阻力的影响，即不计式中第二项。进一步忽略第三项旋转质量加速的影响，则 $F_{X驱} = \dfrac{T_e i_t \eta_T}{r}$，式中的分子，对于多轴驱动来说，应为分配给某车轴的驱动转矩。因此，在此处的分析中，认为各车轮的地面纵向力与其分配到的源自发动机输出转矩的驱动转矩成正比。

结合后轴转矩分配系数 i_K 的定义与式（1-28a），可得四轮驱动时前轮的附着率：

$$C_{\varphi 1} = \dfrac{(1-i_K)q}{\dfrac{b}{L}-\dfrac{h_g}{L}q} \tag{1-30a}$$

结合 i_K 的定义与式（1-29a），可得四轮驱动时后轮的附着率：

$$C_{\varphi 2} = \dfrac{i_K q}{\dfrac{a}{L}+\dfrac{h_g}{L}q} \tag{1-30b}$$

对于这种后轴转矩分配系数 i_K 值固定的四驱车，当前、后轮的附着率不相等时，附着条件取决于附着率较大的车轮。举例来说，如果前轮的附着率 $C_{\varphi 1}$ 较大，说明克服某种给定的等效坡度 q 时，前轮对地面实际附着系数的要求更高，会先于后轮滑转、丧失附着能力。

因此，如果 $C_{\varphi 1} > C_{\varphi 2}$，在给定路面附着系数 φ 的前提下，汽车能克服的等效坡度取决于前轮，由式（1-30a）变形得到：

$$q = \dfrac{\dfrac{b}{L}}{\dfrac{1-i_K}{\varphi}+\dfrac{h_g}{L}} \tag{1-31a}$$

如果 $C_{\varphi 1} < C_{\varphi 2}$，则在给定路面附着系数 φ 的前提下，汽车能克服的等效坡度取决于后轮，由式（1-30b）变形得到：

$$q = \frac{\dfrac{a}{L}}{\dfrac{i_K}{\varphi} - \dfrac{h_g}{L}} \tag{1-31b}$$

也可以不计算前、后轮的附着率，针对给定的路面附着系数 φ，直接用式（1-31a）和式（1-31b）分别计算等效坡度 q，较小的 q 值就是汽车实际上能克服的等效坡度。

将式（1-31a）或式（1-31b）与式（1-28b）或式（1-29b）对比，可见在道路条件和汽车质心位置相同的前提下，四轮驱动可以克服比两轮驱动更大的等效坡度。

然而，后轴转矩分配系数 i_K 值固定，还是一种不尽合理的分配方式。试想一下，给定路面条件，随着预期的等效坡度 q 逐渐加大，当附着率较大的车轮开始打滑（即该车轮的附着率已达到附着系数）时，其所承担的地面纵向力达到极限；而由于 i_K 固定，附着率较低的车轮所分配的地面纵向力也无法增长，尽管其"脚下"仍然有一定的潜在附着能力。也就是说，前、后车轮的附着率不相等，浪费了附着率较低车轮的附着能力，整车获得的总地面纵向推力还可以进一步提高。此时，应该将驱动转矩向附着率低的车轮多分配一些，使得所有车轮的地面纵向力都达到各自的附着力，也就是追求整车的地面法向压力全部转化为地面纵向推力。

如果四驱车辆采用比较先进、智能的驱动转矩分配方式，可以根据不同车轮相对路面的运动状况自动调节 i_K 值，那么在各种 q 值的路面上，前、后轮的附着率数值都尽可能地接近。当追求"所有车轮的地面纵向力都达到各自的附着力"这一极致目标时，往往需要四驱车辆的中央分动/差速机构将前、后轴完全刚性连接起来，即彻底锁死，此时轴间差速作用被彻底取消，前、后轴的驱动转矩（即地面纵向力）互不影响，只取决于各自的地面附着力。

与此类似，当同一驱动轴左、右轮的实际路面附着系数不同时，轮间差速机构也应能限制两轮的相对滑转乃至将两侧半轴彻底锁死，使得两侧驱动轮都能发挥出各自的全部附着能力，尽可能提高该驱动轴的最大纵向推力。

关于这方面的具体结构设计和控制措施，可以参看有关中央差速器、限滑差速器、差速锁以及电子限滑技术等方面的资料。

当汽车以锁定的四轮驱动模式行驶时，不会有任何车轮提前打滑，整车的地面法向力可以完全转化为地面纵向力，即 $G\cos\alpha\varphi = \sum F_{X驱}$。$\sum F_{X驱}$ 是前、后轮的地面纵向力之和，此处忽略滚动阻力和空气作用力，$\sum F_{X驱}$ 完全用于爬坡和加速。于是 $G\cos\alpha\varphi = G\sin\alpha + m\dfrac{dv}{dt}$，变形得到 $\varphi = i + \dfrac{1}{g\cos\alpha}\dfrac{dv}{dt}$。已知 $i + \dfrac{1}{g\cos\alpha}\dfrac{dv}{dt}$ 就是等效坡度 q，则有 $\varphi = q$。

可见，在锁定的四轮驱动模式下，汽车所能克服的等效坡度等于路面的附着系数。也就是路面的实际附着能力得到了完全发挥。

本书不研究多轴驱动的附着率问题。

（4）综合对比　上面介绍了较多公式，总的分析原则是：在给定等效坡度的条件下，计算得到的附着率越小，汽车的附着条件越容易满足；在给定路面附着系数的条件下，计算得到的等效坡度越大，汽车的附着条件越容易满足。

下面通过一个实例，从等效坡度的计算入手，对比不同驱动形式对汽车附着条件的影响。

例 1-3　假定汽车的发动机动力足够。公平起见，令汽车质心的纵向位置在轴距中点，即 $a/L=b/L=1/2$，且质心高度相对于轴距的比例固定，设 $h_g/L=1/5$。令该车分别采用前轮驱动、后轮驱动、后轴转矩分配系数 i_K 固定为 0.5（即前、后轴驱动转矩始终相等，这种平均分配方式，类似普通的对称行星齿轮式差速器对驱动桥左、右半轴的转矩分配）的四轮驱动和锁定的四轮驱动，计算这 4 种驱动形式下的等效坡度。路面附着系数 φ 依次取 0.2、0.4、0.6 和 0.8。

由前面的分析可知，采用前轮驱动时，应按式（1-28b）计算等效坡度；采用后轮驱动时，按式（1-29b）计算；采用 $i_K=0.5$ 的四轮驱动时，结合此问题的车型参数，式（1-31a）的计算结果总是小于式（1-31b）的计算结果，等效坡度按式（1-31a）计算；对于锁定的四轮驱动，则恒有 $q=\varphi$。

计算结果见表 1-4。

表 1-4　不同驱动形式的等效坡度计算结果

驱动形式	路面附着系数			
	0.2	0.4	0.6	0.8
前轮驱动	0.096	0.185	0.268	0.345
后轮驱动	0.104（+8.3%）	0.217（+17.4%）	0.341（+27.3%）	0.476（+38.1%）
固定 $i_K=0.5$ 的四轮驱动	0.185	0.345	0.484	0.606
锁定的四轮驱动	0.2（+8.1%）	0.4（+15.9%）	0.6（+24.0%）	0.8（+32.0%）

注：括号内的数字表示的是后轮驱动相对于前轮驱动、锁定的四轮驱动相对于固定 i_K 值的四轮驱动的提高幅度。

对比分析可知，在质心位于轴距中点的条件下，后轮驱动的等效坡度总是大于前轮驱动，而且随着附着系数的提高，爬坡度随之增大，轴荷向后的转移量越来越大，后轴驱动的相对优势也随之增大；四轮驱动的等效坡度明显大于两轮驱动。

反之，欲实现相同的等效坡度，例 1-3 中前驱车所需的路面附着系数刚好是前、后轴转矩平均分配四驱车的 2 倍。

前、后轴锁定的四轮驱动的等效坡度总是大于固定 i_K 值的四轮驱动，而且随着附着系数的提高，爬坡度随之增大，轴荷向后转移越来越多，前、后轴转矩平均分配的不合理性越来越明显，必然导致锁定的四轮驱动的相对优势随之增大。

也可以用图 1-33 反映该问题的计算结果。

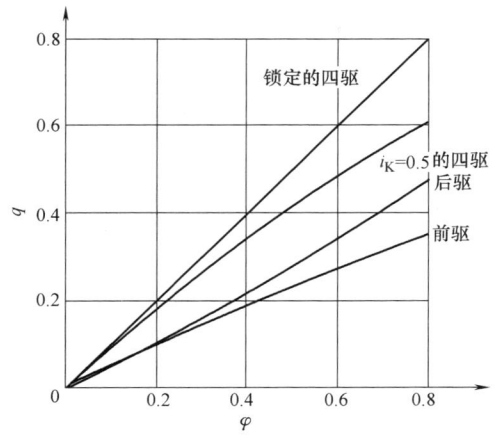

图 1-33 驱动形式对等效坡度的影响

结合本章第三节的爬坡度计算例 1-2：该轿车由驱动条件所决定的最大爬坡度可达 0.667。但是考虑到附着条件，即使在附着系数高达 0.8 的路面上，两轮驱动（无论前驱还是后驱）的普通轿车无法实现该爬坡度；如果前、后轮的转矩分配不够合理，四轮驱动也不一定能实现（例如固定 $i_K = 0.5$ 的分配方式，在 $\varphi = 0.8$ 的路面上也只能达到 $q = 0.606$）；最"强悍"的驱动方式是前、后轮的转矩分配可以自动调节，在需要克服如此巨大的爬坡度时将前、后轴刚性锁定，那么可以在 $\varphi \geq 0.667$ 的路面上实现 $i = 0.667$。

另外，由表 1-4 中数据可以看出，当等效坡度不大时，前、后轴荷的静态分配相等的两驱车（即 $a/L = b/L = 1/2$）的附着系数大约是坡度值的 2 倍。可应用此结论进行较粗略的估算，例如，普通两驱轿车，在 $\varphi = 0.6$ 的路面上至多能实现 30% 左右的爬坡度（前驱车会更差，本例中为 26.8%）；换个角度想，也就是为了实现 30% 的爬坡度，路面的实际附着系数至少要达到 0.6 左右（前驱形式的要求更高，本例中按式（1-28a）计算可得 $q = 0.3$ 时 $C_{\varphi 1} = 0.682$。读者可以试计算同样预期爬坡度下后驱车的附着率数值）。

2. 高速行驶时的附着率

除了全力加速和爬陡坡外，另一个对附着条件要求较高的工况就是汽车以很高的速度行驶。在此工况下，令加速度和坡度均为 0。

对于前轮驱动，附着率为

$$C_{\varphi 1} = \frac{F_{f2} + F_w}{F_{Zs1} - F_{Zw1}}$$

其中，法向静态分量 $F_{Zs1} = \dfrac{b}{L} G$；空气升力 $F_{Zw1} = \dfrac{C_{L1} A u^2}{21.15}$；后轮的滚动阻力 $F_{f2} = F_{Z2} f = (F_{Zs2} - F_{Zw2}) f = \left(\dfrac{a}{L} G - \dfrac{C_{L2} A u^2}{21.15} \right) f$；空气阻力 $F_w = \dfrac{C_D A u^2}{21.15}$。

因此有

$$C_{\varphi 1}=\frac{\left(\dfrac{a}{L}G-\dfrac{C_{L2}Au^2}{21.15}\right)f+\dfrac{C_D Au^2}{21.15}}{\dfrac{b}{L}G-\dfrac{C_{L1}Au^2}{21.15}}$$

式中，u 的单位是 km/h。

> 读者可以思考一下，$C_{\varphi 1}=\dfrac{F_{f2}+F_w}{F_{Zs1}-F_{Zw1}}$ 中分子的第一项本应为后轮的地面阻力 F_{X2}，在此计算中按滚动阻力 F_{f2}，是否存在误差？

对于后驱车，采用相同的分析方法，可得

$$C_{\varphi 2}=\frac{\left(\dfrac{b}{L}G-\dfrac{C_{L1}Au^2}{21.15}\right)f+\dfrac{C_D Au^2}{21.15}}{\dfrac{a}{L}G-\dfrac{C_{L2}Au^2}{21.15}}$$

当车速很高时，从动轮滚动阻力的影响可以忽略不计，因此前驱车和后驱车的附着率计算可分别简化为

$$C_{\varphi 1}=\frac{\dfrac{C_D Au^2}{21.15}}{\dfrac{b}{L}G-\dfrac{C_{L1}Au^2}{21.15}} \tag{1-32a}$$

和

$$C_{\varphi 2}=\frac{\dfrac{C_D Au^2}{21.15}}{\dfrac{a}{L}G-\dfrac{C_{L2}Au^2}{21.15}} \tag{1-32b}$$

由下面的例子可以看出，这种简化带来的误差是很小的。

随着车速的提高，无论是前驱车还是后驱车，其附着率都会迅速增大。为了提高汽车的附着性能，也就是降低附着率，应设法降低整车的空气阻力系数 C_D 和驱动轴处的空气升力系数 C_{L1} 或 C_{L2}。

例 1-4 对于本章的"基准车"，由例 1-1 知，最高车速 $u_{max}=217$km/h。设采用前轮驱动，令其前、后静态轴荷相等，即 $a=b$。车身采用常见的三厢轿车造型，前、后轴的空气升力系数分别取 $C_{L1}=0.15$ 和 $C_{L2}=0.3$。所需其余参数见例 1-1。计算以 u_{max} 行驶时的附着率。并考虑当 u_{max} 值进一步提高时，汽车的附着问题。

计算结果为

$$C_{\varphi 1}=\frac{\dfrac{C_D A u^2}{21.15}}{\dfrac{b}{L}G-\dfrac{C_{L1}A u^2}{21.15}}=0.2155$$

该数值明显小于普通路面的附着系数，可见该车的最高车速是可以充分发挥出来的。

在计算过程中可以发现，前轮的空气升力 $\dfrac{C_{L1}A u^2}{21.15}=688.0\text{N}$，与静态前轴荷 7500N 相比，已经不能忽略不计，可见高速行驶时，空气升力对于轮胎地面法向力的削弱是要考虑的。

> 如果采用较为精确的计算，则有
>
> $$C_{\varphi 1}=\frac{\left(\dfrac{a}{L}G-\dfrac{C_{L2}A u^2}{21.15}\right)f+\dfrac{C_D A u^2}{21.15}}{\dfrac{b}{L}G-\dfrac{C_{L1}A u^2}{21.15}}=0.2262$$
>
> 上面采用简化计算的结果 $C_{\varphi 1}=0.2155$ 与之相比，相对误差不到 5%。这说明：对于式（1-32a）和式（1-32b），"当车速很高时，从动轮滚动阻力的影响可以忽略不计" 这个论述是比较可靠的；即使需要考虑从动轮的滚动阻力，也不必考虑空气升力对轮胎-路面法向载荷的影响，可以按 $F_{f\text{从}}=G_{\text{从}}f$ 处理，这也证明了式（1-4）下面的讨论 "汽车行驶时会受到空气升力的作用，使得轮胎和路面之间的法向载荷减轻，即 $F_Z<G$（坡度为 0）。在滚动阻力的分析中通常不考虑这一因素" 的可靠性。

如果将最高车速提高到 $u_{\max}=300\text{km/h}$（汽车的动力系统参数，如发动机功率等，也要做相应改变），同时出于对加速、爬坡能力以及操纵稳定性等方面的考虑，将汽车的驱动形式改为后轮驱动，其余条件不变，则最高车速行驶时的附着率为

$$C_{\varphi 2}=\frac{\dfrac{C_D A u^2}{21.15}}{\dfrac{a}{L}G-\dfrac{C_{L2}A u^2}{21.15}}=0.58$$

该数值已比较接近铺装路面的附着系数上限，也就是说，有一些技术条件不是很好的道路已无法满足这种高速行驶的需求。

> 读者可计算一下车速达到 350km/h 时的后驱附着率。

计算中同时发现，以 $u_{\max}=300\text{km/h}$ 行驶时，后轮的空气升力达到 $F_{Zw2}=2629.8\text{N}$，对静载后轴荷 7500N 的削弱已经很严重了。说明该车后轴处的空气升力系数 $C_{L2}=0.3$ 偏高，为了适应高速行驶的需求，应修改车身造型设计，设法降低 C_{L2} 值。

另外，此处的附着率验算只考虑了高速行驶时对道路纵向附着能力的需求，未考虑侧

向附着问题。由第五章第二节对地面纵向力问题的讨论可知,当轮胎承受很大地面纵向力(如此处的高速行驶工况)时,轮胎与地面之间的侧向附着能力将有一定程度的下降,汽车如果需要在此时转向或抵抗侧向干扰,则可能因地面侧向附着力不足而发生侧滑乃至失控。也就是说,高速行驶时,附着率小于附着系数的量必须达到一定程度,预留出一定的"侧向附着储备"。

> 由此可知,高速行驶时附着率的定量计算允许有一定程度的、可以接受的误差。举例来说,上文 $C_{\varphi 1}$ 和 $C_{\varphi 2}$ 的简化计算式(1-32a)和式(1-32b)中忽略从动轮的滚动阻力,并不会对附着条件的判断结果造成实质性的影响。

对于例 1-4 中 $u_{\max}=300\text{km/h}$ 工况下 $C_{\varphi 2}=0.58$ 的情况来说,如果认为 0.58 的附着率过高,可以考虑的改进措施有:优化车身造型设计,降低空气阻力系数和空气升力系数,尤其是后轴的空气升力系数 C_{L2};改变汽车质心位置,对于该后轮驱动形式,应将汽车的质心适当后移;确保该车在足够良好的路面上才以如此高的速度行驶,同时在转向过程中适当放松加速踏板(也不要急踩制动踏板),以降低对路面总附着能力的"占用"。

> 为了提高汽车的高速行驶能力,也可以考虑采取四轮驱动技术。如果汽车装备了大功率发动机,汽车的驱动功率足够克服极高的车速带来的行驶阻力功率,那么四轮驱动可以将驱动转矩分配至前、后轮,有助于降低各驱动轮的附着率,可以实现更高的行驶速度;如果发动机的功率不是很大,由驱动力所限定的最高车速不是非常高,两轮驱动的附着率都不会突破普通道路的限制,那么由于四驱传动环节较多、效率下降,最高车速(以及加速时间等指标)反而会降低,此时采用四驱技术,更多的是考虑通过性和操纵稳定性等方面。

本节所讨论的附着问题,是在驱动力足以克服行驶阻力的前提下,研究路面的附着能力是否能够对驱动轮提供足够的纵向力。因此,本节各计算公式中的车辆结构参数,主要是汽车的质心位置参数和车身造型参数,而不是动力传动装置参数。

复习与思考

1. 掌握汽车的动力性的含义和评价指标。
2. 掌握驱动力 F_t 的计算和影响因素。F_t 与驱动轮地面推力 $F_{X驱}$ 的关系如何?
3. 如何理解"静力半径 r_s 用于受力分析,滚动半径 r_r 用于运动分析"?
4. 掌握轮胎的滚动阻力偶矩的产生机理。掌握匀速滚动条件下驱动轮和从动轮的受力分析。掌握滚动阻力系数的含义及其影响因素。为什么说"驱动轮和整车的滚动阻力在受力图上画不出来"?
5. 掌握空气阻力、坡度阻力和道路阻力的计算方法。
6. 掌握旋转质量换算系数的含义及其影响因素,列出用结构参数和使用参数表达的汽车受力平衡方程以及汽车功率平衡方程。
7. 利用汽车的驱动力-行驶阻力平衡图示意求解动力性指标。掌握动力性指标的定量计算方法。何谓动力因数？动力特性图和功率平衡图是什么？后备功率与负荷率是什么？

8. 为什么计算加速时间通常采用"分段累加"的数值方法，而不形成精确的代数解？

9. 如何绘制汽车在一定坡度 i 条件下的驱动力-行驶阻力平衡图？

10. 掌握附着率的含义，附着率与附着系数的关系，并列出附着率的基本计算公式。假定发动机输出传至驱动轮的驱动转矩足够大，汽车是否能够爬上任意预期的坡度？许多创造"陆地行驶速度纪录"的汽车，安装了喷气发动机乃至火箭发动机，请着重从附着条件方面解释其原因。

第二章 汽车的燃油经济性

第一节 概　述

一、燃油经济性的含义和评价指标

汽车的**燃油经济性**，指的是在满足动力性要求的前提下，汽车以尽量小的燃油消耗量经济行驶的能力。在其他一些资料，特别是标准文件中，采用"燃料"的提法。

提高汽车的燃油经济性，对于节约能源、减小对不可再生资源的依赖、维护国家石油安全以及降低温室气体排放量等，都有重要意义。

> 降低油耗对于减小 CO、HC、NO_x 和碳烟等污染物的影响，不能一概而论，因为发动机的低油耗工作区间和低排放工作区间不完全重合。但是考虑到燃油中的碳元素绝大部分以 CO_2 的形式排出，可以认为，降低油耗和减小 CO_2 排放是等效的。

燃油经济性定义中的"经济行驶的能力"，一般用单位里程的燃油消耗量来衡量，我国采用的是**百公里燃油消耗量**（简称百公里油耗），符号为 Q_S，单位为 L/100km，这就是燃油经济性的评价指标。

美国等国家，则采用单位油耗的行驶里程（如 mile/USgal）来评价，与百公里油耗的本质是一样的。

研究汽车的燃油经济性，一定要结合"满足动力性要求"这一前提。也就是说，对于同一辆车，提出不同的动力性要求，其燃油经济性的评价结果（即百公里油耗值）是不同的。按照各种标准和法规的划分方法，对汽车动力性的要求一般用某种行驶工况来体现。

因此，又可以将燃油经济性理解为汽车在限定行驶工况下的百公里燃油消耗量。

二、燃油经济性评价的工况

根据限定工况的不同，燃油经济性的评价指标大体上可分为两类：等速行驶燃油消耗量和多工况循环燃油消耗量。

1. 等速工况

等速行驶燃油消耗量（等速油耗）是汽车在一定载荷下，固定某一档位，在水平良好路面上等速行驶 100km 的燃油消耗量，单位为 L/100km。

需要强调"固定某一档位"这一条件，由本章后面的分析（如图 2-6 等）可以看出，在确定车辆和车速的条件下，油耗水平与传动比有关。

在相关试验标准中，对于不同车型应选用哪个试验档位，有比较清楚的限定。

固定汽车的档位，改变不同的行驶速度，就可以得到等速百公里油耗 Q_S 与车速 u 的关系，即等速油耗特性，其特性图称为**等速行驶燃油消耗量曲线**。图 2-1a 所示为某商用车在半载（实际装载质量为核定载质量的一半）、以最高档行驶条件下的等速行驶燃油消耗量曲线。

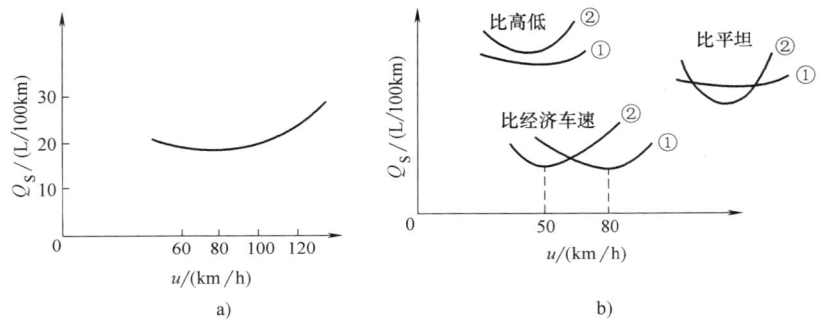

图 2-1 利用等速油耗特性评价汽车的燃油经济性
a) 等速行驶燃油消耗量曲线 b) 等速油耗曲线的对比

由图 2-1a 可知，该车在半载和最高档的条件下，最低油耗所对应的车速（即"经济车速"）在 80~90km/h 之间。车速过低或过高，燃油经济性都变差。

当采用等速油耗特性曲线评价汽车的燃油经济性时，可以依次按下列原则对比：

1) 曲线普遍较低的为好，说明其在各车速下的燃油经济性都较优，如图 2-1b 所示的"比高低"。

2) 当曲线的平均高度大致相等时，较平坦的为好，说明该车的燃油经济性对车速的变化相对更不敏感，或者说车速适应性更强，如图 2-1b 所示的"比平坦"。

3) 前两点都大致相当时，经济车速更接近常用车速的为好，如图 2-1b 所示的"比经济车速"。

例如，在图 2-1b 中，三种比较的结果都是①优于②。每一组对比的意义只是示意两条曲线之间的相对关系，不代表实际对应车速值和油耗值。

注意，在"比经济车速"组中，假定车辆的一般使用条件是公路长途运输，故而认为经济车速为 80km/h 的曲线①更合理。如果实际车辆经常在限速较低的城区行驶，那么曲线②的燃油经济性更好。

采用等速行驶燃油消耗量对汽车的燃油经济性进行评价（包括理论计算和试验），方法简单，影响因素少，重复性和可比性较好，可以比较客观地评价汽车在规定条件下的燃油经济性。例如，在过去的很长一段时间内，许多乘用车在销售时都标注 90km/h 下的等速百公里油耗这一指标。但是单纯等速行驶没有反映汽车在实际使用环境中的全部行驶工况,对汽车动力性的需求不够真实,得到的油耗值一般来说低于实际水平,尤其是经常在市区拥堵路段行驶的汽车。

2. 多工况循环

由于等速行驶工况存在着代表性差、不够全面的缺点,不同的国家或研究单位,针对不同车型、用途和使用环境等,编制了很多不同的多工况循环规范。令汽车严格按照某循环约束的工况行驶,就可得到**多工况循环燃油消耗量**(也称循环油耗或工况法油耗),用以代表汽车的实际燃油经济性水平。例如,图 2-2 所示就是一种用于我国乘用车燃油经济性评价的多工况循环规范。该循环将整个行驶过程划分为一部和二部,分别包含 4 个市区运转循环单元和 1 个市郊运转循环单元。市区循环的平均车速为 19km/h,4 个循环总计时间 780s(未包含开始采样测试前的 40s 怠速时间),总计行驶距离 4.052km;市郊循环的平均车速为 62.6km/h,总计时间 400s,行驶距离 6.955km。

> 每种循环单元的具体规范,可查阅相关标准。

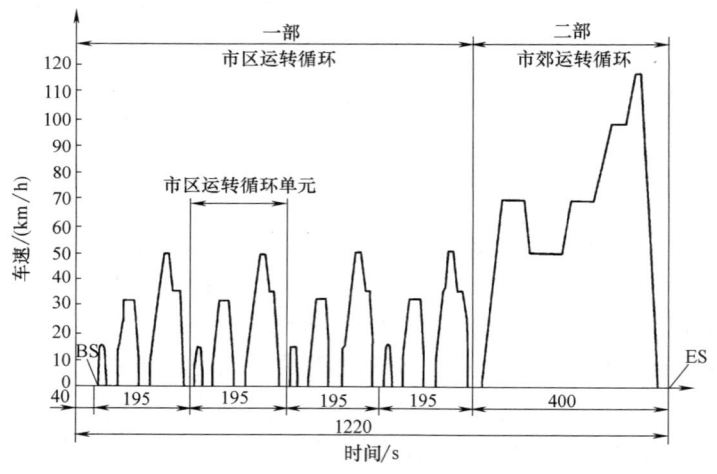

图 2-2 乘用车燃油经济性评价的多工况循环

自 2010 年起,我国新生产和进口的最大设计总质量在 3500kg 以下的乘用车和轻型商用车,必须在车辆的显著位置粘贴"汽车燃料消耗量标识"。其主要内容就是按上述多工况循环规范得到的市区油耗、市郊油耗和综合油耗,单位均为 L/100km。显然,综合油耗就是由市区油耗和市郊油耗按一部和二部的行驶距离加权得到的。在具体操作方面,要求在转鼓试验台上,按碳平衡法测定待检车辆的油耗。

> 在汽车燃油消耗量的实测环节,有两种方法:直接法和间接法。
> **直接法**就是直接测量发动机消耗了多少燃油。这种方法精确度较高,但是需要在试验前断开原车的供油系统管路,连接高精度的油耗仪,试验结束后还要装复,而且需要解决供油管路回油造成的重复计量和管路中存在空气泡等具体技术问题。采用这种方法,

工作量大，耗时较长，且试验人员必须熟悉待测车型的发动机供油系设计特点，不适于检测单位对众多企业的大量车型的批量检测。

因此，工信部的油耗检测采取的是**间接法**，也就是**碳平衡法**，又称为**排气法**。碳平衡法的理论基础是汽车排气中的碳元素完全来自燃油。检测时，对汽车排气取样，分别测出排气中 CO、CO_2 和 HC 的含量，结合燃油化学成分、密度等信息，换算出燃油消耗量。换算公式为

$$Q_S = \frac{0.429 w_{CO} + 0.866 w_{HC} + 0.273 w_{CO_2}}{8.66\rho}$$

式中，Q_S 为百公里油耗换算值（L/100km）；w_{CO}、w_{HC} 和 w_{CO_2} 为 CO、HC 和 CO_2 的比排放量（g/km）；ρ 为检测用燃油的密度（kg/L）。

比排放量的含义是测试时汽车单位行驶里程（道路或测功机上）所排放的污染物质量或发动机单位输出功所排放的污染物质量，此处取前者。

碳平衡法（排气法）突出的优点就是拆装作业量小，效率高。在试验设备技术条件良好、燃油化学成分符合标准以及实验室环境较理想的条件下，碳平衡法和直接法相比，具有大体上相同的准确度和重复性。

目前，各国和各研究机构制定了许多多工况循环标准，使用者应根据研究对象及其使用环境等条件，在众多标准中合理选择。一些课题研究也可能不采取标准规定的循环，而是根据自身的课题背景、研究侧重点、研究条件和手段等，自拟一套工况循环。

全社会对于节能、减排的要求日益提高，相关部门制定了诸多有关汽车燃油经济性的试验方法、标识标准和限值标准。在我国乘用车行业，采取分阶段提高油耗标准的政策，第四阶段的限值标准 GB 19578—2014《乘用车燃料消耗量限值》已于 2016 年 1 月 1 日起实施。

如果所有制造商都能够达到其具体的企业平均燃料消耗量（Corporate Average Fuel Consumption，CAFC）目标，预计到 2020 年企业平均燃料消耗量可降至 5.0L/100km。

第二节　汽车燃油经济性的分析计算方法

由燃油经济性的定义可以看出，汽车的燃油经济性评价，或者说百公里油耗的计算，与汽车的动力性有关。其基本思路是：由给定的动力性要求（即行驶工况）出发，运用第一章的驱动动力学分析方法，求得驱动轮上的驱动力和驱动功率，进而确定发动机的转速和转矩，再结合发动机的燃油消耗特性，建立汽车的行驶工况和发动机的油耗水平之间的关系。

一、发动机的油耗特性

1. 燃油消耗率

为了研究发动机的油耗特性，定义**燃油消耗率**：发动机对外输出单位机械功所消耗的燃油量，符号为 b，单位为 g/kW·h。燃油消耗率反映发动机将燃油转化为有用功的效率，是评价发动机燃油经济性的重要参数。

感性理解：如果某汽油机在某工况下的燃油消耗率 $b=240\text{g/kW}\cdot\text{h}$，按汽油的热值为 $4.31\times10^7\text{J/kg}$（引自 GB/T 2589—2008《综合能耗计算通则》），可换算出此时发动机的热效率为 34.8%。这个效率值对于目前技术水平的汽油机而言，是比较高的了。

燃油消耗率与发动机的工况有关，同一台发动机，处于不同的工作点，其燃油消耗率数值不同。可以使用万有特性或者负荷特性来描述发动机的燃油消耗率与工况的关系。

2. 万有特性和负荷特性

发动机的万有特性和负荷特性，都是表达转矩 T_e（或功率 P_e）、转速 n 和燃油消耗率 b 三者的关系，均可以画出曲线图，只是采用的坐标体系不同。

在发动机的外特性图上，添加若干条等燃油消耗率曲线，就能得到**万有特性图**，图 2-3 中各条等燃油消耗率曲线上的数值单位均为 g/kW·h。图 2-3a 和图 2-3b 的区别在于纵坐标取转矩还是功率，显然对同一台发动机而言两者是等价的，使用者可以根据所研究问题的特点灵活选取（有些万有特性图的纵坐标是发动机的平均有效压力 p_{me}，p_{me} 与转矩 T_e 成正比。也就是说，这类万有特性图与图 2-3a 所示曲线的形状是相同的）。

一般来说，万有特性图中等燃油消耗率曲线组的数值分布特点是外圈大、内圈小，在最内圈中的某个发动机工作点会取得极小值 $b_{\min}$，俗称"蛋心值"，如图 2-3 中的 237.5 g/kW·h，该点就是这台发动机在整个可工作区域中燃油经济性最好的工况。不同发动机，其等燃油消

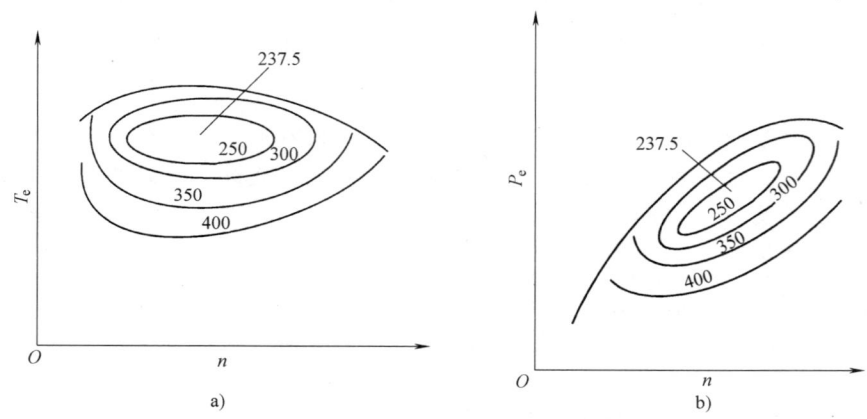

图 2-3　发动机的万有特性图
a) 以转矩为纵坐标　b) 以功率为纵坐标

耗率曲线组的分布形状和 b 值不同，有的发动机具有不止一个蛋心值。

如果以发动机功率 P_e 为横坐标、燃油消耗率 b 为纵坐标，再画出等转速 n 曲线组，就可以得到发动机的**负荷特性图**，如图 2-4 所示。（在内燃机方面的专业研究中，"负荷特性"可能指的是某一转速下的 P_e 与 b 的关系，即图 2-4 中的某一条曲线。）

有时，负荷特性图的横坐标取转矩或平均有效压力。

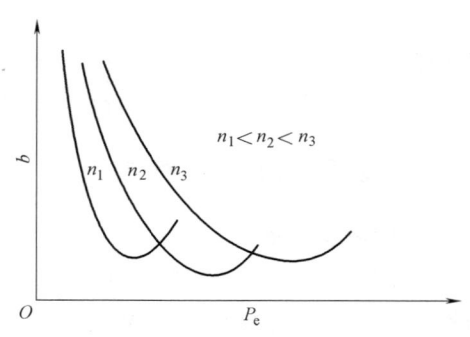

图 2-4　发动机的负荷特性图

第二章 汽车的燃油经济性

为表达转矩（或功率）、转速和燃油消耗率三个量之间的关系，可以采用负荷特性或万有特性。二者的区别只是坐标体系和生成方式不同，所包含的信息是完全一致的。也就是说，对于同一台发动机，只要能够确定图 2-3a、图 2-3b 以及图 2-4 三幅图中的一幅就可以求出另外两幅。

负荷特性便于由发动机台架试验直接得到，而万有特性一般不能由试验直接确定，通常由不同转速的负荷特性转化生成。也有利用不同节气门开度的部分负荷特性试验数据（参见图 1-5 的虚线，表示节气门开度为 80% 的部分负荷动力特性，台架试验也可以得到油耗特性）来整理万有特性图的。

二、计算燃油消耗率 b

燃油经济性分析的核心，或者说主要工作量，就是计算给定汽车在任意工况下的瞬时燃油消耗率，其基本思路如下：

已知信息包括整车的相关参数，发动机万有特性或负荷特性以及当前的行驶速度、坡度和加速度。注意，还应确定传动系统的传动比（即变速器档位）。

由整车参数、传动系传动比和行驶工况等信息，运用汽车受力平衡方程式（1-14a），算出当前瞬时的发动机转矩为

$$T_e = \frac{\left(Gf\cos\alpha + \dfrac{C_D A u^2}{21.15} + G\sin\alpha + \delta m \dfrac{dv}{dt}\right) r}{i_t \eta_T}$$

由车速和传动比数值，运用式（1-2a），算出发动机转速 $n = \dfrac{u i_t}{0.377 r}$。得到转矩 T_e 和转速 n，就是确定了发动机的工作点，如图 2-5 中的点 A。

在万有特性图（或负荷特性图）中，工作点 A 很可能不在已给定的等值曲线上，可以根据特性图中已有的曲线组信息，采用插值或拟合等数值方法，确定点 A 的燃油消耗率 b，这就是该车在该工况下的瞬时燃油消耗率。

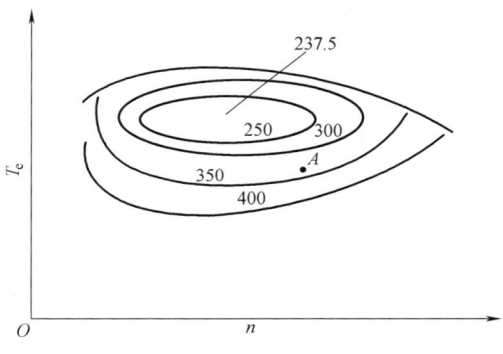

图 2-5 确定任一工作点的燃油消耗率

例如，在图 2-5 中，由车辆信息和行驶工况确定了发动机工作点 A。为计算该点的燃油消耗率值，不一定仅根据 $b=350\text{g/kW}\cdot\text{h}$ 和 $b=300\text{g/kW}\cdot\text{h}$ 两条曲线的数据做简单的线性插值，而应该结合点 A "附近"的曲线组特性，科学地选择计算方法。本书不详细讲述数值方法问题。

如果使用的是图 2-3b 所示的以功率为纵坐标的万有特性图，则可利用汽车功率平衡方程式（1-15a），得到当前的功率值为

$$P_e = \frac{1}{3600 \eta_T}\left(Gf\cos\alpha + \frac{C_D A u^2}{21.15} + G\sin\alpha + \delta m \frac{dv}{dt}\right) u$$

再由 $n = \dfrac{u i_t}{0.377 r}$ 算出转速 n，在图 2-3b 中确定发动机工作点（图中未画出），然后用数值方法

计算瞬时燃油消耗率 b。

上述驱动力和发动机功率的计算式中,都是按滚动阻力、空气阻力、坡度阻力和加速阻力同时存在考虑的,这具有理论上的普遍适用性。而实际上,很多情况下评价汽车的燃油经济性只考虑在水平路面上,因而一般没有坡度阻力这一项。如果再加上匀速的条件,那就再去掉加速阻力。

在上述分析中,需要注意传动比的影响。由汽车功率平衡方程可知,给定了车辆参数和行驶工况,所需要的发动机功率 P_e 是一定的。而随着传动系统传动比的不同,或者说变速器挂不同的档位,发动机的工作点是不同的,燃油消耗率也就不同。

例如,在以功率为纵坐标的万有特性图(图 2-6a)中,恒定功率 P'_e 表现为一条水平线,随着传动系统传动比的不同(也就是变速器档位的变化),发动机工作点可能由点 A 变化到点 B,对应的燃油消耗率就不同。在负荷特性中,恒功率表现为一条垂直线,传动比对燃油消耗率也有类似的影响,如图 2-6b 所示。

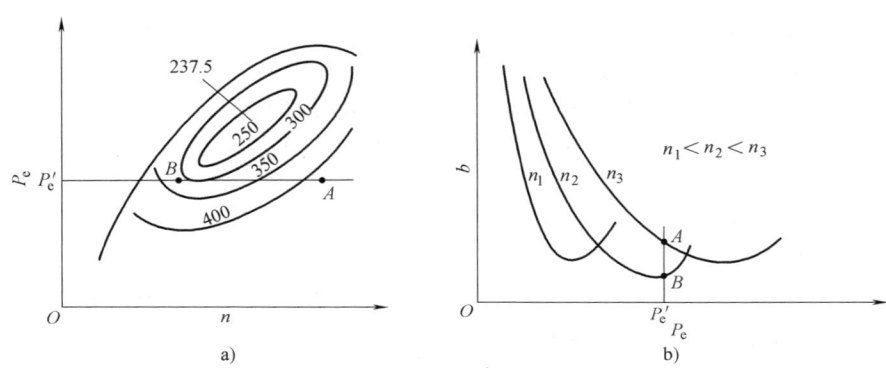

图 2-6 传动比不同造成的发动机工作点变化
a)万有特性图 b)负荷特性图

> 请思考一下,在汽车行驶工况确定的前提下,图 2-6a 和图 2-6b 中的点 A 和点 B,哪个是在传动比较大,即变速器挂低档时的发动机工作点?
>
> 如果采用图 2-5 所示的万有特性图,要在恒功率(不是恒转矩)条件下降低燃油消耗率,发动机工作点 A 将向哪个方向移动?为实现这种移动,应如何改变传动系统的传动比?

三、计算燃油消耗量 Q_S

能够确定任意瞬时的燃油消耗率,那么对整个行驶过程运用积分的思想,就可以得出全过程的燃油消耗量,进一步整理成以 L/100km 为单位的百公里燃油消耗量 Q_S。

根据给定行驶工况的不同,下面分别给出具体计算方法与公式。

1. 等速行驶燃油消耗量的计算

等速油耗的计算是比较简单的,因为全过程行驶工况不变,发动机燃油消耗率固定为某值 b,按上述"二、计算燃油消耗率 b"中的方法求出。

b 的单位是 g/kW·h,将其乘以发动机功率 P_e(kW),再结合燃油密度 ρ(g/mL)等信息加以换算,就得到单位时间内的燃油消耗量,即**耗油速率** Q_t(L/h):

第二章 汽车的燃油经济性

$$Q_t = \frac{bP_e}{1000\rho}$$

对于燃油密度 ρ，按国五标准，汽油可取 0.72~0.775g/mL（20℃时），柴油可取 0.79~0.85g/mL（20℃时）。

以速度 u（km/h）等速行驶，则每行驶 100km 所需的时间为 $t_s = \frac{100}{u}$。于是，等速行驶百公里燃油消耗量为 $Q_S = Q_t t_s$。代入 Q_t 和 t_s 的公式，可得：

$$Q_S = \frac{bP_e}{10\rho u} \tag{2-1}$$

式中，Q_S 的单位为 L/100km。

例 2-1 针对第一章的"基准车"，分析其 $u=120$km/h 的等速行驶燃油经济性。令变速器分别挂 3 档和 6 档。

等速行驶，且不考虑坡度，有 $P_e = \frac{1}{3600\eta_T}\left(Gf + \frac{C_D A u^2}{21.15}\right)u$。代入已知参数，得出以 $u=120$km/h 等速行驶所需的发动机功率 $P_e = 22.8$kW。

> 由第一章的示例可知，该发动机的最大功率为 108.1kW，可见对于轿车来说，即使以最高公路限速行驶，所需的发动机功率也不大。

如果以 3 档行驶，按 $n = \frac{u i_g i_0}{0.377 r}$，得到发动机转速 $n=5729$r/min，类似于图 2-6a 中的点 A。如果以 6 档行驶，算得发动机转速 $n=2651$r/min，类似于图 2-6a 中的点 B。显然，A、B 两点的功率相等，但转速不同，燃油消耗率也就不同。

依据发动机的万有特性进行数值计算（方法从略），得点 A 的燃油消耗率 b 为 483g/kW·h，点 B 的燃油消耗率为 312g/kW·h。按式（2-1），汽油的密度取 $\rho=0.75$g/mL，得到速度为 120km/h 时，汽车以 3 档行驶的等速百公里燃油消耗量 Q_S 为 12.2L/100km；如果以 6 档行驶，则 $Q_S = 7.9$L/100km。可以看出，传动比的改变对燃油经济性的影响是很显著的。

> 可见，相对于点 A，发动机工作于点 B 的燃油经济性是较好的。请结合图 2-6a 思考一下，以点 B 为基准，是否可以改变传动比，进一步降低该车速的等速油耗？
> 另外，发动机工作于点 A 和点 B，或者说变速器挂 3 档和 6 档，哪种情况汽车的动力性更好？

2. 多工况循环燃油消耗量的计算

对一个完整的多工况循环，依次计算各工况的油耗量并累加，再按 100km 换算，就得到该循环的燃油消耗量 Q_S（L/100km）。其方法可概括为

$$Q_S = \frac{\sum_{i=1}^{n} Q_i}{\sum_{i=1}^{n} S_i} \times 100 \tag{2-2}$$

式中，n 为整个循环包含的工况数目；Q_i 和 S_i 分别为第 i 个工况的油耗（L）和行驶里程（km）。

无论一个多工况循环的具体规范是如何制定的，它都是由四种基本工况组成：加速、等速、减速和原地怠速。以下分别介绍这四种基本工况的 Q_i 和 S_i 的计算方法，计算的核心还是瞬时燃油消耗率 b 的确定。

(1) 等速工况的油耗和里程的计算 等速行驶燃油消耗率 b 和发动机功率 P_e 的计算如前所述，以此为基础，可得等速行驶工况的油耗（L）和行驶里程（km）：

$$\begin{cases} Q_1 = \dfrac{bP_e t_1}{3.6 \times 10^6 \rho} \\ S_1 = \dfrac{u t_1}{3600} \end{cases} \tag{2-3}$$

式中，t_1 为循环规范所规定的该等速工况的行驶时间（s）；u 为规定的车速（km/h）。计算过程中还需要给定传动比（档位）。式（2-3）中下标 1 指等速工况，不一定是循环的第 1 个工况，后同。

(2) 加速工况的油耗和里程的计算 按燃油经济性测试标准，加速和减速工况指的是匀加速和匀减速。

加速工况的油耗（L）可写为

$$Q_2 = \int_0^{t_2} \dfrac{b(t) P_e(t)}{3.6 \times 10^6 \rho} dt$$

式中，t_2 是标准规定的加速时间（s）。

但是在加速过程中，发动机工作点时刻变化，功率 $P_e(t)$ 和燃油消耗率 $b(t)$ 也随之变化，且发动机的万有特性较复杂，难以写出 $b(t)$ 的数学显式，因此无法利用上式积分求得油耗的代数解。一般采用数值方法，将这个积分问题转换为"分区间累加"：

将整个加速工况划分为 m 个等分的速度区间。同样的加速工况，m 越大，计算误差越小。

对第 j 个速度区间，算出该区间的速度（取区间的起点速度和中点速度都可以），按式（1-15b）确定发动机功率 P_{ej}（要考虑加速阻力的功率），利用式（1-2a）确定发动机转速 n_j，根据万有特性（或负荷特性）确定发动机工作点（n_j, P_{ej}）的燃油消耗率 b_j。则该区间的耗油量（L）为

$$Q_{\Delta j} = \dfrac{b_j P_{ej} \Delta t}{3.6 \times 10^6 \rho} \tag{2-4}$$

式中，Δt 为计算时划分的时间区间宽度（s），对于匀加速工况，等分的速度区间等价于等分的时间区间。

各区间累加，即得到整个加速工况的燃油消耗量：

$$Q_2 = \sum_{j=1}^{m} Q_{\Delta j}$$

该计算方法类似用逐段累加法求汽车的加速时间（参见第一章第三节"三、加速时间"部分）。

需要注意的是，汽车加速时，发动机处于瞬态工况，而上述计算所利用的发动机特性通常都是源自稳态台架试验，因此存在一定误差（有些先进的试验方法可以测得发动机的瞬态油耗特性，但是也很难确保台架试验的瞬态工况与此处计算所需的瞬态工况完全一致）。特别是在急加速过程的初段，加速踏板开度迅速加大，出于动力性、排放性以及自身工作稳

定性等方面的要求，发动机会以明显高于稳态水平的喷油量供油。需要结合具体发动机的实际控制特性来合理估计这个喷油量的加大。

> 举例来说，在图 2-6a 中，当发动机以稳态工作于点 B 时，燃油消耗率 b 为 312g/kW·h。当踩下加速踏板汽车开始加速时，发动机工作点"路过"点 B（即同样的功率和转速状态）的瞬间燃油消耗率可能达到 400g/kW·h、500g/kW·h 甚至更高。具体情况取决于节气门加大的速率、发动机当前状态和控制特性。
>
> 一种较粗略的估算方法：先按稳态台架试验数据确定发动机的万有特性，例如，对于图 2-6a 中的点 B，就取 $b=312$g/kW·h。以此为基础计算加速过程的油耗，再乘以一个"加速因子"进行放大修正。该因子的数值，主要取决于发动机型号和所计算加速工况的加速度。

加速工况行驶里程 S_2（km）的计算很简单：

$$S_2 = \frac{u_2^2 - u_1^2}{2.592 \times 10^4 a}$$

式中，u_1 和 u_2 分别为加速过程的初速度和末速度（km/h）；a 为加速度（m/s²）。

(3) 减速工况的油耗和里程的计算　汽车减速时，驾驶人松开加速踏板，同时可能施加一定的制动。

在松开加速踏板、汽车减速行驶的条件下，随着变速器档位的不同和发动机控制特性的不同，发动机可能处于两种不同的状况。

如果驾驶人松开加速踏板并将变速器挂入空档，那么发动机会进入怠速工况，其油耗水平就是正常的怠速油耗 Q_{id}（mL/s）。易得减速工况的燃油消耗量（L）为

$$Q_3 = \frac{u_1 - u_2}{3600 a_d} Q_{id}$$

式中，u_1 和 u_2 分别为减速过程的初速度和末速度（km/h）；a_d 为减速度（m/s²），取正值。

如果驾驶人松开加速踏板减速时，变速器仍处于某前进档，那么发动机就处于"反拖"工况，即发动机制动⊖。此时的耗油速率，一般来说低于正常的怠速油耗。设发动机制动时的耗油速率为 Q_b（mL/s），那么减速工况的燃油消耗量（L）为

$$Q_3 = \frac{u_1 - u_2}{3600 a_d} Q_b$$

式中，Q_b 值取决于车辆的速度和减速度、发动机的转速和控制特性等。

无论发动机是按正常怠速运转还是进行发动机制动，减速工况的行驶里程（km）均为

$$S_3 = \frac{u_1^2 - u_2^2}{2.592 \times 10^4 a_d}$$

(4) 原地怠速工况油耗的计算　原地怠速工况，没有行驶里程，只有燃油消耗量（L）：

$$Q_4 = \frac{Q_{id} t_{id}}{1000}$$

式中，Q_{id} 为怠速油耗（mL/s）；t_{id} 为原地怠速时间（s）。

⊖ **发动机制动**：松开加速踏板，发动机转速应降至怠速；但变速器处于某前进档，其输入轴转速高于发动机怠速，发动机被变速器输入轴拖动，成为阻力负载，相当于对驱动车轮施加一定的制动力矩。

（5）循环油耗 掌握了上述四种基本工况的油耗和里程的计算方法，运用式（2-2），就可以计算任意一个多工况循环的燃油消耗量。

在计算过程中，各工况的油耗 Q_i 和行驶里程 S_i 也有可能以 mL 和 m 为单位，但仍然可以由式（2-2）得到以 L/100km 为单位的整个循环的燃油消耗量 Q_S。

工况循环过程中，如无特别指出，不考虑空调等附件的使用。

当驱动轮相对地面发生一定程度滑转时，会使得上述计算过程（无论是针对等速还是多工况循环）中的发动机转速和功率存在一定误差，进而影响油耗计算结果。而在一般性的分析计算中，忽略这方面的影响。

另外，工程计算中所使用的万有特性图或负荷特性图，一般均代表标准状况下的发动机性能。按有关标准的规定，对一般用途内燃机来说，标准状况是指大气压力为 100kPa、相对湿度为 30%、环境温度为 298K、中冷器（如果装备的话）进口冷却介质温度为 298K。如果汽车的实际行驶环境与此有较大差异，那么油耗计算也会有一定误差。

四、燃油经济性的影响因素和提高途径

1. 燃油经济性的影响因素

式（2-1）中，发动机功率可表达为

$$P_e = \frac{F_t v}{1000 \eta_T}$$

同时驱动力 F_t 恒与行驶阻力 $F_R = F_f + F_w$ 平衡，于是有

$$Q_S = C \frac{b F_R}{\eta_T} \tag{2-5}$$

式（2-5）中，常数 C 中包含了单位换算和燃油密度 ρ 等信息。

可见，等速油耗取决于燃油消耗率 b、行驶阻力 F_R 和传动效率 η_T 三个因素。

> 另外，式（2-5）的推导源于式（2-1），但其思想并不限于等速工况。按上文的数值计算方法，加速工况的任意区间耗油量可按式（2-4）计算，其实质与式（2-1）是相同的。因此，加速工况的油耗水平，也取决于燃油消耗率 b、行驶阻力 F_R 和传动效率 η_T 三个因素。
>
> 由于加速时行驶阻力 F_R 中增加了加速阻力，数值更大，且工作于瞬态的发动机燃油消耗率 b 更高，所以其油耗水平比等速时高。

汽车在实际行驶过程中，其他一些客观存在的因素也会影响其燃油经济性。比较重要的有三个：原地怠速会增加以 L/100km 为单位的燃油消耗量；汽车附件的使用（如空调、各种气压或液压助力装置、多媒体及灯光等），会增大对发动机的功率需求，也就相当于增加了行驶阻力；制动时的能量损失。

> 制动过程本身是不会额外消耗燃油的。但是制动造成的汽车速度（即动能）下降，势必需要加速时多消耗燃油来补偿。通俗地说，再次踩加速踏板所增加的油耗，是为了给上一工况的制动"还账"。从本质上说，能量是损耗在制动环节的。因此当汽车执行有很多加速-减速-加速……的工况循环时，燃油经济性会变差。很多电动汽车具有制动能量回收（再生制动）功能，就是为了减小这部分能耗。

综上,影响汽车燃油经济性的因素共有六个:燃油消耗率、行驶阻力、传动效率、原地怠速油耗、汽车附件能耗和制动能量损失。

针对这些影响因素,可以提出一些优化措施,也就是提高汽车燃油经济性的途径。

2. 提高燃油经济性的措施

提高燃油经济性的措施可归纳为两方面:汽车设计方面和汽车使用方面。

(1) **汽车设计方面** 在汽车设计方面,着重考虑发动机、传动系统和整车参数。

在发动机方面,提高燃油经济性的核心在于提高其热效率。具体表现为万有特性图上的燃油消耗率 b 值普遍降低,且尽量使等燃油消耗率曲线组的形状分布更合理。关于这方面的讨论,可参看第三章第一节。

在传动系统方面,首先要设法提高传动系统的传动效率。

> 在整车动力系统的总体布置一定的情况下(如限定了前置前驱动形式),对传动系统效率影响最大的是变速器的种类和结构。手动机械式变速器(MT)的效率相对较高;自动变速器,无论是液力机械自动变速器(AT)还是无级自动变速器(CVT),由于其中的液力变矩器(以及油泵等元件)的动力损失较大,效率相对较低。"手动变速器更省油"的观念也是长期存在的。随着锁止等技术的发展,液力变矩器的效率在逐渐提高(参看第一章第四节),而且由于目前的主流自动变速器档位数较多,换档规律更合理(尤其是相对于非专业驾驶人的手动档操作),自动档车型的燃油经济性在提高。手动档油耗低还是自动档油耗低,不能一概而论。

另外,传动系统还要有足够多的传动比和科学、合理的换档规律,以优化发动机的工作点,降低其燃油消耗率,如图 2-7 所示

由前面的讨论可知,某瞬时汽车以规定的工况行驶,需要的发动机功率为 P'_e。如果此时以某较低档位行驶,发动机工作点为 A,燃油消耗率 b 较高;如果换入某一高档,使发动机工作于点 B,b 值可以降低。如果追求该工况(即该功率 P'_e)条件下的最低油耗,显然需要将发动机工况控制于点 C,点 C 是恒功率 P'_e 直线与某等燃油消耗率曲线的切点。为此,对传动系统(主要是变速器)有以下要求:第一,要有某个传动比(档位),能够适应所要求的车速和发动机转速的匹配;第二,换档规律要合理,换档反应要及时,也就是在需要时迅速选中该传动比。这方面的讨论,可参见第三章的第二节和第三节。

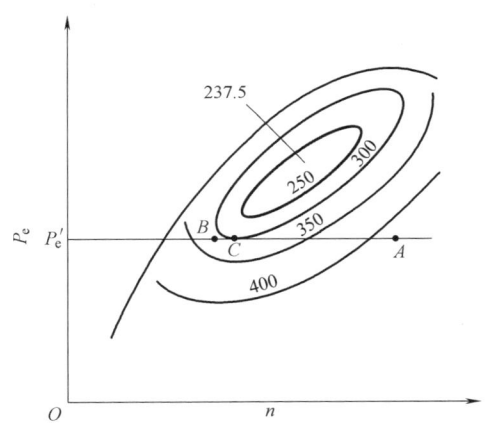

图 2-7 合理的传动比对燃油消耗率的影响

整车参数方面,主要是设法降低行驶阻力,可以采取的技术措施包括降低总质量、轮胎的滚动阻力系数、车身的迎风面积和空气阻力系数等。

针对不同车型和使用条件,整车参数优化的具体技术重点和效果各有不同。

> 降低整车整备质量、车身迎风面积和空气阻力系数等措施,对于小型乘用车是比较有效的。很多现代轿车,采用了新材料、新结构与新工艺,有效降低了行驶阻力,而且

可以选用排量更小、效率更高的发动机，燃油经济性得到显著提高。而大型商用车的**质量利用系数**（载质量/整备质量）远大于轿车，降低汽车自身整备质量对于降低整车总质量的效果不大。另外，对于长途运输车，经常以较高车速连续行驶，降低空气阻力的迫切性也较大，但是出于装载功能的需要，无法显著降低迎风面积和空气阻力系数，通常都是采取局部圆角设计或安置导流罩等措施。

关于轮胎，无论对于轿车还是货车，采用子午线轮胎是普遍的趋势，它在强度、耐磨性、低滚阻及高附着等方面，都优于斜交轮胎。对于重型货车，往往采取高扁平率（参见第五章第二节）和高气压的轮胎，滚动阻力系数得以大幅度降低。轿车也应降低滚动阻力，但是轿车对轮胎的附着能力、侧偏特性和缓冲能力等要求也较高，无法完全以低滚阻为设计目标，而且评价轿车燃油经济性的工况循环，往往较复杂，加速阻力和原地怠速对油耗的影响更大，滚动阻力也显得相对次要一些。

图 2-8 所示为欧洲委员会发动机车辆排放小组（MVEG）循环下，若干设计参数的改变对某轿车燃油经济性的影响。

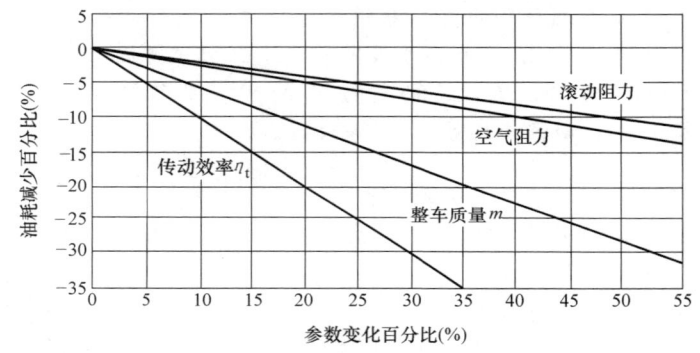

图 2-8 设计参数对轿车燃油经济性的影响

（2）汽车使用方面 在汽车使用方面提高燃油经济性，可以从驾驶技术和保养、交通管理水平以及合理的装载质量等方面着手。

如果严格按照本章第一节给出的燃油经济性的定义："在满足动力性要求的前提下，汽车以尽量小的燃油消耗量经济行驶的能力"或"汽车在限定行驶工况下的百公里燃油消耗量"，那么行驶工况等条件就不属于燃油经济性的影响因素，因为油耗的计算或检测是在规定工况下进行的。然而，从实际应用出发，驾驶人操作和交通路况等因素，又确实对汽车的日常使用油耗有很大影响。因此，在此部分，还是要讨论实际使用条件的影响，也就是不拘泥于定义中"在限定行驶工况下"的约束。

驾驶人的经验和技术，对实际油耗影响很大。

在可以自由选取车速的条件下，如公路或城市环路行驶，应尽量选择经济车速，如图 2-1a 所示。

车速过低，所需发动机的功率很小，即负荷率过低，由万有特性图 2-6a 可知，低负荷率的发动机工作区，即远低于外特性曲线的工作区，往往对应高的燃油消耗率，导致汽车的燃油经济性不佳。关于负荷率对燃油消耗率的影响，也可从图 2-6b 所示的负荷特性图中看

第二章 汽车的燃油经济性

出：每条等转速曲线的最低燃油消耗率所对应的功率，都很接近该转速的最大功率，可见，低的燃油消耗率要求高的负荷率。

如果车速过高，燃油消耗率可能降低，但不可能低于万有特性的蛋心值（即使有"绝对合理"的传动比与之匹配），而行驶阻力大幅增加，油耗也较高。另外，有些变速器档位不多的汽车，高速行驶时，即使挂最高档，发动机转速仍然很高，导致燃油消耗率也增大。

在满足动力性需求的前提下，合理选用变速器档位，可以提高汽车的燃油经济性。同样的发动机功率下（如车辆以同样的速度行驶），变速器档位越高，发动机负荷率越高，通常燃油消耗率就越低，如图2-7所示。

在需要加速的情况下，如果条件允许，尽量缓踩加速踏板，以减小加速的瞬态喷油量。在需要减速的情况下，合理选择变速器档位和制动踏板的配合，也可以节约燃油。

> 根据前文的讨论，减速时根据变速器档位的不同，发动机的喷油量会有不同。在汽车使用领域，素来有"空档滑行省油还是带档滑行省油"的讨论。"带档滑行省油"的理由是进行发动机制动，电控系统将喷油量降低；"空档滑行省油"则认为，没有发动机制动，汽车可以滑行更远的距离再重新踩加速踏板。
>
> 两种解释都有其合理性。具体采用哪种措施更省油，需要根据当前交通状况判断。请读者自己思考一下。

需要强调的是，任何驾驶措施都要以合法和安全为前提。

驾驶人或汽车所有人，还应时刻保证汽车的良好技术状况。缺乏必要的养护，或者带故障上路，会使得发动机燃油消耗率增加、传动系统效率下降，或者整车行驶阻力增大，这些都会增大汽车的油耗。

提高交通管理水平，包括提高所有交通参与者的守法意识，可以确保合理的行驶车速，减小紧急制动的能量损失和长时间原地怠速的油耗，从而提高汽车的燃油经济性。

汽车的载质量与整备质量之比，称为**质量利用系数**。确定合理的载质量，或者说质量利用系数，也是一个提高燃油经济性的手段。按式（2-5），装载质量增加，会造成行驶阻力F_R增大，而阻力增大会使发动机负荷率提高，又造成燃油消耗率b下降，一般而言，b的下降不足以抵消F_R的增大，因此按L/100km计的燃油消耗量还是上升的。但是分摊到单位运输工作量的燃油成本，即按L/(t·100km)或L/(人·100km)计的燃油消耗量会下降。提高质量利用系数的措施，主要是减少客、货运输车的不满载行驶，以及针对货运车辆在安全、合法的前提下合理加挂挂车或半挂车。

需要指出的是，某些提高燃油经济性的措施，究竟属于设计方面还是使用方面，可能是难以界定的。例如，为了减小原地怠速油耗（及排放），有些驾驶人会在较长时间原地等候时关闭发动机，这就是使用措施；而有些汽车配有发动机自动起停功能，也可以实现相同的目的，这就应视为设计因素。

> 自动起停功能，是指发动机在控制系统的逻辑框架下，在停车等候和重新起步时自动关闭和起动，以减少怠速运行时间，提高燃油经济性和排放性。其节油效果，据不同厂商和研究单位在不同工况下测算，多为10%~20%。

第三节　装用液力变矩器汽车的燃油经济性分析

本章的燃油经济性分析，采用的是一种"由车轮到发动机"的推导思路，即由车辆参数和任一瞬时的行驶工况，确定行驶阻力或行驶阻力功率；再结合传动系统效率和传动比等，确定发动机工作点，从而得到燃油消耗率；能确定任一瞬时的燃油消耗率，必然可以算出等速油耗或者多工况循环油耗。

装用液力变矩器的汽车的油耗计算，基本思路与此相同。其特殊性在于，在车轮与发动机之间的传动路径上，多了液力变矩器这个传动环节，而这个环节的输出特性和效率特性与普通机械式变速器不同。具体内容可参看第一章第四节。

装用液力变矩器的汽车的燃油经济性分析，其核心也是确定任一瞬时的燃油消耗率，下面给出基本计算过程。

1. 确定已知条件

要明确发动机特性、液力变矩器特性、液力变矩器之后传动装置的传动比和效率、有关整车参数，以及当前车速、坡度和加速度等。

> 这种框架约定，符合本书导论中"性能评价指标=f（驾驶人操作，车辆结构，使驶环境）"的评价思想。

2. 确定变矩器涡轮工作点

由已知条件算出驱动力 F_t（如果行驶工况中包括加速度，在已知信息不充分的条件下，可以取旋转质量换算系数 $\delta=1$，无论对于哪个档位）。

算出涡轮转矩 T_T^* 和转速 n_T^*：$T_T^* = \dfrac{F_t r}{i_t \eta_T}$，$n_T^* = \dfrac{u i_t}{0.377 r}$，其中，$i_t$ 为液力变矩器之后传动装置的总传动比，η_T 为液力变矩器之后传动装置的总传动效率。

3. 确定节气门开度

在图 1-25 或图 1-27 中，给出的是节气门全开、发动机工作于外特性工况下的涡轮转矩-转速关系。如果改变不同的节气门开度，也可以得到不同的 T_T-n_T 关系曲线，如图 2-9 所示。

图 2-9 示意性地画出了外特性和节气门开度为 80% 的变矩器输出特性。不同节气门开度的变矩器输出特性的确定方法，参见第一章第四节，只需用发动机的部分负荷特性曲线代替外特性曲线。

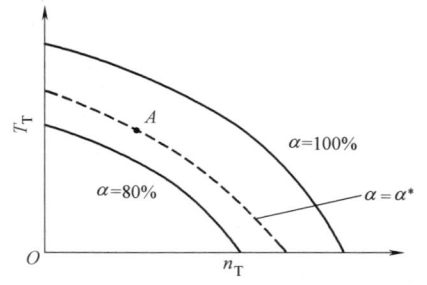

图 2-9　不同节气门开度的变矩器输出特性

在"2. 确定变矩器涡轮工作点"中得到的涡轮工作点 A（n_T^*，T_T^*），必然位于图 2-9 中某条"等节气门开度曲线"上，求出该开度值 α^*。其计算方法类似本章第二节在万有特性图上确定某点的燃油消耗率。

4. 确定变矩器速比和泵轮工作点

图 2-10 所示为发动机（即液力变矩器泵轮端）的转矩-转速特性，图中示意性地画出了

外特性和节气门开度为 α^* 的发动机速度特性曲线。图中还画出了不同变矩器速比 i 对应的泵轮转矩特性曲线（泵轮转矩按式（1-22）计算，由液力变矩器的无因次特性可知泵轮转矩系数 λ_P 取决于速比 i）。

对于本问题来说，一定存在一个"恰当"的变矩器速比 i^*（图 2-10），使得下列关系成立：

i^* 对应一条泵轮转矩特性曲线，其与节气门开度为 α^* 的发动机特性曲线交于点 $B(n_P^*, T_P^*)$。同时由 i^*，根据液力变矩器的无因次特性可得变矩比 K^*。那么必然有 $T_T^* = K^* T_P^*$，$n_T^* = i^* n_P^*$。

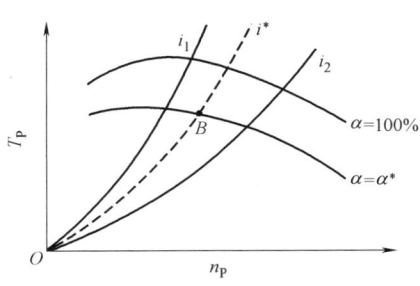

图 2-10　不同节气门开度的变矩器泵轮工况

运用合理的数值方法，确定 i^* 及其对应的泵轮工作点 $B(n_P^*, T_P^*)$。

5. 确定发动机燃油消耗率

泵轮工作点 $B(n_P^*, T_P^*)$ 就是发动机的瞬时工作点。利用本章第二节的方法，求出此瞬时的燃油消耗率 b^*。

能够确定任一瞬时的燃油消耗率，就可以按本章第二节的方法，计算各种以 L/100km 为单位的燃油经济性指标。

第四节　电动汽车概述

本节讲述新能源汽车与电动汽车的概念、性能特点以及目前存在的主要问题等，并对电动汽车的动力性和能量经济性分析的基本原理进行介绍。

> 其中所涉及的具体构造、设计和控制原理等技术细节，请参阅有关资料。

一、新能源技术与电动汽车

前面讨论的汽车都属于常规能源汽车，或称传统能源汽车，其特点是以内燃机为唯一动力装置，完全以汽油、柴油等为燃料。在目前所使用和生产的汽车中，仍占多数。

随着全社会对于节能和环保要求的日益提高，常规能源汽车的劣势日益显现。已经有一些国家和厂商，计划逐步减少乃至停止常规能源汽车的生产和使用。与此同时，许多企业和研究部门，在新能源汽车技术上的研发投入越来越大。

> 需要指出的是，以汽油机、柴油机为动力源的传统能源汽车，仍然具有一些不可替代的优势，而电动汽车等新能源技术的推广也存在诸多问题和障碍。有研究和预测指出，在未来相当长的一段时期内，对车用内燃机的工作，更多的是提高其效率、挖掘其潜力，而不是急于将其全面淘汰。国内外很多企业和研究机构，在提高传统内燃机的效率和降低其排放方面，也取得了较显著的成就，而且对进一步取得更优秀的研究成果也有较积极的预期。

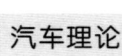

所谓**新能源汽车**，就是指有别于上述常规能源的汽车（某些地区采用的在汽油、柴油中添加一定比例乙醇的措施，一般认为不属于新能源技术），其节能、环保的根本原因在于提高现有石油燃料的使用效率，或者使用非石油燃料。

采用新能源技术的汽车，大体上包括以下类别：

1. 电动汽车

广义的"电动汽车"泛指各类动力系统中包含电机、动力蓄电池和相关附属部件的汽车。电动汽车又可以分为纯电动汽车、混合动力电动汽车和燃料电池电动汽车三种。具体性能特点见后文。

> 随着电动汽车技术的普及和发展，出现了其他类别的电动汽车术语，如增程式电动汽车、可插电式混合动力汽车等。相关划分标准也有变化，例如，有的观点认为常规的混合动力电动汽车（不具有可插电功能）不属于"新能源汽车"，而是"节能汽车"。本书对这些分类标准问题不做深入讨论。

2. 气体燃料汽车

气体燃料汽车是使用压缩（或液化）天然气、石油气等燃料的汽车。天然气储量丰富、采炼成本低，而且随着天然气水合物（可燃冰）的逐渐开采，这一优势将进一步扩大。用这些气体燃料取代汽油和柴油，可以在动力性大致相当或略有下降的条件下，较显著地降低汽车的能耗和碳排放，而且与现有燃油汽车兼容较好，改造成本低。

3. 氢发动机汽车

氢发动机汽车可以理解为用氢气取代汽油和柴油的内燃机汽车。氢气的制取和储运存在一定困难。

4. 生物质燃料汽车

生物质燃料汽车是使用生物柴油或各种醇类（以及少量醚类）燃料等替代石油燃料的汽车。这些生物质燃料主要来自油料植物，部分来自秸秆、动物油脂、废弃工业油脂和餐厨垃圾等。生物质燃料是可再生能源，这一点优于石油燃料。从碳循环的角度来讲，生物质燃料来自短期内生长的动植物，它的使用燃烧不会改变大气中的 CO_2 等气体含量，而燃用化石燃料则相当于将埋藏于地下的碳元素排到大气中。生物质燃料的一个缺点是它的制取需要消耗相当数量的农产品。

> 也有利用煤炭来合成汽油或二甲醚等液体燃料的技术。

5. 太阳能汽车

太阳能汽车是指利用车载太阳能电池提供能量的汽车。主要问题在于阳光的能量密度不高，受季节及天气的影响，以及现有太阳能电池的效率较低。而且，在太阳能电池的制造过程中，也存在成本、能耗和污染等问题。

二、电动汽车的分类与性能特点

目前，新能源汽车（或节能汽车）的主体是电动汽车（Electric Vehicle，EV）。下面分别介绍各类电动汽车的特点。

1. 纯电动汽车（Battery Electric Vehicle，BEV）

纯电动汽车是完全以车载动力蓄电池为能源的汽车，利用电动机驱动，采用外部供电装置为蓄电池充电。其基本动力（能量）传递路径如图2-11所示。蓄电池和电动机之间可能还需要电流匹配与转换装置。图2-11中的"电动机"也可能兼具发电机功能，在汽车制动时进行能量回收。

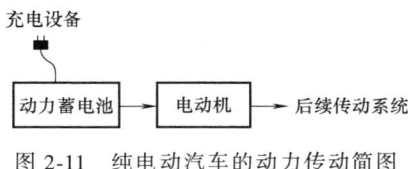

图2-11 纯电动汽车的动力传动简图

有些BEV还包含发动机-发电机组合和超级电容器等装置，以改善车辆性能。

其主要优点在于电动机的能量利用率比内燃机高得多。电动机和蓄电池在使用环节没有任何排放物，而且噪声较低。从用户的使用体验角度看，纯电动汽车突出的优点是单位里程能耗费用比燃油汽车低。

需要指出的是，对汽车的节能和环保性能，需要从全过程、全社会的角度进行科学评价，也就是说不仅要研究其使用过程的能耗和排放，还要考察产品的制造、能源的采炼与储运、产品寿命周期内消耗材料的回收及处理等诸多方面所消耗的能源、资源和造成的污染（类似"全寿命周期评估"——Life Cycle Assessment，LCA 的理念）。对纯电动汽车来说，需要考虑的问题主要涉及发电所使用的一次能源形式与效率，输变电的能耗，动力蓄电池的制造、充放电效率及其废弃处理等。由于取消了发动机，各附件的电动化问题也要考虑。

传统燃油汽车的能耗和污染是相对容易评价的，可以采用所谓"从油井到车轮（Well-to-Wheel）"的方式，全过程衡量燃料的利用率及其对环境的干扰。而纯电动汽车，由于其一次能源形式的不同，评价时需要考虑得更全面。以我国目前的情况为例，电能大部分来自于燃煤。有研究表明，全面考虑采煤能耗、大型火电厂的发电效率、全程高/低压输变电的损耗、蓄电池和充电装置的充放电效率、电动机的效率以及汽车传动效率等，目前纯电动汽车的综合能源利用率为25%左右（考虑到电厂可能采取热电联供措施，可以认为BEV的效率再高一些），汽油车为17%左右，柴油车为22%左右[⊖]（考虑到冬季车室内采暖的需求，也可以认为燃油汽车的效率再高些）。如果常规能源汽车在发动机设计和传动系统匹配方面再多做一些优化与改进，这一差异有望进一步缩小。其他形式的发电能源，如核能和水力，也存在一定的安全和生态问题。

从环保角度来说，纯电动汽车可以减小汽车使用全过程的碳排放量，但是幅度并不是很大（有研究表示，考虑到我国单位发电量的CO_2排放量较高，和某些装用高效内燃机的常规能源汽车相比，纯电动汽车的全过程碳排放量可能还要高一些）。而且，过度依赖燃煤发电，即使发电厂合理使用了脱硫、脱硝和除尘等设备，电动汽车造成的某些污染物可能还是会高于燃油汽车。

⊖ 本节的这类数据，依所采用的动力技术、工况标准、计算模型或试验方法以及所考虑影响因素等方面的不同，不同研究结论之间有较大差异，仅供参考。

从用户的使用体验角度来说，纯电动汽车最大的问题在于续驶里程和充电便利性。目前各种动力蓄电池的技术在发展，但是其能量密度仍然远逊于石油燃料，即使安装了大容量的动力蓄电池，纯电动汽车的续驶里程仍然难以和燃油汽车相比。寒冷季节的使用还可能进一步缩短续驶里程。另一方面，尽管开发了各种快速充电技术，充电的便利性也难以和加油相比。

有关部门表示，到 2020 年，在全国范围内建立约 480 万个电动汽车的充电装置，即充电桩。这一举措将在相当程度上缓解电动汽车充电难的困境。但是与此同时，如果局部地区有大量的电动汽车充电，尤其是同时采用快速充电技术，则对该地区的电网容量又提出了较高的要求。而且有研究认为，EV 充电时对于电力供应具有"高响应性和即时性"（在任意时段都可能突然有大功率需求）的要求，大功率充电所需的电能基本上只能靠火力发电供给，其能耗和排放是较高的。

利用峰谷电价的差异合理地选择充电时间，可以充分利用电网容量，节省以金额计的用户使用成本，但是难以在本质上起到节能和环保作用。

纯电动汽车装备大功率动力蓄电池，在蓄电池制造和回收处理等环节造成的碳排放和水土污染，也需要认真对待。

纯电动汽车（和混合动力电动汽车）的另一个需要考虑的问题是在某些情况下，会出现一些燃油汽车不存在的安全问题。

总之，纯电动汽车是新能源汽车的一个重要组成部分，从理论上说它可以起到节能和环保的作用，但是还有许多实际问题需要考虑和解决。

有些纯电动汽车的研发并不以节能和环保为主要目标，而是改善汽车的动力性、智能性和驾乘体验等。

2. 混合动力电动汽车（Hybrid Electric Vehicle，HEV）

混合动力电动汽车，是指汽车具有一个以上能同时运转的能量转换装置，其中至少有一个是电动的。目前常见的配置是同时兼有油箱和蓄电池，由内燃机和电动机/发电机系统提供"油电混合动力"，有些还具有插电（Plug-in）功能。其动力传动系统如图 2-12a 所示。

图 2-12a 所示为 HEV 的动力（能量）流动原理，不代表所有混合动力系统的具体元件安装关系。

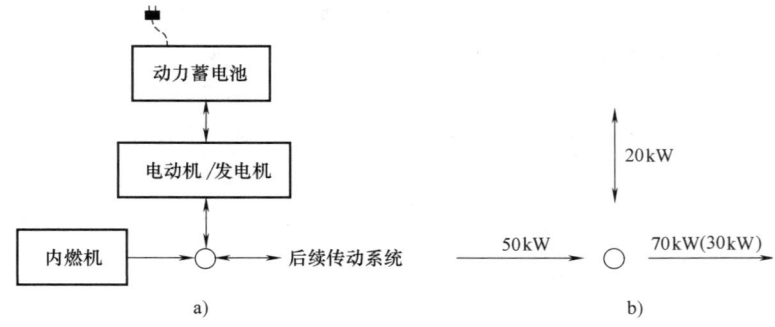

图 2-12 混合动力电动汽车的动力传动系统
a）动力传动简图 b）动力的"混合"示意

第二章 汽车的燃油经济性

混合动力电动汽车的节能和环保机理主要如下：

1）优化了发动机的工作点。"混合动力"的初衷就在于当实际行驶工况所需的发动机功率与发动机万有特性图上的低燃油消耗率区（或低排放区）对应的功率差异较大时，发动机仍工作于低燃油消耗率区或停止运转，发动机功率与实际功率需求的差异由电系统平衡。例如，在图2-12b中，发动机的低燃油消耗率区对应的功率是50kW，而实际行驶所需要的发动机功率为70kW（或30kW），则电动机/发电机/动力蓄电池系统提供（或吸收）20kW的功率，而发动机始终工作在50kW的低燃油消耗率区。

2）优选发动机。由于电系统具有动力平衡功能，发动机不必时刻承担行驶过程中所需要的全部功率，可以选择功率（以及体积和质量）较小的发动机，使其在实际工作中更易处于高负荷率工况。进一步还可以设计专门用于混合动力电动汽车的发动机。

3）具有功率较大的电动机，在频繁起停的拥堵路段和短时停车等工况，可以关闭发动机，减小起动油耗、怠速油耗和污染。

4）在需要清洁和安静的场合，关闭发动机，完全由电动机驱动。

5）具有制动能量回收（即再生制动）功能，提高能量利用率。

6）混合动力电动汽车的动力蓄电池容量相对纯电动汽车来说更小，汽车整备质量小，动力性和燃油经济性好，且蓄电池更换的费用低，造成的污染较小。

> 由上述机理分析可知，混合动力技术在节能、减排方面的收益，主要在于加速-减速-怠速变换频繁的城市行驶工况，尤其是针对热效率较低的汽油机车型。

另外，与纯电动汽车相比，混合动力电动汽车仍然具有内燃机，不必另外设计电动的空调器和真空助力器等元件。续驶里程和能源补充的便利性也较好。

3. 燃料电池电动汽车（Fuel Cell Electric Vehicle，FCEV）

燃料电池电动汽车也可视为一种纯电动汽车，其动力系统模型可参考图2-11。但是它的电能不是靠外部充电装置补充，而是靠自身携带的燃料来提供。

一般意义上的燃烧，是一种还原剂（燃料）和氧化剂（氧气等助燃气体）直接接触并进行电子交换的氧化还原反应，如燃油和空气混合后的燃烧。燃料电池内部的反应，本质上也是一种氧化还原反应，但是通过电化学形式进行，也就是通常所说的"原电池反应"。以氢燃料电池为例，如图2-13所示，氢气作为还原剂，在阳极端失去电子，电子沿外接导线转移至电池阴极端，传递给氧化剂——氧气，这种定向运动的电流就可以带

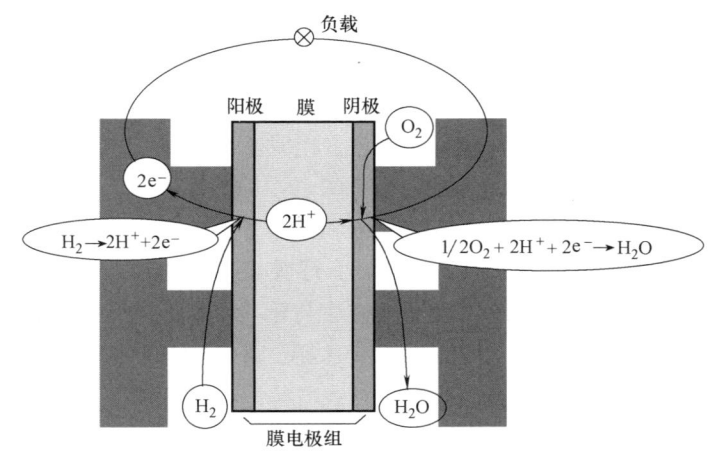

图2-13 质子交换膜燃料电池的基本原理

动负载电器做功。同时阳极的 H^+ 移动至阴极，与 OH^- 在电池内部结合，生成 H_2O，就是燃料电池的排放物。（"阳极"是对于电池内部的电化学反应而言，对于外载，就是"负极"；电池的"阴极"对于外载而言就是"正极"。）普通化学电池制造后，其极板活性物质不能补充，电量下降后需要充电。而燃料电池则可以不断补充各种活性物质，如氢气、甲醇等，正极则不断补充空气或者氧气，两者反应的产物就是燃料电池的排放物。

燃料电池的能源利用率比内燃机高得多，而且排放污染极小，以氢燃料电池为例，排放物仅为水，发电过程几乎无噪声、振动。

也有学者指出，不应该过分夸大燃料电池的高效和环保。燃料电池反应本身的发电效率的确很高，在理想的工作条件下，可以达到80%以上，但是综合各项实际损失和能耗，目前全过程的能源利用率是45%～60%（当然还是明显高于 Well-to-Wheel 框架下的燃油汽车），有研究认为，如果考虑热电联供，可认为效率更高。

如果不能解决大量制取氢气等过程的环保问题，燃料电池电动汽车的全过程污染也是不能忽视的。

总之，燃料电池电动汽车技术是一种比较理想的新能源技术，许多研究者将其视为电动汽车的终极解决方案。但是目前还存在一些技术和成本障碍。

另外需要指出的是，目前市场上销售的各种电动汽车，之所以能够达到高于常规能源汽车的燃油（能量）经济性和排放性，除采用了先进的电动技术外，也采用了更优秀的整车轻量化、车身低风阻和轮胎低滚阻等设计措施。

三、电动汽车的动力性分析方法

电动汽车的动力性分析，与第一章讲述的汽车动力性的基本原理是相同的，只是要用电动机的输出特性（或者电动机与内燃机的综合特性）代替发动机的外特性。例如，图 2-14 所示为某电动机转矩 T_m 和转速 n_m 的关系。在转速低于某数值 n_0 时具有近似的恒转矩特性，在该转速值以上则近似恒功率输出。注意，电动机的种类和设计参数不同，曲线的实际形状也不同。

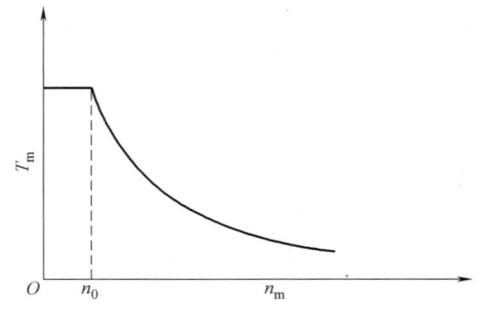

图 2-14 某电动机的转矩特性曲线

利用该曲线，配合传动系统和整车参数，就可以画出纯电动模式下的驱动力-行驶阻力平衡图，进而求解动力性各指标。方法与第一章第三节讲述的相同。需要注意的是，电动汽车，尤其是纯电动汽车，可能没有变速器，或者变速器档位较少。

另外，由于电动汽车的特殊性，一些标准规定的动力性指标与第一章介绍的有所不同。例如，关于最高车速，GB/T 18385—2005《电动汽车 动力性能 试验方法》的定义是"电动汽车能够往返各持续行驶1km以上距离的最高车速的平均值",而且还定义了30min最高车速:"电动汽车能够持续行驶30min以上的最高平均车速"。关于加速和爬坡能力也有专门的定义。

四、电动汽车的能量经济性评价

对于混合动力电动汽车,由于其能源归根结底来源于油箱(此处不考虑插电式混合动力电动汽车PHEV),仍然可以用各种以L/100km为单位的指标,评价其燃油经济性。

计算原理与前面讲述的类似,但是要考虑电动机/发电机系统。先由车辆参数和瞬时行驶工况,确定行驶阻力功率,即驱动轮上的功率;再由混合动力的控制策略确定电系统是否介入,电系统介入时的耗能或储能功率,以及传动系统效率和传动比等,确定发动机工作点,从而得到当前瞬时的燃油消耗率;最后由瞬时的燃油消耗率,算出等速油耗或者循环工况的总油耗。

还需注意,整个行驶过程始、末的动力蓄电池**荷电状态**(State of Charge,SOC)要一致,确保消耗的只是燃油。

也有的计算方法是将行驶过程中净消耗的电能折算为油耗。例如,美国环保局(EPA)按33.7kW·h的电能相当于1USgal的汽油来折算(约合8.9kW·h的电能相当于1L汽油)。

对于纯电动汽车(也包括燃料电池电动汽车),由于其没有内燃机,完全不消耗燃油,因而不存在"燃油经济性",而是采用"能量经济性"的提法。按相关标准,电动汽车主要采用能量消耗率和续驶里程这两个指标来评价其能量经济性。

(1) **能量消耗率** 它是电动汽车经过规定的试验循环后对动力蓄电池重新充电至试验前的容量,从电网上获得的电能除以行驶里程所得的值,单位为W·h/km。

(2) **续驶里程** 它是电动汽车在动力蓄电池完全充电状态下,以一定的行驶工况,能连续行驶的最大距离,单位为km("能连续行驶"是指直至车辆无法完成规定的行驶工况,其具体含义参看有关标准)。

目前,电动汽车的能量消耗率和续驶里程的定量值,主要采用试验方法确定。可参阅相关标准和资料。

关于能量消耗率和续驶里程的理论计算,研究者提出了多种方法,主要工作在于建立真实、可靠的电动机输出特性和效率特性模型、动力蓄电池的容量和充放电效率模型等。

2017年9月,工信部等5部门联合发布《乘用车企业平均燃料消耗量与新能源汽车积分并行管理办法》(即"双积分政策"),同时设立企业平均燃料消耗量与新能源汽车两种积分,建立积分交易机制,由企业自主确定负积分抵偿方式,以促进汽车燃油(能量)经济性的提高、推动节能与新能源汽车技术的长效发展。

汽车理论

复习与思考

1. 掌握汽车燃油经济性的含义，以及等速行驶燃油消耗量和多工况循环燃油消耗量的含义。

2. 掌握万有特性和负荷特性。理解给定车辆和工况（速度、坡度、加速度）条件下的瞬时燃油消耗率的确定方法。掌握等速行驶百公里燃油消耗量的计算公式和等加速行驶燃油消耗量的计算方法。查阅有关资料，了解加速和减速时发动机喷油量的控制。

3. "同样行驶 100km，以发动机燃油消耗率 b 更低的工况行驶一定更省油"，这个说法对吗？

4. 汽车燃油经济性的影响因素有哪些？提高燃油经济性的途径有哪些？

5. 很多轿车在进行原地起步加速时间的测试（或计算）时，在 3 档可以达到 100km/h 的速度，但是日常驾驶中往往在更低的车速，如 60km/h 就升入 5 档或 6 档，试解释其原因。

6. 收集有关资料，拓展电动汽车方面的知识，了解我国各阶段的乘用车燃料消耗量限值标准、双积分政策、新能源汽车补贴政策的变化等产业和行业动态。

第三章 汽车动力装置的特性设计和参数选取

在前面两章中，研究了汽车的动力性和燃油经济性，其基本评价思路是：确定整车参数、确定发动机和传动系统的特性和参数，求解汽车动力性和燃油经济性的评价指标。

现在，换一个思路：在给定整车参数的前提下，希望尽可能提高汽车的动力性和燃油经济性（如有可能，适当兼顾其他性能），求解发动机和传动系统的基本特性和主要参数。这就是本章要研究的主要问题，可以认为，这是两个互逆的问题，其关系如图3-1所示。

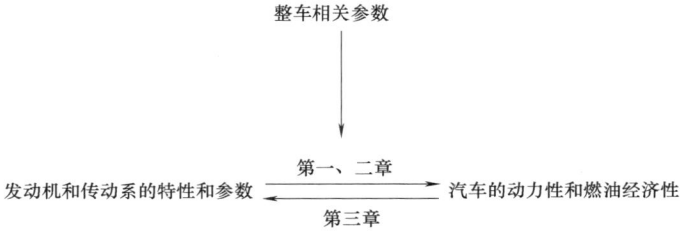

图 3-1　性能评价和参数选取的关系

也可以这样认为，本章是以汽车的动力性和燃油经济性的理论分析为基础，对汽车动力装置的设计提出一些指导和建议。

作为理论分析，本章主要讲述有关特性和主要参数的选取原则及方法，对于其实现方法，也就是具体的机械结构和控制原理等问题，不做深入研究。当然，有些参数的选取，还是要考虑到结构设计等限制因素。

另外，进行动力装置特性和参数的分析，会利用前两章的方法和结论，本章不过多重复，请读者注意复习和理解。

"动力装置"指的就是汽车的发动机和传动系统。

第一节　发动机特性和重要参数的确定

一、动力装置应具有的理想特性——特性场边界

汽车是由动力装置驱动的，动力装置的工作特性，首先应满足整车或者说驱动轮的动力需求（这里不区分发动机与传动系统的界限，统称"动力装置"）。

以车速为横坐标，驱动力或发动机功率为纵坐标，得到一个汽车对动力需求的"特性场"，也就是说，该场内的所有工作点都是可以实现的。接下来研究理想特性场的形状，也就是这个场的边界应如何确定。

首先要满足最高车速的设计值 u_{max}。当给定 u_{max} 时，结合相关的整车参数，可以求出所需要的驱动力 F_{tu} 和发动机功率 P_{eu}。这里取传动效率为常数。也就是说，图 3-2 中点 A 的纵坐标值不能低于上述 F_{tu} 和 P_{eu}。

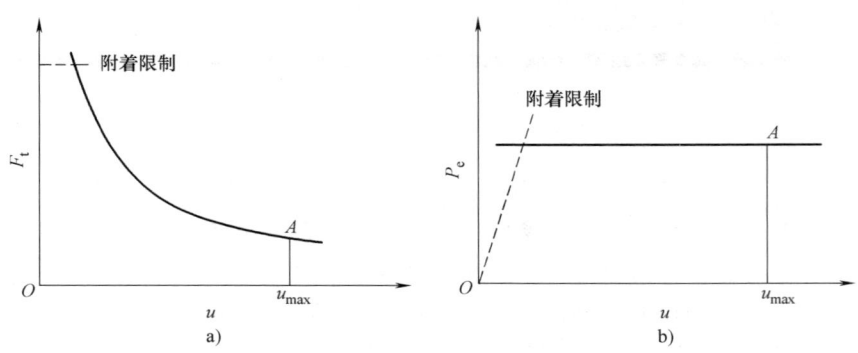

图 3-2　理想的动力特性场边界——恒功率特性
a）以驱动力为输出指标　b）以发动机功率为输出指标

当车速降低时，希望具有更强的加速和爬坡能力。理想状况则是驱动力与速度成反比，即 $F_t u =$ 常数或 $P_e =$ 常数，即无论车速如何，功率均保持不变。

> 当车速极低时，如果仍然严格遵循"功率保持不变"的原则，那么驱动力将非常大，超过驱动轮的附着力，无法实现。这个附着力的准确值，可参照第一章第五节附着率问题的内容来计算，比较复杂，影响因素较多，图 3-2 中示意性地以虚线表示。
> 也可以不认为这是动力场的一个边界，因为当车轮打滑时，可以通过减小节气门开度等方式减小驱动力的供应。

也就是说，从动力性出发，车辆动力装置特性场的理想边界是：①在尽可能大的速度范围内具有恒功率特性；②该功率值至少可以满足设计最高车速 u_{max}。

许多电动机和蒸汽机的输出特性，与恒功率的要求较接近。例如，某电动机的转矩输出特性（图 2-14），与图 3-2a 所示的要求较为接近。

出于多方面的综合考虑，目前汽车的动力源主要采用往复活塞式车用内燃机，以下称为发动机。由图 3-3 可以看出，由于发动机自身外特性的限制，它无法直接满足上述车辆动力装置特性场理想边界要求的第①点。这就需要配置传动系统，利用离合器的打滑或者液力变矩器在速比极低时仍然具有传动能力的特性，可以解决发动机在低转速时没有动力输出的问题，填补"速度空洞"，方便汽车起步；通过变速器的不同档位，将发动机外特性"改造"为近似恒功率特性，档数越多，效果越好，参见图 3-6b 及其讨论。

而对于功率值问题，如果对发动机最大功率进行合理的分析和选取，是可以满足上述车辆动力装置特性场理想边界要求的第②点的。

二、发动机最大功率的选取

此处讨论的最大功率,是指发动机使用外特性的最大功率值,即最大净功率,参见第一章第二节。发动机最大功率的选取,主要是从汽车的动力性角度出发。

1. 满足设计最高车速的要求

如前所述,发动机的最大功率值,通常以满足设计最高车速为首要依据。设计最高车速 u_{max} 是指在产品设计之初,设计任务书中规定的最高车速。汽车在水平路面上,以设计最高车速 u_{max} 行驶时,所需发动机功率 P_{eu} 为

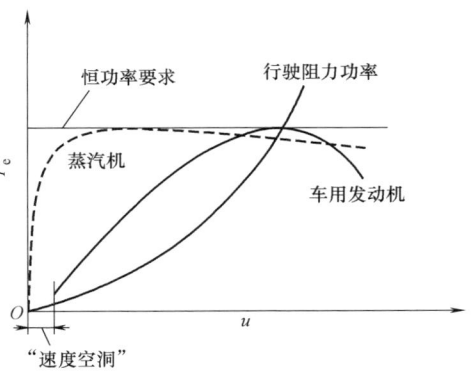

图 3-3 发动机特性与恒功率要求的差异

$$P_{eu} = \frac{1}{3600\eta_T}\left(Gf + \frac{C_D A u_{max}^2}{21.15}\right)u_{max}$$

需要注意的是,如果发动机最大功率 P_{emax} 刚好就是 P_{eu},则车速有可能无法达到 u_{max}。发动机最大功率 P_{emax} 对应的转速(即额定转速)为 n_p,如果在此转速下达到最高车速 u_{max},则要求传动比为 $i_{tu} = 0.377\dfrac{n_P r}{u_{max}}$。第一章计算最高车速的例 1-1 中,该车的第 5 档传动比刚好能满足这个条件,使发动机发挥出全部功率用于克服最高车速工况的阻力功率。而实际上汽车传动系统的传动比有可能不具备这个 i_{tu} 值,所以无法以最大功率 P_{emax} 实现设计最高车速 u_{max}。进一步的解释可参看下一节中最小传动比问题的分析(图 3-11)。

因此,为了确保设计最高车速 u_{max},发动机最大功率应比以 u_{max} 匀速行驶所要求的功率值 P_{eu} 大一些(P_{emax} 超出 P_{eu} 的程度,需结合各档传动比数值确定)。

发动机功率满足了设计最高车速的需求,一般来说也能满足加速和爬坡能力的设计需求(在其他参数的规定或选取合理的条件下)。

2. 参照同种类汽车的比功率

在有些工程设计中,会采用"比功率"的概念,设计者参照同种类汽车的其他车型,来初步估算本设计应有的发动机最大功率。

比功率也称功率利用系数,是单位汽车总质量所具有的发动机最大功率,通常以 kW/t 为单位。

由比功率数值,可以比较直观地对比汽车的动力性,尤其是乘用车的加速能力。汽车匀速行驶时,克服行驶阻力所需要的发动机功率为

$$P_R = \frac{1}{3600\eta_T}\left(Gf + \frac{C_D A u^2}{21.15}\right)u$$

当车速不是很高时,P_R 与发动机最大功率 P_{emax} 相差很大,例如,第一章第三节计算最高车速的例 1-1 中,即使车速达到 100km/h 时,P_R 也仅为 14.8kW,而 P_{emax} 为

108.1kW。因此，可以近似认为，当车速不是很高时，用于车辆加速的发动机功率 $P_a = P_{emax} - P_R \approx P_{emax}$，即 P_{emax} 基本上全部用于加速。由基本动力学分析可得

$$\frac{P_{emax}}{m} \approx \frac{P_a}{m} = \frac{\delta \sum F_X v}{\eta_T m} = \frac{\delta}{\eta_T} \frac{\mathrm{d}v}{\mathrm{d}t} v$$

式中，$\sum F_X$ 为汽车的真实纵向合外力。

可见，在不考虑旋转质量换算系数 δ 和传动效率 η_T 变化的条件下，比功率与给定车速 v 下的加速度 $\dfrac{\mathrm{d}v}{\mathrm{d}t}$ 成正比。而加速时间的基本计算是

$$t = \int_{v_1}^{v_2} \frac{\mathrm{d}t}{\mathrm{d}v} \mathrm{d}v$$

可见，**比功率与加速时间大致成反比**。

当发动机的最大功率用于以设计最高车速行驶时，则

$$\text{比功率} = \frac{1}{3.6\eta_T}\left(gf + \frac{C_D A u_{max}^2}{21.15m}\right) u_{max} \tag{3-1}$$

式（3-1）中，比功率的单位为 kW/t，质量 m 的单位为 kg。

或者认为在该式基础上再乘以一个略大于 1 的系数，作为实际的比功率值。因为如前所述，发动机的实际最大功率应该比设计最高车速所要求的功率大一些。

注意，比功率这一数值，只能在同类汽车之间比较。例如，轿车和货车的比功率没有可比性。

不同种类的汽车，影响比功率的因素以及各因素的作用大小有所不同。

对于轿车来说，不同的型号和级别，其滚动阻力系数 f 和传动效率 η_T 基本相同，设计最高车速、质量和车身造型等可能存在差异。将 $\dfrac{C_D A}{m}$ 视为一个参数，则轿车的比功率与设计最高车速 u_{max} 和 $\dfrac{C_D A}{m}$ 这两个因素有关，可将式（3-1）表达为

$$\text{比功率} = C_1 u_{max} + C_2 \frac{C_D A}{m} u_{max}^3$$

因此可以得到结论：轿车的比功率值随 u_{max} 和 $\dfrac{C_D A}{m}$ 的增大而增大，一般来说，u_{max} 的影响比 $\dfrac{C_D A}{m}$ 更大。

对于货车等大型商用车，同类车型的 f、η_T、C_D 和 u_{max} 基本上都可认为相同，那么影响比功率的就是参数 $\dfrac{A}{m}$，可将式（3-1）表达为

$$\text{比功率} = C_1 + C_2 \frac{A}{m}$$

一般来说，汽车的总质量越大，参数 $\dfrac{A}{m}$ 越小。因此可得到结论：货车的比功率值随总质量的增大而减小。

这样，根据所参比车型的比功率数据，结合本设计车型与参比车型之间整车参数的差异，按比功率 $= C_1 u_{max} + C_2 \dfrac{C_D A}{m} u_{max}^3$（轿车）或比功率 $= C_1 + C_2 \dfrac{A}{m}$（货车）等规律进行调整，就可以初选本设计的发动机最大功率。

另外，在具体设计时，还应满足标准、法规对各类汽车的最小比功率的限制。例如 JT/T 325—2018《营运客车类型划分及等级评定》中规定，大型客车（9m<车身长度 $L \leqslant$ 12m）中的高三级客车，比功率不得低于 14kW/t。比功率过低，会影响道路通行效率和行车安全。

3. 外特性曲线形状的简单讨论

在确定了发动机最大功率值的基础上，有时还要考虑其外特性曲线的形状。

理想的外特性，应该是恒功率特性，如图 3-4 中虚线所示，这对于车用发动机来说是很难实现的，发动机的实际外特性是图 3-4 中曲线 1 或 2 所示的凸函数形状。

在很多情况下，希望发动机能在低转速区发挥出较高的转矩。在图 3-4 中，两条发动机外特性曲线的最大功率相同，但是转矩-转速特性不同，额定转速也不同。

图 3-4 中的曲线 1 表示，发动机可以在较低的转速就发挥出较高的转矩，具有较强的加速和爬坡能力，当以极限车速行驶而需要发挥出最大功率时，额定转速也较低。发动机特性如图 3-4 中曲线 2 所示的汽车，如果要达到相同的动力性，就需要通过更大的传动比来把发动机转速拉高，实现相同的驱动力或者说发挥出相同的发动机功率。而出于降低油耗、噪声以及减小发动机自身振动和磨损等考虑，发动机的工作转速不宜过高。

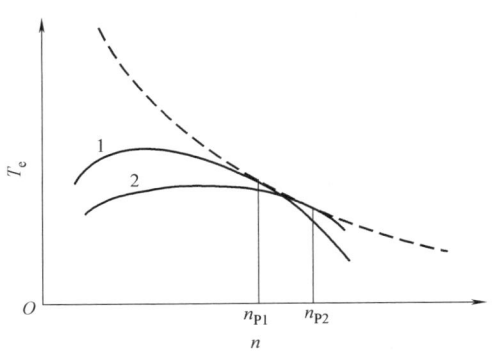

图 3-4　发动机不同的转矩外特性

以目前常见的乘用车汽油机为例，额定转速通常为 5500~6500r/min，远高于普通驾驶人在正常驾驶时所能接受的转速范围。就燃油经济性而言，从图 2-3 中可以看出，当发动机转速很高时，燃油消耗率很高，汽车的燃油经济性不佳。因此，提高低转速区的转矩值，也就是该转速区的功率值是有益的。例如，很多采用涡轮增压技术的发动机，都在设法降低涡轮介入的转速，也就是使转矩峰值（或高转矩平台）来得更早。

从功率的角度分析，图 3-4 中曲线 1 的优势在于能在较低的转速下发挥出更大的功率，使得汽车的动力性和燃油经济性等都比较好。

三、发动机油耗特性的讨论

除了具有基本的动力输出能力，发动机还应有尽可能低的燃油消耗。其具体要求，以万有特性图表示，就是燃油消耗率数值尽可能低，等燃油消耗率曲线组的分布和形状尽可能合理。

最理想的情况当然是在整个发动机工作范围内都具有非常低的燃油消耗率值。但是就目前技术水平而言，不易实现。万有特性图中燃油消耗率的分布必然是以某一最低值为"蛋心"，向外逐圈增大，图3-5所示为以功率为纵坐标的万有特性曲线组分布示意图。

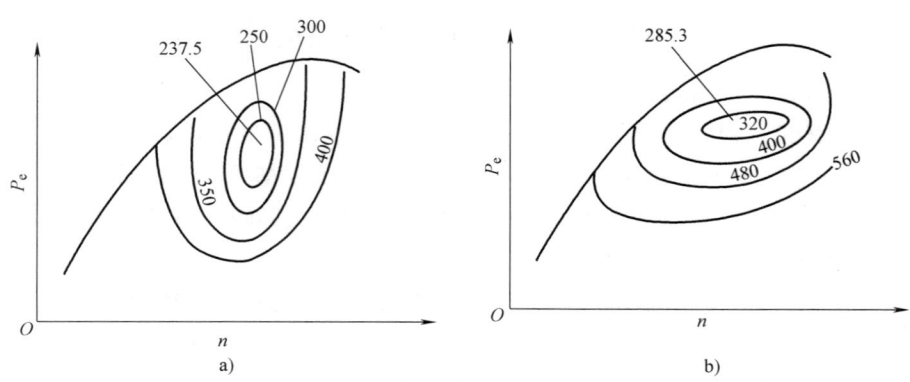

图3-5 万有特性曲线形状的对比
a) 对转速变化敏感 b) 对功率变化敏感

对图3-5a和图3-5b所示曲线进行分析、对比，可以得到以下结论：

1) 在整个（或大部分）发动机工作范围内，燃油消耗率的数值都应比较低。就这一点来说，图3-5a所示的发动机优于图3-5b。

2) 变化较平缓，即内圈与外圈之间的"梯度"较小。这可以理解为某种"不敏感性"，意味着发动机的油耗水平不会随着行驶工况和变速器档位的变化而迅速改变。就这一点来说，图3-5a所示的发动机优于图3-5b。

3) 等燃油消耗率曲线（组）通常呈现某种椭圆形状，其长轴可能偏于垂直方向，也可能偏于水平方向，图3-5a和图3-5b都是比较绝对化的示意。在图3-5a中，燃油消耗率为300g/kW·h的等值线，围成一个大体呈上下长、左右窄的椭圆，也就是说为了维持不超过该值的燃油消耗率，应将发动机的转速控制在一较小的范围，而功率的限制可以相对放宽。这种形状适用于功率变化范围大而转速波动较小的场合。而图3-5b所示的曲线形状，则表示发动机在功率变化范围小、转速波动较大的场合具有更好的燃油经济性。哪种形状更好，取决于车辆类型、使用条件和变速器档位数目等具体因素。举例来说，如果车辆的行驶工况变化较大，同时变速器档位数较多且换档规律科学、合理（针对自动档），那么车辆运转中发动机的输出功率变动较大而转速可以得到较精准的控制，此时图3-5a所示发动机的适用性相对更好些。

另外，还应考虑最低燃油消耗率区的位置。例如，对于轿车来说，正常行驶时的阻力功率较小、变速器档位较高，发动机的转速和负荷率都很低，万有特性的低油耗区间应尽量偏向低速、低负荷率区，即万有特性图的"左下角"。就这一点来说，图3-5a和图3-5b所示的万有特性都不甚理想。

本节只是对于发动机的设计和选取问题提出了一些基本的原则和分析思路，在实际的工程问题中要考虑更多的因素，进行更周密的设计和计算。详细内容可参看有关内燃机原理与设计方面的资料。

第二节 传动系统传动比的确定

在确定整车参数和选定发动机的条件下，影响汽车动力性和燃油经济性的设计因素主要就在于传动系统。

一、传动系统的匹配功能及其理想要求

在研究传动系统参数和特性的选取问题之前，先分析一下传动系统的基本功用——动力匹配。通过传动系统的匹配，汽车的动力性和燃油经济性等性能可以得到提高。

1. 传动系统的动力性匹配功能

传动系统对于汽车动力性的匹配功能，可以用图 3-6 来解释。

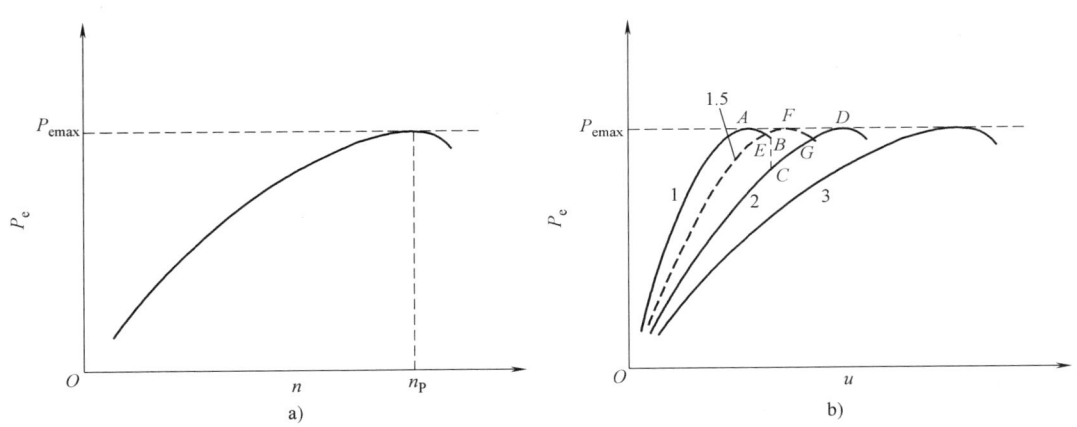

图 3-6 传动系统的动力性匹配功能
a）发动机的功率外特性 b）汽车的功率输出特性

发动机的外特性如图 3-6a 所示，与理想的恒功率特性（图中虚线 $P_e = P_{emax}$ 所示）有较大差异。当配置一套具有三个档位的传动系统时，发动机功率 P_e 与车速 u 的关系如图 3-6b 所示，曲线 1、2 和 3 分别表示三个传动比 i_t 下的 P_e-u 关系，显然有 $i_{t1} > i_{t2} > i_{t3}$。注意，图中"汽车的功率输出"以发动机功率 P_e 计。

当发动机的功率外特性写为 $P_e = f(n)$ 时，请思考一下某给定传动比 i_t 下的 P_e-u 的关系式应如何表达。

当以 1 档行驶时，功率随车速的关系按图 3-6b 中的曲线 1 上升，达到最大功率点 A 后开始下降，直至达到 1 档最高转速所对应的点 B。此时换入 2 档，功率值"跳跃"至点 C（请思考一下，如果换档时刻提前，汽车的动力性会得到加强还是削弱？），然后沿曲线 2 上升，直至最大功率点 D……。可见，具有若干传动比的传动系统，可以使汽车的功率输出呈现某种"贴近最大功率值 P_{emax} 的脉动变化"，相比于发动机的外特性，更接近理想的恒功率要求。但是发动机工作点的变化轨迹 A—B—C—D 仍然与恒功率 $P_e = P_{emax}$ 的要求有差异，

存在"功率真空"区 $ABCDA$。

进一步假定在原有的1档和2档之间增加一个档,称为"1档半",如图3-6b中虚线1.5所示。在此情况下,功率随车速的变化规律变为沿曲线1上升至点A,再下降至曲线1与曲线1.5的交点E,然后沿曲线1.5上升至点F,再下降至曲线1.5与曲线2的交点G……。很明显,与仅有1、2两个档的情况相比,"功率真空"区变为$AEFA+FGDF$,明显减小了。

可见,随着传动比数目的增加,或者说传动比间隔的缩小,汽车功率输出特性的脉动幅度更小、填补"功率真空"的效果更好,也就是更接近于恒功率特性。

如果在图3-6b中画上$\frac{1}{\eta_T}(P_f+P_w)$与$u$的关系曲线(阻力功率曲线),就能得到汽车的功率平衡图,可以利用该图中的后备功率来评价汽车的动力性。请读者思考一下,当传动系统档位数增多时,例如增加了"1档半"的情况,给定车速条件下的后备功率会如何变化。

> 另外,这个问题也可以用汽车的驱动力特性来解释。请画出多档传动比的驱动力-行驶阻力平衡图(可参照图1-16),对比传动比数目的增减对于填补"驱动力真空"的效果。

在研究汽车的动力性时,一般采取的思路都是将发动机动力换算到整车上,用驱动力-行驶阻力平衡图、动力特性图或者功率平衡图进行直观解释,曲线的横坐标都是车速。

而有的时候,可以换一个思路:将阻力功率$\frac{1}{\eta_T}(P_f+P_w)$换算到发动机上,在发动机上"平衡"。形象地说,就是传动系统把行驶阻力"逆向"传递到发动机上,与发动机动力平衡,当传动系统采取不同的传动比数值时,就可以把发动机约束在不同的平衡点。这种方法的好处是可以比较直观地揭示传动比对于发动机工作点的影响,不同的工作点其后备功率和燃油消耗率不同。对于动力性分析来说,后备功率较大的匹配状况就可以获得更好的性能。

后备功率计算的基准是汽车匀速行驶。克服匀速行驶阻力所需的发动机功率(kW)为

$$P_e = \frac{1}{3600\eta_T}\left(Gfr + \frac{C_D A u^2}{21.15}\right)u$$

代入关系式:

$$u = 0.377\frac{nr}{i_t}$$

得到匀速行驶时发动机上的功率平衡(kW):

$$P_e = \frac{1}{3600\eta_T}\left[0.377Gfr\frac{n}{i_t}+\frac{C_D A r^3}{394.7}\left(\frac{n}{i_t}\right)^3\right] \tag{3-2}$$

可见,传动比数值i_t会影响克服匀速行驶阻力所需的发动机功率P_e与转速n的关系。

图3-7画出了发动机的功率外特性曲线、最大功率$P_e=P_{emax}$等值线和某车速匀速行驶所需要的发动机功率$P_e=P'_e$等值线。当传动系统具有三个传动比时,分别得到三条$P_e=\frac{1}{3600\eta_T}\left[0.377Gfr\frac{n}{i_t}+\frac{C_D A r^3}{394.7}\left(\frac{n}{i_t}\right)^3\right]$的关系曲线。分析可知,曲线1对应三个传动比中的最大

值 i_{t1}，即 $i_{t1}>i_{t2}>i_{t3}$。

图 3-7 中，曲线 1 与 P'_e 等值线的交点 A 就是该匀速工况下以传动比 i_{t1} 行驶时的发动机工作点，另两个传动比的发动机工作点就是点 B 和点 C。也就是说，相同的行驶工况，利用不同的传动比数值可以将发动机约束在不同的工作点，各点的后备功率不同。

图 3-7 中线段 Aa、Bb 和 Cc 分别表示以 1、2 和 3 三种传动比工作时的发动机后备功率。显然，在相同的匀速行驶工况下，较大的传动比对应较大

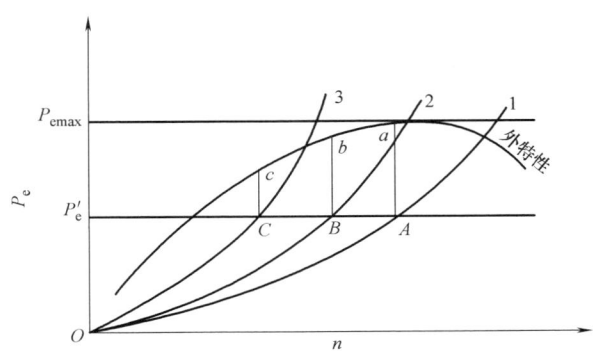

图 3-7　传动比对后备功率的影响

的后备功率，汽车的动力性较强。这个结论与由图 1-18 所得的解释是一致的（参见第一章第三节"三、加速时间"中的"后备功率"部分）。

注意，图 3-7 中曲线 2 与发动机外特性曲线交于最高点，并不意味着在目前的匀速工况下曲线 2 所表示的发动机的后备功率最大（$Bb<Aa$，显然 1 的后备功率更大），而是说明在转速（即车速）逐渐提升过程中曲线 2 所表示的发动机可以发挥出 P_{emax}，即以传动比 i_{t2} 行驶的最高车速 u_{max} 是最高的。

如果希望在目前匀速条件下得到最大的后备功率，那么应该使发动机工作点比点 A 再略向右移动，也就是说传动比数值应比 i_{t1} 再稍大一些。

可以看出，传动比数目越多，或者说间隔越小，对发动机工作点的调节就越精密，越有可能实现更大的后备功率。这和图 3-6 下面的结论在本质上是一致的。

> 读者可以为图 3-7 添加等燃油消耗率曲线组，该图也就变为万有特性图，推测一下，A、B、C 三个等功率点的燃油经济性是否相同？

2. 传动系统的燃油经济性匹配功能

燃油是在发动机处消耗的，因此研究传动系统对于汽车燃油经济性的匹配功能，都是利用发动机特性图来解释，如图 3-8 所示以功率为纵坐标的万有特性图。可以认为，图 3-8 就是在图 3-7 的基础上添加等燃油消耗率曲线组得到的。

图 3-8 中画出了发动机的万有特性。同时，令汽车处于某种行驶工况（可能同时存在速度、坡度和加速度），存在着确定的发动机瞬时功率值 P'_e，如图 3-8 中水平线所示。在此行驶工况中，必然存在确定的车速，假定传动系统有三个档，那么可以确定三个不同的发动机转速，即水平线上的三个工作点：1、2 和 3。

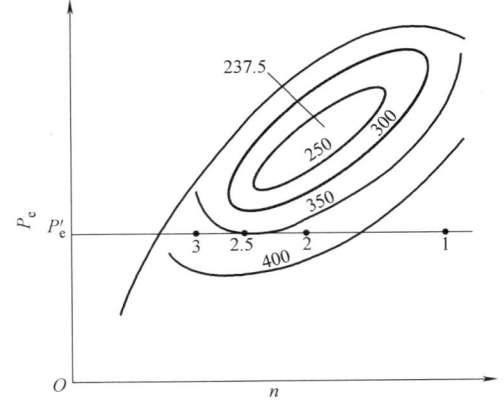

图 3-8　传动系统的燃油经济性匹配功能

不同的工作点，其燃油消耗率 b 不同，通过驾驶人的经验、技术或者自动换档规律的控制，可以选择一个 b 值最低的工作点，以提高汽车的燃油经济性。例如，由图 3-8 可以看出，三个点中对应着最大传动比的工作点 1，其 b 值就高于点 2 或点 3。

> 可以认为图 3-8 中的 1、2 和 3 三个点就相当于图 3-7 中的点 A、B 和 C。

进一步地，如果追求在该功率值 P_e' 下（即该行驶工况下）的最低 b 值，如图 3-8 所示，必然意味着发动机工作于该功率的等值线 $P_e = P_e'$ 与某条等燃油消耗率曲线的切点，即点"2.5"。而能实现此工作点的条件，就是汽车的传动系统在 2 档和 3 档之间，存在一个"2档半"。

可以看出，随着传动比数目的增加，或者说传动比间隔的缩小，发动机工作点的选择就更加精密，更易实现给定功率条件下较低的燃油消耗率。

> 上述结论强调了"给定功率"的条件。请思考一下，能否通过传动系统传动比的匹配作用，使得无论何种行驶工况，都能将发动机工作点约束到"蛋心"（对于图 3-8 来说，就是使燃油消耗率实现极小值 237.5g/kW·h）？如果常规动力配置的汽车无法实现，可以通过什么技术实现（或趋向）此目标？

3. 结论

通过上文的讨论，可以得到：从理论上说，传动系统的传动比数目越多、传动比间隔越小，对汽车的动力性和燃油经济性就越有利。

理想情况就是传动系统的传动比能在足够大的范围内连续、无级地变化。那么，在合理的传动比变化规律控制下，对动力性而言，就可以将图 3-6b 所示的汽车功率输出特性完全转变为恒功率特性；对燃油经济性而言，就可以实现图 3-8 中任意等功率线上的最低燃油消耗率。而对于有级式变速器，传动比只能在一个有限范围内取若干个间断值。

在进行汽车设计时，通常根据汽车类型、级别、使用条件、整车总布置条件和成本控制等因素，确定传动系统关键元件的基本类型和布置，例如对于变速器，会首先确定选用手动档还是自动档，手动变速器是采用两轴式还是三轴式（需结合发动机布置等条件）、自动变速器是采用液力机械式（AT）还是无级变速式（CVT）。本节不细究这些具体的结构设计问题，而是将汽车的传动系统看作一个具有若干传动比的动力转换装置，那么对于这个转换装置来说，需要解决的主要就是其传动比数值问题。具体研究内容可以划分为两部分：第一，传动系统的传动比数目和传动比之间的间隔；第二，最大传动比和最小传动比的数值。举例来说，就相当于要求在数轴 $0 \;\;\; i_{tmin} \;\; \cdots \;\; i_{tmax}$ 上确定若干个点，需要解决以下问题：一共选多少个点？这些点之间的间隔关系如何？这些点的左、右边界在哪里？

这些就是本节下文的主要研究问题。

> 需要注意的是，这些问题之间以及这些问题与其他因素之间，有时存在着相互关联和影响，需要全面研究和考虑。也就是说，进行工程设计时，不一定按下文的次序一次性完成，而是可能存在修改与反复校验。

> 而且，这一部分的一些结论和原则，可以从不同的角度解释和论证，应该灵活掌握、全面理解。

对于传动系统的效率，除非特别指出，本节都将其视为依传动系统类型、总体布置和技术水平等而确定的常数，即不受传动比数目和数值问题的影响。

二、传动比数目和间隔

理论上，传动比数目越多、间隔越小，汽车的动力性和燃油经济性越好。但是出于各方面因素的考虑，传动比数目一般是有限的，也就是说各档传动比之间是存在一定间隔的（无级变速器CVT可以在最大传动比和最小传动比之间实现连续变速）。

1. 传动比数目 n 和速比范围 R_t

令汽车传动系统有 n 个前进档传动比 i_{t1}，i_{t2}，…，i_{tn}，i_{t1} 是 1 档传动比，数值最大。对于多数情况，传动系统的传动比 i_t 和变速器的传动比 i_g 之间存在 $i_t = i_g i_0$，i_0 是主减速比，传动系统的传动比数目 n 就是变速器的前进档数目。

定义传动系统的速比范围 $R_t = \dfrac{i_{t\max}}{i_{t\min}}$。当 $i_t = i_g i_0$ 时，显然有 $R_t = \dfrac{i_{g1}}{i_{gn}}$，即速比范围是变速器 1 档传动比与最高档传动比之比。

分析可知，速比范围 R_t 越大，对发动机工作点的调节范围越大，越有可能获得较高的后备功率和较低的燃油消耗率。另一方面，相邻档位的传动比数值间隔不能过大（例如，对于手动变速器，$i_{gi}/i_{g(i+1)}$ 不宜超过 1.7，否则会造成换档困难），因此速比范围 R_t 较大，一般就意味着传动比数目 n 较多。

传动比数目的选取，要结合不同车型的特点、传动元件的种类以及对速比范围的要求等因素。

对于手动变速器，目前多采用 5 或 6 个前进档，即 $n=5$ 或 6。档数过多，会使得变速器结构复杂；而且对于驾驶乘用车的非职业驾驶人来说，在过多的档位之间选择和切换会带来紧张和疲劳的感受，或因档位选择不当造成汽车性能下降。

早期采用液力机械式变速器（AT）等的自动档车型，由于其中的液力变矩器可以在一定范围内实现无级变速，较少的档位数就可以实现较大的 R_t 值，因而 n 值不大，通常为 3 或 3 以下。目前，随着设计、制造技术的进步以及对动力性、燃油经济性、排放性和驾乘舒适性等要求的提高，AT 的档位数在逐渐增多。一些乘用车型的 n 值已经达到或超过 10。

> 变速器（尤其是自动变速器）的传动比数目 n 有增多的趋势，同时速比范围 R_t 也得以扩大。相对而言，R_t 值增大的幅度不及 n。例如，某运动型多用途汽车（Sport Utility Vehicle，SUV）所使用的 6AT（具有 6 个前进档的液力机械式变速器），其 R_t 为 6.00；当改进为 9AT 后，R_t 值只提高到了 7.56。也就是说，传动比数目的增加，不仅扩大了匹配的范围，还缩小了传动比间隔。当该变速器的 n 由 6 提高到 9 时，平均公比 $\sqrt[n-1]{R_t}$ 由 1.43 降低到 1.29，细化了匹配的精度。如果 R_t 与 n 同步增加，势必造成最大和最小传动比向两端大幅度延伸，这两个档位的利用率将会显著降低。

在速比范围 R_t 一定的条件下，自动变速器的传动比数目也不宜过多，也就是说传动比间隔也不应过小。n 值过大，除了造成传动元件的体积和重量难以控制、结构复杂导致可靠性下降外，由于传动比间隔过小，当行驶工况略有变化时，就会换档，在换档过程中，发动机动力是有损耗的，反而降低了汽车的动力性和燃油经济性。而且事实上，自动变速器的控制系统是有时间滞后的，换档过于频繁，可能无法"追踪"到当前工况所需要的最佳发动机工作点。

对于大型商用车，行驶工况和装载状况的变化幅度大，需要在很大的范围内调控发动机工作点，因此其 R_t 较大；同时，商用车的比功率相对较低，也需要精细调控发动机工作点，以获得最佳动力输出，因此传动比之间的间隔较小。综合这两个因素，传动比数 n 会很多。如果采用手动变速器，通常是利用主变速器与一个副变速器串联的方式，以获得较多的档位。

中、轻型货车的传动比数目一般少于重型货车。

轿车的比功率大，且行驶工况和环境变动相对较小，这意味着对发动机的动力需求有所变化时，更倾向于通过改变加速踏板的开度而不是靠改变传动比来解决。因此，传统观点认为轿车的 n 值不需要很大，5MT（具有 5 个前进档的手动变速器）或 4AT（具有 4 个前进档的液力机械式变速器）车型曾长期居统治地位。目前，轿车的传动比数目也在增加，尤其是对于 AT 车型。

总之，在研究传动系统的传动比参数问题时，首先从汽车种类、级别、变速器类型、空间布置和成本控制等方面出发，确定传动系统的传动比数目，通常也就是变速器的前进档位数目。

2. 传动比间隔

传动比间隔指的是各前进档传动比数值之间的关系，也可称为传动比的分配问题。

通常认为，传动系统的各档传动比大致成等比级数关系，即 $i_{t1}/i_{t2} \approx i_{t2}/i_{t3} \approx \cdots \approx i_{t(n-1)}/i_{tn}$。

按等比级数分配传动比，有以下优点：

1）简化换档操作，减轻离合器的冲击。举例来说，如图 3-9 所示，某汽车起步后，以 1 档加速（在整个换档加速过程中，令发动机始终工作于外特性），当发动机转速达到 3000r/min 时，驾驶人换档。这里假定 3000r/min 是该车规定的升档转速，固定不变。换档过程中，加速踏板松开，发动机转速有回到怠速转速的趋势，假定这个时间持续了 2s，发动机转速，也就是飞轮和离合器压盘的转速，下降到 2000r/min；另一方面，认为换档过程中车速不变，且 $i_{t1}/i_{t2}=1.5$，则挂上 2 档后变速器输入轴转速，也就是离合器从动盘转速，下降到 2000r/min。可见，通过

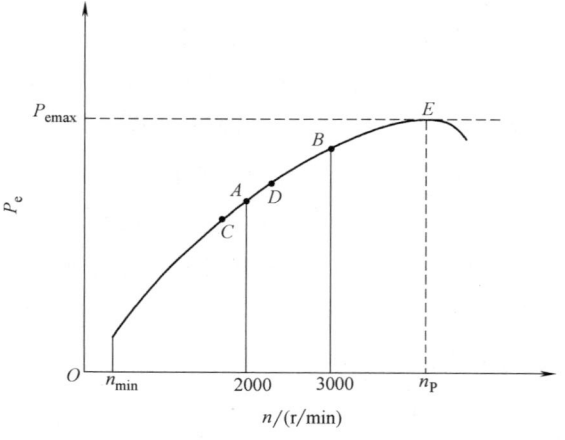

图 3-9 换档过程中发动机转速的变化

第三章 汽车动力装置的特性设计和参数选取

"换档时间持续2s"和"$\dfrac{i_{t1}}{i_{t2}} = 1.5$"的配合，换档结束后离合器的主动部分和从动部分转速一致，即使迅速放松离合器踏板，也不会发生扭转冲击。接下来，驾驶人用2档行驶，继续加速直至转速达到3000r/min，如果2档和3档之间也存在这种规律，即 $i_{t2}/i_{t3} = 1.5$，那么驾驶人重复同样的操作，就可以无冲击地由2档换入3档。

反之，如果 $i_{t1}/i_{t2} \neq i_{t2}/i_{t3}$，那么为了离合器不发生冲击，在不同的换档过程中驾驶人就要采用不同的操作方式，如换档时间就不能都是2s，或者说假如采用了同样的换档方式，就会在某个换档过程中造成离合器的冲击。

显然，这个优点只是针对手动档车型，而且离合器具有扭转减振器，同时驾驶人也可以采取合理的操作动作与步骤，即使各档传动比不完全按等比级数分配，也不一定有很严重的离合器冲击和驾驶不适感。

> 另外，这个优点只针对升档过程。读者可以根据上述思路，分析一下，为什么在早期变速器没有同步器的汽车上，减档时要采用"两脚离合"法？

2）便于主、副变速器结合，可以构成更多的传动系统传动比。例如，主变速器有 n 个档，各档传动比按等比级数分配，公比为 q，那么采用一个具有1和 $\sqrt{q}$ 两档传动比的副变速器，主、副变速器串联，整个传动系统就有 $2n$ 个档，且各档传动比仍成等比级数关系，公比为 $\sqrt{q}$。

如果主变速器各档传动比之间不成等比级数关系，那么与副变速器结合后，形成的 $2n$ 个档中可能有些之间传动比数值非常接近甚至重复，也就是造成了传动比数目的"浪费"。

3）增大发动机的平均输出功率，提高汽车的动力性。如图3-9所示，令传动比按等比级数分配 $i_{t1}/i_{t2} = i_{t2}/i_{t3} = \cdots = i_{t(n-1)}/i_{tn} = 1.5$，加速过程中，1档的工作转速是从外特性的最低稳定转速 $n_{\min}$ 到3000r/min，其余各档都是2000r/min到3000r/min，即发动机工作点均由 A 变动至 B。如果不按等比级数分配，例如 $i_{t1}/i_{t2} > 1.5$ 而 $i_{t2}/i_{t3} < 1.5$（这一讨论的前提是传动比数目 n 和速比范围 R_t 均确定，那么各档之间的比值不可能普遍增大或普遍减小，必然有增有减），且换档转速仍为3000r/min，那么由1档换入2档后，发动机工作点将下降到点 A 以左，如点 C；由2档换入3档后，发动机工作点将下降到点 A 以右，如点 D。也就是说利用2档加速时发动机工作点是 $C \to B$，与等比级数分配的工作范围 $A \to B$ 相比，起始功率减小，汽车的动力性下降；同理，3档加速的发动机工作点是 $D \to B$，与 $A \to B$ 相比，起始功率增大，汽车的动力性提高。

发动机的外特性曲线形状具有"凸函数"的性质，如图3-9所示，当各档传动比采用非等比级数分配而使2档和3档加速的起始工作点从点 A 分别移动到点 C 和点 D 时，点 C 功率和点 D 功率的平均值是下降的。换言之，当传动系统的传动比采用等比级数分配时，有利于提高发动机的平均输出功率和汽车的动力性。

> 由上述例子中 $i_{t2}/i_{t3} < 1.5$（即图3-9中3档工作起点为 D）的情况也可看出，相邻档位之间的间隔减小，有利于减小换档时发动机工作点的变化，也就是减小功率的下降。在 R_t 值给定的情况下，这意味着要增大 n 值。如果有无穷多个传动比，也就是"各

档之间"传动比的公比接近1,那么就可以在加速过程中将发动机工作点始终控制在点 B(单纯追求动力性甚至可以将发动机工况控制在额定转速对应点 E),那么汽车的动力性将趋向极致。

进一步讨论,从本质上说,按等比级数分配传动比的原因在于将传动系统的匹配功能均匀化。

如图 3-10 所示,汽车以某种工况行驶,要求发动机的功率为 P'_e。

无论对动力性还是燃油经济性,匹配的核心思想都是利用不同的传动比将发动机约束在不同的理想工作点。当追求动力性时,应将发动机工作点控制在图 3-10 中点 A,以获得最大的后备功率;需要提高燃油经济性时,则应将发动机控制在点 B,以获得最小的燃油消耗率。点 A 和点 B 对应的传动比不同,如果汽车的传动系统刚好有这样的传动比数值,那么就可以实现最佳的动力性或燃油经济性。

事实上,随着车辆状况、驾驶人意图和行驶环境的改变,所需求的发动机功率 P'_e 值是变化的,而且同一 P'_e 值条件下最佳动力性点 A 或最佳燃油经济性点 B 所对应的传动比数值不固定(因为同一 P'_e 值可能对应不同的行驶车速)。也就是说,无法预知在实际行驶中传动比数值取多大可以实现理想的动力性或燃油经济性。

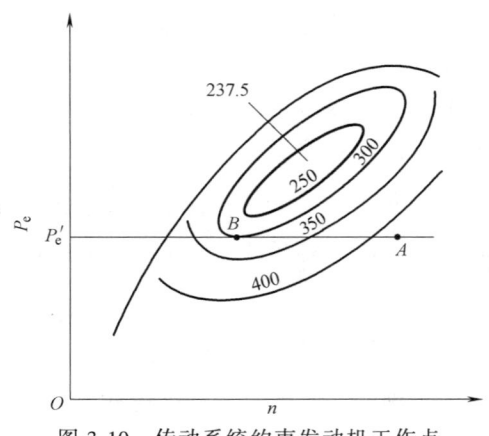

图 3-10 传动系统约束发动机工作点

因此,在设计阶段,需要在幅度合理的速比范围 R_t 内,设置档位数目 n 足够的传动比,各档传动比数值的分布要均匀,不要有过疏或过密之处,按等比级数分配就是一个合理的方案。

也可以这样理解,按等比级数分配传动比数值,是出于实际行驶工况的"未知性"。

反过来说,如果在设计阶段就对车辆的行驶工况有一定的预判,或者对某方面的性能有所倾向,那么就可以不必完全按等比级数分配传动比,而令不同的档位区间的间隔有所不同。

最典型的情况就是当传动比数目 n 不太多时,各档传动比的公比是成略微递减规律的,即 $i_{t1}/i_{t2} \approx i_{t2}/i_{t3} \approx \cdots \approx i_{t(n-1)}/i_{tn}$ 且 $i_{t1}/i_{t2} > i_{t2}/i_{t3} > \cdots > i_{t(n-1)}/i_{tn}$。这主要是考虑到为了降低油耗、噪声与振动等,驾驶人在有可能的条件下倾向于使用高档位行驶,因此将高档位之间传动比的公比设置得小一些,传动比间隔越小,匹配的效果越好。

表 3-1 给出了一款普及型轿车所采用的 5 档手动变速器的传动比数据。表中的"比例 $i_{t(i-1)}/i_{ti}$"是上一档位与该档传动比数值之比;"速比范围"即 $R_t = 3.545/0.886 = 4.00$;"平均公比"是指当最大传动比与最小传动比之间严格按等比级数分配时所应具有的公比,即 $\sqrt[4]{\dfrac{3.545}{0.886}} = 1.41$。

第三章 汽车动力装置的特性设计和参数选取

表 3-1 某轿车的变速器传动比数据

档位	1	2	3	4	5	速比范围	平均公比
数值	3.545	2.158	1.478	1.129	0.886	4.00	1.41
比例 $\dfrac{i_{t(i-1)}}{i_{ti}}$	—	1.64	1.46	1.31	1.27		

可以看出，该方案贯彻了"传动比按等比级数分配，且公比略微递减"的原则，相邻档位间的最大比值也没有超过 1.7，不会造成换档困难。

当传动比数目较多时，理论上可以令各档间的公比完全相等，此时仍然可以保证公比较小，即匹配效果较好。而事实上，不同的设计者出于不同的考虑，还是会采取不同的分配方案。

表 3-2 列出了三款用于中高端乘用车的 9AT 变速器的传动比数据。

对 A 和 B 进行对比，A 的前四个档的平均公比是 1.24，B 的是 1.51；后三个档的平均公比，A 的是 1.27，B 的是 1.21。说明 A 的设计者重点考虑的是中低速行驶，特别是城市拥堵路段行驶时的驾乘感受，低档位较小的传动比间隔，可以适应不断变化的车流速度，提高驾驶人跟车行驶的舒适性和燃油经济性。而 B 方案的设计则强调中高速行驶时的匹配性能，高档位较小的传动比间隔，可以提高公路巡航行驶的动力性，尤其是燃油经济性。另外，由于 B 方案的速比范围非常大，导致最小传动比数值很小，据测试，只有车速很高时才能挂上 9 档，使用率较低。

表 3-2 三款 9AT 变速器的传动比数值

档位	A		B		C	
		比例		比例		比例
1	4.69		4.713		5.502	
2	3.31	1.42	2.842	1.66	3.300	1.67
3	3.01	1.10	1.909	1.49	2.315	1.43
4	2.45	1.23	1.382	1.38	1.661	1.39
5	1.92	1.28	1.000	1.38	1.210	1.37
6	1.45	1.32	0.808	1.24	1.000	1.21
7	1.00	1.45	0.699	1.16	0.865	1.16
8	0.75	1.33	0.580	1.21	0.717	1.21
9	0.62	1.21	0.480	1.21	0.602	1.19
速比范围	7.56		9.82		9.14	
平均公比	1.29		1.33		1.32	

方案 C 的配置就比较折衷，速比范围和平均公比都介于 A 和 B 之间，各档传动比数值基本上按照递减的等比级数规律分配。

三、最大传动比和最小传动比

传动系统传动比的最大值和最小值的确定，主要从汽车的动力性和燃油经济性等使用要求出发,同时也应结合速比范围、传动比数目等因素,综合考虑。

1. 最大传动比 i_{tmax}

多数情况下,传动系统的最大传动比由变速器 1 档传动比和主减速比构成,即 $i_{tmax} = i_{g1} i_0$。

注意,本节讨论的传动比数值问题,都是指整个传动系统的传动比 i_t。也就是不涉及 i_t 值在 i_g 和 i_0 之间"如何分配"的问题。

最大传动比 i_{tmax} 的选取,主要考虑以下因素。

(1) 满足预期的爬坡能力 一般认为,影响最大传动比数值的因素中,最重要的是最大爬坡度 i_{max}。汽车以最大传动比全力克服最大坡度角 α_{max} 时,受力平衡方程为

$$\frac{T_{emax} i_{tmax} \eta_T}{r} = Gf\cos\alpha_{max} + \frac{C_D A u_g^2}{21.15} + G\sin\alpha_{max}$$

式中,u_g 为发动机最大转矩转速和传动系统最大传动比决定的车速。

以最低档爬坡时,u_g 很小,略去空气阻力(可参见例 1-2),得

$$\frac{T_{emax} i_{tmax} \eta_T}{r} \approx Gf\cos\alpha_{max} + G\sin\alpha_{max}$$

解得

$$i_{tmax} = \frac{(Gf\cos\alpha_{max} + G\sin\alpha_{max})r}{T_{emax} \eta_T} \tag{3-3}$$

> 如果追求精确解,则可对包含空气阻力的受力平衡方程进行推导。读者可尝试一下,将得到形如 $C_1 i_{tmax} = C_2 + C_3/i_{tmax}^2$ 的方程,常数 C_1、C_2 和 C_3 包含了整车、发动机的相关参数和给定的最大坡度角。设法解该方程,就可以得到不忽略空气阻力的最大传动比数值。由于 i_{tmax} 的实际取值通常比最大爬坡度的设计要求大很多(如下文中的 14.6>7.7),追求高精度解的意义也不大。

注意,按式(3-3)解得的是满足最大爬坡度要求的 i_{tmax} 值的下限,式中应取"≥"。实际上,传动系统的最大传动比数值对于克服最大爬坡度的设计要求来说,一般都有较大余量,尤其是对于乘用车。以第一章的"基准车"为例,按轿车的设计最大爬坡度取 30%,由式(3-3)算得的最大传动比 i_{tmax} 达到 7.7 即可,而该车的实际最大传动比为 14.6。

> 可以思考一下,将 i_{tmax} 设定得远大于 7.7 主要是为了应对比 30%还大很多的坡度吗(如 50%)?(提示:普通的前驱轿车,有多大的可能爬上 50%的坡度?)

也就是说,传动系统 i_{tmax} 值的选取,往往并不单纯出于满足最大爬坡度的需求。

(2) 必要时将车速降至足够低 有些情况下,最大传动比的选取,是出于满足最低档稳定车速的要求。对于某些需要在松软地带越野行驶的车辆来说,为避免车轮转动过快造成土壤剪切破坏进而降低牵引能力,要求以最低档行驶时的车速可以降至规定的最低档稳定车速 u_L 或以下,于是有最大传动比 $i_{tmax} \geq 0.377 \dfrac{n_{min} r}{u_L}$(此式中的 n_{min},其确切含义应是变速器

第三章 汽车动力装置的特性设计和参数选取

挂最低档、不踩或轻踩加速踏板以维持汽车尽可能低速稳定行驶时的发动机转速，它不是外特性的最低转速，也不同于怠速转速，其准确数值随实际的行驶阻力而变化。计算时可以取外特性的最低转速，这对于式中的"≥"要求来说，是一种偏于安全的方法）。最低档稳定车速 u_L 应按越野行驶的需求合理选取。

有时，轿车也追求最低档稳定车速，主要是为了在拥堵车流中可以在不必频繁踩制动踏板或离合器踏板的条件下，低速跟车行驶，缓解驾驶疲劳。以第一章的"基准车"为例，令发动机最低稳定转速 $n_{min} = 700 r/min$，根据实际的最大传动比 $i_{tmax} = 14.6$，可得最低档稳定车速为 $u_L = 0.377 \frac{n_{min} r}{i_{tmax}} = 5.7 km/h$。如果仅满足最大爬坡度为30%的要求而取 $i_{tmax} = 7.7$，那么最低档稳定车速为 $u_L = 10.8 km/h$，这对于拥堵车流中的跟车行驶来说，就显得有些高了。

（3）**预留一定的"动力储备"** 有些车辆可能会有牵引从动部分的需求，或者考虑到随着技术状况的下降，发动机的最大转矩会下降，在此情况下，为了保证必要的动力性，如满足预期的爬坡度，最大传动比 i_{tmax} 也应该比由式（3-3）计算出的值更大。

（4）**适当考虑附着条件** i_{tmax} 数值过大，有可能造成附着条件不满足。按式（1-23a）或式（1-23b）的简化方法验算：

$$F_{tmax} = \frac{T_{emax} i_{tmax} \eta_T}{r} \leq F_{Z驱} \varphi$$

式中，$F_{Z驱}$ 是驱动轮的静态法向载荷；φ 是路面附着系数，按车辆和道路条件合理选取。

实际工作中，F_{tmax} 允许在一定程度上超过 $F_{Z驱} \varphi$。例如第一章的"基准车"，其最大驱动力 $F_{tmax} = 8502.1N$，按驱动轮轴荷 $F_{Z驱}$ 占整车重力的一半，道路附着系数 φ 取 0.8，可得附着力 $F_{Z驱} \varphi = 6000N$。即使 i_{tmax} 数值偏大导致 1 档最大驱动力 F_{tmax} 超过了附着力 $F_{Z驱} \varphi$，也可以通过减小节气门开度或升高变速器档位等方法避免驱动轮打滑。

> 有时最大传动比的选择是从汽车的最大加速能力出发的，读者可以思考一下，如何在给定 1 档预期最大加速度的条件下，确定最大传动比数值？要注意传动比数值与旋转质量换算系数的关系。

可见，传动系统最大传动比 i_{tmax} 的选取，应综合考虑各方面因素，合理选取"交集"。

2. 最小传动比 i_{tmin}

最小传动比的选取，主要考虑汽车以最高档行驶时的动力性、燃油经济性、驾驶感受以及最高档的使用率等因素。

汽车以最高档行驶时，最小传动比数值 i_{tmin} 会影响功率平衡的匹配情况，从而影响汽车的动力性和燃油经济性，如图 3-11 所示。图 3-11a 采取的是"在整车上平衡"的思想，类似图 3-6b；图 3-11b 采取的是"在发动机上平衡"的思想，类似图 3-7，还画出了若干条等燃油消耗率曲线。图 3-11a 和图 3-11b 两者本质是相同的。

> 注意，图 3-11a 中的阻力功率线（一条）和图 3-11b 中的阻力功率线（三条），一般认为是在汽车处于标准状况下得到的。当汽车的装载状况、轮胎的滚动阻力系数等发生变化时，阻力功率线将随之改变。

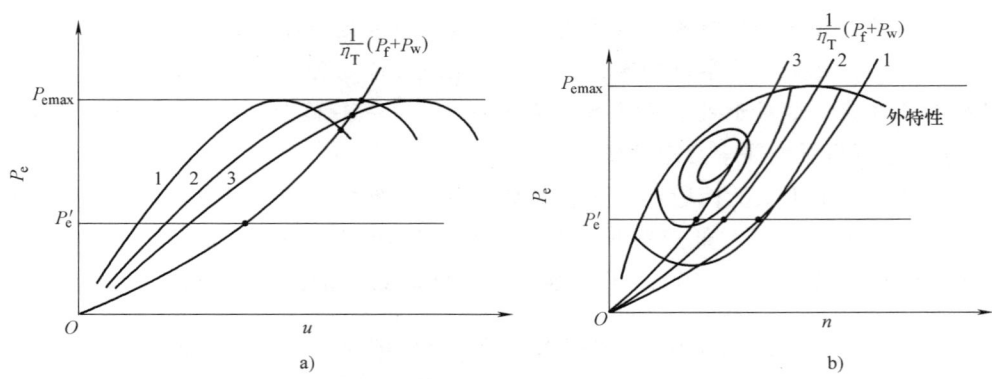

图 3-11 最小传动比数值对汽车动力性和燃油经济性的影响
a）在整车上平衡　b）在发动机上平衡

由图 3-11 可知，同一辆汽车的传动系统可以配置三种不同的最小传动比数值，$i_{tmin1} > i_{tmin2} > i_{tmin3}$，分别由图中的曲线 1、2 和 3 代表。图 3-11a 是"三条动力线、一条阻力线"，图 3-11b 是"一条动力线、三条阻力线"。

（1）关于最高车速　曲线 2 具有特殊性：该线与发动机的功率外特性曲线交于最高点。也就是说，传动系统的最小传动比取 i_{tmin2} 时汽车的最高车速 u_{max} 是最大的。这一点由图 3-11a 可以很清楚地看出（图 3-11b 直接演示的则是"曲线 2 可以使汽车匀速行驶时发挥出发动机最大功率"）。同时可以看出，如曲线 1 和 3 的配置，发动机最大功率 P_{emax} 都比最高车速行驶所需的功率 P_{eu} 大，或者说，如果发动机最大功率 P_{emax} 刚好等于 P_{eu}，就有可能无法实现设计最高车速。这与本章第一节中"二、发动机最大功率的选取"部分的有关结论是相符的。

如果把三种备选的 i_{tmin} 值理解为汽车传动系统最高的三个档，那么可以得出最高车速不一定在最高档实现的结论。第一章中求最高车速的例 1-1，就是有 6 个档，而最高车速在 5 档。

对比图 3-11a 中的曲线 1 和曲线 3，后者的最高车速高于前者。能否据此得出"i_{tmin} 较小时的最高车速必然高于 i_{tmin} 较大时的最高车速（其他条件均相同）"？

如果事先给定整车参数、发动机的外特性和预期的最高车速 u_{max}，可以按图 3-11b"在发动机上平衡"的原理，计算 u_{max} 所对应的传动比，如图 3-12 所示。

给定整车参数和预期最高车速 u_{max}，可以确定所需的发动机功率 P_{eu}，如图 3-12 中水平线 $P_e = P_{eu}$ 所示。也就是说，当汽车以 u_{max} 行驶时，发动机功率不能低于 P_{eu}，按图 3-12 解释，就是需要发动机工作于点 A 和点 B 之间的外特性线段上。

发动机的功率外特性很难写出具体的代数

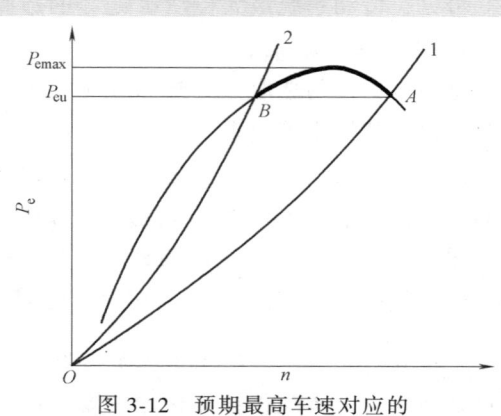

图 3-12　预期最高车速对应的发动机工作点（范围）

表达式，可将其抽象为 $P_e(n) = P_e\left(\dfrac{i_t u_{\max}}{0.377r}\right)$，实现上述要求即意味着 $P_e\left(\dfrac{i_t u_{\max}}{0.377r}\right) \geqslant P_{eu}$（注意，$u_{\max}$ 已给定）。由功率外特性曲线的形状可知，该不等式的解 i_t 在某一范围内：$i_{t2} \leqslant i_t \leqslant i_{t1}$。可采用数值方法确定该范围。由式（3-2）可以画出发动机上的阻力功率曲线（图3-12），曲线1对应传动比上限 i_{t1}，曲线2对应传动比下限 i_{t2}。图3-12直观地揭示了"传动比数值约束发动机工作点"的思想。

> 图3-12是该问题的直观解释，具体计算时，并不需要绘出曲线1和曲线2。

也就是说，为了实现预期的最高车速 $u_{\max}$，汽车的传动系统应有一个传动比数值在 $[i_{t2} \sim i_{t1}]$ 区间。

（2）**关于后备功率**　当利用发动机功率平衡特性评价汽车的动力性时，对于加速和爬坡能力，一般采用后备功率表示。由图3-11a和图3-11b都可以看出，对应某给定的车速，也就是发动机的实际功率输出值 P_e'，传动比越大，发动机工作转速越高，外特性功率值越大，也就是后备功率越大。一般认为，后备功率增大就意味着动力性提高，即使该传动比对应的最高车速有所降低。

（3）**关于燃油消耗率**　对于燃油消耗率，可以由图3-11b直观地看出，同样的发动机功率输出 P_e'，传动比越小，发动机工作点越趋向低燃油消耗率区。利用图3-11a则可以解释为传动比增大，后备功率提高，于是发动机负荷率下降，一般来说，负荷率越低燃油消耗率越高。

（4）**综合考虑**　将上述最小传动比对汽车动力性和燃油经济性的影响，总结于表3-3中。

表3-3　最小传动比对汽车动力性和燃油经济性的影响规律

最小传动比选择	最高车速	后备功率	燃油消耗率
较小	较低	较小	较低
适中	较高	适中	适中
较大	较低	较大	较高

由表3-3可知，最小传动比 $i_{t\min}$ 取得小一些，汽车的动力性会降低，而燃油经济性会提高；反之，增大 $i_{t\min}$，动力性会提高，燃油经济性会降低。注意，这个结论的前提是汽车以最高档行驶。

当传动系统的传动比数目不是很多时，必须在动力性和燃油经济性之间仔细权衡，根据车辆类型和定位，选定一个合理的 $i_{t\min}$ 值。

现在很多车型在改进设计时，为了降低燃油消耗，都会采取降低 $i_{t\min}$ 的措施。

但是也并非全然如此，例如某采用6AT的SUV，在改款时，就在变速器和轮胎半径不变的情况下将主减速比 i_0 由4.325调高至4.624，也就是增大了 $i_{t\min}$ 值。显然其改进设计的理念是侧重于提高车辆的动力性。

而当传动系统具有较多档位时，最小传动比的选取更倾向于提高燃油经济性，即把 $i_{t\min}$

选得小一些。这样，当需要提高汽车的动力性时，例如以极高的车速行驶或者全力加速和爬坡，可以通过减档的方式，增大发动机的功率输出。也就是说，不能认为降低了最小传动比，汽车的动力性就一定会下降。而如果没有足够小的 i_{tmin}，就难以提高公路巡航行驶时的燃油经济性。

> 曾经有观点认为，i_{tmin} 值过小，在遇到较高的动力需求，如克服一定的坡度或需要加速行驶时，由于动力不足、被迫减档，反而造成油耗增加。但是这个缺点对于现代汽车设计来说已经不大成立。之所以把 i_{tmin} 设计得很小，其前提应该是档位数 n 较多、传动比间隔较小，尤其是在最高档和次高档之间。由最高档降到次高档，不会造成燃油消耗率的明显增大，甚至有可能略有下降（例如图3-8中发动机工作点由3右移到2.5处，后备功率提高，同时燃油消耗率降低）。也可以这样说，上述缺点的产生，不是因为最高档传动比过小，而是次高档传动比过大。

在第一章求最高车速的例1-1中，就是5档的 u_{max} 最高。如果变速器只有五个档，那么以此档位作为最高档，可以认为是一种比较平衡的方案。由于条件允许采用六档变速器，就增设了一个传动比更小的6档，可以在中高速行驶时降低油耗。

对于表3-2中的B方案，实测表明，该车挂上9档需要车速达到将近120km/h。其设计理念就是：为了优化高速行驶时的燃油经济性，尽量降低几个高档位的传动比。因为传动比数目达到9个之多，即使最高档的使用率降低也不会造成较严重的"浪费"。

最小传动比的选取，有时还要考虑对驾驶性能的影响。**驾驶性能**可表现为汽车加速时动力装置的转矩响应、振动和噪声等驾驶人的主观感受。当以最高档加速行驶时，如果 i_{tmin} 过大，加速时的振动和噪声增大、油耗升高；如果 i_{tmin} 过小，则加速反应慢，且会产生令人不悦的震颤和抖动感。当前的一个设计趋势：当传动系统传动比数目较多时，可以适当降低 i_{tmin} 值，如果实际加速时出现上述"i_{tmin} 过小……"的问题，可以通过减档（手动或自动）加以消除。

四、工程化的讨论——设计制造技术的影响

对动力性和燃油经济性等使用性能的追求，需要与实际工程条件相结合。当受到设计、制造技术的限制，传动比数目较少时，只能优先满足必要的动力性需求。例如，对于第一章的"基准车"，如果仅为了满足最高车速 u_{max} = 217km/h，则其最小传动比 i_{tmin} = 0.856 × 3.722 = 3.186（参见例1-1的5档参数）；如果仅为了满足最大爬坡度 i_{max} = 30%，则其最大传动比 i_{tmax} = 7.7（见本节前文）。即使采用3档变速器，$\sqrt{7.7/3.186}$ = 1.55，也可以满足平均公比不超过1.7的基本要求。事实上，早期的很多轿车就是采用3档变速器。随着设计、制造技术的进步，允许将传动比数目设定得更多，i_{tmax} 和 i_{tmin} 可以向两端延伸，同时传动比间隔还能有所减小。按例1-1采用6档变速器，i_{tmax} = 14.6，i_{tmin} = 2.63，且平均公比降至1.41，全面提高了传动系统的匹配能力、换档平顺性和产品的竞争力。

> 再次强调，本节的各传动比数值问题之间，存在着相互关联和影响，需要全面考虑。

第三节 换档规律分析

在确定了传动系统的传动比数目、间隔关系以及最大传动比和最小传动比之后，还应对传动比的变化规律进行研究。传动比的变化规律是指传动系统的传动比随行驶工况和驾驶人操作的变化规律。由于传动比的变化通常都是通过变速器换档实现的，因而常将此规律称为**换档规律**。无级变速器（CVT）没有"换档"的概念，但是同样有传动比变化规律的问题。

传动系统的基本作用是在发动机动力输出和汽车行驶阻力之间进行匹配。科学、正确的换档规律可以使这种匹配更合理，汽车的动力性和燃油经济性更好。

出于不同的匹配目的，换档规律也不同。

一、动力性换档规律

当匹配的目的是提高汽车的动力性时，匹配的原则就是尽量使发动机工作于功率较大的工作点。

当节气门全开、发动机工作于外特性时，最大功率对应的转速显然就是发动机的额定转速 n_P。而实际驾驶时，节气门通常并不全开。例如，当节气门开度为 80% 时，其最大功率对应转速为 n_{80}，如图 3-13 所示；如果节气门开度为 50%，则转速为 n_{50} 时功率最大。将这些工作点连接起来，就是任意节气门开度下的"最大功率"曲线。动力性换档规律的任务，就是将发动机工作点约束在这条曲线上。

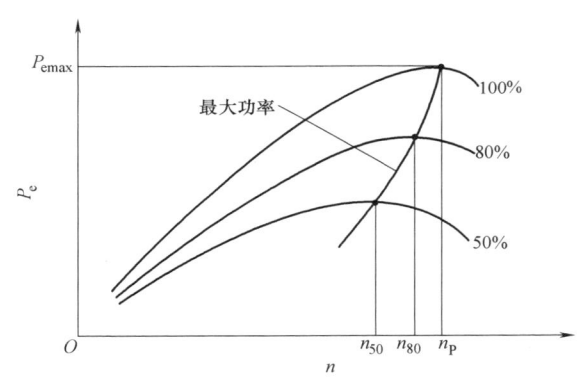

图 3-13 基于动力性优化的发动机工作点控制

分析可知，当节气门开度为 α%、车速为 u 时，以动力性为目标的理想传动比 i_t^* 应为

$$i_t^* = 0.377 \frac{n_\alpha r}{u} \tag{3-4}$$

式中，n_α 是节气门开度为 α% 时的发动机最大功率转速，如图 3-13 所示，由发动机设计或试验数据给出。

式（3-4）就是以动力性为目标的换档规律，或者说传动比变化规律。

> 如果缺乏 n_α 的详细数据，也可以令不同节气门开度下的最大功率转速都取额定转速 n_P，则动力性传动比变化规律表达为
>
> $$i_t^* = 0.377 \frac{n_P r}{u}$$

二、燃油经济性换档规律

当匹配的目的是提高汽车的燃油经济性时，匹配的原则就是尽量使发动机工作于燃油消

耗率较小的工作点。

当汽车以某一确定工况（可能同时具有速度、坡度或加速度）行驶时，可以求出所需的发动机功率为

$$P'_e = \frac{1}{3600\eta_T}\left(Gf\cos\alpha + \frac{C_D A u^2}{21.15} + G\sin\alpha + \delta m \frac{dv}{dt}\right)u$$

式中，旋转质量换算系数 δ 的准确值依赖传动比数值，可以采取估算、验算或迭代计算等方式确定。

在确定了发动机功率 P'_e 的条件下，需要确定最低燃油消耗率对应的转速。可以采用负荷特性或万有特性，如图 3-14 所示。

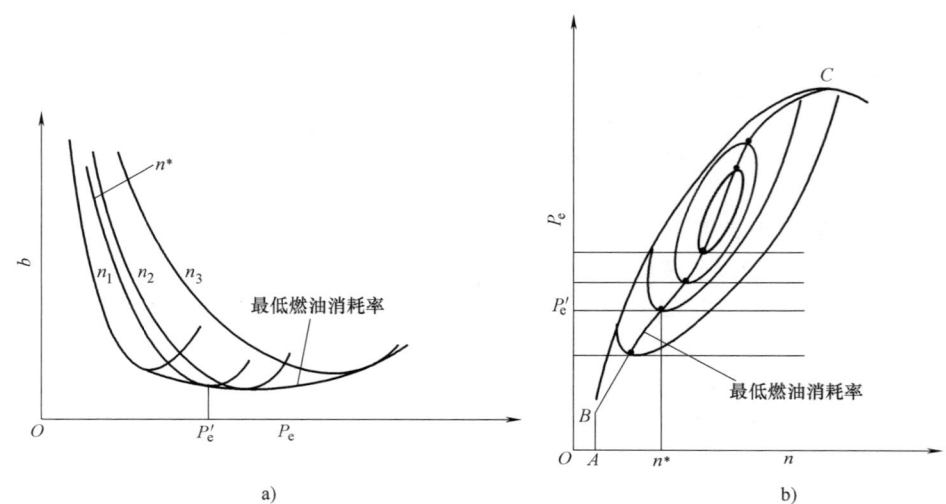

图 3-14 确定任意功率对应的最低燃油消耗率
a) 利用负荷特性 b) 利用万有特性

在负荷特性图上，将各等转速曲线的最低点连接起来，得到任意功率下的"最低燃油消耗率"曲线，其数学本质可表达为 $n^* = f(P'_e)$，n^* 的含义是"理想转速"。

由行驶工况的需求算出发动机功率 P'_e，按 $n^* = f(P'_e)$ 关系确定 P'_e 在最低燃油消耗率曲线上所对应的转速为 n^*。则该行驶工况下，以燃油经济性为目标的理想传动比为

$$i_t^* = 0.377 \frac{n^* r}{u} \quad (3-5)$$

式中，u 是行驶工况中给定的车速。

式（3-5）就是以燃油经济性为目标的换档规律，或者说传动比变化规律。

也可以利用万有特性图解释此问题。图 3-14b 中，任一条等燃油消耗率曲线的最低点或最高点，必然是该曲线与某等功率水平线的切点，也就是发动机在该功率条件下的最低燃油消耗率工作点。将这些切点连接起来，就得到任意功率下的"最低燃油消耗率"曲线，如图中曲线 ABC 所示，其数学本质也是 $n^* = f(P'_e)$。以燃油经济性为目标的换档规律同样可由式（3-5）表达。由于负荷特性与万有特性的本质是相同的，图 3-14a 和图 3-14b 中的"最低燃油消耗率"曲线是等价的。采用万有特性的坐标体系，更容易看出最低油耗前提下功率与转速的对应关系。其中，图 3-14b 中的直线段 AB 对应图 3-14a 中最低稳定转速 n_1 曲线

上最低点以左的部分；图 3-14b 中的点 C 就是发动机的最大功率点，该转速以右的发动机工作区，功率下降而燃油消耗率增加，不应进入。

另外，采用万有特性图研究时，与等燃油消耗率曲线相切的是等功率线，而不能（仿照图 3-13）采用"等节气门开度线"。因为研究燃油经济性问题是在"某一确定工况"的前提下，也就是在某给定发动机功率的条件下，寻求最节油的发动机工作点，而并不是追求一定节气门开度前提下燃油消耗率最低。可由图 3-15 解释该问题。

如图 3-15 所示，当发动机节气门开度为 α_1 时，与等燃油消耗率曲线 b_1 切于点 A，点 A 的确是节气门开度为 α_1 前提下的最低油耗点。但是对应于点 A 的发动机功率值 P_e^*，最低油耗点应为 B。也就是说，当一定的行驶工况需要发动机输出 P_e^* 功率时，节气门开度应为 α_2，此时发动机转速应为 n_2 而不是 n_1。

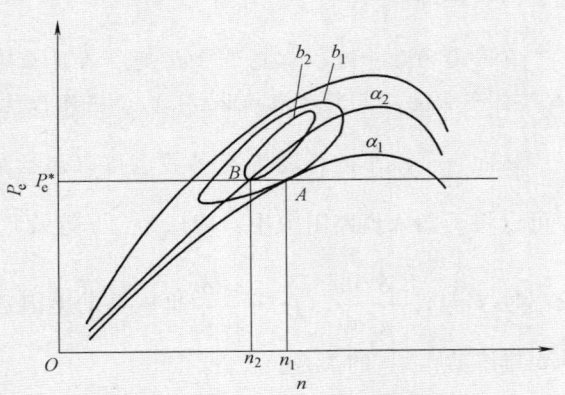

而在对实际车辆进行控制时，往往是寻求节气门开度与转速的关系

图 3-15 等功率与等节气门开度的关系

（因为发动机功率或转矩不易测量）。读者可以思考一下，当节气门开度为 α_1 时，油耗最低的理想工作点应如何确定（提示，节气门开度为 α_2 时，理想工作点为 B，燃油消耗率为 b_2。请观察等节气门开度曲线 α_2、等燃油消耗率曲线 b_2 和工作点 B 的关系；或者确认，点 B 就在图 3-14b 所示的最低燃油消耗率曲线上）？

将以燃油经济性为目标的理想传动比 i_t^* 看作汽车行驶工况的函数，就可以得到"理想的变速器调节特性"——变速器理想传动比与车辆行驶工况的关系，如图 3-16 所示。在此问题的一般性研究中通常不考虑加速度，因此行驶工况由车速 u 和道路阻力系数 ψ 两个参数表达。调节特性的本质是 $i_t^* = f(u, \psi)$。

求解调节特性的基本思路是：针对某给定的 ψ 值，计算各车速 u 所需的发动机功率 P_e'，按"最低燃油消耗率"曲线（图 3-14a 或图 3-14b 均可）确定各对应转速 n^*，代入式（3-5）求得各车速所对应的理想传动比 i_t^*，于是得到该 ψ 值条件下的 i_t^*-u 曲线；变换不同 ψ 值，得到曲线组。图 3-16 中的纵坐标指的是变速器传动比 i_g^*，乘以主减速比 i_0 后即可得到传动系统的理想传动比 i_t^*。

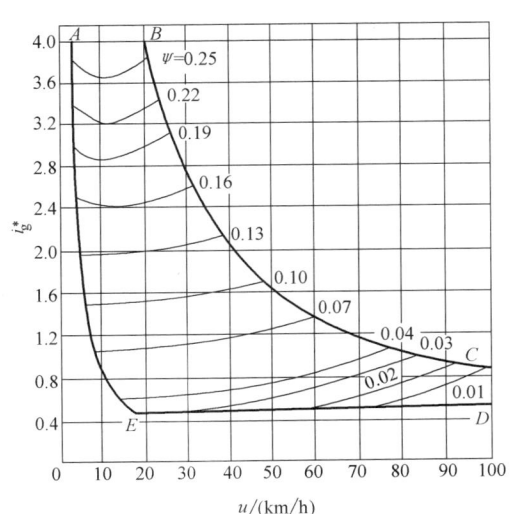

图 3-16 理想的变速器调节特性
（基于燃油经济性）

> 上述流程中，对于具有液力变矩器的传动系统，在起步阶段，传动效率 η_T 有较大波动，如果仍按常数选取，P_e' 值的计算会有一定误差。

图 3-16 中各条"等 Ψ 值"曲线的确切形状，主要取决于发动机的"最低燃油消耗率"曲线。边界 AB 是变速器的最大传动比，ED 是最小传动比，AE 对应发动机最低转速，BC 对应发动机额定转速（如图 3-14b 中点 C 的转速），CD 可以理解为最高车速的限制，还可能继续向右延伸。

> 有兴趣的读者可以考虑这个问题：为什么理想传动比的"可行域"不能突破边界 BC？举例来说，当车速为 60km/h 时，道路阻力系数为什么不能超过 0.07？

广义而言，汽车的行驶工况参数也可以包括加速度。由于加速阻力也是与质量成正比的，可以将其归入道路阻力中，即认为"（等效）道路阻力系数" $\Psi = f\cos\alpha + \sin\alpha + \dfrac{\delta}{g}\dfrac{\mathrm{d}v}{\mathrm{d}t}$，坡度较小时 $\Psi = f + i + \dfrac{\delta}{g}\dfrac{\mathrm{d}v}{\mathrm{d}t}$（$f + i + \dfrac{\delta}{g}\dfrac{\mathrm{d}v}{\mathrm{d}t}$ 也就是动力因数 D）。精确计算时，要考虑旋转质量换算系数 δ 与传动比 i_t^* 的关系。

图 3-14 所示的"最低燃油消耗率"曲线，可用于换档的自动控制，包括无级变速器的传动比调节。通过合理的传感与控制技术，将发动机工作点约束在该曲线上，提高汽车的燃油经济性。实际控制时，往往是将最低燃油消耗率曲线表达为发动机转速与节气门开度的理想对应关系（注意，这个"理想对应关系"指的是最低燃油消耗率曲线上的各点存在确定的转速和节气门开度，并不是指由等节气门开度线与等燃油消耗率曲线相切来确定发动机工作点。可参见图 3-15 下的讨论），而不涉及发动机功率，因为汽车行驶时发动机的功率值（或转矩值）不易测量。

图 3-16 所示的"调节特性"揭示的是理想传动比与整车行驶工况的关系，但不能直接用于传动比控制，因为汽车行驶时 Ψ 值等工况信息很难监测。该特性可用于自动变速器（包括 AT 和 CVT）设计时的传动比范围初选和整车使用性能预测等。对于手动档汽车，也可用来指导驾驶人掌握合理的换档时机。

> 也可以画出基于动力性的变速器调节特性。研究这个问题，要在"给定车速和节气门开度"的框架下。其基本思路是：针对某给定的节气门开度 α，由图 3-13 的"最大功率"曲线确定所需的发动机转速 n_α，由此得到该 α 值条件下的 i_t^*-u 关系；变换 α 值，重复以上过程，有兴趣的读者可以分析一下这个问题，尝试绘制调节特性曲线。其坐标体系应是：横坐标为车速，纵坐标为理想传动比，节气门开度信息由若干条"等 α 值"曲线表达。

汽车实际行驶时，换档规律不会单纯以动力性或燃油经济性为目标，而是两者兼顾，同时还可能要考虑排放性、驾乘体验以及动力装置自身的强度和耐久性等要求。手动档的换档时机当然由驾驶人来控制，自动变速器主要依据整车以及动力装置的各种传感信号，按控制系统既定的控制策略调节传动比。

第三章　汽车动力装置的特性设计和参数选取

例如，自动变速器的换档规律一般是倾向于燃油经济性的，但是随着加速踏板开度的增大，会逐渐向动力性过渡。如果驾驶人选择了"S"档或者加速踏板踩到底促动了降档开关，都会造成延迟升档或强制降档，促使换档规律倾向于动力性。

> 为了加深对本章内容的理解，建议读者查阅一些实际车型参数和设计特性等方面的资料。读者可能会发现，有些设计现象和性能表现与本书的理论有出入，那可能是因为不同工程问题的研究者的出发点或者侧重点各有不同。

本书的前三章是以汽车的直线驱动动力学研究为基础，进行了动力性和燃油经济性的评价分析以及基于这些性能的动力装置特性与参数的选取。涉及的车辆结构因素主要在于发动机和传动系统的特性与参数、整车的质量参数、轮胎的滚动阻力特性以及车身的空气动力学参数等方面，行驶环境主要是路面条件和坡度，驾驶因素则主要在于加速踏板操作和换档动作等。

复习与思考

1. 掌握发动机最大功率的选取方法。
2. 从车用内燃机实际特性与动力装置理想特性的差异出发，理解汽车传动系统的匹配功用，理解"从理论上说，传动系统的传动比数目越多、传动比间隔越小，对汽车的动力性和燃油经济性就越有利"。
3. 全面、综合考虑传动比数目、间隔、最大传动比和最小传动比的选取问题。
4. 同样的路况与车速条件下，分别追求汽车的动力性（指加速和爬坡能力）和燃油经济性，传动系统档位选取的目标如何？以整车的功率平衡图或发动机的相应特性图进行演示。
5. 给定行驶工况和相关车辆参数，计算燃油消耗量与确定变速器理想传动比有何异同？
6. 查阅相关资料，了解自动变速器的换档规律理论。

第四章 汽车的制动性

从驾驶体验的角度看，汽车行驶时不仅要踩加速踏板，还会在必要时踩制动踏板。踩加速踏板时主要考虑动力性和燃油经济性，踩制动踏板时，就要求汽车具有良好的制动性。

第一节 汽车制动性的含义和评价指标

汽车能够按照驾驶人意图，安全、可靠地降低车速并且在足够短的距离内停车，这就是**汽车的制动性**。制动性是汽车主动安全性的重要组成部分。

按照上述定义，汽车制动性的研究主要涉及三方面内容。

1) 首先，制动时汽车要能够以足够高的速率降低车速，并且在足够短的距离内停车，这就是**制动效能**问题。

2) 定义中的"安全"，是指制动时，汽车能够维持预期的行驶路径和方向，这就是**制动时汽车的方向稳定性**。

3) 所谓"可靠"，主要是指经长时间、高强度的制动后，或者制动器涉水以后，制动效能不致过分降低的能力，即**抗制动衰退的性能**。

> 本章不研究汽车的驻车制动能力。

制动效能、制动时汽车的方向稳定性和抗制动衰退的性能，就是汽车制动性的评价指标。

为增进感性认识，表4-1列出了 GB 7258—2017《机动车运行安全技术条件》中有关乘用车道路检测制动性的部分规定。

表4-1 乘用车制动性能检测要求（冷态）

制动初速度	空载制动效能		满载制动效能		试验通道宽度	制动踏板力
	制动距离	充分发出的平均减速度	制动距离	充分发出的平均减速度		
50km/h	≤19.0m	≥6.2m/s^2	≤20.0m	≥5.9m/s^2	2.5m	≤500N（满载检验），≤400N（空载检验）

试验道路条件：平坦、硬实、清洁、干燥且轮胎与地面间的附着系数大于等于 0.7 的混凝土或沥青路面。

按标准规定，制动效能可以采用制动距离或充分发出的平均减速度（含义见本章第三节）评价，空载和满载的限值有所不同。

制动过程中车体任何部位（不计入车宽的除外）不得超出试验通道的两侧边缘线，这反映了对制动时汽车方向稳定性的要求。

> 对制动踏板力做出限制，是出于实际驾驶条件的考虑。极大的踏板力下才能实现的制动效能，对于很多体力不够的驾驶人来说是不现实的，故标准认为不可取。也可以认为这相当于规定了制动性的另一个评价指标：制动轻便性。

此部分为干燥路面上的冷态制动性能检测，未涉及抗制动衰退的问题。

第二节 制动力分析

制动时，汽车受到的纵向外力包括地面作用于所有车轮的纵向力、空气阻力和坡度阻力。在通常的制动性研究中，不考虑空气阻力和坡度阻力。也就是说，汽车的制动减速度完全由地面作用于车轮的纵向力产生。

一、制动时车轮的受力分析

1. 制动器内部的受力关系——制动器制动力

本章讨论的制动器，均指摩擦式车轮制动器。

当驾驶人踩下制动踏板时，制动器在制动传动装置的促动下运作起来，固定元件和旋转元件相互压紧。

> 思考：此时两者之间一定存在摩擦力吗？

图 4-1 所示为鼓式制动器的内部受力情况，盘式制动器的受力原理与此类似。r_b 是制动器摩擦副的有效作用半径，也就是制动鼓半径（或者盘式制动器摩擦衬块的"有效作用半径"）。r 是车轮半径。F_N 是踩下制动踏板时，摩擦副之间的相互压紧力，图 4-1 绘出的是制动蹄施加于制动鼓的法向力。实际的制动器，固定元件与旋转元件都是两点（面）接触，图中简化为一点。F_N 的大小仅取决于驾驶人施加的制动踏板力 F_P。T_μ 是摩擦副有相对滑动或相对滑动趋势时，制动蹄施加于制动鼓或制动钳施加于制动盘的摩擦力矩，也称**制动力矩**。

如果踩下制动踏板，也就是制动器内部存在法向力 F_N 的情况，在轮胎外缘上施加一个周向力，使得车轮匀速转动起来，那么这个力就需要克服由 F_N 所产生的制动力矩 T_μ。制动踏板力 F_P 越大，也就

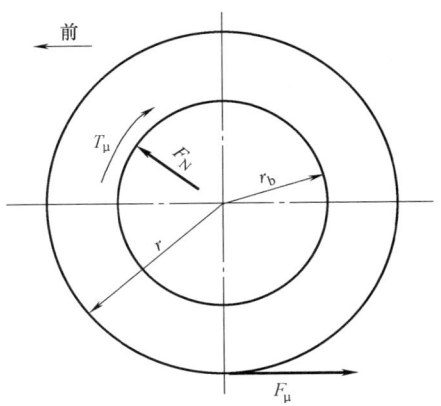

图 4-1 鼓式制动器的内部受力情况

是制动器内部法向力 F_N 越大，就需要越大的轮缘周向力使车轮转动起来。

> 关于制动踏板力 F_P：汽车的制动系统有很多类别和技术特色，实际的制动踏板力 F_P 与制动器内部法向力 F_N 并不一定呈简单的线性关系。但是在本章的研究中，"制动踏板力 F_P" 本质上是强调对制动器的促动程度，可将 F_P 与 F_N 视为等价。通俗地讲，就是采用了"踏板踩得越狠，制动器抱得越紧"的逻辑。

于是定义：**制动器制动力**，是为了克服制动力矩而使车轮转动起来所需要施加在轮胎外缘上的周向力，符号为 F_μ。分析可知：

$$F_\mu = \frac{T_\mu}{r} = \frac{F_N \mu r_b}{r} \tag{4-1}$$

式中，μ 是制动器摩擦副之间的摩擦因数。

不同类型的制动器，前进和倒退时的制动效能可能不同，本章主要研究汽车前进时的制动性能，故此规定，制动器制动力的方向是促使车轮正转。

从定义中的"而使车轮转动起来"这一要求可以看出，制动器制动力的本质是将制动器内部的法向力 F_N 的作用充分发挥出来。其力学逻辑是，制动器摩擦副之间的相互压紧力 F_N 越大，迫使其相对滑动所需要的力矩 $F_N \mu r_b$（该数值即制动力矩 T_μ）就越大，换算到车轮外缘上所需的周向力 $\frac{F_N \mu r_b}{r}$ 就越大，而 $\frac{F_N \mu r_b}{r}$ 就是制动器制动力 F_μ。

可见，在确定制动系统设计参数的条件下，制动器制动力 F_μ 仅取决于摩擦副之间的法向力 F_N，或者说是制动踏板力 F_P。F_μ 的大小与车轮是否接触地面无关，当然也就与地面的附着条件无关。

> 由此可以看出，制动器制动力 F_μ 的含义类似动力性分析中的驱动力 F_t。
> 请思考，将静止的车轮架离地面，踩下制动踏板，此时在制动器内部是否存在真实作用的法向力 F_N 和制动力矩 T_μ？是否存在制动器制动力 F_μ 的概念？

2. 车轮与地面的相互作用——地面制动力

下面研究汽车实际行驶，车轮与地面接触，制动时地面与车轮间的相互作用。

如图 4-2 所示，G 是车轮的垂直载荷，F_Z 是地面对车轮的法向力，T_μ 是制动力矩，T_f 是滚动阻力偶矩（当车轮抱死时，$T_f = 0$）。F_{Xb} 是制动时地面对车轮的纵向力，即**地面制动力**。制动时使汽车减速的真实外力，就是各车轮的地面制动力 F_{Xb}。

以车轮为研究对象，做动力学分析，有 $F_{Xb}r - T_\mu - T_f = I_w \dfrac{d\omega}{dt}$。$I_w$ 是该车轮的转动惯量，$\dfrac{d\omega}{dt}$ 为角

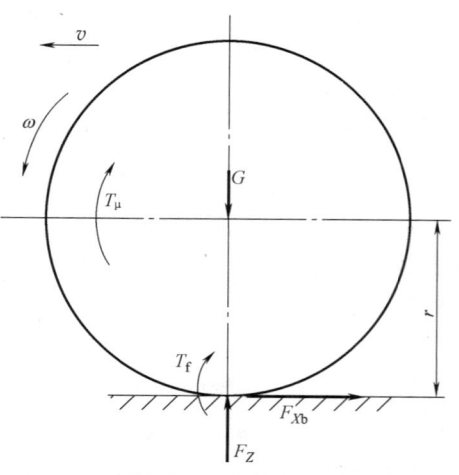

图 4-2 制动时地面与车轮的相互作用

加速度，以向前滚动方向为正。滚动阻力偶矩 T_f 和惯性力偶矩 $I_w \dfrac{d\omega}{dt}$ 的作用通常很小，略去不计，则有

$$F_{Xb} = \frac{T_\mu}{r} \tag{4-2}$$

如果要求在给定制动力矩 T_μ 的前提下求解地面制动力的精确值，则需要涉及车轮质量与整车质量的关系、地面制动力与车轮滑动率的关系以及汽车各车轮制动力矩的分配关系等信息，计算模型较复杂，也不十分可靠，而且 $F_{Xb}r - T_\mu - T_f = I_w \dfrac{d\omega}{dt}$ 中 T_f 和 $\dfrac{d\omega}{dt}$ 的作用的确很小，因此地面制动力 F_{Xb} 都按式（4-2）计算。

另外，如果对车轮做纵向受力分析，则可得到 $F_{XP} - F_{Xb} = m_w \dfrac{dv}{dt}$，$F_{XP}$ 是车轴对车轮的推力，图4-2中未画出，m_w 是车轮的质量，速度 v 以向前为正。于是 $F_{XP} = F_{Xb} + m_w \dfrac{dv}{dt}$。制动时 $\dfrac{dv}{dt}$ 为负数，所以 F_{XP}（绝对值）实际上略小于 F_{Xb}。F_{XP} 属于汽车系统的内力，对于整车的动力学分析意义不大，以后基本不讨论此参数。

制动器制动力 F_μ 和地面制动力 F_{Xb} 的计算公式都可以表达为 $\dfrac{T_\mu}{r}$。其中，r 是车轮半径，含义不变（按第一章第二节中"车轮半径"的严格定义，此半径 r 属于静力半径还是滚动半径？）；而制动力矩 T_μ 在两个制动力的计算中的含义有所不同。对于制动器制动力 $F_\mu = \dfrac{T_\mu}{r}$，其定义的工况是"踩下制动踏板……车轮匀速转动"，也就是制动器内部摩擦副发生相对滑动，达到（动）摩擦极限，故总是存在 $T_\mu = F_N \mu r_b$，即 T_μ 随制动踏板力同步增长。而地面制动力 F_{Xb}，则是车轮和地面之间的实际纵向力，其极限值就是附着力 F_φ，$F_\varphi = F_Z \varphi$，φ 是轮胎和地面间的附着系数。如果汽车行驶时施加很大的制动踏板力，也就是制动器摩擦副之间有很大的法向力 F_N，但地面制动力已经达到附着力而无法增长，此时 $F_{Xb} = \dfrac{T_\mu}{r}$ 仍然成立，但是 T_μ 达不到 $F_N \mu r_b$，因为此时车轮抱死拖滑，制动器内部不发生滑动，不能"调动"制动器内部摩擦副的全部摩擦能力。

3. 地面制动力、制动器制动力与附着力的关系

由上面的分析可以看出，地面制动力 F_{Xb} 的大小，实际上同时受到两对摩擦面的限制：一个是制动器内部摩擦副，其摩擦极限在给定制动器参数的条件下取决于制动踏板力；另一个是轮胎和地面之间的附着条件，两者之间的纵向力不会超过附着力。只有制动踏板力和附着力都较大，车轮才能获得足够的地面制动力。

图4-3所示为制动过程中，随着制动踏板力 F_P 的增加，地面制动力 F_{Xb} 和制动器制动力 F_μ 的变化规律。此分析研究的是单个车轮的受力，认为车轮和地面之间的法向力 F_Z 不

变（汽车制动时，前、后车轮的地面法向力会发生变化，详见本章第五节）。

图 4-3 中的横坐标制动踏板力 F_P，也可以理解为制动管路压力 p 或制动器内部法向力 F_N，总之反映的是对制动器的促动程度。

由图 4-3 可知，制动器制动力 F_μ 仅取决于制动踏板力 F_P，两者始终同步增长，如射线 OB 所示。

F_μ 的含义是"使车轮转动所需要的轮缘周向力"，当 F_P 不是很大时，地面附着条件能满足"使车轮转动"这个要求，所以 $F_{Xb}=F_\mu$，如线段 OA 所示。此时，制动器内部摩擦副滑动，而车轮在地面上滚动。

当制动踏板力 F_P 增大到某一程度 F_P' 时，F_{Xb} 达到其极限，即附着力 F_φ。如果继续加大制动踏板力 F_P，制动器制动力 F_μ 继续与 F_P 同步增长，如射线 AB 所示；但 F_{Xb} 保持 F_φ 的水平不再变化，如射线 AC 所示。

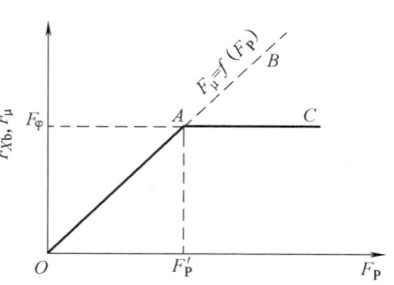

图 4-3 地面制动力和制动器制动力随制动踏板力的变化

此时由于 $F_{Xb} \leqslant F_\mu$，地面制动力无法充当"使车轮转动所需要的轮缘周向力"，因此制动器内部相对静止（称为"车轮抱死"），而车轮在地面上拖滑。

通常情况下，制动系统所允许的车轮最大制动器制动力 $F_{\mu\max}$ 充分大于车轮在实际路面上可能产生的附着力 F_φ，如在图 4-3 中，F_μ 的增长线会超过 F_φ 值。对于汽车制动性的分析来说，$F_{\mu\max}$ 的具体数值显得不是很重要，或者认为此极限值趋于无穷大。

但是，在一些车辆检测作业中，需要在转鼓或平板试验台上测出车轮的最大制动器制动力 $F_{\mu\max}$，以评价车辆的技术状况。试验台测量的力相当于地面制动力 F_{Xb}，其上限为附着力 F_φ，为了使 $F_{\mu\max}$ 得以在转鼓或平板试验台上发挥出来，就要求 F_φ 超过 $F_{\mu\max}$（否则在踩死制动踏板的测试条件下，车轮抱死，$F_{\mu\max}$ 在试验台上体现不出来）。为此，一方面要维护试验台工作表面的附着性能；另一方面，更重要的是，在测试时对被试车轮（车轴）施加超过标准载荷的垂向力，以增大轮胎与试验台表面的附着力。可参考这方面的检测标准。

需要指出的是，此部分分析的主体是一个车轮，且垂直载荷不变。而在汽车的实际制动过程中，不同车轮的制动器制动力、地面制动力和附着力的变化规律是不同的。

二、地面附着系数的变化

实际上，图 4-3 采用的是一种比较简单化的逻辑，认为在给定路面和车轮负荷的前提下，车轮的地面法向力 F_Z 和附着系数 φ 不变，也就是附着力 $F_\varphi=F_Z\varphi$ 不变，那么只要制动器制动力 F_μ 小于 F_φ，车轮就在地面上纯滚动，F_{Xb} 随 F_μ 同步增长，而一旦 F_μ 达到 F_φ，车轮立刻抱死拖滑，F_{Xb} 不再变化。

而事实上，"车轮何时抱死"这个问题比较复杂。因为在制动过程中，车轮的法向力 F_Z 是变化的，这个变化规律，除了与汽车自身的质量参数有关外，还取决于制动减速度，这个问题详见本章第五节。

而另一方面，随着制动程度的加强，车轮和地面之间的相对运动关系是逐渐变化的，附着系数 φ 也随之发生变化。

1. 滑动率影响附着系数

随着对制动器促动程度的加强，车轮和地面之间的相对运动存在一个从"纯滚动"到"抱死拖滑"的渐变过程。

> 这一点，从汽车紧急制动时轮胎留在地面上的印迹可以看出：随着制动踏板力的增大，印迹由清晰逐渐变得模糊。

为了定量表达车轮运动中滑动成分所占的比例，定义**滑动率**，记为 s，即

$$s = \frac{v_w - r_{r0}\omega_w}{v_w} \times 100\% \tag{4-3}$$

式中，v_w 为车轮中心的绝对速度；ω_w 为车轮的角速度；r_{r0} 为没有地面制动力时的车轮滚动半径。

$r_{r0}\omega_w$ 反映车轮接地点相对轮心的速度，$v_w - r_{r0}\omega_w$ 则是接地点的绝对速度，也就是接地点相对地面向前滑动的速度，该速度占轮心绝对速度的比例 $\frac{v_w - r_{r0}\omega_w}{v_w}$，反映了"车轮运动中滑动成分所占的比例"，即滑动率 s。

如果 $s = 0$，说明 $v_w - r_{r0}\omega_w = 0$，即车轮接地点相对地面没有滑动，车轮做纯滚动；如果 $s = 100\%$，说明 $\omega_w = 0$，车轮不转，完全抱死拖滑。

> 当 $v_w - r_{r0}\omega_w < 0$ 时，意味着车轮接地点相对地面向后滑动，这对应的是汽车的驱动工况。因此，可以将 $\frac{r_{r0}\omega_w - v_w}{r_{r0}\omega_w} \times 100\%$ 定义为"滑转率"（此概念可参见第七章第二节）。

滑动率对于制动时的所有车轮都存在，滑转率只针对驱动时的驱动轮。

这里要注意 r_{r0} 的含义为"没有地面制动力时的车轮滚动半径"。如果简单地使用"车轮滚动半径 r_r"，那么总是存在 $r_r\omega_w = v_w$，也就是滑动率 s 总是等于 0，因为滚动半径的思想就是"将车轮视为纯滚动时的半径"。

> 有兴趣的读者可以证明一下 $r_r\omega_w = v_w$ 这个问题。

试验和理论研究都表明，随着滑动率 s 的变化，轮胎与地面间的附着系数也是变化的，如图 4-4 所示。附着系数包括纵向和侧向两个方向：纵向的是**制动力系数** φ_b，是地面制动力与垂直载荷的比值，即 $\varphi_b = \frac{F_{Xb}}{F_Z}$；$\varphi_l$ 是**侧向力系数**，是地面侧向力与垂直载荷的比值，即 $\varphi_l = \frac{F_Y}{F_Z}$（地面侧向力 F_Y 在第五章操纵稳定性的讨论中一般称为"侧偏力"）。φ_b 越大，汽车的制动效能越好；φ_l 越大，制动时汽车的方向稳定性越好。

由图 4-4 可知，随着滑动率 s 由 0 开始增大，制动力系数 φ_b 迅速增大；在某个滑动率 s_p

处达到峰值 φ_p，φ_p 称为**峰值附着系数**，s_p 称为**峰值滑动率**（或临界滑动率）；s 进一步增大，φ_b 下降，当滑动率达到100%，即车轮完全抱死拖滑时，制动力系数降低到 φ_s，φ_s 称为**滑动附着系数**。对于侧向力系数 φ_l，其数值基本是随 s 的增大而单调下降的，车轮抱死时，φ_l 数值很小。

应当指出，图4-4所示为在某一固定侧偏角条件下的附着系数-滑动率关系（轮胎的侧偏和侧偏角的概念，可参见第五章第二节）。侧偏角发生变化，主要影响 φ_l-s 关系曲线的形状，对 φ_b-s 关系曲线的形状也有一定影响。

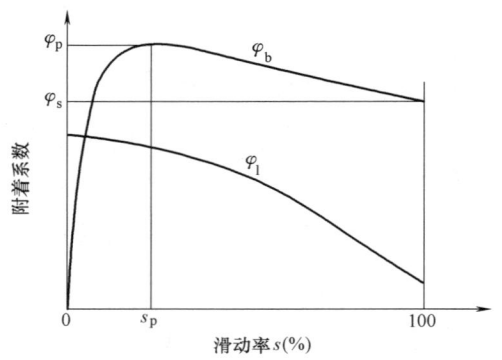

图4-4 附着系数与滑动率的关系

如果能将制动时车轮的滑动率控制在峰值滑动率 s_p（不同路面的 s_p 数值不同，对于良好干燥路面，约为10%~20%），那么轮胎将获得很高的制动力系数和较高的侧向力系数。防抱死制动系统（ABS）的设计出发点就在于此，它可以提高汽车的制动效能，尤其是制动时的方向稳定性。

图4-4揭示的是制动时的附着系数 φ 随滑动率 s 变化的规律，如果将 $\dfrac{r_{r0}\omega_w - v_w}{r_{r0}\omega_w} \times 100\%$ 定义为"滑转率"，同样记为 s，那么该图就可以表达驱动时驱动轮的附着系数随滑转率变化的规律。而且研究表明，在给定轮胎和路面的条件下，驱动时与制动时的 φ-s 关系曲线基本相同，当然驱动时的纵向附着系数应称为"驱动力系数"，而不是"制动力系数"。因此，图4-4所示的规律不仅是防抱死制动系统（ABS）的出发点，也是设计牵引力控制系统（TCS）的理论基础，控制驱动工况的滑转率，可以使轮胎获得更大的地面推力以及较好的侧向附着能力。

2. φ-s 关系的影响因素

图4-4是一种示意图，曲线的具体形状和相关参数值与诸多因素有关。很多研究试图从理论上解释该规律，可参考相关汽车动力学资料。下面给出一些基于试验研究的影响因素，主要是针对纵向附着问题，也就是 φ_b-s 曲线。需要说明的是，由于不同研究者的试验对象、条件和方法不同，这些规律，尤其是具体数值，不一定具有普遍性。

对附着系数-滑动率关系影响最大的就是道路条件。图4-5所示为试验得到的不同路面对 φ_b-s 关系的影响。良好干燥的沥青或混凝土路面，其峰值附着系数 φ_p 为0.8~0.9（在第一章附着率问题中曾指出，当道路条件、轮胎状况和滑动率都很理想时，φ_p 可能超过1.1，但这是很少见的情况）。不同路面的峰值附着系数差异很大，据测算，在极端情况下，良好干燥路面的 φ_p 值可以达到光滑冰面的14倍。

"光滑冰面"指的是表面潮湿的冰面，其温度在0℃左右。随着温度的降低，冰面会变得更干燥，其 φ_p 值有所上升。

关于雪地，试验表明，松散的、未经扰动的雪（厚度10cm左右），其 φ_p 比压实坚硬的雪稍低。但是当积雪很厚时，在轮胎滑动率很高、接近抱死或完全抱死的条件下，受到很大的类似"推土效应"的作用，地面纵向阻力会提高，但是有观点认为这已经不属于"附着力"范畴。

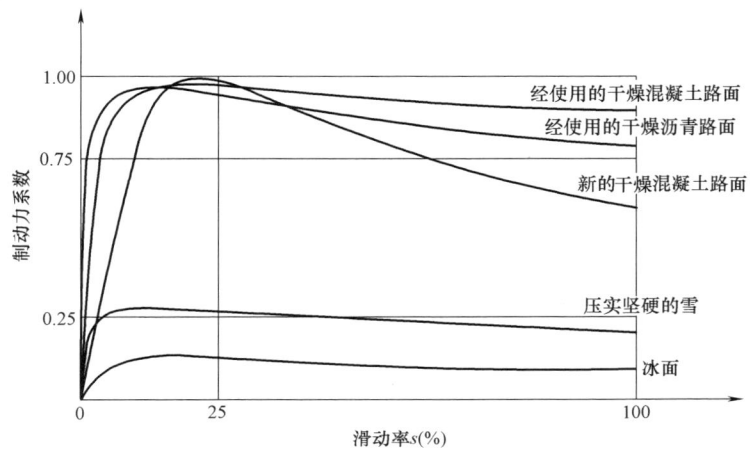

图 4-5　路面条件对 φ_b-s 关系的影响

另外一些地面条件的峰值附着系数：沙土的 φ_p 值为 0.45~0.5，卵石路为 0.3~0.35，耕作土为 0.3（湿）~0.4（干），草坪为 0.25（土完全潮湿）~0.55（土略微湿润）。

车速对 φ_b-s 关系也有一定影响。如图 4-6 所示。试验数据显示，随着车速的提高，附着能力下降，且峰值滑动率 s_p 减小。

当汽车行驶时，有两种路面湿滑的情况对附着能力的削弱较严重：一种情况是路面只有少量的水，与尘土和油污等混合，形成黏度高、流动性差的浆液，存留在胎面与路面之间，轮胎花纹不能及时将其挤出，造成附着系数下降；另一种情况是车速较快，同时路面有较厚积水层，此时，轮胎高速挤压水层，形成很大的动压力（根据流体动压润滑机理：胎面和路面的间隙大致成"楔形"，汽车向前行驶相当于水从楔形大端流入，尽管水的黏度不高，但是在较高的相对速度下，仍然可以形成很大的动压力），当水层对轮胎的动压力的垂直分量与车轮的垂直载荷平衡时，车轮完全被水层托住，丧失附着能力，这种现象称为**滑水**或**水漂**（Hydroplaning 或 aquaplaning）。水层越厚、车速越高，越容易出现滑水现象。轮胎花纹和气压对滑水现象的出现也有一定影响。

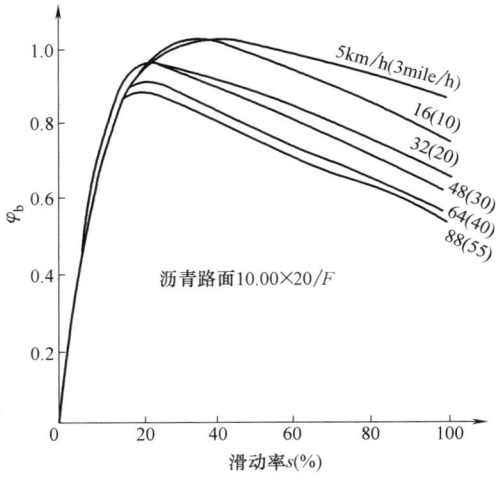

图 4-6　车速对制动力系数 φ_b-s 曲线的影响

研究表明，良好干燥路面上的附着系数不随轮胎结构及充气气压的不同而显著变化。

第三节 制动效能的评价

汽车制动效能的评价指标，一般为制动距离或制动减速度。为了定量计算这些指标，先来分析汽车的制动过程。

一、制动过程分析

制动过程是指从驾驶人发现障碍信号，如行人或红灯，到汽车彻底停住并放松制动为止的全过程。主要分析此过程中制动踏板力和制动减速度的时间历程。

规定制动减速度 a_b 的方向以向后为正。

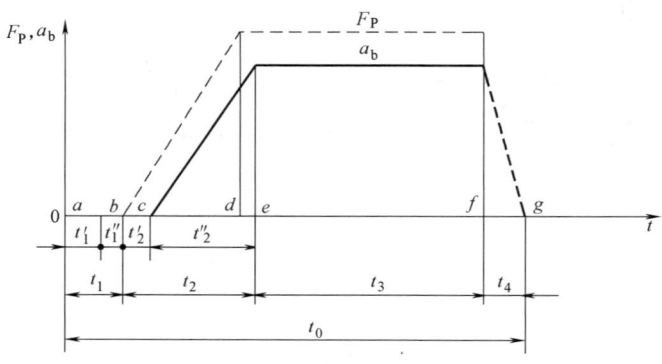

图 4-7 汽车的制动过程

图 4-7 所示为基于实测数据并经平滑处理后得到的制动过程图线。制动过程的总时间为 t_0，划分为 $t_1 \sim t_4$ 四个阶段。

t_1 是**驾驶人反应时间**，是指从驾驶人发现障碍信号到脚接触制动踏板所需的时间，对应图中的 ab 段。t_1 又包括两个阶段：t_1' 是意识反应时间，驾驶人未做任何肢体动作；t_1'' 是移动右脚所需的时间。在 t_1 阶段内，制动踏板力 F_p 和制动减速度 a_b 均为 0。

> 事实上，t_1' 阶段内脚还在加速踏板上，可能有向前的加速度，t_1'' 阶段内松开加速踏板，则可能有一定程度的发动机制动，这两个因素均不考虑。
>
> t_1 阶段的长短，与驾驶人的反应能力以及制动障碍信号出现的方位有关。有研究表明，对于大多数驾驶人来说，对于不需要转移视线的障碍，如正前方亮起的红灯，t_1 平均为 0.64s；对于视线改变超过 5°的障碍，如路边突然出现的行人，t_1 平均为 1.25s。

t_2 是**制动系统反应时间**，也就是从脚踩到制动踏板使制动系统开始动作，直到制动减速度 a_b 达到最大所需的时间。其中，t_2' 阶段用于建立足够的管路压力并克服制动系统内部的机械间隙（主要是制动器间隙），a_b 仍然为 0；t_2'' 阶段则是从制动器摩擦副开始接触直到制动减速度达到最大的阶段。图 4-7 中 de 段表示制动减速度的增长相对于制动踏板力有一定滞后。

> 图 4-7 中点 e 在点 d 之后，意味着 t_2 阶段车轮没有抱死，随着制动踏板力的增大，地面制动力（也就是制动减速度）随之持续增大，而制动系统有一定滞后，所以最大

制动减速度 a_{bmax} 来得比最大制动踏板力 F_{Pmax} 晚一些。有时候，路面条件不佳，制动踏板力不大时车轮就已接近抱死，那么 a_{bmax} 可能来得比 F_{Pmax} 早一些。这个问题实际上对于后面制动距离的分析并不重要。

t_3 是**持续制动时间**。在该时段内制动减速度始终保持最大值，直至汽车停止。

停车后，令驾驶人立刻松开制动踏，但是制动器摩擦副不会立刻分开，因为制动系统需要一段时间消除管路压力、恢复机械间隙，这就是**制动释放时间** t_4。有时汽车没有完全停止就需要迅速放松制动，如果制动释放时间过长，会延误随后的紧急加速，或者因车轮抱死时间过长而导致汽车失去方向稳定性（此原因见本章第四节）。

GB 7258—2017《机动车运行安全技术条件》规定：汽车制动完全释放时间（从松开制动踏板到制动消除所需要的时间）对两轴汽车应≤0.80s，对三轴及三轴以上汽车应≤1.2s。

二、制动距离分析

制动距离 $S(m)$ 是指汽车在一定的初速度下急踩制动踏板，从脚接触制动踏板（或手触动制动手柄）时起至汽车完全停住时止所驶过的距离。它是汽车制动效能的重要评价指标。

1. 制动距离的计算

由图 4-7 可以看出，制动距离发生在 t_2 和 t_3 两个阶段，具体包括三种运动状况：t_2' 时段内做匀速运动，t_2'' 时段内做变减速运动，t_3 时段内做匀减速运动。

（1）**t_2' 时段内的行驶距离 S_2'** 令制动初速度为 $v_0(\text{m/s})$，则 t_2' 时段内行驶距离 $S_2' = v_0 t_2'$。

（2）**t_2'' 时段内的行驶距离 S_2''** t_2'' 时段内的行驶距离为

$$S_2'' = \int_0^{t_2''} v(t) \, dt$$

$$v(t) = v_0 - \int_0^t a_b(\tau) \, d\tau$$

t_2'' 时段内做变减速运动，令减速度的变化速率为常数（即图 4-7 中 t_2'' 时间段的减速度 a_b 沿直线变化），则 $a_b(\tau) = \dfrac{\tau}{t_2''} a_{bmax}$，$a_{bmax}$ 是最大制动减速度。于是 $v(t) = v_0 - \dfrac{a_{bmax}}{2t_2''} t^2$。

则 $S_2'' = v_0 t_2'' - \dfrac{a_{bmax}}{6} t_2''^2$，同时 t_2'' 时段末速度 $v(t=t_2'') = v_0 - \dfrac{a_{bmax}}{2} t_2''$。

（3）**t_3 时段内的行驶距离 S_3** 在 t_3 时段内，做初速度为 $v_0 - \dfrac{a_{bmax}}{2} t_2''$、末速度为 0、减速度为 a_{bmax} 的匀减速运动，可得其行驶距离为

$$S_3 = \frac{v_0^2}{2a_{bmax}} - \frac{v_0 t_2''}{2} + \frac{a_{bmax} t_2''^2}{8}$$

注意，在此计算中不出现参数 t_3。如有需要，读者可以计算一下 t_3。

另外在实际驾驶中，如果制动初速度不高而踩制动踏板速率又很慢，那么可能没有 S_3 阶段，也就是说在制动减速度缓慢增长的过程中车就已经停住了。本节主要研究紧急制动过程，故不考虑此情况。

（4）制动距离 S　制动距离为

$$S = S_2' + S_2'' + S_3 = v_0\left(t_2' + \frac{t_2''}{2}\right) + \frac{v_0^2}{2a_{bmax}} - \frac{a_{bmax}t_2''^2}{24}$$

略去影响较小的 $\dfrac{a_{bmax}t_2''^2}{24}$，则得

$$S = v_0\left(t_2' + \frac{t_2''}{2}\right) + \frac{v_0^2}{2a_{bmax}} \tag{4-4a}$$

如果制动初速度使用 u_0(km/h) 表示，则式（4-4a）可表达为

$$S = \frac{u_0}{3.6}\left(t_2' + \frac{t_2''}{2}\right) + \frac{u_0^2}{25.92 a_{bmax}} \tag{4-4b}$$

除了略去 $\dfrac{a_{bmax}t_2''^2}{24}$ 项之外，上述计算的基础是经平滑处理的图 4-7 中的 a_b 线，而实际制动时减速度 $a_b(t)$ 的变化规律是较复杂的，因此计算值与实测值会有一定出入。

2. 制动距离的影响因素

由式（4-4a）或式（4-4b）可以看出，制动距离的影响因素包括制动初速度、制动系统反应时间和最大制动减速度。

（1）制动初速度 u_0　制动初速度越大，制动距离越长。由试验数据统计，在良好试验场地上，技术状况正常的普通轿车以 60km/h 的初速度全力制动，制动距离在 15m 左右。当制动初速度提高到 100km/h，同样条件下的制动距离在 42m 左右。

因此，从行车安全的角度来讲，一定要控制车速，尤其是在路面附着条件较差或前、后车距较近的情况下。

（2）制动系统反应时间 t_2　由式（4-4a）可知，降低 $\left(t_2' + \dfrac{t_2''}{2}\right)$ 的数值，可以缩短制动距离。而降低该数值，基本上等同于降低制动系统反应时间 t_2。在急踩制动踏板的前提下，t_2 的长短受制动系统结构型式和设计参数的影响很大。

图 4-7 中 t_2'' 阶段 a_b 增长的速率，实际上与驾驶人施加的制动踏板力有关，存在个体差异。为了重点研究汽车结构因素对性能的影响，通常认为踩制动踏板的力度和速率都是足够大的，例如，一些试验标准中有"在 0.2s 内急踩制动"的规定，其目的就是消除驾驶人的个体差异。那么，制动减速度增长的速率，或者说图 4-7 中 t_2'' 阶段 a_b 线的形状，就取决于制动系统的设计。事实上，为了研究制动距离，整个图 4-7 中的制动踏板力 F_p 线都不重要。

对于轿车的带真空助力器的液压制动系统，t_2' 的平均值为 0.04s，t_2'' 的平均值为 0.16s。气压制动系统的反应时间 t_2 则更长，大约是液压制动系统的 3 倍。

改进制动系统的设计，可以降低制动系统反应时间，从而缩短制动距离。

相关标准规定了"制动反应时间"和"制动协调时间"等测试指标。具体含义和此处的制动系统反应时间 t_2 不完全相同，但出发点是一致的。

> 制动反应时间：紧急制动时，从开始促动控制装置至最不利的车轴上的制动力达到相应的规定制动效能所经历的时间。"最不利的车轴"是指制动力增长最慢的车轴。对于带真空助力器的液压制动系统、气压制动系统和气顶液制动系统，该时间不得超过 0.6s。
>
> 制动协调时间：也称制动促动时间，是指在急踩制动踏板时，从脚接触制动踏板起至汽车的减速度（或制动力）达到规定的充分发出的平均减速度（或规定的制动力）的 75% 时所需的时间。"充分发出的平均减速度"的概念见本节后文。制动协调时间对液压制动（无论是否带真空助力器）的汽车应 ≤0.35s，对气压制动的汽车应 ≤0.60s，而汽车列车和铰接客车、铰接式无轨电车的制动协调时间应 ≤0.80s。

（3）最大制动减速度 $a_{b\max}$ 最大制动减速度 $a_{b\max}$ 等同于最大地面制动力 $F_{Xb\max}$，是最大制动器制动力决定的减速度 $a_{\mu\max}$ 和附着力决定的减速度 $a_{\varphi\max}$ 二者中的较小者。可表达为 $a_{b\max} = \min(a_{\mu\max}, a_{\varphi\max})$，符号"$\min(\ )$"意为取括号中若干元素中的最小者。

附着力 $F_\varphi = G\varphi$，在确定汽车重力 G 的条件下，F_φ 取决于道路附着系数 φ，而 φ 的值是有限的。对于制动器制动力 F_μ，按图 4-3 的逻辑，在制动系统技术状况正常且结构强度允许的条件下，只要施加足够大的制动踏板力，F_μ 可以"充分增长"。因此通常情况下，$F_\varphi < F_{\mu\max}$，最大制动减速度取决于附着系数，即 $a_{b\max} = F_\varphi/m = \varphi g$。因此，对于附着条件不佳的路面，如冰雪路面，制动距离会延长，为确保行车安全，应降低车速、保持车距，或者更换附着性能更好的轮胎。

关于最大制动减速度问题，有如下讨论：

1）关于附着系数 φ。对于 $F_\varphi = G\varphi$ 中的 φ，一般认为就是附着系数，对于给定道路来说是固定值。而通过本章第五节的分析可知，在附着系数为 φ 的路面上，在最大制动减速度 $a_{b\max}$ 未达到 φg 时，就可能已经发生前轮或后轮抱死，会影响制动时汽车的方向稳定性。因此，安全、理想的 $a_{b\max}$ 值应该是在任何车轮都不抱死条件下的汽车最大制动减速度，该值通常会小于 φg（所谓"通常"，意指汽车不具有 ABS，在此情况下，φ 指的是图 4-4 中的滑动值 φ_s；对于有 ABS 的情况，φ 的取值可能会高于 φ_s，理想情况下可以达到峰值 φ_p）。也就是说在提高制动效能的同时，要兼顾方向稳定性。

有些汽车出于防止摩擦制动器过热或者能量回收的目的，采取发动机制动、缓速器制动或者再生制动等措施和技术。这种情况下，地面制动力不是或者不完全是由摩擦式车轮制动器产生的。但其本质仍然可以用图 4-2 来解释，只是制动力矩 T_μ 的来源可能有一部分是制动器以外的其他装置对车轮（或轮毂、半轴等）施加的阻力矩，或者对传动轴施加的阻力矩然后转换至车轮上。地面制动力的计算仍然是 $F_{Xb} = \dfrac{T_\mu}{r}$，$F_{Xb}$ 的上限仍然取决于附着力。

因此，对于采取这些制动技术或驾驶措施的汽车来说，最大制动减速度并不能突破附着系数的限制（这些技术或措施有可能改变前、后轮制动力的分配关系，从而影响上一段所说的"安全、理想的 a_{bmax} 值"）。

2) a_{bmax} 取决于 $F_{\mu max}$ 的情况。一般定义的制动距离，都是指冷态数值，也就是针对制动器摩擦副表面的初始温度低于 100℃ 的状况。而在实际行驶过程中，制动器温度可能升高，其制动效能会发生热衰退（详见本章第六节）。这就相当于图 4-3 中 $F_\mu = f(F_P)$ 关系的斜率变小。如果在最大制动踏板力的限制下（如表 4-1 规定的"$\leqslant 500N$"），$F_{\mu max}$ 仍然不超过 F_φ，此时 a_{bmax} 就取决于 $F_{\mu max}$，即 $a_{bmax} = \dfrac{F_{\mu max}}{m}$。

同样的道理，当汽车超载时，附着力 F_φ 增加，但是制动系统设计所允许的 $F_{\mu max}$ 不会增加，可能造成 $F_{\mu max} < F_\varphi$，则 $a_{bmax} = \dfrac{F_{\mu max}}{m}$。可见，超载造成 a_{bmax} 减小，制动距离增大，危及行车安全。

制动系统技术状况下降，或存在故障，也可能造成 $F_{\mu max} < F_\varphi$。

也有**停车距离**的定义：从驾驶人发现障碍信号到汽车完全停住的全过程内，汽车驶过的距离。显然，停车距离比制动距离多了一段驾驶人反应时间 t_1 内汽车驶过的距离，记为 S_1。从实际驾驶安全的角度出发，停车距离才是真正决定能否在发生碰撞或违规之前把汽车停住的指标。

停车距离与驾驶人的反应和操作能力有关。据统计，当车速为 50km/h 时，反应快的驾驶人的 S_1 为 6~7m，反应较慢时，S_1 可达 12~14m。

由于停车距离的影响因素中包含了人员的个体差异，在评价汽车的使用性能时，主要还是采用制动距离这一指标。

三、制动减速度

制动效能的另一个评价指标是制动减速度。在整个制动过程中，瞬时制动减速度 $a_b(t)$ 是一个随时间变化的参数，为了直观和方便，经常按一定的原则和方法对其进行平均。

比较常见的一个指标是**充分发出的平均减速度**，符号为 MFDD（有些标准中采用符号 d_m），单位为 m/s^2。其含义是：制动全过程的车速由 $u_0(km/h)$ 变化到 0，其中 $0.8u_0 \to 0.1u_0$ 就是制动效能的"充分发出"阶段，将此阶段看作匀减速过程而得到的平均值，就是

$$\text{MFDD} = \dfrac{(0.8u_0)^2 - (0.1u_0)^2}{25.92S'}, \quad S' \text{是此阶段的行驶距离}。$$

另有**平均减速度**的概念，记为 $\bar{a}(m/s^2)$。$\bar{a} = \dfrac{1}{t_2 - t_1}\int_{t_1}^{t_2} a(t)dt$。$t_1$ 是制动压力达到最大值的 75% 的时刻，t_2 是到停车总时间的 $\dfrac{2}{3}$ 的时刻。

为了测量和计算方便，也有采用制动减速度曲线上的初期值、中期值和终期值的算术平均值代表制动减速度的。

上述制动减速度方面的各指标，给出的都是基于试验数据的定义公式。

第四节　制动时汽车方向稳定性的研究

对于制动效能的评价，可以采用制动距离和制动减速度等定量指标。对于方向稳定性，当采用试验评价时，可以采用诸如表 4-1 中的不得偏出的通道宽度等外在指标。本节将重点从理论上研究汽车制动时失去方向稳定性的表现及其原因和影响因素。

制动时汽车的**方向稳定性**是指制动时汽车维持预期的行驶路径和方向的能力。制动时汽车失去方向稳定性有三种表现：跑偏、侧滑和失去转向能力。

一、制动跑偏

制动跑偏是指制动时汽车自动向左或向右偏驶。

> 在汽车使用和维修领域，也有"跑偏"的术语。一般意义的跑偏可以这样描述：汽车行驶时，松开转向盘或者施加很小的转向盘"握紧"力矩，汽车向左侧或右侧偏驶。跑偏的发生和制动与否无关。引起这种跑偏最常见的原因是车轮定位参数失准，也可能是两侧轮胎花纹和气压不同、两侧悬架和车轮总成的技术状况不同或者道路存在侧向坡等。
>
> 本章强调的"制动跑偏"是特指汽车制动时才出现的偏驶现象。

造成制动跑偏的原因主要有以下两个。

1. 汽车的左、右车轮，尤其是前轴左、右车轮的制动器制动力不相等

为方便讨论，将"左、右车轮的制动器制动力不相等"的现象简称为 ΔF_μ。

汽车制动时，各车轮的纵向受力如图 4-8 所示。在此分析中，假定地面附着力充分，车轮均未抱死，图 4-8 中的地面制动力以制动器制动力代表。

ΔF_μ 会造成制动跑偏，包含两个同时存在的因素。

第一，ΔF_μ 使整车绕质心转动。例如，左侧车轮的制动器制动力大于右侧，那么整车受到一个使之向左转的力矩 $(F_{\mu1l} - F_{\mu1r})\dfrac{B_1}{2} + (F_{\mu2l} - F_{\mu2r})\dfrac{B_2}{2}$，$B_1$ 和 B_2 为前、后轴的轮距（假定汽车的质心位于其纵向对称面内）。这个力矩的数值不会很大，因为一般来说两侧制动器制动力的差异不会很大。另一方面，轮胎与路面之间有充分的附着力，足以抵消这个使汽车向左转的力矩，只是轮胎相对地面略有侧向滑动。因此，单凭这个使汽车绕质心转动的效应所造成的跑偏量通常很小。

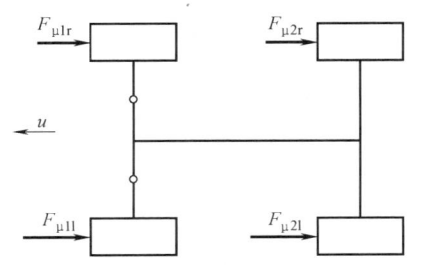

图 4-8　左、右车轮的制动器制动力不相等造成汽车跑偏

第二，ΔF_μ 使前轮绕主销转动。当 ΔF_μ 发生在前轴时，如图 4-8 所示，$F_{\mu1l}$ 使左前轮绕主销向左转动的力矩，大于 $F_{\mu1r}$ 使右前轮绕主销向右转动的力矩。尽管没有转动转向盘，但是由于左、右前轮通过转向传动机构连接，其间的各球销和连杆等均存在间隙，且容许一定的弹性变形，所以左、右前轮将向左转动一定角度，仿佛驾驶人"主动"向左转动转向

盘，于是汽车向左偏驶。这个因素对制动跑偏的影响比第一个重要得多。在这种情况下，$F_{\mu 1l}$ 与 $F_{\mu 1r}$ 之差的作用主要是造成前轮偏转，真正使汽车做曲线运动的外力是前轮和后轮的地面侧向力（可参见图 4-12 或图 5-26）。

左、右车轮制动器制动力不等造成的跑偏，其根源在于制造过程中的个体差异或使用、维修环节调整不当，相对于车辆设计而言，其跑偏方向是不固定的。

行驶过程中跑偏量的大小，还与后轮是否抱死以及是否握紧转向盘有关。试验研究表明：制动时发生后轮抱死，跑偏量加大；制动时驾驶人握紧转向盘，则可以抑制跑偏。

有时造成制动跑偏的原因不是汽车的制动器制动力不对称，而是因为道路的附着系数不对称。例如，汽车左侧车轮处于附着较好的路面上，而右侧车轮在结冰路面上，此时施加紧急制动，由于道路附着系数的非对称性，使得左侧车轮的地面制动力大于右侧，汽车将向左侧跑偏。

2. 制动时悬架导向杆系与转向系拉杆发生运动干涉

制动时，悬架系统传递的纵向力和垂向力都会发生变化，其弹簧和导向机构会发生附加变形和运动，也就是汽车的簧上部分和簧下部分发生相对运动，如图 4-9 所示。图中 1 表示制动之前的状态，2 表示作用了地面制动力 F_{Xb} 后的状态。

如果这种相对运动造成了与转向有关的零部件之间的运动干涉，就会引起制动跑偏。

图 4-10 所示为一个工程实例的示意图，图中所示汽车的前桥系统，存在以下设计问题：转向节上节臂的球销距前轴中心较远，即 h 值较大，而且前钢板弹簧的刚度较低。

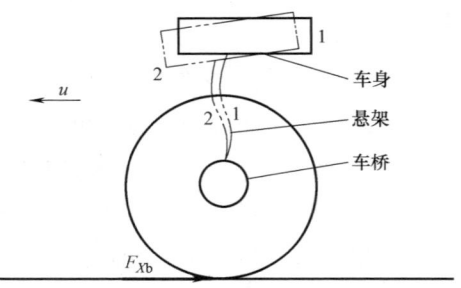

图 4-9 制动时车身相对于车桥的运动

从汽车装配的角度看，前轴相当于用钢板弹簧"挂"在车架下面，当地面制动力 F_{Xb} 作用于车轮时，前轴就受到一个使之向前转动的力矩 $F_{Xb}r$。由于弹簧刚度低，前轴转角 θ 就较大（假定无其他刚性限制，允许完全转动），又因为 h 值较大，所以转向节上节臂球销就应该向前运动较大距离，可记为 δ，$\delta \approx h\theta$。形象地说，此时的车轴是被一根变形的弹簧挂在车架下面的，向前运动 δ 后才是该球销的正确安装方位，这样转向节臂不受扰动，汽车不发

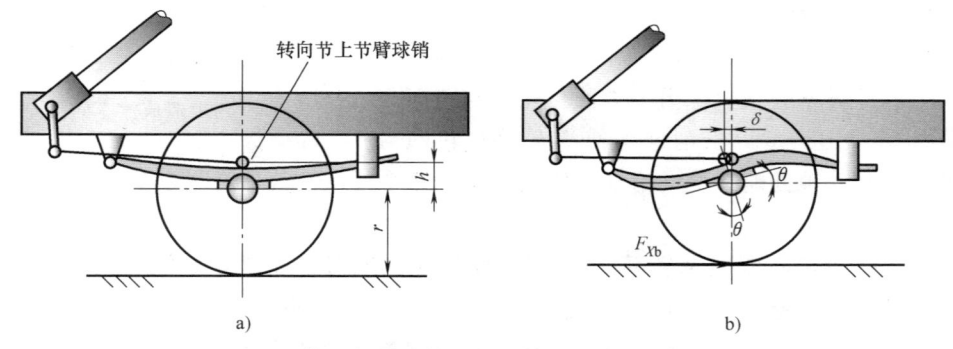

图 4-10 簧上部分和簧下部分运动干涉引起制动跑偏
a) 未制动时　b) 制动引起前轴转角 θ

生跑偏。

而事实上，该球销还连接在转向纵拉杆上，只能在转向杆系的间隙和弹性变形的容许下稍向前运动，该运动限值基本上是固定的，可将其记为 δ'。当汽车紧急制动时，δ 值较大，如果 $\delta>\delta'$，就意味着相对于转向节臂不受扰动（即球销得以向前运动 δ）的状态，球销向后运动了一段距离 $(\delta-\delta')$，转向节上节臂球销的这种运动势必带动转向节绕主销向右转（注意，图 4-10 中的转向器、转向摇臂、转向纵拉杆等部件，从俯视图上看均位于左轮主销的里侧，即右侧），于是汽车向右跑偏。

在此例中，干涉发生在转向节上节臂的球销处。由于它属于转向节臂，连接转向节和车轮，因此可以看作簧下部分；同时它又连接转向纵拉杆，进而连接转向器，因而又可以看作簧上部分。制动时，簧上、簧下部分的运动在该点发生干涉，导致汽车跑偏。

经改进设计，降低该球销距前轴中心的距离，同时提高前钢板弹簧的刚度，使得 δ 值大幅度下降，基本上可消除制动跑偏。

这种簧上部分和簧下部分发生运动干涉所引起的制动跑偏，是设计造成的。采用同样设计的汽车，其跑偏方向都是相同的。

二、制动时侧滑与失去转向能力

侧滑是指制动时汽车的某一轴或两轴发生侧向滑动。

失去转向是指制动时转动转向盘，汽车无法转向，或者在转弯过程中施加制动，汽车沿瞬时速度方向驶出预期路径。

从外在表象来看，侧滑和跑偏有类似之处，都是制动时汽车偏离原来的直线轨迹。它们的区别在于，发生跑偏的汽车，其前、后轮轨迹基本重合，形象地说，仿佛是驾驶人转动转向盘引起的正常转弯行驶；而发生侧滑时，前、后轮的轨迹明显不重合，汽车绕自身 z 轴的角速度很大。

从内在原因来看，侧滑和失去转向有相同之处，即都是车轮抱死造成的。由图 4-4 可知，当滑动率 s 达到 100%、车轮抱死拖滑时，侧向力系数 φ_l 极低，轮胎基本丧失侧向附着能力。

抱死的车轮如果遇到侧向干扰，由于没有足够的地面附着力与之平衡，就可能侧向滑动，即侧滑。另外，对于前轮来说，如果抱死时转动转向盘，前轮可以偏转，但是无法获得地面侧向力，汽车就失去转向。

为了具体研究前轮和后轮哪个抱死，以及（都抱死工况下的）抱死次序对汽车制动时方向稳定性的影响，进行过一项经典的直线制动试验。

试验路面材质为混凝土，具有一定侧向坡度，以提供侧向干扰。当需要模拟不同的附着系数时，可以在地面上洒水。试验车经过改装，可以按需求控制前、后轮的制动力，实现不同的车轮抱死次序。通过各种车速、车轮抱死次序、抱死时间间隔和附着系数的组合试验，得到以下结论：

1）制动过程中，如果只有前轮抱死或者前轮先于后轮抱死（也包括后轮先抱死但是提前时间很短的情况），汽车基本沿直线向前行驶直至停车。这属于一种稳定工况。但是由于前轮抱死，汽车失去转向，若遇障碍，需要放松制动踏板才能绕过。

2) 如果后轮比前轮提前一段时间抱死,且车速超过某一限度,汽车在轻微的侧向干扰下就会发生后轴侧滑。路面附着条件越差,即制动时间越长,侧滑越剧烈。

> 注意,后轴侧滑需要兼具三个条件:后轮先抱死、车速较高、存在侧向干扰。有时人们只强调前两点而忽视了第三点,这是不够全面的。没有侧向外力,汽车是不会产生侧向加速度或横摆角加速度的。一个比较直观的例证是:在结冰且有纵向"棱沟"的道路上,必须小心控制车速,否则制动踏板力度稍大,汽车就会发生严重侧滑。在这种路面上制动,即使确保转向盘指向正中、没有因转向造成的侧偏力(可参见图5-26中F_{Y1}和F_{Y2}),路面的"棱沟"也会产生侧向干扰,后轮抱死时的侧滑比在平坦冰面上的要更严重。

侧滑的剧烈程度可用偏航角(汽车纵轴线与行驶方向的夹角)表示。按试验数据,2.5%的侧向坡度,混凝土路面洒水,试验车的速度超过48km/h,后轮先于前轮抱死超过0.5s或只有后轮抱死,偏航角可达180°。

下面结合图4-11,从理论上来解释制动时车轮抱死次序的不同对汽车方向稳定性的影响。

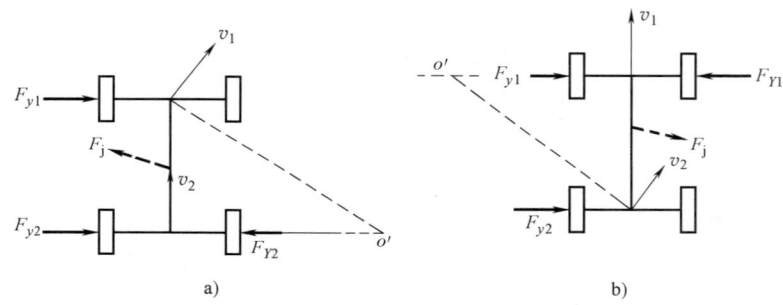

图4-11 汽车制动时前轮先抱死和后轮先抱死的方向稳定性对比
a)前轮先抱死的工况 b)后轮先抱死的工况

汽车以一定速度v行驶,受到侧向干扰外力F_y。F_y可能源于侧向坡、侧向风或其他物体碰撞等,无论其合力作用点在哪里,总可以分解到前、后轴处,记做F_{y1}和F_{y2},因此在图4-11中不再画出合力F_y。在此过程中,驾驶人施加制动,当制动踏板力增大到某一程度时,前轮或者后轮开始抱死。在此处分析中,不细究是先有侧向干扰还是先施加制动(另外,图4-11中各力的箭头符号仅表示其方向,其长短不代表力的大小)。

由图4-11a可知,假定存在向右的外界干扰,由于前轮抱死,丧失了侧向附着能力,即使转向盘保持不动,前轮也会在外界干扰的作用下产生一个向右的速度分量,即发生前轴侧滑,前轴的合速度为v_1。后轮没有抱死,地面仍然能提供足够的侧向反力F_{Y2},保持向前行驶,速度为v_2。换言之,如果后轮试图相对地面侧向滑动,轮胎和地面间的附着力将阻止这种运动。此时,汽车向右转,瞬时转动中心位于点o'。汽车离心力F_j的方向大致向左。

在图4-11b中,仍然假定外界干扰向右。由于后轮抱死,后轴向右侧滑,其速度为v_2;而前轮受到地面反力F_{Y1}的约束,速度v_1保持向前。这种情况下汽车向左转,瞬时转动中心仍记为点o',离心力F_j的方向基本向右。

结合上述分析，可做出如下解释：只有前轮抱死或前轮先抱死时，前轴侧滑造成的汽车离心力的方向与外界干扰方向相反，它可以起到抑制前轴侧滑的作用，汽车处于稳定工况。汽车基本上仍然沿直线行驶。

只有后轮抱死或后轮先抱死时，后轴侧滑造成的汽车离心力的方向与外界干扰方向相同，它会加剧后轴侧滑，汽车处于不稳定工况。汽车发生急剧的甩尾，行驶方向变得难以预料和控制。

> 由于前轮抱死不会造成汽车极度失稳，若无特殊说明，"侧滑"一词习惯上均指后轴侧滑。

汽车的前轮是转向轮，前轮抱死（无论后轮是否抱死）时，丧失侧向附着能力，汽车将失去转向能力。也就是说驾驶人可以转动转向盘，前轮也会偏转，但是汽车仍然沿直线行驶。

两相比较，发生后轴侧滑（甩尾）比失去转向能力的后果更严重，因而后轮先抱死是比前轮先抱死更危险的工况。

> 有的研究认为，从碰撞安全性的角度来看，也是前轮先抱死好于后轮先抱死。前轮抱死时，汽车仍然沿直线行驶，即使碰撞，也是汽车头部正面与其他物体相撞，一般汽车都会在前部使用较多的碰撞安全元件和技术，损伤相对较小。而后轮抱死造成的侧滑与甩尾，会使得汽车的行驶方向难以控制，碰撞可能发生在车身任何部位，如侧面，对乘员以及汽车本身的伤害会更大。

前、后轮同时抱死时，汽车不会发生侧滑，但仍然会失去转向能力。也就是说，该工况在方向稳定性方面与前轮先抱死是一样的，区别在于对地面附着能力的利用程度不同，或者说制动效能不同（详见本章第五节的有关内容）。

> 以上是比较简略的分析，它是符合物理逻辑的，结论也是正确的。如果再深入地研究这个问题，则可以做具体的受力分析和计算。需要说明的是，车辆制动失稳是在较短暂时间内发生的复杂过程，影响因素有很多，在下述计算中，采取"控制变量法"的原理，即重点研究前、后轮抱死次序的影响，其他因素均认为相同或不存在，如忽略了轮胎的弹性侧偏角，假定侧向干扰作用过程中侧向合力的作用线和数值不变，且不考虑转弯时悬架系统的运动和变形等，也不详细研究制动过程中汽车速度 v 和转弯半径 R 的变化规律。这种思路有助于突出车轮抱死次序对方向稳定性的影响。
>
> 当只有前轮抱死时，如图 4-11a 所示。研究汽车绕瞬心 o' 的圆周运动，有合外力 = 质量×向心加速度；研究汽车绕自身质心的横摆运动，有合外力矩 = 转动惯量×角加速度。于是有
>
> $$\begin{cases} F_{y1} + F_{y2} - F_{Y2} = mv^2/R \\ F_{y1}a + (F_{Y2} - F_{y2})b = I_z \dot{\omega}_r \end{cases}$$
>
> 式中，m 为汽车质量；v 为质心的瞬时速度；R 为整车做圆周运动的半径（即瞬心 o' 至汽车纵轴线的距离）；a 和 b 分别是汽车质心到前轴和后轴的距离；I_z 为汽车绕经过质

心的垂直轴线的转动惯量；ω_r 为横摆角速度（横摆运动指的是汽车绕经过质心的垂直轴线的角运动）；$\dot{\omega}_r$ 为横摆角加速度。

需要指出的是，所谓"侧滑""甩尾"或"漂移"等，强调的是汽车绕自身质心的横摆运动，而不是绕瞬心 o' 的圆周运动。形象地说，发生甩尾时，整车质心的轨迹不一定有很大的曲率，但是车头的指向发生了急剧变化。因此重点研究横摆角加速度 $\dot{\omega}_r$。

经过代换运算，可以得到

$$\dot{\omega}_r = \frac{F_{y1}L - mv^2 b/R}{I_z} \tag{4-5}$$

采用同样的方法，研究后轮先抱死的工况，可得

$$\begin{cases} F_{Y1} - F_{y1} - F_{y2} = mv^2/R \\ F_{y2}b + (F_{Y1} - F_{y1})a = I_z \dot{\omega}_r \end{cases}$$

得到

$$\dot{\omega}_r = \frac{F_{y2}L + mv^2 a/R}{I_z} \tag{4-6}$$

对比式（4-5）和式（4-6）可知，当车辆以一定速度 v 和一定的曲率半径 R 行驶时，如果只有前轮抱死，汽车在侧向干扰作用下发生前轴侧滑，产生的离心力 mv^2/R 对横摆角加速度 $\dot{\omega}_r$ 有削弱作用；如果只有后轮抱死，汽车在侧向干扰下发生后轴侧滑，产生的离心力 mv^2/R 对横摆角加速度 $\dot{\omega}_r$ 有增强作用。这和前文论述的"只有前轮抱死时，前轴侧滑造成的离心力的方向与外界干扰方向相反，它可以起到抑制前轴侧滑的作用，汽车处于稳定工况。只有后轮抱死时，后轴侧滑造成的离心力的方向与外界干扰方向相同，它会加剧后轴侧滑，汽车处于不稳定工况"是一致的。

而且由上述横摆角加速度 $\dot{\omega}_r$ 的计算公式（4-5）和式（4-6）可以看出，车速 v 越高，离心力 mv^2/R 越大，后轮抱死时其对 $\dot{\omega}_r$ 的加剧作用就越大，因此高速行驶时后轮抱死更危险。

由此分析，可以进一步解释为什么造成经典试验中发生后轴侧滑的条件，除了要求车速较高外，还需要后轮比前轮提前抱死一段时间，如 0.5s。这 0.5s，就是使横摆角加速度 $\dot{\omega}_r = \dfrac{F_{y2}L + mv^2 a/R}{I_z}$ "充分发挥作用"，使得汽车达到极大的横摆角速度。此后，即使随着制动踏板力的加大，前轮也抱死，横摆角加速度下降为零（参见下文 * 处），但汽车已经具有较高的横摆角速度，如果驾驶人不做修正，汽车将继续急转。

上述分析和计算均未考虑驾驶人的反应和操作。而理论研究和驾驶实践都表明，后轮抱死、发生侧滑，而前轮未抱死时，如果驾驶人迅速向后轴侧滑的方向以适当的转角转动转向盘，并且及时放松制动踏板（不一定完全松开，因为维持一定的制动强度，可以较快降低车速，减轻乃至消除侧滑），可以在很大程度上抵抗外界干扰造成的侧滑，尽量维持汽车直线行驶，但这依赖于驾驶人的经验、技术和反应能力。

第四章 汽车的制动性

另一种情况是驾驶人出于竞赛、表演或者紧急避险等目的，会在高速行驶中，在合适的时机拉紧驻车制动手柄，或者同时踩制动踏板（目的是使轴荷尽量向前轴转移，使后轮更易抱死，同时维持前轮转向能力），同时急速转动转向盘，或者在转弯过程中猛然施加制动（踩制动踏板或拉驻车制动手柄），总之使汽车在受到侧向外力，以一定曲率行驶的同时失去后轮的侧向附着能力，汽车则会急剧甩尾，以快速"漂移"的姿态转向乃至调头。这无疑是十分危险的操作，缺乏经验者绝不要轻易尝试（后备功率很大的后驱车猛踩加速踏板，同时转动转向盘，也可能导致漂移，这是由于后轮的急剧滑转降低了其侧向附着能力，在转弯时易于发生后轴侧滑，这也可以用第五章第二节中关于"附着椭圆"的理论来解释）。

* 如果前、后轮同时抱死，由图4-11不难想象出，此时前、后轮都无法获得地面侧向反力，汽车仅受到侧向外力 F_{y1} 和 F_{y2}。一般来说，其合力大致作用在汽车质心处，基本不产生绕质心的力矩，也就是横摆角加速度 $\dot{\omega}_r$ 基本等于零。汽车的行驶轨迹基本成直线。

侧滑和跑偏也可能互相关联，很多时候，并没有明显的外界侧向干扰，后轴侧滑是由跑偏引起的。例如，前面"制动跑偏"部分介绍的汽车在非对称路面上紧急制动，左侧车轮的地面制动力大于右侧，前轴左、右轮都绕各自主销向左偏转一个较小的角度，此时各车轮的受力情况如图4-12所示，可以认为汽车是在一定的前轮转角（图4-12中未画出）引导下向左正常转弯。图4-12中 F_{Y1} 和 F_{Y2} 是地面施加于前轴和后轴的侧向力，也就是曲线运动的向心力。如果进一步加大制动踏板力，造成后轴抱死，F_{Y2} 基本消失，相对于上述稳定的左转弯姿态，后轴将向右侧滑，或者说 F_{Y1} 将使汽车向左加速转动。

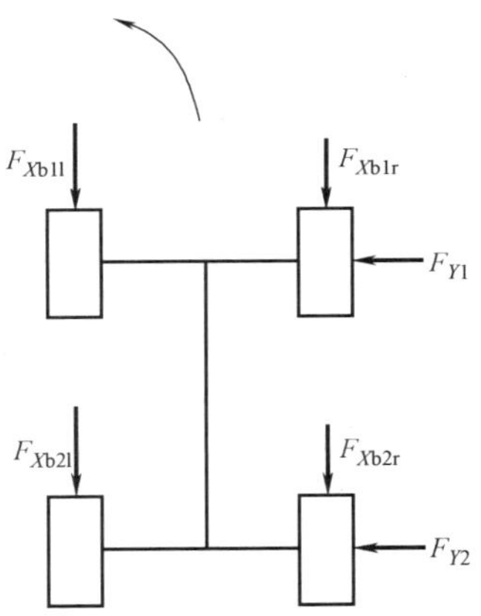

图4-12 制动跑偏引起后轴侧滑时的受力情况

注意，此例中汽车的侧向受力情况与图4-11中的不同。在图4-11中，车轮行驶方向的改变是外界侧向干扰 F_y（F_y 源于风力或坡度等，作用于车身上）引起的，地面侧向力 F_Y 的效果是力图抵抗 F_y 的作用；而在本例中，没有外界侧向干扰，转弯是由左、右制动力不等造成的前轮转角所引起的，和正常转弯一样，地面侧向力 F_Y 就是造成转弯的向心力，这与第五章中图5-26所示的情形类似。

第五节 前、后轮制动器制动力的分配对汽车制动性的影响

通过上一节的讨论可知，按照制动时前、后轮是否抱死以及抱死的次序，可以将制动工况划分为3种：

(1) 工况1 制动时，只有后轮抱死或后轮先抱死。可能会发生侧滑，这是不稳定工况。

（2）工况2　制动时，只有前轮抱死或前轮先抱死。这是稳定工况，但是失去转向能力。

（3）工况3　制动时，前、后轮同时达到抱死。这也是稳定工况，但会失去转向能力。

> 事实上，制动时也可能前、后轮都不抱死。这又包括两种可能：
> 驾驶人施加的制动踏板力不足，前、后制动器制动力均无法达到附着力。其实正常行驶时，驾驶人通常都是做这种制动。但是这种工况没有将汽车制动性能发挥到极致，不做理论研究（类比：如一般驾驶时加速踏板并不到底，但是作为动力性的表征，汽车理论要研究的是最高车速或者最大爬坡度等，因而发动机都按外特性工作）。
> 另一种情况是汽车具有ABS，可以将滑动率控制在预定范围内（参见图4-4）。本节会对ABS的工作过程和控制原理做简单介绍，但是不作为研究重点。

工况1是最不利的。工况2和工况3在方向稳定性方面是相同的，区别在于工况3对于路面附着条件的利用更充分，制动效能更好。因此在本节范围内，将制动时前、后轮同时达到抱死称为**理想制动工况**。

本节不考虑同一车轴左、右车轮受力不同的情况，"前轮"和"后轮"实际上指的是前轴上的所有车轮和后轴上的所有车轮。

一、制动器制动力的实际分配与理想要求——β线与I曲线

制动时前、后轮哪个先抱死，取决于哪个车轮的制动器制动力 F_μ 先达到附着力 F_φ。制动过程中，随着制动踏板力的增大，前、后轮的 F_μ 和 F_φ 都是变化的。

1. 前、后轮制动器制动力的实际分配——β线

前、后轮制动器制动力的关系取决于制动系统的分配。一种基本的分配方式是，前、后轮的制动器制动力具有固定比例。对此可定义**制动器制动力分配系数**，记为β，$\beta = \dfrac{F_{\mu 1}}{F_{\mu 1}+F_{\mu 2}}$，$F_{\mu 1}$ 和 $F_{\mu 2}$ 分别表示前轮和后轮的制动器制动力。

本节主要研究 β 为固定值的汽车（在本节"五、制动器制动力的调节与ABS"部分对变比值的分配特性做简介）。

对于β固定不变的汽车，其 $F_{\mu 1}$ 和 $F_{\mu 2}$ 的分配关系如图4-13中直线所示。该直线就是随着制动踏板力的增大，前、后轮的制动器制动力变化线，称为**β线**。由图4-13可知，β线的斜率为 $\dfrac{1-\beta}{\beta}$。例如，令汽车的$\beta=0.6$，则β线的斜率为 $\dfrac{2}{3}$。

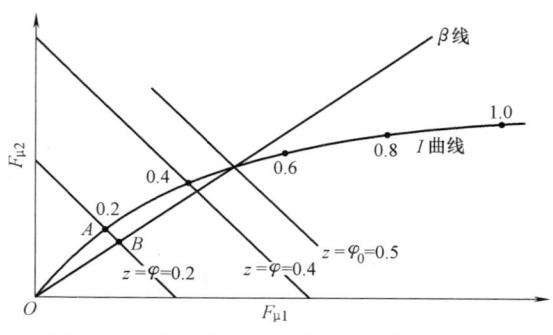

图4-13　前、后轮制动器制动力的分配关系

β线仅取决于车辆的制动系统设计，与路面条件和汽车的质量参数等无关。

第四章 汽车的制动性

2. 制动时前、后轮地面法向力的变化

车轮的附着力 F_φ 取决于地面法向力 F_Z 和附着系数 φ。给定路面的附着系数 φ 可认为是常数,而前、后轮的地面法向力 F_{Z1} 和 F_{Z2} 则随制动工况而变化。

> 关于路面附着系数,存在两种逻辑:按图 4-3,认为给定路面条件下,附着系数 φ 是常数,车轮抱死时的地面制动力最大;按图 4-4,则认为 φ 是随 s 变化的,车轮抱死时的地面制动力 F_{Xb} 并不是最大的。本节主要考虑制动器制动力分配系数 β 为常数的汽车,这类汽车没有 ABS,制动时无法将轮胎的滑动率控制在理想范围,因而采取第一种逻辑,即认为 φ 是常数,车轮抱死时 F_{Xb} 达到最大值 $F_Z\varphi$,这个 φ 可以理解为图 4-4 中的 φ_s。
>
> 对于没有 ABS 的汽车,试图通过驾驶操作把 F_{Xb} 控制得比 $F_Z\varphi_s$ 更大是很困难的。

制动时,随着制动减速度的变化,前、后轮的地面法向力随之变化。令汽车重力为 G,质心距前轴的距离为 a、距后轴的距离为 b,轴距为 $L=a+b$,质心距地面的高度为 h_g。在水平路面上,制动减速度为 a_b 时,忽略空气作用力和滚动阻力偶矩(也不考虑减速时整车俯仰角加速度引起的惯性力偶矩),分析可得:前轮的地面法向力为 $F_{Z1} = \dfrac{G}{L}\left(b+\dfrac{a_b}{g}h_g\right)$,后轮的地面法向力为 $F_{Z2} = \dfrac{G}{L}\left(a-\dfrac{a_b}{g}h_g\right)$。

将 $\dfrac{a_b}{g}$ 称为**制动强度**(有文献称为相对减速度),记为 z,则有

$$\begin{cases} F_{Z1} = \dfrac{G}{L}(b+zh_g) \\ F_{Z2} = \dfrac{G}{L}(a-zh_g) \end{cases} \quad (4\text{-}7a)$$

可见,相对于静止或匀速运动工况,制动时前轮的地面法向力增大 $\dfrac{G}{L}zh_g$,后轮则相应减小 $\dfrac{G}{L}zh_g$,此现象称为**轴荷转移**。对于给定的汽车,制动强度越大,轴荷转移量越多。而前、后轮的地面法向力之和始终与重力 G 平衡。

> 轴荷转移会造成各车轮地面法向力的改变,进而影响附着力,这也就是本章第二节"**二、地面附着系数的变化**"部分认为"车轮何时抱死"这个问题比较复杂的一个重要原因。

当前、后轮都抱死(不分先后)时,显然整车的地面制动力 $F_{Xb} = (F_{Z1}+F_{Z2})\varphi = G\varphi$,则制动强度为 $z = \dfrac{\frac{F_{Xb}}{m}}{g} = \dfrac{F_{Xb}}{G} = \varphi$。于是,前、后轮的地面法向力为

$$\begin{cases} F_{Z1} = \dfrac{G}{L}(b+\varphi h_g) \\ F_{Z2} = \dfrac{G}{L}(a-\varphi h_g) \end{cases} \qquad (4\text{-}7b)$$

与此类似，当汽车以一定的加速度驱动行驶时，轴荷则会向后转移（这也是后驱车在全力加速时动力性较好的原因）。为了计算轴荷转移量，和制动时的受力分析一样，通常不考虑空气阻力和坡度阻力。

> 感兴趣的读者可以分析一下这种轴荷转移量。注意，当精确计算时，前、后轮的滚动阻力偶矩不应忽略。

3. 前、后轮制动器制动力的理想分配——I 曲线

前文已经指出，"理想"指的就是前、后轮刚好同时抱死。这要求前、后轮的制动器制动力同时达到各自的附着力。

分析可知，在附着系数为 φ 的路面上，前轮刚好抱死所要求的制动器制动力为 $F_{\mu 1} = F_{\varphi 1} = F_{Z1}\varphi$，后轮则为 $F_{\mu 2} = F_{\varphi 2} = F_{Z2}\varphi$，结合式（4-7b）的关系，得到理想的前、后轮制动器制动力关系：

$$\begin{cases} F_{\mu 1} = \dfrac{G}{L}(b+\varphi h_g)\varphi \\ F_{\mu 2} = \dfrac{G}{L}(a-\varphi h_g)\varphi \end{cases} \qquad (4\text{-}8a)$$

式（4-8a）是一个以 φ 为参数的参数方程。给定一个附着系数值 φ，就对应一对（$F_{\mu 1}$，$F_{\mu 2}$），将这些数据作为横、纵坐标值绘在图 4-13 所示的坐标系中，就得到前、后轮制动器制动力的理想分配关系——I 曲线。显然，I 曲线上的每一点都对应一个 φ 值，如图 4-13 中的 0.2、0.4、…、1.0 等。

注意，I 曲线的本质与道路的附着系数 φ 值无关，它取决于汽车的重力和质心位置参数。

为了获得一些感性认识，本节也构造一辆"基准车"：其质心位置，参照第一章第五节中计算等效坡度的例 1-3，有 $a = b = \dfrac{1}{2}L$，$\dfrac{h_g}{L} = \dfrac{1}{5}$；制动器制动力分配系数，按图 4-13 中的 β 线，取 $\beta = 0.6$。

图 4-13 中的 I 曲线和 β 线都是基于上述基准车绘制的（车重 G 对曲线的形状并不起实质作用，可以随意选取，或者理解为曲线图的比例尺可以任取）。

如果消去式（4-8a）中的参数 φ，则可得到 I 曲线的函数方程：

$$F_{\mu 2} = \dfrac{1}{2}\left[\dfrac{G}{h_g}\sqrt{b^2 + \dfrac{4h_g L}{G}F_{\mu 1}} - \left(\dfrac{Gb}{h_g} + 2F_{\mu 1}\right)\right]$$

也可以根据"同时抱死时前、后制动器制动力之和等于整车附着力；前、后制动器制动力之比等于各自地面法向力之比"的原理，将两者关系写为：

$$\begin{cases} F_{\mu 1} + F_{\mu 2} = \varphi G \\ \dfrac{F_{\mu 1}}{F_{\mu 2}} = \dfrac{b+\varphi h_g}{a-\varphi h_g} \end{cases} \qquad (4\text{-}8b)$$

运用这一对方程,可以利用作图法绘出 I 曲线。基本思路是:依次选定不同的路面附着系数 φ,如 0.1、0.2、…,对每个 φ 值,做出直线 $F_{\mu1}+F_{\mu2}=\varphi G$ 和直线 $\dfrac{F_{\mu1}}{F_{\mu2}}=\dfrac{b+\varphi h_g}{a-\varphi h_g}$,两者交点就是 I 曲线上对应该 φ 值的点。若干 φ 值点的连线,就是 I 曲线。有兴趣的读者可以按"基准车"的数据,画一下。并思考当 φ 很大时,曲线是否会下降。

I 曲线形状的含义:从原点出发,曲线上升,代表随着路面附着系数的提高,前、后轮都要施加更大的制动器制动力才能抱死;而曲线的斜率逐渐下降,意味着 $F_{\mu2}$ 的增长速度相对慢于 $F_{\mu1}$,这是由轴荷转移,后轮的地面法向力下降造成的;当 φ 值较大时,曲线达到顶点,然后逐渐下降,这是因为很大制动强度下,F_{Z2} 下降很快,其效果超过 φ 的增长,后轮抱死所需的制动器制动力 $F_{\mu2}=F_{Z2}\varphi$ 就下降。

对式(4-8a)的第二式求导,令其为 0,可以求出 I 曲线顶点对应的附着系数: $\varphi_{I顶点}=\dfrac{a}{2h_g}$。对于本节的"基准车"来说,$\varphi_{I顶点}=1.25$。

附着系数 φ 进一步增大,I 曲线会降低到横轴上,即 $F_{\mu2}$ 降低到 0。读者可以算一下对应的 φ 值。

φ 值过大,如达到 1.0,已经超过正常路面所能达到的附着系数,I 曲线继续延伸也就没有实际意义了。

前、后轮同时抱死,意味着各车轮的制动器制动力、地面制动力和附着力相等(此工况即对应图 4-3 中 F_{Xb} 变化的"折点"A),分析可知,I 曲线既是前、后轮同时抱死的制动器制动力 $F_{\mu2}$-$F_{\mu1}$ 关系曲线,也代表前、后轮都抱死状态的地面制动力 F_{Xb2}-F_{Xb1} 关系以及附着力 $F_{\varphi2}$-$F_{\varphi1}$ 关系。

4. 同步附着系数

I 曲线代表汽车前、后轮同时抱死所需要的 $F_{\mu2}$-$F_{\mu1}$ 关系,β 线是制动系统实际具备的 $F_{\mu2}$-$F_{\mu1}$ 关系,两线的交点,就意味着实际的制动力分配值刚好满足汽车前、后轮同时抱死的要求。已知 I 曲线上的点都有对应的路面附着系数值,于是定义 I 曲线与 β 线交点所对应的附着系数为**同步附着系数**,记为 φ_0。I 曲线与 β 线的交点称为**临界点**。

在图 4-13 中,绘出了"等制动强度 z 线组",当前、后轮都抱死时,也就成为"等附着系数 φ 线组"。除了 φ_0 值以外的等值线,例如 $z=\varphi=0.2$ 等值线,它与 I 曲线的交点和它与 β 线的交点不重合,说明在任何 $\varphi\neq\varphi_0$ 的路面上,制动系统提供的前、后制动器制动力(如点 B)都不满足前、后轮同时抱死所要求的数值(如点 A)。只有当 $\varphi=\varphi_0$ 时,前、后轮才会同时抱死。因此还可以定义**同步附着系数** φ_0:对于给定的汽车,前、后轮同时抱死所要求的路面附着系数。

汽车在 $\varphi=\varphi_0$ 的地面上制动,制动踏板力增大到一定程度时,前、后轮同时达到抱死,显然制动强度就是附着系数,即 $z=\varphi_0$,地面附着能力全部发挥出来,制动效能最好。而在此之前，任何车轮都不抱死，汽车不会跑偏，也不会失去转向能力，制动时的方向稳定性也很好。故称前、后轮同时抱死为"理想"。

I 曲线取决于汽车的质量参数，β 线取决于汽车制动系统的设计，可见同步附着系数 φ_0 只与汽车的结构设计有关，而与路面的实际附着条件无关。

可用解析法求 φ_0 值：实际的前、后制动器制动力之比由 β 决定，$\dfrac{F_{\mu 1}}{F_{\mu 2}} = \dfrac{\beta}{1-\beta}$；理想的分配需求则是 $\dfrac{F_{\mu 1}}{F_{\mu 2}} = \dfrac{b+\varphi h_g}{a-\varphi h_g}$。前、后轮同时抱死时，显然有 $\dfrac{\beta}{1-\beta} = \dfrac{b+\varphi h_g}{a-\varphi h_g}$。解之，并将 φ 记为 φ_0，可得同步附着系数：

$$\varphi_0 = \dfrac{L\beta - b}{h_g} \tag{4-9}$$

对于本节的"基准车"来说，$\varphi_0 = 0.5$。

同一辆汽车，β 一般不会变动，而随着装载状况的变化，b 和 h_g 会发生改变，也就是说，汽车在空载和满载状况的同步附着系数有所不同。

> 读者可以思考一下，对于一般的货车来说，空载和满载的同步附着系数哪个大？

二、只有一个车轮抱死的工况——f 线组和 r 线组

已知在路面附着系数 φ 恰好等于同步附着系数 φ_0 的条件下，施加制动，当制动踏板力较小时，前、后轮均未抱死，地面制动力分别等于各自的制动器制动力；当制动踏板力达到一定程度时，前、后轮同时抱死，地面制动力都达到各自的附着力。

但是实际路面通常是 $\varphi \neq \varphi_0$，那么当先抱死的车轮达到抱死时，另一个车轮还没有抱死。这里要研究的是，继续施加制动踏板力，前、后轮的地面制动力如何变化。显然，其基本规律是：未抱死车轮的地面制动力仍然等于制动器制动力，已抱死车轮的地面制动力等于附着力。

> 请思考：随着制动踏板力或者说制动强度的增大，此附着力是否改变？

仍然结合图解示意法揭示其关系。

1. 前轮抱死而后轮未抱死的地面制动力关系——f 线组

在一定 φ 值的路面上制动，前轮抱死而后轮未抱死。此时汽车的制动强度 $z = \dfrac{F_{Xb}}{mg} = \dfrac{F_{Xb1}+F_{Xb2}}{G}$。注意，有车轮未抱死，制动强度 z 达不到路面附着系数 φ。

前轮抱死，其地面制动力达到附着力，因此 $F_{Xb1} = F_{Z1}\varphi$，将式（4-7a）代入，则 $F_{Xb1} = \dfrac{G}{L}(b+zh_g)\varphi$。再将 $z = \dfrac{F_{Xb1}+F_{Xb2}}{G}$ 代入，整理，得到前、后轮的地面制动力关系：

$$F_{Xb2} = \left(\dfrac{L}{h_g \varphi} - 1\right) F_{Xb1} - \dfrac{Gb}{h_g} \tag{4-10}$$

式（4-10）给出的函数关系在给定汽车重力和质心位置的条件下，随附着系数 φ 的变化而

变化。另外，前、后轮抱死与否的状况不同，两者地面制动力的关系就不同于制动系统的制动力分配关系，故式（4-10）中不会出现 β。

将线性函数 $F_{Xb2}=\left(\dfrac{L}{h_g\varphi}-1\right)F_{Xb1}-\dfrac{Gb}{h_g}$ 绘在 F_{Xb2}-F_{Xb1} 的坐标体系中，就得到该 φ 值的 f 线。取不同的 φ 值，可得到 f 线组，如图 4-14 所示。

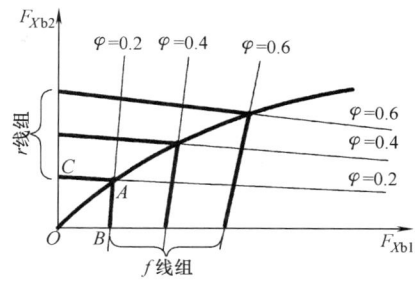

图 4-14 f 线组与 r 线组

作图法：由 $F_{Xb2}=\left(\dfrac{L}{h_g\varphi}-1\right)F_{Xb1}-\dfrac{Gb}{h_g}$ 可知，任何 φ 值的 f 线都通过点 $\left(0,-\dfrac{Gb}{h_g}\right)$（图 4-14 中未绘出该点），且斜率为 $\dfrac{L}{h_g\varphi}-1$。取不同的 φ 值，就得到 f 线组。

2. 后轮抱死而前轮未抱死的地面制动力关系——r 线组

分析方法与上述 f 线组问题相同。

在一定 φ 值的路面上制动，汽车的制动强度 $z=\dfrac{F_{Xb}}{mg}=\dfrac{F_{Xb1}+F_{Xb2}}{G}$。

后轮抱死时，$F_{Xb2}=F_{Z2}\varphi=\dfrac{G}{L}(a-zh_g)\varphi$。结合 $z=\dfrac{F_{Xb1}+F_{Xb2}}{G}$，得到前、后轮的地面制动力关系：

$$F_{Xb2}=-\dfrac{h_g\varphi}{L+h_g\varphi}F_{Xb1}+\dfrac{Ga\varphi}{L+h_g\varphi} \tag{4-11}$$

同 f 线的规律一样，式（4-11）给出的函数关系也随附着系数 φ 的变化而变化，式中也不会出现 β。

将线性函数 $F_{Xb2}=-\dfrac{h_g\varphi}{L+h_g\varphi}F_{Xb1}+\dfrac{Ga\varphi}{L+h_g\varphi}$ 绘在 F_{Xb2}-F_{Xb1} 的坐标体系中，就得到该 φ 值的 r 线。取不同的 φ 值，可得到 r 线组，如图 4-14 所示。

作图法：由 $F_{Xb2}=-\dfrac{h_g\varphi}{L+h_g\varphi}F_{Xb1}+\dfrac{Ga\varphi}{L+h_g\varphi}$ 可知，任何 φ 值的 r 线都通过点 $\left(\dfrac{Ga}{h_g},0\right)$（图 4-14 中未绘出该点），且斜率为 $-\dfrac{h_g\varphi}{L+h_g\varphi}$。取不同的 φ 值，可得到 r 线组。

对于 f 线组和 r 线组，还有一种思考方法：在某 φ 值的路面上制动，汽车处于前轮或后轮已抱死而另一车轮未抱死的状态，以制动强度 z 为参数变量，随着 z 的变化，求出 F_{Z1} 和 F_{Z2}，进而求出 F_{Xb1} 和 F_{Xb2}，其结果为形如 $F_{Xb1}=f_1(z)$、$F_{Xb2}=f_2(z)$ 的参数方程，读者可以推导一下。这种思路有助于理解"（固定 φ 值条件下）地面制动力沿 f 线或 r 线变化"的本质。

3. f 线组和 r 线组的交点——I 曲线

研究某 φ 值条件下前、后轮地面制动力沿 f 线和 r 线变化的过程，如图 4-14 中的 BA 和

CA 两线段。路面条件 $\varphi=0.2$，在一定的制动强度下，前轮开始抱死而后轮的地面制动力为 0，两者关系处于点 B 状态（能求出此时的 F_{Xb1} 和 z 的值吗？如果制动强度更小，点 (F_{Xb1}, F_{Xb2}) 会处于什么位置？）；随着制动强度的增大，点 (F_{Xb1}, F_{Xb2}) 沿 f 线上升（前轮已经抱死，为什么在此过程中 F_{Xb1} 还在增大？），后轮也逐渐趋于抱死；达到点 A 时，后轮也抱死。(F_{Xb1}, F_{Xb2}) 沿线段 CA 的变化与此类似：在点 C 后轮开始抱死而前轮的地面制动力为 0，到达点 A 时，前轮也抱死。

> 实际制动过程中，地面制动力沿 f 线还是 r 线变化，取决于哪个车轮先抱死，详见后面的制动过程分析。

可见，同一 φ 值的 f 线和 r 线的交点，如图 4-14 中点 A，同时满足"前轮抱死"和"后轮抱死"的条件，也就是点 A 的 (F_{Xb1}, F_{Xb2}) 能够使汽车在 $\varphi=0.2$ 的路面上实现前、后轮同时抱死。那么，如果前、后轮的制动器制动力刚好满足该 (F_{Xb1}, F_{Xb2}) 的要求，就实现了在 $\varphi=0.2$ 路面条件下的"理想"分配。因此，连接不同 φ 值的 f 线和 r 线的交点，得到的就是前面讲述的 I 曲线。

高于 I 曲线的点，意味着相对于同时抱死的要求，后轮的制动器制动力过高，后轮先抱死，可见，对于 f 线组，高于 I 曲线的部分无意义。同理，对于 r 线组，则是低于 I 曲线的部分无意义。图 4-14 中有意义的部分以粗实线示出。

注意，在实际制动过程中，当前轮和后轮的地面制动力沿 f 线或 r 线变动到点 A，达到前、后轮都抱死时，各自的制动器制动力 $(F_{\mu 1}, F_{\mu 2})$ 并不在点 A 状态。先抱死车轮的制动器制动力会大于其地面制动力。因为 I 曲线代表的是前、后制动器制动力的理想分配关系，要求的是"刚好同时抱死"，而不是"只要都抱死"。

> **各"线"与"线组"的辨析** I 曲线的思想是，在某 φ 值条件下，前、后轮同时抱死需要一个确定点 $(F_{\mu 1}, F_{\mu 2})$，那么不同路面 φ 值下都要求同时抱死，得到的就是一条线；而 f 线组或 r 线组则是在某 φ 值条件下，已有一个车轮抱死，随着制动强度的增加，前、后轮的地面制动力沿该 φ 值线变化，这是一条线，那么不同路面 φ 值的前、后地面制动力关系，就构成一组线。
>
> 另外，读者可以想一下，前、后轮均未抱死时，前、后地面制动力关系如何？用什么图线表达？

三、制动力变化过程分析

由前面的分析可得如下基本结论：制动时如果车轮都不抱死，那么前、后轮的地面制动力都等于各自的制动器制动力，也就是说前、后地面制动力沿 β 线变化；当前轮或后轮先抱死时，前、后轮的地面制动力转为沿 f 线或 r 线变化；当前、后轮都抱死时，地面制动力关系处于 I 曲线上。

下面以本节构建的"基准车"为研究对象，分析其在不同附着系数的路面上制动时，制动器制动力、地面制动力以及制动强度等参数的变化过程。

制动过程中各参数的变化如图 4-15 所示。图中点 G 为临界点，对应同步附着系数 $\varphi_0=0.5$。

具体分析中，需要考虑与不同路面附着条件的匹配。

（1）$\varphi < \varphi_0$　令实际路面的附着系数 $\varphi = 0.3$。制动过程中，各参数变化如下：

1）开始制动，制动踏板力不大时，前、后轮均未抱死，$(F_{\mu 1}, F_{\mu 2})$ 和 (F_{Xb1}, F_{Xb2}) 均沿 β 线变化，即 $O \to A$。

2）制动踏板力增大到一定程度，β 线与 $\varphi = 0.3$ 的 f 线相交于点 A，(F_{Xb1}, F_{Xb2}) 满足"在 $\varphi = 0.3$ 的路面上前轮抱死、后轮不抱死"的条件，前轮开始抱死。此时制动强度 $z = 0.278$ [具体计算参见式（4-12）]。

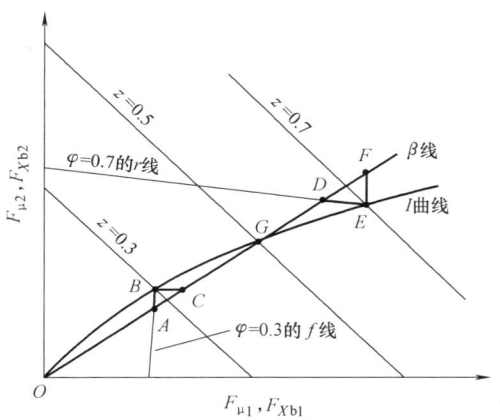

图 4-15　制动过程中各参数的变化过程

> 详细分析：r 线组有意义的部分在 I 曲线以上，而 β 线在从原点变动到临界点 G 之前都在 I 曲线以下。任何情况下制动强度 z 均不可能超过路面附着系数 φ，对于 $\varphi < \varphi_0$ 的情况，即意味着 (F_{Xb1}, F_{Xb2}) 沿 β 线变动不可能超过点 G。可见 $\varphi < \varphi_0$ 时，β 线一定是与该附着系数 φ 的 f 线相交，汽车必然是前轮先抱死。

3）继续加大制动踏板力，$(F_{\mu 1}, F_{\mu 2})$ 继续沿 β 线变化，即 $A \to C$；(F_{Xb1}, F_{Xb2}) 转而沿 $\varphi = 0.3$ 的 f 线变化，即 $A \to B$。在此过程中，前轮已抱死，但随着制动强度的加大，轴荷向前转移增加，故 $F_{Xb1} = F_{\varphi 1} = F_{Z1}\varphi$ 沿 f 线有一定增大。

4）制动踏板力很大时，后轮也达到抱死。(F_{Xb1}, F_{Xb2}) 位于点 B，点 B 在 I 曲线上；$(F_{\mu 1}, F_{\mu 2})$ 位于点 C，前轮呈"过抱死"（早已抱死）状态。全部车轮都抱死，汽车制动强度达到最大，$z = \varphi = 0.3$。

如果继续加大制动踏板力，前、后轮的制动器制动力可能沿 β 线继续增加，但车轮的地面制动力、地面法向力和汽车的制动强度 z 均不再变化，无研究意义。

（2）$\varphi > \varphi_0$　令实际路面的附着系数 $\varphi = 0.7$。制动过程中，各参数变化如下：

1）开始制动，制动踏板力不大时，前、后轮均未抱死，$(F_{\mu 1}, F_{\mu 2})$ 和 (F_{Xb1}, F_{Xb2}) 均沿 β 线变化，即 $O \to D$。

2）制动踏板力增大到一定程度，β 线与 $\varphi = 0.7$ 的 r 线相交于点 D，(F_{Xb1}, F_{Xb2}) 满足 "在 $\varphi = 0.7$ 的路面上后轮抱死、前轮不抱死"的条件，后轮开始抱死。此时制动强度 $z = 0.648$ [具体计算参见（式4-13）]。

> 详细分析：根据同步附着系数的定义可知，当 $\varphi = \varphi_0$ 时，制动强度 z 达到 φ_0 可使前、后轮同时抱死。那么在更好的路面附着条件下，$z = \varphi_0$ 不会造成任何车轮抱死。可见 $\varphi > \varphi_0$ 时，(F_{Xb1}, F_{Xb2}) 一定沿 β 线运动至 I 曲线之上某点才会有车轮先抱死。已知在 I 曲线之上 f 线组无意义，β 线一定是与该附着系数 φ 的 r 线相交，汽车必然是后轮先抱死。

3）继续加大制动踏板力，$(F_{\mu 1}, F_{\mu 2})$ 继续沿 β 线变化，即 $D \to F$；(F_{Xb1}, F_{Xb2}) 转而沿 $\varphi = 0.7$ 的 r 线变化，即 $D \to E$。在此过程中，后轮已抱死，而随着制动强度的加大，轴荷向前转移增加，故 $F_{Xb2} = F_{\varphi 2} = F_{Z2}\varphi$ 沿 r 线有一定减小。

4) 制动踏板力很大时，前轮也达到抱死。(F_{Xb1}, F_{Xb2}) 位于点 E，点 E 在 I 曲线上；$(F_{\mu1}, F_{\mu2})$ 位于点 F，后轮呈"过抱死"状态。全部车轮都抱死，汽车制动强度达到最大，$z = \varphi = 0.7$。

与 $\varphi < \varphi_0$ 的情况相同，如果继续加大制动踏板力，也无研究意义。

> 读者可以思考：如何改变汽车设计，使得在实际路面条件下制动时更易于前轮或后轮先抱死？

上述过程的规律，总结如下：

无论何种情况，制动器制动力总是沿 β 线变化。

当 $\varphi < \varphi_0$ 时，地面制动力沿 β 线变动到 I 曲线下方某点，前轮先抱死。此时制动强度小于路面附着系数。汽车不会侧滑，但会失去转向能力。

当 $\varphi > \varphi_0$ 时，地面制动力沿 β 线变动到 I 曲线上方某点，后轮先抱死。此时制动强度小于路面附着系数（但大于同步附着系数）。汽车可能发生侧滑。

> 图 4-15 中画出了几条与水平方向夹角为 45°的"等制动强度线"，请问点 A 和点 D 所在的等制动强度线的 z 值是多大？分别对应于 $\varphi = 0.3$ 和 $\varphi = 0.7$ 的情况，点 C 和点 F 的制动强度能实现吗？

如果路面实际附着系数刚好等于同步附着系数，即 $\varphi = \varphi_0$，则不难想象，图 4-15 中的 (F_{Xb1}, F_{Xb2}) 和 $(F_{\mu1}, F_{\mu2})$ 都沿 β 线变化，即 $O \rightarrow G$。在点 G，前、后轮同时抱死，$z = \varphi_0 = 0.5$，汽车失去转向能力。而在此之前，汽车既不会失去转向能力也不会发生侧滑。在本节的研究范围内，这就是"理想"的制动器制动力分配。

> 在点 G，前后轮同时抱死时，如果继续加大制动踏板力，请问前、后轮的地面制动力和制动器制动力如何变化？

从汽车设计的角度看，将 φ_0 值设计得更大，在实际路面上就更可能出现 $\varphi < \varphi_0$ 的情况，汽车就更易于前轮先抱死。φ_0 取决于汽车质心位置和制动器制动力分配，重点考察后者的影响，可以理解为在 I 曲线不变的条件下，β 线的斜率变得更小，在更大的附着系数范围内位于 I 曲线之下，更可能与某附着系数的 f 线而不是 r 线相交。

反之，将 φ_0 值设计得更小，则更可能出现的 $\varphi > \varphi_0$ 情况，汽车就更易于后轮先抱死。也可理解为在 I 曲线不变的条件下，β 线的斜率变大，在较小的附着系数条件下就会超出 I 曲线，更可能与某附着系数的 r 线而不是 f 线相交。

> 可以思考一下，β 线的斜率大到何种程度，汽车制动时就一定不会前轮先抱死。对于这种汽车，是不是只要踩了制动踏板，就一定立刻出现后轮抱死？

四、制动器制动力分配合理性的评价

合理的制动力分配，应能兼顾制动效能和方向稳定性（如本章第三节已指出："安全、理想的 a_{bmax} 值应该是在任何车轮都不抱死条件下的汽车最大制动减速度"）。具体来说，就是确保制动时不会发生后轮先抱死,而且前轮先抱死时的制动强度尽可能高。也就是说,能够实现较高的制动减速度,而且不发生侧滑,尽量维持转向能力。

制动器制动力分配的合理性,可以从不同方面进行评价。

1. β 线和 I 曲线的关系

由图 4-15 可知,从 β 线和 I 曲线的关系来说,合理的制动器制动力分配,要求无论在何种路面上,β 线都在 I 曲线下方,且 β 线尽量靠近 I 曲线。

在图 4-15 中,β 线斜向上穿过 I 曲线。对于 $\varphi<\varphi_0$ 的情况,没有发生后轮先抱死,但这是因为路面附着系数较低。如果遇到附着系数较高的路面,如 $\varphi=0.7$,还是会发生后轮抱死。因此,为了确保不发生后轮先抱死,必然要求 β 线不得超过 I 曲线。

> β 线在 I 曲线下方的直观解释:如果 β 线上的点位于 I 曲线下方,如图 4-15 中的点 A,那么相对于前、后轮同时抱死的理想分配(点 A 正上方 I 曲线上的点),其实际分配给后轮的更少,因而前轮先抱死(如果在点 A 有车轮抱死,即 $\varphi=0.3$ 的话)。

关于 β 线与 I 曲线的间隔,可以想象一下,如果图 4-15 中的 β 线变得远离 I 曲线,即斜率变小(如在 I 曲线不变的前提下将 β 值调大),在 $\varphi=0.3$ 的路面上还是前轮先抱死,汽车不会发生侧滑。但是前轮抱死时的点 (F_{Xb1}, F_{Xb2}) 将比点 A 更低(仍然在 $\varphi=0.3$ 的 f 线上),也就是说汽车在更低的制动强度下就会失去转向能力。

2. 利用附着系数

如图 4-15 所示,在 $\varphi<\varphi_0$ 的情况中,已知先抱死的车轮(此处是前轮)抱死时,制动强度为 0.278。也就是说,在 $\varphi=0.3$ 的路面上制动,任何车轮均不抱死的最大制动强度可以达到 0.278。反过来说则是,要求 $z=0.278$ 而任何车轮不得抱死,那么路面附着系数至少要达到 0.3。

对于 $\varphi>\varphi_0$ 的情况,也有类似的结论:要求 $z=0.648$ 而任何车轮不得抱死,那么路面附着系数至少要达到 0.7。

由此,定义**利用附着系数**:在一定制动强度下,为使任何车轮均不抱死,路面所应具有的最低附着系数。

> 可以看出,利用附着系数与第一章第五节中附着率的定义有相同的思想,都是为了在某种制动或驱动条件下车轮不打滑,而对地面提出的最低要求。在一些资料和文献中,对二者不加区分,一律称为"附着率"。

显然,上述定义等价于"为使汽车在一定制动强度下恰好有车轮开始抱死,路面所应具有的附着系数"。车轮之所以会抱死,是因为其地面制动力与法向力之比 F_{Xb}/F_Z 达到路面附着系数 φ,因此又可以对**利用附着系数**做如下定义:在一定制动强度下,车轮的地面制动力与法向力之比,记为 φ_i。

$$\varphi_i = \frac{F_{Xbi}}{F_{Zi}}$$

下标 i 为 f 时,指前轮;下标 i 为 r 时指后轮。即

需要注意,φ_i 是 z 的函数。也就是说,同一辆汽车,在不同的制动强度下追求任何车轮

都不抱死，对路面提出的要求是不同的。

> 制动强度 z 与利用附着系数 φ_i 的关系，类似动力性的附着问题中等效坡度 q 与附着率 $C_{\varphi i}$ 的关系。

以图 4-15 研究的前轮先抱死的情况为例，得到利用附着系数与制动强度的关系，如图 4-16 所示。点 A 的情况是：在 $\varphi = 0.3$ 的路面上制动，前轮即将抱死时的制动强度为 0.278，即 $\varphi_f(z=0.278)=0.3$。如果要求制动强度达到 0.2 时前轮即将抱死，则有 $\varphi_f(z=0.2)=0.222$ [（具体计算参见（式 4-12）]，即图 4-16 中点 A' 的情况。

已知图 4-16 中，①是 $\varphi = 0.3$ 的 f 线，请问②是什么线？

在 $\varphi = 0.7$ 的路面上，制动强度达到 0.648 时后轮先抱死，则有 $\varphi_r(z=0.648)=0.7$，即图 4-15 中点 D 的情况。

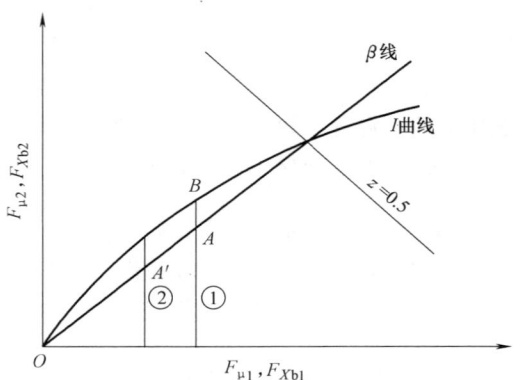

图 4-16 利用附着系数与制动强度的关系
点 A：制动强度 $z=0.278$，利用附着系数 $\varphi_f=0.3$
点 A'：制动强度 $z=0.2$，利用附着系数 $\varphi_f=0.222$

利用附着系数 φ_f 或 φ_r 的计算思路：给定制动强度 z，由式（4-7a）可确定 F_{Z1} 和 F_{Z2}；"任何车轮均不抱死"或"恰好有车轮开始抱死"，意味着总地面制动力 G_z 在前、后轮之间仍然以 $\beta:(1-\beta)$ 的关系分配，可得到 F_{Xb1} 和 F_{Xb2}。按 F_{Xbi}/F_{Zi} 计算，可得前轮的利用附着系数：

$$\varphi_f = \frac{L\beta z}{b+zh_g} \tag{4-12}$$

后轮的利用附着系数：

$$\varphi_r = \frac{L(1-\beta)z}{a-zh_g} \tag{4-13}$$

对式（4-12）和式（4-13）取反函数，也可以计算给定附着系数条件下有车轮即将抱死时的制动强度。例如，对于本节的"基准车"，将 $\varphi_f = 0.3$ 和 $\varphi_r = 0.7$ 分别代入式（4-12）和式（4-13），即可得到对应的制动强度为 0.278 和 0.648。如果路面附着系数取 0.5，也就是 $\varphi = \varphi_0$，那么无论将该 φ 值代入式（4-12）还是式（4-13），得到的制动强度都是 $z=0.5$，这就是前、后轮同时抱死的理想工况。

0.648>0.5，似乎意味着"后轮先抱死所能达到的制动强度，高于前、后轮同时抱死所能达到的制动强度"，也就是说"后轮抱死更理想"。但需注意：$z=0.648$ 是在 $\varphi = 0.7$ 的路面上实现的，路面附着条件并没有完全发挥出来；而 $z=0.5$ 是在 $\varphi = 0.5$ 的条件下发挥出来的，所以这才是真正理想的。在 $\varphi = 0.7$ 的路面上制动，理想的效果应该是制动强度达到 $z=0.7$ 才有车轮即将抱死，当然这要求汽车的同步附着系数由本例的 0.5 改为 0.7。

将前、后轮的利用附着系数与制动强度的关系绘制成曲线，如图 4-17 所示。图中数据，按图 4-15 的例子给出。

图 4-17 中，点 A' 在 φ_r 线上，其含义是在附着系数为 0.3 的路面上，制动强度达到 0.326 时后轮先抱死。事实上，制动强度不可能超过附着系数，故点 A' 无实际意义。

> 造成这种"假象"的原因是，强行指定该车在 $\varphi = 0.3$ 的路面上"后轮先抱死"，可参见图 4-15，因而硬性要求 β 线一定要先与 $\varphi = 0.3$ 的 r 线（图中未绘出该线）相交，交点在图 4-15 中线段 AC 上接近点 C 处，对应的制动强度就是 0.326。但该点低于 I 曲线，r 线无意义，因此在 $\varphi = 0.3$ 的路面上不存在后轮先抱死的可能。事实上 β 线也是在点 A 先与 $\varphi = 0.3$ 的 f 线相交。

同样，图 4-17 中点 B' 位于 φ_f 线上，该点制动强度也大于附着系数，无意义。

由于制动强度不可能大于（利用）附着系数，无论对于 φ_f 线还是 φ_r 线，在对角线 $\varphi = z$ 以下的部分都没有意义。图 4-17 中的有效部分是 $OACB$。$z < \varphi_0$ 时，φ_f 线有意义，前轮先抱死；$z > \varphi_0$ 时，φ_r 线有意义，后轮先抱死。点 C 则意味着制动强度刚好等于同步附着系数，这种情况下前、后轮同时抱死，两者的利用附着系数都等于制动强度。

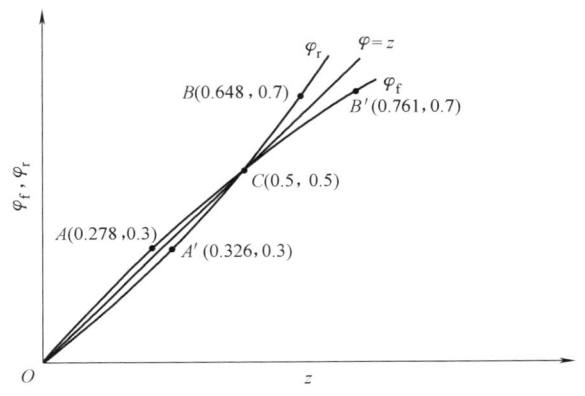

图 4-17　利用附着系数与制动强度关系曲线

有兴趣的读者请思考这个问题：分别对于前轮先抱死和后轮先抱死的工况，同步附着系数、附着系数和该附着系数下有车轮即将抱死时的制动强度三者的大小关系如何？

利用附着系数越接近制动强度，说明对地面的附着条件利用得越充分。反之，就意味着即使在附着条件很好的路面上，也会在制动强度不大的情况下发生车轮抱死，汽车的制动效能和方向稳定性兼顾得不好。因此，本节开头的三种工况中，工况 2 和工况 3 在方向稳定性方面是相同的，区别在于工况 3 对于路面附着系数的利用更充分，在不失去转向能力的前提下制动效能更好。

综上，从利用附着系数和制动强度的关系来说，合理的制动器制动力分配要求是：无论对应多大的制动强度，前轮的利用附着系数曲线 φ_f 都在对角线 $\varphi = z$ 之上（也就是对应相同的 z 值，$\varphi_f > \varphi_r$），同时曲线 φ_f 尽量接近对角线 $\varphi = z$。

3. 制动效率

为了表达制动强度和利用附着系数的接近程度，定义**制动效率**：汽车在一定附着系数的路面上制动时，先抱死的车轮即将抱死时的制动强度与附着系数之比。制动效率 $E_i = \dfrac{z}{\varphi_i}$，下标 i 为 f 和 r 时，分别代表前轮和后轮。对于给定的汽车，制动效率是附着系数的函数。在上文的例子中，当 $\varphi = 0.3$ 时，前轮先抱死，$E_f = \dfrac{0.278}{0.3} = 0.926$；当 $\varphi = 0.7$ 时，后轮先抱死，$E_r = \dfrac{0.648}{0.7} = 0.926$。

制动效率越高，说明有车轮抱死时对路面附着条件利用得越充分。为此，一些资料和标准称制动效率为"附着（系数）利用率"。

有车轮即将抱死时的路面附着系数就是该车轮的利用附着系数，那么由式（4-12）和式（4-13），消去制动强度 z，可得前、后轮的制动效率分别为

$$E_f = \frac{b}{L\beta - h_g \varphi_f} \quad (4\text{-}14)$$

$$E_r = \frac{a}{L(1-\beta) + h_g \varphi_r} \quad (4\text{-}15)$$

制动效率和附着系数的关系曲线如图 4-18 所示。

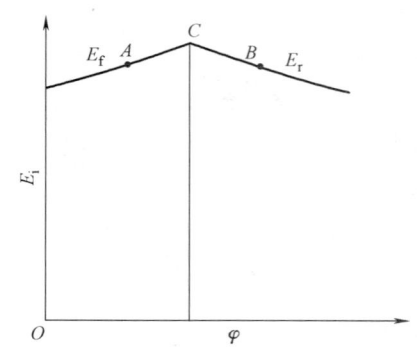

图 4-18 制动效率和附着系数的关系曲线
A：（0.3, 92.6%） B：（0.7, 92.6%）
C：（0.5, 100%）

> 图 4-18 中点 A、B、C 的制动效率都很高，这是因为实际路面附着系数与同步附着系数差异不大，读者可以计算一下 $\varphi = 0.1$ 时的 E_f 和 $\varphi = 0.9$ 时的 E_r。
>
> 另外，可以算一下 $\varphi = 0.3$ 时的 E_r 和 $\varphi = 0.7$ 时的 E_f，会发现什么"异样"？

制动强度不可能大于附着系数，故制动效率不可能大于1。$\varphi < \varphi_0$ 时，前轮先抱死，E_f 有意义；$\varphi > \varphi_0$ 时，后轮先抱死，E_r 有意义。图 4-18 中画出的就是有意义的制动效率曲线。当实际路面附着系数恰好等于同步附着系数时，即图 4-18 中点 C 情况，前、后轮的制动效率同时存在，都等于 100%。

综上，从制动效率和附着系数的关系来说，合理的制动器制动力分配要求是：无论路面条件如何，有意义的都是前轮的制动效率曲线 E_f（也就是对应相同的 φ 值，$E_f < E_r$）；制动效率 E_f 值尽可能接近 100%。

上述三种制动器制动力分配合理性的评价方法是从不同方面看待同一个问题，其实质都是要求制动时后轮不得先抱死，前轮抱死时（即失去转向能力前）的制动效能尽可能高。

具有固定 β 值的制动系统，难以全面满足上述要求，为此开发了各种制动力调节装置。

五、制动器制动力的调节与 ABS

1. 变比值的制动器制动力分配

固定比值的 β 线为单一斜率的射线，无法实现"无论在何种路面上，β 线都在 I 曲线下方，且 β 线尽量靠近 I 曲线"的要求。理想的情况是 β 线能够"曲折"地上升，不得超过而又尽量贴近 I 曲线。为此，开发了各种前、后制动器制动力分配比可变的分配装置，如限压阀、比例阀、感载限压阀、感载射线阀和感载比例阀等。

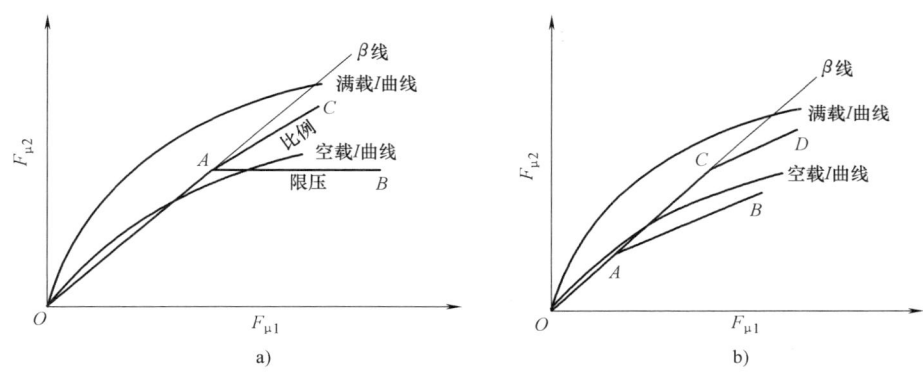

图 4-19 变比值制动力调节装置的特性
a) 限压阀与比例阀 b) 感载比例阀

限压阀是当前轮和后轮的制动管路压力按 β 值同步增长到一定程度时,将后轮压力限制于一固定值,因而其制动器制动力分配特性如图 4-19a 中的折线 OAB 所示。关于转折点 A,如果选择过高,则空载时 β 线超过 I 曲线的部分增多,后轮抱死的区域变大;如果选择过低,则满载时 β 线与 I 曲线间隔过大,制动效率不高(一般来说,汽车的装载质量变大,I 曲线变高,即在 β 线不变的前提下,同步附着系数提高)。

如果令制动力分配线经转折点 A 后,以一定斜率上升,如图 4-19a 中的折线 OAC 所示,那么就是比例阀特性。显然其效果更"贴近" I 曲线。限压阀和比例阀的转折点,可能不重合,图 4-19a 中为简便起见,都取点 A。

为了适应车辆载荷较大幅度的变化,又开发了感载限压阀和感载比例阀,即在上述限压阀和比例阀的基础上,针对不同的载荷状态,选取不同的转折点,使得无论处于何种载荷状态,制动力分配的效果都能"贴近" I 曲线。图 4-19b 所示为感载比例阀的分配特性。感载的实现,有的是通过弹簧感知后悬架的挠度,有的是通过惯性球感知车辆的制动减速度(详见汽车构造方面的资料)。

2. 防抱死制动系统(ABS)

如果单纯应用上述制动力调节装置,仍然是追求前、后轮同时抱死这一"理想目标"。而由图 4-4 可知,真正的理想制动工况,是将各车轮的滑动率都控制在某个目标滑动率范围内,以实现制动效能和方向稳定性的最优化。为此,开发了防抱死制动系统(ABS)。

ABS 的大致控制原理:驾驶人踩下制动踏板,各车轮的制动器制动力开始增大;当车轮有一定程度的抱死、接近目标滑动率范围时,保持制动管路压力;如果滑动率过高、车轮有抱死拖滑的趋势,则降低管路压力;如果滑动率过低、车轮有自由滚动的趋势,则加大制动压力,如此反复循环。

如何识别车轮的运动状况,是 ABS 研究中的一个重要课题。最根本的控制目标是滑动率,如图 4-4 所示,对于良好路面一般认为峰值滑动率 s_p 为 10%~20%。但是由于轮心的绝对速度不易精确测得,ABS 一般不采用滑动率为直接的控制目标。研究者提出了车轮角减速度、车辆减速度或轮胎接地单元变形等控制目标,并开发了各种传感设备和控制算法。

在本章第二节的"二、地面附着系数的变化"部分已介绍过，驱动时的驱动力系数与滑转率关系和制动时的图4-4规律相同，因此，很多汽车将ABS与TCS集成在一起。两者的传感器和控制逻辑很多都是共享的。

需要指出的是，紧急制动时，有ABS的汽车，其制动距离不一定短于无ABS的汽车，尤其是在冰雪路面上，但有ABS的汽车的方向稳定性更好。这是由于ABS的控制过程存在波动，难以将滑动率恒定约束在最优值，当滑动率过低时，有可能造成轮胎的制动力系数比抱死时还低；但是只要车轮不抱死，侧向力系数就一定比抱死时高。

对于没有ABS的汽车，或者在ABS失灵的情况下，驾驶人可以采取"点刹"的操作，凭感觉判定车轮的滚动状态，施加或轻或重的制动踏板力，模拟ABS的功效，以追求制动力系数最大。当然这是很困难的，以图4-4为例，假定$\varphi_p=0.8$，$\varphi_s=0.7$。φ_p与φ_s较接近，可以不计其区别，也就是说即使制动踏板被踩到底，制动效能也不会过分降低。而且，凭驾驶人的感知和控制，很难将制动踏板力约束在对应制动力系数为0.7~0.8的范围内：制动踏板力稍大一点，车轮就抱死；如果过度减轻，又可能使得制动力系数小于0.7，制动效能还不如抱死。因此认为没有ABS，就是抱死时制动力系数最大，也就是采取图4-3给出的逻辑。但这不意味着驾驶人的"点刹"技巧不重要，尤其是在冰雪路面上，制动时防止车轮抱死对于维持汽车的方向稳定性还是有很大帮助的。

有关汽车制动性能的一些法规和标准，对利用附着系数和制动效率等理论参数做出了规定。设计各种制动力调节装置，包括ABS时，应满足其中的限值要求，必要时进行试验验证。

第六节　抗制动衰退性能

抗制动衰退性能，是汽车制动性的评价指标之一。具体来说，包括抗热衰退和抗水衰退两方面的性能。

一、抗热衰退性能

前面讨论的制动效能以及方向稳定性问题，都是指冷态制动条件下的，即制动器摩擦副表面的初始温度低于100℃。

当汽车进行高强度紧急制动或连续、频繁制动时，大量的动能在短时间内转化成热能，其中绝大部分被制动器吸收。在这种繁重的工作条件下，制动器温度常在300℃以上，甚至达到600~700℃。制动器的摩擦副温度升高，摩擦因数会降低，从而造成摩擦力矩下降，这就是制动器的**热衰退**。对于摩擦制动器来说，热衰退是无法完全避免的，**抗热衰退性能**，指的就是在繁重的制动工况下，制动器或汽车的制动效能下降得尽量小。抗热衰退性能，有时又称为热稳定性。抗热衰退性能的主体，可以认为是汽车，也可以认为是制动器。

提高汽车（或制动器）的抗热衰退性能，可以从以下四方面着手。

1. 选用合适的制动器摩擦副材料

制动热衰退的根源，在于摩擦材料的摩擦因数随温度升高而下降。正常制动时，摩擦副的温度在200℃左右，其摩擦因数在0.4左右。如果温度更高，各种摩擦材料的摩擦因数或多或少会有降低。另外，在高温条件下，制动器摩擦副的磨损速率也会加快。图4-20所示为典型的制动器摩擦材料摩擦因数与温度的关系。可以看出，当摩擦副温度超过约300℃后，摩擦因数有较显著的衰减。

因此，在满足强度、耐磨性和环保等要求的基础上，应尽量选用摩擦因数对温度不敏感的材料。对普通汽车而言，可选择的制动器摩擦材料不是很多。目前，制动器的制动鼓和制动盘多由铸铁制成，摩擦片一般采用不含石棉的有机树脂摩擦材料、金属或半金属纤维增强摩擦材料和混杂纤维增强摩擦材料等。一些高级轿车的制动盘采用增强型复合陶瓷材料，可以显著提升制动器的热稳定性。

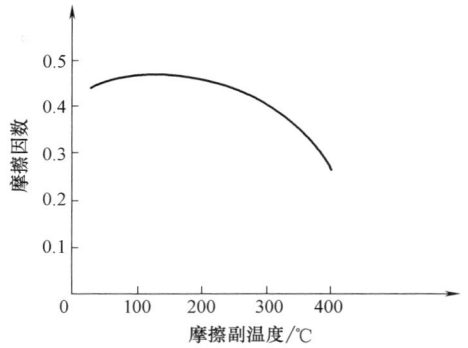

图4-20 典型的制动器摩擦材料摩擦因数与温度的关系

2. 降低温升、加强散热

从物理学的角度看，降低温升的途径有两个：提高材料的比热容和增大吸热体的质量。在可选材料不多的情况下，提高比热容有一定困难。而制动鼓和制动盘设计得比较沉重，就是为了增大吸热质量，降低温升。制动鼓和制动盘也不宜设计得过重，否则引起整车质量增大，而且非悬挂质量的增大会影响汽车的操纵稳定性和平顺性等。

在制动器工作元件上制出肋板、开槽或钻孔，都可以起到加强散热的作用。

> 另外，如果制动器的结构布置不合理或者使用不当，会引起制动液的温度急剧上升，当温度超过制动液的沸点时，制动液会汽化，致使制动完全失效。
> 制动液中含水量过高，如长期使用未更换，水沸腾也会引起制动失效。

3. 制动器的结构型式

制动器的结构型式对抗热衰退性能的影响很大。可以用制动效能因数与摩擦因数的关系来评价抗热衰退性能。**制动效能因数** K_{ef}，是单位轮缸推力所产生的制动器摩擦力，即

$$K_{ef} = \frac{F}{F_{pu}}$$

式中，F 是制动器摩擦力；F_{pu} 是轮缸推力。

K_{ef} 降低，就意味着需要更大的轮缸推力 F_{pu}（等价于更大的制动踏板力 F_P）才能维持相同的制动效能，也就是发生了制动衰退。

有研究统计了各种具有典型尺寸的制动器的制动效能因数特性，如图4-21所示。该图的横坐标不是温度，而是摩擦因数 μ，也就是在逻辑上承认了繁重制动工况下各种制动器的摩擦因数 μ 都要下降，需要研究的是制动效能因数与摩擦因数的关系。

理想的制动效能因数特性，应该是 K_{ef}-μ 关系呈一条"又高又平"的直线。K_{ef} 值高，说明制动效能好；直线平则意味着制动效能对摩擦因数的变化不敏感，也就是抗热衰退

性能好。但是由图 4-21 中的实际特性可知，制动效能及其抗热衰退性能不可兼得。

自增力式制动器，由于对摩擦助势作用利用得最充分，因而其制动效能因数最高，但也正是因为摩擦助势作用，使得自增力式制动器的制动效能因数对摩擦因数的变化最为敏感，也就是抗热衰退性能最差。与此相对，双从蹄式制动器是前进制动效能最低的鼓式制动器，但是抗热衰退性能最好。

由图 4-21 可知，与鼓式制动器相比，盘式制动器的制动效能更差（因此通常需要配套真空助力器等伺服装置，以提高制动促动管路压力），但是抗热衰退性能更好。另外，盘式制动器还具有反应时间短，制动盘的轴向热膨胀很小、不会造成制动间隙明显增大以及较易实现间隙自动调整等优点。因此盘式制动器的应用日益普及。

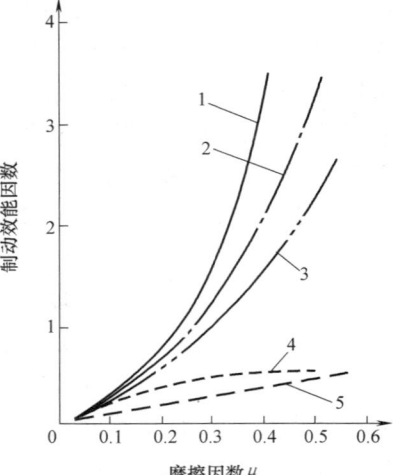

图 4-21　不同类型制动器的制动效能因数特性
1—双向自增力式　2—双领蹄式
3—领从蹄式　4—双从蹄式　5—盘式

> 为了量化制动器的抗热衰退性能，有的研究对 K_{ef}-μ 关系求导数，数值越接近 0，抗热衰退性能越好。

4. 驾驶技术和辅助制动装置

从驾驶操作的角度讲，提高抗热衰退性能，就是在确保安全的前提下，尽量减轻制动器的负荷，降低其发热量。最典型的例子就是连续下长坡行驶时，应合理利用发动机制动，即以某档位（通常是较低档位）行驶，而不要挂空档，完全靠车轮制动器来控制车速。

> 当驾驶人踩加速踏板时，低档位可以获得更大的驱动力；如果松开加速踏板进行发动机制动，低档位则可以获得更大的制动力。其基本原理是：传动比越大，发动机的作用效果传递至驱动轮，就可以乘以更大的倍数。这个"作用效果"，当踩加速踏板时，就是输出转矩 T_e；而发动机制动时，发动机的各种摩擦阻力和进排气阻力就成为一种负载阻力，由传动系统"反拖"，档位越低，这个阻力传至驱动轮就放大越多。同理，在很陡的坡道上长期停车时，除了要拉紧驻车制动手柄，还可以将变速器置于一个较低档位，利用发动机阻力来防止车轮转动。

为了提高山区行驶的抗热衰退性能，提高行车安全性，许多大型商用车都装备了辅助制动装置，该装置可以长时间有效、可靠地施加一定水平的制动力。一些法规也对相关车型提出了装备辅助制动装置的要求。目前的辅助制动装置主要是电涡流缓速器和液力缓速器。

> 不要将辅助制动装置和制动辅助系统（Brake Assist System，BAS）混淆。BAS 的作用是在必要时帮助驾驶人施加更大的制动力。当驾驶人在紧急情况下迅速踩制动踏板，但施加的制动踏板力又不足时，BAS 便会在极短的时间内把制动力增至最大，提高紧急制动情况下的制动效能。

另外，以节能、减排为主要目的的能量再生制动技术，也可以在一定程度上起到减小制动器发热的功效。

二、抗水衰退性能

汽车涉水行驶后，制动器进水，水的润滑作用会使制动器摩擦副的摩擦因数降低，导致制动效能会有一段时间的下降，这就是**水衰退**。好的抗水衰退性能，就是要求制动器在尽量短的时间内恢复制动效能。出现水衰退后，反复施加制动有助于尽快恢复制动效能。

与鼓式制动器相比，盘式制动器的抗水衰退性能更好。盘式制动器进水后，摩擦副的摩擦因数下降，但是制动器的制动效能因数下降不大，而且由于盘式制动器的结构特点，涉水后只需制动几次即可将水排出，恢复制动效能。

> 无论是抗热衰退性能还是抗水衰退性能，理论上的量化评价指标都不多。在试验研究方面，可以用"衰退率"来评价。
>
> 例如，评价制动器的抗热衰退性能，用**制动效能衰退率**表示，即
>
> $$制动效能衰退率 = \frac{第 i 次制动踏板力(管路压力) - 基准制动踏板力(管路压力)}{基准制动踏板力(管路压力)} \times 100\%$$
>
> (4-16)
>
> 进行整车道路试验，确保式（4-16）中的数值均在相同的制动减速度下取得。冷态制动踏板力（或管路压力）就是基准值。按试验规范进行连续、重复制动，若干次后的制动踏板力（或管路压力）会有变化。显然，衰退率越高，说明为了获得相同的制动效能，衰退后的制动器需要更大的制动踏板力（或管路压力），抗热衰退性能就越差。

复习与思考

1. 掌握汽车的制动性的含义和评价指标。
2. 理解制动器制动力和地面制动力的含义，掌握两者随制动踏板力变化的规律。
3. 掌握附着系数与滑动率的关系。查阅资料，了解 ABS 的控制方法。
4. 掌握制动过程，制动距离的计算及其影响因素，理解关于最大制动减速度的讨论。
5. 掌握制动时汽车跑偏、侧滑与失去转向的原因。掌握前轮抱死和后轮抱死时汽车受力分析的基本思想。
6. 掌握制动时轴荷转移的计算。掌握固定制动器制动力分配系数汽车的 β 线和 I 曲线的含义、绘制方法和影响因素。掌握同步附着系数及其影响因素。掌握 f 线组和 r 线组的含义与绘制方法。
7. 掌握全力制动时，随着制动踏板力的加大，前、后轮地面制动力的变化过程。掌握在不同的"同步附着系数与地面附着系数的匹配"下，车轮的抱死次序、制动时的方向稳定性。
8. 理解利用附着系数的含义，掌握其计算。如何理解"利用附着系数与第一章第五节中附着率的定义有相同的思想"？掌握制动效率的含义与计算。

9. 分别利用图 4-15、图 4-17 和图 4-18 的思想，评价前、后轮制动器制动力分配的合理性。结合汽车构造等知识，理解各种制动力调节阀的功用和理论目标。查阅有关标准，了解其中对于制动器制动力分配要求的表达方式和内容。

10. 掌握提高制动抗热衰退性能的方法。查阅资料，理解公路上设置"避险车道"和"冷却水池"的目的。

11. 利用本章知识全面分析汽车增大载荷后对制动性可能产生的影响。

第五章 汽车的操纵稳定性

第一节 概　　述

一、基本概念和主要研究内容

前面几章研究了汽车在直线行驶时的基本使用性能：动力性反映高效完成运输工作的能力，燃油经济性反映在完成运输工作的同时尽量减小能耗的本领，在必要时安全、可靠地减速直至停车的能力则是制动性。

在这些研究分析中，驾驶人意图主要是通过操纵加速踏板、变速操纵机构和制动踏板等实现的，影响汽车性能的外力是纵向的。

本章将要讨论汽车做曲线行驶或者遭遇侧向干扰，驾驶人操纵转向盘时，汽车在行驶方向上实现驾驶人驾驶目的的能力。这种"实现目的"主要包括两方面：当驾驶人给定一个转向盘转角，汽车就能按驾驶人指定的路径行驶（包括转向盘指向正中，即转向盘转角为零，汽车做直线行驶的情况）；当外界的侧向干扰（如侧向坡或侧向风等）作用于汽车，试图改变汽车的预期行驶方向时，只要驾驶人正确、合理地操纵转向盘，汽车就能抵抗这种干扰，继续按驾驶人预期的方向行驶。

通俗地说，就是"想去哪里就去哪里"和"不想去哪里就不去哪里"的能力。

因而定义：**操纵性**——根据道路、地形和交通状况等限制，汽车确切地响应驾驶人的意图，按照驾驶人通过操纵机构所给定的方向行驶的能力；**稳定性**——汽车在行驶过程中抵抗各种意图改变其行驶方向的外界干扰，并保持稳定行驶而不致发生失控、侧滑或侧翻的能力。

二者综合起来，汽车的**操纵稳定性**就是：在驾驶人不感到过分紧张和疲劳，同时不过分降低车速的条件下，汽车遵循驾驶人通过转向系及转向车轮给定的方向行驶，且当遭遇外界干扰时，抵抗该干扰而稳定行驶的能力（"稳定行驶"包括直线行驶，或者是按驾驶人预期的路径做稳定的曲线运动）。

操纵性和稳定性无论从相关汽车结构元件、动力学研究内容还是驾驶体验等方面来讲都是密切相关的，不宜分开讨论，因此在本章后文的叙述中，多数情况下不严格区分汽车的操纵性和稳定性，而统称操纵稳定性。

在上面的表述中，"驾驶人不感到过分紧张和疲劳"这一条件，实际上指的是汽车操纵的轻便性和可知性问题。**轻便性**指的是驾驶人意图保持或改变行驶方向时，不需要施加很大的力矩来操控转向盘。**可知性**的含义比较抽象，是指普通技能的驾驶人在正常驾驶时，能比较容易地感知（至少是大致估算出）车辆的受力状况和行驶姿态，判断出当前的实际行驶状况与安全、合理的行驶状况的偏差等，并能对后续操纵动作及时做出预判，也就是所谓的"路感"较好。另外，好的可知性，还要求存在外界干扰（及其变化）、路面条件变化、车辆载荷（包括质量和质心位置等）变化和轮胎更换后，车辆的操纵稳定性变化应尽量小，驾驶人没有感受到过于突然和意外。关于轻便性和可知性问题，在本章相应部分会做适当介绍。

另外还应该注意"不过分降低车速"这一重要条件。事实上，正是因为随着汽车设计制造技术的进步和道路交通条件的改善，汽车的公路行驶速度得到提高，很多在低速行驶环境中不存在或者不重要的驾驶问题日益突出，才使得操纵稳定性越来越成为影响汽车主动安全性和驾乘舒适性的重要使用性能，人们才称其为"高速行车的生命线"。相关的试验标准对一些比较激烈的乃至趋于极限驾驶工况的试验规定了很高的甚至远高于普通驾驶人敢于尝试的试验车速，就是为了验证车辆高速行驶的操纵稳定性。

> **操纵性、稳定性和操纵稳定性的其他定义**
>
> 操纵稳定性的研究，涉及内容广泛，不同学者的研究方法各异，存在诸多学说和观点。本书采用上文给出的"操纵性""稳定性"和"操纵稳定性"的定义。而其他一些资料、文献也给出了各自的定义，下面举出一些有代表性的，供参考。
>
> 定义①：汽车的**操纵性**就是驾驶人以最小的修正而能维持汽车按给定的路线行驶，以及按驾驶人的意愿操纵转向机构以改变汽车行驶方向的能力。汽车的**稳定性**就是驾驶人固定转向盘给定汽车一个行驶方向后，汽车抵抗力图改变其行驶方向的外力（或外力矩）的能力。
>
> 定义②：汽车的**操纵稳定性**是指汽车对驾驶人的转向操纵、弯道行驶时车辆（通过操纵加速踏板和制动踏板而得到的）加速和减速以及外界扰动的响应。
>
> 由此可知，无论采用哪种定义，操纵稳定性都是研究汽车"拐弯还是走直线"的问题，与汽车的转向系统密切相关。然而，通过本章的详细分析与讨论将看到，汽车的操纵稳定性并不仅取决于转向系统，轮胎、悬架、动力与传动和制动等系统的设计和性能，对操纵稳定性都有影响。

二、评价指标体系

由前面的讨论可知，汽车操纵稳定性的含义和研究内容是比较丰富的，因此其评价指标也较多。

> 针对上述操纵稳定性的定义，不妨先感性地想象一辆操纵稳定性良好的汽车，应该具有怎样的驾乘体验。

第五章　汽车的操纵稳定性

首先，应该假定车辆的驾驶人具有普通的驾驶技能和正常的生理、心理素质，不能指望以下性能的实现依赖于一个专业赛车手。

当车辆在较好路面、交通流量较小等条件下直线行驶时，不需要驾驶人过多干涉转向盘，车辆基本上凭借车轮的刚性定位和轮胎的弹性侧偏特性（侧偏理论见本章第二节）等设计因素所保证的自动回正性直线行驶，但驾驶人应该有基本的"路感"。无论车速高低，这个体验应该是基本不变的。

在上述直线行驶工况下，如果汽车受到一定程度的侧向坡或侧向风等干扰，驾驶人能立刻察觉到。同时，不需要驾驶人施加过大的转向盘操纵力，就能维持汽车直线行驶，或者说在同样的转向盘操纵力下，车辆行驶方向的偏差（相对于原直线行驶）尽量小。

当汽车以正常的、至少不能远低于合理的车速行驶，做"有预见性"的转向（意指从驾驶人开始转动转向盘到车辆具有稳定的横摆角速度、真正驶入弯道，其间的滞后量是可以预见的）时，驾驶人可以比较从容、轻便地转动转向盘，车辆以较稳定的姿态驶入驾驶人预期的弯道。在转弯结束或即将结束时，驾驶人逐渐放松转向盘，车辆自动恢复直线行驶。

中高速直线行驶，路面出现并非十分严重、突然的障碍时，车辆能在驾驶人较从容的转向盘操纵下，较轻松地绕过障碍，继续直线行驶，且转向过程中车身侧倾较小，也不过多地挤占相邻车道。

当突然出现比较严重的障碍时，车辆仍然能以尽可能安全、轻便、舒适的方式躲避障碍。

在车流中穿行或连续躲避障碍时，车辆能以尽可能高的速度通过，同时驾驶人的操纵动作、车辆侧向运动响应的交变程度和车身的反复侧倾等，都尽可能小。

在做较急剧转向运动或需要抵抗较大侧向干扰，同时地面对轮胎的纵向作用力有较大幅度改变（通常对应的驾驶动作就是大幅度改变加速踏板开度或制动踏板力）时，车辆的转向运动响应没有过大幅度的、超出驾驶人预料的改变。

当车辆处于转弯、加速（或制动）和侧向干扰同时存在的联合工况时，驾驶人能够比较从容地操纵车辆，尽量保持在预期的行驶车道内，尤其是车速较高且路面附着条件不佳时。

有较高的极限行驶能力，主要包括实现最小转弯半径和极限侧向加速度，在极限车速下抗侧翻，发生侧滑时能及时回归原路径以及原地转向的转向盘操纵力矩尽量小等。

当车辆处于极限行驶工况或者接近极限乃至失控时，要能给予驾驶人适当的感官信号作为提示。信号不能太弱、太少，否则无法引起驾驶人重视；也不能太强、太多，否则会使驾驶人受到过度刺激，反而延误操作反应。

事实上，还可以有更多的驾驶体验，来界定汽车操纵稳定性的"好"与"坏"。

由上述感性体验可知，汽车的操纵稳定性可以根据驾驶人意图及操作、行驶速度、道路条件和外界干扰等的不同，从很多方面进行评价。其评价指标体系是比较繁杂的。表5-1列出了一种主要根据驾驶人意图和操作进行分类的评价指标体系。

汽车理论

表 5-1 汽车操纵稳定性的评价指标体系

研究内容和对应驾驶操作	评价指标
直线行驶的稳定性。在尽量少的转向盘动作下，维持汽车直线行驶，并有效抵抗侧向风和侧向坡的干扰	转向盘转角和（累计）、汽车在侧向风作用下的侧向偏移和在侧向坡作用下的侧向偏移等
转向轻便性。以较低车速按给定循环路径（常见的是"8"字形双纽线）连续转向行驶	驾驶人施加于转向盘上的力矩、功和摩擦力矩（假定输入转向盘的功完全用于克服转向系统内部的等效"摩擦力矩"）
高速公路行驶工况的操纵稳定性。主要包括轻便性、回正性、滞后性和"路感"等。车速较高，转向盘处于正中位置附近，并对其施加低频、等幅的左右往复输入，汽车做一定侧向加速度的波动曲线行驶	涉及很多物理量，主要包括横摆角速度增益、转向盘力矩为零时汽车的侧向加速度、横摆角速度响应滞后时间、汽车侧向加速度为 0 和 $\pm 1 \mathrm{m/s^2}$ 时的转向盘力矩梯度等
转向回正性。汽车以一定速度匀速圆周行驶，松开转向盘，汽车进入自由操作力输入工况，逐渐恢复（或趋向恢复）到直线行驶	主要是这一过渡过程中汽车横摆角速度的各种特征量，如稳定时间、残留横摆角速度、横摆角速度超调量、横摆角速度波动的固有频率和阻尼比等
稳态转向特性。汽车以较低速度沿给定圆周行驶，固定转向盘转角，缓慢而均匀地加速，直至侧向加速度达到较高水平	评价汽车稳态响应的各参数，如稳态横摆角速度增益的速度特性、稳定性因数、特征车速或临界车速、前后轮侧偏角绝对值之差、转弯半径之比和静态储备系数等
瞬态响应特性。汽车以较高速度直线行驶，施加转向盘角阶跃输入（迅速转动转向盘至预选位置、固定），保持车速不变，汽车经过一段过渡过程进入匀速圆周行驶状态	评价汽车瞬态响应的各参数，如横摆角速度响应时间、横摆角速度峰值响应时间、横摆角速度超调量、侧向加速度响应时间、汽车因数、横摆角速度波动的固有频率和阻尼比以及稳定时间等
横摆角速度的频率响应特性。汽车以较高速度直线行驶，施加转向盘三角脉冲角输入（迅速转动转向盘至预选位置，然后立即迅速转回原中立位置），保持车速不变，汽车行驶方向经突然的摆动后，恢复到直线行驶工况	主要是评价横摆角速度频响特性的各参量，如共振峰频率、稳态增益、共振时的增幅比以及不同典型频率时的相位滞后角等
连续躲避障碍的能力。汽车"蛇行"行驶：在直线道路上以一定间距布置若干标桩，汽车以尽可能高的速度、尽可能轻松的姿态连续穿越标桩区	采用客观评价时，可以单纯考查通过标桩区的速度，也可以综合考查以给定的基准车速通过各标桩时的平均转向盘转角峰值、平均横摆角速度峰值、平均车身侧倾角峰值和平均侧向加速度峰值等。还可以采用主观评价法，由驾驶人（试验员）给出定性的文字评价
极限行驶能力。主要包括原地转向轻便性、转弯机动性能，大侧向加速度行驶能力，在极限车速下抗侧翻的能力以及发生侧滑时的控制性能等	原地转向的转向盘力矩、最小转弯半径、极限侧向加速度、侧翻阈值和侧滑后回归原路径所需的时间等

  本书对于汽车的转向系统，采用常规的"转向盘→机械式转向器（可能带有加力装置）→转向传动机构→转向轮"的结构体系。由于类型和技术水平的不同，有些汽车的转向系统可能不采用此结构，其操纵稳定性的研究，仍然可以参照本书的基本理论。

  表 5-1 列出的诸多评价参数和概念，有些在本章的讲述中会接触到，有些则不做介绍。有兴趣的读者，可以查阅一些操纵稳定性方面的试验标准，如 GB/T 6323—2014《汽车操纵稳定性试验方法》等，这样会对操纵稳定性的分析和评价有更深入的体会。注意，表 5-1 中的一些评价指标在试验标准中是没有的，因为这些指标可以按汽车理论的思路和方法由车辆结构参数和使用工况算出，但是无法或很难通过实测求得。

汽车操纵稳定性的研究内容较多，且具有一定的难度，限于篇幅和知识基础，本章重点讲述稳态响应特性、转向盘角阶跃输入下的瞬态响应特性和横摆角速度的频率响应特性等内容。

三、控制系统模型和性能评价方法

1. 开路与闭路系统

可以将汽车操纵稳定性的研究视为一个控制系统问题，如图 5-1 所示。该系统模型包含行驶环境与交通条件、驾驶人的意志与行为、外界干扰和汽车的运动响应等环节。

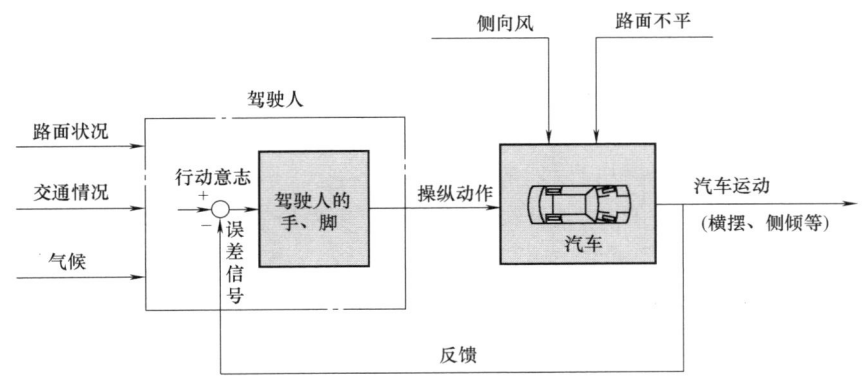

图 5-1 操纵稳定性的控制系统模型

在此模型中，驾驶人的操纵动作包括对转向盘、加速踏板、制动踏板或变速杆等的操作，其中对于汽车的操纵稳定性研究来说最为重要的是对转向盘的操作，称为转向盘输入。转向盘输入包括两个方面：给转向盘施加一个角位移，称为**角位移输入**或**角输入**；给转向盘施加一个力矩，则称为**力矩输入**或**力输入**。角输入和力输入并不是两种不同的输入，而是对同一操作同一个转向盘从两个不同的方面所进行的描述或度量。

侧向风和路面的侧向不平（侧向坡）则是典型的外界侧向干扰。

> 以汽车系统为研究对象，驾驶人操作和外界干扰在物理上并无本质不同，都是系统的输入量。但从实际使用要求来说，汽车系统对于驾驶人操作的响应应尽量及时、灵敏，对于外界干扰的反应则要适当"迟钝"一些，同时又不能过分丧失"路感"。或者说，准确执行驾驶人操作的能力，考查的就是汽车的操纵性；而抵抗外界干扰的能力，就是汽车的稳定性。因此研究汽车操纵稳定性的系统模型，习惯上都将驾驶人操作与外界干扰分开。

其中驾驶人的反应、主观判断和操纵动作，对汽车的实际运动响应起很大作用。根据对驾驶人环节的不同处理，研究汽车操纵稳定性的理论模型可以分为开路系统和闭路系统。

开路系统，即不考虑系统输出对驾驶人的反馈作用，图 5-1 中忽略掉"反馈"就简化为一个左进右出的开路，也称"开环系统"。

在开路系统中，驾驶人充当车辆系统的输入，侧向风和侧向坡等干扰，在本质上也可以

看作一种输入。在确定车辆系统结构的前提下，给定驾驶人操纵输入和外界干扰输入，车辆的运动响应就可以唯一地确定。车辆的性能，就体现为运动响应和输入之间的关系。在这个模型中，不考虑或者说不允许驾驶人因车辆的响应不符合自己的预期而对输入操作进行修正。举例来说，驾驶人不会因为汽车的行驶方向偏离了预期的车道而改变转向盘转角，也不可以因为车辆有发生侧翻或失控的趋势而改变车速等。

闭路系统，又称"闭环系统"，即在图 5-1 中要考虑"反馈—误差信号"。驾驶人不仅要根据道路、交通状况和主观预期给出操纵动作，还要时刻感受车辆的实际运动状况，并与自己的预期相对比，及时做出判断，修正对车辆的输入操作，力图实现自己的预期行驶目标。举例来说，汽车在正常道路上做"有预见性"的转向行驶，驾驶人要依据经验和当前行驶状况对转向操纵的起始点进行预判，而在转弯过程中，还要根据感知的车速、横摆角速度和汽车行驶方向等信息对转向盘转角和加速（或制动）踏板进行适当调整，以完成此次转向。如果道路交通状况更复杂，或者对汽车行驶轨迹的精确度要求更高，那么驾驶人的反应、判断与操作，对于汽车操纵稳定性的实际影响将更大。

显然，与开路系统相比，闭路系统模型更真实，更符合正常驾驶操作，由此模型得出的性能分析结果，必然更可靠、更实用。

然而，驾驶人的反馈机制比较复杂，而且不同驾驶人的反应和操作是有差异的，同时还可能因训练和对车辆的适应而改变，要将这一机制量化、抽象为一个统一的、普遍成立的理论模型，存在很大困难。

因此，本章讲述的汽车操纵稳定性，主要是基于开路系统模型。同时，由于不考虑人的反馈因素，在给定输入和行驶环境的前提下（如在某种路面上施加一定的转向盘转角），开路模型的运动响应只取决于汽车系统的结构参数，更有利于建立汽车性能与汽车结构设计之间的关系，更方便对产品的开发设计提出指导和建议。

　　有兴趣的读者可以思考一下，为什么在前几章的性能研究中未提及"开路系统"和"闭路系统"的区别？

2. 主观评价法与客观评价法

汽车性能的评价方法，包括主观评价法与客观评价法。

主观评价法又称"感觉评价法"，即进行汽车试验时，由评价人员（一般为试验车驾驶人或试乘员）根据试验时自己的驾乘体验和感觉，按照规定的评分项目和评分办法进行评分。一般来说，主观评价法只适用于试验研究，无法进行定量的理论分析与计算。

客观评价法，既适用于试验数据结果的处理，也可用于理论分析与预测。它要求用一系列物理量（即评价指标）的定量数值，来反映汽车某方面性能的优劣。

　　评价方法与性能研究的系统模型也有关联：由于开路系统忽略了人的反馈机制，或者说不允许驾驶人对汽车的实际行驶状况进行干预和修正，基本上只采取客观评价法；而闭路系统既可以采取客观评价法，也可以采取主观评价法。

主观评价法对评价人员的技能、经验和各方面素质要求较高,而且不同的人对于同样的驾乘经历可能给出不同的主观评价结果。同时,主观评价法难以准确建立汽车性能与汽车系统参数之间的关系,不方便指导产品的设计与改进。因此,无论是理论分析还是汽车试验,人们优先选择的是客观评价法。客观评价法建立了汽车性能与驾驶人操作、车辆系统参数和行驶环境等因素的关系,即"汽车性能=f(人,车,路)"的理论体系(可参见本书导论部分),而且在理论计算时,往往对"人"和"路"给出统一的基准条件,则汽车性能将唯一取决于车辆结构设计参数,这对于汽车自身理论的研究发展以及汽车产品的开发设计,具有重要意义。

本书侧重于理论分析,通过建立汽车的性能指标与结构参数之间的数学模型(通常是动力学方程)来研究汽车的使用性能,主要采取的是客观评价法。

> 需要注意的是,汽车是服务于人的,汽车的行驶始终是为了满足人的主观使用要求,从这个意义上说,汽车所有性能的评价归根结底都属于主观评价。客观评价法所选用的指标,必须符合主观评价的基本要求,也就是说,当某方面的主观使用要求,能够用一个客观的物理量来代表,而且这个物理量的定量数值能够用实测或者理论计算的方法获得时,才可以采用该指标进行客观评价。例如,为了考查汽车的加速能力,规定了原地起步加速时间这一客观评价指标;为了研究汽车是过多转向还是不足转向(概念见本章第四节"二、稳态响应特性的三种类型"部分),可以采用稳定性因数或者前、后轮侧偏角绝对值之差等客观评价指标。
>
> 但是,当无法找到一个可以定量评价的客观指标来反映某方面的使用要求时,仍然只能采取主观评价。例如,在表5-1中,关于连续躲避障碍的能力,即做"蛇行"行驶试验研究时,标准规定了若干客观评价指标。但为了评定驾驶是否"轻松"、转向及行驶系统回馈给驾驶人的"路感"是否良好,有时仍然要采取主观评价法,由试验员叙述其试验时的主观感受,因为"轻松"和"路感"等问题,很难用统一的、可以量化的客观参数来准确描述。再如,对汽车的通过性进行整车试验时,很多时候也是进行"比较试验",也就是由有经验的驾驶人驾驶不同车辆在同一试验地段上驾驶通过,依据其主观感觉进行评分,对汽车的通过性以及平顺性和可靠性等进行综合评定。这是因为目前还没有统一的、普遍成立的理论模型和评价指标,可以对车辆在各种复杂地带的通过能力进行准确而可靠的客观评价。

汽车性能的研究方法包括理论和试验两种,评价方法则分为主观评价法和客观评价法两种,对应关系见表5-2。

表5-2 理论与试验研究、主观与客观评价的简要关系

评价方法	试验研究	理论分析
主观评价法	可以采取	理论分析方法基本上不能采用主观评价
客观评价法	可以采取	可以采取

四、理想的汽车转向运动关系

1. 坐标系

为了研究和叙述方便,首先需要规定统一的车辆坐标系和车轮坐标系。

本章采用的车辆坐标系，与导论中的图 0-1 相同。在操纵稳定性的研究中，更加需要注意 y 方向，因为汽车做曲线运动时，必然存在该方向的加速度 a_y。在一些资料中，该加速度称为"横向加速度"或"向心加速度"。本书统一将 a_y 称为"侧向加速度"。

图 5-2 所示为车轮坐标系的示意图。如果强调弹性轮胎的机械特性，那么就可将其称为"轮胎坐标系"。

称垂直于车轮旋转轴线的轮胎中分平面为**车轮平面**，车轮平面与地平面的交线为车轮坐标系的 X 轴，以向前为正方向。车轮旋转轴线在地平面上的投影线为 Y 轴，以向左为正方向。X 轴和 Y 轴的交点就是坐标系原点 O（简言之，车轮坐标系的原点就是车轮接地印迹的中心）。Z 轴过原点 O，垂直于地平面，以向上为正方向。与车辆坐标系一样，这也是一个右手坐标系。

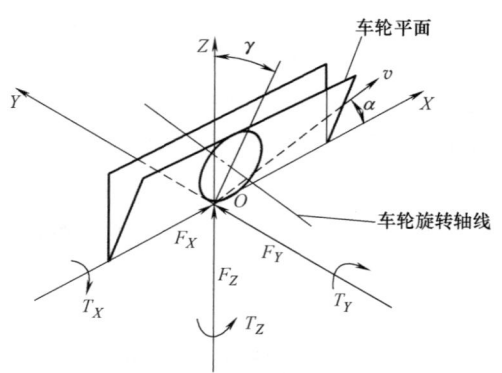

图 5-2　车轮（轮胎）坐标系

与图 0-3 相同，图 5-2 中的 F_X、F_Y 和 F_Z 分别称为纵向力、侧向力和法向力。图 5-2 还画出了绕三根坐标轴的力矩 T_X、T_Y 和 T_Z。各力矩的专有名称可依其作用效果和应用场合而定。例如，由弹性侧偏造成的 T_Z，其效果是使转向轮恢复到直线行驶方位，可称其为回正力矩（参见本章第二节）。轮胎与地面之间相互作用的沿轮胎坐标系三根坐标轴的力和绕三根坐标轴的力矩，即 F_X、F_Y、F_Z、T_X、T_Y 和 T_Z，常被称为**轮胎六分力**。

也有一种 SAE 标准的轮胎坐标系，如图 5-3 所示，供参考。

图 5-2 和图 5-3 都是右手坐标系。由于两者 Z 轴方向相反，侧偏角 α 在两图中的正方向也相反。轮胎的侧偏角是操纵稳定性研究的重要参数，详见下节。

由图 5-2 或图 5-3 可知，由于轮胎侧偏角 α 的存在，车轮行驶速度 v 并不指向 X 轴正方向（侧偏现象的详述见本章第二节）；由于车轮外倾角 γ 的存在，车轮旋转轴线并不平行于地面。

另外还需注意的是，图 5-2 中给出的是各几何、力学量在该坐标体系中的正方向，而不是某瞬时的"受力实况"。如在第二节将看到，地面侧向力 F_Y 和侧偏角 α 不可能同时取正值。

2. 理想刚性汽车的转向运动关系

下面以一辆"理想刚性汽车"为对象，研究汽车转向时的运动方向问题。

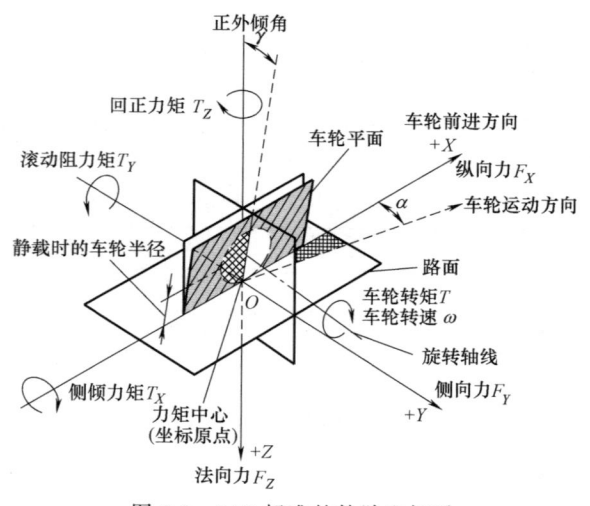

图 5-3　SAE 标准的轮胎坐标系

所谓"理想刚性",是指:

1)除了车轮可以滚动及前轮可以绕主销偏转外,整辆汽车视为刚体,即不考虑轮胎和悬架等的变形,也不存在因悬架变形等导致的车轮定位参数的变化。

2)不考虑转向系统内部的角间隙和弹性变形,即前轮转角与转向盘转角之间存在确定的一一映射关系(该关系未必是线性的,因为可能存在变传动比特性)。

3)前、后轴相互平行,都垂直于车辆坐标系的 X 轴。

4)左、右后轮均垂直于后轴,指向正前方。

5)汽车转向时左、右前轮的转角完全符合理想的阿克曼转向关系,即汽车前桥系统的转向梯形机构,可以时刻保证左、右前轮都绕着同一点转动。

6)所有车轮均沿着自身坐标系的 X 轴方向运动。

7)所有车轮与地面之间都有足够的侧向附着能力,能提供足够的地面侧向力(即汽车做曲线运动所必需的向心力),即轮胎与地面之间没有侧向滑动。

> 进一步,还可以假设传动系统的所有差速器,无论是轮间差速器还是轴间差速器,都能做到完全差速,也就是所有车轮相对地面在纵向也都做纯滚动。但是这个假设对于下文的分析,并非必要。

汽车的行驶方向取决于前、后车轮的运动方向。通俗地讲,就是汽车往哪里去,一定取决于这一瞬间前轮和后轮分别往哪里去。这一关系并不依赖于上述"理想刚性"的全部条件,仅需将车身在俯视图上视为刚体。而在"理想刚性"的条件下,车轮的运动方向就是车轮的"名义指向":前轮的行驶方向完全遵从驾驶人通过转向系统所给定的方向,后轮则总是朝正前方行驶,如图5-4所示。

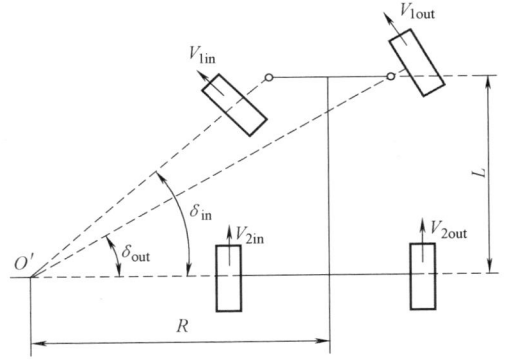

图 5-4 理想刚性汽车的转向关系

> 可以说这种阿克曼转向关系是基于一种"想当然"的逻辑:路面充足的附着能力会将车轮运动约束在上述理想方向,因为"良好路面不允许打滑"。而通过下一节的分析可知,即使轮胎与路面之间不打滑,由于其他一些客观存在的因素,车轮实际上也未必按"想当然"的方向行驶。

那么,给定"理想刚性"汽车的轴距等整体尺寸参数,其运动姿态和行驶方向,就唯一取决于其前轮转角,即取决于驾驶人给定的转向盘转角,而与车速等因素无关。例如,当前轮转角 δ 较小时,存在简单的关系:$R = \dfrac{L}{\tan\delta} \approx \dfrac{L}{\delta}$($\delta$ 以弧度计),即转弯半径 R 仅取决于前轮转角 δ,在给定轴距 L 的情况下两者成反比。此处的转弯半径 R 是汽车的瞬时转动中心 O' 到汽车纵轴线的距离,δ 指的是前轴左、右轮的平均转角,即 $\delta = \dfrac{\delta_{\text{in}} + \delta_{\text{out}}}{2}$,有时称其为前轮阿克曼角。

> 显然，这种"理想刚性"汽车的操纵问题分析起来非常简单，在确定轴距的条件下，汽车正在转多大弯及下一瞬时向哪里去，仅取决于驾驶人的转向盘操作，与道路条件、车辆的轮胎、悬架系统和转向系统的实际特性以及车速、加速或制动强度和载荷条件等均无关。

然而，汽车曲线行驶时的实际运动关系，并不总是如图5-4所示的那样（在车速较低、转向盘转角不大、路面条件以及汽车前桥系统的技术状况良好等条件下，这种理想的阿克曼转向关系基本上是成立的）。即"理想刚性"条件，有些是不符合实际的。汽车系统存在一些实际特性，使得各车轮的实际指向（即轮胎坐标系的 X 轴）并不总是与各自的"名义指向"完全重合，而且车轮的实际行驶方向也并不沿着其轮胎坐标系的 X 轴方向。正是由于这些实际特性的存在，才使得汽车的操纵稳定性研究比图5-4所示的理想关系复杂得多。

在这些实际特性中，最重要的是弹性轮胎的侧偏特性，它是研究汽车操纵稳定性的基础。

第二节　轮胎的侧偏现象与侧偏特性

轮胎的侧偏特性，主要指的是弹性轮胎发生侧偏现象时，侧偏力和侧偏角之间的关系，广义而言，也包括侧偏时轮胎受到的回正力矩等问题。因此先来研究轮胎的侧偏现象。

一、弹性轮胎的侧偏现象

当汽车在驾驶人的操纵下做曲线行驶，或抵抗外界侧向干扰力图维持稳定行驶时，轮胎和地面之间存在侧向相互作用力。轮胎的侧偏特性，简单地说，就是研究轮胎与地面之间的侧向力（力矩）与轮胎行驶方向之间的关系，它是轮胎力学特性的一个重要组成部分。

先从简单的"刚性车轮"入手，分析这种车轮受到地面侧向力时的运动表现，如图5-5所示。

图5-5是俯视图，F_y 是轮心（车轴）对车轮施加的侧向作用力，称为**轮心侧向力**。相应地，地面会对车轮施加反方向的侧向力 F_Y，称为**地面侧向力**（图中未画出）。如果车轮不存在侧向加速度或者可以忽略车轮自身的质量，那么 F_y 与 F_Y 在数值上相等。

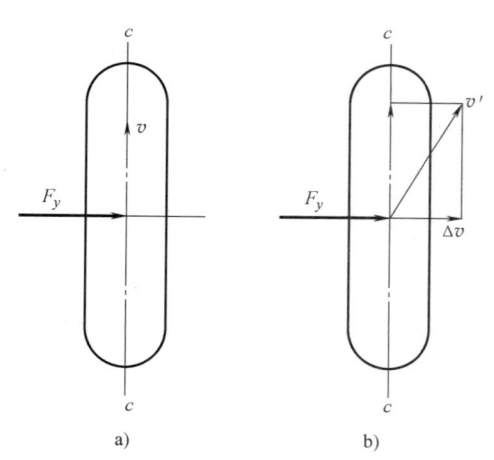

图5-5　刚性车轮在轮心侧向力的作用下滚动
a) 车轮无侧滑　b) 车轮发生侧滑

在图5-5a中，地面侧向力 F_Y 没有超过车轮与地面之间的侧向附着极限（刚性车轮，受力时不存在变形，但地面切向力，包括纵向力和侧向力，仍然属于摩擦力性质，依旧会受到附着能力的限制），车轮与地面在侧向相对静止、无滑动，车轮沿其自身车轮平面 cc 运动，速度为 v。

在图 5-5b 中，对地面侧向力 F_Y 的需求超过了车轮与地面之间的侧向附着极限（这一情况的发生，可能是由于存在较强的外界侧向干扰，致使轮心侧向力 F_y 过大，地面侧向力 F_Y 无法与之平衡；也可能是由于转向运动过于剧烈，所需的向心力 F_Y 过大，同时地面附着能力较弱。此处不细究其具体原因），车轮相对地面发生侧向滑动，若滑动速度为 Δv，则车轮沿合成速度 v' 方向运动，偏离了车轮平面 cc 的指向。侧向滑动方向与轮心侧向力 F_y 相同，而与地面侧向力 F_Y 相反。

对于具有实际机械特性的弹性轮胎来说，即使地面侧向力没有达到附着极限，其行驶方向也会偏离车轮平面的指向，这就是轮胎的**侧偏现象**，如图 5-6 所示。

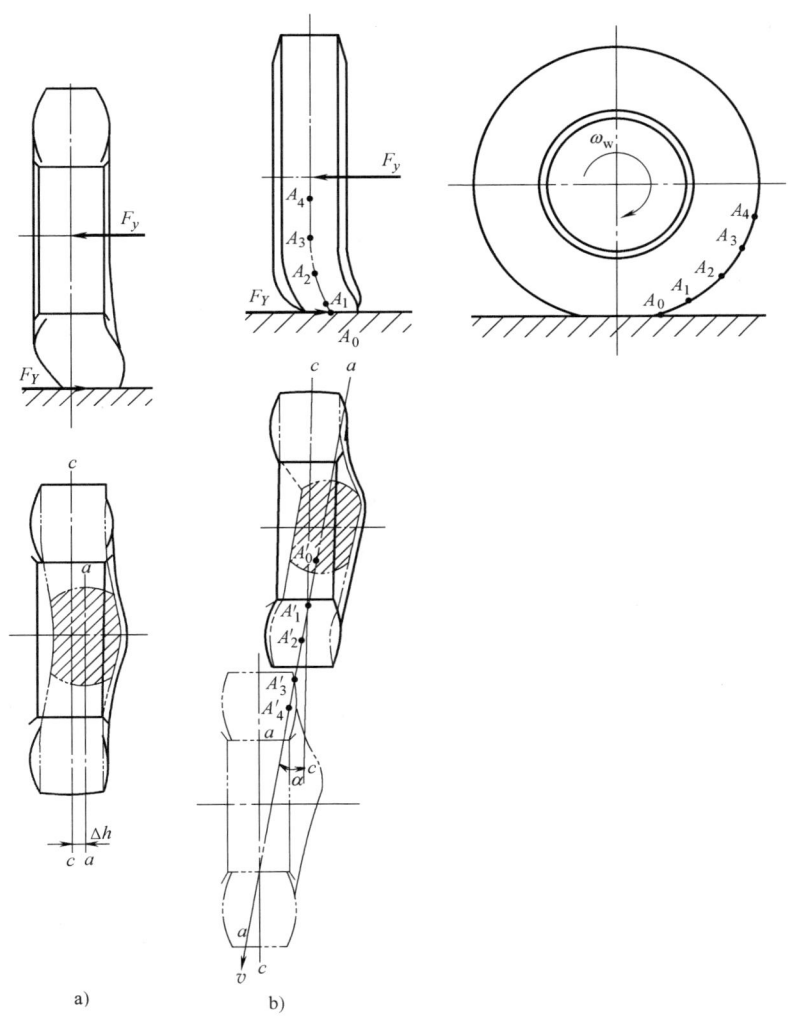

图 5-6 弹性轮胎在地面侧向力作用下的滚动（侧偏现象）
a) 静止 b) 滚动

现在研究弹性轮胎在一定垂直载荷作用下，承受轮心侧向力 F_y 和地面侧向力 F_Y 时，轮胎的受力、变形和运动方向等因素之间的关系。

如果轮胎静止不滚动，那么由于轮胎的侧向弹性，轮胎胎体将发生图 5-6a 所示的"扭动"，胎面接地印迹的中心线 aa 与车轮平面 cc 错开一定距离 Δh，但两者仍然平行。

轮胎滚动时，侧向作用力 F_y 和 F_Y 以及轮胎的侧向弹性仍然存在，胎体仍然发生上述"扭动"。为了研究轮胎的运动方向，在胎面中心线上按接地次序标示出 A_0、A_1、A_2 等各点，A_0 是刚刚进入接地区的点，接下来即将接地的是 A_1、A_2 等，如图 5-6b 的主视图所示。由于存在侧向弹性变形，轮胎滚动时，A_1 的接地点 A_1' 不会落在 A_0 点的正前方，而是沿轮心侧向力 F_y 的方向，即与地面侧向力 F_Y 相反的方向偏离一段距离，如图 5-6b 的俯视图所示。与此同理，接下来 A_2 的接地点 A_2' 相对于 A_1' 又会在侧向偏离一段距离，以此类推。

显然，A_0、A_1'、A_2' 等各点的连线就是轮胎接地印迹中心线 aa，其指向就是轮胎的实际速度方向 v。可以看出，aa 与车轮平面 cc 不平行，而是存在一个夹角 α，这个角就是侧偏角。换言之，**轮胎的侧偏角**就是轮胎发生侧偏时的实际速度方向与车轮平面所指方向的夹角。

对于弹性轮胎，由于地面侧向力 F_Y 总是伴随侧偏角产生的，故又称地面侧向力 F_Y 为**侧偏力**。如果驾驶人转动转向盘，主动操纵汽车转弯，那么前、后轮受到的侧偏力就是使汽车做曲线运动所需的向心力，参见图 5-26；当汽车遭遇外界侧向干扰时，轮胎侧偏力的作用则是抵抗外界干扰对车轮的影响，侧偏力方向与外界干扰方向的具体关系可参见图 5-37 及其下面的讨论。

> 关于地面侧向力 F_Y 和轮心侧向力 F_y：当该车轮没有侧向加速度或者可以忽略车轮自身质量时，二者相等；否则，二者不等，其差异就是车轮自身的侧向惯性力。而无论二者是否相等，真正对汽车的运动状况起作用的是地面侧向力，即侧偏力 F_Y，F_y 只是系统内力，而且使轮胎产生侧偏角的根本原因是胎面接地区域的侧向变形，造成这种变形的显然是 F_Y 而不是 F_y，因此本书的下文基本不再研究轮心侧向力 F_y。

注意，侧偏现象是轮胎的实际速度方向相对于车轮平面的指向发生偏斜，车轮平面本身并没有转动。例如，由图 5-6b 可知，轮胎受到向左的侧偏力时，车轮平面仍然指向正前方，但是实际上轮胎在向右前方滚动。也就是说，相对于轮胎坐标系 X 轴的正方向，轮胎的实际行驶方向朝着与侧偏力相反的方向偏转了一个角度 α，即侧偏角。

> 另外应指出，侧偏现象是由于轮胎受到侧向作用力时胎体发生"扭动"造成的，而不是轮胎接地点相对地面发生侧向滑动。当地面附着条件良好时，通常认为发生侧偏的轮胎仍然在做纯滚动。

结合轮胎坐标系的正负号规定，上述规律就可以表达为：轮胎的侧偏力 F_Y 与侧偏角 α 是异号的。

此处讨论的侧偏，完全源于轮胎自身的侧向弹性，可以专门称为轮胎的"弹性侧偏"，有别于其他因素导致的各种"运动学侧偏"（参见本章第七节"一、侧倾转向"部分）。

二、轮胎的侧偏特性

由上述讨论可知，弹性轮胎在受到地面侧向力即侧偏力 F_Y 的作用时会产生侧偏角 α。侧偏力和侧偏角的关系就构成轮胎侧偏特性的主要内容。另外，轮胎发生弹性侧偏时，还会受到一个回正力矩的作用，轮胎的侧偏特性也包括回正力矩和侧偏角的关系。

1. 侧偏力与侧偏角的关系

理论和试验都表明，在其他因素不变的条件下，轮胎的侧偏角 α 与侧偏力 F_Y 有关。以 α 为自变量、F_Y 为因变量，轮胎的侧偏特性主要指的就是两者的函数关系 $F_Y=f(\alpha)$。

图 5-7 所示为某型号轮胎在给定充气压力、垂直载荷和路面状况等条件下，试验测得的侧偏力与侧偏角的关系曲线，即侧偏特性曲线。

由图 5-7 可以看出，在曲线的初段，即侧偏角 α 较小的区域，侧偏力和侧偏角具有良好的线性关系，两者之间可以用一个常值的比例系数来联系，因此定义：侧偏特性 $F_Y=f(\alpha)$ 曲线初段的斜率为**侧偏刚度**，符号记为 k，单位为 N/rad 或 N/(°)。

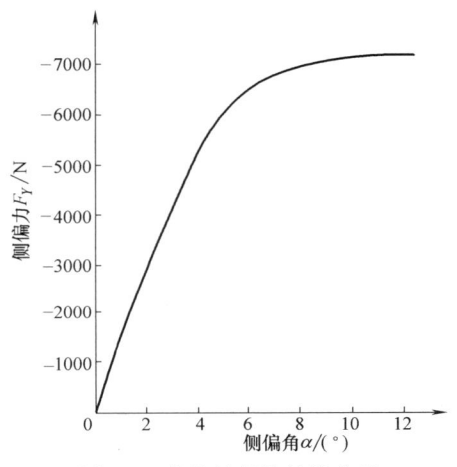

图 5-7 轮胎的侧偏特性曲线

由轮胎坐标系的符号规定可知，侧偏刚度 k 为负值。侧偏力 F_Y、侧偏角 α 和侧偏刚度 k 三者的关系为

$$F_Y = k\alpha \tag{5-1}$$

注意，式（5-1）只适用于在轮胎侧偏特性曲线的线性区域内描述侧偏力和侧偏角的关系，即只有在侧偏角 α 处于较小的范围内才存在数值固定的侧偏刚度 k。该范围与轮胎结构和使用条件等有关，一般来说，线性区域的范围是侧偏角为 3°～5°或更小（图 5-7 所示的轮胎试验数据，该范围是 α 基本不超过 4°）；对于正常行驶的汽车，其对应的侧向加速度大致为 (0.3～0.4)g 或更小。当 α 较大时，F_Y 随 α 的增速放缓。

侧偏特性曲线的这种形状，可以参看下文"当轮胎的侧偏角 α 不大时"和"当侧偏力 F_Y 较大（即侧偏角 α 较大）时"部分对于回正力矩与侧偏角关系的微观解释。

由上述定义可知，侧偏刚度指的是侧偏力和侧偏角都较小，两者基本呈线性关系时的比例系数，也就是侧偏特性曲线初段的斜率。依"曲线初段"界定方法的不同，侧偏刚度的确切定义和具体数值可能有所差异。

> 确定侧偏刚度的常见方法包括"原点斜率法"和"割线斜率法"等。
> 原点斜率法认为"曲线初段"指的就是侧偏特性曲线的原点附近，取 F_Y-α 曲线原点处的斜率为侧偏刚度。

割线斜率法是根据实测的 F_Y-α 曲线，确定曲线的水平渐近线的纵坐标值，作为侧偏力的极限值，即轮胎的侧向附着极限，记为 $F_{Y\max}$，如图 5-8 所示。当侧偏力不超过该极限的 1/3 时，认为侧偏力和侧偏角基本呈线性关系，存在常值的比例系数，即侧偏刚度 k。按图 5-8 所示的方法，在曲线的 $F_Y=(0\sim 1/3)F_{Y\max}$ 范围内，按"面积出入相等"的原则确定一条过原点的割线，以该割线的斜率作为轮胎的侧偏刚度（在此方法中，$F_{Y\max}$ 的数值无法准确测量，只能采取数值的方法加以推断，具有一定的不确定性，而这对于侧偏刚度 k 取值的影响并不大）。

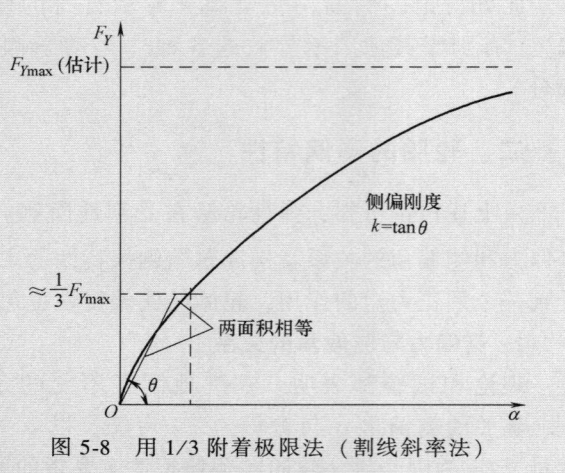

图 5-8 用 1/3 附着极限法（割线斜率法）确定轮胎的侧偏刚度

在一般性的分析计算中，认为轮胎的侧偏刚度属于产品的设计参数，已经给出，无须细究其定义和数值源于哪种方法。

在本书中，除非特别强调，侧偏刚度 k 都是负值。而一些行业和单位，习惯将侧偏刚度数据按绝对值给出，在按本书的理论公式计算时，一定要在这些数据前面加上负号。

侧偏刚度 k 是侧偏特性曲线（图 5-7）初段的斜率，它是轮胎侧偏特性最重要、最直观的代表参数，也是研究汽车操纵稳定性的一个很重要的参数。一般情况下，侧偏刚度 k 的绝对值应尽量高些，这有利于提高汽车的操纵稳定性。

需要指出的是，图 5-7 所示的曲线是在其他因素均不变的条件下得到的侧偏力与侧偏角的关系。事实上，轮胎的侧偏特性会受到诸多因素的影响，参见本节的"三、轮胎侧偏特性的影响因素"部分。

普通轿车轮胎的侧偏刚度多在 $-90000 \sim -20000 \text{N/rad}$ 之间。

感性算例：以第一章的"基准车"为研究对象，且其质心位于轴距中点，即 $a=b$。令汽车做中等强度的转向行驶，取侧向加速度 $a_y=0.2g$。参照图 5-26 所示的模型，整车的地面侧向合力（即向心力）为 3000N，平均分配至前、后轴，再平均分配至左、右轮，可得各轮胎承受的侧偏力都是 $F_Y=750$N，按轮胎侧偏刚度 k 的绝对值为 40000N/rad，可得各轮胎的侧偏角（绝对值）为 $1.07°$（注意，这是基于图 5-26 所示的线性二自由度汽车模型的估算。考虑到转弯行驶时各种客观因素的影响，各轮胎侧偏角的实际数值与此相比会有一定出入）。可见汽车正常行驶时，侧偏角的数值是较小的。

2. 回正力矩与侧偏角的关系

轮胎产生侧偏角 α 时，地面不仅对轮胎施加侧向作用力即侧偏力 F_Y，而且侧偏力还会使轮胎产生绕其坐标系 Z 轴的力矩，通过下文的分析可知，该力矩的效果是抵抗转向轮的转动，力图使轮胎恢复到直线行驶方位，因而称其为**回正力矩**，记为 T_Z。回正力矩 T_Z 与侧

偏角 α 的关系，也属于轮胎的侧偏特性。

此处讨论的回正力矩，源于轮胎的弹性侧偏，有别于主销后倾和主销内倾等车轮定位因素造成的回正效应。

回正力矩是由于轮胎接地印迹内地面侧向力的纵向分布不对称形成的，如图 5-9 所示。

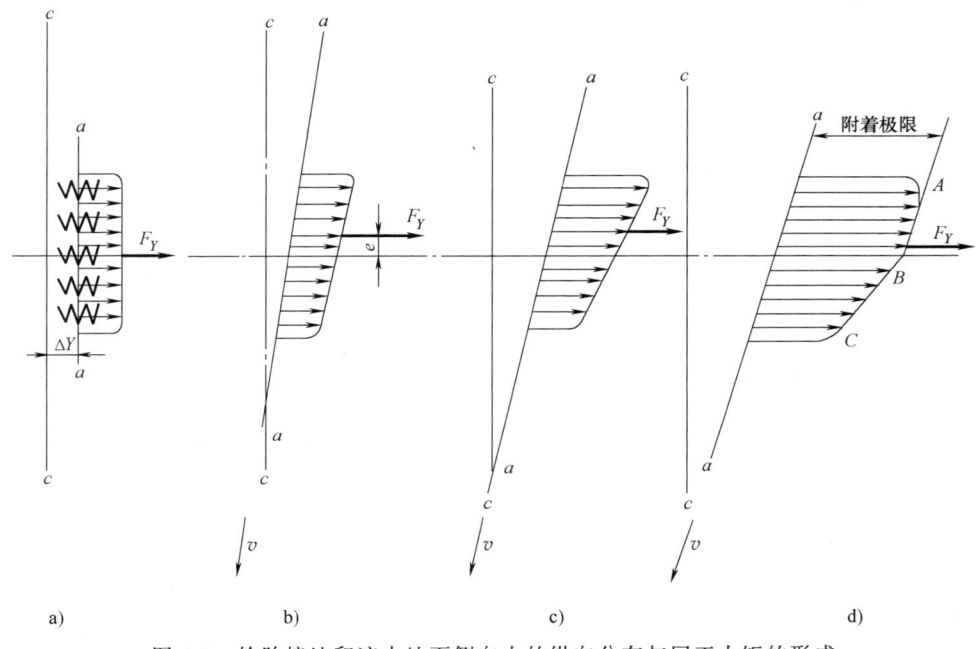

图 5-9　轮胎接地印迹内地面侧向力的纵向分布与回正力矩的形成
a）无侧偏　b）侧偏角很小　c）侧偏角适度增加　d）侧偏角较大

图 5-9a 描述了与图 5-6a 所示相同的工况：静止的弹性轮胎在向右的轮心侧向力 F_y 和向左的地面侧向力 F_Y 的作用下发生"扭动"，接地印迹的纵轴线 aa 与车轮平面 cc 平行，轮胎接地区长轴线上各点相对于 cc 的侧向变形均相等，如图中 ΔY 所示。将轮胎接地区的弹性材料视为一系列微元弹性体，如图 5-9a 中弹簧所示（图 5-9b、c、d 中仍然存在这些微元弹性体，未画出）。假定轮胎接地层的材质分布均匀，即这些弹性体具有相同的弹性特性，而且这些弹性体的侧向变形在前后方向上相等，因此其侧向弹力也相等，与其相对应的地面侧向反力也必然在前后方向上相等（否则有些弹性体在侧向上受力不平衡，将脱离轮胎表面），即地面施加于轮胎的侧向反力沿接地印迹纵轴线 aa 是均匀分布的，其合力 F_Y 必然通过接地印迹中心，轮胎不会受到绕其坐标系 Z 轴的力矩。

实际上由于圆形轮胎的接地部分被压平在地面上，轮胎接地区纵向各点的变形和受力状况可能并不处处相等，由图 5-6a 可知，接地印迹并不是一个标准的椭圆，其长轴线 aa 实际上应略成圆弧形（图中未示出），但是在轮胎不动的前提下该圆弧必然是前后对称的，只要轮胎材质分布是均匀的，各微元弹性体具有相同的弹性特性，那么胎面的侧向受力沿接地印迹中心线的分布必然是前后对称的，结果还是不形成绕 Z 轴的力矩。

而滚动的轮胎在侧向力作用下会发生侧偏现象,当侧偏角较小时,接地区的变形和受力分布状况如图 5-9b 所示。只要轮胎自身的材质和机械特性分布均匀且轮胎接地区没有侧向滑动,那么地面作用于胎面各微元弹性体的侧向力仍然与轮胎接地区的侧向变形成正比。而侧偏时接地印迹长轴线 aa 不再平行于车轮平面 cc,而是转过了一个侧偏角 α,那么轮胎接地区域的侧向变形必然形成"前小后大"的分布。因此地面侧向力也成"前小后大"的分布,其合力即侧偏力 F_Y 的作用线必然相对于轮胎接地印迹的中心(即轮胎坐标系的原点 O)偏后一段距离,称为**轮胎拖距**,记为 e。侧偏力与轮胎拖距的乘积 $F_Y e$ 就是轮胎的回正力矩。

假定图 5-9 所研究的轮胎是汽车的一个前轮,分析可知,该车轮正在向左转向(例如,这是一个左前轮,请问此时前轴的大致方位如何?),而力矩 $F_Y e$ 的作用是试图使其向右转,与转向方向相反,故称为回正力矩,记为 T_Z。由于前轮是转向轮,这种回正效果还会通过转向系统回馈到转向盘,成为驾驶人"路感"的一部分。

> 如果研究的是后轮,那么图 5-9 所示的受力关系依然成立。此时,后轮的侧偏力向左,即汽车在向左转向,那么 $F_Y e$ 的效果还是对车轮施加一个向右转的力矩,$F_Y e$ 仍称为回正力矩。
>
> 注意,前轮回正力矩和后轮回正力矩对整车转弯趋势的影响是不同的。例如,向左转弯的汽车,前轮受到向右转的力矩,其效果是减小前轮转角,是名副其实的"回正力矩";而后轮受到向右转的力矩,会力图使后轮向右转动(在车桥、悬架系统的弹性允许下),实际上是增强汽车的左转弯效果。前、后轮回正力矩对汽车运动的综合效果,可参见本章第七节"三、变形转向"中"4. 回正力矩的影响"部分。

由轮胎坐标系的正负号规定可知,回正力矩 T_Z 与侧偏角 α 是同号的,与侧偏力 F_Y 是异号的。

> 可以将轮胎的回正力矩与侧偏角之比 T_Z/α(或 $\Delta T_Z/\Delta \alpha$)称为**回正刚度**。可见,回正刚度为正值。

当轮胎的侧偏角 α 不大时,轮胎接地区各处的侧向变形与侧偏角基本呈正比关系(见图 5-9b 与图 5-9c 的对比)。同时轮胎接地区保持良好附着,胎面相对地面无侧向滑动,则各微元弹性体受到的地面侧向力的合力,即侧偏力 F_Y 与侧偏角 α 成正比,如图 5-7 侧偏特性曲线的初段所示。另一方面,当轮胎的侧偏角 α 较小时,轮胎的拖距 e 基本不变,可见回正力矩 $F_Y e$ 与侧偏角 α 成正比,如图 5-10 中曲线的初段所示。图 5-10 中的曲线是通过在给定轮胎型号、速度、气压和垂直载荷等条件下的试验研究得到的。

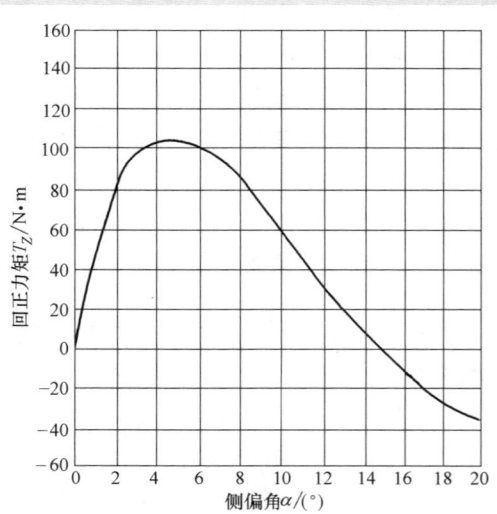

图 5-10 回正力矩与侧偏角的关系

第五章　汽车的操纵稳定性

当侧偏力 F_Y 较大（即侧偏角 α 较大）时，轮胎接地印迹后部某些区域的地面侧向反力开始达到侧向附着极限，侧向反力分布的轮廓线不再如图 5-9c 所示，而是如图 5-9d 的折线 ABC 所示。随着侧偏角的进一步增大，达到附着极限的范围也将进一步扩大。即随着侧偏角 α 的增大，F_Y 的增大速度开始放缓，两者不再呈线性正比关系，如图 5-7 的曲线后段所示（α 超过 5°）。另一方面，随着轮胎接地印迹中达到附着极限区域的扩大，侧偏力 F_Y 的合力作用点将向接地印迹中心"回归"，即轮胎拖距 e 减小，因此侧偏角很大时，回正力矩将减小。如图 5-10 所示，最大回正力矩对应的侧偏角在 4°~5° 之间；侧偏角进一步增大，回正力矩将下降，当侧偏角达到 14°~16° 之间的某个值时，回正力矩降为零。

> 如果侧偏角继续增大，回正力矩将变为负值（即回正刚度 T_Z/α 变为负值）。一些研究认为，这是由于在较激烈的驾驶工况下，轮胎发生大角度的侧偏，接地印迹的后部发生明显的侧向滑动，摩擦因数下降，导致地面侧向反力出现"前大后小"的分布，即轮胎拖距 e 变为负值。

适度的回正力矩对于汽车的行驶稳定性和转向回正性有一定帮助，但总体上对于车辆运动的直接影响并不大。回正力矩的一个意义在于，它可以通过转向系统向驾驶人提供一个转向盘反馈力矩，这个反馈信息就是通常所说的"路感"，其应用是多方面的。例如，对比上述相关结论和曲线图可知，当 α 超过某一限度（通常是 4°~5°）时，F_Y-α 关系曲线开始进入非线性区，同时 T_Z-α 关系曲线开始下降。于是，有经验的驾驶人可以通过操控转向盘感觉到回正力矩的减小，判断出车辆是在较大的前轮侧偏角下行驶，轮胎的侧偏特性已经进入了非线性区，车辆可能产生异常的运动响应，需要提高警惕或采取相应措施。

三、轮胎侧偏特性的影响因素

轮胎的侧偏特性，主要指的是图 5-7 所示的 F_Y-α 关系，也包括图 5-10 所示的 T_Z-α 关系。这些特性，一方面取决于轮胎自身的结构设计因素，另一方面与使用条件有关。使用条件包括充气压力、行驶速度、轮胎与地面间的纵向力和法向力、车轮外倾角以及路面条件等。

此部分的一些曲线图，都是源于特定型号的轮胎在规定条件下的试验数据，其变化趋势具有一定代表意义，但是具体形状和数值不具有普遍性。

1. 轮胎结构

轮胎的种类、结构型式和尺寸参数等对侧偏特性都有影响。

子午线轮胎的接地面较宽，相同侧偏角下的侧偏力比斜交轮胎要大。图 5-11 所示为同样尺寸和同样载荷下子午线轮胎与斜交轮胎的侧偏特性对比。

钢丝子午线轮胎比尼龙子午线轮胎的侧偏刚度还要高些。

相同种类的轮胎，尺寸较大的轮胎具有较高的侧偏刚度。

轮胎的**高宽比**（轮胎断面高与轮胎断面宽之比，用百分比表示）又称**扁平率**，该参数对轮胎的各方面性能都有影响。降低高宽比，轮胎的侧偏刚度会得到显著提高，如图 5-12 所示。良好的操纵稳定性要求较高的轮胎侧偏刚度。

同时，降低高宽比还可以提高轮胎与地面的附着能力，车辆的驱动、制动和极限转向能力会得到提高。因此，现代轮胎的高宽比在逐渐降低。目前很多中档轿车轮胎的高宽比在45%～55%，追求高性能的运动型轿车则将高宽比降至40%甚至更低。

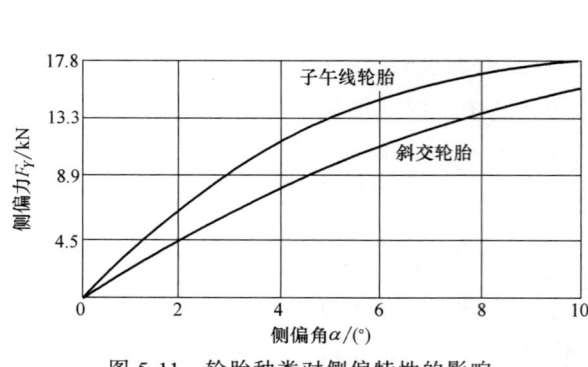

图 5-11　轮胎种类对侧偏特性的影响

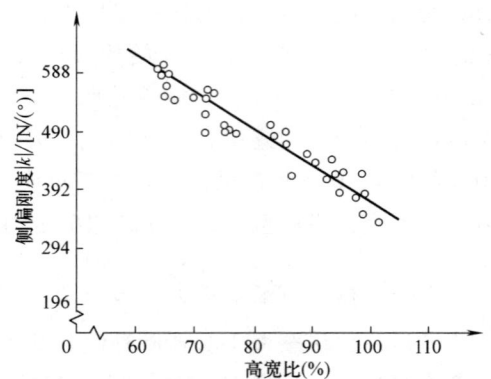

图 5-12　轮胎的侧偏刚度与高宽比的关系
（相同垂直载荷下测得）

> 另一方面，较低的高宽比会导致轮胎的缓冲和包容性能变差，胎体的强度和抗穿刺能力也有所降低，因此，一些重视在坏路和无路地带通过能力的车辆，往往装备高宽比较大的轮胎，这也是出于增大轮胎接地印迹长度的需求。

轮胎结构对回正力矩也有影响。在同样的侧偏角下，尺寸大的轮胎的回正力矩较大，子午线轮胎的回正力矩比斜交轮胎的大。

2. 充气压力

随着充气压力的提高，轮胎的侧偏刚度增大，但气压升高到一定程度后，侧偏刚度趋于稳定值而不再变化（一些轮胎则有一定下降），如图 5-13a 所示。

随着充气压力的下降，轮胎接地印迹变长，相同侧偏角下的拖距 e 显著增大，使得回正力矩增大，如图 5-13b 所示。

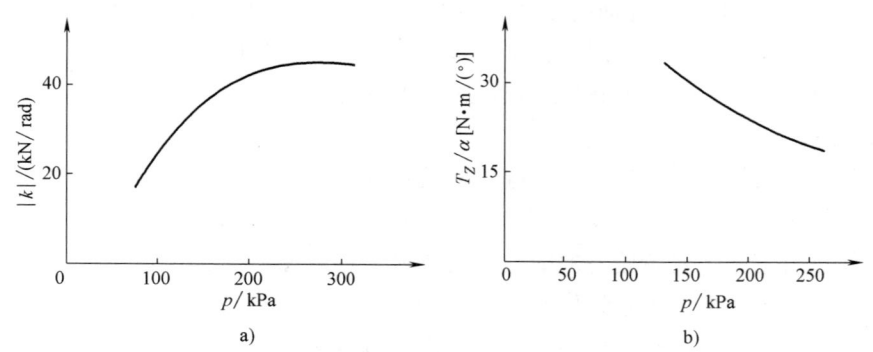

图 5-13　充气压力对轮胎侧偏特性的影响
a）对侧偏刚度的影响　b）对回正刚度的影响

3. 地面法向力

地面与轮胎之间的法向力 F_Z，即轮胎承受的垂直载荷。只要轮胎与地面接触，必然存在垂直载荷，而且该载荷会随着车辆的装载状况和行驶工况发生变化。在其他因素不变的条件下，地面法向力对轮胎侧偏特性的影响如图 5-14 所示。

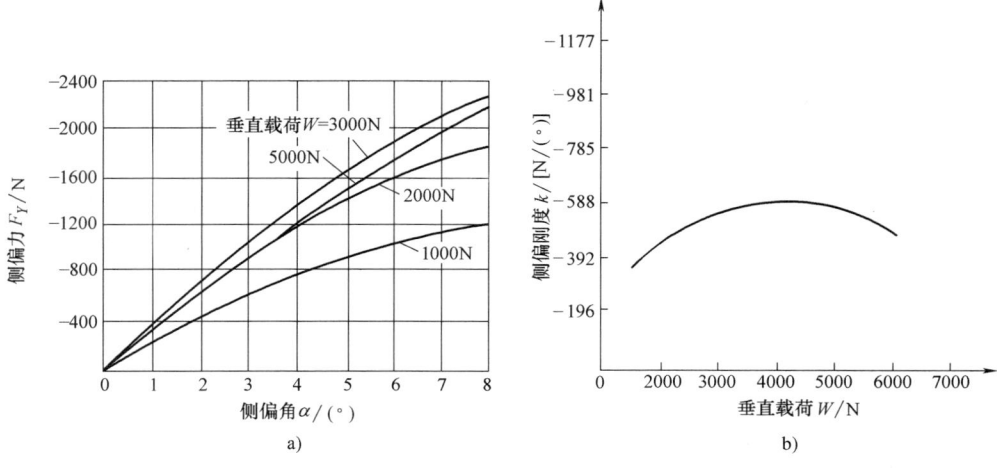

图 5-14　地面法向力对轮胎侧偏特性的影响
a）对侧偏特性的影响　　b）对侧偏刚度的影响

F_Y-α 曲线的斜率代表轮胎的侧偏刚度。由图 5-14a 可知，侧偏刚度（绝对值）与地面法向力之间存在一种凸函数关系，即随着地面法向力（垂直载荷）的增加，侧偏刚度增大，但增大速率趋缓。如果地面法向力过大，那么侧偏刚度将随地面法向力的增加而减小。图 5-14b 所示的试验结果则直接显示了这种"凸函数"关系。

地面法向力对于轮胎的回正力矩也有影响，如图 5-15 所示。相同侧偏角下的回正力矩（即回正刚度 T_Z/α）随着地面法向力（垂直载荷）的增大而增大。

4．地面纵向力

地面纵向力 F_X 指的是汽车行驶时地面作用于驱动轮的纵向推力或者制动工况下地面施加于各车轮的制动力。

当车辆处于转弯-制动或转弯-加速的联合工况时，地面施加于轮胎接地印迹内的切向合力 F_H 必然同时包括纵向分量和侧向分量，即地面纵向力 F_X 和侧偏力 F_Y。

研究表明，受地面附着条件的限制，地面施加于轮胎的切向合力 F_H 的数值是有限的，则其纵向分量 F_X 和侧向分量 F_Y 之间必然存在此消彼长的关系。

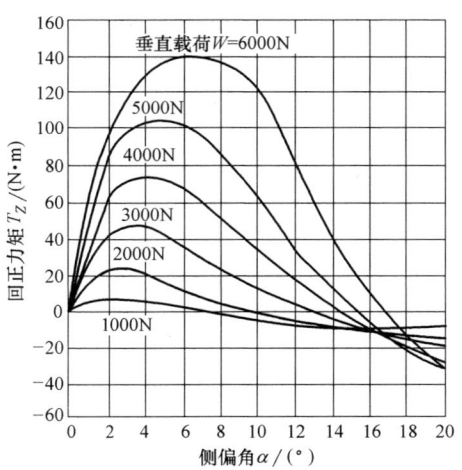

图 5-15　地面法向力（垂直载荷）
对轮胎回正力矩的影响

在研究纵向力和侧向力的极限值之间的关系时，一种比较简略的理论认为两者之间遵循"合力矢量相等"的原则，即 $F_{X\max}^2 + F_{Y\max}^2 = F_{H\max}^2$，$F_{H\max}$ 为常数。两者的关系曲线是一个圆，称为"附着圆"或"摩擦圆"（也称为"卡姆圆"），如图 5-16a 所示。该圆的边界对应纵向力和侧向力的极限，即最大切向附着能力，圆内的任何一点都是可以实现的。理论指出，如果某种行驶工况所要求的矢量和突破该圆的限制，则轮胎相对地面就发生明显的滑动，无法履行该工况。

进一步的研究认为，这个界限实际上更类似一个椭圆。有试验数据表明，对于在干燥路面上运转的普通轮胎，无侧偏力时的最大纵向力是无纵向力时的最大侧偏力的 1.1~1.2 倍。这一点也可以从图 4-4 看出：制动力系数 φ_b 的最大值比侧向力系数 φ_1 的最大值要大。

不超出该界限的任意轮胎工作点，必然对应着确定的侧偏角 α 和滑动率 s（对于驱动工况，s 应称为滑转率）。对数据进行处理，就可以得到若干条等侧偏角曲线和若干条等滑动（转）率曲线。各条等 α 值曲线的包络线就是附着范围的边界，称为**附着椭圆**或摩擦椭圆，如图 5-16b 所示（图中对于等滑动率曲线，只示意性地画出了少数几条）。另外，图 5-16 的条件是地面法向力 F_Z 不变。

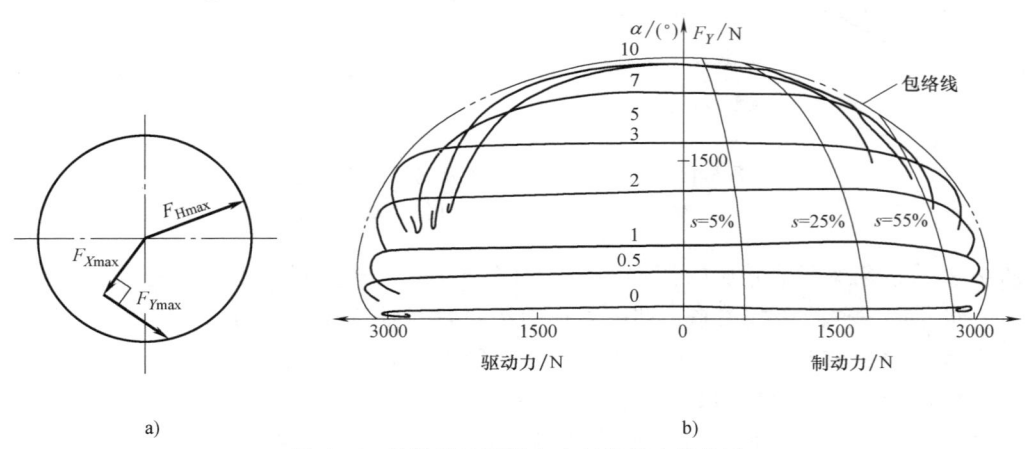

图 5-16 轮胎的地面纵向力与侧偏力的关系
a) 附着圆 b) 附着椭圆

思考一下，图 5-16 中的"驱动力"和第一章中 F_t 的含义一致吗？

按图 5-7 所示的基本轮胎侧偏特性，侧偏力 F_Y 取决于侧偏角 α；而上述附着椭圆理论则指出，对应于相同的 α 值，随着地面纵向力 F_X 的增大，侧偏力 F_Y 有所减小。换言之，在给定 F_Y 的前提下增大 F_X，需要更大的侧偏角 α。也就是说，汽车在做预期的曲线运动时，轮胎所受的 F_Y 不变（侧偏力 F_Y 就是曲线运动所需的向心力），如果改变此过程中的驱动或制动强度，即改变 F_X，那么轮胎的侧偏角就会发生变化，轮胎以及汽车的实际行驶方向也就随之改变。这一点在本章第六节的"四、轮胎地面纵向力的变化对汽车操纵稳定性的影响"部分会进一步讨论。

图 5-7 可以认为是在没有地面纵向力 F_X 或 F_X 不变条件下的轮胎侧偏特性曲线。读者可以尝试在该坐标中，画出不同地面纵向力 F_X 对应的侧偏特性曲线。

由图 5-16b 还可以看出，如果重点研究不同的滑动率 s 对地面侧偏力和纵向力的影响，则应该将侧偏角 α 固定于某一数值。因此，在第四章第二节的"二、地面附着系数的变化"部分指出，"图 4-4 所示为在某一固定侧偏角条件下的附着系数-滑动率关系"。

5. 纵向、侧向（侧偏）和法向的联合作用

实际上，当汽车处在转弯-加速或转弯-制动工况时，轮胎不仅承受纵向力 F_X 和侧偏力 F_Y，还必然同时承受地面法向力 F_Z，而且 F_Z 的数值还会随着转弯和驱动（或制动）工况的变化而改变（例如，制动时，前轮的地面法向力会增大；转弯时，内侧车轮的地面法向力会减小）。因此，有必要研究地面同时施加于轮胎的 F_X、F_Y 和 F_Z 三者之间的关系。

综合图 5-14 和图 5-16，可以得到图 5-17 所示的关系。图 5-17 中的数据是侧偏角 α 固定为 4°条件下的。

由图 5-17 可知，随着地面法向力 F_Z 的增大，侧偏力 F_Y 和纵向力 F_X 的数值都增大。而在同一地面法向力作用下（即图中某一 F_Z 等值曲线上），F_Y 和 F_X 之间服从图 5-16b 附着椭圆所示的关系。当图 5-17 中某一 F_Z 等值曲线上的研究点沿顺时针方向"滑落"时，如 $F_Z=4000\text{N}$ 等值曲线上的点从点 A 变化到点 B，实际上对应着轮胎与地面的滑动（转）率 s 增大的过程。由图 5-17 可知，随着滑动率的增加，侧向力单调下降，纵向力则是先增大再略微减小，这个规律与第四章第二节中制动力系数和侧向力系数随滑动率变化的规律（图 4-4）基本一致。

回正力矩与轮胎的地面纵向力也有关系，如图 5-18 所示，正的 F_X 表示驱动工况，负的 F_X 表示制动工况（含发动机制动时的驱动轮）。

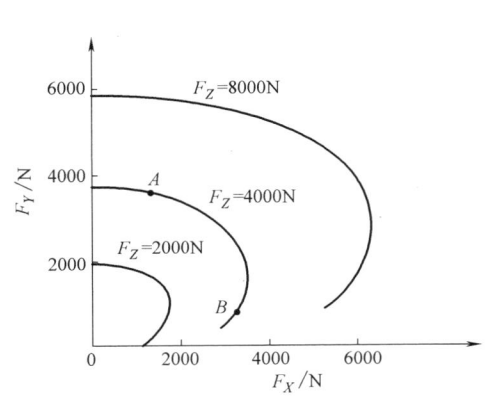

图 5-17 联合工况下的轮胎受力关系（$\alpha=4°$）

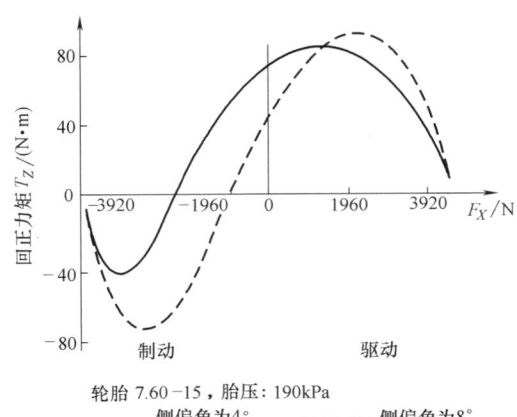

图 5-18 地面纵向力对轮胎回正力矩的影响

6. 行驶速度

当车速在正常行驶范围内时，行驶速度的变化对轮胎侧偏特性的影响很小。而当汽车以很高的速度行驶时，轮胎相同侧偏角下的侧偏力会随着车速的升高而下降，或者说侧偏刚度随着车速的升高而下降。尤其是侧偏角较大时，即轮胎对地面侧向力（即侧偏力 F_Y）的要求趋向地面所能提供的侧向附着极限时，这种关系更为显著，

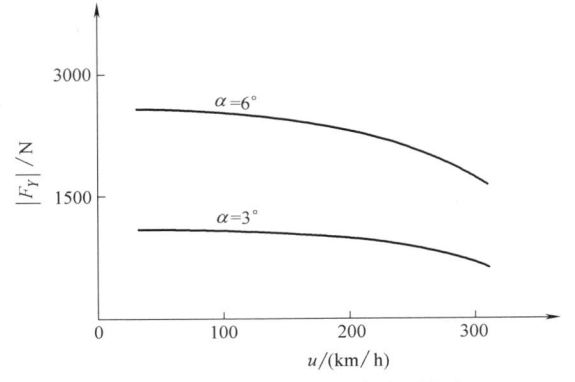

图 5-19 车速对侧偏特性的影响（法向力固定为 $F_Z=4000\text{N}$）

如图 5-19 所示。这种特性并不是行驶速度本身造成的，而是因为高速行驶必然意味着很大的地面纵向推力 F_X，影响了轮胎的侧向附着能力，可参看上文"地面纵向力"。

具体影响效果，即图 5-19 中曲线的形状与数值，除了与轮胎参数有关外，还与车辆的总体参数以及驱动形式有关，也就是说受驱动轮的地面纵向力 F_X 与车速 u 的关系的影响，可参看第一章第五节的"三、典型工况的附着率计算"中"2. 高速行驶时的附着率"部分。

7. 车轮外倾角

汽车的前轮定位参数中有车轮外倾角，有些汽车的后轮也有外倾角。车轮的外倾角对于汽车操纵稳定性的影响，主要体现在三方面：外倾角会改变轮胎的侧向受力状况，从而影响轮胎的侧偏特性；外倾角会引起回正力矩；外倾角还会影响轮胎与路面的接触状况。

(1) 对侧向受力的影响　研究表明，当车轮存在外倾角 γ 时，地面也会对轮胎施加一个侧向作用力，其示意图如图 5-20 所示。

由图 5-20 可知，具有外倾角 γ 的车轮在地面上滚动时，意图绕着其自身轴线与地面的交点 O' 滚动，犹如滚锥一样向外滚开。而车轴将其限制住，迫使其向正前方行驶，因此，车轮在其中心处必然受到一个拉力 F_y，而地面则必将对车轮施加一个向外推的侧向作用力 $F_{Y\gamma}$，称为**外倾侧向力**。

试验表明，外倾侧向力 $F_{Y\gamma}$ 与车轮外倾角 γ 基本成正比，如图 5-21 所示。

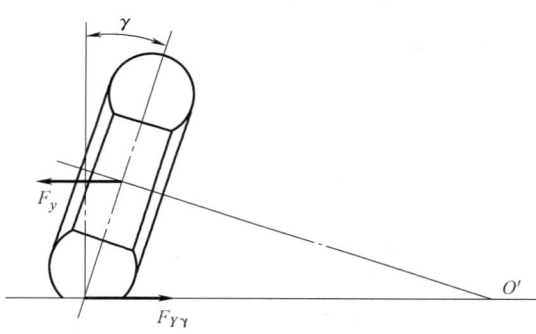
图 5-20　外倾角与外倾侧向力示意图

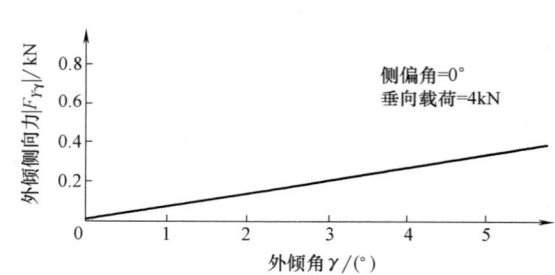
图 5-21　外倾侧向力与外倾角的关系
（给定条件下的试验数据加以处理）

外倾侧向力与外倾角的关系可以写为

$$F_{Y\gamma} = k_\gamma \gamma \tag{5-2}$$

式中，k_γ 为**外倾刚度** [N/rad 或 N/(°)]。

由轮胎坐标系的符号规定可知，外倾刚度为负值。

同时存在侧偏角和外倾角的轮胎，必然同时受到侧偏力 F_Y 和外倾侧向力 $F_{Y\gamma}$ 的作用，当外倾角不大时，轮胎受到的总地面侧向力可表达为

$$\sum F_Y = F_Y + F_{Y\gamma} = k\alpha + k_\gamma \gamma \tag{5-3}$$

总地面侧向力 $\sum F_Y$ 是轮胎的实际侧向受力，侧偏角 α 影响轮胎的实际速度方向，因而在分析汽车的运动和受力问题时，需要着重研究轮胎的 $\sum F_Y$ 与 α 的关系。或者说，此处讨

论的"侧偏特性",指的就是总地面侧向力 $\sum F_Y$ 与轮胎侧偏角 α 的关系。于是,将式(5-3)的关系表达为图 5-22 所示的图线。

由图 5-22 可知,总地面侧向力 $\sum F_Y$ 与侧偏角 α 的关系呈现一直线。直线的斜率就是轮胎的侧偏刚度 k,直线与纵坐标的截距取决于外倾侧向力 $k_\gamma \gamma$。当轮胎的外倾刚度 k_γ 为常数时,外倾角 γ 变化越大,侧偏特性直线的"平移"距离就越大。

车轮外倾角 γ 变化时,同样侧偏角 α 下的总地面侧向力 $\sum F_Y$ 会变化,或者说轮胎承受同样的侧向作用力 $\sum F_Y$ 时对应的侧偏角 α 会变化。$\sum F_Y$ 和 α 分别对应轮胎的受力和运动方向,两者关系的变化,就会对汽车的操纵稳定性造成影响。例如,在车轮外倾角为 γ 同时要求地面侧向力 $\sum F_Y$ 为 0(即意图使车轮向正前方行驶)的条件下,可由 $\sum F_Y = k\alpha + k_\gamma \gamma$ 求出此时的侧偏角为 $-\dfrac{k_\gamma \gamma}{k}$,即图 5-22 中 $\Delta\alpha$ 所示,这就是外倾造成的"附加侧偏角",说明外倾角 γ 影响车轮的实际行驶方向。

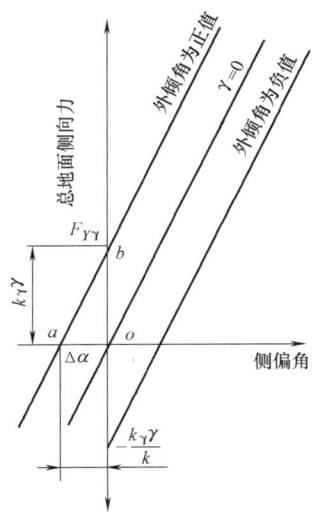

图 5-22 车轮外倾角对轮胎侧偏特性的影响(小侧偏角范围)

上述外倾角 γ 对侧偏特性 $\sum F_Y$-α 的影响,其效应一般来说是很小的。例如,根据对某轮胎的试验研究得知,其外倾刚度 k_γ 大约只有侧偏刚度 k 的 $\dfrac{1}{6}$。而且汽车行驶时,轮胎的外倾角 γ 通常也小于侧偏角 α。因此在比较初步的分析计算中,对式(5-3)可略去后一项外倾侧向力 $k_\gamma \gamma$ 的影响。作为本章研究汽车操纵稳定性的基础模型,"线性二自由度汽车"就没有考虑车轮外倾角对轮胎侧偏特性的影响,详见本章第三节。

(2)对回正力矩的影响 研究还表明,承受垂直载荷的轮胎,即使不考虑弹性侧偏效应,由于外倾角 γ 的存在,也会受到一个回正力矩 T_Z,其关系如图 5-23 所示。外倾角和它所引起的回正力矩是异号的(回正力矩与外倾角之比 T_Z/γ 可称为**外倾回正刚度**)。

(3)对轮胎与路面接触状况的影响 外倾角本身会影响轮胎与路面的接触状况。由于一

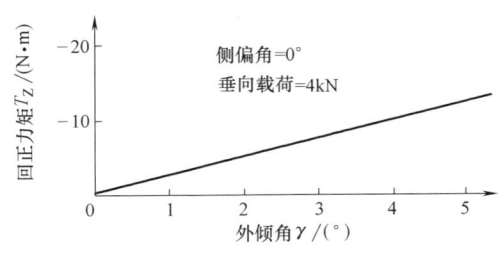

图 5-23 外倾角引起的回正力矩

般道路存在一定的横向上凸弧度,以及车轴在由空载转变为满载过程中会发生小幅度挠曲变形,适当的外倾角会使轮胎在实际工作时大致垂直于路面,接触充分,受力分布均匀。但是随着外倾角的进一步增大,轮胎与路面的接触状况将变差,轮胎磨损加剧,而且轮胎与路面

间的侧向附着能力会下降，从而损害汽车的极限工况行驶能力，如极限侧向加速度[⊖]会下降。因此，高性能的运动轿车以及专业赛车，不仅采用了断面宽、高宽比低的轮胎，以提高轮胎的侧偏刚度，还要求转向行驶时承受大部分前轴荷的前外轮尽量垂直于地面，即此时的车轮外倾角接近于零，这主要由悬架导向机构的设计保证。

车辆在曲线运动工况下各车轮外倾角的数值，可视为静态值与动态值之和。前者取决于车轮定位参数的初始值以及维护与调整；后者则与悬架导向机构的运动学特性和弹性变形特性等有关，具体影响可参见本章第六节"三、车轮外倾角的改变对汽车操纵稳定性的影响"部分。

8. 路面条件

路面材质、粗糙程度和干湿状况等，对轮胎的侧偏特性也有影响，如图 5-24 所示。

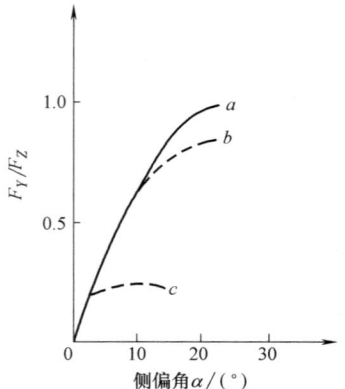

图 5-24 路面条件对轮胎侧偏特性的影响

a—干沥青路面，速度为 16.5km/h
b—湿混凝土路面，速度为 32.2km/h
c—湿沥青路面，速度为 14.5km/h

图 5-24 中的 F_Y/F_Z 是轮胎的侧偏力与法向力之比，可以认为就是制动性中讨论的侧向力系数 φ_1。

在给定法向力（垂直载荷）F_Z 值的条件下，图 5-24 所示曲线反映的就是轮胎的侧偏特性 F_Y-α。试验曲线显示，路面材质及干湿程度对曲线初段的斜率，即轮胎的侧偏刚度数值基本没有影响，但是会改变侧偏特性曲线的线性范围。由图 5-24 可知，在干燥的沥青路面上，试验轮胎的侧偏力极限值最大，而且侧偏特性曲线的线性范围最大。

在积水路面上，轮胎与路面之间的侧向附着能力下降。尤其要注意的是**滑水现象**，也就是轮胎的最大侧偏力降为零，完全丧失侧向附着能力。滑水的出现，与轮胎胎面结构、路面积水层厚度、路面粗糙程度以及行驶车速有关。图 5-25 所示为不同试验因素的组合下，

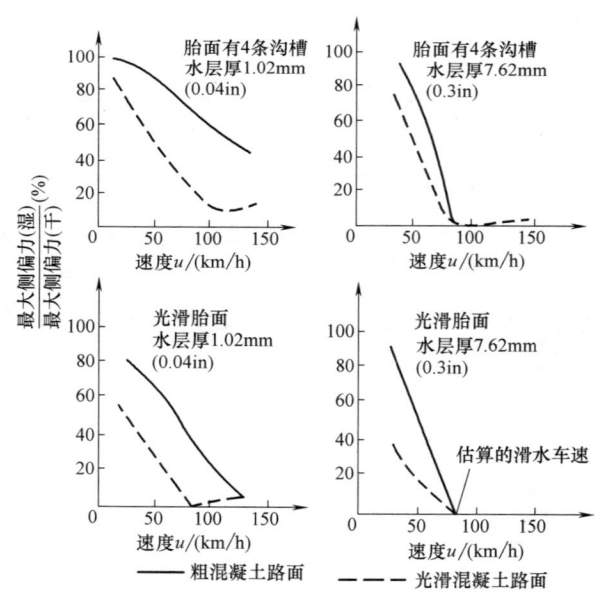

图 5-25 最大侧偏力的变化规律

最大侧偏力的变化规律。最大侧偏力（湿）与最大侧偏力（干）的比值，反映侧向附着能力的保留程度，显然，该比值下降为零，即意味着发生滑水现象。滑水现象的解释，可以参看第四章第二节"二、地面附着系数的变化"部分。

⊖ 在某种给定路面上汽车能够不侧滑、不侧翻，做稳定行驶的最大向心加速度。

由图 5-25 可知，轮胎表面花纹具有沟槽等排水结构、路面的微观结构较粗糙、积水层较浅，都有助于维持较高的轮胎侧偏力，延缓滑水现象的出现。同时试验数据还表明，当积水层较厚，达到 7.62mm（0.3in）时，无论胎面和路面状况如何，只要车速达到 80km/h，最大侧偏力就下降为零，发生滑水现象。

本节讲述的轮胎侧偏特性，广义上说包括轮胎发生弹性侧偏时的侧偏力和回正力矩两方面特性。初步研究中，侧偏特性指的就是侧偏力 F_Y 与侧偏角 α 的关系。

侧偏特性的基础是线弹性特性，即 $F_Y=k\alpha$，在给定轮胎的前提下 k 视作常数。在本章第一节"理想刚性汽车"（参见图 5-4）的基础上，加上轮胎的线弹性侧偏特性，就得到研究汽车操纵稳定性最基本的模型——线性二自由度汽车模型。

第三节　线性二自由度汽车模型的建立

在本章第一节中，介绍了简化的"理想刚性汽车模型"，如图 5-4 所示。在这个模型中，前轮的行驶方向就是前轮平面的指向，而前轮平面的指向仅取决于驾驶人操纵转向盘并经由一个刚性且无间隙的转向系统所确定的前轮转角；后轮则总是指向汽车纵向对称面的正前方，即车辆坐标系的 X 轴正方向。而由图 5-6 可知，由于轮胎存在弹性侧偏，前、后车轮的实际行驶方向都会在上述基础上朝着与地面侧向力（即侧偏力 F_Y）相反的方向略微转动一个侧偏角 α，于是整车的运动状况与上述"刚性理想汽车"不同。也就是说，考虑了轮胎侧偏特性的汽车模型将比理想刚性汽车模型更加真实，以它为基础的操纵稳定性分析与计算将更加可信。

同时，轮胎的侧偏特性有诸多影响因素，全面考虑这些因素，会使得理论模型变得过于复杂，研究难度加大。因此，本节将对一些实际存在的因素采取忽略和简化的处理，以期得到一个比较真实，同时也比较易于研究的汽车模型。

汽车模型的建立，主要包括两方面工作：以假设与简化为基础，确定研究对象的物理特性，或者说建立物理模型；对建立的模型运用物理定理，进行数学描述，对于机械系统来说，通常是建立动力学微分方程（组）。

另外，为了明确汽车操纵稳定性研究的某些特定方面，本节还将对转向盘输入特性以及车辆所处的具体行驶工况进行界定和讨论。

一、物理模型的简化——线性二自由度汽车模型

为了建立一个可供分析与研究的汽车模型，需要对汽车的各种真实特性和实际存在的外界因素进行适当的简化和假设。对汽车操纵稳定性的研究来说，这些简化和假设主要体现在三方面：整车的运动自由度、转向与悬架等系统特性和轮胎侧偏特性。

1. 整车运动自由度的简化

不考虑路面存在不平度，同时假设汽车行驶时悬架没有附加动变形，则整车（无论是簧上质量部分还是簧下质量部分）始终做平行于地面的平动，因此车辆没有沿其坐标系 z 轴的跳动、绕 x 轴的侧倾和绕 y 轴的俯仰。同时，本节不研究车辆的加速或制动性能，因而假定车辆没有沿 x 轴的纵向加速度，即图 5-26 中的 v_x 不变。因此，在进行基本的操纵稳定性分析时仅需要研究两个自由度：沿 y 轴的侧向线运动和绕 z 轴的横摆角运动。

2. 转向与悬架等系统特性的假设

不考虑转向系统实际存在的间隙和弹性，即认为前轮转角与转向盘转角之间存在确定的一一映射关系（这种忽略，将使得汽车系统的受力和运动响应做非稳态变化的一些研究工况，如本章第五节研究的瞬态响应特性和频率响应特性的结论变得不够准确）。研究操纵稳定性本应以驾驶人操作，即转向盘转角作为汽车的输入，如图 5-1 所示，而在此假设下，可以将转向盘转角输入等效为前轮转角输入，使得研究更方便。

> 许多标准文件对驾驶操作的叙述都是"转向盘……输入"，这是出于对驾驶动作描述的准确性。而本节以及本章的多数情况，都采用"前轮……输入"。

汽车实际行驶时，悬架系统存在运动与变形，车轮也有一定变形，转向系统与悬架导向杆系还可能发生运动干涉，这些都会影响有关车轮平面的指向。建立汽车模型时，忽略这些影响。

3. 轮胎侧偏特性的约定

假定汽车的侧向加速度不大（通常认为小于 $0.4g$），各轮胎的侧偏特性处于线性范围，而且忽略充气压力、行驶速度、法向力、纵向力、外倾角和道路条件等因素对轮胎侧偏特性的影响。即对各轮胎均存在线弹性的 $F_y = k\alpha$ 关系，侧偏刚度 k 对某轮胎来说为常数。另外，忽略轮胎拖距 e（图 5-9），认为侧偏力作用于轮胎接地印迹的中心，即轮轴正下方，不考虑回正力矩的效果。

同时，忽略行驶过程中轮胎的侧向打滑，即认为路面的侧向附着能力足够。

受力分析时也不考虑所有空气作用力。

> 事实上，汽车的行驶环境中，必然存在空气作用力，有时还相当大。即使在无风的天气下，随着车速的变化，空气施加于车身的各种力和力矩也会发生变化，整车的垂直载荷（即地面法向力）及其在前、后车轮之间的分配都会发生改变，这会影响轮胎的侧偏特性；而随着天气条件的改变，尤其是当存在较显著的侧向风时，整车还会直接受到来自空气的侧向力和横摆力矩。这些对于汽车的操纵稳定性都是有影响的。详细研究这类问题是比较复杂的。作为研究操纵稳定性的基本理论，本章不考虑空气作用对汽车操纵稳定性的影响。
>
> 而在后面的一些分析与讨论中，又提及了空气作用力，作为侧向干扰的代表。在那些分析中，好的操纵稳定性，就是要求汽车的运动响应对于侧向干扰尽可能不敏感。

4. 线性二自由度汽车模型

由上述假设与简化可知，得到的汽车模型无论在自身结构、外力特性还是在轮胎侧偏刚度等方面，都是左右对称的，因此，进一步忽略各种物理特性在汽车宽度方向上的差异，将质量、侧偏刚度等参数都集中于汽车的纵轴线上，得到一个类似"两轮摩托车"的模型，如图 5-26 所示。下文出现的侧偏刚度，若不加说明，均指某根轴上所有轮胎的侧偏刚度之和，其代数值为负值。由于这个模型仅有沿车辆 y 轴的侧向线运动和绕 z 轴的横摆角运动这两个自由度，而且轮胎的侧偏特性视为线性（这也必然导致下文分析得出的微分方程是线性的），故将其称为**线性二自由度汽车模型**，有的资料也称为"线性单轨模型"。本节以及接下来两节的分析与讨论，都是以此模型为研究对象的。

简言之，线性二自由度汽车模型，就是在理想刚性汽车模型的基础上，加上轮胎的线弹性侧偏特性。

图 5-26 中，汽车轴距为 L，质心至前轴和后轴的距离分别为 a 和 b。质心速度为 v，其沿车辆坐标系 x 方向和 y 方向的分量为 v_x 和 v_y。v 与 v_x 的夹角为质心侧偏角 β，参见式（5-6a）下面的讨论。由转向盘转角决定的前轮转角为 δ，前轮侧偏角为 α_1，前轮速度为 v_1，v_1 与 x 轴的夹角为航向角

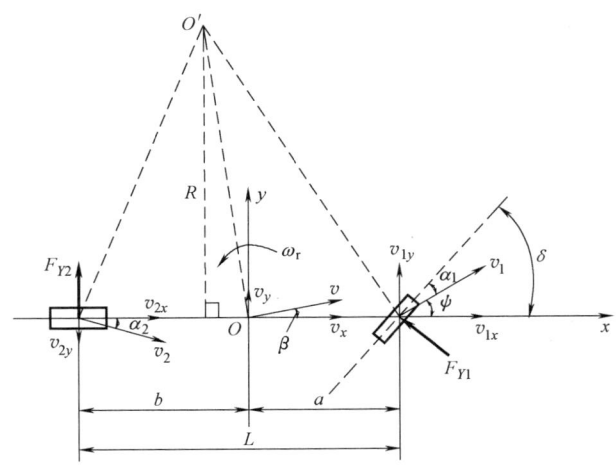

图 5-26　线性二自由度汽车模型

ψ。后轮不发生转动，其侧偏角为 α_2，后轮速度为 v_2。v_1 和 v_2 沿车辆坐标系 x 和 y 方向的分量分别为 v_{1x}、v_{1y} 和 v_{2x}、v_{2y}。v_1 垂线和 v_2 垂线的交点 O' 为汽车的瞬时转动中心。O' 到汽车纵轴线 Ox 的距离为转弯半径 R。汽车的瞬时横摆角速度为 ω_r。

由于模型中不存在侧向坡或侧向风，那么车辆运动状况的改变仅取决于前、后轮胎的侧偏力 F_{Y1} 和 F_{Y2}。

> 关于地面与轮胎的相互作用力：地面对某轮胎的合力当然是一个空间矢量，按轮胎坐标系做正交分解，包括三个分量：沿 Z 轴的分量，即法向力 F_Z；沿 X 轴的分量，即纵向力 F_X；沿 Y 轴的分量，即侧偏力 F_Y。在前面的讨论中已经得出，本节不考虑法向力和纵向力对侧偏特性的影响，采用简单的线弹性关系 $F_Y = k\alpha$，因而影响前、后轮实际速度方向（即侧偏角 α_1 和 α_2 的数值）的只有侧偏力 F_Y，故在图 5-26 中不需画出各车轮的 F_Z 和 F_X。

注意，各轮胎的侧偏力 F_Y 垂直于车轮平面，而不是垂直于车轮速度方向。

图 5-26 描述的是汽车"主动转弯"的工况，前、后轮的侧偏力 F_{Y1} 和 F_{Y2} 就是汽车转弯行驶所需的向心力，其方向必然指向转向中心一侧。

> 如果汽车遭遇侧向风或侧向坡等外界干扰，而驾驶人操纵转向盘力图维持直线（或预期路径）行驶，轮胎侧偏力方向与汽车转弯方向的关系则分不同情况，可参见图 5-37 及其下面的讨论。

二、物理模型的数学描述——微分方程（组）

建立微分方程的目的，是要在数学上建立研究对象的受力与运动之间的关系，作为进一步的性能分析和指标计算的基础。建立微分方程大体上包括三个步骤：运动学分析与坐标变

换、受力分析和动力学分析。

1. 运动学分析与坐标变换

运动学分析的主要任务，就是将汽车质心的绝对加速度，由原点固结于大地的惯性坐标系变换为车辆坐标系来表达。采用原点固结于汽车质心的车辆坐标系，会对动力学分析提供一定方便。

> 牛顿第二定律表达为"合外力（矩）= 质量（转动惯量）×（角）加速度"，这一表达体系是建立在惯性坐标系上的，通常指的就是大地坐标系。但是直接采取惯性坐标系来建立有关汽车操纵稳定性的动力学方程，与习惯的车辆运动状态的描述不符。对于驾乘人员来说，对车辆运动的描述通常都是基于原点固结于车辆质心而随同车辆运动的车辆坐标系。例如，对于操纵稳定性研究十分重要的匀速圆周行驶工况，一般采用的表述方式是：汽车质心沿车辆坐标系 x 轴的速度 v_x 不变、沿其 y 轴的速度 v_y 不变，汽车绕车辆坐标系 z 轴的角速度即横摆角速度 ω_r 不变，如图 5-26 所示。但是在大地坐标系 $o'x'y'$（如图 5-27 所示，注意，该图描述的汽车运动并不限于匀速圆周行驶）中，由于坐标轴 $o'x'$ 和 $o'y'$ 固定不动，做匀速圆周行驶的汽车，其质心沿 x' 方向和 y' 方向的速度矢量是变化的，加速度的分析与描述也比较烦琐，基于这种坐标表达建立起来的动力学方程是比较复杂的。
>
> 然而，牛顿运动定律必然要基于大地坐标系，因而此部分"运动学分析与坐标变换"的任务，就是将汽车相对于大地坐标系的绝对加速度，用车辆坐标系的坐标轴方向上的分量来表达。

需要强调的是，无论是此处的运动分析还是后面的受力分析，本质上还是基于大地坐标系，牛顿第二定律是成立的。

如图 5-27 所示，坐标系 $o'x'y'$ 为固结于大地的惯性坐标系。某瞬时，汽车处于 A 方位，车辆坐标系为 Oxy。汽车质心绝对速度矢量（"绝对"是指相对于大地坐标系）为 v，矢量 v 在此刻车辆坐标系的坐标轴方向上的分量分别为 v_x 和 v_y。图 5-27 中，Ox 轴方向依车辆方位而定，与 $o'x'$ 轴方向未必平行。

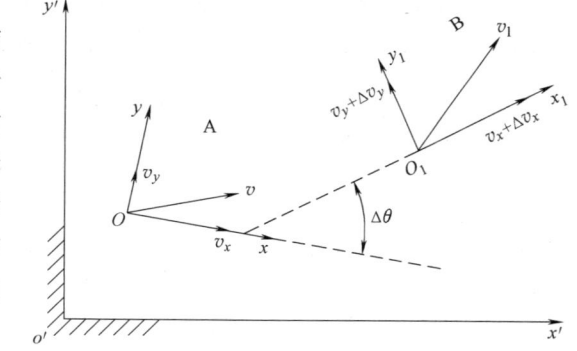

图 5-27 运动学分析与坐标变换

经过短暂时间 Δt，汽车运动到 B 方位，车辆坐标系（记为 $O_1x_1y_1$）相对于 A 方位发生了位移，且转动了角度 $\Delta\theta$，即横摆角。汽车质心绝对速度矢量为 v_1，v_1 和 v 一样，都是相对于大地坐标系的。v_1 在此时车辆坐标系 $O_1x_1y_1$ 的坐标轴方向上的分量分别记为 $v_x+\Delta v_x$ 和 $v_y+\Delta v_y$。

那么，相对于上一瞬时（A 方位），汽车质心绝对速度沿 Ox 轴的变化量为

$$\Delta v_{Ox} = (v_x+\Delta v_x)\cos\Delta\theta - (v_y+\Delta v_y)\sin\Delta\theta - v_x$$

> 注意，这里研究的是"下一瞬间的绝对速度在上一瞬间的坐标体系里变动了多少"，参考坐标系始终是 Oxy，没有随同车辆运动。或者说，在整个行驶过程中，坐标系是随同车辆质心运动的，但是在需要研究以某一瞬间为基点的微分问题时，坐标系"停滞"于该基点不动。这就是符合数学分析中微分的思想。

汽车质心绝对加速度在 Ox 轴上的分量为

$$a_x = \lim_{\Delta t \to 0} \frac{\Delta v_{Ox}}{\Delta t} = \lim_{\Delta t \to 0} \frac{v_x\cos\Delta\theta + \Delta v_x\cos\Delta\theta - v_y\sin\Delta\theta - \Delta v_y\sin\Delta\theta - v_x}{\Delta t}$$

当 $\Delta t \to 0$ 时，有 $\cos\Delta\theta = 1$、$\sin\Delta\theta = \Delta\theta$、$\frac{\Delta v_y \sin\Delta\theta}{\Delta t} = 0$、$\frac{\Delta v_x}{\Delta t} = \dot{v}_x$ 和 $\frac{\sin\Delta\theta}{\Delta t} = \frac{\Delta\theta}{\Delta t} = \omega_r$，其中 $\dot{v}_x$ 是汽车沿车辆坐标系 x 方向的加速度，ω_r 是汽车绕车辆坐标系 z 轴的角速度，即横摆角速度。横摆角指的是图 5-27 中的 $\Delta\theta$。于是有

$$a_x = \dot{v}_x - v_y\omega_r \tag{5-4a}$$

同理，可求得汽车质心绝对加速度在坐标系 y 轴上的分量为

$$a_y = \dot{v}_y + v_x\omega_r \tag{5-4b}$$

其中 $\dot{v}_y$ 是汽车沿车辆坐标系 y 轴方向的加速度。

注意：a_x 与 $\dot{v}_x$、a_y 与 $\dot{v}_y$ 的含义是不同的。a_x 和 a_y 是"站在"大地坐标系的基准上，观察汽车质心绝对加速度在（此刻）车辆坐标系的两个坐标轴方向的分量；$\dot{v}_x$ 和 $\dot{v}_y$ 则是"坐在"汽车质心处，观察车辆坐标系内两个方向的速度变化率。举例来说，汽车做匀速圆周行驶，a_y 基本上就是物理学中的向心加速度（在图 5-26 中，a_y 指向 Oy 方向，向心加速度指向 OO' 方向，两者差异很小），在汽车动力学分析中称为侧向加速度。而 $\dot{v}_y = 0$，因为对于匀速圆周行驶的汽车，此刻和下一瞬间的车辆运动姿态是相同的，图 5-26 中的 v_x 和 v_y 都是不变的。图 5-28 所示为匀速圆周行驶的汽车，某瞬间在车辆坐标系内存在 v、v_x 和 v_y，下一瞬间，汽车质心（即车辆坐标系 Oxy 的原点）相对于大地的方位会改变，也就是存在 a、a_x 和 a_y，但是车辆坐标系内的 v、v_x 和 v_y 不变。简言之，符号 a_x 和 a_y 是基于大地坐标系的，而 $\dot{v}_x$ 和 $\dot{v}_y$ 则是基于车辆坐标系的。

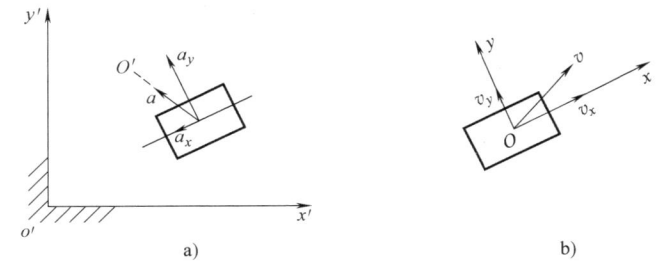

图 5-28 匀速圆周行驶时汽车的加速度辨析
a) 大地坐标系内存在加速度 b) 车辆坐标系内没有加速度

式（5-4a）和式（5-4b）就是运动学分析的结果，它们将汽车质心相对于大地坐标系的绝对加速度分量 a_x 和 a_y，用车辆坐标系中的各参量 v_x、v_y、$\dot{v}_x$、$\dot{v}_y$ 以及 ω_r 来表达。

2. 受力分析

如前所述，"二自由度汽车模型"指的是沿 y 轴的侧向线运动和绕 z 轴的横摆角运动这

两个自由度。于是，分析汽车沿 y 轴的合外力和绕 z 轴的合外力矩，如图 5-26 所示，可得

$$\begin{cases} \sum F_y = F_{Y1}\cos\delta + F_{Y2} \\ \sum M_z = F_{Y1}\cos\delta a - F_{Y2}b \end{cases} \tag{5-5a}$$

由于采用了线弹性的侧偏特性模型，那么前、后轮的侧偏力分别为 $F_{Y1} = k_1\alpha_1$ 和 $F_{Y2} = k_2\alpha_2$（再次强调，k_1 和 k_2 分别是前轴和后轴上所有轮胎的侧偏刚度之和）。

同时，汽车正常行驶时转向轮转角 δ 较小，近似存在 $\cos\delta \approx 1$。则式（5-5a）化为

$$\begin{cases} \sum F_y = k_1\alpha_1 + k_2\alpha_2 \\ \sum M_z = k_1\alpha_1 a - k_2\alpha_2 b \end{cases} \tag{5-5b}$$

线性汽车模型，前、后轮的侧偏刚度 k_1 和 k_2 都是已知的常量，那么还需要将前、后轮侧偏角 α_1 和 α_2 用汽车结构参数和行驶工况参数表达出来。结构参数主要是质心位置 a 与 b，行驶工况参数包括车速 v_x 与 v_y、横摆角速度 ω_r 和前轮转角 δ 等。

对于前轮，其转角为 δ，即车轮平面的指向与车辆坐标系 x 轴的夹角。前轮实际运动的航向角记为 ψ，即前轮实际速度 v_1 的方向与车辆坐标系 x 轴的夹角。两者之差就是侧偏角 α_1。结合轮胎坐标系对于参数符号的规定，则 $\alpha_1 = \psi - \delta$。转向时，前轮的航向角 ψ 较小，近似存在 $\psi = \tan\psi = \dfrac{v_{1y}}{v_{1x}}$。另一方面，前轮的运动（矢量），等效于随同质心的平动分量再加上绕质心的转动分量，即 $v_{1y} = v_y + \omega_r a$，$v_{1x} = v_x$。则 $\psi = \dfrac{v_{1y}}{v_{1x}} = \dfrac{v_y}{v_x} + \dfrac{\omega_r a}{v_x}$。于是前轮侧偏角 $\alpha_1 = \psi - \delta = \dfrac{v_y}{v_x} + \dfrac{\omega_r a}{v_x} - \delta$。

对于后轮，由于侧偏角 α_2 较小，有 $\alpha_2 \approx \tan\alpha_2 = \dfrac{v_{2y}}{v_{2x}}$。后轮的运动，等效于随同质心的平动分量再加上绕质心的转动分量，可见 $v_{2y} = v_y - \omega_r b$，$v_{2x} = v_x$。于是后轮侧偏角 $\alpha_2 = \dfrac{v_y}{v_x} - \dfrac{\omega_r b}{v_x}$。

将上述 α_1 和 α_2 的表达式代入式（5-5b），得到由结构参数和运动参数表达的汽车合外力（矩）：

$$\begin{cases} \sum F_y = k_1\left(\dfrac{v_y}{v_x} + \dfrac{\omega_r a}{v_x} - \delta\right) + k_2\left(\dfrac{v_y}{v_x} - \dfrac{\omega_r b}{v_x}\right) \\ \sum M_z = ak_1\left(\dfrac{v_y}{v_x} + \dfrac{\omega_r a}{v_x} - \delta\right) - bk_2\left(\dfrac{v_y}{v_x} - \dfrac{\omega_r b}{v_x}\right) \end{cases} \tag{5-5c}$$

3. 动力学分析

对线性二自由度汽车模型的两个自由度分别运用牛顿第二定律，易得：沿 y 轴方向的合外力 = 质量×沿 y 轴方向的加速度；绕 z 轴的合外力矩 = 绕 z 轴的转动惯量×绕 z 轴的角加速度。

将运动分析得到的加速度式（5-4b）和受力分析得到的合外力（矩）式（5-5c）代入此关系，可得

第五章 汽车的操纵稳定性

$$k_1\left(\frac{v_y}{v_x}+\frac{\omega_r a}{v_x}-\delta\right)+k_2\left(\frac{v_y}{v_x}-\frac{\omega_r b}{v_x}\right)=m(\dot{v}_y+v_x\omega_r)$$

$$ak_1\left(\frac{v_y}{v_x}+\frac{\omega_r a}{v_x}-\delta\right)-bk_2\left(\frac{v_y}{v_x}-\frac{\omega_r b}{v_x}\right)=I_z\dot{\omega}_r$$

式中 I_z 为汽车绕自身 z 轴的转动惯量；$\dot{\omega}_r$ 为汽车的横摆角加速度。

整理后，得到线性二自由度汽车的运动微分方程：

$$\begin{cases}(k_1+k_2)\dfrac{v_y}{v_x}+(ak_1-bk_2)\dfrac{\omega_r}{v_x}-k_1\delta=m(\dot{v}_y+v_x\omega_r)\\ (ak_1-bk_2)\dfrac{v_y}{v_x}+(a^2k_1+b^2k_2)\dfrac{\omega_r}{v_x}-ak_1\delta=I_z\dot{\omega}_r\end{cases} \quad (5\text{-}6\text{a})$$

可以定义汽车的**质心侧偏角**：汽车质心的绝对速度 v 的方向与质心的前进速度 v_x 的方向（即车辆坐标系的 x 轴）的夹角，即图 5-26 中的 β。

轮胎的（弹性）侧偏角 α，指的是轮胎的实际速度方向与车轮平面所指方向的夹角。而图 5-26 中的 β，指的是汽车质心的实际速度方向与汽车纵向对称面所指方向的夹角，故可称之为"质心侧偏角"。形象地说，就是汽车（质心）看上去要向 v_x 方向行驶，而实际上在向 v 方向行驶。另外需要注意的是，轮胎侧偏角 α 的确是由于橡胶轮胎的弹性侧偏效应造成的，如图 5-6 所示，而质心侧偏角实际上并不依赖于轮胎的弹性侧偏，由图 5-26 可以想象，即使不存在前、后轮侧偏角 α_1 和 α_2，由于转弯时前轮速度指向 δ 方向而后轮速度指向 x 轴正方向，汽车质心速度方向与车辆坐标系的 x 轴仍然不会重合，同样会存在质心侧偏角 β。

质心侧偏角最直观的意义，就是反映汽车转动的"剧烈程度"。举两个极端的例子：当汽车直线行驶时，前、后轮速度均指向车辆坐标系 x 轴正方向，汽车的瞬时转动中心 O' 处于无穷远处，质心侧偏角 β 为 0；如果急剧转向，前轮的航向角 ψ 达到 90°（当然实际上不可能出现），那么瞬时转动中心就在后轮中心，汽车的质心侧偏角 β = 90°，此时汽车以后轮为"轴心"做原地旋转。

试验研究表明，正常行驶时汽车的质心侧偏角 β 的数值很小，通常只有几度，而且在行驶过程中其变化程度更小。但是，质心侧偏角反映了汽车实际速度方向与汽车纵轴线指向之间的差异，这对于驾驶人的主观感觉来说是比较重要的，是构成驾驶人"路感"的一个组成部分（尤其对于轿车，因为轿车的驾驶人位置与汽车质心在汽车纵向上非常接近）。有研究观点认为，质心侧偏角 β_y 相对于侧向加速度 a_y 或转向盘转角 δ_{sw} 适当"迟钝"一些，即适当降低 $\mathrm{d}\beta/\mathrm{d}a_y$ 或 $\mathrm{d}\beta/\mathrm{d}\delta_{sw}$（均指绝对值），有利于提高汽车的操纵稳定性。

有关质心侧偏角的深入分析和讨论，可参考有关资料。

由图 5-26 可知，当质心侧偏角 β 较小时，存在 $\beta \approx \tan\beta = \dfrac{v_y}{v_x}$。如果用 β 代替 $\dfrac{v_y}{v_x}$，则式 (5-6a) 也可写为

$$\begin{cases} (k_1+k_2)\beta+(ak_1-bk_2)\dfrac{\omega_r}{v_x}-k_1\delta=m(\dot{v}_y+v_x\omega_r) \\ (ak_1-bk_2)\beta+(a^2k_1+b^2k_2)\dfrac{\omega_r}{v_x}-ak_1\delta=I_z\dot{\omega}_r \end{cases} \quad (5\text{-}6b)$$

式（5-6a）或式（5-6b）是本节以及接下来两节操纵稳定性问题研究的基础模型，它建立起了一定的前轮角输入下线性二自由度汽车的运动状况与整车质量参数和轮胎侧偏刚度之间的关系。

> 式（5-6b）与汽车受力平衡方程式（1-14a）一样，出发点都是"利用结构参数（车）和使用参数（路、人）来表达汽车的基本动力学关系"，所以不会出现侧偏力 F_Y 或侧偏角 α 等，如同式（1-14a）不会直接使用驱动力 F_t 或者空气阻力 F_w 等一样。

需要指出的是，式（5-6a）或式（5-6b）描述的是线性二自由度汽车模型在任一瞬时的受力和加速度的关系，具有普遍意义，并无其他特定性限制条件。为了具体研究汽车操纵稳定性的某一特定方面（如表 5-1 中的"稳态响应特性""瞬态响应特性"或者"频率响应特性"等），还需要进一步限定转向盘输入特性以及车辆所处的具体行驶工况。

三、转向盘（前轮）输入特性与车辆响应特性的概述

> 建立了动力学分析模型式（5-6a）或式（5-6b）之后，就可以其为基础，研究汽车的操纵稳定性。操纵稳定性涉及的研究内容和评价指标有很多，先以驾驶人输入操作和车辆响应的不同特点为"索引"进行较粗略的分类，这种思想类似表 5-1 给出的逻辑。

由图 5-1 所示的操纵稳定性的控制系统模型，可以用系统分析的方法研究汽车的操纵稳定性。驾驶人操作和外界干扰是系统的输入，汽车的运动响应是输出。车辆系统的功能是将输入转化为输出，也就是说，输出与输入的关系就体现为系统特性，即要研究的操纵稳定性。在本节的分析中，车辆系统的输出主要采用横摆角速度 ω_r，ω_r 是汽车绕车辆坐标系 z 轴的角速度，可以表达汽车行驶方向的变化速率；驾驶人对转向盘的操纵则是主要输入。输入工况不同，操纵稳定性研究的角度、思路和所采用的数学工具也不同（可参见表 5-1）。

1. 转向盘（前轮）角阶跃输入下汽车的时域响应概述

对汽车的操纵稳定性研究来说，系统输入主要指的是驾驶人对转向盘的操纵，具体来说，可以用操纵力（力矩）来描述，也可以用转角来度量。本书重点讨论转角输入，记为 δ_{sw}。

对转向盘转角 δ_{sw}，最直观的就是时间域描述，即将 δ_{sw} 看成时间 t 的函数 $\delta_{sw}(t)$。与此相对应，将车辆系统的响应量——横摆角速度 ω_r 也看成时间 t 的函数 $\omega_r(t)$。

> 在系统或信号的特性分析中，经常见到某"域"的提法，其概念比较抽象，大致含义为以某物理参数为自变量的数学分析方法。常见的有**时域分析**，就是将研究对象的数学特性视为时间的函数，如上述提到的 $\delta_{sw}(t)$ 和 $\omega_r(t)$；**值域分析**，即认为研究对象

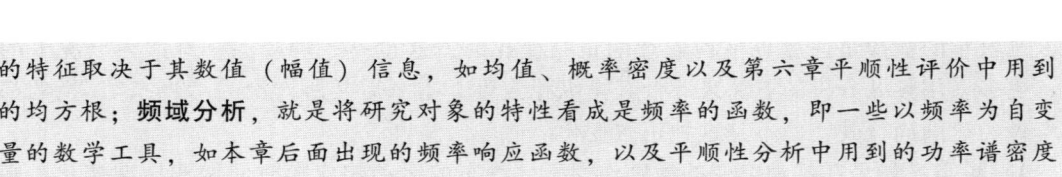

第五章 汽车的操纵稳定性

的特征取决于其数值（幅值）信息，如均值、概率密度以及第六章平顺性评价中用到的均方根；**频域分析**，就是将研究对象的特性看成是频率的函数，即一些以频率为自变量的数学工具，如本章后面出现的频率响应函数，以及平顺性分析中用到的功率谱密度函数等。

对汽车的操纵稳定性进行时间域分析，最典型的输入是**转向盘角阶跃输入**，即对匀速直线行驶的汽车，驾驶人在某一时刻突然施加一个转向盘转角 δ_{sw0}，然后维持此转角不变。所谓"突然"，理论上就是要求转向盘转角在无限短的时间内由 0 变化到该 δ_{sw0} 值，其时间历程曲线犹如跃上一个台阶，如图 5-30 所示。显然，在无限短的时间内做绝对的"阶跃输入"在实际操作中是无法实现的，在一些相关试验标准中，对于这种"突然"的要求是转向盘转角的变化要在 0.2s 内完成，或者转动转向盘的速率达到 200°/s。

在实际驾驶操作中，转向盘角阶跃输入是很少出现的，但是对于汽车操纵稳定性的理论研究而言，它却是非常重要的一种工况。施加角阶跃输入是一种典型的开路研究方法（参见图 5-1），它排除了驾驶人的反馈调节，在确定阶跃值 δ_{sw0} 的前提下，车辆的运动响应如何，完全取决于其自身结构参数，更有利于揭示汽车自身的动态响应性能。

在本节的"一、物理模型的简化——线性二自由度汽车模型"部分已指出，不考虑汽车转向系统实际存在的间隙和弹性。因而可将转向盘转角 δ_{sw} 等效为前轮转角 δ，这为研究提供了方便。在后续的具体分析中，都以前轮转角 δ 作为车辆系统的输入量。例如，"转向盘角阶跃输入"就等价于"前轮角阶跃输入"。

在前轮角阶跃输入下，车辆的时域运动响应将先后经历瞬态和稳态两个阶段。

（1）**车辆运动状态的定义** 根据车辆系统上的输入量和输出量随时间变化的关系，可以用"静态""动态""稳态"和"瞬态"等术语来界定车辆的运动状态。

不同的学科领域和文献资料，对上述状态可能有不同的解释，本书采取以下定义。

1）静态：指的是施加于汽车的输入不随时间变化且汽车的输出运动响应也不随时间变化的状态。"输入"也可称为"激励"，一般指驾驶人的操作，也包括外界干扰力或力矩；"输出"则是汽车运动响应，如速度、加速度及角速度等。例如，汽车静止于原地就是一种静态。驾驶人控制发动机工况、变速器档位不变，同时转向盘转角指向正中，汽车做匀速直线运动，这种运动状态在本质上也属于一种静态。

2）动态：指的是施加于汽车的激励和汽车的运动响应都在随时间变化的状态。

> 不必细究是否存在"输入和输出两者中一个固定、另一个在变化"的状态。因为那将意味着车辆系统的特性在改变，这是很罕见的，可以认为是由汽车技术状况极不稳定造成的，基本不需考虑。

3）稳态：指的是对汽车施加一个不随时间变化的或者随时间做周期变化的输入，汽车的运动响应也不随时间变化或者随时间做周期变化的状态。也就是说，稳态包括静态和周期性变化的动态。在汽车的操纵稳定性研究中，匀速圆周行驶是一种典型的稳态工况，有些资料称其为"准静态"。

另外，如果对转向盘（在线性二自由度模型框架下，也就是前轮）施加连续的正弦输入，当汽车的横摆角速度也呈现连续的正弦变化时，这也是一种稳态。对这种工况下的汽车，更多采用频域分析的方法来评价其操纵稳定性。本章后文所讨论的"稳态"，指的都是汽车做匀速圆周行驶，而不是这种正弦变化。

4）瞬态：如果在某种突变的激励作用下，汽车的运动响应随时间做非周期变化，则这种工况就是**瞬态**。在两个稳态工况之间，通常会经历一个短暂的、过渡性的瞬态工况，故又称其为"暂态"。

本章主要将汽车在转向盘角阶跃输入下的时域响应划分为瞬态和稳态两个阶段，基本不采用"静态"和"动态"的提法。

例如，前轮转角为零，汽车做匀速直线行驶，这是稳态；然后施加一个前轮角阶跃输入，汽车会进入一个瞬态；随着瞬态过程的持续，汽车的横摆角速度发生波动、且逐渐趋于稳定，过渡过程结束，汽车又重新进入稳态，即匀速圆周行驶，如图5-29所示。

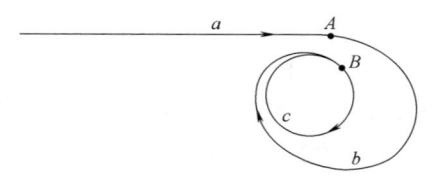

a段：稳态（匀速直线行驶）
点A：施加前轮角阶跃输入
b段：瞬态
点B：（收敛）进入匀速圆周行驶状态
c段：稳态（匀速圆周行驶）

图5-29　前轮角阶跃输入条件下汽车运动轨迹的时域响应示意图

（2）**瞬态响应**　对匀速直线行驶的汽车施加前轮角阶跃输入，其运动状况将进入一个短暂而复杂的阶段。对于多数汽车而言，横摆角速度 $\omega_r(t)$ 先是较快增加而达到一个峰值，然后呈现衰减振荡，逐渐收敛于某一稳定值 ω_{r0}。这个过程就是**前轮角阶跃输入下汽车的瞬态响应**，如图5-30所示。直观地说，车辆的瞬态响应特性就体现为 $\omega_r(t)$ 曲线的若干特性参数，具体分析见本章第五节。

注意，在准确界定时，"前轮角阶跃输入"这个限定不应忽略，因为不同的输入形式，汽车的瞬态响应特性不同。

（3）**稳态响应**　对于大多数汽车，施加前轮角阶跃输入，汽车经过短暂的瞬态响应时间历程后，会进入一个匀速圆周行驶工况，即进入**稳态响应**。稳态响应特性的类型、具体表征与评价等问题，详见本章第四节。

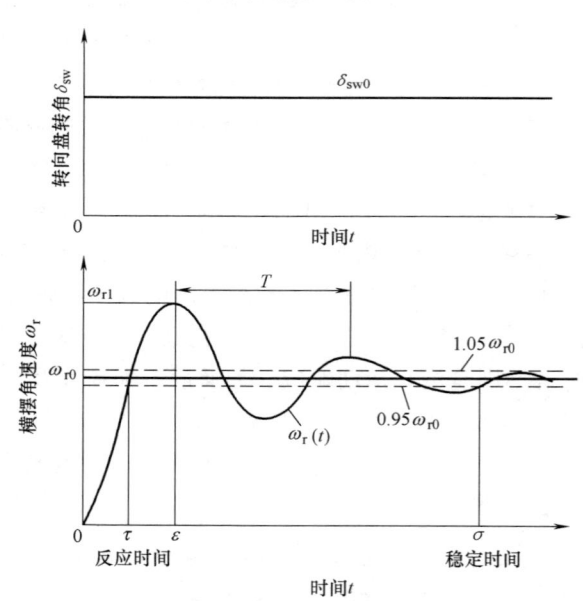

图5-30　前轮角阶跃输入下汽车的瞬态响应

采用"前轮角阶跃输入下汽车的稳态响应"这种说法，为的是在时间域上与瞬态响应衔接，便于学习者理解瞬态和稳态的关系。事实上，单独研究汽车的稳态响应问题，并不需要前轮（也就是转向盘）角阶跃输入这一条件。因为按稳态的定义，只要前轮转角固定，

第五章 汽车的操纵稳定性

汽车的横摆角速度也不再变化（也就是汽车的行驶方向做周期性变化），汽车进入匀速圆周行驶工况，这就是稳态，而对于前轮转角是如何达到这个固定值的，并无限制。

> 例如，在试验规范中，如果只测试稳态响应特性而不要求瞬态响应，则没有诸如"急速转动转向盘"这样的阶跃输入操作的要求。因为对于以一定速度行驶的汽车，施加转向盘角阶跃输入对场地要求较高，且具有一定的危险性。

另外，某些汽车，在前轮角阶跃输入作用下，其横摆角速度 $\omega_r(t)$ 不收敛，即其瞬态响应不会稳定下来，则不存在"前轮角阶跃输入下的稳态响应"。详见本章第五节。

2. 转向盘（前轮）转角正弦输入下汽车的频域分析概述

除了转向盘角阶跃输入，有时驾驶人还会对转向盘施加正弦输入，即转向盘转角随时间做正弦变化。例如，行驶过程中为了绕过连续出现的障碍，驾驶人会连续、往复地转动转向盘，这种操作就可以近似为一种正弦输入。

在本节条件下，转向盘转角正弦输入等价于前轮转角正弦输入。

在前轮转角正弦输入作用下，汽车的运动响应——横摆角速度 ω_r 也将进入正弦变化状态（忽略刚开始施加正弦输入后短暂的瞬态过程）。

当系统处于这种稳态的正弦周期变化时，通常进行频域分析，将研究对象的特性看成激励频率的函数。这就是本章第五节中要讨论的"横摆系统的频率响应特性"。

综上，对匀速直线行驶的汽车施加前轮角阶跃输入，当汽车的横摆角速度还没有进入稳定状态时，汽车处于瞬态响应阶段；当横摆角速度达到稳态值、汽车做匀速圆周行驶时，就处于稳态响应阶段（再次强调，研究稳态响应本身并不一定需要"前轮角阶跃输入"这一条件）。如果施加的是前轮转角正弦输入，而且汽车的横摆角速度响应也进入正弦变化状态，那么汽车的操纵稳定性就表现为频率响应特性。

稳态响应特性、瞬态响应特性和频率响应特性，是本章汽车操纵稳定性研究的主要内容。第四节和第五节将采用线性二自由度汽车模型进行分析，第六节和第七节则会对此模型进行修正和补充。

第四节 线性二自由度汽车模型的稳态响应特性

一、稳态响应的数学描述

汽车做稳定的匀速圆周行驶时，相当于汽车以固定的姿态绕地面上一固定点匀速转动，横摆角速度 ω_r 不变，质心速度沿车辆坐标系 y 轴的分量 v_y 也不变，可参见图5-26，即 $\dot{\omega}_r = 0$，$\dot{v}_y = 0$（本章第三节已讨论过，这个 $\dot{v}_y$ 不是车辆的侧向加速度 a_y）。将其代入线性二自由度汽车模型的普遍微分方程式（5-6a），可得

$$\begin{cases} (k_1+k_2)\dfrac{v_y}{v_x}+(ak_1-bk_2)\dfrac{\omega_r}{v_x}-k_1\delta = mv_x\omega_r \\ (ak_1-bk_2)\dfrac{v_y}{v_x}+(a^2k_1+b^2k_2)\dfrac{\omega_r}{v_x}-ak_1\delta = 0 \end{cases} \quad (5-7)$$

车辆系统的输入是前轮转角 δ，输出是横摆角速度 ω_r。系统特性，即此问题所研究的稳

态响应特性，必然体现为两者之间的关系。于是将式（5-7）的两式消去 v_y，可得到

$$\frac{\omega_r}{\delta} = \frac{\dfrac{v_x}{L}}{1 + \dfrac{m}{L^2}\left(\dfrac{a}{k_2} - \dfrac{b}{k_1}\right)v_x^2} \tag{5-8}$$

式中，$L = a + b$，为汽车轴距。

$\dfrac{\omega_r}{\delta}$ 是汽车在稳态响应工况下的横摆角速度与前轮转角之比，也就是系统的稳态输出与输入之比，称为**稳态横摆角速度增益**或横摆角速度增益。有的资料称之为转向灵敏度或圆周行驶参数。

由式（5-8）可知，在给定车辆结构参数的前提下，稳态横摆角速度增益 $\dfrac{\omega_r}{\delta}$ 取决于汽车沿车辆坐标系 x 轴方向的速度 v_x。为叙述方便，在后文中就将"汽车沿车辆坐标系 x 轴方向的速度"简称为"车速"。

简单辨析：在匀速圆周行驶工况下，v_x 和质心速度 v 的比例关系是固定的，即质心侧偏角 β 不变（参见图 5-26），而且事实上两者差异也很小，因为 β 也很小。在后文的定量计算中，$\dfrac{\omega_r}{\delta}$ 等公式中的"车速"理论上指的是汽车质心速度沿车辆坐标系 x 轴的分量 v_x，将其理解成质心的合速度 v 也是可以的。

> 向心加速度与侧向加速度也有与此类似的关系。分析可知，汽车做曲线运动时的向心加速度 a 是指向 OO' 方向的，而侧向加速度 a_y 是指向 Oy 方向的，$a_y = a\cos\beta$，参见图 5-26。当 β 很小时，$a_y \approx a$。做操纵稳定性试验时，试验仪器测出的是向心加速度 a，可以认为就是侧向加速度 a_y。

将稳态横摆角速度增益 $\dfrac{\omega_r}{\delta}$ 简记为 A_s，同时忽略上述"车速"含义的差别而将 v_x 记为 v，于是式（5-8）改写为

$$A_s = \frac{\dfrac{v}{L}}{1 + \dfrac{m}{L^2}\left(\dfrac{a}{k_2} - \dfrac{b}{k_1}\right)v^2} \tag{5-9}$$

定义**稳定性因数** K（s^2/m^2）：

$$K = \frac{m}{L^2}\left(\frac{a}{k_2} - \frac{b}{k_1}\right) \tag{5-10}$$

式中，参数 a 和 b 分别为汽车质心至前轴和后轴的距离。

> a 和 b 也是稳态响应时侧向合力作用点至前、后轴的距离。因为汽车做匀速圆周行驶时，绕质心的侧向合力矩为 0，即合力通过质心。

则式（5-9）可写为

$$A_s = \frac{\dfrac{v}{L}}{1+Kv^2} \tag{5-11}$$

稳态横摆角速度增益 A_s 的含义是汽车达到稳态时的输出与输入之比，也就反映了系统的稳态响应特性，将此特性看成车速 v 的函数，如图 5-32 所示。

> 式（5-11）的关系可以抽象为 $A_s=f$（车辆，车速），其中车辆因素包括轴距 L 和稳定性因数 K。强调稳态横摆角速度增益 A_s 是车速 v 的函数，恰恰是为了体现车辆因素的重要性：车辆参数不同，A_s 与 v 的关系就不同。

由式（5-11）可知，对于给定轴距的汽车，A_s 随 v 的变化规律，取决于稳定性因数 K。稳定性因数 K 是汽车稳态响应的一个重要评价参数，根据 K 的正负符号不同，汽车的稳态响应特性分为三种类型。

二、稳态响应特性的三种类型

汽车的稳态响应特性，有时也称为稳态转向特性或稳态回转特性，包括不足转向、中性转向和过多转向三种类型。其直观表象如下：

固定汽车的前轮转角不变（再次强调，理论上并不要求以阶跃输入的方式达到该转角），使汽车进入匀速圆周行驶状态，然后缓慢加速或者分别以不同车速匀速行驶。随着车速的提高，如果汽车的转弯半径越来越大，那么该汽车的稳态响应特性是**不足转向**；如果转弯半径不变，那么是**中性转向**；如果转弯半径逐渐减小，则是**过多转向**，如图 5-31 所示。注意，在车速变化过程中，前轮转角保持不变。

对于"理想刚性汽车模型"来说，当前轮转角 δ 较小时，有 $R \approx \dfrac{L}{\delta}$，即在给定汽车轴距的前提下，转弯

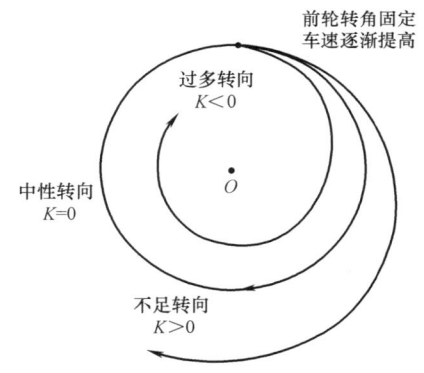

图 5-31 三种稳态响应特性的表现

半径 R 仅取决于前轮转角 δ，与车速无关，如图 5-4 所示。而线性二自由度汽车模型是在上述刚性汽车的基础上加上轮胎的弹性侧偏特性。由于汽车转弯时前、后轮都要受到侧偏力作用，因而均会产生侧偏角，这就造成汽车的转弯中心以及转弯半径与理想刚性汽车均有所不同。

> 读者可以结合图 5-26 初步思考一下，前轮侧偏角和后轮侧偏角，哪个会加剧汽车的转向运动，哪个会削弱汽车的转向运动？汽车做匀速圆周行驶时，前、后轮的侧偏角数值又与哪些因素有关？

此处强调"前轮转角不变"，是为了理论研究的方便；而在试验研究中，通常规定"固定转向盘转角不变"，这样便于操作。在本节线性二自由度汽车模型的条件下，两者等价。

所谓"不足"或"过多",是一种来源于实际驾驶体验的形象说法。如果在固定转向盘转角(等价于固定前轮转角)的情况下,随着车速的提高转弯半径越来越大,那么汽车就有离开既定轨迹向外甩开的趋势,这就是转向"不足"的含义。为了维持既定圆周轨迹,驾驶人势必增大转向盘转角。因此,在稳态响应试验的操作中,也可以按所谓**"定转弯半径法"**来判定:如果随着车速或侧向加速度(有的试验条件,测量侧向加速度比测量车速方便)的提高,为了维持固定的转弯半径需要增大转向盘转角,那么汽车属于不足转向;反之,则是过多转向。

另外,在加速过程的描述中,要求"缓慢加速或者分别以不同车速匀速行驶",其目的是确保行驶过程中车辆的纵向加速度足够小,轮胎受到的地面纵向力很小,地面法向力的变化也很小,因为本节的线性二自由度汽车模型假定轮胎的侧偏特性不受地面纵向力和法向力的影响。

下面从理论上分析汽车的稳态响应特性与哪些车辆因素有关。

最常用的判定指标,就是稳定性因数 K。稳定性因数 K 将影响稳态横摆角速度增益 A_s 随车速 v 的变化规律,从而决定汽车的稳态响应特性。

按定义式(5-11), $A_s = \dfrac{\omega_r}{\delta} = \dfrac{\dfrac{v}{L}}{1+Kv^2}$ 可化为 $\dfrac{v}{\omega_r} = \dfrac{L}{\delta}(1+Kv^2)$。$v$ 是汽车的线速度,ω_r 是汽车的横摆角速度,其比例 $\dfrac{v}{\omega_r}$ 就是转弯半径 R,于是有

$$R = \frac{L}{\delta}(1+Kv^2) \tag{5-12}$$

在本节的理论模型中,式(5-12)中线速度"v"的准确含义是 v_x,那么 R 的定义是瞬心 O' 到汽车 x 轴的距离,如图5-26所示;如果将转弯半径定义为 O' 到汽车质心 O 的距离,那么线速度就应取图5-26中的 v。当质心侧偏角 β 很小时,可以忽略两种转弯半径的差异。

显然,在给定前轮转角 δ 的前提下,稳定性因数 K 会影响汽车转弯半径 R 与车速 v 的关系,也就是影响汽车的稳态响应特性。

若 $K=0$,按式(5-12)分析,汽车的稳态响应特性是哪种转向?

1. 中性转向

先来研究汽车的稳定性因数 $K=0$ 的情况。

由式(5-12)可知,对于给定轴距的汽车,当其稳定性因数 $K=0$ 时,转弯半径 $R = \dfrac{L}{\delta}$,仅取决于前轮转角,而与车速无关。如果固定前轮转角,那么转弯半径就不变,这与"中性转向"的定义是一致的。可见,稳定性因数 $K=0$ 时,汽车是中性转向。

由本章中关于"理想刚性汽车"模型的讨论可以看出,对于该模型来说,由于不存在轮胎侧偏角,汽车的转弯半径与前轮转角之间存在简单的 $R=\dfrac{L}{\tan\delta}\approx\dfrac{L}{\delta}$。这与上述讨论的中性转向是一致的。也就是说,刚性车轮模型的汽车必然是中性转向;然而,中性转向汽车未必是刚性车轮模型的。

当实际汽车的前、后轮都存在侧偏角时,如果前轮侧偏角对转向的影响与后轮侧偏角的影响刚好互相抵消,汽车仍然是中性转向的。这一点在本节后面的"前、后轮侧偏角绝对值之差"问题中可以看出。

将 $K=0$ 代入式(5-11),可得 $A_s=\dfrac{v}{L}$,即中性转向的汽车,其稳态横摆角速度增益与车速成线性正比关系,如图 5-32 所示。

有时将中性转向汽车的稳态横摆角速度增益值 $\dfrac{v}{L}$ 简称为**静态增益值**。

稳定性因数 K 的符号取决于 $\left(\dfrac{a}{k_2}-\dfrac{b}{k_1}\right)$,其本质也就是前、后轴荷比例与前、后轮侧偏刚度比例的匹配。例如,某汽车前、后轴荷的比例恰好

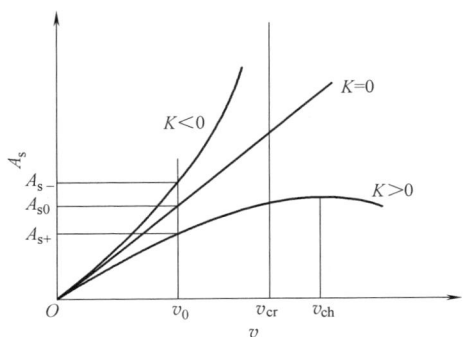

图 5-32 稳态横摆角速度增益曲线与稳态响应特性(轴距相等条件下)

等于前、后轮侧偏刚度的比例,即 $\dfrac{G_1}{G_2}=\dfrac{k_1}{k_2}$,则必然有 $\dfrac{b}{a}=\dfrac{k_1}{k_2}$,显然 $K=0$,汽车为中性转向。

再次强调,侧偏刚度 k_1 或 k_2 指的是整根前轴或后轴上所有轮胎侧偏刚度之和,为负值。

2. 不足转向

现在研究汽车的稳定性因数 $K>0$ 的情况。

由式(5-12)可知,当 $K>0$ 时,固定前轮转角条件下的汽车转弯半径 R 比中性转向汽车的更大,而且车速 v 越高,转弯半径 R 越大,这与"不足转向"的定义是一致的。可见,稳定性因数 $K>0$ 时,汽车为不足转向。

当 $K>0$ 时,由式(5-11)可知,稳态横摆角速度增益 A_s 与车速 v 的关系低于线性正比关系。如图 5-32 所示,任意车速 v_0 下,不足转向汽车的 A_{s+} 低于同轴距中性转向汽车的 A_{s0}。

$A_s=\dfrac{\dfrac{v}{L}}{1+Kv^2}$,其中分子 $\dfrac{v}{L}$ 是静态增益,可见稳定性因数 K 越大,汽车的横摆角速度增益值相对于静态增益值下降得越多。

不足转向汽车的横摆角速度增益曲线呈凸函数形状,可以求其极大值。对 $A_s(v)$ 求一阶导数,$A'_s=\dfrac{1-Kv^2}{L(1+Kv^2)^2}$,令其等于零,得到对应的车速 $v_{ch}=\sqrt{\dfrac{1}{K}}$,称为**特征车速**。即车

速为特征车速 v_{ch} 时，不足转向汽车的横摆角速度增益 A_s 达到极大值。

有兴趣的读者可以思考一下，不足转向汽车的 $A_s(v)$ 曲线是否总是呈凸函数形状？

$$A_s = \frac{\frac{v}{L}}{1+Kv^2} = \frac{\frac{v}{L}}{1+\left(\frac{v}{v_{ch}}\right)^2}$$，可见当实际车速为特征车速时，不足转向汽车的 A_s 值刚好等于同轴距中性转向汽车的一半。换言之，以特征车速行驶时，维持同样的转弯半径，不足转向汽车的前轮转角（也就是转向盘转角）需要达到中性转向汽车的 2 倍。

K 越大，即特征车速 v_{ch} 越低，汽车的不足转向量越大。

若欲进一步详细研究不足转向汽车的稳态横摆角速度增益曲线的形状和特性，可对 $A_s(v)$ 求二阶导数，得 $A_s'' = \frac{2K^3v^5 - 4K^2v^3 - 6Kv}{L(1+Kv^2)^4}$。令其等于 0，解得 $Kv(Kv^2+1)(Kv^2-3) = 0$。有三个解：$Kv = 0$，即 $v = 0$，说明图 5-32 中 $K>0$ 的曲线在原点处是拐点，原点以左变为凹函数（车速为负值无工程意义，不需过多考虑）；$Kv^2+1 = 0$，不符合不足转向（这刚好对应过多转向的汽车，达到临界车速 $v_{cr} = \sqrt{-\frac{1}{K}}$ 时其一阶导数的变化率为零，也就是曲线趋向垂直，斜率不再变化，见下文）；$Kv^2-3 = 0$ 则意味着 $v = \sqrt{3} v_{ch}$，也就是说不足转向的汽车，当车速达到特征车速的 $\sqrt{3}$ 倍时，$A_s(v)$ 关系变为凹函数，计算可知，此时不足转向汽车的横摆角速度增益值降低为同轴距中性转向汽车的 $\frac{1}{4}$。

读者可在较大的定义域范围内绘制 $A_s(v)$ 曲线，加深对以上论述的理解。

3. 过多转向

现在研究汽车的稳定性因数 $K<0$ 的情况。

由式（5-12）可知，当 $K<0$ 时，固定前轮转角条件下的汽车转弯半径 R 比中性转向汽车的更小，而且车速 v 越高，转弯半径 R 越小，这与"过多转向"的定义是一致的。可见，稳定性因数 $K<0$ 时，汽车为过多转向。

当 $K<0$ 时，由式（5-11）可知，稳态横摆角速度增益 A_s 与车速 v 的关系高于线性正比关系。如图 5-32 所示，任意车速 v_0 下，过多转向汽车的 A_s 高于同轴距中性转向汽车的 A_{s0}。

$A_s = \frac{\frac{v}{L}}{1+Kv^2}$，其中分子 $\frac{v}{L}$ 是静态增益，可见稳定性因数 K 为负值时，其绝对值越大，汽车的横摆角速度增益值相对于静态增益值提高得越多。

过多转向汽车的横摆角速度增益 $A_s(v)$ 曲线呈凹函数形状，令 A_s 趋向无穷大，得到对

应的车速 $v_{cr}=\sqrt{-\dfrac{1}{K}}$，称为**临界车速**。稳定性因数 K 的代数值越小（绝对值越大），即临界车速 v_{cr} 越低，汽车的过多转向量越大。

> 已知：对 $A_s(v)$ 求二阶导数，得 $A_s''=\dfrac{2K^3v^5-4K^2v^3-6Kv}{L(1+Kv^2)^4}$，令其等于 0，解得 $Kv(Kv^2+1)(Kv^2-3)=0$。有兴趣的读者可以研究一下，在 $v=0$ 和 $v=v_{cr}$ 附近，过多转向汽车的横摆角速度增益曲线如何变化？

由临界车速的概念，可以得到汽车操纵稳定性的一个重要结论：汽车应具有适度的不足转向特性。证明如下：过多转向的汽车，当车速达到或接近临界车速 v_{cr} 时，稳态横摆角速度增益 A_s 极大，也就是极小的前轮转角 δ 就会造成极大的横摆角速度 ω_r，而此时车速 v（等于或接近 v_{cr}）是有限值，这就意味着转弯半径 $R=\dfrac{v}{\omega_r}$ 极小，汽车发生急剧转向，很容易造成侧滑或者侧翻。因此汽车不应该具有过多转向特性。另一方面，不足转向量也不应过大，否则会造成汽车转向迟钝或转向沉重，所以要求有"适度的不足转向"。

上述失稳的条件，是"极小的前轮转角"，这是从操纵性方面考虑的。在本节"三、稳态响应特性的其他表述方法与评价参数 2. 前、后轮侧偏角绝对值之差（$|\alpha_1|-|\alpha_2|$）"部分将看到，从稳定性角度出发，汽车也不应具有过多转向特性。

有些强调运动性和操控灵活的汽车，有意设计成过多转向。但是其过多转向量控制得很小，也就是 K 为负数，但是其绝对值很小，则汽车的临界车速 v_{cr} 极高，达到远高于设计最高车速 v_{max} 的程度。因而在实际行驶中不会出现"横摆角速度增益 A_s 极大"的情况。

> 另外，有研究提出，好的稳态响应特性，不仅要具有"适度的不足转向特性"，还要求按图 5-31 工况加速行驶时，质心侧偏角的变动较小，或者说前轮转角与质心侧偏角的梯度值 $d\delta/d\beta$ 较大，这会带给驾驶人较好的"路感"。为此，通常要求汽车各车轮的侧偏刚度（绝对值）高一些。

如果过多转向汽车的行驶速度高于临界车速（图 5-32 中未画出），那么稳态横摆角速度增益 A_s 为负值，这意味着横摆角速度 ω_r 与前轮转角 δ 的方向相反，例如，当驾驶人意图向左转弯时，需要向右转动转向盘。这个现象也可以用 $K<0$ 且 $v>\sqrt{-\dfrac{1}{K}}$ 时，汽车的转弯半径 $R=\dfrac{L}{\delta}(1+Kv^2)$ 小于 0 来解释。

关于图 5-32 中各曲线关系的讨论：由 $A_s'=\dfrac{1-Kv^2}{L(1+Kv^2)^2}$，易知 A_s-v 关系曲线在原点处的斜率为 $A_s'=\dfrac{1}{L}$。可见图 5-32 中三条线在原点相切，以及存在 $A_{s-}>A_{s0}>A_{s+}$ 的关系，是因为三条线所对应汽车的轴距 L 均相等。如果允许取不同的 L 值，三条线也可能呈现其他关系。另外，图 5-32 中过多转向汽车的临界车速 v_{cr} 低于不足转向汽车的特征车速 v_{ch}，是由于两者的稳定性因数 K 绝对值的大小关系造成的，不具有普遍性。

> 无论对于何种稳态响应特性的汽车，都可以对横摆角速度增益 A_s 的表达式做变形：
>
> $$A_s = \frac{\frac{v}{L}}{1+Kv^2} = \frac{\frac{v}{L}}{1+\left(\frac{v}{\sqrt{1/K}}\right)^2}。定义 v_c = \sqrt{\frac{1}{K}} 为广义特征车速，则 A_s = \frac{\frac{v}{L}}{1+\frac{v^2}{v_c^2}}。$$
>
> 因此，也可以这样界定汽车的稳态响应特性：不足转向特性，等价于 $v_c^2 > 0$；过多转向特性，等价于 $v_c^2 < 0$；中性转向特性，等价于 $|v_c^2| \to \infty$。
>
> 读者可以想一下此处的 v_c 与前面定义的 v_{ch} 和 v_{cr} 的关系。

4. 关于特征车速、临界车速与汽车模型的讨论

本节的研究均基于线性二自由度汽车模型，对于正常的匀速圆周行驶工况来说，该模型的各方面限定与实际情况是比较符合的。但是，当汽车以特征车速 v_{ch} 或临界车速 v_{cr} 行驶时，由于车速很高（汽车稳定性因数 K 的绝对值一般都很小），即使做很大半径的转弯，侧向加速度也会很大，因而轮胎的侧偏力-侧偏角关系很可能已经超出了线性区。而且高速行驶时，即使不考虑加速或制动，仅用于克服匀速行驶阻力的驱动轮地面纵向力就很大，同时前、后轮的地面法向力分配相对于中、低速行驶也会发生较显著变化，则地面纵向力和法向力对轮胎侧偏特性的影响就不应忽略。

由于高速行驶时轮胎的实际侧偏特性与线性二自由度汽车模型所假定的线弹性特性有差异，发生"A_s 值刚好等于同轴距中性转向汽车的一半"或者"A_s 趋向无穷大"时所对应的实际车速，与上述 v_{ch} 和 v_{cr} 的定义值并不相等，有时还会相差较大。因此，特征车速 v_{ch} 和临界车速 v_{cr} 更多地停留在理论意义上，可以将其视为稳定性因数 K 的另一种写法，或者作为不足/过多转向特性的另一种判定表达。

三、稳态响应特性的其他表述方法与评价参数

现已知道，汽车属于不足转向还是过多转向，可以由稳定性因数 K 的正负来判定，或者说根据汽车是具有特征车速 v_{ch} 还是具有临界车速 v_{cr} 来判定。显然，这两种判定方法的本质是相同的。

根据研究目的和条件的不同，还可以从其他角度对汽车的稳态响应特性进行表述和判定，提出其他评价参数。这些评价参数在本质上也都是相同的。

1. 转弯半径比 $\frac{R}{R_0}$

在给定轴距 L 和前轮转角 δ 的前提下，按式（5-12）可将汽车的转弯半径看成车速的函数。如果车速极低，那么无论对于不足转向还是过多转向，均有 $R \approx \frac{L}{\delta}$，将其另记为 $R_0 =$

$\dfrac{L}{\delta}$，称为**中性转弯半径**（显然，对于中性转向的汽车，无论车速如何，均有 $R=R_0$）。

于是定义**转弯半径比**：在固定前轮转角的前提下，汽车以一定速度行驶的转弯半径与中性转弯半径之比，即 $\dfrac{R}{R_0}$。由

$$\frac{R}{R_0}=1+Kv^2 \tag{5-13a}$$

易得转弯半径比与稳态响应特性的关系：$\dfrac{R}{R_0}>1$，等价于稳定性因数 $K>0$，汽车为不足转向；$\dfrac{R}{R_0}=1$，等价于 $K=0$，汽车为中性转向；$\dfrac{R}{R_0}<1$，等价于 $K<0$，汽车为过多转向。

> 直接利用转弯半径比 $\dfrac{R}{R_0}$ 来判定汽车的稳态响应特性，是最符合"不足转向"或"过多转向"的表象定义的。例如，$\dfrac{R}{R_0}>1$，意味着在固定前轮转角的条件下，随着车速的提高，汽车的转弯半径增大，这就是不足转向。

对于给定的汽车，$\dfrac{R}{R_0}$ 与 v^2 呈线性关系，可由 $\dfrac{R}{R_0}$ - v^2 关系线的斜率来判定稳态响应特性，如图 5-33a 所示。

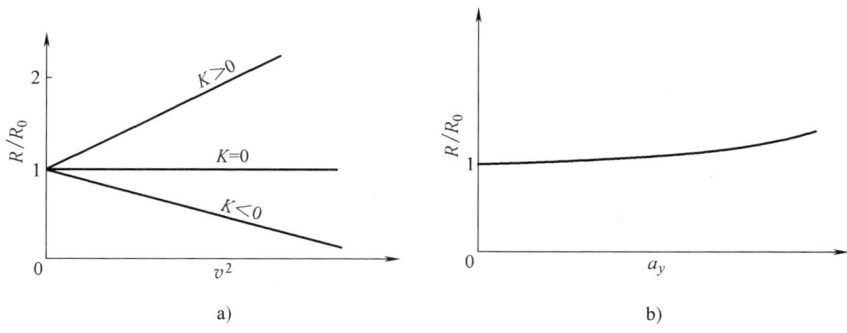

图 5-33 转弯半径比的理论关系（固定前轮转角）
a）转弯半径比与车速二次方的关系 b）转弯半径比与侧向加速度（不足转向汽车）的关系

> 读者可以想一下，图 5-33a 中的不足转向线（即 $K>0$）升高到 $\dfrac{R}{R_0}=2$ 所对应的车速是多少？过多转向线（即 $K<0$）降低到 $\dfrac{R}{R_0}=0$ 所对应的车速是多少？

进行试验研究时，有时测量侧向加速度 a_y 比测量车速 v 更容易，因而可以由 $\dfrac{R}{R_0}$ - a_y 关

系来判定稳态响应特性。已知 $\frac{R}{R_0}=1+Kv^2$、侧向加速度 $a_y=\frac{v^2}{R}$，可得 $\frac{R}{R_0}=1+Ka_yR$，整理得

$$\frac{R}{R_0}=\frac{1}{1-KR_0a_y} \tag{5-13b}$$

可见，对于不足转向的汽车，即 $K>0$ 的情况，$\frac{R}{R_0}$ - a_y 的关系是增函数，如图5-33b所示；对于过多转向的汽车，即 $K<0$ 的情况，$\frac{R}{R_0}$ - a_y 的关系则是减函数，读者可以画一下其曲线形状。

图5-33a反映的是 $\frac{R}{R_0}=1+Kv^2$ 关系，按线性二自由度汽车模型理论，各轮胎的侧偏刚度都是固定的常数，即对于给定的汽车，其稳定性因数 $K=\frac{m}{L^2}\left(\frac{a}{k_2}-\frac{b}{k_1}\right)$ 为常数，所以图5-33a中的关系是线性的，显然直线的斜率 $\frac{\frac{R}{R_0}-1}{v^2}$ 就是汽车的稳定性因数 K。而实际上，同一辆汽车，当固定前轮转角而以不同的车速行驶时，前、后车轮的受力状况不同，轮胎的实际侧偏刚度不是固定值，汽车的稳定性因数 K 会随车速或侧向加速度有一定变动（进一步地，悬架和转向系统等的实际特性也会对汽车的稳态转向特性造成影响，可参见本章第六节和第七节的相关内容），$\frac{R}{R_0}$ 与 v^2 的实际关系存在一定的非线性，图5-34所示为某汽车的实测关系线。

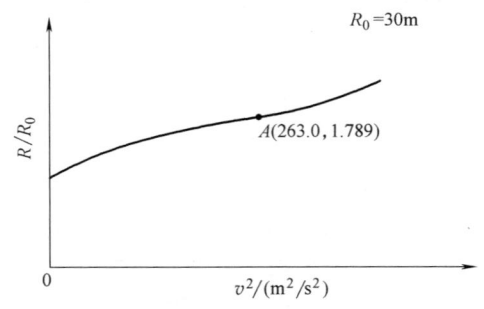

图5-34 实际的转弯半径比与车速二次方的关系（固定前轮转角）

测试时，以极低的车速行驶，调整前轮转角 δ，将中性转弯半径控制为 $R_0=30\text{m}$，然后在固定该 δ 值条件下逐渐提高车速，测量车速和对应的转弯半径，得到实测曲线。可由曲线上各点的信息求得不同侧向加速度所对应的稳定性因数值。例如，曲线上点 A 的坐标为（263.0，1.789），计算可得实际转弯半径 $R=(1.789\times30)\text{m}=53.67\text{m}$，侧向加速度 $a_y=\frac{v^2}{R}=\frac{263\text{m}^2/\text{s}^2}{53.67\text{m}}=$ 4.9m/s^2，即 $a_y=0.5g$，稳定性因数 $K=\frac{\frac{R}{R_0}-1}{v^2}=0.003$。结论：该汽车在侧向加速度 $a_y=0.5g$ 时，稳定性因数 $K=0.003$（如果直接测量侧向加速度 a_y，也可以不测量车速，由 $\frac{R}{R_0}=\frac{1}{1-KR_0a_y}$ 变形得到 K）。

综合各点信息，可以得到实际的 K - a_y 关系曲线。一般希望在较宽的侧向加速度范围

内,K 保持为正值且变化不大,即汽车基本维持固定的不足转向量。

也可由图 5-34 的信息整理出实际的 $\frac{R}{R_0}$ - a_y 关系(例如,$a_y = 0.5g$ 时,$\frac{R}{R_0} = 1.789$)。由此得到的 $\frac{R}{R_0}$ - a_y 关系曲线与图 5-33b 所示的会有一定差异。

上述讨论的前提都是固定前轮转角。如果操纵汽车做固定转弯半径的运动,即令不同车速下均有 $R = R_0$,则可以得到前轮转角 δ 与行驶车速 v 的关系。分析如下:车速极低条件下的中性转弯半径 $R_0 = \frac{L}{\delta_0}$,一定车速下的转弯半径 $R = \frac{L}{\delta}(1+Kv^2)$,当 $R = R_0$ 时,有 $\delta = \delta_0(1+Kv^2)$ 或 $\delta = \frac{L}{R_0}(1+Kv^2)$。定义 $\frac{\delta}{\delta_0}$ 为**前轮转角比**,$\frac{\delta}{\delta_0} = 1 + Kv^2$。可以按 $\frac{\delta}{\delta_0}$ - v 曲线的增减性来判定汽车是不足转向还是过多转向,如图 5-35 所示(这就是稳态回转试验的"定转弯半径法"的原理)。

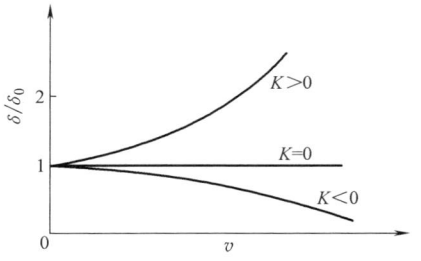

图 5-35　前轮转角比与车速的理论关系(固定转弯半径)

> 读者可以想一下,图 5-35 中的不足转向线(即 $K>0$)升高到 $\frac{\delta}{\delta_0} = 2$ 所对应的车速是多少?过多转向线(即 $K<0$)降低到 $\frac{\delta}{\delta_0} = 0$ 所对应的车速是多少?

如果将横坐标改为 v^2,那么图 5-35 中曲线的形状将与图 5-33a 所示的相同。

2. 前、后轮侧偏角绝对值之差($|\alpha_1|-|\alpha_2|$)

由图 5-26 可以看出,对于稳态响应的汽车,前轮侧偏角 α_1 的效果是使瞬时转动中心 O' 变得更远,也就是削弱汽车的转向,后轮侧偏角 α_2 则是加剧汽车转向。α_1 与 α_2 同号(例如汽车左转弯时,α_1 与 α_2 都是负值),为了比较两者的效果,下面研究其绝对值 $|\alpha_1|$ 和 $|\alpha_2|$。

> 读者可参照图 5-26 算一下,相对于前、后轮都没有侧偏的情况(即"理想刚性汽车"模型),当 $|\alpha_1| = |\alpha_2|$ 时,汽车的转弯半径 R 是多大?计算时,可运用 $\tan|\alpha_2| \approx |\alpha_2|$、$\tan(\delta-|\alpha_1|) \approx \delta-|\alpha_1|$,且理想刚性汽车 $R_0 = \frac{L}{\delta}$。

如果 $|\alpha_1| = |\alpha_2|$,削弱与加剧相互抵消,汽车就是中性转向。

还应进一步从理论上证明($|\alpha_1|-|\alpha_2|$)与 K 的关系,有

$$K = \frac{m}{L^2}\left(\frac{a}{k_2}-\frac{b}{k_1}\right) = \frac{1}{L}\left(\frac{am}{Lk_2}-\frac{bm}{Lk_1}\right) = \frac{1}{a_y L}\left(\frac{a}{L}\frac{ma_y}{k_2}-\frac{b}{L}\frac{ma_y}{k_1}\right)$$

式中,a_y 是侧向加速度,ma_y 则是转弯时汽车的侧向合外力,即 $F_{Y1}+F_{Y2}$。

稳态响应时汽车的角加速度为零,侧向合外力必然通过汽车的质心,因而 $\frac{a}{L}ma_y$ 就是 F_{Y2},$\frac{b}{L}ma_y$ 就是 F_{Y1}。于是,$K=\frac{1}{a_yL}\left(\frac{F_{Y2}}{k_2}-\frac{F_{Y1}}{k_1}\right)=\frac{1}{a_yL}(\alpha_2-\alpha_1)$,$a_y$、$\alpha_1$ 和 α_2 均为代数值。

α_1 和 α_2 符号相同,且都与 a_y 相反。a_y、α_1 和 α_2 均取绝对值,则上式化为

$$K=\frac{1}{|a_y|L}(|\alpha_1|-|\alpha_2|) \tag{5-14a}$$

$$|\alpha_1|-|\alpha_2|=KL|a_y| \tag{5-14b}$$

可见,前、后轮侧偏角绝对值之差 $|\alpha_1|-|\alpha_2|>0$,等价于稳定性因数 $K>0$,汽车为不足转向;$|\alpha_1|-|\alpha_2|=0$,等价于 $K=0$,汽车为中性转向;$|\alpha_1|-|\alpha_2|<0$,等价于 $K<0$,汽车为过多转向。

> **稳态响应特性对汽车结构的要求**:侧偏角=侧偏力/侧偏刚度。汽车质心越偏于前轴,匀速圆周行驶时分配给前轴的侧偏力 F_{Y1} 就越大;另一方面,前轮的侧偏刚度绝对值 $|k_1|$ 越小,则同样侧偏力 F_{Y1} 作用下的侧偏角绝对值 $|\alpha_1|$ 就越大。可见,为使汽车尽量趋向不足转向,即 $|\alpha_1|-|\alpha_2|$ 尽可能大于 0,就要求汽车质心至后轴的距离 b 尽可能大,同时前轮的侧偏刚度绝对值 $|k_1|$ 尽可能小。
>
> 这和要求稳定性因数 $K=\frac{m}{L^2}\left(\frac{a}{k_2}-\frac{b}{k_1}\right)$ 尽量大于 0 在本质上是一致的。注意此式中侧偏刚度 k_1 和 k_2 均为负值。

对于给定的汽车,由式(5-14a)可知,$(|\alpha_1|-|\alpha_2|)$ 的正负取决于稳定性因数 K 的符号,其大小则与 $|a_y|$ 成线性正比。$(|\alpha_1|-|\alpha_2|)$ 与 $|a_y|$ 关系直线的斜率就反映了稳定性因数 K,可由该斜率来判定汽车的稳态响应特性,如图 5-36 所示。图中虚线是某汽车的实测关系曲线。由于汽车的稳定性因数 K 会随侧向加速度 a_y 变化,实测的 $(|\alpha_1|-|\alpha_2|)$ 与 $|a_y|$ 关系具有一定的非线性,尤其是侧向加速度较大时。

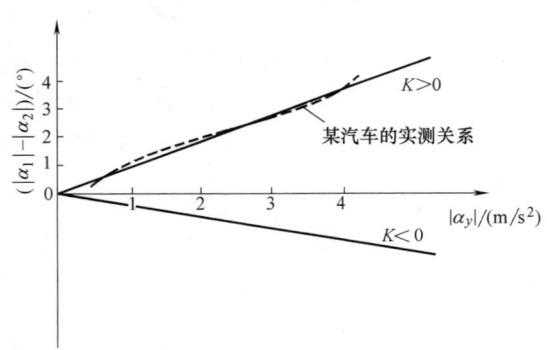

图 5-36 $|\alpha_1|-|\alpha_2|$ 与 $|a_y|$ 关系

也可以直接建立 $(|\alpha_1|-|\alpha_2|)$ 与汽车转弯半径 R 的联系。按定义,稳态横摆角速度增益 $\frac{\omega_r}{\delta}=\frac{\frac{v}{L}}{1+Kv^2}$,则前轮转角 $\delta=\frac{\omega_r(1+Kv^2)}{v}L=L\frac{\omega_r}{v}+KL\frac{\omega_r}{v}v^2$。$\frac{\omega_r}{v}$ 为 $\frac{1}{R}$,$\frac{v^2}{R}$ 为 $|a_y|$,因此 $\delta=\frac{L}{R}+KL|a_y|$。将式(5-14a)代入,得

$$\delta = \frac{L}{R} + (|\alpha_1| - |\alpha_2|) \tag{5-15a}$$

> 式（5-15a）的运动学逻辑：$(|\alpha_1| - |\alpha_2|)$ 反映前、后轮胎侧偏对汽车转向运动的"净削弱"。对于轴距为 L 的汽车，为了维持转弯半径 R，就需要将前轮转角在理想刚性模型 $\delta = \frac{L}{R}$ 的基础上增加 $(|\alpha_1| - |\alpha_2|)$，以抵消轮胎侧偏带来的"净削弱"。

由式（5-15a）可得

$$R = \frac{L}{\delta - (|\alpha_1| - |\alpha_2|)} \tag{5-15b}$$

由式（5-15b）可知，当 $|\alpha_1| - |\alpha_2| = 0$ 时，转弯半径 $R = \frac{L}{\delta}$，与车速无关，这就是中性转向特性。

$|\alpha_1| - |\alpha_2| > 0$ 时，同样前轮转角 δ 下的转弯半径 R 比中性转向时大，而且由于 $(|\alpha_1| - |\alpha_2|)$ 与 $|a_y|$ 成正比 [式（5-14a）]，车速越高（即 $|a_y|$ 越大），R 越大，这就是不足转向；由式（5-15a）则可看出，车速越高（即 $|\alpha_1| - |\alpha_2|$ 越大），为了维持 R 不变，所需要的前轮转角 δ 就越大，这也是不足转向的表现。

对于 $|\alpha_1| - |\alpha_2| < 0$ 的情况，分析思路相同。

利用前、后轮侧偏角绝对值之差 $(|\alpha_1| - |\alpha_2|)$ 这一概念，还可以从稳定性的角度解释为什么汽车不应具有过多转向特性（操纵性方面的解释，参见本节"二、稳态响应特性的三种类型 3. 过多转向"中有关临界车速部分内容），如图 5-37 所示，图中的侧偏角 α_1 和 α_2 指的是各自的绝对值。

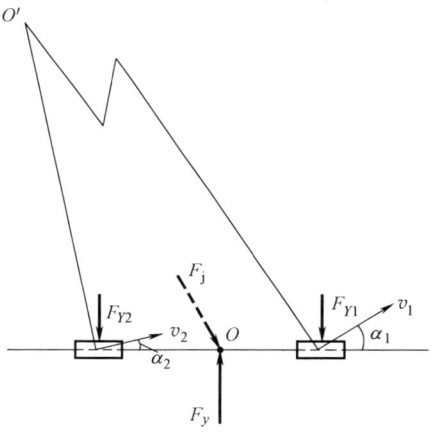

图 5-37 前、后轮侧偏角（绝对值）之差与汽车的稳定性

直线行驶的汽车，遭遇侧向干扰 F_y，假定 F_y 在汽车纵向的作用点为质心 O。假定路面附着条件好，前、后轮相对地面无侧滑，那么前、后轮侧偏力 F_{Y1} 和 F_{Y2} 的方向必然与外界干扰相反，且 F_{Y1} 和 F_{Y2} 的合力通过汽车质心。而在稳态响应的研究中（图 5-26），前、后轮侧偏力的合力就是通过汽车质心的。可见，对于不足转向的汽车，上述 F_{Y1} 和 F_{Y2} 必然引起 $|\alpha_1| - |\alpha_2| > 0$，因此瞬时转动中心在图 5-37 中的 O' 处。汽车的离心力 F_j 方向基本上与外界干扰 F_y 相反，起到抵消作用，因此稳定性较好。这个思路和制动时汽车的方向稳定性研究中"前轮先抱死是稳定工况"的讨论类似。

> 读者可以自己画图研究一下，过多转向汽车，即 $|\alpha_1| - |\alpha_2| < 0$ 的情况如何？

上述讨论中假定 F_y 在汽车纵向的作用点为质心 O，是因为事先无法预知侧向干扰的性质。即使 F_y 的真实作用点不在汽车质心，上述结论仍然定性成立。因为不足转向的基本趋势，就是尽量使前轮侧偏角绝对值大于后轮侧偏角绝对值，因而汽车将趋向出现图 5-37 所示的侧向干扰与离心力的关系。

> 关于汽车稳定性的研究，有的资料还定义了"转向盘力矩-侧向加速度梯度"，可记为 $\dfrac{\partial M_{sw}}{\partial a_y}$，此处 a_y 指绝对值。该梯度值太小，说明转向力度过小，一定量的侧向加速度变化不足以引起足够的转向盘力矩变化，或者说很小的转向盘力矩变化就会引起很大的侧向加速度变化，汽车的稳定性差、"路感"不佳；如果 $\dfrac{\partial M_{sw}}{\partial a_y}$ 值太大，则说明转向力度过大，导致转向、变线沉重或迟钝。

3. 静态储备系数 S. M.

在前面的讨论中，对于"给定汽车"这一条件，都认为其装载状态是确定的。但事实上，同一辆汽车，可能处在不同的装载状态，其 m、a 和 b 等参数会发生变化。这会引起汽车在匀速圆周行驶时前、后轮侧偏力合力作用点的变化，从而影响汽车的稳态响应特性（也可以解释为，引起稳定性因数 $K=\dfrac{m}{L^2}\left(\dfrac{a}{k_2}-\dfrac{b}{k_1}\right)$ 的变化）。

对于前、后轮侧偏刚度确定的汽车，存在中性转向点的概念。当侧向力作用于汽车纵向的某点时，将引起汽车的中性转向，那么该点就是**中性转向点**，如图 5-38 中的点 O_n。对于稳态响应的研究，上述定义中的"侧向力"理解为外界侧向干扰 F_y 或前、后轮侧偏力的合力 $F_{Y1}+F_{Y2}$ 都可以。

由（$|\alpha_1|-|\alpha_2|$）与稳态响应特性的关系可知，**中性转向点**也可以定义为在汽车纵向上，使前、后轮产生相等侧偏角的侧向力作用点（α_1 与 α_2 同号，$|\alpha_1|-|\alpha_2|=0$ 等价于 $\alpha_1-\alpha_2=0$）。由此可计算中性转向点 O_n 至汽车前轴的距离 a'，如图 5-38 所示，作用于点 O_n 的侧向力 F_y，分解到前、后轮，得到侧偏力分别为 $\dfrac{L-a'}{L}F_y$、$\dfrac{a'}{L}F_y$，引起的侧偏角相等，即 $\dfrac{L-a'}{Lk_1}F_y=\dfrac{a'}{Lk_2}F_y$，解得 $a'=\dfrac{k_2}{k_1+k_2}L$。

> 也可以由"当侧向力作用于汽车纵向的某点时，将引起汽车的中性转向"的定义来求解该问题。稳定性因数 $K=\dfrac{m}{L^2}\left(\dfrac{a}{k_2}-\dfrac{b}{k_1}\right)$，稳态响应时，参数 a 和 b 的含义也就是侧向力作用点的纵向位置。当侧向力作用于某点引起汽车做中性转向时，必然有 $K=\dfrac{m}{L^2}\left(\dfrac{a'}{k_2}-\dfrac{L-a'}{k_1}\right)=0$，解得 $a'=\dfrac{k_2}{k_1+k_2}L$。

汽车做匀速圆周行驶时，实际的侧向力作用点位于质心。如果汽车质心位于中性转向点之前，那么相对于中性转向，分配给前轮的侧偏力将更多，前轮侧偏角 $|\alpha_1|$ 将更大，汽车就会成为不足转向。由此，定义**静态储备系数** S. M. （Static Margin）：汽车质心相对于中性

转向点偏前的距离 Δa 与汽车轴距 L 之比，即 S.M. $=\dfrac{\Delta a}{L}$。在图 5-38 中，点 O 为汽车质心，点 O_n 为中性转向点，$\Delta a = a' - a > 0$。如果质心位于中性转向点之后，则 $\Delta a < 0$。

易得静态储备系数：

$$\text{S.M.} = \dfrac{\Delta a}{L} = \dfrac{k_2}{k_1 + k_2} - \dfrac{a}{L} \quad (5\text{-}16)$$

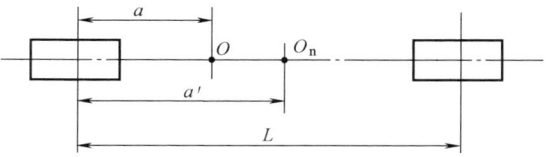

图 5-38 中性转向点与质心的关系

利用静态储备系数表征汽车的稳态转向特性：S.M. $= 0$，即质心刚好位于中性转向点，汽车为中性转向；S.M. > 0，即质心位于中性转向点之前，汽车为不足转向；S.M. < 0，即质心位于中性转向点之后，汽车为过多转向。

> 静态储备系数 S.M. 与稳定性因数 K 的理论关系：将式（5-16）变形，得 $bk_2 - ak_1 = (k_1 + k_2)(a+b)\text{S.M.}$，于是 $K = \dfrac{m}{L^2}\left(\dfrac{a}{k_2} - \dfrac{b}{k_1}\right) = -\dfrac{m}{L}\dfrac{(k_1 + k_2)}{k_1 k_2}\text{S.M.}$。$k_1 + k_2$ 为负值，可见 K 与 S.M. 同号。

由 $a' = \dfrac{k_2}{k_1 + k_2} L$ 可知，中性转向点的位置取决于前、后轮胎的侧偏刚度匹配，与汽车质心的实际位置无关。"静态储备"的含义是：如果汽车的质心刚好位于中性转向点，那么这辆车为中性转向，也就是即将进入过多转向；如果质心比中性转向点偏前，就相当于有一定的"储备能力"，允许质心向后移动一定距离，汽车仍能保持不足转向特性。例如，S.M. $= 10\%$，就意味着在维持不足转向的前提下，允许调整汽车的装载状况，只要质心向后移动不超过 0.1 倍的轴距即可。

综上，本节介绍了五个可用于评价汽车稳态响应特性的参数：稳定性因数 K、特征车速 v_{ch} 或临界车速 v_{cr}（同一汽车只能二者取其一）、转弯半径比 $\dfrac{R}{R_0}$、前后轮侧偏角绝对值之差（$|\alpha_1| - |\alpha_2|$）和静态储备系数 S.M.。注意，这不是五个互相独立的评价指标，而是针对同一问题从不同角度的解释，本质都是相同的，具体采用哪一个，主要根据研究目的和研究条件而定。其中，K、v_{ch} 或 v_{cr}、S.M. 属于静态参数，对于给定汽车是固定的；而 $\dfrac{R}{R_0}$ 和（$|\alpha_1| - |\alpha_2|$）属于动态参数，对于同一汽车，会随车速 v 或侧向加速度 a_y 而改变。

本节内容均源于"线性二自由度汽车模型"，而该模型和汽车的实际特性存在一定差异。

例如，按照本节的理论定义，当侧向力作用于中性转向点（即图 5-38 中 O_n，$a' = \dfrac{k_2}{k_1 + k_2} L$），也就是静态储备系数 S.M. $= 0$ 时，汽车为中性转向。但是轮胎的实际侧偏刚度可能不完全符合线弹性模型，此时前、后轮的实际侧偏角可能并不相等。因此，实际上可能出现这样的情况：当汽车的静态储备系数 S.M. > 0 时，汽车属于不足转向；如果连续加载使其质心不断后移，则有可能当质心达到上述中性转向点 O_n 时，汽车仍有一定量的不足转向；直至质心后移至中性转向点之后一段距离，汽车才变为过多转向。

再如，线性二自由度模型忽略了转向系统的影响，相当于"驾驶人直接操纵车轮"。而实际上从转向盘到转向轮是存在间隙和弹性的，实际的前轮转角会比理论值（转向盘转角除以转向系统传动比）有所降低。在进行圆周行驶加速试验时，随着车速（即侧向加速度）的提高，地面侧偏力加大，需要施加更大的转向盘力矩，由于转向系统的弹性，固定转向盘转角条件下的前轮转角会减小。其结果就是，对于理论上为中性转向的汽车，如果在固定转向盘转角的条件下加速，将看到汽车的转弯半径增加，汽车略成不足转向。

线性二自由度理论模型与汽车实际特性的差异对操纵稳定性评价造成的影响，将在本章第六节和第七节中详细讨论。

第五节　线性二自由度汽车模型的瞬态响应特性和频率响应特性

一、前轮角阶跃输入下汽车的瞬态响应

对匀速直线行驶的汽车施加转向盘角阶跃输入，其时域响应分为瞬态和稳态两个阶段。首先进入的是瞬态响应，然后逐渐过渡到稳态响应（个别车辆在固定转向盘转角的条件下无法进入稳态响应，见后文）。

瞬态响应的研究比较复杂，结合前面的图 5-30，可以对该历程提出以下问题：

横摆角速度的时间历程 $\omega_r(t)$ 曲线是否一定会收敛于稳定值 ω_{r0}？如果收敛，那么是单调趋向于该稳定值还是振荡衰减？

如果 $\omega_r(t)$ 曲线是振荡衰减，即如图 5-30 所示，那么其周期（频率）如何？幅值的衰减速率如何？经过多长时间可认为进入稳态？瞬态过程的第一峰值超出稳定值多少？……

以上两方面问题，就是本节前轮角阶跃输入下汽车瞬态响应研究的主要内容：汽车瞬态响应的稳定条件和瞬态响应品质的评价。为了系统研究这些内容，需要先建立描述汽车瞬态响应特性的数学模型。

> 瞬态响应的研究涉及较多的数学内容，且较复杂。读者可以掌握其基本思路和重要结论。如果需要深入研究瞬态响应问题的数学理论和详细的推证过程，应掌握或复习相关数学知识。

1. 瞬态响应的数学描述

式（5-6a）是线性二自由度汽车的基本数学模型，对其第二式变形，得

$$v_y = \frac{I_z \dot{\omega}_r v_x - (a^2 k_1 + b^2 k_2)\omega_r + ak_1 \delta v_x}{ak_1 - bk_2} \tag{5-17}$$

式中，a、b、k_1、k_2 和 I_z 等汽车结构参数为常数，且本章假定车辆没有沿 x 轴的纵向加速度，故 v_x 也不变，则

$$\dot{v}_y = \frac{I_z v_x \ddot{\omega}_r - (a^2 k_1 + b^2 k_2)\dot{\omega}_r + ak_1 v_x \dot{\delta}}{ak_1 - bk_2} \tag{5-18}$$

将式（5-17）和式（5-18）代入式（5-6a）的第一式，同时运用 $a + b = L$，且将式

(5-6a) 中的 v_x 写为 v（v_x 与 v 的关系可参见第四节 "一、稳态响应的数学描述" 部分），得到按横摆角速度 ω_r 和前轮转角 δ 的降阶排列微分方程：

$$a_2\ddot{\omega}_r + a_1\dot{\omega}_r + a_0\omega_r = b_1\dot{\delta} + b_0\delta \tag{5-19}$$

式中，$a_2 = mI_zv$，$a_1 = -[m(a^2k_1+b^2k_2)+I_z(k_1+k_2)]$，$a_0 = mv(ak_1-bk_2)+\dfrac{L^2k_1k_2}{v}$，$b_1 = -mak_1v$，$b_0 = Lk_1k_2$。

按振动分析的方法，通常将式（5-19）写成如下形式：

$$\ddot{\omega}_r + 2\zeta\omega_0\dot{\omega}_r + \omega_0^2\omega_r = B_1\dot{\delta} + B_0\delta \tag{5-20}$$

计算可得 $\omega_0^2 = \dfrac{a_0}{a_2}$，$\zeta = \dfrac{a_1}{2\sqrt{a_0 a_2}}$，$B_1 = \dfrac{b_1}{a_2}$，$B_0 = \dfrac{b_0}{a_2}$。$\omega_0$ 和 ζ 分别称为系统的**固有频率**和**阻尼比**（ζ 也称相对阻尼系数）。注意，ω_0 是横摆角速度 $\omega_r(t)$ 波动的固有圆频率（当阻尼比 ζ 为 0 时），而不是 $\omega_r(t)$ 的某个取值。

> 固有频率和阻尼比这两个概念的详细论述，可参见本节的 "二、横摆系统的频率响应特性" 部分。
>
> 另外，本章的 ω_0 和 ζ 指的是横摆系统的固有频率和阻尼比，有别于第六章的垂直振动系统。

式（5-19）或式（5-20）是以前轮转角 δ 为输入、车辆横摆角速度 ω_r 为输出的汽车横摆系统的微分方程，它是研究汽车横摆系统的瞬态响应以及频率响应特性的出发点。注意，式（5-19）和式（5-20）本身建立于线性二自由度汽车模型的基础之上，并未限定 "前轮角阶跃输入" 这一条件。

对汽车施加前轮角阶跃输入，意味着在 $t = 0$ 时刻，前轮转角 δ 由 0 突变到某给定值 δ_0，然后保持不变。因此在瞬态响应阶段，$\delta = \delta_0$，$\dot{\delta} = 0$。于是式（5-20）变为

$$\ddot{\omega}_r + 2\zeta\omega_0\dot{\omega}_r + \omega_0^2\omega_r = B_0\delta_0 \tag{5-21}$$

式（5-21）就是汽车在前轮角阶跃输入下的瞬态响应的数学模型，它是一个二阶常系数非齐次线性微分方程，由数学理论可知，它的通解可表达为 $\omega_r(t) = \omega_{rI} + \omega_{rII}$。其中，$\omega_{rI}$ 是对应的齐次微分方程 $\ddot{\omega}_r + 2\zeta\omega_0\dot{\omega}_r + \omega_0^2\omega_r = 0$ 的通解，ω_{rII} 是式（5-21）本身的一个特解。式（5-21）的基本求解过程及结论见下文。

（1）求齐次方程的通解 式（5-21）所对应齐次方程 $\ddot{\omega}_r + 2\zeta\omega_0\dot{\omega}_r + \omega_0^2\omega_r = 0$ 的特征方程为 $s^2 + 2\zeta\omega_0 s + \omega_0^2 = 0$，该方程的根可表达为 $s = -\zeta\omega_0 \pm \sqrt{\zeta^2\omega_0^2 - \omega_0^2}$。

由微分方程理论，根据阻尼比 ζ 的取值范围，分为以下三种情况。

1）$\zeta < 1$ 时，特征方程有一对共轭复根：$s = -\zeta\omega_0 \pm i\omega_0\sqrt{1-\zeta^2}$（i 为虚单位 $\sqrt{-1}$，有时写作 j）；齐次方程的通解：$\omega_{rI}(t) = Ce^{-\zeta\omega_0 t}\sin(\omega_0\sqrt{1-\zeta^2}\,t + \Phi)$。

2）$\zeta = 1$ 时，特征方程有一对相等的实根：$s = -\omega_0$；齐次方程的通解：$\omega_{rI}(t) = (C_1 + C_2 t)e^{-\omega_0 t}$。

3) $\zeta>1$ 时,特征方程有一对不相等的实根:$s=-\zeta\omega_0\pm\omega_0\sqrt{\zeta^2-1}$;齐次方程的通解:$\omega_{rI}(t)=C_3 e^{(-\zeta\omega_0+\sqrt{(\zeta\omega_0)^2-\omega_0^2})t}+C_4 e^{(-\zeta\omega_0-\sqrt{(\zeta\omega_0)^2-\omega_0^2})t}$。

各式中的积分常数 C、Φ、C_1、C_2、C_3 和 C_4 可由系统初始条件确定(确定方法可参考后文"3. 瞬态响应的评价"部分)。

(2) 求特解 特解 ω_{rII} 是使式(5-21)恒成立的一个函数。式(5-21)的右侧是常数 $B_0\delta_0$(按有关微分方程理论,$B_0\delta_0$ 属于 $f(\delta)=e^{\lambda\delta}P_m(\delta)$ 的类型,此处 $\lambda=0$,$m=0$,m 是 δ 的多项式的次数。由于 λ 不是特征方程的根,特解应形如 $\omega_{rII}=Q_m(\delta)e^{\lambda\delta}$,其中 $Q_m(\delta)$ 为 m 次多项式,可见 $\omega_{rII}(t)$ 应为常数,则 $\dot{\omega}_{rII}(t)$ 和 $\ddot{\omega}_{rII}(t)$ 皆为 0),可以看出,式(5-21)的特解:

$$\omega_{rII}=\frac{B_0\delta_0}{\omega_0^2}$$

其中,$\dfrac{B_0}{\omega_0^2}=\dfrac{\dfrac{b_0}{a_2}}{\dfrac{a_0}{a_2}}=\dfrac{b_0}{a_0}=\dfrac{Lk_1k_2}{mv(ak_1-bk_2)+\dfrac{L^2k_1k_2}{v}}$,分子、分母同时乘以 $\dfrac{v}{L^2}$,经运算可得 $\dfrac{B_0}{\omega_0^2}=\dfrac{\dfrac{v}{L}}{1+\dfrac{m}{L^2}\left(\dfrac{a}{k_2}-\dfrac{b}{k_1}\right)v^2}$,由式(5-9)可知,这就是稳态横摆角速度增益 A_s。

> 关于 $\dfrac{B_0}{\omega_0^2}=A_s$ 的另一种思路:已得 $\dfrac{B_0}{\omega_0^2}=\dfrac{b_0}{a_0}$。由式(5-19)可知,当系统的输入与输出均不随时间变化时,微分方程必然化为 $a_0\omega_r=b_0\delta$。因此 $\dfrac{b_0}{a_0}$ 就是系统处于稳态时的横摆角速度 ω_r 与前轮转角 δ 之比,也就是稳态横摆角速度增益 A_s。
>
> 推广:任何线性系统,当其微分方程可写成式(5-31)时,令所有导数项均等于 0,即可得到系统的(静态)灵敏度为 $\dfrac{b_0}{a_0}$。

于是,式(5-21)的特解就是 $\omega_{rII}=A_s\delta_0$。A_s 的基本含义是汽车在稳态响应工况下的横摆角速度与前轮转角之比 $\dfrac{\omega_{r0}}{\delta_0}$($\omega_{r0}$ 是该汽车以速度 v 行驶、在前轮转角 δ_0 下进入的稳态横摆角速度值),则式(5-21)的特解为 $\omega_{rII}=\omega_{r0}$。

也就是说,这个特解的"特殊性"就是横摆角速度不变,汽车处于稳态响应。因为从本质上说,稳态属于一种"特殊的"瞬态。

2. 瞬态响应的稳定条件

瞬态响应的稳定,指的是当施加前轮角阶跃输入(对于线性二自由度汽车模型,等价

第五章 汽车的操纵稳定性

于转向盘角阶跃输入）时，汽车的横摆角速度 $\omega_r(t)$ 经过一段有限时间后趋于某稳态值 ω_{r0}，如图 5-30 所示，汽车能够进入稳态响应，即匀速圆周行驶状态。瞬态响应的"稳定"也可称为"收敛"。

如果汽车的瞬态响应是不收敛的，就意味着在前轮角阶跃输入下，无论经过多长时间，汽车始终不会进入稳态响应阶段。

$\omega_r(t)=\omega_{rI}+\omega_{rII}$，而 $\omega_{rII}=\omega_{r0}$ 为常数，可见瞬态响应是否稳定，就取决于齐次微分方程的通解 ω_{rI} 是否收敛。现已知道，通解 ω_{rI} 的情况与阻尼比 ζ 有关。

$\zeta<1$ 时，称为小阻尼，齐次方程的通解：$\omega_{rI}(t)=Ce^{-\zeta\omega_0 t}\sin(\omega_0\sqrt{1-\zeta^2}\,t+\Phi)$。此式收敛的条件，就是 $\zeta\omega_0>0$。$\zeta\omega_0=\dfrac{a_1}{2a_2}$，$a_1=-[m(a^2k_1+b^2k_2)+I_z(k_1+k_2)]$，$a_2=mI_zv$，参见式（5-19）和式（5-20）。注意到侧偏刚度 k_1 和 k_2 均为负值，故 a_1 和 a_2 均为正数，即 $\zeta\omega_0$ 恒为正数。也就是说，只要汽车横摆系统的阻尼比 $\zeta<1$，其瞬态响应总是稳定的，$\omega_r(t)$ ［指的是非齐次式（5-21）的通解］是一个收敛于 ω_{r0} 的减幅正弦振荡，如图 5-30 所示。

$\zeta=1$ 时，称为临界阻尼，齐次方程的通解：$\omega_{rI}(t)=(C_1+C_2t)e^{-\omega_0 t}$，此式收敛的条件是 $\omega_0>0$。由于 $\zeta\omega_0$ 恒为正数，$\zeta=1$ 时必有 $\omega_0>0$。也就是说，当汽车横摆系统的阻尼比 $\zeta=1$ 时，其瞬态响应是稳定的，分析可知，$\omega_r(t)$ 单调上升，收敛于 ω_{r0}。

$\zeta>1$ 时，称为大阻尼，齐次方程的通解：$\omega_{rI}(t)=C_3e^{(-\zeta\omega_0+\sqrt{(\zeta\omega_0)^2-\omega_0^2})t}+C_4e^{(-\zeta\omega_0-\sqrt{(\zeta\omega_0)^2-\omega_0^2})t}$。其收敛的条件是式中两项均收敛，第二项显然是收敛的，那么 $\omega_{rI}(t)$ 收敛的要求就是第一项的指数中的系数 $-\zeta\omega_0+\sqrt{(\zeta\omega_0)^2-\omega_0^2}\leq 0$。为此，首先 $\zeta\omega_0$ 应大于或等于 0，而这总是成立的；另外还需要 $\omega_0^2\geq 0$，使得系数 $-\zeta\omega_0+\sqrt{(\zeta\omega_0)^2-\omega_0^2}$ 中第二项的绝对值不超过第一项（提示，在此问题的研究中，将 $\zeta\omega_0$ 和 ω_0^2 看成两个独立的参数，会使分析比较简单）。由式（5-19）和式（5-20），$\omega_0^2=\dfrac{a_0}{a_2}=\dfrac{mv(ak_1-bk_2)+\dfrac{L^2k_1k_2}{v}}{mI_zv}$，要求 $\omega_0^2\geq 0$，即分子 $mv(ak_1-bk_2)+\dfrac{L^2k_1k_2}{v}\geq 0$，化简，并运用 $\dfrac{m}{L^2}\left(\dfrac{a}{k_2}-\dfrac{b}{k_1}\right)=K$，可得 $Kv^2\geq -1$，K 为稳定性因数。有两种情况可满足此要求：①对于不足转向或中性转向的汽车，因为 $K\geq 0$，显然 $Kv^2\geq -1$ 总是成立的；②对于过多转向的汽车，$K<0$，$Kv^2\geq -1$ 意味着 $v^2\leq -\dfrac{1}{K}$，也就是 $v\leq\sqrt{-\dfrac{1}{K}}=v_{cr}$，$v_{cr}$ 就是本章介绍的临界车速。此部分的结论就是：对于横摆系统阻尼比 $\zeta>1$ 的情况，如果汽车的稳态响应特性是不足转向或中性转向，那么瞬态响应一定收敛，$\omega_r(t)$ 单调上升，收敛于 ω_{r0}；如果汽车的稳态响应特性是过多转向，那么车速不超过临界车速 v_{cr} 时 $\omega_r(t)$ 收敛，车速超过 v_{cr} 时 $\omega_r(t)$ 就发散。

从数学的角度，ω_{rI} 收敛的充要条件还可以表达为其特征方程的所有实根以及所有复根的实部都为负值。由此得到的结论和上述完全一致，不再赘述。

瞬态响应是否稳定的判定方法，总结于表 5-3 中。

表 5-3 瞬态响应的稳定条件

稳态响应特性	瞬态响应的稳定性 阻尼比	$\zeta \leqslant 1$	$\zeta > 1$
不足转向或中性转向		稳定	稳定
过多转向	$v \leqslant v_{cr}$	稳定	稳定
	$v > v_{cr}$		不稳定

对于瞬态响应不稳定的汽车，施加转向盘（对本节模型等价于前轮）角阶跃输入后，汽车不会进入稳态的匀速圆周行驶状态，而是横摆角速度越来越大，进入一种曲率半径越来越小的"螺旋线"行驶状态。实际行驶中，驾驶人可以通过主动操纵转向盘来控制汽车进入稳定行驶工况。

3. 瞬态响应的评价

由上文的叙述可知，瞬态响应通解 $\omega_r(t)$ 的表达与横摆系统的阻尼比 ζ 有关。一般来说，汽车横摆系统的阻尼比 ζ 都是小于 1 的，即具有小阻尼特性，下面就针对这种情况，做进一步的数学分析，以评价瞬态响应的品质。

现已知道，汽车在前轮角阶跃输入下的瞬态响应的微分方程为 $\ddot{\omega}_r + 2\zeta\omega_0\dot{\omega}_r + \omega_0^2\omega_r = B_0\delta_0$，它的通解 $\omega_r(t)$ 由对应的齐次方程的通解 ω_{rI} 和非齐次方程本身的一个特解 ω_{rII} 构成。非齐次方程的特解为 $\omega_{rII} = \omega_{r0}$；$\zeta < 1$ 时对应的齐次方程的通解为 $\omega_{rI}(t) = Ce^{-\zeta\omega_0 t}\sin(\omega_0\sqrt{1-\zeta^2}\,t + \Phi)$。可见，横摆角速度的瞬态响应为 $\omega_r(t) = Ce^{-\zeta\omega_0 t}\sin(\omega_0\sqrt{1-\zeta^2}\,t + \Phi) + \omega_{r0}$。令 $\omega = \omega_0\sqrt{1-\zeta^2}$（$\omega_0$ 为无阻尼固有圆频率，ω 为有阻尼固有圆频率），则

$$\omega_r(t) = Ce^{-\zeta\omega_0 t}\sin(\omega t + \Phi) + \omega_{r0} \tag{5-22a}$$

为了研究其详细特性，需要确定积分常数 C 和 Φ。

按和差角的正弦公式，式（5-22a）又可表达为

$$\omega_r(t) = A_1 e^{-\zeta\omega_0 t}\cos\omega t + A_2 e^{-\zeta\omega_0 t}\sin\omega t + \omega_{r0} \tag{5-22b}$$

式（5-22a）和式（5-22b）之间存在 $C = \sqrt{A_1^2 + A_2^2}$ 和 $\Phi = \arctan\dfrac{A_1}{A_2}$ 的关系。

利用运动初始条件确定 A_1 和 A_2。对匀速直线行驶的汽车施加前轮角阶跃输入，在 $t=0$ 时刻，显然有 $\omega_r = 0$，$v_y = 0$，$\delta = \delta_0$；再结合式（5-6a）的第二式 $(ak_1 - bk_2)\dfrac{v_y}{v_x} + (a^2k_1 + b^2k_2)\dfrac{\omega_r}{v_x} - ak_1\delta = I_z\dot{\omega}_r$，则可求得 $t=0$ 时刻，$\dot{\omega}_r = \dfrac{-ak_1\delta_0}{I_z}$，由式（5-19）和式（5-20）可知，$B_1 = \dfrac{-ak_1}{I_z}$，故 $\dot{\omega}_r(t=0) = B_1\delta_0$。

将 $t=0$ 时刻 $\omega_r = 0$ 代入式（5-22b），可得 $A_1 = -\omega_{r0}$。

对式（5-22b）求导，可得

$\dot{\omega}_r(t) = A_1(-\zeta\omega_0 e^{-\zeta\omega_0 t}\cos\omega t - \omega e^{-\zeta\omega_0 t}\sin\omega t) + A_2(-\zeta\omega_0 e^{-\zeta\omega_0 t}\sin\omega t + \omega e^{-\zeta\omega_0 t}\cos\omega t)$,将 $\dot{\omega}_r(t=0) = B_1\delta_0$ 代入,并利用 $A_1 = -\omega_{r0}$、$\omega = \omega_0\sqrt{1-\zeta^2}$、$\omega_{r0} = A_s\delta_0 = \dfrac{B_0}{\omega_0^2}\delta_0$、$B_1 = \dfrac{-ak_1}{I_z}$ 和 $B_0 = \dfrac{Lk_1k_2}{mI_z v}$,可得

$$A_2 = \frac{B_1\delta_0 - \zeta\omega_0\omega_{r0}}{\omega} = \frac{\omega_{r0}\left(\dfrac{B_1\delta_0}{\omega_{r0}} - \zeta\omega_0\right)}{\omega_0\sqrt{1-\zeta^2}} = \frac{\omega_{r0}\left(B_1\delta_0\dfrac{\omega_0^2}{B_0\delta_0}\dfrac{1}{\omega_0} - \zeta\right)}{\sqrt{1-\zeta^2}} = -\omega_{r0}\frac{\dfrac{ma\omega_0 v}{Lk_2} + \zeta}{\sqrt{1-\zeta^2}}$$

于是得到积分常数:$C = \sqrt{A_1^2 + A_2^2} = \omega_{r0}\sqrt{\dfrac{1}{1-\zeta^2}\left[1 + 2\dfrac{ma\zeta\omega_0 v}{Lk_2} + \left(\dfrac{ma\omega_0 v}{Lk_2}\right)^2\right]}$、$\Phi = \arctan\dfrac{A_1}{A_2} = \arctan\dfrac{\sqrt{1-\zeta^2}}{\dfrac{ma\omega_0 v}{Lk_2} + \zeta}$。将其代入式(5-22a),可得

$$\omega_r(t) = \omega_{r0}\left\{1 + \sqrt{\frac{1}{1-\zeta^2}\left[1 + 2\frac{ma\zeta\omega_0 v}{Lk_2} + \left(\frac{ma\omega_0 v}{Lk_2}\right)^2\right]}e^{-\zeta\omega_0 t}\sin\left(\omega t + \arctan\frac{\sqrt{1-\zeta^2}}{\dfrac{ma\omega_0 v}{Lk_2} + \zeta}\right)\right\} \quad (5\text{-}23)$$

式中,稳态横摆角速度 ω_{r0} 也可写为 $A_s\delta_0$ 或 $\dfrac{B_0}{\omega_0^2}\delta_0$,圆频率 $\omega = \omega_0\sqrt{1-\zeta^2}$。

式(5-23)就是匀速直线行驶的汽车(小阻尼条件下)做前轮角阶跃输入后的瞬态响应时间历程。它的第一项是常数 ω_{r0},即稳态横摆角速度;第二项中,在速度 v 不变的前提下,$\sqrt{\dfrac{1}{1-\zeta^2}\left[1 + 2\dfrac{ma\zeta\omega_0 v}{Lk_2} + \left(\dfrac{ma\omega_0 v}{Lk_2}\right)^2\right]}$ 是常数,$e^{-\zeta\omega_0 t}$ 反映振幅的衰减速率。因此,$\omega_r(t)$ 是一个以 ω 为圆频率、收敛于稳态横摆角速度 ω_{r0} 的衰减正弦振荡,如图5-30所示。

较好的瞬态响应,应该是反应迅速,同时横摆角速度 $\omega_r(t)$ 的最大值不要超出稳态值 ω_{r0} 过多,且能较快、较稳定地收敛于 ω_{r0}。可以通过以下参数来评价瞬态响应特性的品质。

(1) 反应时间　反应时间是对直线行驶的汽车施加前轮角阶跃输入后,横摆角速度第一次达到稳态值 ω_{r0} 所需的时间,即图5-30中的 τ。τ 越短,说明汽车响应驾驶人操作的滞后时间越短,也就是瞬态反应越迅速。

按式(5-22a),瞬态响应的时间历程 $\omega_r(t) = Ce^{-\zeta\omega_0 t}\sin(\omega t + \Phi) + \omega_{r0}$。令 $t = \tau$ 时 $\omega_r(t) = \omega_{r0}$,即 $\sin(\omega\tau + \Phi) = 0$,解得 $\tau = \dfrac{1}{\omega}(n\pi - \Phi)$($\tau > 0$),$n$ 为自然数。分析可知,初始相位角 Φ 为负值,结合"第一次达到"的定义,应取 $n = 0$,于是有

$$\tau = \frac{-\Phi}{\omega} = \frac{-\arctan\dfrac{\sqrt{1-\zeta^2}}{\dfrac{ma\omega_0 v}{Lk_2} + \zeta}}{\omega_0\sqrt{1-\zeta^2}} \quad (5\text{-}24)$$

由式（5-24）可知，在车速 v 一定的条件下，为了缩短反应时间 τ，可以采取提高固有频率 ω_0、降低阻尼比 ζ、提高系数 $\dfrac{ma}{L}$ 和降低后轮的侧偏刚度（绝对值）$|k_2|$ 等措施。ω_0 和 ζ 的计算公式见下文中的式（5-28）和式（5-29）。

为了衡量瞬态反应的快慢，也可以采用第一次达到 $0.9\omega_{r0}$、$0.63\omega_{r0}$ 或第一峰值 ω_{r1} 的反应时间。第一峰值反应时间如图 5-30 中 ε 所示，可按 "$\dot{\omega}_r(t)$ 第一次等于 0" 的方法分析，有兴趣的读者可以算一下，其结果为

$$\varepsilon = \frac{\arctan\dfrac{\sqrt{1-\zeta^2}}{\zeta}}{\omega_0\sqrt{1-\zeta^2}} + \tau \tag{5-25}$$

（2）超调量 超调量是指横摆角速度的第一峰值 ω_{r1} 与稳态值 ω_{r0} 的比值，以百分数表示，如图 5-30 所示。超调量过大，会使得阶跃输入下的汽车响应难以控制，而且过高的横摆角速度瞬态峰值可能使汽车在进入稳态响应状态之前就发生侧滑甚至侧翻。

显然，计算超调量的主要工作是计算第一峰值 ω_{r1}。为此，需要确定第一峰值反应时间 ε，然后将 ε 值作为 t 代入式（5-23），得到 ω_{r1}。

如果按式（5-24）和式（5-25）来计算 ε，再代入式（5-23），ω_{r1} 的代数表达式将非常复杂（当然在给定相关参数值的条件下，可以依次算出 τ、ε 和 ω_{r1} 的数值，但是这种数值法不易从理论上分析超调量的影响因素）。由图 5-30 可知，可以认为 ε 就是振荡 $\dfrac{1}{4}$ 个周期的时间，即取 $\varepsilon \approx \dfrac{\pi}{2\omega}$，以此代入式（5-23），经运算及近似处理，可得超调量

$$\frac{\omega_{r1}}{\omega_{r0}} = \left(1 + \frac{\sqrt{1-\zeta^2}}{\zeta} e^{-\frac{\pi\zeta}{2\sqrt{1-\zeta^2}}}\right) \times 100\% \tag{5-26}$$

> 有兴趣的读者可以算一下，对式（5-23）求导，令 $\dot{\omega}_r(t)=0$，算出对应的时间 ε。计算过程中，可以采取如下简化：令 $a=b=\rho_z$，$m\rho_z^2=I_z$；与 (k_1+k_2) 相比，(k_1-k_2) 忽略不计。即可得出 $\varepsilon \approx \dfrac{\pi}{2\omega}$，以及式（5-26）。

可见，提高阻尼比 ζ，可以减小超调量。

（3）稳定时间 稳定时间是指施加前轮角阶跃输入后，横摆角速度第一次进入 $\omega_{r0}(1\pm5\%)$ 区间且不再离开该区间所需的时间，即图 5-30 中的 σ。

根据式（5-22a），横摆角速度的瞬态时间历程 $\omega_r(t) = \omega_{r0}[1+C'e^{-\zeta\omega_0 t}\sin(\omega t+\Phi)]$，$\omega_r(t)$ 进入 $\omega_{r0}(1\pm5\%)$ 区间，可认为就是正弦波动分量的幅值 $C'e^{-\zeta\omega_0 t}$ 降低到 0.05。令 $C'e^{-\zeta\omega_0 \sigma} = 0.05$，解得稳定时间：

$$\sigma = \frac{1}{\zeta\omega_0}\ln(20C') \tag{5-27}$$

式中，$C' = \sqrt{\dfrac{1}{1-\zeta^2}\left[1+2\dfrac{ma\zeta\omega_0 v}{Lk_2}+\left(\dfrac{ma\omega_0 v}{Lk_2}\right)^2\right]}$。

对稳定时间 σ 影响较大的是固有频率 ω_0 和阻尼比 ζ，提高 ω_0 或 ζ，均有助于缩短 σ。

（4）**固有频率** 分析可知，以上各参数大都与横摆系统的固有频率 ω_0 和阻尼比 ζ 有关。

ω_0 指的是无阻尼固有频率。由式（5-19）和式（5-20）可知：

$$\omega_0 = \sqrt{\dfrac{a_0}{a_2}} = \sqrt{\dfrac{mv(ak_1-bk_2)+\dfrac{L^2 k_1 k_2}{v}}{mI_z v}} = \dfrac{L}{v}\sqrt{\dfrac{k_1 k_2}{mI_z}(1+Kv^2)} \tag{5-28}$$

固有频率 ω_0 是评价汽车横摆瞬态响应品质的一个重要参数，一般来说 ω_0 高些为好，这有利于缩短反应时间 τ 和稳定时间 σ。

ω_0 不完全取决于车辆参数，与车速 v 也有关，分析可知，v 越高，ω_0 越低。图 5-39 所示为某研究统计的一些欧洲车和日本车在基准车速 $u=100\text{km/h}$ 下的固有频率 $f_0\left(f_0=\dfrac{\omega_0}{2\pi}\right)$，$f_0$ 在 1.0Hz 左右。同时可见欧洲车的固有频率平均而言高于日本车，普遍在 0.9Hz 以上。这是因为欧洲公路的限速值较高，同样基准车速下的固有频率 f_0 高些，相当于为更高速行驶时的 f_0 值"预留"了下降空间。

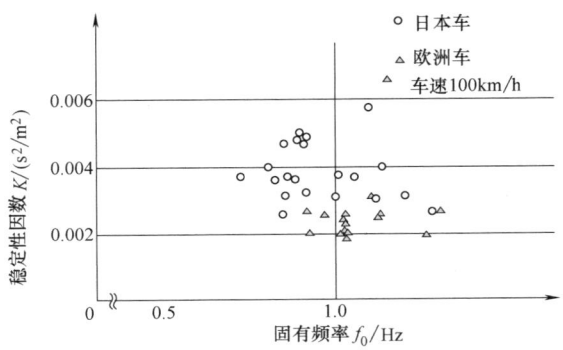

图 5-39 一些欧洲车和日本车的横摆系统固有频率及稳定性因数范围

另外，由图 5-39 还可以看出，所研究汽车的稳态响应特性都是不足转向，即 $K>0$。但相比较而言欧洲车的不足转向量更小，即 K 值较小，这主要也是考虑到行车速度较高，较大的 K 值会导致横摆角速度增益 A_s 相对中性转向汽车过分"衰减"（参见图 5-32），引起转向迟钝或转向沉重。

（5）**阻尼比** 根据式（5-20），阻尼比 $\zeta = \dfrac{a_1}{2\sqrt{a_0 a_2}}$（或 $\zeta = \dfrac{a_1}{2\omega_0 a_2}$），代入各参数值，得

$$\zeta = \dfrac{-[m(a^2 k_1+b^2 k_2)+I_z(k_1+k_2)]}{2L\sqrt{mI_z k_1 k_2(1+Kv^2)}} \tag{5-29}$$

ζ 适当大些，可以减小超调量、缩短稳定时间；降低阻尼比则有助于缩短反应时间。有研究根据试验得到的超调量数据，推算近代轿车的阻尼比 $\zeta = 0.5\sim 0.8$ [试验工况：车速 $u=70\text{mile/h}$（$1\text{mile/h}=1.609\text{km/h}$），侧向加速度 $a_y=0.4g$]。

在确定车辆结构参数的条件下，阻尼比 ζ 随车速 v 的提高而减小。

本节瞬态响应研究的理论基础是线性二自由度汽车模型，该模型对汽车做了诸多假设和

限制，这些假设和限制与汽车稳态响应（即匀速圆周行驶）的实际工况差异不大。而在瞬态响应过程中，影响汽车运动的很多因素都是有较大变化的，与线性二自由度汽车模型存在显著差异。因此，瞬态响应品质评价方面的各参数，即 τ、ε、$\dfrac{\omega_{r1}}{\omega_{r0}}$、$\sigma$、$\omega_0$ 和 ζ 等，上述理论计算值与实测值相比会有较大误差；但是对于稳定条件的研究，当瞬态响应趋于稳态时，线性二自由度汽车模型则是比较可靠的，误差不大。也就是说，对于给定的汽车施加前轮角阶跃输入，瞬态响应的实际振荡曲线可能与通过上述理论计算得出的图 5-30 所示的曲线有较显著差异；但对于曲线是否收敛，按前文"2. 瞬态响应的稳定条件"部分的原则来判断还是比较可靠的。

二、横摆系统的频率响应特性

当汽车处在前轮转角正弦输入下，横摆角速度也进入稳定的正弦变化时，可以用频率响应特性研究其操纵稳定性。

1. 频率响应特性的理论基础

输入和输出处于动态的系统，其数学模型用微分方程描述。如果微分方程是线性的，则称为线性系统，如本章重点研究的线性二自由度汽车模型（可以这样说，对真实的汽车进行假设和简化，用存在一定误差的线性模型代替，其目的就是可以运用线性微分方程来描述其动态特性，因为线性系统具有一些便于研究的性质。第六章也采取了同样的建模方法）。对于线性系统，存在若干性质，其中之一是**频率保持性**——线性系统，若输入为某一频率的正弦信号，则其稳态输出将保持同一频率。稳态指的是输入量和输出量都进入等幅周期振荡状态。也就是说，系统输出与输入的差异在于幅值和相位。

（1）**频率响应函数的定义**　对线性系统施加简谐（即正弦）激励，达到稳态时，可将输入和输出谐量分别记为 $x(t)=x_0\sin(\omega t+\varphi_1)$ 和 $y(t)=y_0\sin(\omega t+\varphi_2)$。两者均采用复指数表达，可分别写为 $x(t)=x_0\mathrm{e}^{\mathrm{j}(\omega t+\varphi_1)}$ 和 $y(t)=y_0\mathrm{e}^{\mathrm{j}(\omega t+\varphi_2)}$ ［由欧拉公式 $\mathrm{e}^{\mathrm{j}\Psi}=\cos\Psi+\mathrm{j}\sin\Psi$ 可知，实际上 $x(t)$ 和 $y(t)$ 分别对应 $x_0\mathrm{e}^{\mathrm{j}(\omega t+\varphi_1)}$ 和 $y_0\mathrm{e}^{\mathrm{j}(\omega t+\varphi_2)}$ 的虚部，此处取"="，不影响后续的推证结论。有关理论，可参考"正弦量的向量表达"方面的知识］。

令 $x(t)=\vec{x}\mathrm{e}^{\mathrm{j}\omega t}$、$y(t)=\vec{y}\mathrm{e}^{\mathrm{j}\omega t}$，则得到**复振幅** $\vec{x}=x_0\mathrm{e}^{\mathrm{j}\varphi_1}$ 和 $\vec{y}=y_0\mathrm{e}^{\mathrm{j}\varphi_2}$。也就是说，某谐量的复振幅取决于该谐量的幅值和初相位，与频率无关。

定义系统输出谐量与输入谐量的复振幅之比为**频率响应函数**，简称频响函数或频响，记为 $H(\mathrm{j}\omega)$，即

$$H(\mathrm{j}\omega)=\dfrac{\vec{y}}{\vec{x}}=\dfrac{y_0}{x_0}\mathrm{e}^{\mathrm{j}(\varphi_2-\varphi_1)} \tag{5-30a}$$

有时，为了强调输出量是 y、输入量是 x，采用符号 $H(\mathrm{j}\omega)_{y\sim x}$，表示"$y$ 对 x 的频率响应函数"。

频率响应函数的主体是系统，不是输入或输出量。频率响应函数的自变量是信号的频率，采用 ω 或 f 都可以，$\omega=2\pi f$。习惯上，当进行微分方程的推导和信号的傅里叶变换等偏

第五章　汽车的操纵稳定性

向单纯数学的研究时，使用 ω；当需要强调"某作用量的频率"这一工程意义时，采用 f。

> 推广：当不限定简谐激励，而允许 $x(t)$ 和 $y(t)$ 取任意时域函数时，存在 $X(\omega)=\int_{-\infty}^{\infty}x(t)\mathrm{e}^{-\mathrm{j}\omega t}\mathrm{d}t$，$Y(\omega)=\int_{-\infty}^{\infty}y(t)\mathrm{e}^{-\mathrm{j}\omega t}\mathrm{d}t$，$X(\omega)$ 和 $Y(\omega)$ 分别为 $x(t)$ 和 $y(t)$ 的傅里叶变换，即**频谱**。而傅里叶逆变换则可以将频谱"还原"为时域函数，即 $x(t)=\frac{1}{2\pi}\int_{-\infty}^{\infty}X(\omega)\mathrm{e}^{\mathrm{j}\omega t}\mathrm{d}\omega$，$y(t)=\frac{1}{2\pi}\int_{-\infty}^{\infty}Y(\omega)\mathrm{e}^{\mathrm{j}\omega t}\mathrm{d}\omega$。
>
> 这两个傅里叶逆变换表明，$x(t)$ 和 $y(t)$ 可分别看成由无数个复振幅为 $X(\omega)\mathrm{d}\omega$ 和 $Y(\omega)\mathrm{d}\omega$ 的谐量叠加而成。针对某频率 ω 的谐量，其频率响应函数为
>
> $$H(\mathrm{j}\omega)=\frac{\vec{y}}{\vec{x}}=\frac{Y(\omega)\mathrm{d}\omega}{X(\omega)\mathrm{d}\omega}=\frac{Y(\omega)}{X(\omega)} \tag{5-30b}$$
>
> 可见，系统的频率响应函数还可以定义为输出量与输入量的傅里叶变换之比。
>
> 也就是说，当采用复振幅之比的定义式（5-30a）时，强调的是"系统特性随信号的频率而变化"，这个信号指的是一个频率可变的单一正弦波；当采用傅里叶变换之比的定义式（5-30b）时，强调的是"系统特性随信号的组成谐量的频率而变化"，这个信号是复杂的，由若干不同频率的正弦波叠加得到。本章侧重于第一种理解，形象地说，就是分别对同一辆汽车施加不同频率的转向盘转角正弦输入，输出与输入的关系（即系统特性）随频率而变化的规律；第六章侧重于第二种定义，研究的是路面随机输入中的不同频率成分对平顺性的不同影响。
>
> 当然，也可以不严格区别此二者的侧重点，用哪个计算都是正确的。

（2）**幅频特性与相频特性**　频率响应函数 $H(\mathrm{j}\omega)$ 是一个复数，具有模和相位角。

数学定义：频率响应函数的模为**幅频特性**，即 $A(\omega)=|H(\mathrm{j}\omega)|$；频率响应函数的相位角为**相频特性**，即 $\varphi(\omega)=\angle H(\mathrm{j}\omega)$。

工程意义：结合 $H(\mathrm{j}\omega)=\dfrac{\vec{y}}{\vec{x}}=\dfrac{y_0}{x_0}\mathrm{e}^{\mathrm{j}(\varphi_2-\varphi_1)}$，可知 $A(\omega)=\dfrac{y_0}{x_0}$，$\varphi(\omega)=\varphi_2-\varphi_1$。即**幅频特性**表达系统输出与输入的幅值比，**相频特性**表达系统输出与输入的相位差。幅频特性和相频特性构成系统完整的频率响应特性。

频率响应特性取决于系统自身的参数。

（3）**基于微分方程的频率响应特性的求解方法**　对于任意线性系统，其微分方程的一般表达式可写为

$$a_n\frac{\mathrm{d}^n y(t)}{\mathrm{d}t^n}+a_{n-1}\frac{\mathrm{d}^{n-1}y(t)}{\mathrm{d}t^{n-1}}+\cdots+a_1\frac{\mathrm{d}y(t)}{\mathrm{d}t}+a_0 y(t)=b_m\frac{\mathrm{d}^m x(t)}{\mathrm{d}t^m}+b_{m-1}\frac{\mathrm{d}^{m-1}x(t)}{\mathrm{d}t^{m-1}}+\cdots+b_1\frac{\mathrm{d}x(t)}{\mathrm{d}t}+b_0 x(t)$$

$$\tag{5-31}$$

式中，x 为系统的输入量；y 为系统的输出量；a_0，a_1，$\cdots$，a_{n-1}，a_n 和 b_0，b_1，$\cdots$，b_{m-1}，b_m 为常数，属于系统结构参数。

式（5-31）已经具有普遍性，等号两侧均不需写出常数项。

引用复振幅的概念 $\vec{x} = x_0 e^{j\varphi_1}$ 和 $\vec{y} = y_0 e^{j\varphi_2}$，则 $x(t) = \vec{x} e^{j\omega t}$ 和 $y(t) = \vec{y} e^{j\omega t}$，易得 $\dfrac{d^i y(t)}{dt^i} = (j\omega)^i \vec{y} e^{j\omega t}$ 和 $\dfrac{d^i x(t)}{dt^i} = (j\omega)^i \vec{x} e^{j\omega t}$，$i$ 为求导的任意阶数。

于是微分方程式（5-31）变换为

$$a_n(j\omega)^n \vec{y} e^{j\omega t} + a_{n-1}(j\omega)^{n-1} \vec{y} e^{j\omega t} + \cdots + a_1(j\omega) \vec{y} e^{j\omega t} + a_0 \vec{y} e^{j\omega t}$$
$$= b_m(j\omega)^m \vec{x} e^{j\omega t} + b_{m-1}(j\omega)^{m-1} \vec{x} e^{j\omega t} + \cdots + b_1(j\omega) \vec{x} e^{j\omega t} + b_0 \vec{x} e^{j\omega t}$$

由此可解出频率响应函数：

$$H(j\omega) = \dfrac{\vec{y}}{\vec{x}} = \dfrac{b_m(j\omega)^m + b_{m-1}(j\omega)^{m-1} + \cdots + b_1(j\omega) + b_0}{a_n(j\omega)^n + a_{n-1}(j\omega)^{n-1} + \cdots + a_1(j\omega) + a_0} \tag{5-32}$$

对于任意二阶系统 [即 $n = 2$，如本节的出发点式（5-20）以及第六章的诸多微分方程所代表的系统]，固有频率和阻尼比的普遍表达式为 $\omega_0 = \sqrt{\dfrac{a_0}{a_2}}$ 和 $\zeta = \dfrac{a_1}{2\sqrt{a_0 a_2}}$，这和式（5-20）下面的定义是一致的。

"固有频率"和"阻尼比"含义的简要论证如下（涉及较多数学运算，供有需要或有兴趣的读者参考）：

给予二阶系统初始扰动，令其做自由衰减振动，则微分方程为齐次，可写为

$$a_2 \dfrac{d^2 y(t)}{dt^2} + a_1 \dfrac{dy(t)}{dt} + a_0 y(t) = 0 \tag{5-33}$$

令 $n = \dfrac{a_1}{2a_2}$，$\omega_0 = \sqrt{\dfrac{a_0}{a_2}}$，则式（5-33）变为

$$\ddot{y} + 2n\dot{y} + \omega_0^2 y = 0 \tag{5-34}$$

令该自由衰减振动的解为

$$y(t) = y_0 e^{\lambda t} \tag{5-35}$$

有 $\dot{y} = \lambda y_0 e^{\lambda t}$、$\ddot{y} = \lambda^2 y_0 e^{\lambda t}$，代入（5-34），得

$$(\lambda^2 + 2n\lambda + \omega_0^2) y_0 e^{\lambda t} = 0$$

显然，$y_0 e^{\lambda t}$ 不恒为零，则必然有特征方程 $\lambda^2 + 2n\lambda + \omega_0^2 = 0$。解得特征根为

$$\lambda_{1,2} = -n \pm \sqrt{n^2 - \omega_0^2}$$

系统处于衰减振动，必然有 $n > 0$ 且 $n^2 - \omega_0^2 < 0$，则特征根为 $\lambda_{1,2} = -n \pm j\sqrt{\omega_0^2 - n^2}$。令 $\omega_c = \sqrt{\omega_0^2 - n^2}$，得齐次方程的解为

$$y(t) = y_{01} e^{-nt + j\omega_c t} + y_{02} e^{-nt - j\omega_c t} \tag{5-36}$$

特征根 $\lambda_{1,2} = -n \pm j\sqrt{\omega_0^2 - n^2}$ 为一对共轭复数，那么幅值 y_{01} 和 y_{02} 必然也是一对共轭

复数 [否则 $y(t)$ 不为实数]。令 $y_{01,02}=\dfrac{1}{2}(B\pm jC)$,代入(5-36),并利用欧拉公式 $e^{\pm j\Psi}=\cos\Psi\pm j\sin\Psi$ 和辅助角公式 $a\sin\alpha+b\cos\alpha=\sqrt{a^2+b^2}\sin\left(\alpha+\arctan\dfrac{b}{a}\right)$,经整理得到自由衰减振动的解为

$$y(t)=e^{-nt}\sqrt{B^2+C^2}\sin\left(\omega_c t-\arctan\dfrac{B}{C}\right) \tag{5-37}$$

式中,初始振幅 $A=\sqrt{B^2+C^2}$ 和初始相位 $-\arctan\dfrac{B}{C}$ 取决于初始条件。振幅的衰减速率取决于 $n=\dfrac{a_1}{2a_2}$,振动圆频率 $\omega_c=\sqrt{\omega_0^2-n^2}$,而 $\omega_0=\sqrt{\dfrac{a_0}{a_2}}$。于是定义系统的(无阻尼)固有圆频率 $\omega_0=\sqrt{\dfrac{a_0}{a_2}}$,简称**固有频率**,单位为 1/s;系统的**阻尼比** $\zeta=\dfrac{a_1}{2\sqrt{a_0 a_2}}$,量纲为一。

计算可得 $n=\zeta\omega_0$,则**有阻尼固有频率** $\omega_c=\sqrt{\omega_0^2-n^2}=\sqrt{1-\zeta^2}\,\omega_0$。有阻尼自由振动的时间历程如图 5-40 所示。

图 5-40 中的包络线 $\pm Ae^{-nt}$ 反映振幅随时间的延长而衰减的程度。

有时在无法确定系统参数 a_0、a_1 和 a_2 的条件下,可根据试验所得曲线,计算系统的固有频率和阻尼比。在图 5-40 中,两个相邻振幅之比称为减幅系数 d,即 $d=\dfrac{A_1}{A_2}$。分析可知,$d=\dfrac{A_1}{A_2}=e^{nT}=e^{\frac{2\pi\zeta}{\sqrt{1-\zeta^2}}}$,进而求得阻尼比 $\zeta=\dfrac{1}{\sqrt{1+\dfrac{4\pi^2}{\ln^2 d}}}$。曲线图上 T 代表有阻尼自由振动的周期,即 $T=\dfrac{2\pi}{\omega_c}=\dfrac{2\pi}{\sqrt{1-\zeta^2}\,\omega_0}$。计算可得,$\omega_0=\dfrac{\sqrt{4\pi^2+\ln^2 d}}{T}$(当阻尼比 ζ 较小时,$\ln^2 d\ll 4\pi^2$,也可近似为 $\omega_0\approx\dfrac{2\pi}{T}$)。

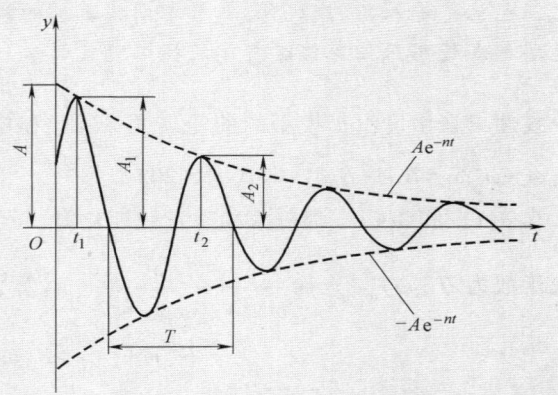

图 5-40 二阶系统的自由衰减振动曲线

可见:能够写出微分方程式(5-31),就能写出频率响应函数 $H(j\omega)$ 式(5-32)以及固有频率 ω_0 和阻尼比 ζ。在此基础上,求频率响应函数的模和相位角,就能得到幅频特性 $A(\omega)=|H(j\omega)|$ 和相频特性 $\varphi(\omega)=\angle H(j\omega)$。注意,这种方法的前提是能写出微分方程,

也就是系统参数 a_0，a_1，…，a_{n-1}，a_n 和 b_0，b_1，…，b_{m-1}，b_m 是已知的。

如果系统参数难以确定，那么就需要由输出与输入的关系来求解系统的频率响应特性，可参看式（6-13）下面的讨论内容。

> 频率响应函数实际上是线性系统的稳态响应分量，只有再加上瞬态响应分量，才构成系统的全响应，即系统的传递函数。**稳态**指的是输出和输入均不随时间变化或均做周期性变化，而周期信号中最有代表性的就是正弦信号，所以也有的资料将频率响应函数称为**正弦传递函数**。

2. 前轮转角正弦输入下汽车的频率响应特性

令前轮转角输入的时间历程为 $\delta(t)=\delta_0\sin(\omega t+\varphi_1)$，汽车横摆角速度输出的时间历程为 $\omega_r(t)=\omega_{r0}\sin(\omega t+\varphi_2)$。此处，$\delta_0$ 和 ω_{r0} 是输入和输出的幅值，ω 是两者均做稳态正弦变化时的圆频率，φ_1 和 φ_2 是两者的初始相位。

> 事实上，对于匀速直线行驶的汽车，开始对其施加持续的前轮转角正弦输入时，汽车会先经历一个短暂而复杂的瞬态过程，然后其横摆角速度才会逐渐进入稳定的正弦变化，也就是进入新的稳态。本节不研究其间的瞬态过程，只研究前轮转角和汽车横摆角速度都成稳态正弦变化时汽车的操纵稳定性。

线性二自由度汽车模型的前轮转角 $\delta(t)$ 和横摆角速度 $\omega_r(t)$ 之间服从微分方程 $\ddot{\omega}_r+2\zeta\omega_0\dot{\omega}_r+\omega_0^2\omega_r=B_1\dot{\delta}+B_0\delta$，即式（5-20）。

当 $\delta(t)$ 和 $\omega_r(t)$ 都进入稳态正弦变化时，运用式（5-31）与式（5-32）的关系，频率响应函数为 $H(j\omega)_{\omega_r\sim\delta}=\dfrac{B_1j\omega+B_0}{(j\omega)^2+2\zeta\omega_0 j\omega+\omega_0^2}$。计算，并进行实、虚分解，可得

$$H(j\omega)_{\omega_r\sim\delta}=B(\omega)+jC(\omega) \tag{5-38}$$

式中，频率响应函数的实部 $B(\omega)=\dfrac{2B_1\zeta\omega_0\omega^2+B_0(\omega_0^2-\omega^2)}{(\omega_0^2-\omega^2)^2+4\zeta^2\omega_0^2\omega^2}$，虚部 $C(\omega)=\dfrac{B_1\omega(\omega_0^2-\omega^2)-2B_0\zeta\omega_0\omega}{(\omega_0^2-\omega^2)^2+4\zeta^2\omega_0^2\omega^2}$。$B_1$、$B_0$、$\omega_0$ 和 ζ 各参数，均来自式（5-20）。

则幅频特性：

$$A(\omega)=\sqrt{B^2(\omega)+C^2(\omega)} \tag{5-39}$$

相频特性：

$$\varphi(\omega)=\arctan\dfrac{C(\omega)}{B(\omega)} \tag{5-40}$$

汽车横摆系统的频响特性就体现为 $A(\omega)$ 和 $\varphi(\omega)$。

此部分的计算公式，也是源自线性二自由度汽车模型，该模型的一些假设和限制，与转向盘转角正弦输入下的汽车行驶工况有一定出入，尤其是车速较快、激励频率较高时，一些在线性二自由度汽车模型中被忽略的因素实际上起较大作用。因此在实际工作中，对于汽车

横摆系统的频率响应特性,更倾向于进行试验研究。

常见的测试方法是进行"转向盘转角脉冲试验"。

> 系统的频率响应特性,描述的是随着信号频率的变化,输出对输入的幅值比和相位差的变化规律,即幅频特性 $A(\omega)$ 和相频特性 $\varphi(\omega)$。从这个意义上说,可以分别以不同的频率 ω 进行转向盘转角正弦输入,测定汽车在不同 ω 下的稳态幅值比和相位差,从而得到不同的 ω 所对应的 $A(\omega)$ 和 $\varphi(\omega)$。但是这样做需要有足够多、足够密集的"频率点",测试工作量很大。
>
> 为了得到汽车做横摆运动时的频率响应特性,对转向盘施加转角脉冲输入是一个简便的办法。
>
> 一般要求施加"三角脉冲输入":汽车匀速直线行驶,在试验路段的预定点向左或向右转动转向盘,并迅速转回原处保持不动,转向盘转角 $\delta_{sw}(t)$ 的理想波形是一个快速上升后快速下降的"等腰三角形"。例如,相关标准要求转角输入脉宽 0.3~0.5s,转角峰值应使本次试验过渡过程中的最大侧向加速度为 $4m/s^2$。
>
> 按频域分析的思想,脉冲信号的实质就是很宽频带的各种频率谐波的叠加。图 5-41 所示为频域分析的一个经典问题:窗函数及其谱窗的关系。可见,时间历程 $w(t)$ 的宽度 T 越窄,其频谱 $W(f)$ 就越低平,即信号 $w(t)$ 所包含的频率成分越丰富。施加一个脉冲激励,就相当于同时输入了很多不同频率的简谐信号,测量其输出,就可以利用功率谱密度分析等方法求解不同频率分量的幅值比 $A(\omega)$ 和相位差 $\varphi(\omega)$,即系统的频率响应特性,结果可按图 5-42 所示的坐标体系给出 [输出和输入的谱密度、系统的频率响应特性之间的关系,可参见式 (6-13) 下面的讨论,或参见其他相关资料]。

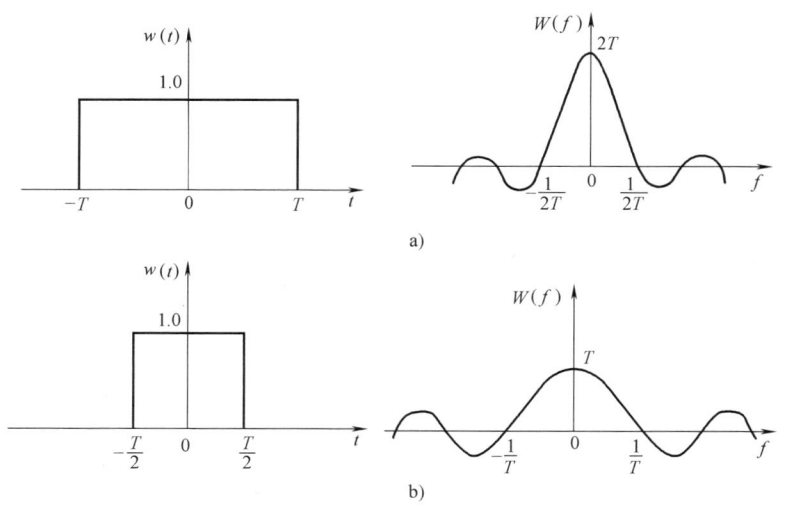

图 5-41 不同宽度 T 的时间窗与谱窗

a) 时间窗较宽时的时间历程和频谱 b) 时间窗较窄时的时间历程和频谱

前轮(转向盘)角阶跃输入下的瞬态响应特性和正弦输入下的频率响应特性,都属于汽车的动态特性,而且相对于稳态响应而言都更依赖于试验研究。瞬态响应试验要求施加转向盘角阶跃输入，频率响应试验要求施加转角脉冲输入，后者对场地的要求相对更低，因此，近年来更多的企业和研究机构倾向于采用频率响应特性来代表汽车的动态特性。频率响应特性包括幅频特性 $A(\omega)$ 和相频特性 $\varphi(\omega)$。

$A(\omega)$ 反映汽车系统将前轮转角 δ 转化为横摆角速度 ω_r 的"放大能力"，$\varphi(\omega)$ 则反映 ω_r 相对 δ 的"滞后程度"，两者都是激励频率 ω 的函数。从理论上说，理想的频率响应特性，应该是输出与输入的幅值比不随信号频率变化，即 $A(\omega)$ 为常数，且车辆响应没有滞后，即 $\varphi(\omega)=0$（或者至少 $\varphi(\omega)$ 为线性）。

可以结合频率响应特性的实际曲线，用下列参数评价汽车的动态操纵稳定性，如图 5-42 所示。

1) $f=0$ 时的幅频特性 $A(f=0)$，如图 5-42 的 a 所示。由式（5-39）可知，$A(\omega=0)=\dfrac{B_0}{\omega_0^2}$，由前述内容可知，这就是稳态横摆角速度增益 A_s。也就是说，稳态响应是频率响应在激励频率为零时的一个特例。

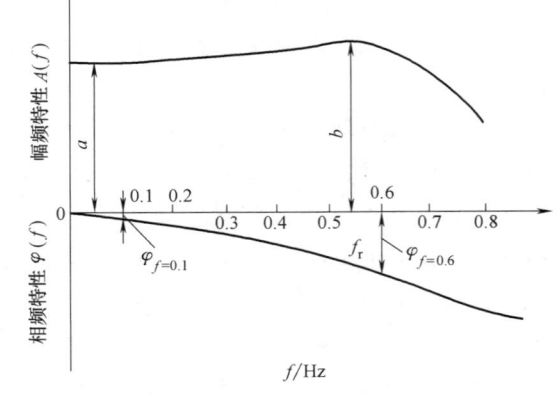

图 5-42 横摆角速度频率响应特性的实测曲线

2) 共振峰频率 f_r，指的是 $A(f)$ 的最大值对应的频率。f_r 越高，说明在更宽的频带内 $A(f)$ 能维持基本不变，汽车的操纵稳定性越好，有关的主观评价试验也印证了这一点。

3) 共振峰增幅比 $\dfrac{A(f=f_r)}{A(f=0)}$，即图 5-42 中 b 与 a 的比值。增幅比小些，说明幅频特性的变动比较平缓，汽车的操纵稳定性较好。

4) 极低激励频率的相频函数值，如 φ $(f=0.1\text{Hz})$。该值反映缓慢转动转向盘时汽车横摆角速度响应的滞后，好的操纵稳定性要求 φ $(f=0.1\text{Hz})$ 接近 0。

5) 较高激励频率的相频函数值，如 φ $(f=0.6\text{Hz})$。该值反映较快速转动转向盘时汽车横摆角速度响应的滞后，φ $(f=0.6\text{Hz})$ 越小，汽车的操纵稳定性越好。

总结：本章第三节至第五节内容，都是以线性二自由度汽车模型为基础的操纵稳定性研究。该模型相对于简单的"理想刚性汽车"，最大的进步就是考虑了轮胎的弹性侧偏，使得计算和评价的效果更为可靠。但是，由于该模型认为轮胎的侧偏特性处于线弹性区，侧偏刚度为常数，而且不计悬架运动与变形以及转向系统特性等实际因素的影响，仍然存在一定的缺陷和误差。

如果追求更真实的模型，希望得到更准确的分析评价结果，则需要对线性二自由度汽车模型进行修正和补充，这就是接下来两节的研究内容。

第六节　对线性二自由度汽车模型的修正

汽车操纵稳定性的问题，比较通俗的理解，就是研究汽车"往哪里去"。在给定汽车总体尺寸的前提下，汽车的行驶方向（与姿态）取决于前、后轮的运动方向。各车轮的实际速度方向，总体上由以下因素决定：

第五章　汽车的操纵稳定性

$$\text{汽车的行驶方向} \Longleftrightarrow \text{各车轮的速度方向} \begin{cases} \text{车轮指向} \begin{cases} \text{悬架运动和变形的影响} \\ \text{悬架和转向系统干涉的效果} \\ \text{转向系统间隙和弹性的影响等} \\ \text{理想刚性汽车模型所决定的指向} \end{cases} \\ \text{轮胎滚动方向与车轮指向} \\ \text{的差异（即弹性侧偏角）} \begin{cases} \text{线弹性侧偏特性的影响} \\ \text{地面法向力的影响} \\ \text{地面纵向力的影响} \\ \text{车轮外倾角的影响等} \end{cases} \end{cases} \Bigg\} \text{线性二自由度汽车模型}$$

前面对汽车操纵稳定性的研究，都是针对线性二自由度汽车模型。已经指出，无论是对于稳态响应特性，还是瞬态响应特性以及频率响应特性的研究，该模型都有不准确之处。

线性二自由度汽车模型的不准确、不完善之处，可以归纳为两方面：

第一，侧偏特性理想化。认为轮胎的侧偏特性处于线弹性区，侧偏刚度不变。而事实上，行驶过程中随着垂直载荷、车轮外倾角和地面纵向力等参数的变化，汽车各轮胎的侧偏刚度都可能发生变化。考虑这些问题的研究可称为**"对线性二自由度汽车模型的修正"**。

第二，车轮指向理想化。即认为前轮的指向（即车轮坐标系的 X 方向）完全等同于转向系统无间隙和弹性、悬架系统无运动和变形条件下的指向，后轮则总是指向汽车的正前方。而由于转向系统和悬架-车桥系统的实际特性，前、后轮的真实指向与此可能有差异。这类问题主要研究车轮（不宜使用"轮胎"的称呼）刚性指向的变动，可称为**"对线性二自由度汽车模型的补充"**。

车轮的实际速度方向，就是在"刚性指向"基础上再叠加一个"弹性侧偏角"。线性二自由度汽车模型的主要问题，就在于没有考虑车轮刚性指向的变动，而且对于弹性侧偏角是按线弹性特性计算的。

对这些问题的理解，见表 5-4。

表 5-4　对线性二自由度汽车模型进行修正和补充所需研究的问题

问题	具体影响因素	研究所涉及的主要汽车元件
"修正"问题：弹性轮胎的实际侧偏角	地面法向力	悬架和轮胎
	地面纵向力	传动/制动系统和轮胎
	车轮外倾角	悬架和轮胎
"补充"问题：刚性车轮的实际指向	侧倾转向	悬架
	（转向轮）侧倾干涉转向	悬架和转向系统
	变形转向	悬架、转向系统、传动系统和轮胎（回正性）

以上问题，将在本节和下一节进行研究。

本节主要研究第一类问题：对线性二自由度汽车模型的修正。这类问题的详细研究主要涉及汽车的悬架、动力传动系统和制动系统的特性（以及控制）。这些特性对汽车操纵稳定性的影响是通过轮胎的侧偏特性起作用，轮胎的侧偏特性在本章第二节已有详细分析。

先研究汽车以一定侧向加速度行驶时，由悬架的弹性变形引起的车厢侧倾。悬架对操纵稳定性的影响，很多都与侧倾问题密切相关。

汽车以一定侧向加速度行驶的问题，主要涉及操纵稳定性中的"操纵性"；另外，汽车行驶时还可能遇到外界侧向干扰，需要抵抗该干扰而保持既定轨迹行驶，这属于"稳定性"问题，此时汽车可能没有侧向加速度。两种问题的基本受力状况如图5-43所示。

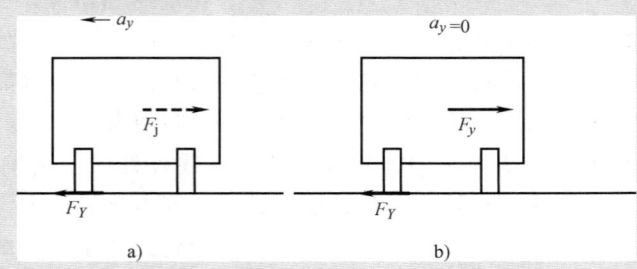

图 5-43　操纵稳定性问题的基本受力状况
a) 操纵性问题　b) 稳定性问题

F_Y是汽车全部轮胎的侧偏力之和，F_j是操纵性问题中汽车的惯性力（离心力），F_y是稳定性问题中的外界侧向干扰。除了驾驶人预期的行驶轨迹可能不同，以及F_y的作用点可能不在质心处外，两种情况汽车系统的受力情况是类似的，由这种受力关系引起的汽车各元件的运动、变形和干涉等的研究方法也都是相同的。因此，在本节和下一节的讨论中，对于汽车的行驶工况，若非必要，不详细区分是操纵性问题还是稳定性问题，均按操纵性问题，采用"汽车以一定侧向加速度行驶"的说法。

一、车厢的侧倾

本章所研究的侧倾问题，主要考虑的是车厢（这里的"车厢"，实际上指的是汽车的簧上质量部分）以某个确定的侧倾角稳定行驶的工况，如汽车已经进入匀速圆周行驶状态。即不研究侧倾角随时间变化的过程。将这种行驶状况下的侧倾称为**稳态侧倾**或准静态侧倾，在此条件下，除了存在侧向加速度外，包括车厢在内的汽车全部元件在其他方向上均没有加速度或角加速度，这是后文进行受力（矩）分析的一个出发点。同时，由于是稳态侧倾，簧上和簧下部分没有相对速度，悬架减振器的阻尼力为零。

另外，为了明确研究对象，约定"前悬架"或"后悬架"，指的是前轴或后轴左、右悬架的总和。也就是说，一辆四轮汽车具有前、后两个悬架。如果仅指某车轴单侧的悬架，则采用"单侧悬架"的说法。

悬架的变形问题，可以看成是一个弹性体问题（当减振器的阻尼力为零时），其基本力学关系为

$$\text{变形} = \frac{\text{弹性反力}}{\text{刚度}}$$

对于侧倾问题，则可进一步表达为

$$\text{侧倾角 } \Phi_r = \frac{\text{侧倾力矩 } M_{\Phi r}}{\text{总侧倾角刚度 } \sum K_{\Phi r}} \tag{5-41}$$

式（5-41）的主体是车厢，不是某悬架。"总侧倾角刚度"指的则是前悬架和后悬架的侧倾角刚度之和（如果配有横向稳定器，则包含其扭转刚度），含义见后文"3. 侧倾角刚度"部分。

从"弹性体的受力-变形关系"角度来说，式（5-41）中分子应为"弹性恢复力矩 T"，在稳态侧倾的条件下，恢复力矩 T 与侧倾力矩 $M_{\Phi r}$ 相等，二者关系可参见式（5-46a）下面的讨论。

因此，为了计算侧倾角，需要确定侧倾力矩和侧倾角刚度。而研究侧倾力矩，需要先确定侧倾轴线。

1. 侧倾中心与侧倾轴线

汽车以一定侧向加速度行驶时，弹性悬架的变形引起**车厢的侧倾**，车厢上部向汽车转弯的相反方向倾斜。

相对于汽车直线行驶、车厢无侧倾的状态，侧倾时前悬架两侧必然发生数值相等、方向相反的附加变形，也就是车厢在通过前悬架导向机构的横断面处绕着某点转动，如图5-44、图5-46和图5-47所示，该点就是前**悬架的侧倾中心**。后悬架的侧倾中心定义与此类似。

前、后悬架的侧倾中心，可通过对悬架的导向机构进行运动学分析求得。分析过程中，只考虑悬架弹簧的变形和导向杆系的运动，忽略汽车其他元件的变形和间隙等因素。运动分析需给定一个基准状态（否则有些杆件的位置可能不确定），也就是汽车处于某种确定的载荷状况。下列求解侧倾问题的各示意图，可以认为就是建立在确定的基准状态上。换言之，如果汽车的装载状况发生改变，侧倾中心的位置也可能变动。

对独立悬架进行图解分析时，为了简洁、方便，通常利用相对运动的原理：假定车厢不动，令地面相对车厢转动，其转动的瞬时中心就是侧倾中心。

图5-44所示为单横臂悬架侧倾中心的确定方法。

如图5-44所示，车厢不动，令地面 DG 相对车厢按顺时针方向转动（如果改为按逆时针方向转动，不影响后续结果），左、右两侧弹簧将分别

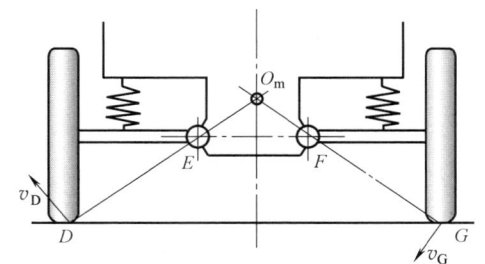

图5-44 单横臂悬架侧倾中心的确定方法

压缩和伸张（图中未画出），两侧地面与车轮接触点的速度 v_D 和 v_G 必然垂直于 ED 和 FG，E 和 F 是两侧横臂与车厢的铰点。此时，地面相对于车厢是绕着 v_D 矢量垂线和 v_G 矢量垂线的交点 O_m 转动的，O_m 就是单横臂悬架的侧倾中心。

对于导向杆系较复杂的悬架，如图 5-46a 所示的双横臂悬架，可以利用机械原理中的"**三心定理**"进行运动分析：在多连杆机构中，三根杆件的三个相对运动瞬时中心在同一直线上。

> 三心定理及其证明如下：
> 位于同一平面内的铰链连杆机构，任意三个杆的相对运动瞬时中心位于同一直线上。
> 证明：如图 5-45 所示，机构中有 1、2 和 3 三个杆件。显然，杆件 1 和杆件 2、杆件 3 和杆件 1 的相对运动瞬心分别为铰点 O_{12}、O_{31}。现在需要寻求杆件 2 和杆件 3 的相对运动瞬心。
>
> 任取直线 $O_{12}O_{31}$ 以外的一点 p，令其为杆件 2 和杆件 3 的重合点。分别作该点与 O_{12} 和 O_{31} 连线的垂线向量 v_{p2} 和 v_{p3}（此两向量的大小关系可能与图中不同，方向也可能与图中所示相反，但均不影响后续结论），v_{p2} 是杆件 2 上的点 p 相对于杆件 1 的速度，v_{p3} 是杆件 3 上的点 p 相对于杆件 1 的速度，显然两速度矢量的方向不同，可知杆件 2 上点 p 的绝对速度与杆件 3 上点 p 的绝对速度方向不同。而杆件 2 和杆件 3 的相对运动瞬心必然为同速点，因此直线 $O_{12}O_{31}$ 外的任意点都不是杆件 2 和杆件 3 的相对运动瞬心。那么，杆件 2 和杆件 3 的相对运动瞬心 O_{23} 必然在直线 $O_{12}O_{31}$ 上。
>
> 图 5-45 三心定理的证明
>
> 这就是三心定理的证明。该定理本身并不限定机构中杆件的数量（当然杆数至少要达到 4，否则无法相对运动）。
>
> 当所研究的机构为四连杆，即图中杆件 2 和杆件 3 的另一端由杆件 4 连接时，杆件 2、杆件 3 和杆件 4 之间必然也服从三心定理，即 O_{23} 必然在直线 $O_{24}O_{43}$ 上。
>
> 于是可求得杆件 2 和杆件 3 的相对运动瞬心 O_{23} 的位置，即直线 $O_{12}O_{31}$ 与直线 $O_{24}O_{43}$ 的交点。

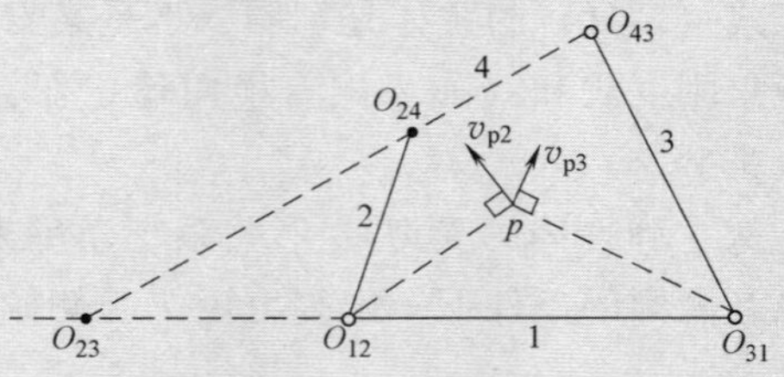

对于四连杆机构，这一定理可以直观地记为"四连杆机构，某两条对边的相对运动瞬心，就是另两条对边的交点"。

对图 5-46a 运用三心定理，可知 O_l 和 O_r 分别为两侧的悬架-车轮组件相对于车厢的运动瞬心。当地面相对车厢顺时针转动时，地面与两车轮接触点的速度 v_D 和 v_G 如图 5-46a 所示，则 O_lD 与 O_rG 的交点 O_m 就是该悬架的侧倾中心。

> 不同的双横臂悬架，横臂的布置角度有所不同，但运动分析方法都与此相同。

单纯从运动学的角度看，图 5-46a 中的点 O_l 和点 O_r，就相当于图 5-44 中的点 E 和点 F，是单侧悬架-车轮组件相对车厢转动时的"等效铰点"。因此，可以将这种双横臂悬架看成是以 O_l 和 O_r 为铰点的"等效单横臂悬架"，如图 5-46b 所示。

原则上，各种独立悬架都可以做出其等效单横臂悬架。

第五章 汽车的操纵稳定性

对于钢板弹簧等非独立悬架，由于钢板弹簧本身兼充导向机构，需要通过零部件的装配关系和变形协调关系等确定车厢与车桥相对转动的铰点。较简化的模型是认为侧倾时两侧钢板弹簧沿垂直方向等量伸缩，则侧倾中心就在两侧钢板弹簧与车厢连接点的连线上，如图 5-47 所示（非独立悬架采用整体式车桥，侧倾时车轮-车桥系统相对地面没有转动，不必采用"令地面相对于车厢转动"的方法）。

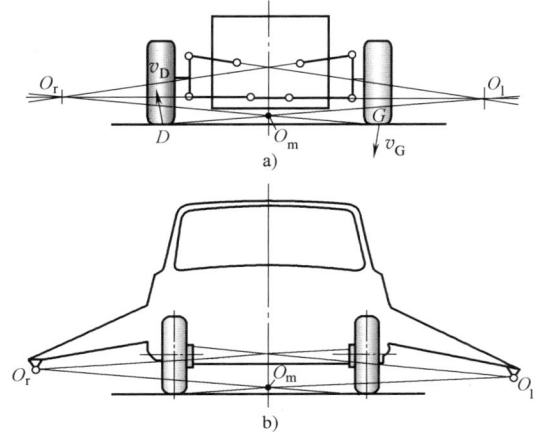

图 5-46 双横臂悬架的侧倾中心和等效单横臂悬架

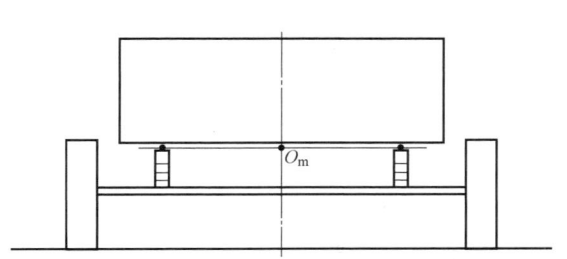

图 5-47 钢板弹簧悬架的侧倾中心（简化模型）

若需精确计算，则应考虑钢板弹簧本身的侧向扭转刚度、钢板弹簧与车厢连接处衬套的刚度以及钢板弹簧与车桥连接处（即 U 形螺栓处）的刚度匹配等因素。

由于悬架结构的对称性，侧倾中心一定位于汽车纵向对称平面内，所以确定侧倾中心主要就是求侧倾中心高。在后面的分析中，对操纵稳定性有实际影响的也是前、后侧倾中心的高度。

侧倾中心的主体是前悬架或后悬架。一辆双轴汽车有前、后两个侧倾中心，这两点的连线就是车厢的**侧倾轴线**。侧倾时，车厢就是绕着侧倾轴线转动的。前、后侧倾中心的高度通常不相等，因而侧倾轴线也不平行于地面。

由上述分析可知，在给定车辆装载状况的前提下，侧倾中心和侧倾轴线的位置，取决于前、后悬架的结构类型和导向机构的尺寸参数，与侧向加速度等使用条件无关，与悬架的弹性特性也无关。

需要指出的是，车厢实际发生侧倾时，有些悬架的铰点位置发生变化，而且橡胶衬套会变形，轮胎会变形，导向杆系有变形和间隙等，因此，按上述方法求得的理论侧倾中心位置与实测位置可能有一定差异。

2. 侧倾力矩

汽车以一定侧向加速度 a_y 行驶时，车厢在 a_y 的作用下，受到一个使之绕侧倾轴线向外倾斜的力矩，称为**侧倾力矩**，记为 $M_{\Phi r}$。同时，悬架系统会对车厢施加一个抵抗这种倾斜的力矩，称为**恢复力矩**，记为 T。

侧倾力矩和恢复力矩的作用对象都是车厢。

这里先研究侧倾力矩。侧倾力矩 $M_{\Phi r}$ 的计算式为

$$M_{\Phi r} = M_{\Phi r1} + M_{\Phi r2} + M_{\Phi r3} \tag{5-42}$$

式中，$M_{\Phi r1}$、$M_{\Phi r2}$ 和 $M_{\Phi r3}$ 是构成侧倾力矩的三个分量。

(1) 悬挂质量的侧向加速度引起的分量 $M_{\Phi r1}$ 汽车行驶时，令侧向加速度为 a_y，悬挂质量为 m_s，其质心 C_s 到侧倾轴线 mm 的距离为 h，如图 5-48 所示。

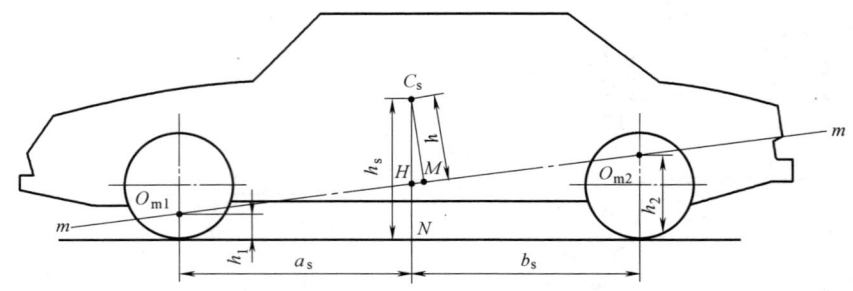

图 5-48　悬挂质量的侧向加速度（离心力）引起的侧倾力矩

在 a_y 的作用下，悬挂质量的离心力为 $m_s a_y$。该力乘以悬挂部分质心 C_s 到侧倾轴线的距离就是 $M_{\Phi r1}$，即

$$M_{\Phi r1} = m_s a_y h \tag{5-43}$$

汽车向左转弯时，$M_{\Phi r1}$ 使车厢向右倾斜。对于给定车辆，$M_{\Phi r1}$ 正比于侧向加速度 a_y。

若定义"侧向加速强度" $\mu_y = \dfrac{a_y}{g}$，则式（5-43）可写为 $M_{\Phi r1} = G_s \mu_y h$，$G_s$ 为悬挂部分的重力（N）。

前、后侧倾中心高度和悬挂部分的质心高度分别为 h_1、h_2 和 h_s，悬挂部分的质心与前、后轴的距离分别为 a_s 和 b_s，由图 5-48 可得 $h \approx h_s - HN = h_s - \dfrac{b_s h_1 + a_s h_2}{L}$。

关于悬挂部分的质心位置 a_s 和 h_s，当缺乏详细数据时，可按如下方法估算：测定整车的质量和质心位置，测定前、后非悬挂部分的质量，并假定前、后非悬挂部分的质心在前、后轮中心，从而算出悬挂部分的质心位置。

(2) 侧倾状态下，悬挂质量的重力引起的分量 $M_{\Phi r2}$ 如图 5-49 所示，车厢侧倾角为 Φ_r 时，悬挂部分的质心相对侧倾轴线在水平方向上偏移一距离 e，形成力矩 $M_{\Phi r2} = G_s e$，G_s 为悬挂部分的重力。图 5-49 为示意图，并非仅针对非独立悬架。当侧倾角 Φ_r 较小时，易得

$$M_{\Phi r2} \approx G_s h \Phi_r \tag{5-44}$$

式中，G_s 实际上应为 G_s 垂直于侧倾轴线的分量，此处将侧倾轴线视为水平。

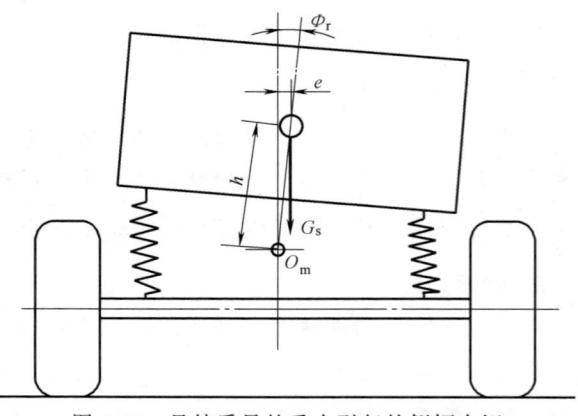

图 5-49　悬挂质量的重力引起的侧倾力矩

h 的确定可按式（5-43）给出的计算方法进行。侧倾角 Φ_r 与侧向加速度 a_y 成正比，因此在给定车辆结构的前提下，$M_{\Phi r2}$ 也取决于 a_y。

汽车向左转弯时，$M_{\Phi r2}$ 使车厢向右倾斜。

（3）独立悬架的非悬挂质量的侧向加速度引起的分量 $M_{\Phi r3}$ 以单横臂悬架（或其他悬架的等效单横臂悬架）为例，受力分析如图 5-50 所示。假定所研究悬架为汽车的前悬架，将悬架下的非悬挂质量记为 $m_{u前}$，并认为单侧的非悬挂质量为 $\dfrac{m_{u前}}{2}$，汽车的侧向加速度为 a_y，方向向左。图 5-50 中把整车重力和与之平衡的地面法向力省略掉，地面侧向力 ΔF_Y 也不包含维持悬挂质量侧向加速度所需的分量，只研究非悬挂质量的侧向加速的效果。

以图 5-50 中右侧的非悬挂部分为研究对象，为了产生侧向加速度 a_y，地面需

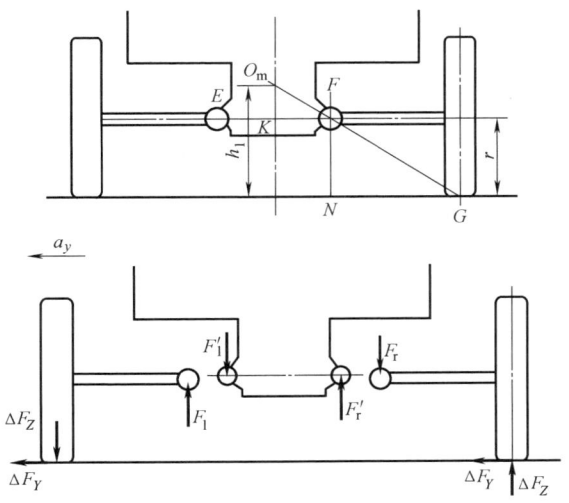

图 5-50 非悬挂质量的侧向加速度
引起的侧倾力矩（后视图）

要对右轮施加侧向力 $\Delta F_Y = \dfrac{m_{u前}}{2} a_y$。简单起见，认为非悬挂部分的质心高度就是车轮半径 r，则侧向力 ΔF_Y 对右侧非悬挂部分（质心）形成顺时针方向的力矩 $\dfrac{m_{u前}}{2} a_y r$。稳态侧倾条件下，该力矩必然由图 5-50 中 ΔF_Z 和 F_r 形成的力偶矩平衡，ΔF_Z 是右轮地面法向力的变动量，F_r 是车厢通过悬架铰点 F 作用于非悬挂部分的垂向力。

易得 $F_r = \Delta F_Z = \dfrac{\dfrac{m_{u前}}{2} a_y r}{NG}$。$F_r$ 的反作用力 F'_r 就是非悬挂质量施加于车厢的力。

> 此部分是单纯研究非悬架质量的加速度引起的侧倾力矩，不考虑弹簧作用力。相对于侧倾力矩而言，弹簧作用力属于约束反力，其效果将是产生恢复力矩，参见下文"3. 侧倾角刚度"部分（实际上铰点作用力 F'_r 也包括两部分，这里仅考虑侧向加速度引起的"主动使车厢侧倾"的部分）。

前悬架左侧的受力分析与此相同，在两侧非悬挂质量都是 $\dfrac{m_{u前}}{2}$ 的条件下，图 5-50 中 $F'_r = F'_l$，则两侧非悬挂质量对车厢施加的力偶矩大小为 $M_{\Phi r3前} = F_r EF$，分析可得 $M_{\Phi r3前} = m_{u前} a_y (h_1 - r)$，$h_1$ 是前悬架的侧倾中心高度。$M_{\Phi r3前}$ 为逆时针方向。

上述计算也采用了"将侧倾轴线视为水平"的近似方法。

按上述计算得到的 $M_{\Phi r3前}$，是汽车前部非悬挂质量对车厢施加的侧倾力矩大小。汽车后部非悬挂质量施加的侧倾力矩大小按同样方法计算，可得 $M_{\Phi r3后} = m_{u后} \, a_y (h_2 - r)$，$m_{u后}$ 和 h_2 分别是后悬架处的非悬挂质量和侧倾中心高度。整车的非悬挂质量侧向加速度所引起的侧倾力矩 $M_{\Phi r3}$ 应为两者之和：

$$M_{\Phi r3} = -[m_{u前}(h_1 - r) + m_{u后}(h_2 - r)] a_y \tag{5-45}$$

式（5-45）中括号前面的"$-$"表示 $M_{\Phi r3}$ 的效果与 $M_{\Phi r1}$ 和 $M_{\Phi r2}$ 相反，例如，当汽车向左转弯时，$M_{\Phi r1}$ 和 $M_{\Phi r2}$ 的效果是使车厢上部向右侧倾斜，如图 5-49 所示；而 $M_{\Phi r3}$ 的效果是使车厢上部向左倾斜，即图 5-50 中 F_r' 和 F_1' 的效果。

当汽车前、后悬架的结构均如图 5-50 所示，且前、后的非悬挂质量相等时，可得

$$M_{\Phi r3} = -m_u a_y \left(\frac{h_1 + h_2}{2} - r \right)$$

式中，m_u 是整车的非悬挂质量。

> 对其他形式的独立悬架，可求出其等效单横臂悬架，按上述类似方法求得 $M_{\Phi r3}$。几何分析时应结合具体悬架的尺寸，式（5-45）对于不同形式的悬架不具有普遍性。

非悬挂质量的侧向加速度引起的侧倾力矩 $M_{\Phi r3}$，仅限于独立悬架。对于非独立悬架，由于车桥是整体式的，可参考图 5-49（同时在车轮处添加 ΔF_Y 和 ΔF_Z），两侧车轮的 ΔF_Y 形成的对整体式车桥的力矩直接由两侧的 ΔF_Z 平衡，不会有铰点作用力 F_r 和 F_1，也就不会形成对车厢的 $M_{\Phi r3}$。

综上，汽车以一定侧向加速度行驶时，车厢受到的侧倾力矩 $M_{\Phi r} = M_{\Phi r1} + M_{\Phi r2} + M_{\Phi r3}$。在给定汽车结构参数的条件下，侧倾力矩 $M_{\Phi r}$ 取决于侧向加速度 a_y。

侧倾时，车厢整体只承受一个侧倾力矩 $M_{\Phi r}$，该力矩可以按前、后侧倾角刚度的匹配，分解到前悬架处和后悬架处。

3. 侧倾角刚度

（1）基本定义与相关概念的讨论　侧倾角刚度，是指车厢发生侧倾时，悬架系统对车厢施加恢复力矩、试图阻止其侧倾的能力。"悬架系统"指的是整根车轴的两侧悬架，双轴汽车具有前、后两个侧倾角刚度。

在数值上，侧倾角刚度 $K_{\Phi r}$ 等于单位车厢侧倾角 $\Delta \Phi_r$ 对应的悬架恢复力矩 ΔT，即

$$K_{\Phi r} = \frac{\Delta T}{\Delta \Phi_r} \tag{5-46a}$$

关于车厢受到的侧倾力矩 $M_{\Phi r}$ 和恢复力矩 T：

$M_{\Phi r}$ 是汽车以侧向加速度 a_y 行驶时车厢受到的使之绕侧倾轴线向外倾斜的力矩，通过上文对 $M_{\Phi r1}$、$M_{\Phi r2}$ 和 $M_{\Phi r3}$ 的分析可知，形成 $M_{\Phi r}$ 的根源在于侧向加速度，有关的车辆因素主要是质量参数和悬架导向机构的几何参数，与悬架的弹性特性基本无关（当然，悬架的弹性会对 $M_{\Phi r2}$ 有一定影响）。

侧倾时，悬架系统还要对车厢施加恢复力矩 T。从车辆结构的角度来看，恢复力矩 T 的形成源于悬架的弹性变形（也就是车厢侧倾角），故又称"弹性恢复力矩"。

第五章 汽车的操纵稳定性

稳态侧倾时，车厢的合外力矩必然为零，因此在数值大小上有 $T=M_{\Phi r}$。

侧倾力矩 $M_{\Phi r}$ 和恢复力矩 T 的关系，可由图 5-51 形象表达。注意，图 5-51 只是一种直观示意，并不代表实际车辆的具体结构，如并不限定非独立悬架。

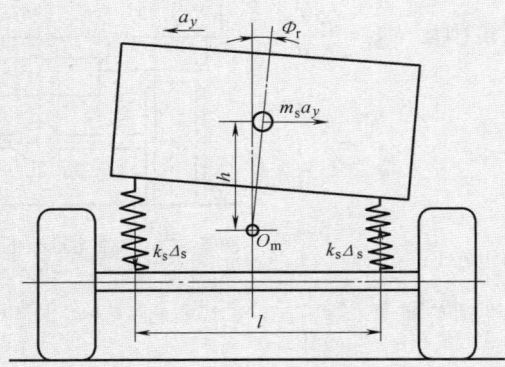

侧倾力矩：$M_{\Phi r1}=m_s a_y h$
恢复力矩：$T=k_s \Delta_s l$

图 5-51 侧倾力矩与恢复力矩的关系

在侧向加速度 a_y 的作用下，悬挂质量的离心力 $m_s a_y$ 使车厢绕侧倾轴线"向外甩"，构成侧倾力矩 $M_{\Phi r1}=m_s a_y h$，h 的含义与图 5-48 中相同。

在侧倾角 Φ_r 下，两侧弹簧的附加变形方向相反，形成弹性恢复力矩 T，其效果是抵抗侧倾力矩 $M_{\Phi r}$，力图将车厢"掰回来"。$T=k_s \Delta_s l$，k_s 是单侧悬架弹簧的刚度，Δ_s 是侧倾引起的弹簧垂直变形，l 是两侧弹簧作用力的距离。

由前文分析可知，构成侧倾力矩 $M_{\Phi r}$ 的还有悬挂质量的重力令车厢"向外翻"、非悬挂质量的离心力通过铰点 E 和 F 将车厢"向内掀"，即由图 5-49、图 5-50 分析的 $M_{\Phi r2}$、$M_{\Phi r3}$；由后文分析可知，独立悬架的恢复力矩 T 不仅来自弹簧作用力，还包括铰点作用力。清晰起见，这些因素在图 5-51 中未绘出。

稳态侧倾时，$M_{\Phi r}$ 和 T 平衡，结果就是车厢保持一个确定的侧倾角。

在侧倾角的定量计算中，采用式（5-41）（稳态侧倾条件下）的思路，因为侧倾力矩 $M_{\Phi r}$ 可由侧向加速度等车辆工况参数算出；而在悬架侧倾角刚度的分析中，则采取式（5-46a）的定义，因为这种方法强调恢复力矩 T 和侧倾角 Φ_r 的关系，可以由悬架系统的弹性特性和几何参数算出侧倾角刚度（详见下文）。总体逻辑就是：给定行驶工况和有关的车辆参数，可以确定车厢的侧倾角。

稳态侧倾时，前悬架或后悬架给予车厢的恢复力矩，在数值上等于侧倾力矩 $M_{\Phi r}$ 分配到前轴或后轴处的分量。因此式（5-46a）也可以写为

$$K_{\Phi ri}=\frac{\Delta M_{\Phi ri}}{\Delta \Phi_r} \tag{5-46b}$$

下标 $i=1$ 时，指前轴（前悬架）；$i=2$ 时，指后轴（后悬架）。

请思考，$\Delta \Phi_r$ 是否需要下标 i？

（2）**非独立悬架的侧倾角刚度** 对于非独立悬架来说，车厢与悬架之间的相互作用力完全由弹簧承受。令单侧悬架弹簧的刚度为 k_s，两侧弹簧垂向力作用点之间的距离为 l，如图 5-52 所示。

分析易得，非独立悬架的侧倾角刚度 $K_{\Phi r} = \dfrac{\Delta T}{\Delta \Phi_r} = \dfrac{k_s \left(\dfrac{l}{2} \Delta \Phi_r l \right)}{\Delta \Phi_r}$，即

$$K_{\Phi r} = \frac{1}{2} k_s l^2 \qquad (5\text{-}47)$$

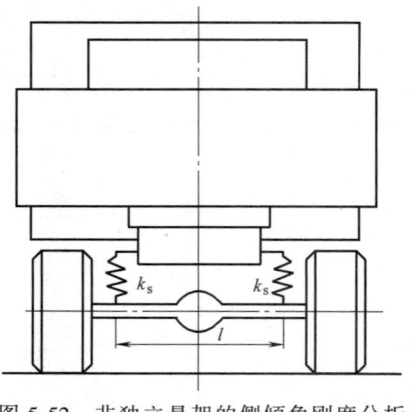

图 5-52 非独立悬架的侧倾角刚度分析

读者可以思考：如果弹簧轴线倾斜布置，式（5-47）中的 k_s 和 l 应如何理解？

（3）**独立悬架的侧倾角刚度** 对于独立悬架，车厢与悬架之间不仅存在弹簧作用力，还包括悬架导向杆件与车厢铰接点处的约束反力。几何及受力分析如图 5-53a 所示，该图以单横臂悬架作为直观示意，如 m 和 n 分别为横臂铰点至弹簧垂向力作用线和轮胎垂向力作用线的距离，但是在下文推导过程中，若无特别说明，并不受限于单横臂悬架的特性，所得结论适用于不同的悬架导向杆系形式与尺寸。

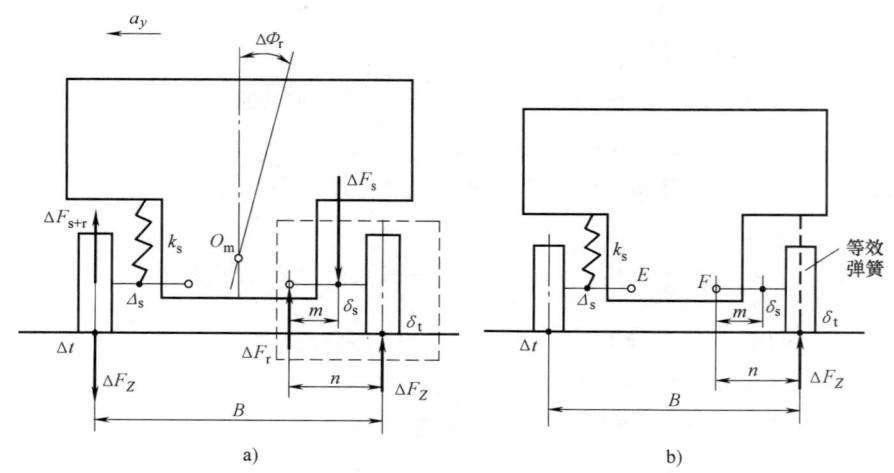

图 5-53 独立悬架的侧倾角刚度分析
a) 实际悬架　b) 等效弹簧

图 5-53a 是车厢侧倾时汽车前轴或后轴处的后视图，分析中将无侧倾时的平衡力系去掉，只研究侧倾角 $\Delta \Phi_r$ 引起的"附加力"。

图 5-53 中标出了与侧向加速度 a_y 方向相反的侧倾角 $\Delta \Phi_r$，未画出车厢相对地面的倾斜。事实上，车厢侧倾时，独立悬架的车轴和车轮将相对地面产生一定转动，参见图 5-58 和图 5-59，悬架导向臂铰点位置、弹簧作用力位置和方向以及车轮接地点位置等都会略微变动。以下分析不计这些因素，认为与其相关的参数对于给定车辆都是常数。

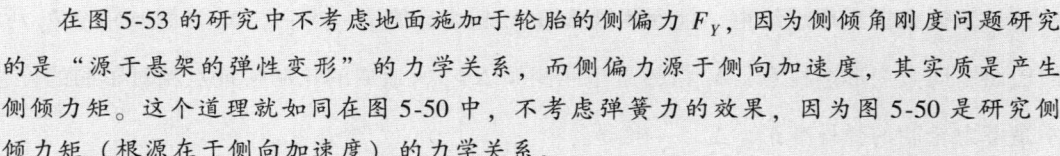

在图5-53的研究中不考虑地面施加于轮胎的侧偏力F_Y，因为侧倾角刚度问题研究的是"源于悬架的弹性变形"的力学关系，而侧偏力源于侧向加速度，其实质是产生侧倾力矩。这个道理就如同在图5-50中，不考虑弹簧力的效果，因为图5-50是研究侧倾力矩（根源在于侧向加速度）的力学关系。

通俗地讲：研究侧倾力矩只考虑那些把车厢"甩出去"的因素，而侧倾角刚度源于那些把车厢"掰回来"的因素。

以该悬架右侧的车轴-车轮组件（即虚线框内部分）为受力研究对象，车厢侧倾角$\Delta \Phi_r$引起三个外力：地面力ΔF_Z、弹簧力ΔF_s和铰点力ΔF_r（此ΔF_r不同于图5-50中的F_r），方向如图5-53a所示。ΔF_s和ΔF_r的合力记为ΔF_{s+r}。ΔF_{s+r}的反作用力就是该侧悬架施加于车厢的恢复力。

在稳态侧倾条件下，悬架两侧均存在：ΔF_{s+r}与ΔF_Z数值相等、反向且共线（图5-53a）。因此，该悬架施加于车厢的恢复力矩为$\Delta T = \Delta F_Z B$，B为该悬架处的左、右轮距。

> 引入"稳态侧倾"这一条件，目的是用稳态地面力ΔF_Z代替恢复力ΔF_{s+r}，方便定量推导。应当指出，侧倾角刚度概念本身并不局限于稳态侧倾条件，当车厢做非稳态侧倾时，以下推导的相关结论，如式（5-48）仍然正确。
>
> 另外，不应利用式（5-46b）来求解侧倾角刚度，因为很难建立起侧倾力矩变动$\Delta M_{\Phi ri}$和单位侧倾角$\Delta \Phi_r$之间的关系。

侧倾角刚度$K_{\Phi r} = \dfrac{\Delta T}{\Delta \Phi_r} = \dfrac{\Delta F_Z}{\Delta \Phi_r} B$，应寻求侧倾角$\Delta \Phi_r$和地面力$\Delta F_Z$之间的关系。

将车厢视为固定基准，对该悬架右侧的车轴-车轮组件运用虚位移原理，有$\Delta F_Z \delta_t = \Delta F_s \delta_s$，各量均为绝对值。$\delta_s$和$\delta_t$分别为弹簧力和地面力所对应的虚位移。

> 虚位移原理，又称虚功原理，即对于具有理想约束的质点系，其平衡的充分必要条件是：作用于质点系的所有主动力在任何虚位移上所做虚功的和等于零。
>
> 该原理较简单、直观的应用，就是杠杆原理以及滑轮组平衡条件等。
>
> 独立悬架的结构多种多样，铰点数目和位置、杆系尺寸等参数均影响铰点力ΔF_r的计算。运用虚位移原理，铰点力属于约束，不必求解，可以由弹簧刚度、虚位移比$\dfrac{\delta_s}{\delta_t}$和轮距等参数推导地面力，进而得到侧倾角刚度。

而$\Delta F_s = k_s \Delta_s$，故可得$\Delta F_Z = k_s \Delta_s \dfrac{\delta_s}{\delta_t}$。$k_s$为单侧悬架弹簧的刚度，$\Delta_s$为侧倾角$\Delta \Phi_r$所对应的弹簧垂向微变形。

对于不同的悬架，需根据其导向杆系布置类型和尺寸，运用几何分析的方法确定虚位移比$\dfrac{\delta_s}{\delta_t}$。如图5-53所示的单横臂悬架，易得$\dfrac{\delta_s}{\delta_t} = \dfrac{m}{n}$，也就是"杠杆比"。

将悬架铰点视为理想约束，且令侧倾角 $\Delta\Phi_r$ 较小，则有 $\dfrac{\Delta_s}{\Delta_t}=\dfrac{\delta_s}{\delta_t}$，$\Delta_t$ 为侧倾角 $\Delta\Phi_r$ 所对应的地面垂向微变形。注意，Δ_t 指的是车厢侧倾 $\Delta\Phi_r$ 所造成的轮胎接地点相对车厢的位移，而不是考虑轮胎的弹性变形。$\Delta_t=\dfrac{1}{2}B\Delta\Phi_r$。

则悬架的侧倾角刚度为

$$K_{\Phi r}=\dfrac{\Delta T}{\Delta \Phi_r}=\dfrac{\Delta F_Z B}{\dfrac{\Delta_t}{\dfrac{1}{2}B}}=\dfrac{\Delta F_Z}{2\Delta_t}B^2$$

将 $\Delta F_Z=k_s\Delta_s\dfrac{\delta_s}{\delta_t}$ 与 $\dfrac{\Delta_s}{\Delta_t}=\dfrac{\delta_s}{\delta_t}$ 代入，可得独立悬架的侧倾角刚度：

$$K_{\Phi r}=\dfrac{1}{2}k_s\left(\dfrac{\delta_s}{\delta_t}\right)^2 B^2 \tag{5-48}$$

例如，对于图 5-53 所示的单横臂悬架，有 $K_{\Phi r}=\dfrac{1}{2}k_s\left(\dfrac{m}{n}\right)^2 B^2$。

在推导过程中，有 $K_{\Phi r}=\dfrac{\Delta F_Z}{2\Delta_t}B^2$，$\dfrac{\Delta F_Z}{\Delta_t}$ 是地面力与地面微变形之比（强调，Δ_t 实际上源于车厢侧倾而不是轮胎变形），相当于某种"弹簧刚度"，因而可以把实际悬架的抗侧倾能力，等效为一对垂向弹簧在支承车厢：两弹簧分别置于左、右车轮处，间距为 B（下端设定在地面或车桥上都可以），每根弹簧的刚度均为 $\dfrac{\Delta F_Z}{\Delta_t}$。这一对弹簧称为**等效弹簧**，如图 5-53b 所示。单根等效弹簧的刚度 $\dfrac{\Delta F_Z}{\Delta_t}$ 称为悬架的单侧**线刚度**，记为 K'_l。整部悬架的线刚度则为 K_l，$K_l=2K'_l$。

等效弹簧的本质，是将悬架弹簧力和铰点力的"合效果"等效至车轮处。

一些资料在研究悬架的侧倾角刚度时就引用了等效弹簧和线刚度的概念：$K_{\Phi r}=\dfrac{1}{2}K'_l B^2$，悬架的单侧线刚度 $K'_l=k_s\left(\dfrac{\delta_s}{\delta_t}\right)^2$。显然这种表达方法与式（5-48）是等价的。

等效弹簧线刚度 K'_l 与实际弹簧刚度 k_s 的关系取决于虚位移比 $\dfrac{\delta_s}{\delta_t}$。对于独立悬架，如图 5-53 所示的单横臂悬架，车厢与车轴-车轮组件的相对运动是绕横臂铰点 E、F 旋转，由悬架运动学分析可得 $\dfrac{\delta_s}{\delta_t}=\dfrac{m}{n}$；非独立悬架侧倾时，整体式车桥连同车轮固定于地面，$\dfrac{\delta_s}{\delta_t}=\dfrac{\text{侧倾中心至弹簧力距离}}{\text{侧倾中心至地面力距离}}=\dfrac{l}{B}$，可参看图 5-52。

无论是独立悬架还是非独立悬架，悬架的单侧线刚度都是 $K'_l = k_s \left(\dfrac{\delta_s}{\delta_t}\right)^2$，侧倾角刚度的计算都可利用 $K_{\Phi r} = \dfrac{1}{2} K'_l B^2$ 或式（5-48）。当然，对于非独立悬架，式（5-47）的计算更简洁。

当侧倾角较大时，不能再认为 $\dfrac{\Delta_s}{\Delta_t} = \dfrac{\delta_s}{\delta_t}$，故式（5-48）仅适用于小侧倾角工况的侧倾角刚度计算，而且在上述分析和推导过程中，忽略轮胎变形和悬架杆系的变形，也不考虑杆系铰接点处橡胶衬套的影响等。

4. 侧倾角的计算

对于确定的汽车，当以一定侧向加速度 a_y 行驶时，由上述"2. 侧倾力矩"的内容求得侧倾力矩 $M_{\Phi r}$（为此需要先确定前、后悬架的侧倾中心高，即上述"1. 侧倾中心与侧倾轴线"的研究内容），由"3. 侧倾角刚度"的内容求得前、后悬架的侧倾角刚度 $K_{\Phi r}$，则可计算车厢的侧倾角：

$$\Phi_r = \dfrac{M_{\Phi r}}{\sum K_{\Phi r}} \tag{5-49}$$

式中，$\sum K_{\Phi r}$ 为悬架总侧倾角刚度，等于前、后悬架的侧倾角刚度之和（如果悬架配有横向稳定器，则该悬架的侧倾角刚度也包含横向稳定器的扭转刚度）。

结合式（5-43）、式（5-44）和式（5-45），可将式（5-49）写为：

$$(\sum K_{\Phi r} - G_s h)\Phi_r = \{m_s h - [m_{u前}(h_1 - r) + m_{u后}(h_2 - r)]\} a_y \tag{5-50}$$

可见：给定汽车的质量参数、前后侧倾中心位置及总侧倾角刚度等信息，侧倾角 Φ_r 正比于侧向加速度 a_y；而在同样的侧向加速度 a_y 下，侧倾角 Φ_r 与总侧倾角刚度 $\sum K_{\Phi r}$ 成反比（忽略侧倾力矩第二分量 $M_{\Phi r2}$，即 $\sum K_{\Phi r} - G_s h \approx \sum K_{\Phi r}$）。

在侧倾问题的研究中，一些作用量的效果是分开考虑的。例如，对于侧向加速度 a_y 的效果，悬挂质量引起的 $M_{\Phi r1}$ 和非悬挂质量引起的 $M_{\Phi r3}$ 分开计算；对于独立悬架的铰点反力，侧向加速引起的 F_r（图5-50）和悬架变形引起的 ΔF_r（图5-53）分开考虑；研究侧倾力矩时不考虑弹簧力，研究侧倾角刚度时不考虑侧偏力等。这种解耦的分析方法，便于正确理解问题和准确计算。

侧倾角 Φ_r 值会影响车上人员的主观感受。Φ_r 过大，驾乘者感觉不安全、不舒适；Φ_r 过小，"路感"过分丧失，对驾驶人的提醒减弱，而且过小的侧倾角往往源于悬架刚度过高，在不平路面，尤其是单侧冲击路面上行驶的平顺性变差。

对本章研究来说，侧倾问题对汽车操纵稳定性的影响主要体现在前、后侧倾角刚度 $K_{\Phi r1}$ 和 $K_{\Phi r2}$ 的匹配，会通过轮胎法向力的变化影响轮胎的弹性侧偏特性，这是本节"二、轮胎地面法向力的变化对汽车操纵稳定性的影响"部分的研究内容；侧倾角 Φ_r 的数值，会通过车轮外倾角的改变影响轮胎的弹性侧偏特性，这属于本节"三、车轮外倾角的改变对汽车操纵稳定性的影响"部分的研究内容；在下一节的研究中，车厢侧倾还会引起车轮刚性指向的变动。

二、轮胎地面法向力的变化对汽车操纵稳定性的影响

相对于静止或匀速直线行驶状态，汽车以一定侧向加速度行驶时，前轴和后轴的左、右轮胎地面法向力会发生改变，从而影响轮胎的侧偏刚度。

1. 侧向加速行驶时左、右车轮垂直载荷的再分配

令汽车以侧向加速度 a_y 向左转弯行驶，图 5-54 所示为汽车前轴系统（即前部非悬挂质量）的受力分析图，虚线轮廓和线条是车厢和悬架系统的示意，点 O_{m1} 是前悬架的侧倾中心。图 5-54 将汽车静止时的前轴荷和与之平衡的轮胎地面法向力作为"平衡力系"去掉，仅研究侧向加速度 a_y 引起的变化。另外，图 5-54 简化了车轴和悬架系统的画法，并非仅针对非独立悬架。

以前轴系统为研究对象，其受力来自两方面：地面和悬架。

轮胎的地面侧向力（即侧偏力）就是汽车以侧向加速度 a_y 行驶时的向心力，稳态侧倾时，前、后轴的侧偏力 F_{Y1}、F_{Y2} 与各自的静态轴荷成正比，显然有 $F_{Y1} = \dfrac{G_1}{g} a_y = m_1 a_y$。图 5-54 中的 F_{Y1}

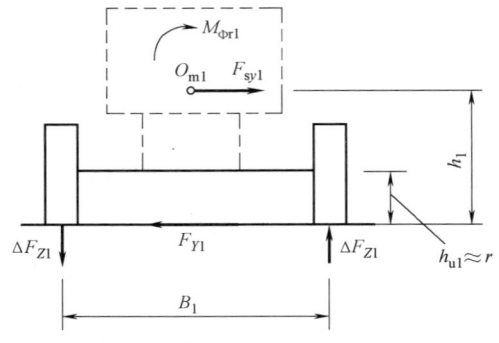

图 5-54 汽车转弯时前轴系统的受力分析图

是指前轴左、右车轮的侧偏力之和，无须详细分析各车轮所占的比例。

车轴和车厢之间的一切作用力都由悬架传递。汽车以侧向加速度 a_y 左转弯行驶时，车厢受到的侧倾力矩 $M_{\Phi r1}$ ［此处下标 1 表示前轴，不是指式（5-42）中三个分量中的第 1 个］由前轴系统平衡，悬挂质量的向心力 F_{sy1} 由前轴系统提供，则前轴系统受到的力矩 $M_{\Phi r1}$ 和侧向力 F_{sy1} 的方向如图 5-54 所示。

图 5-54 中的"$M_{\Phi r1}$"实际上是前悬架给予车厢的恢复力矩 T_1 的反作用力矩。稳态侧倾时，恢复力矩与侧倾力矩相等，由于侧倾力矩 $M_{\Phi r1}$ 可由侧向加速度等车辆工况参数算出，所以取 $M_{\Phi r1}$。即采用式（5-46b）的思想：前悬架或后悬架给予车厢的恢复力矩，在数值上等于侧倾力矩分配到前轴或后轴处的分量。

$M_{\Phi r1}$ 是侧倾力矩 $M_{\Phi r}$ 分解到前轴处的分量。由式（5-46b）可知 $M_{\Phi ri} = K_{\Phi ri} \Phi_r$。汽车行驶时，车厢前、后处的侧倾角相等（即忽略车厢变形），侧倾力矩分解到前、后轴处的分量与各悬架的侧倾角刚度成正比，故有

$$M_{\Phi r1} = M_{\Phi r} \frac{K_{\Phi r1}}{\sum K_{\Phi r}} \tag{5-51}$$

$$M_{\Phi r2} = M_{\Phi r} \frac{K_{\Phi r2}}{\sum K_{\Phi r}} \tag{5-52}$$

第五章　汽车的操纵稳定性

通俗地说，就是"前、后悬架之间，哪个侧倾角刚度大，哪个分配的侧倾力矩就多"。

前、后悬架侧倾角刚度 $K_{\Phi r}$ 的计算见式（5-47）和式（5-48），侧倾力矩 $M_{\Phi r}$ 可按式（5-42）计算。

侧向作用力 F_{sy1} 的大小为 $m_{s1}a_y$。m_{s1} 是汽车的悬挂质量分解到前轴的分量，$m_{s1} = m_s \dfrac{b_s}{L}$，$a_s$ 和 b_s 的含义如图 5-48 所示。注意，在此分析中，F_{sy1} 的作用点在前悬架的侧倾中心 O_{m1} 处，h_1 为前悬架的侧倾中心高。

如果将 F_{sy1} 看成悬挂质量的离心力，其作用点应位于悬架质量的质心 C_{s1}，但是式（5-51）中的 $M_{\Phi r}$ 已经计入悬架质量离心力对侧倾轴线的力矩（即由图 5-48 分析得到的侧倾力矩第一分量 $m_s a_y h$），所以在图 5-54 的分析中，为避免力矩重复计算，就应将 F_{sy1} 的作用点移至侧倾中心。

详细分析如图 5-55 所示，此图是整车的后视图，而不是某车轴处。

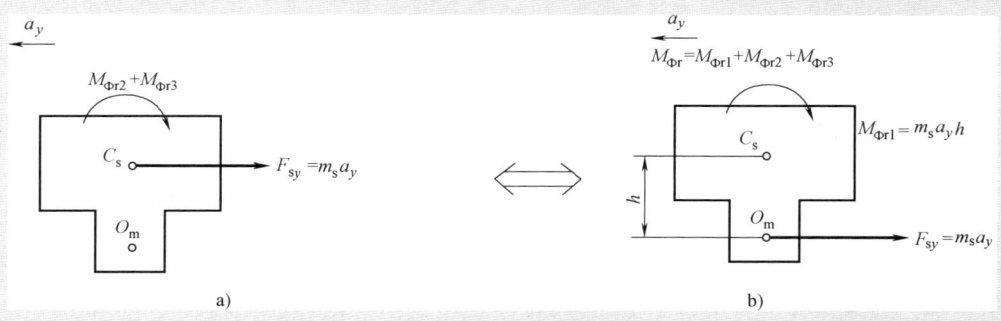

图 5-55　车厢受到的侧向力与侧倾力矩的等效分析
a）将侧向力画在质心　b）将侧向力画在侧倾中心

图 5-55a 是侧重于实际状况的表达，侧向加速度引起的、由车厢承受并通过悬架作用于车轴的力和力矩包括作用于悬挂质量质心 C_s 的离心力 F_{sy}、侧倾力矩第二分量 $M_{\Phi r2}$ 和侧倾力矩第三分量 $M_{\Phi r3}$。这些力和力矩需分解至前、后轴：力矩 $M_{\Phi r2}$ 和 $M_{\Phi r3}$ 按 $\dfrac{K_{\Phi r1}}{K_{\Phi r2}}$ 的比例分解；力 F_{sy} 按 $\dfrac{b_s}{a_s}$ 的比例分解；力 F_{sy} 绕侧倾中心转动的效果 $m_s a_y h$，即 $M_{\Phi r1}$，也要按 $\dfrac{K_{\Phi r1}}{K_{\Phi r2}}$ 的比例分解。于是，根据各作用量是按 $\dfrac{b_s}{a_s}$ 还是 $\dfrac{K_{\Phi r1}}{K_{\Phi r2}}$ 分解，就得到图 5-55b，图中的 $M_{\Phi r}$ 包含了侧倾力矩的全部三个分量，同时将 F_{sy} 作用点移至侧倾中心 O_m。图 5-55b 与图 5-55a 等价，采用图 5-55b 的表达方式更便于进一步的归纳和计算。（简便起见，图 5-55 按"前、后侧倾中心等高"处理，这样就不会给后续计算带来误差。）

图 5-54 中所有力和力矩都是真实存在的，作用对象都是前轴系统（即汽车前部非悬挂质量）。F_{Y1}、F_{sy1} 和 $M_{\Phi r1}$ 形成的对前轴的合外力矩不等于零，需要左、右车轮地面法向力 F_{Z1} 的增减变化来与之平衡。汽车向左转弯时，前轴右侧车轮的地面法向力增大 ΔF_{Z1}、左

侧的减小 ΔF_{Z1}，此现象被称为"（前轴）左、右车轮垂直载荷的再分配"。

令前轴系统的质心高为 h_{u1}，上述各作用力和力矩对该质心取矩，可得 $\Delta F_{Z1} B_1 = M_{\Phi r1} + F_{sy1}(h_1 - h_{u1}) + F_{Y1} h_{u1}$，$B_1$ 为前轴左、右轮距。代入各参数的表达式，整理得到汽车以侧向加速度 a_y 行驶时前轴左、右车轮地面法向力的变动，即垂直载荷的再分配：

$$\Delta F_{Z1} = \frac{1}{B_1}\left(M_{\Phi r} \frac{K_{\Phi r1}}{\sum K_{\Phi r}} + m_s \frac{b_s}{L} a_y h_1 + m_{u1} a_y h_{u1}\right) \tag{5-53}$$

式中，m_{u1} 是前轴系统质量，即汽车的前部非悬挂质量，$m_{u1} = m_1 - m_{s1}$；计算中，通常令前轴系统的质心与轮心等高，即 $h_{u1} = r$。

同理可得汽车以侧向加速度 a_y 行驶时后轴左、右车轮垂直载荷的再分配：

$$\Delta F_{Z2} = \frac{1}{B_2}\left(M_{\Phi r} \frac{K_{\Phi r2}}{\sum K_{\Phi r}} + m_s \frac{a_s}{L} a_y h_2 + m_{u2} a_y h_{u2}\right) \tag{5-54}$$

式中，B_2 为后轴左、右轮距；m_{u2} 为后轴系统质量，即汽车的后部非悬架质量，$m_{u2} = m_2 - m_{s2}$；h_2 为后悬架的侧倾中心高；h_{u2} 为后轴系统的质心高，也可令其与轮心等高，即 $h_{u2} = r$。

上述分析以及式（5-53）、式（5-54）的结果，与悬架的种类无关。或者认为悬架的种类特性和结构参数，体现在公式中的侧倾中心高、侧倾力矩和侧倾角刚度等因素中。可知，以侧向加速度 a_y 行驶时，汽车前、后轴两侧车轮垂直载荷的再分配量，既与汽车的质量分布等信息有关，也与前、后侧倾角刚度的匹配有关。

在进行力学分析时，有时采用所谓"整体法"，可以较简便地得到结果。对此问题来说，就是在整车的后视图上画出总地面侧偏力 F_Y，显然 $F_Y = ma_y$，m 为汽车总质量。该力对质心的力矩，由左、右车轮的垂直载荷再分配来平衡，如图 5-56 所示，易得

$$\Delta F_Z = \frac{F_Y h_g}{B} \tag{5-55}$$

若需再准确一些，还可以考虑侧倾时质心的侧向偏移，如图 5-49 所示。式（5-55）与制动轴荷转移的计算式（4-7a）的思想相同。

该方法可以在后视图上求出整车总的左、右车轮垂直载荷再分配 ΔF_Z，但是无法确定 ΔF_Z 在前、后轴之间的分配，所以对于本节问题的研究，还是需要利用式（5-53）和式（5-54），因为操纵稳定性的研究需要分别解出四个车轮的垂直载荷变动量。

另外，不能采用 $\Delta F_Z = k_s \Delta_s \frac{\delta_s}{\delta_t}$ 及其变形来求解地面法向力的变化 ΔF_Z。该式的目的是通过几何运动分析来建立 ΔF_Z 和 $\Delta_s(\Delta \Phi_r)$ 的关系。而在此处基于侧向加速工况 a_y 的分析中，Δ_s 是不易确定的。

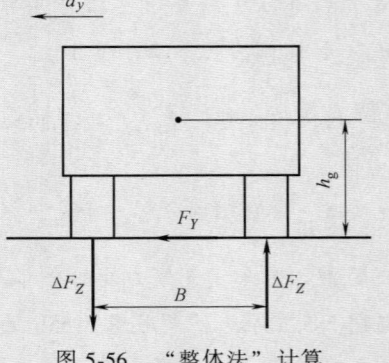

图 5-56 "整体法"计算垂直载荷的再分配

左、右车轮垂直载荷再分配问题的求解思路总结如下：

车辆的侧向加速度，引起车厢的侧倾力矩，见式（5-42）及其展开。

稳态侧倾时，侧倾力矩由前、后悬架的恢复力矩之和平衡，而前、后悬架的恢复力矩与各自的侧倾角刚度成正比，也就相当于侧倾力矩按侧倾角刚度的比例分配至前、后轴，侧倾角刚度的计算见式（5-47）和式（5-48）。

再加上地面侧偏力和悬挂质量离心力的作用（图5-54），引起前、后轴两侧车轮垂直载荷的再分配，参见式（5-53）和式（5-54）。

2. 左、右车轮垂直载荷的再分配对轮胎侧偏刚度的影响

由上述讨论已经知道，汽车以一定侧向加速度行驶时，前轴和后轴的两侧车轮都会发生垂直载荷的再分配，而根据本章第二节的有关内容，轮胎的侧偏刚度与垂直载荷是有关系的。

对轮胎侧偏特性的研究表明，轮胎侧偏刚度 k（指绝对值）与地面法向力 F_Z 之间存在一种凸函数关系：随着 F_Z 的增加，k 增大，但增大速度趋缓；如果 F_Z 过大，则 k 将随 F_Z 的增加而减小，如图5-57所示。

同一根车轴，两侧轮胎的型号和参数相同，当汽车不存在侧向加速度时，两侧轮胎的垂直载荷均为 F_{Z0}（实际上可能也不完全相等，但是不影响以下分析的结论），所以两侧轮胎的侧偏刚度都是 k_0。整根车轴的轮胎侧偏刚度之和就是 $2k_0$。

当汽车以一定侧向加速度行驶时，内侧车轮的垂直载荷减小 ΔF_Z、外侧的增大 ΔF_Z。[此处 ΔF_Z 就是式（5-53）中的 ΔF_{Z1} 或式（5-54）中

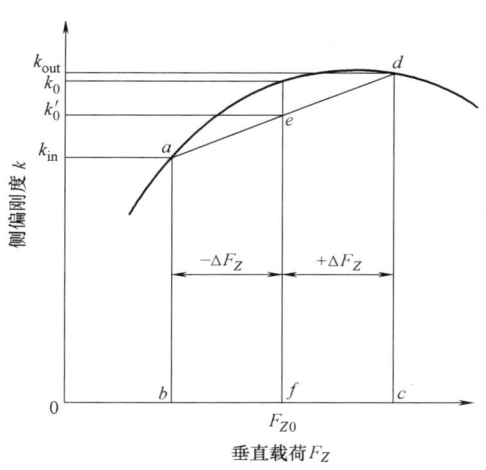

图5-57 左、右轮胎垂直载荷的再分配对两者侧偏刚度之和的影响

的 ΔF_{Z2}]。由于轮胎的侧偏刚度与垂直载荷之间存在凸函数关系，使得此时两侧轮胎的平均侧偏刚度降低到 k_0'，整根车轴的轮胎侧偏刚度之和就是 $2k_0'$。而且可以看出，垂直载荷的再分配量 ΔF_Z 越大，侧偏刚度之和下降得越多。

轮胎的侧偏刚度改变，汽车的操纵稳定性必然随之改变，下面以稳态响应特性为例进行分析。

3. 左、右车轮垂直载荷的再分配对汽车稳态响应特性的影响

已经知道，操纵稳定性分析各式中的 k_1 或 k_2 是汽车前轴或后轴各轮胎的侧偏刚度之和。由前述分析可知，与线性二自由度汽车模型所限定的"侧偏刚度 k 对某轮胎来说为常数"相比，汽车存在侧向加速度时，前、后轮的实际侧偏刚度 k_1 和 k_2（均指绝对值）都有所下降，那么在做同样的匀速圆周行驶时，前、后轮的侧偏力是不变的，而前、后轮的侧偏角（绝对值）α_1 和 α_2 都会有所增大（相对线性二自由度汽车模型的结果）。

前、后轮侧偏角（绝对值）之差（$\alpha_1 - \alpha_2$）是评价汽车稳态响应特性的参数之一。如果 α_1 增加得比 α_2 多，汽车将增大不足转向量；如果 α_2 增加得比 α_1 多，汽车将减小不足转向量，或者说增大过多转向量。显然，为使 α_1 增加得比 α_2 多，应尽量使汽车前轴的垂直载荷再分配量大于后轴的。而由式（5-53）和式（5-54）可知，汽车以一定侧向加速度 a_y 行驶

时，前、后轴垂直载荷的再分配量取决于汽车悬挂部分和非悬挂部分的质量参数、前悬架与后悬架的种类与几何参数以及前悬架与后悬架侧倾角刚度的匹配。

其中，关于前、后悬架侧倾角刚度的匹配：为了增大汽车的不足转向量，应使前悬架的侧倾角刚度 $K_{\Phi r1}$ 尽量大于后悬架的侧倾角刚度 $K_{\Phi r2}$，一种通俗的提法就是"前硬后软"。由式（5-47）和式（5-48）可知，在轮距、悬架的具体形式与相关尺寸参数等确定的情况下，悬架的侧倾角刚度与悬架的弹簧刚度成正比。出于平顺性等方面的考虑，不能将前悬架的弹簧刚度设计得过高，因此，当设计意图是尽量增大汽车的不足转向量时，往往将横向稳定器布置在前悬架，或者令前横向稳定器的扭转刚度大于后横向稳定器的。横向稳定器是一种在不改变悬架弹簧（垂向）刚度的前提下提高悬架侧倾角刚度的元件。

> 此部分的分析，与车厢的侧倾现象密切相关，但是实质上并不依赖侧倾角 Φ_r 的数值。由式（5-53）和式（5-54）可以看出，总侧倾力矩在前、后悬架间的分配及其对前、后轴两侧车轮垂直载荷再分配的影响，只取决于前、后悬架侧倾角刚度的匹配，与侧倾角 Φ_r 的数值无关（不考虑侧倾角对侧倾力矩第二分量 $M_{\Phi r2}$ 的影响，因为这个因素的作用较弱）。夸张地说，如果前、后悬架的侧倾角刚度都非常大，乃至接近刚性，汽车转弯时车厢几乎没有侧倾，依然会有上述垂直载荷再分配的效应，以及由此引起的汽车稳态响应特性的改变。简言之，只要前、后悬架侧倾角刚度的匹配可以确定，对汽车稳态响应的影响就可以预测。

4. 引起轮胎地面法向力变化的另一个因素——装载状况

引起轮胎地面法向力变化的因素，除了侧向加速度引起的左、右车轮垂直载荷的再分配外，还有汽车使用时的装载状况。对装载状况进行分析，主要考虑的是汽车前、后轴垂直载荷的变动，而不是同一车轴左、右车轮垂直载荷的再分配。

一个经典问题：对于货车，随着装载质量的增大，其稳态响应特性如何变化？

货车的装载质量增大时，后轴荷的增加量通常高于前轴荷，进而有两种分析逻辑：其一，汽车做匀速圆周行驶时侧向外力必然通过质心，上述轴荷变化使得后轮分配的侧偏力增加得更多，按线性二自由度汽车模型，令前、后轮胎的侧偏刚度不变，则后轮的侧偏角增幅更大，从而促使汽车减小不足转向量；其二，由图 5-14 或图 5-57 等所示的地面法向力对轮胎侧偏特性的影响理论可知，上述轴荷变化一般会使后轮侧偏刚度的增加超过前轮，这个因素将促使汽车增大不足转向量。

综合分析可知，第一个因素造成侧偏力的变化是线性的，而第二个因素造成侧偏刚度的变化则是非线性的、趋缓的，不足以抵消第一个因素的效应。因此，对于货车来说，增大装载质量，通常会减小其不足转向量，但是减小的幅度没有线性二自由度汽车模型预测的那么大。

三、车轮外倾角的改变对汽车操纵稳定性的影响

汽车行驶时，车轮的外倾角可能发生改变，从而影响轮胎的侧偏特性以及汽车的操纵稳定性。

第五章　汽车的操纵稳定性

车轮外倾角的改变，主要源于悬架导向机构的运动或变形。悬架导向杆系运动的外在效果，就是车厢的侧倾，这种因素造成的车轮外倾角变动称为**侧倾外倾**；导向杆系变形引起的车轮外倾角变动则称为**变形外倾**。

> 概念辨析：侧倾外倾的基本思想是将悬架导向杆系的各元件视为刚体，采用运动学分析的方法研究车厢侧倾与车轮外倾之间的关系；变形外倾则是考虑导向杆系各元件在受力时的变形问题，主要采用力学分析方法研究零部件的受力和变形之间的关系。

侧倾外倾与变形外倾问题的研究对象，主要是独立悬架。

1. 侧倾外倾

已知，同时具有侧偏角和外倾角的轮胎，将同时受到弹性侧偏力 F_Y 和外倾侧向力 $F_{Y\gamma}$，轮胎受到的总地面侧向力可表达为 $\sum F_Y = F_Y + F_{Y\gamma} = k\alpha + k_\gamma \gamma$ ［式（5-3）］。进行汽车的操纵稳定性研究时，需着重研究轮胎的受力和运动方向之间的关系，可得 $\alpha = \dfrac{\sum F_Y}{k} - \dfrac{k_\gamma \gamma}{k}$，式中各参数均为代数值，根据轮胎坐标系的规定，轮胎的侧偏刚度 k 和外倾刚度 k_γ 均为负值。

外倾侧向力的绝对值 $|k_\gamma \gamma|$ 小于总地面侧向力的绝对值 $|\sum F_Y|$，因而有 $|\alpha| = \left|\dfrac{\sum F_Y}{k}\right| \pm \left|\dfrac{k_\gamma \gamma}{k}\right|$，式中按"+"还是"−"，取决于 γ 和 $\sum F_Y$ 的符号关系。分析可知：如果 γ 与 $\sum F_Y$ 同号，即车轮倾斜方向与地面侧向力方向相反（请读者画出轮胎坐标系辨析一下），取"+"，车轮倾斜的效果是增大轮胎侧偏角（绝对值）；反之，如果车轮倾斜方向与地面侧向力方向相同，车轮倾斜的效果则是减小轮胎侧偏角（绝对值）。

> 注意，在上述问题的讨论中，除了将轮胎的侧偏刚度 k 和外倾刚度 k_γ 视为常数外，还有一个条件，即外倾角较小，否则弹性侧偏力 $k\alpha$ 和外倾侧向力 $k_\gamma \gamma$ 有较显著耦合，线性叠加关系 $\sum F_Y = F_Y + F_{Y\gamma} = k\alpha + k_\gamma \gamma$ 不成立。

地面侧向力的方向就是汽车转弯的方向，因此，上述结论又可表达为车轮倾斜方向与汽车转弯方向相同时，轮胎侧偏角会减小；车轮倾斜方向与汽车转弯方向相反时，轮胎侧偏角会增大。汽车的操纵稳定性必将随之改变。上述"车轮倾斜方向"，实际上指的是车厢发生侧倾后，车轮外倾角的变动方向。

车厢侧倾时，车轮外倾角的变动方向是与汽车转弯方向相同还是相反，取决于悬架的形式和设计参数。可以通过对悬架导向杆系的运动学分析确定。

> 一种悬架运动学校核方法：车轮外倾角 γ 是车轮相对于地面的倾角，车厢侧倾时，将其看成 $\gamma = \Phi_w + \Phi_r$，Φ_w 是车轮相对于车厢的倾角，Φ_r 是车厢相对于地面的倾角，也就是侧倾角，如图 5-58 所示，具体如下：①初始状态是地面水平、车厢正立；②先假定车厢不转，令地面向车厢实际侧倾的相反方向转过 Φ_r，这样就可以根据悬架导向杆系的运动学关系，确定 Φ_w；③再令地面与汽车一同向回转 Φ_r，即在 Φ_w 的基础上叠加了 Φ_r，此时车轮和水平面法线的夹角就是车轮外倾角 γ（其实经过步骤②，已经可以由车轮和地面的关系确定 γ，步骤③会使得 γ 显得更直观）。

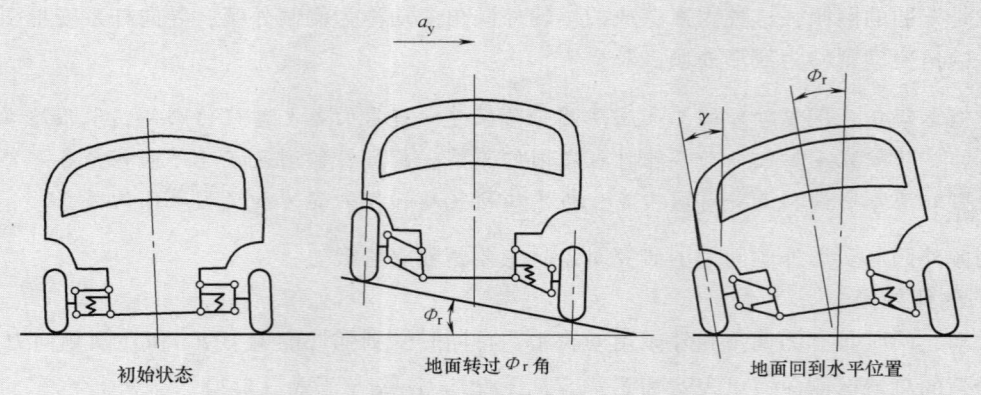

图 5-58 一种悬架运动学校核方法

图 5-58 中这种双横臂悬架是比较简单的,由于其上、下横臂等长且平行,分析过程中的 $\Phi_w=0$,于是 $\gamma=\Phi_r$。由 5-58 图可知,两侧车轮的倾斜方向都与汽车转弯方向相反,因此这类悬架在侧倾时,车轮外倾角的变动将引起轮胎侧偏角(绝对值)增大。

对于非独立悬架,可以想象到,车厢侧倾不会改变车轮的外倾角。

对于上横臂短、下横臂长的双横臂悬架,读者可以按图 5-58 的方式分析一下,结论应该是:侧倾时,车轮外倾角基本不变,尤其是外侧车轮,内侧车轮将向汽车转弯的相反方向略微倾斜。

需要注意的是单横臂悬架,如图 5-59 所示。当侧向加速度不大时,两侧车轮的倾斜方向都与汽车转弯方向相同,侧偏角将减小;但是在较大的侧向加速度作用下,车厢被显著抬高,即"举升"(Jack-up),甚至内侧车轮离地,整根车轴的侧偏刚度仅由外侧轮胎提供,且此时外侧车轮的倾斜方向与汽车转弯方向相反,可认为整根车轴的侧偏角由 $|\alpha|=\left|\dfrac{\sum F_Y}{2k}\right|$ 变为 $|\alpha|=\left|\dfrac{\sum F_Y}{k}\right|+\dfrac{k_{\gamma 外}\gamma}{k}$($\sum F_Y$ 为整根车轴的地面侧向力,k 为单侧轮胎侧偏刚度),即使考虑垂直载荷增加使得侧偏刚度 $|k|$ 有所增大,侧偏角 $|\alpha|$ 也是大幅增加,汽车的操纵稳定性发生突变,操控困难。这是现代汽车使用单横臂悬架较少的原因之一。

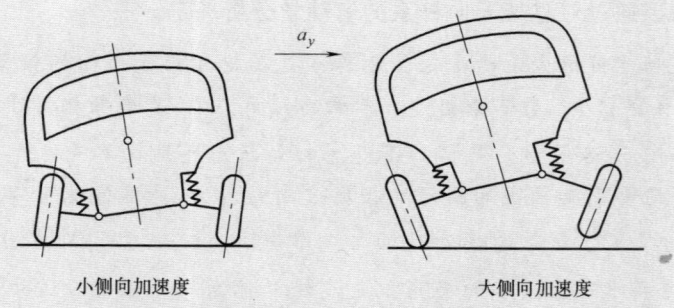

图 5-59 单横臂悬架在不同工况下的车轮运动分析

汽车做曲线运动、车厢发生侧倾时，车轮外倾角的变动导致轮胎侧偏角发生变化，即改变了车轮的实际速度方向（参见本节开头的树状图和表5-4），因此会影响汽车的操纵稳定性。

为了定量表达车轮外倾与车厢侧倾的变化关系，定义了**侧倾外倾系数**：单位车厢侧倾角所引起的车轮外倾角，记为 $\frac{\partial \gamma}{\partial \Phi_r}$。采用偏导数的符号，是由于引起车轮外倾角变动的因素较多。在其他因素不变的条件下，存在 $\gamma = \frac{\partial \gamma}{\partial \Phi_r} \Phi_r$，或写为 $\Delta \gamma = \frac{\partial \gamma}{\partial \Phi_r} \Delta \Phi_r$。侧倾外倾系数 $\frac{\partial \gamma}{\partial \Phi_r}$ 可按图5-58的原理求得，属于悬架系统的设计参数。

为了强调侧倾外倾效应对汽车稳态响应特性的影响，可在侧倾外倾系数的数值后面加注"（不足）"或"（过多）"。例如，有研究表明，轿车的前侧倾外倾系数 $\left(\frac{\partial \gamma}{\partial \Phi_r}\right)_1$ 为 0.61～0.88（不足），即这种侧倾外倾会有加大不足转向的趋势；轿车的后侧倾外倾系数 $\left(\frac{\partial \gamma}{\partial \Phi_r}\right)_2$ 为 0～0.86（过多），即这种侧倾外倾会有加大过多转向的趋势。

车厢侧倾引起的车轮外倾角变化，除了通过改变轮胎的侧偏特性而影响汽车的稳态响应特性外，还可能在其他方面影响汽车的操纵稳定性。

一种情况是，当汽车在较颠簸的路面上直线行驶时，车厢的反复左右侧倾导致车轮外倾角 γ 的大小和方向频繁变化。此时轮胎基本没有弹性侧偏角 α，但是由 $\sum F_Y = F_Y + F_{Y\gamma} = k\alpha + k_\gamma \gamma$ 可知，外倾角 γ 的大幅度变动会对轮胎施加不断变化的外倾侧向力 $F_{Y\gamma} = k_\gamma \gamma$，从而降低汽车直线行驶的稳定性。因此侧倾外倾系数 $\frac{\partial \gamma}{\partial \Phi_r}$ 的设定，要兼顾汽车的操纵性（如稳态响应）和直线行驶的稳定性。

另外，在本章前面已指出，车轮外倾角过大，会降低汽车的极限侧向加速度。优良的悬架导向机构设计，可以将大侧向加速度工况下外侧车轮的外倾角变动控制在合理的范围内。

> 与本节前面的"二、轮胎地面法向力的变化对汽车操纵稳定性的影响"部分不同，本部分所研究的侧倾外倾对汽车操纵稳定性的影响，依赖车厢侧倾角 Φ_r 的具体数值，因为车轮外倾角的变化就是直接由车厢侧倾造成的。

2. 变形外倾

当汽车以一定侧向加速度行驶时，悬架导向杆系不仅因车厢侧倾而运动，还因传递作用力而产生变形。

悬架导向杆系的变形会带动车轮定位参数的变化，其中对车轮外倾角的影响就是变形外倾。已有论述，车轮外倾角的变化会改变轮胎的侧偏特性等，从而影响汽车的操纵稳定性。

当汽车以一定侧向加速度行驶时，悬架导向杆系传递侧向力，可以用**侧向力变形外倾系数** $\frac{\partial \gamma}{\partial F_y}$，即单位侧向力所引起的车轮外倾角来定量描述侧向力对变形外倾的影响。当忽略非悬挂质量的惯性力时，悬架传递的侧向力 F_y 就是对应轮胎的侧偏力 F_Y。侧向力变形外倾系数属于悬架系统的设计参数。有研究表明，轿车的前侧向力变形外倾系数 $\left(\dfrac{\partial \gamma}{\partial F_y}\right)_1$ 为 $0.24°\sim 0.75°/\text{kN}$（不足），后侧向力变形外倾系数 $\left(\dfrac{\partial \gamma}{\partial F_y}\right)_2$ 为 $0.20°\sim 0.82°/\text{kN}$（过多）。

变形外倾问题的详细研究，主要是采用力学方法确定悬架导向机构零部件的受力与变形之间的关系。

四、轮胎地面纵向力的变化对汽车操纵稳定性的影响

此部分的研究内容，与车厢侧倾、悬架运动与变形等基本无关，其理论基础主要源于本章第二节"三、轮胎侧偏特性的影响因素 4. 地面纵向力"部分。附着椭圆理论已指出："对应于相同的 α 值，随着地面纵向力 F_X 的增大，侧偏力 F_Y 有所减小"，那么，在汽车做预期的匀速圆周行驶时，对各轮胎的 F_Y 的需求一定，增大 F_X 就意味着更大的侧偏角 α。这个影响机理，在表 5-5 中简称"附着椭圆"。

轮胎地面纵向力的变化，往往对应着加速或制动的驾驶操作。对于踩加速踏板工况，地面纵向力指的是驱动轮的真实地面纵向推力 $F_{X驱}$，见式（1-26）；对于踩制动踏板工况，指的是各车轮的地面制动力 F_{Xb}；当进行发动机制动时，仅驱动轮存在 F_{Xb}，也就是不考虑仅受滚动阻力的从动轮。

根据汽车的驱动形式和驾驶工况的不同，轮胎地面纵向力对汽车稳态响应特性的影响，可以分情况讨论，见表 5-5。

表 5-5 驱动形式和驾驶工况的不同组合对稳态响应的影响

驱动形式 \ 现象及解释 \ 驾驶工况	踩加速踏板	踩制动踏板	发动机制动
前轮驱动	①不足转向:附着椭圆		②不足转向:附着椭圆
	不足转向:变形转向	—	过多转向:变形转向
	不足转向:回正力矩		过多转向:回正力矩
后轮驱动	过多转向:附着椭圆		过多转向:附着椭圆
前轮驱动或后轮驱动	不足转向:地面法向力	过多转向:地面法向力	过多转向:地面法向力

以表 5-5 中组合①为例，当前轮驱动的汽车踩加速踏板时，前轮的地面纵向力 $F_{X驱}$ 增大，在需求同样 F_Y 的条件下，前轮侧偏角 α 增大，汽车趋于不足转向。

对于表 5-5 中组合②，当前轮驱动的汽车进行发动机制动时，前轮的地面纵向力 F_{Xb} 增大（在第四章已指出，进行发动机制动，使汽车减速的力仍然来自地面制动力），效果仍然是汽车趋于不足转向。

后轮驱动汽车踩加速踏板和进行发动机制动时的效果，其解释的原理与上述①和②完全相同。

表 5-5 中"变形转向"指的是本章第七节"三、变形转向中 3. 前轮驱动时地面纵向力造成的不足变形转向"，仅针对前轮驱动形式存在；"回正力矩"指的是本章第七节"三变

形转向"中"4. 回正力矩的影响",地面纵向力通过回正力矩对操纵稳定性的影响也是前驱车比较显著。

表 5-5 中最后一行,实际上是纵向力的变化通过法向力在起作用。无论是前轮驱动还是后轮驱动,当汽车加速时,轴荷向后转移,只要载荷不是增加得非常多,后轮的侧偏刚度将提高(图 5-14),于是同样侧偏力下的侧偏角 α_2 减小,同理 α_1 增大,这会造成汽车趋向不足转向。反之,无论是踩制动踏板还是松开加速踏板进行发动机制动,只要汽车有减速度,前轴荷就会增大,α_1 就会减小、α_2 就会增大,其效果就是汽车趋向过多转向。

> 表 5-5 中的空白栏,主要是考虑对于前轮驱动汽车或后轮驱动汽车,当踩制动踏板时,各车轮都受到地面制动力,按"附着椭圆"理论,前、后轮的侧偏角都增大,不易判定整车稳态响应特性的变化趋势。

这些因素是可以按影响趋势的异同进行抵消或叠加的。例如,后轮驱动的汽车进行发动机制动时,存在两个使之趋向过多转向的效应,一个源于附着椭圆理论,另一个是地面法向力的变动造成的。

利用上述理论,可以解释联合工况下的一些驾驶现象。"联合工况"指的是在转弯的同时进行加速或制动。

无论是前轮驱动还是后轮驱动,转弯时踩制动踏板,都会导致趋向过多转向。

如果在转弯时加速,那么对于前轮驱动汽车来说,会增大不足转向量;对于后轮驱动汽车来说需具体分析,即对比"附着椭圆"和"地面法向力"哪个影响更大。

一个更为经典的例子是**转向特性的突变**。由表 5-5 可知,前轮驱动的汽车踩加速踏板时,总共有 4 个因素使之趋向不足转向,此时汽车的不足转向量是很大的,为了维持某预期的弯道轨迹行驶,转向盘转角较大。如果转弯过程中突然松开加速踏板进行发动机制动,则变成 3 个过多转向的因素和 1 个不足转向的因素,汽车的稳态响应特性有较大变化。尤其是对于装备大功率发动机的汽车,踩加速踏板和进行发动机制动之间的差异非常大,为了维持同样半径的行驶,所需的转向盘转角会突然减小很多。如果驾驶人没有及时向回转动转向盘,汽车的行驶半径会明显变小,甚至切入内侧车道,发生所谓"卷入"现象。

对比表 5-5 中各因素可知,对于后轮驱动的汽车,在转弯过程中由踩加速踏板突然变为进行发动机制动时,也会发生这种趋向过多转向的突变。再加上其他一些因素的影响,后轮驱动汽车也会出现"卷入"现象。

在汽车设计方面,可以采取一些措施来抑制"卷入"现象:

1)采用智能化水平较高的自动变速器。当弯道行驶过程中松开加速踏板时,自动减小变速器传动比,减轻发动机制动的强度。

2)采用限滑差速器。当发生较显著的"卷入"现象时,适当增大差速器内部的锁止能力,限制驱动桥两侧车轮的自由差转,使汽车"难以转弯"。

3)优化驱动桥的悬架设计,使驱动轮在制动时能产生不足变形转向,也可以抑制突然松开加速踏板时的"卷入"效应。

> 另外,采用四轮驱动技术,也可以认为是一种通过车轮纵向力的调节与分配来影响汽车操纵稳定性的措施。

对轮胎地面纵向力影响的考虑，也体现在汽车试验中。一些操纵稳定性试验项目需要汽车以给定的侧向加速度 a_y 沿着圆形轨迹行驶，而且该 a_y 值较高。由 $a_y = \dfrac{v^2}{R}$ 可知，试验轨迹的半径越大，所需车速越高。高速行驶需要更大的驱动轮纵向力，按"附着椭圆"理论，驱动轮胎的侧偏力极限就会降低，可能无法提供大侧向加速度所需的向心力（如果向心力全部或大部分由从动轮提供，那么前、后轮侧偏力的合力作用线就可能不符合试验要求，如不通过质心）。简言之，当汽车以非常高的速度行驶时，难以产生足够的侧向加速度。因此一般来说，试验轨迹的半径不能太大。

控制轮胎纵向力以提高汽车转向特性的简介

由于轮胎的地面纵向力对汽车的操纵稳定性有较显著影响，而且轮胎纵向力的控制比法向力控制或者悬架侧倾控制等更容易实现、自由度更大，因此进行了很多利用轮胎纵向力来提高汽车转向特性的研究。此处的"转向特性"，主要指的就是操纵稳定性，也包括制动/驱动时的方向稳定性等。下面简单介绍各类技术研究的原理和特色。

（1）各车轮地面纵向力的单独控制 这种控制的典型就是 ABS 和 TCS（也可称 ASR），前者控制制动时各车轮的地面纵向力，确保制动效能和方向稳定性，后者控制驱动时驱动轮的地面纵向力，同样可以提高动力性和方向稳定性。

（2）前、后轮之间地面纵向推力分配比例的控制 由表 5-5 可知，前轮驱动汽车和后轮驱动汽车，踩加速踏板驱动行驶时，其稳态响应特性是有较大差异的，即前轮驱动汽车对应 4 个"不足转向"因素，后轮驱动汽车则对应 1 个"不足转向"和 1 个"过多转向"因素。如果对于四轮驱动汽车，能主动调节前、后轮驱动力的分配比例，就可以实现预期的稳态响应特性。图 5-60 所示为某汽车在其他参数确定的前提下，改变前、后轮的驱动力分配，其加速行驶轨迹的仿真结果。仿真工况：初速度为 40km/h，转向盘转角为 90°，纵向加速度为 0.2g，

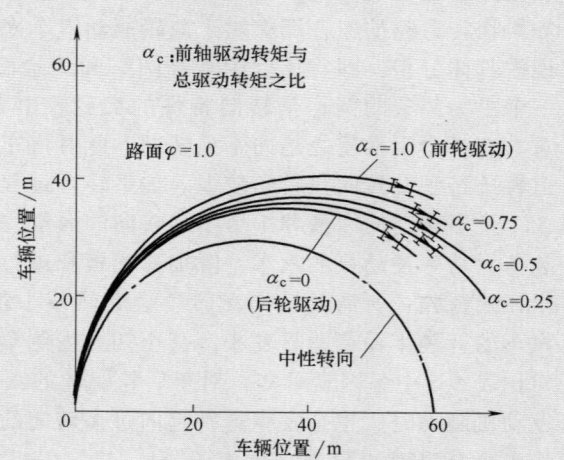

图 5-60 驱动力在前、后轮之间的分配对汽车行驶轨迹的影响

前轴和后轴两侧车轮的驱动转矩均为平均分配。可以看到，随着汽车逐渐趋向于后轮驱动，其不足转向特性在减弱。

（3）内、外轮之间地面纵向推力分配比例的控制 普通的对称式行星齿轮差速器，基本不能调节驱动桥两侧车轮的驱动转矩分配比例。如果改进传动系统设计，主动调节转弯行驶时内、外侧车轮的驱动转矩分配比例，就可以对汽车施加一个横摆力偶矩，实现预期的转向特性。这一类控制称为**横摆力偶矩控制**。图 5-61 所示为横摆力偶矩控制的仿真结果。

显然，转弯时增大内侧车轮的驱动力分配，汽车会更趋向不足转向。

（4）各车轮制动力的调节控制——车辆稳定性控制 上述（2）和（3）的控制思想是控制各车轮驱动力的分配比例，从而影响汽车的横摆运动。从工程实际的角度看，驱动力（其本质是驱动转矩）的调控是相对困难的，比较容易实现的策略则是：对于希望其驱动力减小的车轮，施加（更大的）制动力矩，从而实现对汽车转向特性的控制。

基于此，开发了各种**车辆稳定性控制系统**（在不同领域，可能采用诸如 ESP、VDC 或 ESC 等缩写，简便起见，下文统称 VSC——Vehicle Stability Control）。VSC 以 ABS/TCS 为基础，但是调控的层面更高。其基本控制原理如图 5-62 所示。

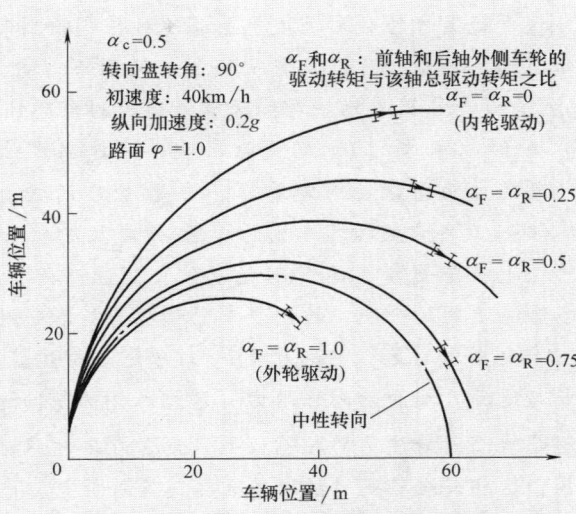

图 5-61 驱动力在内、外轮之间的分配对汽车行驶轨迹的影响

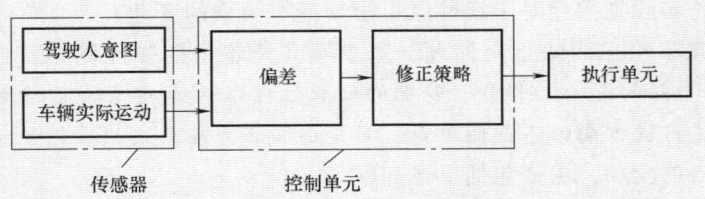

图 5-62 VSC 等车辆稳定性控制系统的基本原理

控制系统由传感器、控制单元和执行单元组成。加速踏板位置或节气门位置传感器、转向盘位置（以及力矩或速率）传感器、制动踏板力（或行程）传感器或制动管路压力传感器等，分别反映驾驶人对于驱动、转向和制动的意图；车速传感器、各车轮的转速传感器、汽车的横摆角速度传感器和侧向加速度传感器等，反映各车轮的滑动状况和整车的运动状况。控制单元接收这些传感信号，计算出车辆实际运动与驾驶人意图的偏差，形成修正策略，并将指令下达给执行单元。执行单元的调节主要是针对车轮制动力：控制各车轮的制动力，使得其滑动率/滑转率处于目标范围内；对各车轮施加不同的制动力，实现地面法向力和地面纵向力在前、后轴或左、右轮间的合理分配，以精细调节各轮胎的侧偏角、整车的横摆力矩以及回正力矩和变形转向等因素。由于车辆实际运动状况由各传感器实时"汇报"给控制单元，可以随时比对偏差和进行修正，该系统实质上是一种闭路控制系统，图 5-62 中的"车辆实际运动"是一种反馈信号。

这类稳定性控制系统主要是通过对各车轮制动力的调控发挥作用,但是也并不完全排斥驱动力控制,可以采取发动机工况调节(电子节气门开度、喷油量、点火提前角等)、自动变速器自动换档和限滑差速器的自动锁止等措施,调节总驱动力及其分配。

关于(4)与(1)的关系:VSC是建立在ABS/TCS基础之上的,两者在相关软件、硬件方面也存在一定共享。但是VSC的控制效果比ABS/TCS高了一个层次,即ABS/TCS只负责监控各车轮的滑动/滑转状况;而VSC不仅可以调节单个车轮的地面纵向力,也就是兼容ABS/TCS的功能,还能感知整车的运动状况,然后通过地面纵向力在各车轮之间的分配,控制整车的横摆力矩和行驶轨迹。

需要指出的是,无论是ABS/TCS还是VSC,其对车辆稳定性的控制最终都依赖于轮胎与地面之间的切向作用力(包括纵向力F_X和侧向力F_Y),这些控制系统不可能产生超越地面附着能力的控制效果。切勿在不良路况下做极端的驾驶操作,否则一旦发生失控,这些安全稳定系统可能无法完全补救。

为了实现较好的驾驶体验,车辆稳定性控制系统也可能会对电动助力转向系统和电控悬架系统等进行控制。

第七节 对线性二自由度汽车模型的补充

按本章第六节开头部分的论述,"对线性二自由度汽车模型的补充"指的是汽车做曲线行驶或者抵抗外界干扰而力图维持稳定行驶(两种问题的关系,参见图5-43)时,由于各种因素造成的车轮实际指向相对于线性二自由度汽车模型的变动。

本节主要研究车轮平面的指向问题,基本不涉及轮胎的弹性侧偏特性(在本节"三、变形转向4.回正力矩的影响"部分,轮胎的回正性可以认为属于轮胎的侧偏特性,但是该部分最终影响车轮行驶方向的不是侧偏角,而是由回正力矩引起的车轮平面的转动)。

车轮实际指向的变动,主要包括下述问题。

一、侧倾转向

车厢侧倾时,由于悬架导向杆系的运动,车轮平面的指向发生改变,从而引起汽车行驶方向的变化,这就是**侧倾转向**。

> 思考:侧倾转向与侧倾外倾有何区别?

侧倾转向主要包括两种情况。

第一种主要是针对独立悬架。侧倾时,车轮定位参数发生改变,其中车轮前束值的改变,就意味着车轮指向的变动。这种车轮指向的变动角度称为**侧倾转向角**,当给出车厢的侧倾角时,车轮的侧倾转向角可以通过对悬架导向机构进行运动学分析来确定。

为了定量评价侧倾转向角与侧倾角的变动关系,定义**侧倾转向系数**$\frac{\partial \delta}{\partial \Phi_r}$:单位车厢侧倾角对应的车轮侧倾转向角[前悬架的侧倾转向系数$\left(\frac{\partial \delta}{\partial \Phi_r}\right)_1$通常包含侧倾干涉转向的因素]。

车厢侧倾时，外侧悬架压缩、内侧悬架复原，若干车轮定位参数可能发生变化。图5-63所示为某双横臂前悬架侧倾时车轮前束的变化特性，由图可知，汽车以一定侧向加速度行驶时，该悬架外侧车轮的前束值减小，即趋于"前张"状态，内侧车轮的前束值则会增大。也就是转弯时这种前悬架内、外侧车轮的侧倾转向角都背离侧向加速度方向，这是一种"不足侧倾转向"。从稳态响应特性角度来说，可以认为是一种优点。

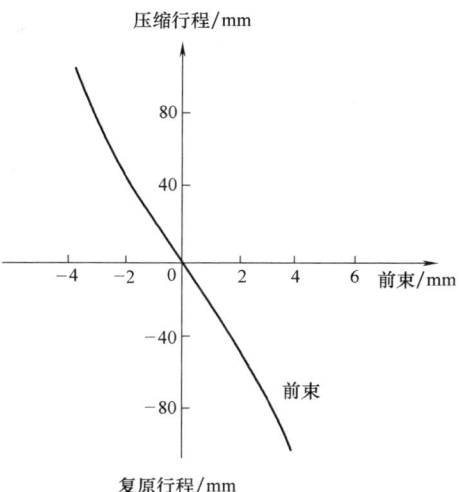

图5-63 某双横臂前悬架侧倾时车轮前束的变化特性

但是在不平路面上直线行驶时，车轮相对于车厢将有较大幅度的跳动，上述这类具有较强侧倾转向效应（无论不足还是过多）的悬架，两侧车轮的侧倾转向角会发生较显著变化，这会降低汽车直线行驶的稳定性。因此现代轿车在设计上大都追求在车厢侧倾角较大时，车轮的侧倾转向角尽可能小，即侧倾转向系数 $\dfrac{\partial \delta}{\partial \Phi_\mathrm{r}}$ 尽可能接近零。这需要选择合适的悬架类型以及优化导向机构的结构参数。有研究表明，轿车的前侧倾转向系数 $\left(\dfrac{\partial \delta}{\partial \Phi_\mathrm{r}}\right)_1$ 为0.2（不足）~ -0.1（过多），后侧倾转向系数 $\left(\dfrac{\partial \delta}{\partial \Phi_\mathrm{r}}\right)_2$ 为0.13（不足）~ -0.06（过多）。

第二种侧倾转向主要是针对非独立悬架。非独立悬架的车轮平面相对于车轴不会变动（忽略车轮变形），但是车厢侧倾时，两侧悬架导向机构的运动可能引起整根车轴的转动，于是车轮的指向也随之变动，这种侧倾转向又称为**轴转向**。

根据轴转向发生在前轴还是后轴、转动方向是与汽车转弯方向相同还是相反，轴转向效应对汽车稳态响应特性的影响有所不同。例如，当后轴的转动方向与汽车的转弯方向相同时，会增大汽车的不足转向量。

这方面的一个设计实例：后钢板弹簧悬架的前、后吊耳，采用"前低后高"的布置，如图5-64所示。

研究表明，钢板弹簧发生压缩或复原变形时，车轴中心 a_0 相对于车架并不是垂直运动，而是以固定吊耳 A 附近的一点 C 为圆心做弧线运动。汽车转弯时，内侧悬架复原、车轮远离车架，外侧情况则相反。将前、后吊耳（钢板弹簧的后端支承 B 也可能是滑板）布置成前低后高，就使得转弯时内侧车轮（实际上是车轴的内侧钢板弹簧座处）向后移动至 a_2，外侧车轮向前移动至 a_1，整根后轴向汽车转弯的相同方向转动了一个角度，增大了汽车的不足转向量。

这个例子的实质是：车轴通过两侧钢板弹簧"吊装"在车架下面，如果两侧弹簧在上下伸缩变形的同时还会发生前后移动，就相当于两侧的"吊装点"发生了前后错动，车轴相对于车架在俯视图上就发生转动。

实际布置时，前、后吊耳的高度差异可能没有图 5-64 所示的那么大，且车轴中心 a_0 的位置可能比图中所示更低，则不足转向量很小，甚至有可能轴转向的效果是过多转向。但

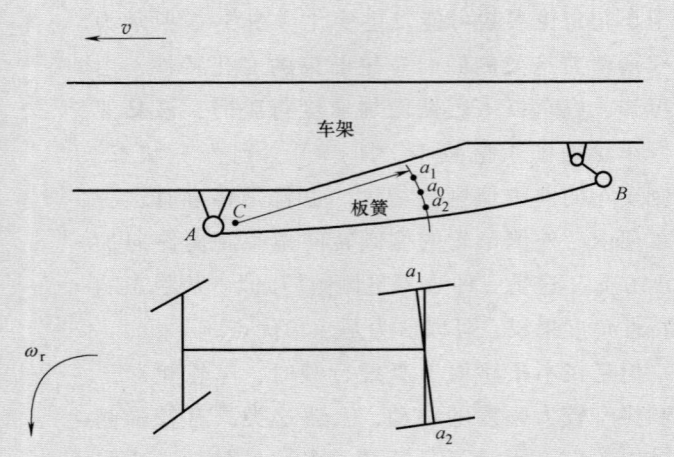

图 5-64 利用轴转向效应增大汽车的不足转向量

是分析可知，这种吊耳前低后高布置造成的过多转向量，一定小于前后等高或者前高后低的布置，其定性效果还是增大不足转向（趋势）。另外，如果将固定吊耳移至后面，即圆心 C 位于后面，只要后钢板弹簧两吊耳还是按"前低后高"布置，轴转向的效果仍然是增大不足转向。

读者可以思考一下，对于前钢板弹簧悬架，为了增大汽车的不足转向量，应如何布置两个吊耳的高度？

有时独立悬架也会发生轴转向。

无论是车轮指向的直接变化还是轴转向，在运动效果上都是车轮行驶方向的改变，就这一点来说，这两者和轮胎发生弹性侧偏的运动效果是一样的，因此侧倾转向也可称为运动学侧偏。

二、侧倾干涉转向

侧倾干涉转向是指车厢侧倾时，悬架导向杆系与转向杆系的运动关系不协调而发生干涉，使得车轮的指向发生改变，从而引起汽车行驶方向的变化。显然，侧倾干涉转向仅针对转向桥存在，重点需研究其左侧悬架。

图 5-65 所示为某非独立悬架的侧倾干涉转向。（此图的分析思路与图 4-10 和图 5-64

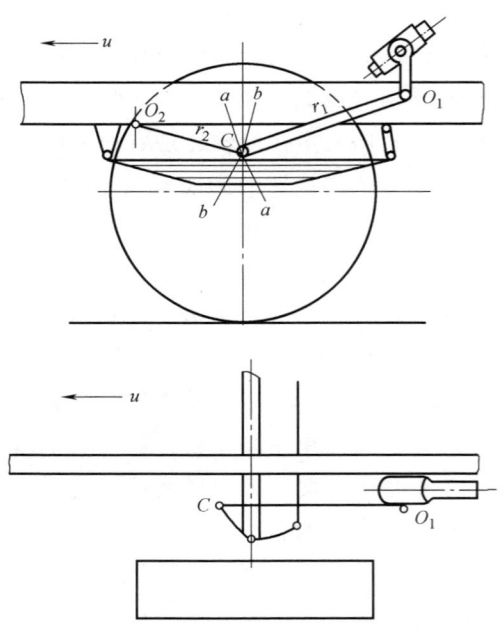

图 5-65 某非独立悬架的侧倾干涉转向

第五章 汽车的操纵稳定性

均有一定联系）。某汽车的前轴系统，采用钢板弹簧悬架，固定吊耳在前，转向器固定在车轴后面的车架上。

如图 5-65 所示，转向节上节臂球销 C 连接转向纵拉杆，应以 O_1 为圆心沿弧线 aa 运动；球销 C 又连接转向节，作为前轴系统的一部分，应以 O_2 为圆心沿弧线 bb 运动（图 5-65 中的圆心 O_2 相当于图 5-64 中的点 C）。车厢侧倾时，钢板弹簧变形，弧线 aa 和弧线 bb 不重合，发生运动干涉，其结果必然是转向纵拉杆的长度 r_1 基本保持不变，点 C 沿弧线 aa 运动，迫使转向节发生一定转动，侧视图中半径 r_2 发生变化（注意，O_2 与 C 之间并无零件连接）。当汽车向左转弯时，左侧车轮远离车架，在侧视图中球销 C 沿弧线 aa 向下运动，半径 r_2 变长，在俯视图中点 C 后移（相对于沿弧线 bb 运动的效果），使得转向节带动车轮向右转动，增大了汽车的不足转向量；同理，当汽车向右转弯时，这种干涉会造成车轮向左转动，也是增大不足转向。因此，这种悬架和转向系统的匹配会导致"侧倾干涉不足转向"。其他形式的匹配，也可能会引起"侧倾干涉过多转向"。

汽车在不平路面上直线行驶时，这种干涉转向效应会使得车轴相对车架运动时车轮的转向角发生改变，影响汽车直线行驶的稳定性。因而一般要求侧倾干涉转向量应小些。

有些车型，钢板弹簧固定吊耳保持在前（即图 5-65 中 O_2 的位置基本不变），而将转向器也布置在前轴的前面。请思考其侧倾干涉转向的程度如何。

至此，本章第六节和本节讲述了若干与侧倾有关的效应，总结见表 5-6。

表 5-6 侧倾对汽车操纵稳定性影响的总结

效应或现象名称	对操纵稳定性的影响机理	关键结构与设计因素
左、右车轮垂直载荷的再分配	地面法向力影响轮胎的弹性侧偏特性	前、后侧倾角刚度的匹配等
侧倾外倾	车轮外倾角影响轮胎的弹性侧偏特性	悬架导向机构的运动分析（正视图上）
独立悬架的侧倾转向	改变车轮平面指向（即车轮前束值）	悬架导向机构的运动分析（俯视图上）
非独立悬架的侧倾转向	改变车轴指向（即轴转向）	悬架导向机构的布置
侧倾干涉转向	使转向节转动	悬架导向机构与转向杆系的布置匹配

侧倾主要是研究悬架导向杆系的运动对轮胎弹性侧偏特性和车轮刚性指向的影响，而不考虑转向系统、悬架导向杆系和车轮等零部件的变形（以及间隙）。

三、变形转向

变形转向指的是与汽车的转向特性有关的零部件在承受载荷时发生弹性变形，带动车轮的指向发生改变，从而引起汽车行驶方向的变化。

> 辨析：变形转向与变形外倾有何区别？变形转向与侧倾转向有何区别？

能引起变形转向的零部件较多，并非仅限于转向系统，下面讲述其中一些重要的。

1. 悬架导向杆系的弹性引起的变形转向

悬架系统在传递侧向作用力时，各杆件发生弹性变形，带动前轮平面绕主销转动、后轮平面绕某垂直轴线转动。为了定量表达车轮平面的转动与侧向力之间的关系，**定义侧向力变形转向系数** $\dfrac{\partial \delta}{\partial F_y}$（°/kN），$\delta$ 是车轮平面的转角，即变形转向角，也可理解为车轮前束的变动；F_y 是悬架传递的侧向力，当不考虑非悬挂质量的惯性力时，F_y 就是对应轮胎的侧偏力 F_Y。有研究表明，轿车前悬架的侧向力变形转向系数 $\left(\dfrac{\partial \delta}{\partial F_y}\right)_1$ 为 0.60°/kN（不足）~0.22°/kN（过多），后悬架的侧向力变形转向系数 $\left(\dfrac{\partial \delta}{\partial F_y}\right)_2$ 为 0.02°/kN（不足）~0.22°/kN（过多），其中 $\left(\dfrac{\partial \delta}{\partial F_y}\right)_1$ 的数值包含了转向系统的变形转向效果（见下文）。

一般希望转弯时承受主要载荷的外侧车轮有适度的不足变形转向角，因此对于前外轮，其前束值应适当减小，后外轮的前束则应适当增大。

从设计的角度来说，悬架导向杆系的变形转向特性，与悬架系统的形式、尺寸以及导向机构各部件的刚度等有关。关于各部件的刚度，一般来说，橡胶衬套的刚度值比金属导向杆件的刚度值更重要。

2. 转向系统与车轮的弹性及间隙引起的变形转向

转向系统内部存在弹性和间隙，车轮承受地面侧偏力 F_Y 和轮心侧向力 F_y（图 5-6）时也会发生弹性变形。而线性二自由度汽车模型是不考虑这些变形和间隙的，该模型直接将前轮转角与转向盘转角按转向系统的总传动比关系等效起来。

也就是说，转向系统传递力时，转向轮的实际转动角度比线性二自由度汽车模型认为的要小，这也是一种变形转向。

> 从理论上说，间隙引起的车轮转角偏差不应称为"变形转向"。此处采取这样的思路：克服零部件间隙的效果等同于零部件受力时变形。

在造成这种变形转向的几个因素中，车轮的弹性变形相对较小，可忽略不计，主要考虑转向系统的弹性变形和转向系统的间隙。

转向系统的弹性变形主要影响汽车的稳态响应特性。如果转向系统的刚度设计得较小，传递侧向力时的弹性变形就较大，给定转向盘转角条件下的转向轮实际转角相对于线性二自由度汽车模型的理论值下降得就较多，汽车的不足转向量会增加较多；反之，提高转向系统的刚度，汽车的不足转向量增加得就较少。由这种因素造成的变形转向效应，比悬架导向杆系变形所引起的要大。如果转向系统刚度不足，汽车的不足转向量将过分增加，而且较低的转向系统刚度还会影响高速驾驶时的主观感受，尤其是维持直线行驶、转向盘处于中间小转角范围时的"路感"。因此，一般要求转向系统的刚度应高些。

转向系统的间隙不会影响稳态响应特性，因为在匀速圆周行驶状况下，转向盘固定转向一侧，间隙已消除，不影响转弯半径与车速的关系。但是在转向盘角阶跃输入下的瞬态响应阶段，转向系统的间隙和弹性变形会导致实际的前轮转角并非理论上的"阶跃输入"，使得线性二自由度汽车模型的计算变得不准确，这也是本章第五节指出"瞬态响应品质评价方面的各参数，即 τ、ε、$\dfrac{\omega_{r1}}{\omega_{r0}}$、$\sigma$、$\omega_0$ 和 ζ 等，上述理论计算值与实测值相比会有较大误差"

的原因之一。

转向系统的间隙也会影响汽车横摆系统的频率响应特性。

3. 前轮驱动时地面纵向力造成的不足变形转向

前轮驱动的汽车，其前桥为转向驱动桥，车轮承受来自半轴（通过万向节传递）的转矩，同时可以绕主销转动。驱动行驶时，其受力状况如图5-66 所示。

图5-66 中，F_X 是地面作用于驱动轮胎的纵向推力，r 是车轮半径，$F_X r$ 就是半轴驱动转矩 T_h（不考虑滚动阻力偶矩和车轮惯性力偶矩等影响），r_σ 是主销偏置量，σ 和 τ 分别为主销内倾角和主销后倾角，ζ 为半轴与水平面的夹角。

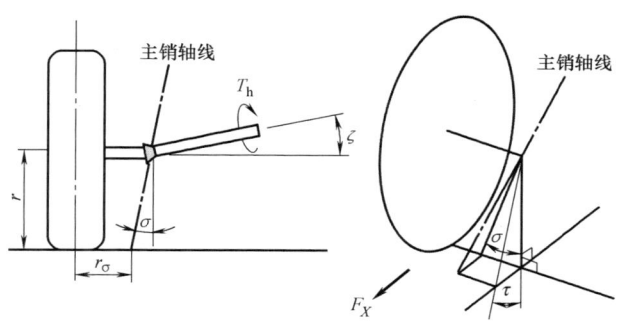

图 5-66 转向驱动桥的主销力矩分析（右前轮）

忽略地面法向力对主销形成的力矩，则地面纵向力和驱动转矩形成绕主销的力矩：

$$T_k = F_X [r_\sigma \cos\tau\cos\sigma + r\sin(\sigma+\zeta)] \tag{5-56}$$

T_k 的方向是使车轮绕主销向汽车纵向对称面转动。

当主销后倾角和内倾角都很小时，式（5-56）可近似为

$$T_k = F_X [r_\sigma + r\sin(\sigma+\zeta)]$$

汽车转弯行驶而车厢发生侧倾时，外侧悬架压缩，车轮的 ζ 减小，绕主销的力矩 $T_{k,out}$ 减小；同理，绕内侧车轮主销的力矩 $T_{k,in}$ 增大。$T_{k,out}$ 的方向与汽车转弯的方向相同，$T_{k,in}$ 的方向与汽车转弯的方向相反。由于转向系统各杆件存在弹性及球销的间隙，在外界载荷作用下会发生变形，$T_{k,in}$ 与 $T_{k,out}$ 的差值将使两转向轮均向汽车转弯的相反方向转动一定角度，即变形转向角，从而增大了汽车的不足转向量。

思考：如果将驱动行驶改为发动机制动，上述机理造成的变形转向是趋向不足转向还是过多转向？这可以解释表 5-5 中两个"变形转向"的差异。

另外，还有一个与前轮驱动汽车的半轴夹角 ζ 有关的操纵稳定性问题，有时被称为"扭力转向"。其现象是：某些发动机功率较大的前轮驱动汽车，当全力加速时，汽车会向一侧跑偏，需要控制转向盘加以消除，增大了驾驶人的操作疲劳。

基本解释：发动机前置前轮驱动的汽车，发动机通常采用横置，较常见的布置是发动机偏于一侧，变速驱动桥偏于另一侧，使得两侧半轴的长度不相等。前轮驱动的半轴，需要采用万向节传动，由于两侧半轴长度不等，两侧万向节传动的夹角也不相等。万向节的传动效率与夹角有关，短半轴一侧的夹角大，效率相对就要低一些。当汽车全力加速、动力总成输出很大的驱动转矩时，两侧万向节效率的差异就会导致两侧车轮的驱动力有较显著的差异，从而引起汽车跑偏（原理类似制动力不等引起的跑偏，如图 4-8 所示）。

这也是强调加速性能的大功率运动汽车更倾向于后轮驱动方案的原因之一。

为了解决前轮驱动汽车的"扭力转向"问题，有些车型采取了发动机纵置的方案，使两侧半轴等长，夹角也相等；也可以灵活设计两侧半轴的分段长度和内、外侧万向节的位置，使得两侧半轴的万向节夹角相等；还可以设法降低变速驱动桥总成的高度，力图使两侧半轴传动的夹角都趋向于0，基本消除效率差；又或是在两侧传动轴的刚度匹配和前悬架的形式及尺寸方面进行改进设计，以抵消"扭力转向"对操纵稳定性的影响等。

由这个实例再次看出，影响汽车操纵稳定性的因素的确非常多。

4. 回正力矩的影响

线性二自由度汽车模型不考虑回正力矩的影响，而实际上轮胎承受侧偏力时，会受到回正力矩的作用。在回正力矩的作用下，对应的悬架系统和车轮都会发生变形，引起车轮指向的变化。

回正力矩产生两种效应。一个是相对于没有回正力矩，直接增加了作用于整车的力矩，试图将汽车"拧回来"，但是一般来说这个力矩相对于整车惯量很小，而路面又有足够的侧向附着力将其抵消，因此不足以改变汽车的运动。或者说在这种效应下，只是通过轮胎拖距 e（图5-9）略微改变了汽车的 a、b（图5-26）。另一个是在回正力矩的作用下，前、后车轮及悬架发生变形，车轮平面的指向发生变化，引起汽车操纵稳定性变化。此处指的是后一种效应。

回正力矩的方向总是与侧偏角的方向相同，分析可知，前轮的回正力矩会增大汽车的不足转向，后轮的回正力矩则会减小不足转向。一般来说，前轴系统的杆件和铰点比较多，在回正力矩作用下，各种因素综合起作用，车轮转角的变动比后轮的大，也就是说，各车轮回正力矩的总体效果，通常是增加汽车的不足转向。

而且研究表明，随着轮胎承受的地面纵向力变化，回正力矩也会发生变化，如图5-18所示。

据此，可以解释表5-5中两个"回正力矩"的不同效果。已知前轮回正力矩引起的变形转向大于后轮，则可以略去后轮回正力矩的效果，仅考虑前轮，那么驱动/发动机制动通过回正力矩对操纵稳定性的影响对比也就只考虑前轮驱动汽车。踩加速踏板时，根据图5-18，驱动力增大使得回正力矩增大（不考虑过大的驱动力使得回正力矩下降），因而增大不足转向；发动机制动时，制动力增大使得回正力矩减小，因而趋向于过多转向。

读者可仿照表5-6的形式，将本节和本章第六节中各种变形因素对汽车操纵稳定性的影响做一个总结，以加深理解和记忆。

本章第六节和本节，研究了很多对线性二自由度汽车模型进行修正和补充的因素，分析某一因素时，所指出的"增大不足转向量"或者"趋向过多转向"等结论，都是在其他条件不变的前提下单纯由该因素造成的，而不应理解为该因素本身就足以对汽车的操纵稳定性造成决定性的影响。

第八节 操纵稳定性的其他问题

本章前面的内容重点是汽车的稳态响应特性、前轮角阶跃输入下的瞬态响应特性和频率响应特性,采用的理论基础是线性二自由度汽车模型,并且对该模型做了适当的修正和补充。而操纵稳定性的研究范围非常广泛,还有相当多的内容没有涉及。

在本节,将对"路感"和侧翻这两个问题进行一定的介绍。

一、"路感"问题

所谓"路感",是一个比较抽象的概念,可以理解为驾驶人对于汽车是否易于驾驶的主观感觉,主要通过人的视觉、身体触感、各踏板和转向盘的操纵感受等体现。对于操纵稳定性的研究,"路感"主要是指驾驶汽车时转向盘回馈给驾驶人的力特性。

转向盘力特性是指转向盘力随汽车运动状况的变化规律。转向盘力也可以用转向盘力矩代替。

对于"好的转向盘力特性",不同的研究者出于不同的理念和目的,并结合不同车型和使用特点等因素,有不同的界定。通常认为,为了提升驾驶"路感",合理的转向盘力特性应该具有以下特点:

1) 在低速、大曲率行驶时,转向盘力尽量小些,以提高操纵的轻便性。

2) 在高速、小转向盘转角条件下,转向盘力应相对大些,以确保高速直线行驶的稳定性。

3) 在侧向加速度 a_y 逐渐增大的驾驶工况下,转向盘力应能随 a_y 的增大而增大,以向驾驶人提供车辆曲线运动状况的反馈信息。

4) 当汽车做不同平均侧向加速度的"蛇行"行驶(对应转向盘正弦输入操作)时,转向盘力随侧向加速度的改变不应有明显变化,防止驾驶感觉发生"突变"等。

转向盘力特性与转向器特性、转向传动杆系特性、转向助力特性、车轮定位参数及其变化规律、悬架特性、轮胎力学特性、汽车载荷及其分布、路面条件、轮胎气压、整车行驶的驱动动力特性或制动力学特性等诸多因素有关,理论分析是比较烦琐的,且计算精度较低,更多的是采用试验研究,主观与客观评价并重。

适度的回正性也能提高驾驶"路感",回正性主要涉及轮胎的力学特性、车轮定位参数及其变化规律以及转向系统的设计。

电动助力转向等技术有助于精确调控包括回正性在内的转向盘力特性,实现设计者的预期目标。

二、侧翻

侧翻指的是汽车在行驶过程中出现侧向翻倒、左侧或右侧车体接触地面的状况。造成汽车侧翻的原因有很多,如汽车遭遇侧向大风、一侧车轮或车身受到强烈冲击等,本处仅研究在平坦路面上转弯行驶的汽车,由于侧向加速度(即离心力)或侧向坡过大造成的侧翻。因此,**侧翻**又可以定义为:汽车转弯行驶时,内侧车轮与地面之间的法向力为零的工况。

概念辨析：侧翻的主体是汽车；侧倾的主体是汽车的悬挂质量部分（车厢）。

研究侧翻问题的路面是平坦的，但是可能不是水平的，具体有两种可能：锥形路面和坝形路面。**锥形路面**指的是道路成锥面（锥顶可能在上，也可能在下），对汽车来说，左、右轮的高低水平不同，但是汽车做圆周行驶时质心的轨迹是在同一水平面内。**坝形路面**就是指道路像堤坝一样，是一个向固定方向倾斜的平面，圆周行驶时，汽车轨迹的高低位置是变化的。从力学本质上来说，锥形路面的特点是汽车的侧向加速度总是水平的；坝形路面上汽车的侧向加速度方向是倾斜的，如在"坝顶"时，侧向加速度是指向坝底的。

一般来说，锥形路面更为常见，如高速公路、汽车试验场的高速环形跑道或赛车场的转弯处，都是路面倾斜但沿自身走向的高低水平基本不变。因此，本节按锥形路面研究侧翻问题。

对直线行驶的汽车，驾驶人转动转向盘，汽车开始做转弯行驶，车辆的运动响应先进入瞬态响应阶段，车厢的侧倾又会使这种响应特性的研究进一步复杂化。这里研究一个相对简单的侧翻工况，即刚性汽车的准静态侧翻。

1. 刚性汽车的准静态侧翻

"**刚性汽车的准静态**"指的是汽车已经进入匀速圆周行驶（即不研究如何进入该工况）且忽略悬架和轮胎等元件变形的工况。这种汽车模型在锥形路面上的受力分析如图 5-67 所示。

显然，图 5-67 中的侧向坡度角 α 是有助于抵抗侧翻的。另外，侧翻的概念是"内侧车轮与地面之间的法向力为零的工况"，故图 5-67 中令轮胎和地面之间的全部外力都集中于外侧车轮，F_Z 是法向力，F_Y 是侧偏力，h_g 是质心高度，B 是轮距。

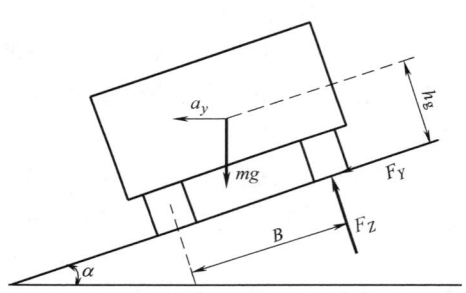

图 5-67　刚性汽车的准静态受力分析

在以下受力分析中，轮距 B 的意义是形成地面法向力对过汽车质心纵向对称线的力矩 $F_Z \dfrac{B}{2}$。汽车前、后轴的轮距通常不完全相等，准确计算时应分别研究前轮和后轮的力矩。此处不详细研究，简单地将轮距 B 视为一个给定的整车参数。

忽略空气作用力。此问题的研究也不考虑各作用力在汽车前、后轴之间的分配关系。

图 5-67 所示为汽车刚好进入侧翻状态的工况（即内侧车轮刚好离地），显然，能够达到的 a_y 越大，抗侧翻能力就越强。由汽车的受力分析可得

铅垂方向受力平衡，有

$$F_Z\cos\alpha - F_Y\sin\alpha - mg = 0 \tag{5-57}$$

水平方向加速度为 a_y，有

$$F_Z\sin\alpha + F_Y\cos\alpha = ma_y \tag{5-58}$$

绕过质心纵向对称线的力矩平衡，有

$$F_Z \frac{B}{2} - F_Y h_g = 0 \tag{5-59}$$

联立式（5-57）、式（5-58）和式（5-59），且坡度角 α（rad）很小时有 $\sin\alpha \approx \alpha$、$\cos\alpha \approx 1$，解得

$$\frac{a_y}{g} = \frac{\dfrac{B}{2h_g}+\alpha}{1-\dfrac{B}{2h_g}\alpha} \tag{5-60a}$$

$\dfrac{B}{2h_g}$ 称为**轮距比**。定义 $\dfrac{a_y}{g}$ 为**侧翻阈值**，即不侧翻条件下的最大侧向加速强度。可见，向转弯中心倾斜的坡道角度 α 越大、汽车的轮距比 $\dfrac{B}{2h_g}$ 越大，侧翻阈值 $\dfrac{a_y}{g}$ 就越大。由于 $\dfrac{B}{2h_g}\alpha \ll 1$，侧翻阈值可近似为

$$\frac{a_y}{g} = \frac{B}{2h_g}+\alpha \tag{5-60b}$$

可以看出，当汽车的轮距比 $\dfrac{B}{2h_g}$ 不够大，而意图实现的侧向加速度 a_y 很大时，需要有较大的道路倾斜角度 α 来防止汽车侧翻。

> 读者可以推证一下，当同样采取 $\sin\alpha \approx \alpha$ 和 $\cos\alpha \approx 1$ 时，式（5-60b）就是汽车在坝形路面顶点（此时抗侧翻能力最强）的侧翻阈值。

为了重点研究汽车设计参数对抗侧翻能力的影响，令道路倾斜角 $\alpha = 0$，得

$$\frac{a_y}{g} = \frac{B}{2h_g} \tag{5-61}$$

例如，对于第四章第五节的"基准车"，有 $h_g = \dfrac{1}{5}L$，若再设 $B = \dfrac{1}{2}L$，则侧翻阈值 $\dfrac{a_y}{g} = 1.25$。即按"刚性汽车的准静态"模型，在水平路面上的侧向加速度 a_y 未达到 $1.25g$ 时，该汽车都不会侧翻。良好路面的附着系数 φ 约为 0.8，当 $\dfrac{a_y}{g}$ 达到 φ 时汽车就会因向心力不足而发生侧滑。可见，对于侧翻阈值高于附着系数的情况，汽车在达到足以造成侧翻的 a_y 之前已经侧滑，也就不会侧翻。

然而，驾驶实践和事故调查均表明，很多按式（5-61）预测的侧翻阈值 $\dfrac{a_y}{g}$ 明显高于路面最大附着系数 φ 的汽车，在做急转弯时，没有发生显著的侧滑，而是直接侧翻。也就是说，按"刚性汽车的准静态"模型计算得到的侧翻阈值偏高，这是一种偏于乐观、即偏于危险的预估。

2. 对"刚性汽车的准静态"模型的修正

1）该模型的一个不准确之处，在于"刚性"，即忽略了悬架和轮胎的变形。

实际上汽车转弯时，外侧悬架和轮胎会在静载状态的基准上进一步压缩，汽车将向外加

大倾斜。这种侧倾将导致汽车质心向外侧偏移（参见图 5-49），从而造成图 5-67 中 F_Z 对质心的实际力臂比 $\dfrac{B}{2}$ 要小。

另外，外侧轮胎承受车轴的全部侧偏力，发生较大的横向"扭动变形"（参见图 5-6），其实际接地中心向侧偏力方向移动，也减小了 $\dfrac{B}{2}$ 的实际值。

考虑这些因素，可知式（5-61）中的分子取固定值 B 是偏高的。汽车将要侧翻时所能达到的实际侧向加速度比式（5-61）估算的要小。

2)"准静态"的假设，是另一个误差的来源。

"准静态"是仅考虑汽车已经进入匀速圆周行驶工况。但是在从直线行驶过渡到圆周行驶的过程中，即刚刚转动转向盘后的一段时间内，汽车处于瞬态响应，存在超调量，可参见图 5-30。

> 图 5-30 所示为汽车大致的横摆系统（绕车辆坐标系 z 轴）的时域响应。本节要考虑的是汽车侧向摆动（绕某大致平行于车辆坐标系 x 轴的线）的响应。两者的物理模型不同，但是"超调"的思想相同，即为了达到预期的稳态值，第一峰值要比稳态值高。

例如，意图实现的稳态侧向加速度目标为 $0.8g$，按式（5-61）计算得到的侧翻阈值是 $1.0g$，似乎是安全的。但是在开始转弯时，施加了某种比较突然的输入，如转向盘角阶跃输入，超调量达到 130%，那么侧向加速度瞬态响应的第一峰值会达到 $1.04g$，超过了阈值，汽车可能会侧翻。

也可以这样理解，在扣除了前述"刚性模型"造成的有关轮距 B 的取值等误差之后，侧翻阈值的计算式（5-61）是准确的；"准静态"的问题，在于判断是否在侧翻时没有将目标侧向加速度（如上例中的稳态值 $0.8g$）乘以超调量。

超调量的大小与转向盘输入方式（阶跃还是正弦等）、汽车侧向摆动系统的阻尼比以及正弦输入的频率等因素有关。

复习与思考

1. 掌握汽车操纵稳定性的含义、基本研究内容、控制系统模型和评价方法。
2. 掌握轮胎的侧偏特性及其影响因素。
3. 掌握理想刚性汽车模型与线性二自由度汽车模型。理解线性二自由度汽车模型的受力分析思想与微分方程的建立方法。掌握典型的转向盘输入特性与车辆响应特性。
4. 掌握稳态响应的含义、类型与评价参数。按"线性二自由度汽车模型"，什么情况下会出现"向左转动转向盘，汽车向右转弯"的现象？
5. 理解瞬态响应数学模型求解的基本思路。掌握瞬态响应的稳定条件和评价参数。理解线性二自由度汽车模型对上述问题研究的准确度的影响。
6. 了解线性系统的频率响应特性的数学模型。常用哪些参数评价转向盘正弦输入下汽车的频率响应特性？
7. 理解对线性二自由度汽车模型的"修正"与"补充"的含义和研究内容。

8. 掌握侧倾力矩和侧倾角刚度的力学机理和影响因素。查阅资料，了解悬架运动学分析与校核的方法。理解对线性二自由度汽车模型的修正所涉及的三个因素：地面法向力、车轮外倾角、地面纵向力。查阅资料，拓展各种关乎行驶安全性的底盘电子控制系统的原理和控制方法的知识。

9. 理解对线性二自由度汽车模型的补充所涉及的三个方面：侧倾转向、侧倾干涉转向、变形转向。"回正力矩"的效果一定是抑制汽车的转弯，即增大汽车的不足转向吗？

10. 掌握刚性汽车的准静态侧翻阈值的计算方法。了解"刚性汽车准静态"模型的不足之处。

11. 查阅有关资料，了解电动助力转向、线控转向等技术的原理和基本技术特色，了解这些技术在解决转向系统"轻与灵的矛盾"、提高操纵安全性与路感等方面的作用。

12. 利用本章知识，试综合分析轮胎特性、转向系统设计和悬架设计等对汽车操纵稳定性的影响。

第六章 汽车的平顺性

第一节 概 述

一、平顺性的定义和研究内容

汽车的平顺性是指汽车在行驶过程中尽可能不受振动环境的影响，确保乘员舒适和所载运货物完好的性能。

汽车在使用过程中，无论是行驶还是停止于原地、发动机怠速，都会受到振动的影响。汽车所受到的振动，其来源主要有两方面：一是由汽车行驶时路面不平造成的，激振源是路面；二是由于在汽车运转过程中，发动机工作不平稳、传动装置中齿轮的啮合、万向节的不等速传动以及车轮等旋转元件的不平衡所引发的。后者往往归入广义的噪声、振动和声振粗糙度（Noise Vibration Harshness，NVH，声振粗糙度Harshness也称啸鸣）特性的研究领域。

因此，当使用"平顺性"这一术语时，一般指的是由于路面不平所引发的汽车振动问题。本书就采用这种定义。

平顺性的好坏，不仅影响乘员的舒适性和货物的完好性，还会影响车辆系统的可靠性和耐久性。从后面的分析可以看出，平顺性对汽车的制动性和操纵稳定性等其他性能也有影响。

在一些汽车动力学的文献资料中，将平顺性称为"行驶平顺性"或"行驶性"。

二、平顺性的研究方法

汽车平顺性的研究，非常适于采用系统分析的方法，如图6-1所示。

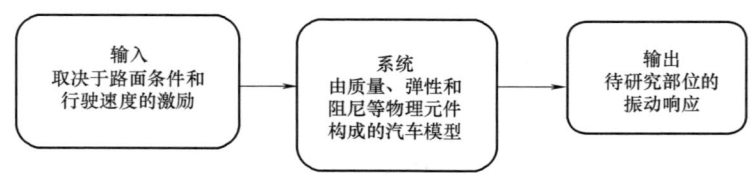

图6-1 平顺性的系统分析方法

在图6-1所示的研究系统中，输入部分已经忽略了发动机、传动系统和车轮等因素引发的振动。另外，对于平顺性问题，驾驶人很难根据主观感受来干预系统的输入或者改变车辆系统的特性，因此平顺性分析通常是不考虑反馈的，该系统是开环的（如果驾驶人因舒适性变差而决定更改路线或降低车速，通常被认为是"更换了另一个平顺性问题"，而不是同一问题的反馈响应）。

该系统分析的基本思想是：汽车以一定速度在某种路面上行驶，遭遇路面不平度激励；该激励作用于汽车系统，引起某些部位（如车身总成或具体到某一个座椅）的振动输出，以若干振动响应量作为评价指标。

可见，图 6-1 所示为一个典型的"输入→系统→输出"体系。利用这个研究体系对汽车的平顺性进行评价，就是要解决下列问题：

1）建立一个合理且便于应用的路面输入模型，并研究这种输入特性与哪些因素有关。本章第二节将研究这方面的问题。

2）对于由大量真实零部件组成的汽车实体，构建足够真实且便于进行平顺性动力学分析的汽车系统模型。本章第三节和第四节建立了若干模拟真实度和求解难度各异的系统模型。

3）选取能够合理评价汽车平顺性优劣的输出指标，并研究其定量求解方法。平顺性的数学计算原理和方法，主要在本章第三节和第四节讲述。下面先确定评价指标。

三、平顺性的评价指标——振动响应量

平顺性的评价指标，也就是图 6-1 中的"输出"，通常又称为振动响应量。

平顺性的首要评价指标是车身的加速度 $\ddot{z}$，加速度越大，乘坐舒适性越差。符号 $\ddot{z}$ 的含义是车身垂直位移函数 $z(t)$ 的二阶导数。根据研究所采用的模型不同，该指标也可能指车身传至座椅-人体系统的加速度等。

注意，在平顺性的研究中，"车身"通常指的是簧载质量；与之相对，"车轮"实际上指的是非簧载质量（在第五章操纵稳定性的研究中，这两部分习惯采用"车厢"和"车轴"的称呼）。

除了加速度外，还有两个振动响应量，车轮-地面的动载和悬架动挠度，可以作为平顺性的辅助性指标。

（1）**车轮-地面的动载 F_D**　该量指的是相对于静平衡状态，实际行驶时车轮-地面法向力 F_Z 的变化量。在平顺性分析中，通常不计路面坡度，静平衡时车轮-地面法向力的数值等于静载 G，则 $F_D = G - F_Z$，动载 F_D 以向上为正，如图 6-2 所示。动载会削弱轮胎在路面上的附着力，造成制动时的地面制动力不足、转弯（或抵抗侧向干扰）时轮胎的侧偏力不足以及侧偏特性改变。

为了方便评定地面法向力的变化程度，定义了**相对动载 K_D**：动载与静载的比值，即 $K_D = F_D/G$，它反映车轮-地面法向力的下降程度。相对动载 K_D 越大，行驶安全性越差。一个极端的例子就是相对动载 K_D 达到 1，这

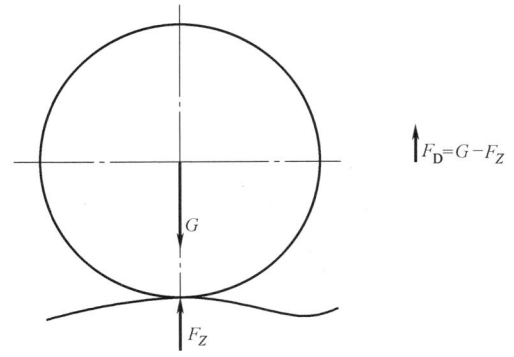

图 6-2　静载 G、地面法向力 F_Z 与动载 F_D 示意图

意味着轮胎的地面法向力 F_Z 降为 0，可以认为车轮跳离地面。

> 研究还表明，较高的动载变动水平，对道路的破坏也较严重。

（2）**悬架动挠度 f_d** 该量也称为悬架动变形或动行程，指的是相对于静平衡状态，实际行驶时悬架的附加变形量。动挠度越大，车轮撞击悬架限位的概率越大。如图 6-3 所示，如果向上的动挠度 f_d 过大（即悬架大幅度压缩）、车轮部分的上跳突破了悬架的限位行程 $[f_d]$，车轮-车轴系统就会撞击车身部分。车身遭受脉冲性质的撞击，乘坐舒适性变差，同时也会导致车辆系统部件受到突变的应力，影响其强度、刚度和寿命等。另外，由于车轮撞击车身，平顺性分析的振动模型不再成立（参见本章第三节和第四节的有关方程），计算车身加速度等响应量的方法变得不准确，这也要求对 $f_d \geq [f_d]$ 的情况加以重视。

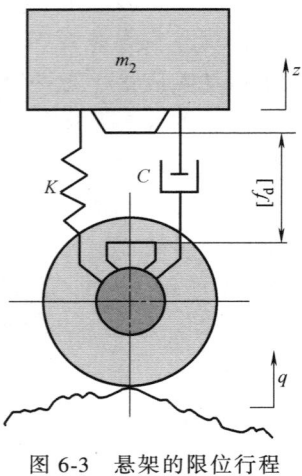

图 6-3 悬架的限位行程

四、基于汽车试验的平顺性评价方法

1. ISO 2631 标准的演进

研究表明，在排除了不同人之间的个体差异之后，人体对机械振动的反应取决于振动量本身的四个客观因素：振动的方向、振动的频率、振动的强度和振动的作用时间。

人们对于如何量化这些物理因素的效果、如何测量所需参数并计算最终的客观评价指标，进行了大量的研究工作。国际标准化组织（International Standard Organization，ISO）于 1978 年制定了国际标准 ISO 2631：1978（E）《人体承受全身振动评价指南》，该标准以加速度的均方根值表征振动的强度，在水平和垂直两个方向上，针对 1~80Hz 范围内的振动频率，将人体可以承受的振动时间划分为三个界限，从最粗暴到最舒适，依次为暴露极限、疲劳-降低功效界限和舒适降低界限。读者可查阅有关资料和标准，了解其详情。

随着研究的深入，尤其是测试数据的不断充实，该标准限值的不合理性也日益暴露。ISO 在 1985 年对 ISO 2631 进行了修订，不再规定上述振动界限，而是给出了各种振动水平可能产生的效应。

1997 年，ISO 对 1985 版的 ISO 2631 标准进行了一定程度的合并和补充，其中与汽车的行驶平顺性评价有关的部分为 ISO 2631-1：1997《人体承受全身振动评价指南——第 1 部分：一般要求》。该标准提出了一整套振动环境的测量和分析手段及其结论的应用方法，在评价长时间作用的随机振动和多输入点、多轴向振动作用量对人体的影响时，与主观感知较为相符。目前最新的标准为 ISO 2631-1：1997/Amd 1：2010，但广泛应用的标准还是 ISO 2631-1：1997。

我国的相关标准，基本上也是参照 ISO 2631 制定的，如 GB/T 13441.1—2007《机械振动与冲击 人体暴露于全身振动的评价 第 1 部分：一般要求》和 GB/T 4970—2009《汽车平顺性试验方法》等。

2. ISO 2631-1：1997 规定的人体坐姿受振模型

该标准以坐姿、站姿和卧姿三种典型人体姿态模型为对象，评价振动的影响。此处介绍坐姿模型。

当人坐在座椅上时，外界的振动输入是通过座椅支承面、脚支承面和座椅靠背三处施加于人体的，此三处均抽象为点。座椅支承面是主输入点，要考虑三个方向的线振动输入和三个方向的角振动输入。脚支承面和座椅靠背相对次要，各存在三个方向的线振动输入。人体全身共计 3 个振动输入点、12 个轴向的振动，如图 6-4 所示。

人体对不同输入点和方向的振动的敏感程度是不一样的，因而对于这 12 个轴向的振动，赋予了不同的加权系数，称为**轴加权系数**，见表 6-1。轴加权系数较大的轴向，意味着这个方向的振动对乘坐舒适性的影响更大。

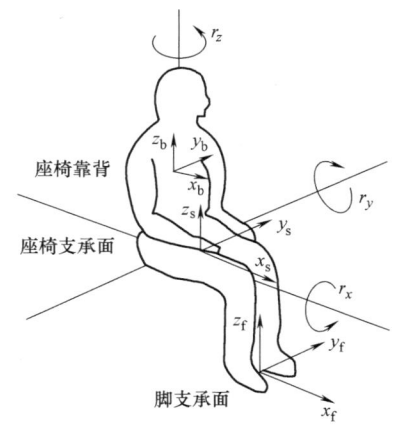

图 6-4 ISO 2631-1：1997 规定的人体坐姿受振模型

表 6-1 轴加权系数和频率加权函数

振动输入点	振动轴向	轴加权系数 k	频率加权函数 $w(f)$
座椅支承面	x_s	1.00	w_d
	y_s	1.00	w_d
	z_s	1.00	w_k
	r_x	0.63 m/rad	w_e
	r_y	0.40 m/rad	w_e
	r_z	0.20 m/rad	w_e
座椅靠背	x_b	0.80	w_c
	y_b	0.50	w_d
	z_b	0.40	w_d
脚支承面	x_f	0.25	w_k
	y_f	0.25	w_k
	z_f	0.40	w_k

对于角振动，加权前数据为角加速度，加权后为加速度，故其 k 值单位为 m/rad。

在同一振动轴向上，人体对不同频率振动的敏感程度也不一样。因此，对每一个振动轴向，都规定了一个**频率加权函数**（表 6-1、图 6-5）。

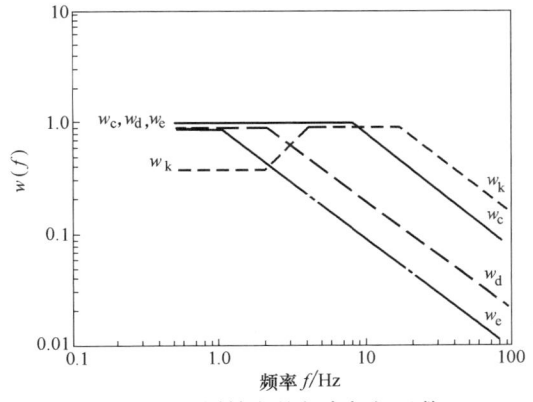

图 6-5 不同轴向的频率加权函数

图 6-5 是各振动轴向频率加权函数的图形表达，标准也给出了具体的代数式。例如，对于座椅支承面的垂向振动和脚支承面的三个方向振动，频率加权函数为

$$w_k(f) = \begin{cases} 0.5, & 0.5\text{Hz} \leq f < 2\text{Hz} \\ f/4, & 2\text{Hz} \leq f < 4\text{Hz} \\ 1, & 4\text{Hz} \leq f < 12.5\text{Hz} \\ 12.5/f, & 12.5\text{Hz} \leq f \leq 80\text{Hz} \end{cases}$$

另外，有兴趣的读者可以思考一下，为什么各 k 值称为"加权系数"，而各 w 值称为"加权函数"？

可以看出，加权函数 w_k 的高峰出现在 4～12.5Hz 之间，这就是人体对座椅垂直振动的敏感频段（研究表明，4～8Hz 是最易导致人体内脏器官发生共振的频段，8～12.5Hz 频段的振动则对人体脊椎系统的影响最大）。加权函数 w_d 的高峰出现在 0.5～2Hz 之间，这就是人体对水平振动的敏感频段。研究表明，此频段基本覆盖了车身系统的固有频率。由此可知，当振动频率较低（如低于 3Hz）时，人对水平振动比对垂直振动更敏感，应重视水平方向的低频振动，如紧急制动工况。

上述数据适用于评价振动对人体舒适性的影响，全部 12 个轴向的振动都要考虑。ISO 2631 等标准还指出，在专门评价振动对某些方面的影响时，不一定要考虑上述全部 12 个轴向的振动输入。例如，当评价振动引起的晕车反应（motion sickness，一些资料直译为"运动病"）时，通常仅需考虑座椅支承面处的垂直振动，即 z_s 轴向（研究的频率范围为 0.1～0.5Hz，所采用的频率加权函数 w_k 也不同于图 6-5 中所示）。此时仅有一个振动轴向，也就不存在轴加权的必要了。

当评价振动对人体健康的影响时，标准规定需考虑座椅支承面的三个线振动。显然，在这种应用场合，仅需要对 x_s、y_s 和 z_s 三个轴向的振动进行加权。座椅垂向振动 z_s 的轴加权系数仍为 1，而 x_s 和 y_s 两个方向的轴加权系数提高到 1.4。这反映了水平振动比垂直振动对人体健康的影响更大。

3. 平顺性的评价方法

ISO 2631 等标准对于汽车平顺性的评价，主要是对振动加速度进行加权计算。

对图 6-4 所示的人体坐姿模型的各个振动输入点布置振动加速度传感器，当汽车在试验道路上以规定车速行驶时，就会得到若干轴向的加速度时间历程 $a_i(t)$。例如，当进行振动对人员舒适性影响的评价时，$i=1\sim 12$。以这些时间历程为原始数据，进行计算，下面给出基本步骤。

（1）**计算各轴向的加权加速度时间历程 $a_{wi}(t)$** 针对各轴向的加速度时间历程 $a_i(t)$，通过相应的频率加权函数 $w_i(f)$，得到加权加速度时间历程 $a_{wi}(t)$，$i=1\sim 12$，$w_i(f)$ 又称计权网络（此步骤可以理解为将原始信号 $a_i(t)$ 送入一个滤波器 $w_i(f)$，该滤波器的功能是将 $a_i(t)$ 中对人体舒适性影响较小的频率成分大幅度衰减，对人体舒适性影响较大的频率成分较多保留）。不同轴向的频率加权函数 $w_i(f)$，可参见表 6-1 和图 6-5。

（2）**计算各轴向的加权加速度均方根值 a_{wi}** 对每个轴向的加权加速度时间历程 $a_{wi}(t)$ 取均方根值，得到该轴向的加权加速度均方根值 $a_{wi} = \sqrt{\dfrac{1}{T}\int_0^T a_{wi}^2(t)\mathrm{d}t}$（$i=1\sim 12$），式中 T 为

振动分析时间，也就是对原始时间历程 $a_i(t)$ 的取样时间，可按标准规定选取。

> 上述（1）和（2）的方法，是在时域上对加权后的时间历程函数进行积分。也可以采用频域分析的方法计算 a_{wi}：利用快速傅里叶变换（FFT）等数值方法，求出某轴向原始信号的功率谱密度函数 $G_i(f)$，再由 $a_{wi} = \sqrt{\int_{0.5}^{80} w_i^2(f) G_i(f) df}$ 算出 a_{wi}。式中的积分区间，表明平顺性分析中的有效输入频带为 0.5~80Hz（研究表明，悬架很难滤除频率过低的振动分量，而很高频率的振动会引起车身板件结构的振动，即不能再将簧上质量视为刚体，使得研究模型复杂，故 ISO 2631-1：1997 等标准将"基本频率范围"确定为 0.5~80Hz。下限也可取为 1Hz）。在 GB/T 4970—2009《汽车平顺性试验方法》中，采用"$\frac{1}{3}$ 倍频带加权"的方法计算 a_{wi}
>
> 关于功率谱密度函数的含义以及功率谱密度与均方根之间的关系，可参考本章第二节的相关内容以及式（6-16）等。

对于某些研究，标准规定直接以所研究轴向的加权加速度均方根值 a_{wi} 来评价平顺性。a_{wi} 越大，平顺性越差。

（3）计算总加权加速度均方根值 a_w 某些研究中，标准规定需计算总加权加速度均方根值 a_w，即对各轴向的加权加速度均方根值 a_{wi} 进行轴加权：$a_w = \sqrt{\sum_{i=1}^{n}(k_i a_{wi})^2}$，$n$ 为所研究振动轴向的数目（例如，研究对人体健康的影响时，$n=3$），轴加权系数 k_i 见表 6-1。a_w 越大，平顺性越差。

为了直观体现机械振动水平对乘员主观感觉的影响，一些"人体振动测量仪"在计算总加权加速度均方根值 a_w（或某轴向加权加速度均方根值 a_{wi}）的基础上，进一步生成加权振级 L_{aw}，用以表征人的主观感觉。其关系式为 $L_{aw} = 20\lg \frac{a_w}{a_0}$，其中，参考加速度均方根值 $a_0 = 1.0 \times 10^{-6} \text{m/s}^2$。加权振级 L_{aw} 的单位为 dB（分贝）。对应关系见表 6-2。

表 6-2 a_w、L_{aw} 和人的主观感觉之间的对应关系

加速度均方根值 $a_w/(\text{m/s}^2)$	加权振级 L_{aw}/dB	人的主观感觉
<0.315	<110	没有不舒适
0.315~0.63	110~116	有一些不舒适
0.5~1.0	114~120	相当不舒适
0.8~1.6	118~124	不舒适
1.25~2.5	112~128	很不舒适
>2.0	>126	极不舒适

上述采用总加权加速度均方根值 a_w（或某轴向加权加速度均方根值 a_{wi}）作为平顺性评价参数的方法，在 ISO 2631 中被称为**基本评价方法**，适用于峰值系数<9 的场合。峰值系数（也称为波峰因数）是某轴向的加权加速度时间历程 $a_{wi}(t)$ 的峰值与该轴向的加权加速度均方根值 a_{wi} 的比值。试验研究表明，包括越野汽车在内的各种汽车在正常行驶条件下的平顺性，大都适用这一评价方法。

对于峰值系数超过 9 或者该系数未超过 9 但路面输入包括一些冲击性载荷的场合，标准建议采取"**补充评价方法**"，如"**最大瞬时振动值法**"或"**振动剂量值法**"（这两种方法任选，评价时仍需给出由基本评价方法得到的总加权加速度均方根值 a_w）。有需要的读者可查阅相关文献资料。

> 大部分平顺性的评价方法，都是基于加速度这一物理量，如上述 ISO 2631 规定的方法，其本质是考虑作用对象（车身或人体）承受的力。除此之外，还提出了能量吸收法（Absorbed Power，AP），其基本思想是：人体在振动环境中所吸收的振动能量越多，舒适性越差。如果能建立人体各部分的机械特性模型（如各处的质量、弹性、阻尼和摩擦等参数），就可以由传至人体的加速度值算出人体所吸收的能量。AP 方法常用于行驶路况恶劣的汽车的乘坐舒适性评价。

此部分的平顺性评价方法主要基于实际测试，其先决条件是已知作用于人体某处的加速度输入，而且较多的考虑了人体的主观感受（如进行了各种加权），用单一指标参数（如总加权加速度均方根值 a_w 或最大瞬时振动值、振动剂量值等）表征汽车平顺性的优劣。这类方法和手段可以具体判定一辆汽车在给定道路和车速条件下的平顺性水平，但是难以揭示汽车的平顺性与结构参数和使用条件之间的关系，无法直接用于理论预测，不作为汽车理论教学的重点，在本章后面不再应用。

第二节　路面激励的统计特性

本章所研究的平顺性问题，其振动的来源是路面，因而需要建立一个合理且便于应用的路面输入模型。输入也可称为"激励"。

一、路面不平度

路面之所以会对行驶于其上的汽车（轮胎）施加振动激励，是因为路面存在不同程度的粗糙与起伏。这种"粗糙与起伏"的定量描述，就是路面不平度。它是平顺性分析的输入量。

路面不平度：道路表面相对于某水平基准面的高度 q，沿道路走向长度 l 的变化。路面不平度是 l 的函数，可记为 $q(l)$，其几何描述可称为"道路纵断面曲线"，如图 6-6 所示。

路面不平度的实质是道路轮廓表面各点之间的相对高度，与"某水平基准面"取在哪里无关。

有各种测量仪器与系统可以测量实际道路的不平度，并根据需要计算出其统计特性。

二、路面不平度的功率谱密度（在空间频率下）

路面不平度输入是一种随机输入，形象地说，图 6-6 所示的不平度函数 $q(l)$ 是一条"杂乱无章"的曲线。对于随机信号，研究其个体值意义不大，要从统计学意义上研究这种输入信号

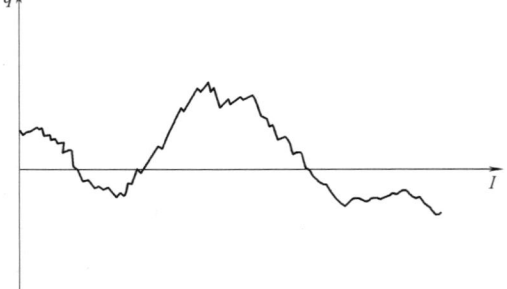

图 6-6　路面不平度函数（道路纵断面曲线）

第六章 汽车的平顺性

的强度水平，作为平顺性研究的输入特性。

功率谱密度分析的基本意义：路面不平度是随机信号，可视为由无穷多个频率与幅值不同的正弦分量叠加而成。功率谱密度函数表达的就是不同频率分量的强度水平，或者说路面输入的"总功率"在频率域上的分布特性。

为了理解这种思想，应掌握一定的数学知识。

(1) 信号的强度表达 某信号 x 的强度，用均方值 ψ_x^2 表达。设信号的某一时间历程（即样本函数）为 $x(t)$，则有 $\psi_x^2 = \lim\limits_{T\to\infty}\dfrac{1}{T}\int_0^T x^2(t)\mathrm{d}t$。$x(t)$ 可以是确定信号或随机信号。对于实际工程问题，不要求 $T\to\infty$。

均方值的算术平方根就是均方根（值），可以记为 ψ_x 或 x_{rms}。

均方值代表信号的强度，有时也被形象地称为"能量"或"功率"。与均方值相比，均方根值也反映信号的强度信息，而且其单位与所描述的物理量相同，使用起来更加方便、直观。例如，我国民用交流电的有效值为 220V，就是正弦交流电压（相电压）的均方根值。

另外，当信号 $x(t)$ 的均值 μ_x 为 0 时，信号 $x(t)$ 的方差 $\sigma_x^2 = \lim\limits_{T\to\infty}\dfrac{1}{T}\int_0^T [x(t) - \mu_x]^2 \mathrm{d}t = \lim\limits_{T\to\infty}\dfrac{1}{T}\int_0^T x^2(t)\mathrm{d}t$，就是均方值。因此，对于零均值信号，均方值就是方差，均方根值也就是标准差（标准差是方差的算术平方根）。由本章后面的分析可以看出，汽车平顺性分析采用的就是典型的"零均值"信号，即振动系统模型的平衡位置取在悬架的静平衡位置，因此，振动响应量 y 的均方根值常采用标准差 σ_y 的符号。

(2) 随机信号的功率谱分析 由频域分析理论可知，任何一个信号 $x(t)$（无论是确定性的还是随机性的），都可以看成由若干频率不同的正弦波（也称为谐波或谐量）叠加而成。许多确定性信号，如连续的周期信号或准周期信号，都是由若干频率不连续的谐波叠加而成的，也就是说其频谱是离散的；而随机信号的频谱都是连续的。

研究这些谐波的各种特征，就是在研究该信号 $x(t)$。而这些谐波的数学特征，表达成函数都是频率 f 的函数。这就是"频域分析"或称"频谱分析"的基本思想。

根据信号类型的不同，频域分析的方法也不同。对于随机信号，通常进行的是功率谱分析。利用的数学工具是功率谱密度函数。

数学定义：功率谱密度函数和相关函数互为傅里叶变换对。

令随机信号 $x(t)$ 为某各态历经过程的任意样本，其均值 $\mu_x = 0$，且其中没有周期性分量。对该随机信号的自相关函数 $R_x(\tau)$ 做傅里叶积分变换，将其定义为自功率谱密度函数，简称自谱，记为 $S_x(f)$。$R_x(\tau)$ 与 $S_x(f)$ 构成傅里叶变换对：

$$S_x(f) = \int_{-\infty}^{+\infty} R_x(\tau)\mathrm{e}^{-\mathrm{j}2\pi f\tau}\mathrm{d}\tau$$

$$R_x(\tau) = \int_{-\infty}^{+\infty} S_x(f)\mathrm{e}^{\mathrm{j}2\pi f\tau}\mathrm{d}f$$

信号 $x(t)$ 的自相关函数为 $R_x(\tau)=\lim\limits_{T\to\infty}\dfrac{1}{2T}\int_{-T}^{T}x(t)x(t+\tau)\mathrm{d}t$。

在工程上，一般取单边谱，即定义域在 $[0,\infty)$ 的自功率谱密度函数，记为 $G_x(f)$。本章就采取这种写法。

还有互功率谱密度函数，它与互相关函数构成傅里叶变换对，本章不涉及。

功率谱密度函数的工程意义，是随机信号的强度（注意，不是幅值）在频域上的分布特征。现已知道，信号的强度用均方值 σ_x^2 表达，可以由此定义信号 x 在某频率 f 处的功率谱密度函数：$G_x(f)=\lim\limits_{\Delta f\to 0}\dfrac{\sigma_{x\sim\Delta f}^2}{\Delta f}$。形象地说，就是在频率 f 附近取一个频率区间，即频带 Δf，以信号 x 分布在这个频带内的强度 $\sigma_{x\sim\Delta f}^2$ 除以这个频带 Δf，得到信号强度在该频带内的"平均密度"，再令该频带 $\Delta f\to 0$，"平均密度"就成为频率 f 处的"点密度"。强度的形象说法就是"功率"，那么 $G_x(f)$ 反映的就是信号的功率密度在频谱上的分布，故称为"功率谱密度"。

此问题很难用形象而合理的图示法表达。如果画出几个不同频率的正弦波进行叠加，那么由频域分析理论可知，这种谐波频率离散的频谱结构，其时域信号必然是某种确定性信号，而不会是随机信号。

换言之，对于路面输入这种随机信号，进行频域分析必然得到连续谱。其功率谱密度 $G_x(f)$ 是频率 f 的连续函数。

很多标准都规定，对于路面不平度，采用下式表达其功率谱密度函数：

$$G_q(n)=G_0\left(\dfrac{n}{n_0}\right)^{-W} \tag{6-1}$$

式中，$G_q(n)$ 为路面不平度 q 的功率谱密度函数（m^3）；n 为空间频率（$1/\mathrm{m}$）；n_0 为参考空间频率，$n_0=0.1/\mathrm{m}$；G_0 为路面不平度系数（m^3）；W 为频率指数。

由于路面本身是固定的，不存在"每秒振动几次"的时间频率概念，所以其功率谱密度的自变量是空间频率 n，表示路面的起伏波动"每米振动几次"，也就是路面波长的倒数。被描述路面的不平度函数 $q(l)$ 可以看成由空间频率值 n 不同的谐量叠加而成。路面不平度系数 G_0 是空间频率 n 取 n_0（即 $0.1/\mathrm{m}$）的谐量的功率谱密度值，因此也可将 G_0 记为 $G_q(n_0)$。不同路面的 G_0 值不同。

式（6-1）是基于道路实测的一种拟合，其核心在于认为路面不平度的强度分布随空间频率的提高成负指数规律变化。频率指数 W 反映这种分布特征对于频率变化的"敏感程度"，W 越大，意味着随谐波频率的提高，其强度下降越迅速。

显然，式（6-1）的特性取决于参数 G_0 和 W。图 6-7 所示为不平度系数 G_0 和频率指数 W 对功率谱密度函数 $G_q(n)$ 的影响。图 6-7 中的横、纵坐标轴按变量的对数值进行分度，这样可以把具有指数变化规律的函数化为线性关系。本章后面的很多图示都采用了这种方法。由图 6-7 可知，A 路面的路面不平度系数比 B 路面的高；B 路面的频率指数更大，即谱密度值对频率的变化更敏感。几何解释就是，在这种线性表达中，路面不平度系数 G_0 提供了横坐标为 0.1/m 的那个点的纵坐标，频率指数 W 则决定了直线下降的斜率，这两个信息决定一条直线。

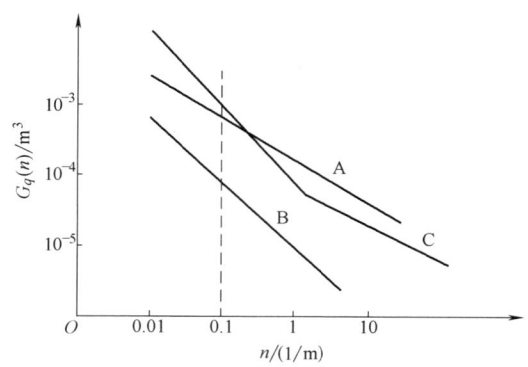

图 6-7　不平度系数 G_0 和频率指数 W 对功率谱密度函数 $G_q(n)$ 的影响

> 标准规定，为了提高拟合精度［即拟合式（6-1）与道路实际特性的吻合程度］，对同一种路面，在不同的空间频率范围内，路面不平度功率谱密度拟合式的频率指数可以取不同的值，但最多不应超过 4 个。也就是说，某种路面的功率谱密度用图 6-7 来表达，有可能是分段的，如图 6-7 中的 C。

实测表明，对于较常见的路面，频率指数取 2.0～2.4 时拟合精度较高。同时，理论研究表明，将频率指数取为 2.0，将给分析和计算带来一定的方便，因此，在本章后文中，无论何种路面，一律取频率指数 $W=2$。于是式（6-1）可写为

$$G_q(n) = G_0 \left(\frac{n}{n_0} \right)^{-2} \tag{6-2}$$

在频率指数 $W=2$ 的前提下，道路条件的不同，就唯一地表现为路面不平度系数 G_0 的不同。事实上，各种标准对路面分级的依据，就是路面不平度系数。G_0 较大，意味着不平度输入中不同频率谐量的强度普遍较大，也就是路面条件越差。例如，有研究认为，高速公路的路面不平度系数 G_0 的值为 $3\times10^{-8}\sim5\times10^{-7}\mathrm{m}^3$，主干道的 G_0 值为 $3\times10^{-8}\sim8\times10^{-6}\mathrm{m}^3$，支路的 G_0 值为 $5\times10^{-7}\sim3\times10^{-5}\mathrm{m}^3$。

在下文的叙述和分析中，给定路面条件，等价于给定路面不平度系数 G_0。

三、路面不平度的功率谱密度（在时间频率下）

路面本身是固定的，其不平度只存在空间频率 n 的概念。而当汽车以一定速度在路面上行驶时，相当于车轮以一定的时间间隔"撞上"路面的起伏与凹凸部位，于是就有了时间频率 f 的概念。

分析易得，时间频率 f（单位为 1/s，即 Hz）与空间频率 $n(1/\mathrm{m})$ 之间存在 $f=vn$（v 为车速，单位为 m/s）的关系。

令空间频率和时间频率各取一个微元,即"频带",则可得到时间频带 Δf 和空间频带 Δn 的关系:$\Delta f = v\Delta n$。显然,此关系式成立的前提是车速 v 不变。

在本章的平顺性分析中,"给定车速"可认为是一个通用的条件。

下面研究空间频率的功率谱密度 $G_q(n)$ 与时间频率的功率谱密度 $G_q(f)$ 的关系。

由功率谱密度函数的工程意义,可将路面不平度 q 在某空间频率 n 处的功率谱密度函数表达为 $G_q(n) = \lim\limits_{\Delta n \to 0} \dfrac{\sigma_{q \sim \Delta n}^2}{\Delta n}$,$\Delta n$ 为 n 附近的一个空间频带,$\sigma_{q \sim \Delta n}^2$ 为路面不平度信号的强度(即"总功率")分布在该频带内的量。

空间频率 n 对应的时间频率为 f,空间频带 Δn 对应的时间频带为 Δf。在这一对应关系中,路面不平度信号分布在 Δn 和 Δf 内的"功率"应是相等的,即 $\sigma_{q \sim \Delta n}^2 = \sigma_{q \sim \Delta f}^2$。结合 $\Delta f = v\Delta n$,得

$$G_q(n) = \lim_{\Delta n \to 0} \frac{\sigma_{q \sim \Delta n}^2}{\Delta n} = \lim_{\Delta f \to 0} \frac{\sigma_{q \sim \Delta n}^2}{\dfrac{\Delta f}{v}} = v \lim_{\Delta f \to 0} \frac{\sigma_{q \sim \Delta f}^2}{\Delta f}$$

按功率谱密度函数的意义,$\lim\limits_{\Delta f \to 0} \dfrac{\sigma_{q \sim \Delta f}^2}{\Delta f}$ 就是时间频率的功率谱密度 $G_q(f)$。于是得到

$$G_q(f) = \frac{1}{v} G_q(n) \tag{6-3}$$

当频率指数 $W = 2$ 时,存在式(6-2),并结合 $f = vn$,得

$$G_q(f) = \frac{n_0^2 G_0 v}{f^2} \tag{6-4}$$

可见,在给定道路和车速的条件下,路面不平度位移 q 的功率谱密度与频率 f 的平方成反比。显然,在双对数坐标体系(即横、纵坐标轴均采用变量的对数值分度)中,$G_q(f)$-f 的关系线是一条斜率为 -2 的直线。

四、速度谱和加速度谱

1. 空间频率下

路面不平度 q 看作道路走向长度 l 的函数,得到的 $q(l)$ 可以称为"路面不平度位移函数",$G_q(n)$ 就是路面不平度位移输入的功率谱密度函数。如果将 $q(l)$ 对 l 分别求一阶导数和二阶导数,就得到不平度速度函数 $\dot{q}(l)$ 和不平度加速度函数 $\ddot{q}(l)$。平顺性分析的路面输入,可以取路面不平度位移 q,也可以取路面不平度速度 $\dot{q}$ 或加速度 $\ddot{q}$。

对不平度速度和加速度分别进行功率谱分析,就得到路面不平度速度输入的功率谱密度函数 $G_{\dot{q}}(n)$ 和路面不平度加速度输入的功率谱密度函数 $G_{\ddot{q}}(n)$。速度谱和加速度谱与位移谱之间存在:

$$G_{\dot{q}}(n) = (2\pi n)^2 G_q(n) \tag{6-5}$$

$$G_{\ddot{q}}(n) = (2\pi n)^4 G_q(n) \tag{6-6}$$

证明：已知不平度位移谱的含义可表达成 $G_q(n) = \lim\limits_{\Delta n \to 0} \dfrac{\sigma^2_{q \sim \Delta n}}{\Delta n}$，假定在空间频率 n 附近的一个频带 Δn 内存在一个谐量（可以这样理解，当频带 Δn 趋向无穷小时，频谱连续的信号，此处指的就是路面不平度随机输入 q，落在该频带内的谐量也就只有一个频率成分），将其记为 $q(l) = q_0 \sin(2\pi n l + \varphi)$，$q_0$ 是该谐量幅值，φ 是初始相位。正弦函数的均方值仅取决于幅值，与频率 n 和相位 φ 无关，按正弦量的均方值计算可得 $\sigma^2_{q \sim \Delta n} = \dfrac{q_0^2}{2}$。

该谐量的速度函数 $\dot{q}(l) = q_0(2\pi n)\cos(2\pi n l + \varphi) = q_0(2\pi n)\sin\left(\dfrac{\pi}{2} - 2\pi n l - \varphi\right)$，仍然是一个正弦函数，其幅值为 $q_0(2\pi n)$，则均方值 $\sigma^2_{\dot{q} \sim \Delta n} = \dfrac{q_0^2 (2\pi n)^2}{2}$。于是得到路面不平度的速度谱：

$$G_{\dot{q}}(n) = \lim_{\Delta n \to 0} \dfrac{\sigma^2_{\dot{q} \sim \Delta n}}{\Delta n} = \lim_{\Delta n \to 0} \dfrac{\dfrac{q_0^2 (2\pi n)^2}{2}}{\Delta n} = (2\pi n)^2 \lim_{\Delta n \to 0} \dfrac{\sigma^2_{q \sim \Delta n}}{\Delta n} = (2\pi n)^2 G_q(n)$$

同理，加速度谱 $G_{\ddot{q}}(n) = 2(\pi n)^2 G_{\dot{q}}(n) = (2\pi n)^4 G_q(n)$。

令频率指数 $W = 2$，将位移谱的拟合式（6-2）代入式（6-5）和式（6-6），则有

$$G_{\dot{q}}(n) = 4\pi^2 n_0^2 G_0 \tag{6-7}$$

$$G_{\ddot{q}}(n) = (2\pi n)^2 G_{\dot{q}}(n) = 16\pi^4 n_0^2 G_0 n^2 \tag{6-8}$$

式（6-7）中不含自变量 n。可见，在给定道路的条件下，路面不平度输入的速度谱 $G_{\dot{q}}(n)$ 是常数。

2. 时间频率下

以上是空间频率下的路面不平度位移谱、速度谱和加速度谱之间的关系。同理，可以得到时间频率下的关系：

$$G_{\dot{q}}(f) = (2\pi f)^2 G_q(f) \tag{6-9}$$

$$G_{\ddot{q}}(f) = (2\pi f)^4 G_q(f) \tag{6-10}$$

式（6-9）和式（6-10），直接引自式（6-5）和式（6-6）。在前文 $G_{\dot{q}}(n)$ 和 $G_{\ddot{q}}(n)$ 的推证过程中，运用的是功率谱密度的含义以及正弦信号的均方值等特性，与信号的频率是取 n 还是取 f 无关。

令频率指数 $W = 2$，由式（6-4）、式（6-9）和式（6-10），可得到

$$G_{\dot{q}}(f) = 4\pi^2 n_0^2 G_0 v \tag{6-11}$$

$$G_{\ddot{q}}(f) = 16\pi^4 n_0^2 G_0 v f^2 \tag{6-12}$$

式（6-11）中不含自变量 f。可见，在给定道路和车速的条件下，路面不平度输入的速度谱 $G_{\dot{q}}(f)$ 是常数。这一特性为后面的平顺性分析计算提供了便利。

由式（6-11）可知，$G_{\dot{q}}(f)$ 为常数的确切条件是路面不平度系数与车速的乘积 $G_0 v$ 固定。而在实际研究工作中，很难要求 G_0 和 v 的增减比例刚好抵消，因此通常将这一条件称为"给定道路和车速"，显然这是 $G_{\dot{q}}(f)$ 取常数的充分条件。

在给定道路和车速的条件下，无论采用线性坐标还是对数坐标，$G_{\dot{q}}(f)$-f 的关系都是一条水平线；而对于式（6-12），在双对数坐标体系中，$G_{\ddot{q}}(f)$-f 的关系是一条斜率为 2 的直线。

另外，由式（6-4）、式（6-11）和式（6-12）可以看出，无论是路面不平度的位移输入、速度输入还是加速度输入，其功率谱密度函数都与 $G_0 v$ 成正比。也就是说，随着路面条件的降低或行驶速度的提高，汽车受到的路面输入强度成正比提高，这和驾乘体验是一致的。

> 基于"路面不平度是随机信号，可视为由无穷多个频率与幅值不同的正弦分量叠加而成"这一思想，许多模拟汽车在起伏颠簸路面上行驶的试验台（常称为"四轮激振试验台"或"四立柱试验台"），采用"道路谱"进行加载：先对需要模拟的特定路面不平度信息进行实测，并做功率谱分析，或者直接采取某种标准或试验大纲所规定的路面谱，这种"谱"的作用就是规定了不同频率的输入分量的强度；然后由试验台的控制系统模拟这种强度分布特性，指令作动元件（一般是液压激振器）按照这种频域分布特性加载，就相当于对汽车的各车轮施加了预期的路面输入。

第三节 单质量系统模型的平顺性分析

一、振动响应量定量计算的基本原理

平顺性分析的振动输入量是路面不平度。具体而言，可以取不平度位移 q、速度 $\dot{q}$ 或者加速度 $\ddot{q}$，统一记为输入 x。

平顺性分析的振动响应量有三个：加速度 $\ddot{z}$、相对动载 K_D 和动挠度 f_d。这也就是振动系统的输出量，统一记为 y。由于路面输入是随机信号，这三个输出量也是随机的，对于随机信号来说，其某一瞬时的个体值是没有代表意义的，需要针对该物理量的随机信号选取某个或某些统计参数，作为该信号水平高低的定量表征。

1. 功率谱密度

可以选取响应量 y 的功率谱密度函数 $G_y(f)$ 作为其定量评价指标。

由数学分析可知，线性系统的输入、系统和输出之间，存在如下关系：

$$G_y(f) = |H(f)_{y\sim x}|^2 G_x(f) \tag{6-13}$$

$G_x(f)$ 和 $G_y(f)$ 分别是系统输入 x 和输出 y 的功率谱密度函数。由于平顺性研究的基础条件是"汽车以一定速度在路面上行驶"，显然有意义的频率域是时间频率 f，而不是空间频率 n。$H(f)_{y\sim x}$ 是系统（以 x 为输入、以 y 为输出）的频率响应函数，$|H(f)_{y\sim x}|$ 则是系统的幅频特性。式（6-13）体现的是一种"已知输入和系统，可以求输出"的思想。关于频率响应函数和幅频特性的含义，可参见第五章第五节"二、横摆系统的频率响应特性 1. 频率响应特性的理论基础"部分。

在汽车的平顺性分析中，输出 y 必须分别取加速度 $\ddot{z}$、相对动载 K_D 和动挠度 f_d，因为这三个响应量都是平顺性分析的评价指标。

输入 x 则可以任取路面不平度位移 q、速度 $\dot{q}$ 或者加速度 $\ddot{q}$ 其中之一,也就是说,式(6-13)中的 $G_x(f)$ 可以在 $G_q(f)$、$G_{\dot{q}}(f)$ 和 $G_{\ddot{q}}(f)$ 中任选。显然,应选取能够为计算带来方便的作为输入量。由上一节的 $G_{\dot{q}}(f)=4\pi^2 n_0^2 G_0 v$ 可知,在给定道路和车速的条件下,路面不平度输入的速度谱 $G_{\dot{q}}(f)$ 是常数。于是,取路面不平度速度 $\dot{q}$ 作为系统分析的输入 x,代入式(6-13),得到

$$G_y(f) = |H(f)_{y \sim \dot{q}}|^2 G_{\dot{q}}(f) \tag{6-14}$$

或

$$\sqrt{G_y(f)} = |H(f)_{y \sim \dot{q}}| \sqrt{G_{\dot{q}}(f)} \tag{6-15}$$

可见,在给定道路和车速的条件下,以路面不平度速度作为输入,则响应量的功率谱密度函数 $G_y(f)$ 与系统的幅频特性的平方 $|H(f)_{y \sim \dot{q}}|^2$ 成正比(或称响应量的均方根值谱 $\sqrt{G_y(f)}$ 与系统的幅频特性 $|H(f)_{y \sim \dot{q}}|$ 成正比)。也就是说,为了研究响应量的强度在频域上的变化规律,只需要研究系统以不平度速度 $\dot{q}$ 为输入的幅频特性 $|H(f)_{y \sim \dot{q}}|$,这无疑为平顺性振动响应量的计算和分析带来了方便。

上述结论的前提条件是存在 $G_{\dot{q}}(f)=4\pi^2 n_0^2 G_0 v$,而该式的成立又依赖于路面谱的空间频率指数 $W=2$。因此理论分析中,一般都取 $W=2$。

> "在给定道路和车速的条件下"多次出现,其基本出发点就是当给定路面不平度系数 G_0 和车速 v 且频率指数取 $W=2$ 时,速度谱 $G_{\dot{q}}(f)=4\pi^2 n_0^2 G_0 v$ 是常数,于是存在上述方便的分析方法。而这一条件,对于平顺性分析来说是合理的,即汽车在相同的路面上以相同的速度行驶,平顺性的优劣就取决于车辆系统自身的特性。这是符合对汽车性能进行客观评价的理论逻辑的,也便于利用理论分析结果指导汽车参数的设计和改进工作。

本章对于平顺性评价指标(即三个振动响应量)的定量计算和影响因素的分析等,都是基于"在给定道路和车速的条件下"。

2. 均方根值

除了采用功率谱密度,还可以采用均方根值作为响应量的定量评价。
由前面关于随机信号的功率谱密度和均方值的关系,可以得到

$$\sigma_y^2 = \int_0^\infty G_y(f) \, \mathrm{d}f \tag{6-16}$$

式中,σ_y^2 为响应量 y 的均方值;$G_y(f)$ 为响应量的功率谱密度,可由式(6-14)求出。

式(6-16)的积分区间为 $[0, \infty)$,表示充分考虑构成响应量 y 信号的所有频率成分,在实际计算中通常取有限频带,如 ISO 2631-1:1997 建议"基本频率范围"为 $0.5 \sim 80\mathrm{Hz}$。均方值表示信号的强度,但是其单位是被描述物理量的二次方,不够直观与方便。因此,通常采用其算术平方根,即均方根值 σ_y 作为强度的定量指标。结合式(6-14),有

$$\sigma_y = \sqrt{\int_0^\infty |H(f)_{y \sim \dot{q}}|^2 G_{\dot{q}}(f) \, \mathrm{d}f} \tag{6-17}$$

在给定道路和车速的条件下,响应量的均方根值 σ_y 取决于系统的幅频特性 $|H(f)_{y \sim \dot{q}}|$。

对于某一振动响应量 y，可以采用功率谱密度 $G_y(f)$，也可以采用均方根值 σ_y 作为其定量评价。功率谱密度或均方根值越大，汽车的平顺性越差。

功率谱密度 $G_y(f)$ 是激振频率 f 的函数，揭示了信号强度在整个频域上的分布特征，其优点是信息量大，可以看出不同频段振动的强弱，便于分析（给定路面激励条件下）汽车系统参数对外界不同频段激励的减振效果；其缺点在于功率谱密度是函数，不够直观，不便于评价振动的总体强度。反之，均方值 σ_y^2 则是以单一参数的形式直接给出整个频域上的振动强度，即"总功率"，均方根 σ_y 为有效值。

平顺性振动响应量的功率谱密度和均方根的计算原理总结如图 6-8 所示。

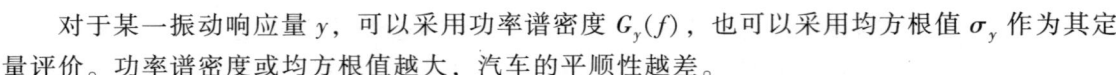

图 6-8 平顺性振动响应量的功率谱密度和均方根的计算原理总结

具体是采用功率谱密度还是均方根值做定量评价，主要根据实际工程问题的研究目的以及要求。作为示例，本节对于单质量系统的振动分析采取功率谱密度 $G_y(f)$ 作为响应量 y 的定量评价，下节的双质量系统则采取均方根值 σ_y。

> 另外，本章按 $G_y(f)$ 或 σ_y 对平顺性进行定量评价的方法，没有进行频率加权，即不考虑人体对不同频率振动的主观反应的区别，这一点和 ISO 2631 等标准所提出的方法不同。

综上，在给定道路条件 G_0 和车速 v 的前提下，平顺性评价指标 y 的定量计算，即响应量的功率谱密度函数 $G_y(f)$ 或均方根值 σ_y，取决于响应量对不平度速度输入的幅频特性 $|H(f)_{y\sim\dot{q}}|$。而幅频特性 $|H(f)_{y\sim\dot{q}}|$ 取决于汽车的振动系统。

二、汽车振动系统的简化

本章第一节已经指出，平顺性的研究需要解决三个问题：①建立路面输入模型、②建立汽车系统模型、③确定输出指标及其求解的数学方法。第一个问题和第三个问题已经得到回答，尚需解决的是第二个问题：建立汽车系统模型。确定了汽车模型，就可以求出图 6-8 中的 $|H(f)_{y\sim\dot{q}}|$，进而计算响应量的功率谱密度 $G_y(f)$ 或均方根值 σ_y。

汽车是一个由众多元件组成的复杂连续体，其振动特性取决于这些元件的惯性、弹性和阻尼等特性。需要根据研究者的主观目的、研究条件和汽车的运行条件等，对这个复杂系统进行简化，得到供性能评价使用的汽车系统模型。

1. 七自由度立体模型

进行四轮汽车的平顺性研究时，一个比较真实的模型是"七自由度立体模型"。对于车身部分，忽略其变形，将其视为刚体，考虑三个自由度：沿车辆坐标系 z 轴的平动（垂向运动）、绕 x 轴的转动（侧倾）和绕 y 轴的转动（俯仰）；对于四个车轮，各有一个沿 z 方向的平动自由度（对于采用非独立悬架的情况，同一车轴两侧车轮的两个垂向自由度，也可以等效为车轴的垂向平动和侧倾转动两个自由度)。车身部分具有质量,车身和车轮之间存在悬架的刚度和阻尼,车轮部分具有质量,车轮和地面之间存在轮胎的刚度和阻尼(也可以在此模型中将轮胎的阻尼忽略掉)。路面作用于汽车的输入共有 4 个,即 4 个车轮接地处的不平度输入。

七自由度立体模型有时称为"全车模型",如图 6-9a 所示。

2. 四自由度平面模型

在大部分场合下,可以认为车辆的几何尺寸和机械特性左、右对称,同时左、右车轮下的路面不平度也对称,于是研究模型不考虑左、右的差异,简化为一个"侧视图"上的四自由度平面模型。车身部分,去掉侧倾自由度;四个车轮自由度变为前轮和后轮的垂向平动自由度;路面作用于汽车的输入共有 2 个,即前轮和后轮接地处的不平度输入,如图 6-9b 所示。

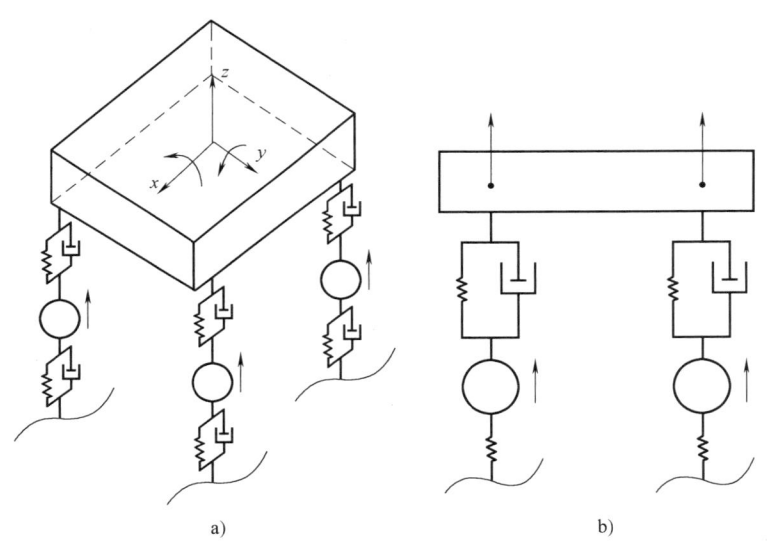

图 6-9 汽车模型的简化
a) 七自由度立体模型 b) 四自由度平面模型

另外,由运动分析易知,车身部分的垂向平动和俯仰转动两个自由度,一般可以等效为前轴上方车身的垂向平动和后轴上方车身的垂向平动两个自由度。同时,忽略轮胎的阻尼。目前常用的合成橡胶充气轮胎的阻尼也的确非常小。

在汽车质量、阻尼和刚度等参数左右对称的前提下,该平面模型只研究汽车的左半或右半,因而有时又称为"半车模型"或"$\frac{1}{2}$ 汽车模型"。

3. 车身-车轮双质量模型

对于四自由度平面模型,将车身部分的连续质量分解到前、后轴等处,可以为进一步的分析和简化带来方便。

为了保持动力学特性模拟的真实,车身质量的分解必须同时满足三个要求:总质量不变、质心位置不变以及绕过车身质心的横轴的转动惯量不变,即

$$\begin{cases} m_{2f}+m_{2c}+m_{2r}=m_2 \\ m_{2f}a-m_{2r}b=0 \\ m_{2f}a^2+m_{2r}b^2=m_2\rho_y^2 \end{cases} \quad (6\text{-}18)$$

式中，m_2 为车身部分总质量；m_{2f}、m_{2c} 和 m_{2r} 分别为 m_2 分解至前轴上方、质心处和后轴上方的分量；a 和 b 分别为质心到前轴和后轴的距离；ρ_y 为绕过质心的横轴的当量回转半径，即 $m_2\rho_y^2=I_y$，I_y 为车身绕过质心的横轴的转动惯量。

注意，此部分的"质心"，均指车身部分的质心。如图 6-10 所示，m_{2f}、m_{2c} 和 m_{2r} 相当于用一根无质量的刚性杆连接的三个质点。

解关于 m_{2f}、m_{2c} 和 m_{2r} 的线性方程组 (6-18)，可得

$$\begin{cases} m_{2f}=\dfrac{\rho_y^2}{aL}m_2 \\ m_{2c}=\left(1-\dfrac{\rho_y^2}{ab}\right)m_2 \\ m_{2r}=\dfrac{\rho_y^2}{bL}m_2 \end{cases} \quad (6\text{-}19)$$

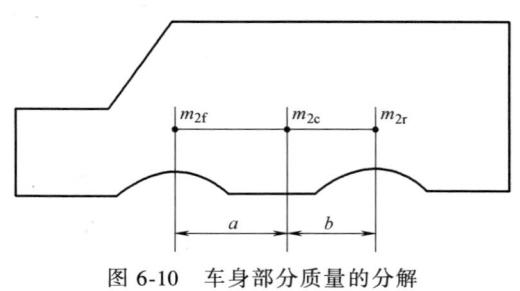

图 6-10 车身部分质量的分解

理论上说，质心处质量 m_{2c} 的值可能是负数。这意味着车身部分的质量分布呈"哑铃形"，ρ_y 的数值非常大。

定义**悬架质量分配系数** $\varepsilon=\dfrac{\rho_y^2}{ab}$。由式（6-19）可知，当 $\varepsilon=1$ 时，质心处的"保留质量" $m_{2c}=0$。也就是说，车身部分质量可以简单地按静力学等效的原则完全分解至前、后轴处，即 $m_{2f}=\dfrac{b}{L}m_2$、$m_{2r}=\dfrac{a}{L}m_2$。

另外，当 $\varepsilon=1$ 时，前、后轴上方车身部分的运动相互独立。也就是前、后轮的路面输入仅引起前、后轴上方车身部分的垂直振动。

该论点的证明如下：

如图 6-11 所示，以车身为研究对象。车身前、后轴处分别受到垂向输入力 F_{zf} 和 F_{zr} 的作用。质心处的垂直位移为 z，绕质心的俯仰角位移为 θ。车身质量为 m_2，绕过质心的横轴的当量回转半径为 ρ_y，图中未示出。

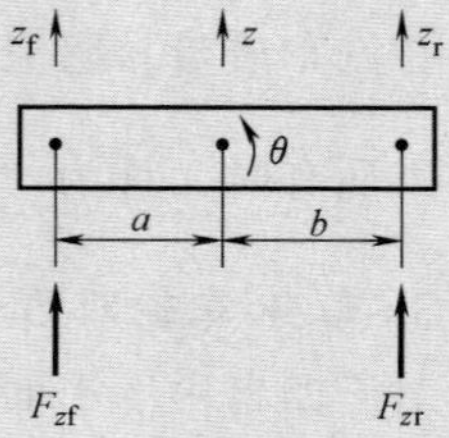

车身前轴处的垂向加速度

$$\ddot{z}_f=\ddot{z}-a\ddot{\theta} \quad (6\text{-}20)$$

式中，$\ddot{z}=\dfrac{F_{zf}+F_{zr}}{m_2}$，$\ddot{\theta}=\dfrac{F_{zr}b-F_{zf}a}{m_2\rho_y^2}$。

图 6-11 车身部分前、后运动的关系

当悬挂质量分配系数 $\varepsilon = \dfrac{\rho_y^2}{ab} = 1$ 时，$\ddot{\theta} = \dfrac{1}{m_2}\left(\dfrac{F_{zr}}{a} - \dfrac{F_{zf}}{b}\right)$。代入式（6-20）可得

$$\ddot{z}_f = \dfrac{F_{zf}}{m_2} + \dfrac{F_{zr}}{m_2} - \dfrac{F_{zr}}{m_2} + \dfrac{aF_{zf}}{bm_2} = \dfrac{F_{zf}}{m_2}\left(1 + \dfrac{a}{b}\right)$$

也就是说，车身前轴处的加速度 $\ddot{z}_f$ 仅与前轴输入力 F_{zf} 有关。同理可证，车身后轴处的加速度仅与后轴输入力有关。

可见，当悬挂质量分配系数 $\varepsilon = 1$ 时，前、后轴上方车身质量的运动是相互独立的，互不耦合。

统计表明，大部分汽车的悬挂质量分配系数 $\varepsilon = 0.8 \sim 1.2$，可以认为 $\varepsilon = 1$ 近似成立。在此条件下，车身部分质量完全分解至前、后轴上方，且这两个质量的垂向运动相互独立，因此，可以将整车的"四自由度平面模型"简化为前轴处和后轴处的"车身-车轮双质量模型"（双质量模型可参见图 6-17）。每个双质量模型，又可称为"单轮模型"或"$\dfrac{1}{4}$ 汽车模型"，输入就是车轮接地处的路面不平度。

尤其是对于轿车，其 ε 值通常与 1 非常接近，根据不同模型的对比分析可知，采用上述双质量模型（以及由此进一步简化得到的车身单质量模型）进行定量分析的准确度是很高的。对于货车，将整车四自由度模型简化成两个双质量模型会带来一定的误差，尽管如此，在基本振动特性分析、悬架基本参数的初步选定等总体性研究工作中，仍然会用到此模型。

4. 车身单质量模型

对于上述的车身-车轮双质量模型，如果需要进一步简化，就应该设法忽略车轮部分。

研究表明，当路面激励频率 ω_q 远低于车轮部分的固有频率 ω_t（如 $\omega_q < 0.4\omega_t$）时，轮胎的动变形较小，在一定的误差允许范围内可以忽略。**轮胎的动变形**指的是在静载变形的基础上，轮胎在不平路面上滚动时"附加的变形"，类似悬架的"动挠度"概念。忽略轮胎的动变形，即可以理解为无论路面起伏如何变化，轮心至路面的距离保持不变。

于是，忽略车轮部分，得到车身单质量系统模型（参见图 6-13）。路面不平度输入"透过"车轮直接作用于车轴（即悬架下端）。这是研究汽车平顺性最基本的模型。

上述汽车振动系统的简化步骤和条件如图 6-12 所示。

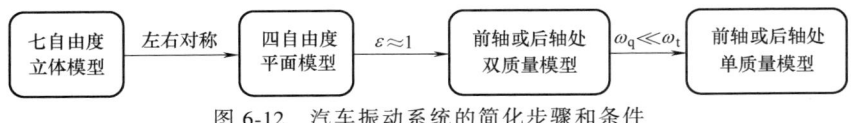

图 6-12　汽车振动系统的简化步骤和条件

三、车身单质量系统模型的平顺性分析

平顺性分析的车身单质量系统模型如图 6-13 所示。

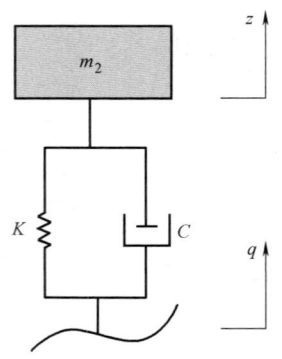

图 6-13 车身单质量系统模型

图 6-13 中，m_2 为所研究车轴上方的车身质量（簧上质量），K 为悬架刚度，C 为减振器阻尼系数。阻尼力与相对速度成正比，C 的单位是 kg/s。q 为路面不平度位移，z 为车身垂直位移。

> 说明：实际减振器的阻尼系数，在压缩和伸张行程通常是不相等的，而在此分析模型中，则认为 C 是常数。另外，减振器在车上的安装方位一般都不是垂直的，而在平顺性的各种分析模型中，都采取图 6-13 这种"垂直布置"的方式，也可以认为模型中的系数 C 指的是阻尼系数的"垂向分量"。与此类似，弹簧 K 也认为是具有固定的垂向刚度。
>
> 认为车身和车轮之间没有摩擦性质的作用力。
>
> 不考虑路面材质对实际输入特性的影响，也就是说，将路面视为刚性的，不具备缓冲和减振效果，不平度几何尺寸 q 直接作用于汽车。

1. 微分方程与频率响应特性

对单质量系统，以车身质量 m_2 为研究对象，运用牛顿第二定律，得到微分方程：

$$m_2 \ddot{z} + C\dot{z} + Kz = C\dot{q} + Kq \tag{6-21}$$

动力学分析的坐标系原点取为悬架静平衡位置，车身重力与悬架的静变形抵消，式中不出现。

由第五章中式（5-31）与式（5-32）的关系，可以根据此微分方程写出单质量系统的频率响应函数：

$$H(j\omega) = \frac{j\omega C + K}{-\omega^2 m_2 + j\omega C + K} \tag{6-22}$$

同时参照式（5-32）下面部分的分析，定义此二阶系统的**固有频率** ω_0 和**阻尼比** ζ：

$$\begin{cases} \omega_0 = \sqrt{\dfrac{K}{m_2}} \\ \zeta = \dfrac{C}{2\sqrt{m_2 K}} \end{cases} \tag{6-23}$$

根据第五章第五节的相关内容，有阻尼固有频率 $\omega_c = \omega_0\sqrt{1-\zeta^2}$。对于汽车悬架系统，阻尼比 ζ 通常为 0.2~0.4，可见有阻尼固有频率 ω_c 和（无阻尼）固有频率 ω_0 非常接近。

如果对图6-13所示的车辆模型施加初始扰动（例如，给予车身一个初始的垂直压缩量，或者从一定高度猛然跌下），然后令其做自由衰减振动，则微分方程变为 $m_2\ddot{z} + C\dot{z} + Kz = 0$。根据第五章第五节的相关微分方程理论，按阻尼比 $\zeta<1$ 的情况，该齐次微分方程的解为 $z(t) = Ce^{-\zeta\omega_0 t}\sin(\omega_c t + \Phi)$，参数 C 和 Φ 取决于初始条件。绘制 $z(t)$ 的时间历程曲线（参照图5-40），可以根据曲线的波峰间距和相邻波峰的衰减程度等几何特征求解系统的固有频率 ω_0 和阻尼比 ζ。

将式（6-22）的分子和分母都除以 K，再结合式（6-23），可以得到用固有频率 ω_0 和阻尼比 ζ 表达的频率响应函数：

$$H(j\omega) = \frac{1 + 2j\zeta\dfrac{\omega}{\omega_0}}{1 - \left(\dfrac{\omega}{\omega_0}\right)^2 + 2j\zeta\dfrac{\omega}{\omega_0}}$$

为了强调以路面不平度位移 q 作为输入、以车身垂直位移 z 作为输出，将此频率响应函数记为 $H(j\omega)_{z\sim q}$，则有

$$H(j\omega)_{z\sim q} = \frac{1 + 2j\zeta\dfrac{\omega}{\omega_0}}{1 - \left(\dfrac{\omega}{\omega_0}\right)^2 + 2j\zeta\dfrac{\omega}{\omega_0}} \tag{6-24}$$

频率响应函数 $H(j\omega)_{y\sim x}$ 反映的是系统输出 y 与输入 x 的关系，但是 $H(j\omega)_{y\sim x}$ 与 x 或者 y 无关，它是系统自身的特性，取决于系统参数。

图6-13所示的系统有质量、阻尼和弹性三个实体元件，而式（6-21）中没有常数项，可以看出，决定其动态特性的相互独立的参数只有两个。通常就选取固有频率 ω_0 和阻尼比 ζ 作为单质量系统的特性参数。式（6-24）表达的就是单质量系统的频率响应特性取决于固有频率 ω_0 和阻尼比 ζ。

定义外界输入频率与系统固有频率之比为**频率比**，即 $\lambda = \dfrac{\omega}{\omega_0}$，则式（6-24）又可写为

$$H(j\omega)_{z\sim q} = \frac{1 + 2j\zeta\lambda}{1 - \lambda^2 + 2j\zeta\lambda} \tag{6-25}$$

计算频率响应函数 $H(j\omega)_{z\sim q}$ 的模和相位角，得到单质量系统的幅频特性 $A(\omega)_{z\sim q}$ 和相频特性 $\varphi(\omega)_{z\sim q}$：

$$A(\omega)_{z\sim q} = |H(j\omega)_{z\sim q}| = \left[\frac{1 + 4\zeta^2\lambda^2}{(1-\lambda^2)^2 + 4\zeta^2\lambda^2}\right]^{\frac{1}{2}} \tag{6-26}$$

$$\varphi(\omega)_{z\sim q} = \angle H(j\omega)_{z\sim q} = -\arctan\frac{2\zeta\lambda^3}{1-\lambda^2+4\zeta^2\lambda^2} \tag{6-27}$$

对于平顺性的研究来说，相频特性反映的是从路面激励开始作用于汽车到车身（或人体）产生振动输出的滞后，不会影响振动量本身的强度、频率等特性以及人体的主观感受。因此，在本章后文中，不再研究相频特性。

频率响应函数和幅频特性的自变量是频率，取 ω 或 f 都可以（$\omega=2\pi f$）。

按式（5-30a）的定义，频率响应函数 $H(j\omega)_{z\sim q}$ 和幅频特性 $|H(j\omega)_{z\sim q}|$ 也可以写为 $\dfrac{\vec{z}}{\vec{q}}$ 和 $\left|\dfrac{\vec{z}}{\vec{q}}\right|$。

在双对数坐标中画出式（6-26）的图像，如图 6-14 所示。

从图 6-14 中可以直接看出阻尼比 ζ 对幅频特性 $\left|\dfrac{\vec{z}}{\vec{q}}\right|$ 的影响：在低频以及共振频段（**共振**是指激励频率 ω 与系统固有频率 ω_0 相等，即频率比 $\lambda=1$），阻尼比越大，幅频特性值越小；在高频段（$\lambda>\sqrt{2}$），阻尼比越大，幅频特性值越大。

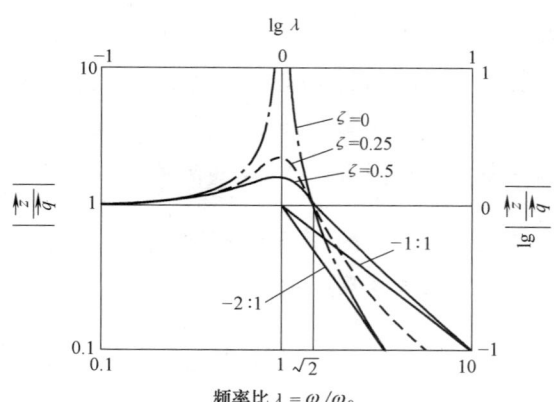

图 6-14　单质量系统的幅频特性 $\left|\dfrac{\vec{z}}{\vec{q}}\right|$

固有频率 ω_0 的影响包含在横坐标频率比 λ 之中。

> 有兴趣的读者可以画一下：在阻尼比取某一固定值，如 $\zeta=0.25$ 的条件下，固有频率分别取 $\omega_0=0.5\text{Hz}$、$\omega_0=1\text{Hz}$ 和 $\omega_0=2\text{Hz}$，在 $|H(j\omega)_{z\sim q}|$-ω 的坐标系（可参照图 6-15）中，观察固有频率 ω_0 对幅频特性 $\left|\dfrac{\vec{z}}{\vec{q}}\right|$ 的影响。

频率响应函数 $H(j\omega)_{z\sim q}$ 和幅频特性 $|H(j\omega)_{z\sim q}|$（包括图 6-14 所示的规律），不能直接用于汽车平顺性的评价，但它们是计算以下各振动响应量功率谱密度 $G_y(f)$ 的基础。

2. 车身加速度的功率谱密度 $G_{\ddot{z}}(f)$（或均方根值谱 $\sqrt{G_{\ddot{z}}(f)}$）**分析**

由式（6-11）、式（6-14）或式（6-15）已经得出：在给定道路和车速的条件下，不平度速度谱 $G_{\dot{q}}(f)$ 是常数，为了研究响应量的功率谱密度 $G_y(f)$，只需要研究系统的幅频特性 $|H(f)_{y\sim\dot{q}}|$。因此，下文对 $G_{\ddot{z}}(f)$、$G_{K_D}(f)$ 和 $G_{f_d}(f)$ 的研究，主要工作就是计算 $|H(f)_{\ddot{z}\sim\dot{q}}|$、$|H(f)_{K_D\sim\dot{q}}|$ 和 $|H(f)_{f_d\sim\dot{q}}|$。而这些计算的基础就是上文得到的 $H(j\omega)_{z\sim q}$ 和 $|H(j\omega)_{z\sim q}|$。

令路面不平度位移输入的时间历程为 $q(t)=q_0\sin(\omega t+\varphi_1)$，车身垂直位移输出的时间历程为 $z(t)=z_0\sin(\omega t+\varphi_2)$。输入 q 和输出 z 都是随机信号，此处对其取正弦波，意味着研究的是该随机信号中某个频率的分量，称为谐量或谐波。

两者的复指数表达分别为 $q(t)=q_0\mathrm{e}^{\mathrm{j}(\omega t+\varphi_1)}$ 和 $z(t)=z_0\mathrm{e}^{\mathrm{j}(\omega t+\varphi_2)}$。由复振幅的定义 $\vec{q}=$

$q_0 \mathrm{e}^{\mathrm{j}\varphi_1}$ 和 $\vec{z} = z_0 \mathrm{e}^{\mathrm{j}\varphi_2}$，得 $q(t) = \vec{q} \mathrm{e}^{\mathrm{j}\omega t}$ 和 $z(t) = \vec{z} \mathrm{e}^{\mathrm{j}\omega t}$。

对于路面不平度，其速度输入为 $\dot{q}(t) = \mathrm{j}\omega \vec{q} \mathrm{e}^{\mathrm{j}\omega t}$，可见 $\dot{q}(t)$ 的复振幅为 $\vec{\dot{q}} = \mathrm{j}\omega \vec{q}$。

同理，可得车身垂直速度 $\dot{z}(t)$ 的复振幅为 $\vec{\dot{z}} = \mathrm{j}\omega \vec{z}$，车身垂直加速度 $\ddot{z}(t)$ 的复振幅为 $\vec{\ddot{z}} = -\omega^2 \vec{z}$。

由式（5-30a）可知，系统输出谐量 y 与输入谐量 x 的复振幅之比是频率响应函数，即 $H(\mathrm{j}\omega)_{y \sim x} = \dfrac{\vec{y}}{\vec{x}}$，求模即得到幅频特性 $|H(\mathrm{j}\omega)_{y \sim x}| = \left|\dfrac{\vec{y}}{\vec{x}}\right|$。则车身垂直加速度 $\ddot{z}$ 输出对路面不平度速度 $\dot{q}$ 输入的幅频特性就是 $|H(\mathrm{j}\omega)_{\ddot{z} \sim \dot{q}}| = \left|\dfrac{\vec{\ddot{z}}}{\vec{\dot{q}}}\right|$，代入两者复振幅的表达式，可得

$$|H(\mathrm{j}\omega)_{\ddot{z} \sim \dot{q}}| = \omega \left|\dfrac{\vec{z}}{\vec{q}}\right| = \omega |H(\mathrm{j}\omega)_{z \sim q}| \tag{6-28}$$

式中，$|H(\mathrm{j}\omega)_{z \sim q}|$ 按式（6-26）计算。

也可以将微分方程直接变形，求出 $|H(\mathrm{j}\omega)_{\ddot{z} \sim \dot{q}}|$。

单质量振动系统的微分方程是 $m_2 \ddot{z} + C\dot{z} + Kz = C\dot{q} + Kq$。现在以 $\ddot{z}$ 和 $\dot{q}$ 作为系统的输出和输入，则 $\dot{z}$ 可以看成 $\ddot{z}$ 的 "-1 阶导数"，z 可以看成 $\ddot{z}$ 的 "-2 阶导数"，q 可以看成 $\dot{q}$ 的 "-1 阶导数"。

于是，根据式（5-31）与式（5-32）的对应关系，可得

$$H(\mathrm{j}\omega)_{\ddot{z} \sim \dot{q}} = \dfrac{C + K(\mathrm{j}\omega)^{-1}}{m_2 + C(\mathrm{j}\omega)^{-1} + K(\mathrm{j}\omega)^{-2}}$$

变形为

$$H(\mathrm{j}\omega)_{\ddot{z} \sim \dot{q}} = \dfrac{C\mathrm{j}\omega + K}{m_2(\mathrm{j}\omega)^2 + C\mathrm{j}\omega + K} \mathrm{j}\omega$$

其中，$\dfrac{C\mathrm{j}\omega + K}{m_2(\mathrm{j}\omega)^2 + C\mathrm{j}\omega + K}$ 就是 $H(\mathrm{j}\omega)_{z \sim q}$ [参见式（6-22）]，则 $|H(\mathrm{j}\omega)_{\ddot{z} \sim \dot{q}}| = |H(\mathrm{j}\omega)_{z \sim q}| \times |\mathrm{j}\omega| = \omega |H(\mathrm{j}\omega)_{z \sim q}|$，与式（6-28）相同。

将式（6-26）代入式（6-28），可以得到车身加速度 $\ddot{z}$ 对不平度速度输入 $\dot{q}$ 的幅频特性：

$$|H(\mathrm{j}\omega)_{\ddot{z} \sim \dot{q}}| = \omega \left\{ \dfrac{1 + 4\zeta^2 \left(\dfrac{\omega}{\omega_0}\right)^2}{\left[1 - \left(\dfrac{\omega}{\omega_0}\right)^2\right]^2 + 4\zeta^2 \left(\dfrac{\omega}{\omega_0}\right)^2} \right\}^{\frac{1}{2}} \tag{6-29}$$

对式（6-29），将 $\omega = 2\pi f$ 代入，并用 $\dfrac{f}{f_0}$ 代替 $\dfrac{\omega}{\omega_0}$（频率比 λ 用 $\dfrac{\omega}{\omega_0}$ 或 $\dfrac{f}{f_0}$ 表达是完全一致的），也可写为

$$|H(f)_{\ddot{z}\sim\dot{q}}| = 2\pi f\left\{\frac{1+4\zeta^2\left(\dfrac{f}{f_0}\right)^2}{\left[1-\left(\dfrac{f}{f_0}\right)^2\right]^2+4\zeta^2\left(\dfrac{f}{f_0}\right)^2}\right\}^{\frac{1}{2}}$$

图 6-15 就采用了 $|H(f)_{\ddot{z}\sim\dot{q}}|$（图中写为 $\left|\dfrac{\vec{\ddot{z}}}{\vec{\dot{q}}}\right|$），因为使用以 Hz 为单位的频率 f 更符合工程习惯。

按式（6-14），可得 $G_{\ddot{z}}(f) = |H(f)_{\ddot{z}\sim\dot{q}}|^2 G_{\dot{q}}(f)$，在给定道路和车速的条件下，$G_{\dot{q}}(f)$ 为常数。因此，幅频特性 $|H(f)_{\ddot{z}\sim\dot{q}}|$ 实际上代表了车身加速度 $\ddot{z}$ 的均方根值谱 $\sqrt{G_{\ddot{z}}(f)}$。在图 6-15 的双对数坐标体系中，如果将各 $\left|\dfrac{\vec{\ddot{z}}}{\vec{\dot{q}}}\right|$ 曲线向上平移 $\sqrt{G_{\dot{q}}(f)}$，就可以得到对应的 $\sqrt{G_{\ddot{z}}(f)}$ 曲线。

由图 6-15 可以看出，固有频率 f_0 和阻尼比 ζ 对车身加速度的影响：

1）固有频率 f_0 提高，在除较低频率外的大部分研究频带内，加速度的幅频特性 $|H(f)_{\ddot{z}\sim\dot{q}}|$ 都提高。也就是说，降低悬架系统的固有频率，可以降低车身振动加速度的水平。

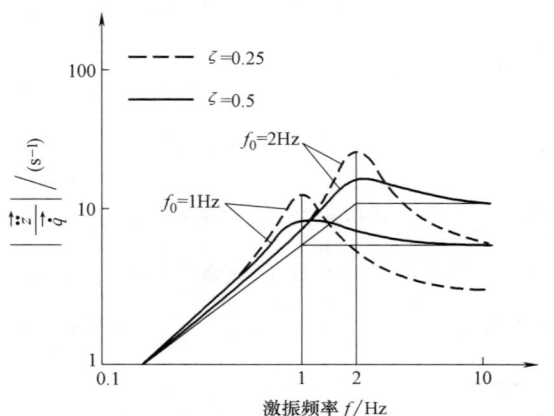

图 6-15 单质量系统的车身加速度 $\ddot{z}$ 对不平度速度输入 $\dot{q}$ 的幅频特性

"频带"或"频段"等概念，指的是路面不平度随机输入中包含的谐量频率范围。在本章"$G_y(f) = |H(f)_{y\sim\dot{q}}|^2 G_{\dot{q}}(f)$ 且 $G_{\dot{q}}(f)$ 为常数"的研究框架下，不同频段的幅频特性 $|H(f)_{y\sim\dot{q}}|$ 就反映了振动响应量在不同频段的均方根值谱 $\sqrt{G_y(f)}$。

幅频特性在共振频率达到峰值，需重点关注。可将 $\dfrac{\omega}{\omega_0} = 1$ 代入式（6-29），得到共振峰值 $|H(f)_{\ddot{z}\sim\dot{q}}|_{f=f_0} = \omega_0\sqrt{1+\dfrac{1}{4\zeta^2}} = 2\pi f_0\sqrt{1+\dfrac{1}{4\zeta^2}}$。可见，车身加速度的均方根值谱 $\sqrt{G_{\ddot{z}}(f)}$ 的共振峰值与固有频率 f_0 成正比。

2）在低频和共振频段，阻尼比 ζ 越大，$|H(f)_{\ddot{z}\sim\dot{q}}|$ 越小，也就是车身加速度越小；在较高频段，阻尼比越小反而越利于减振。

3. 车轮-地面的相对动载的功率谱密度 $G_{K_D}(f)$[或均方根值谱 $\sqrt{G_{K_D}(f)}$]分析

由动载 F_D 和相对动载 K_D 的定义（参见图 6-2）以及图 6-13 可以看出，采用单质量系统模型时，忽略非悬挂质量，地面法向力 F_Z"透过"车轮完全作用于车身，动载就是车身

部分的垂向合外力，必然有 $F_D = m_2\ddot{z}$，那么相对动载就与加速度成正比，即 $K_D = \dfrac{\ddot{z}}{g}$。由此可知，相对动载的均方根值谱 $\sqrt{G_{K_D}(f)}$ 与加速度的均方根值谱 $\sqrt{G_{\ddot{z}}(f)}$ 的变化规律完全相同。对于图 6-15 来说，将纵坐标的数值除以 g，就是相对动载的幅频特性 $\left|\dfrac{\vec{K_D}}{\vec{\dot{q}}}\right|$，固有频率 f_0 和阻尼比 ζ 对相对动载的影响与对加速度的影响也完全一致。

4. 悬架动挠度的功率谱密度 $G_{f_d}(f)$（或均方根值谱 $\sqrt{G_{f_d}(f)}$）分析

需要计算悬架动挠度对路面不平度速度输入的幅频特性 $|H(f)_{f_d\sim\dot{q}}|$，已有基础式（6-24）或式（6-25）。

由定义可知，悬架动挠度可按 $f_d = z - q$ 计算（按 $f_d = q - z$ 计算也可以，幅频特性分析的结论不变）。

由复振幅的定义可得 $f_d(t) = z(t) - q(t) = \vec{z}\mathrm{e}^{j\omega t} - \vec{q}\mathrm{e}^{j\omega t} = (\vec{z}-\vec{q})\mathrm{e}^{j\omega t}$，即 $\vec{f_d} = \vec{z} - \vec{q}$。又因为 $\vec{\dot{q}} = j\omega\vec{q}$，所以 $H(j\omega)_{f_d\sim\dot{q}} = \dfrac{\vec{f_d}}{\vec{\dot{q}}} = \dfrac{1}{j\omega}\left(\dfrac{\vec{z}}{\vec{q}} - 1\right)$。其中 $\dfrac{\vec{z}}{\vec{q}}$ 就是频响函数 $H(j\omega)_{z\sim q}$，将式（6-25）代入，并求模，得幅频特性：

$$|H(j\omega)_{f_d\sim\dot{q}}| = \left|\dfrac{1}{j\omega}\dfrac{\lambda^2}{1-\lambda^2+2j\zeta\lambda}\right| = \dfrac{1}{\omega}\dfrac{\lambda^2}{[(1-\lambda^2)^2+4\zeta^2\lambda^2]^{\frac{1}{2}}} \quad (6\text{-}30)$$

式（6-30）也可写为

$$|H(f)_{f_d\sim\dot{q}}| = \dfrac{1}{2\pi f}\dfrac{\lambda^2}{[(1-\lambda^2)^2+4\zeta^2\lambda^2]^{\frac{1}{2}}}$$

也可以将微分方程直接变形，得出 $|H(j\omega)_{f_d\sim\dot{q}}|$：

单质量振动系统的微分方程 $m_2\ddot{z} + C\dot{z} + Kz = C\dot{q} + Kq$。分别以动挠度 f_d 和不平度速度 $\dot{q}$ 作为输出和输入，$f_d = z - q$，$\dot{f_d} = \dot{z} - \dot{q}$，$\ddot{f_d} = \ddot{z} - \ddot{q}$。则微分方程重写为 $m_2\ddot{f_d} + C\dot{f_d} + Kf_d = -m_2\ddot{q}$，其中 $\ddot{q}$ 应视为 $\dot{q}$ 的一阶导数。

于是，按式（5-31）与式（5-32）的对应关系，可得频率响应函数为

$$H(j\omega)_{f_d\sim\dot{q}} = \dfrac{-m_2 j\omega}{m_2(j\omega)^2 + Cj\omega + K} \quad (6\text{-}31)$$

将固有频率 $\omega_0 = \sqrt{\dfrac{K}{m_2}}$、阻尼比 $\zeta = \dfrac{C}{2\sqrt{m_2 K}}$ 和频率比 $\lambda = \dfrac{\omega}{\omega_0}$ 代入式（6-31），并整理，可得

$$H(j\omega)_{f_d\sim\dot{q}} = \dfrac{1}{\omega}\dfrac{-j\lambda^2}{1-\lambda^2+2j\zeta\lambda}$$

$$|H(j\omega)_{f_d \sim \dot{q}}| = \frac{1}{\omega} \frac{\lambda^2}{\sqrt{(1-\lambda^2)^2 + 4\zeta^2\lambda^2}}$$

结果与式（6-30）相同。

$|H(f)_{f_d \sim \dot{q}}|$ 的曲线如图 6-16 所示。显然，在给定道路和车速的条件下，这也就是动挠度的均方根值谱 $\sqrt{G_{f_d}(f)}$ 的变化趋势。

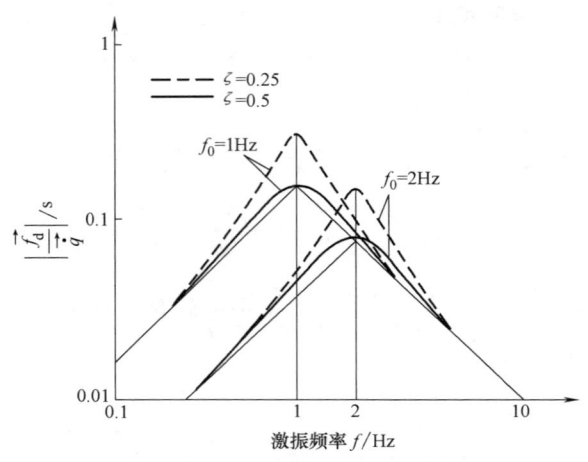

图 6-16　单质量系统的悬架动挠度 f_d 对不平度速度输入 $\dot{q}$ 的幅频特性

由图 6-16 可以看出：固有频率 f_0 提高，在除较高频率外的大部分研究频带内，动挠度的幅频特性 $\left|\dfrac{f_d}{\dot{q}}\right|$ 都下降；阻尼比 ζ 提高，$\left|\dfrac{f_d}{\dot{q}}\right|$ 在整个频段内都下降。因此可以得出：提高悬架系统的固有频率或阻尼比，都有利于降低动挠度水平。

对于动挠度问题，也应关注其共振峰值。将 $\lambda=1$ 代入式（6-30），可得共振峰值 $|H(j\omega)_{f_d \sim \dot{q}}|_{\omega=\omega_0} = \dfrac{1}{2\zeta\omega_0}$ 或 $|H(f)_{f_d \sim \dot{q}}|_{f=f_0} = \dfrac{1}{4\pi\zeta f_0}$。可见，提高固有频率或阻尼比，都有助于降低动挠度的共振峰值。

动挠度水平越高，车轮跳动撞击限位的概率越大，或者对悬架限位行程提出的要求越高。可以运用数理统计方法分析这方面的问题。

给定车辆系统，由式（6-30）求出 $|H(j\omega)_{f_d \sim \dot{q}}|$；给定道路与车速，由式（6-14）求出 $G_{f_d}(f)$，进一步由式（6-16）可求出 σ_{f_d}。计算思路可参见图 6-22。

在路面随机输入下，认为动挠度 f_d 是服从正态分布的随机变量。σ_{f_d} 是动挠度的均方根，也就是标准差。由数学理论可知，正态分布随机变量 f_d 的概率密度函数为 $p(f_d) = \dfrac{1}{\sqrt{2\pi}\sigma_{f_d}} e^{-\frac{f_d^2}{2\sigma_{f_d}^2}}$。$f_d$ 出现在 $\pm K\sigma_{f_d}$ 范围内的概率可记为 $\Phi(K)$，K 为任意正数，即 $\Phi(K) =$

$\int_{-K\sigma_{f_d}}^{K\sigma_{f_d}} p(f_d) \mathrm{d}f_d$，经计算，得若干常用参数：$\Phi(1)=0.683$，$\Phi(2)=0.954$，$\Phi(3)=0.997$。例如，$\Phi(2)=0.954$ 的含义是"正态分布随机变量的绝对值不超过 2 倍标准差的概率为 95.4%"。

动挠度值超过悬架限位行程 $[f_d]$，车轮部分就会撞击限位，参见图 6-3。可根据上述数学原理，确定均方根 σ_{f_d}、限位行程 $[f_d]$ 和撞击概率 $(1-\Phi)$ 之间的关系。例如，由车辆、路面和车速信息，计算得出动挠度的均方根（即标准差）$\sigma_{f_d}=4\mathrm{cm}$，悬架的限位行程设定为 $[f_d]=8\mathrm{cm}$，求撞击概率。分析可知，此问题就是求"随机变量的绝对值超过 2 倍标准差的概率"，根据 $\Phi(2)=0.954$，可知撞击概率为 $1-\Phi(2)=4.6\%$。这种计算的基础是认为车轮上、下跳动都存在限位行程，而且上、下跳动的限位行程都是 8cm。如果认为车轮相对车身向下跳动时不存在限位与撞击的问题，那么撞击概率就是 $\dfrac{1-\Phi(2)}{2}=2.3\%$。进一步地，如果车轮上跳的限位行程设为 8cm、下跳的限位行程设为 4cm，则撞击限位的概率就是上跳撞击的概率+下跳撞击的概率 $=\dfrac{1-\Phi(2)}{2}+\dfrac{1-\Phi(1)}{2}=18.2\%$。此概率值较大，是由于下跳限位行程相对于动挠度的标准差设定得不够大，较易超过。

对于加速度或相对动载，也可以采取同样的数学方法，寻求响应量的均方根、响应量的许用值和超过（或不超过）许用值的概率三者之间的关系。

再次强调，上述各振动响应量的计算和分析，都是以给定道路和车速为前提的。

另外，图 6-14、图 6-15 和图 6-16 所示各曲线的具体形状和数值，取决于实际的汽车系统特性。对于单质量模型来说，指的就是悬架系统（或称"车身部分"）的固有频率 f_0 和阻尼比 ζ 这两个参数。

四、悬架系统参数的选取

在上文的车身加速度 $\ddot{z}$、车轮-地面相对动载 K_D 和悬架动挠度 f_d 这三个振动响应量的分析部分，已经分别讨论了固有频率 ω_0（或 f_0）和阻尼比 ζ 这两个悬架系统参数的影响。

在此，对上述结论加以总结，并针对不同车型和行驶环境，概要分析悬架特性参数的选取思路（已经知道，对于单质量汽车模型，系统参数对于 K_D 和 $\ddot{z}$ 的影响趋势相同，因此以下的讨论中不单独分析相对动载问题）。

1. 固有频率 f_0

降低悬架系统的固有频率 f_0 可以有效降低车身的振动加速度水平，这是提高汽车平顺性的首要措施。但是同时，动挠度水平会提高，车轮部分大幅跳动，撞击悬架限位的概率会增大。

以轿车为代表的乘用车，强调乘坐舒适性，对于降低振动加速度的要求较高，同时因行驶路况较好，动挠度的问题相对次要，因此，其固有频率 f_0 设计得较低，一般在 $1.0\sim 1.5\mathrm{Hz}$ 之间。货车和越野车的行驶路况较差，对动挠度问题较重视，所以固有频率高些，一般在 $1.5\sim 2.0\mathrm{Hz}$ 之间（有些货车空载时，后悬架的固有频率可能达到 $3\mathrm{Hz}$ 以上）。

> 固有频率 $\omega_0 = \sqrt{\dfrac{K}{m_2}}$，在给定车身部分质量 m_2 的前提下，降低固有频率就意味着降低悬架弹簧刚度 K。而弹簧刚度过分降低会影响悬架的侧倾角刚度，在此情况下，可以设置横向稳定器。横向稳定器是一种在不改变悬架弹簧（垂向）刚度的前提下提高悬架侧倾角刚度的元件。

2. 阻尼比 ζ

对于车身加速度问题，阻尼比大些有利于降低低频振动；对于高频振动，小阻尼比的减振效果更好（如果需要研究阻尼比对整个频带内振动"总强度"的影响，则应计算加速度的均方根值 $\sigma_{\ddot{z}}$，可参见图 6-24d）。对于动挠度来说，大阻尼比有利于降低其水平，减小撞击悬架限位的概率。但阻尼比过大，会使得车轮承受冲击性载荷时，减振器承受过大的作用力，弹簧的缓冲效果发挥不充分（分析可知，冲击性载荷的频域成分复杂，高频分量占比相对更大，可以用"对于高频振动，小阻尼比的减振效果更好"来解释），或者车轮上跳后不能及时回弹而失去地面附着能力，还有可能导致减振器总成的连接件及车架结构损坏。综合考虑各因素，悬架系统的阻尼比一般选择在 $0.2\sim 0.4$ 之间。

对于轿车，对动挠度的要求相对不高，所以阻尼比 ζ 取值偏低。不同货车 ζ 值的离散度较大，有的通过提高阻尼比来降低动挠度水平，也有的阻尼比很小（如一些不设减振器的钢板弹簧后悬架，依靠簧片间的摩擦提供一定阻尼），通过提高固有频率来抑制动挠度。

某些越野车，行驶路况较差，同时对于车身加速度和悬架动挠度问题又都很重视，可能采取这样的设计策略：降低悬架系统的固有频率、增大阻尼比，同时增大悬架的限位行程（降低固有频率往往意味着降低弹簧刚度，越野车将弹簧设计得"软"一些，同时增大限位行程，还有一个好处就是在非常崎岖不平的地面上行驶时，允许各车轮悬架在较大幅度内自如伸缩变形，保证各车轮都接触地面，提高车轮的附着能力和整车的通过性）。

固有频率和阻尼比的数值，均对应汽车的某种车身质量状况。随着汽车装载状况的改变，由 $\omega_0 = \sqrt{\dfrac{K}{m_2}}$ 和 $\zeta = \dfrac{C}{2\sqrt{m_2 K}}$ 可知，振动系统的固有频率和阻尼比会发生变化，汽车的平顺性也随之变化。如果希望汽车在不同装载状况（以及不同行驶工况）下维持某种预期的平顺性水平，可以采取各种先进悬架系统，参见本章第四节"三、可控悬架技术简介"部分。

> 本节对于单质量汽车模型的平顺性指标进行定量计算，采用的是功率谱密度 $G_y(f)$ 或均方根值谱 $\sqrt{G_y(f)}$，即式（6-14）或式（6-15）的思想。如果需要利用均方根 σ_y 对单质量系统的振动响应量进行定量评价，则可按式（6-17）的原理计算，具体分析和计算方法参见下节内容。

第六章 汽车的平顺性

第四节 其他振动模型的平顺性分析

一、双质量系统模型的平顺性分析

上一节车身单质量系统模型的建立基础是：当路面激励频率 f_q 远低于车轮部分固有频率 f_t 时，轮胎的动变形可以忽略不计。这一结论，可由后文的式（6-34）下的讨论看出。

路面不平度为随机输入，其频谱范围在理论上可以是 $0 \sim \infty$ Hz。"路面激励频率 f_q 远低于车轮部分固有频率 f_t" 这一条件的确切含义，是路面激励的强度主要集中在远低于 f_t 的频带内。由 $G_q(f) = \dfrac{n_0^2 G_0 v}{f^2}$ 可以看出，路面不平度位移输入的强度分布与频率的平方成反比 [注意，此处是讨论"单质量与双质量模型的效果对比"，涉及的主要问题是"轮胎动变形如何处理"，需通过式（6-34）研究 z_1 对 q 的幅值比 $\left|\dfrac{z_1}{q}\right|$，所以对于路面谱应采用 $G_q(f)$，而不是 $G_{\dot{q}}(f)$ 或 $G_{\ddot{q}}(f)$]，高频分量的谱密度迅速降低。例如，路面激励频率范围按 ISO 2631-1：1997 的"基本频率范围"取为 0.5~80Hz，5Hz 以下的谐量强度占总强度的比例为 $\dfrac{\sigma^2_{q \sim [0.5\text{Hz}, 5\text{Hz}]}}{\sigma^2_{q \sim [0.5\text{Hz}, 80\text{Hz}]}}$，均方值的计算参照式（6-16），得出该比例超过 90%。车轮部分固有频率 f_t 一般为 10~15Hz，可见"路面激励的强度主要集中在远低于 f_t 的频带内"是成立的。单质量模型正是建立在此条件之上。

尽管车身单质量系统模型具有一定的适用范围和可靠性，但是在较宽频率范围内研究汽车的振动问题，特别是在接近车轮系统的固有频率 f_t 范围内进行研究时，车身-车轮双质量系统模型的效果显然更接近汽车的实际工况，基于该模型的平顺性分析的准确度更高。

图 6-17 所示为车身-车轮双质量系统模型，它的上半部分与图 6-13 所示的车身单质量系统模型完全一致，下面增加了车轮部分。m_1 为车轮部分质量，即所研究车轴的全部非悬挂质量。K_t 为轮胎刚度。q 为路面不平度位移输入，z_1 为车轮部分的垂直位移，z_2 为车身部分的垂直位移。

该双质量系统模型关于车轮部分的约定：忽略车轮的转动，不考虑由轮辋圆柱度误差和胎面花纹不对称磨损等造成的起伏运动；忽略轮胎的阻尼；轮胎与地面为点接触；轮胎刚度 K_t 为常数。简言之，将车轮部分视为一个有质量、无阻尼的线弹簧。

对这个双质量系统进行平顺性分析，基本思路和步骤与图 6-8 所示的相同。双质量系统与单质量系统的区别仅在于系统的幅频特性 $|H(f)_{\ddot{y} \sim \dot{q}}|$ 不同。系统的幅频特性源自微分方程。

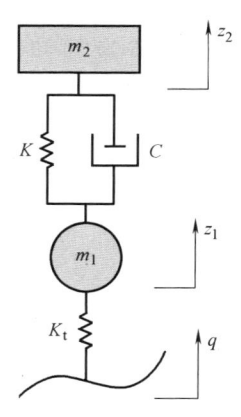

图 6-17 车身-车轮双质量系统模型

1. 微分方程与系统特性参数

对图 6-17 所示的双质量系统，分别以车身质量和车轮质量为研究对象，以各自的静平衡位置为坐标原点（即重力与弹簧的静载抵消），列微分方程：

$$m_2\ddot{z}_2 + C\dot{z}_2 + Kz_2 = C\dot{z}_1 + Kz_1 \tag{6-32}$$

$$m_1\ddot{z}_1 + C\dot{z}_1 + (K_t+K)z_1 = C\dot{z}_2 + Kz_2 + K_t q \tag{6-33}$$

定义偏频：双质量系统，固定其中一个质量，只有一个质量振动时的固有频率。

对于车身部分，当车轮部分不动时，就是图 6-13 所示的单质量系统做自由振动，显然车身部分的偏频 ω_0 就是悬架系统的固有频率，$\omega_0 = \sqrt{\dfrac{K}{m_2}}$。

对于车轮部分，其质量为 m_1，刚度为 (K_t+K)（在力学上，图 6-17 中的悬架弹簧 K 和轮胎弹簧 K_t 属于"并联"），则车轮部分的偏频为 $\omega_t = \sqrt{\dfrac{K_t+K}{m_1}}$。

ω_0 和 ω_t 均为无阻尼固有频率。由于 $K_t \gg K$、$m_1 \ll m_2$，可知 $\omega_t \gg \omega_0$。一般来说，车身部分偏频 f_0 为 1~2Hz，车轮部分偏频 f_t 为 10~15Hz。

悬架系统的阻尼比仍为 $\zeta = \dfrac{C}{2\sqrt{m_2 K}}$，车轮部分的阻尼比为 $\zeta_t = \dfrac{C}{2\sqrt{m_1(K_t+K)}}$。

车身部分质量与车轮部分质量之比，定义为双质量系统的**质量比**，记为 μ，即 $\mu = \dfrac{m_2}{m_1}$。

轮胎刚度与悬架刚度之比，定义为双质量系统的**刚度比**，记为 γ，即 $\gamma = \dfrac{K_t}{K}$。

一般来说，μ 和 γ 的数值都远大于 1。

单质量系统有三个实体物理元件，参见图 6-13，独立的特性参数有两个：固有频率 ω_0 和阻尼比 ζ。类似地，图 6-17 所示双质量系统有五个实体物理元件，独立的特性参数则有四个，通常取为悬架系统的固有频率 ω_0（也就是车身部分的偏频）、悬架系统的阻尼比 ζ、质量比 μ 和刚度比 γ。ω_t 和 ζ_t 可由此四个参数计算得出。

2. 双质量系统的频率响应特性

由图 6-17 可知，双质量系统可以看作由车轮部分子系统和车身部分子系统串联构成，前者的输入和输出为 q 和 z_1，后者的输入和输出为 z_1 和 z_2。整个双质量系统的频率响应函数 $H(j\omega)_{z_2 \sim q} = \dfrac{\vec{z}_2}{\vec{q}}$，$\vec{z}_2$ 和 $\vec{q}$ 分别为 z_2 和 q 的复振幅。

分析可知，$H(j\omega)_{z_2 \sim q} = \dfrac{\vec{z}_2}{\vec{q}} = \dfrac{\vec{z}_2}{\vec{z}_1} \cdot \dfrac{\vec{z}_1}{\vec{q}} = H(j\omega)_{z_2 \sim z_1} H(j\omega)_{z_1 \sim q}$。即由两个子系统串联形成的系统，其频率响应函数等于两个子系统的频率响应函数的乘积，这是串联系统的**传递特性**。

式（6-32）描述的是分别以 z_1 和 z_2 为输入和输出的车身子系统，与分别以 q 和 z 为输入和输出的单质量系统微分方程式（6-21）等效。根据式（6-22），车身子系统的频率响应函数

$H(j\omega)_{z_2 \sim z_1} = \dfrac{\vec{z}_2}{\vec{z}_1} = \dfrac{j\omega C + K}{-\omega^2 m_2 + j\omega C + K}$。若令 $A_1 = j\omega C + K$、$A_2 = -\omega^2 m_2 + j\omega C + K$，则得 $\dfrac{\vec{z}_2}{\vec{z}_1} = \dfrac{A_1}{A_2}$。

按式（6-26），车身子系统的幅频特性为 $\left|\dfrac{\vec{z}_2}{\vec{z}_1}\right|=\left[\dfrac{1+4\zeta^2\lambda^2}{(1-\lambda^2)^2+4\zeta^2\lambda^2}\right]^{\frac{1}{2}}$。

式（6-33）描述的是分别以 q 和 z_1 为输入和输出的车轮子系统。将 $z_1=\vec{z}_1\mathrm{e}^{\mathrm{j}\omega t}$、$\dot{z}_1=\mathrm{j}\omega\vec{z}_1\mathrm{e}^{\mathrm{j}\omega t}$、$\ddot{z}_1=-\omega^2\vec{z}_1\mathrm{e}^{\mathrm{j}\omega t}$、$z_2=\vec{z}_2\mathrm{e}^{\mathrm{j}\omega t}$、$\dot{z}_2=\mathrm{j}\omega\vec{z}_2\mathrm{e}^{\mathrm{j}\omega t}$ 和 $q=\vec{q}\,\mathrm{e}^{\mathrm{j}\omega t}$ 代入，得 $(-\omega^2 m_1+\mathrm{j}\omega C+K_\mathrm{t}+K)\vec{z}_1=(\mathrm{j}\omega C+K)\vec{z}_2+K_\mathrm{t}\vec{q}$，并结合 $\vec{z}_2=\dfrac{A_1}{A_2}\vec{z}_1$、$A_1=\mathrm{j}\omega C+K$、则车轮子系统的频率响应函数 $\dfrac{\vec{z}_1}{\vec{q}}=\dfrac{K_\mathrm{t}}{-\omega^2 m_1+\mathrm{j}\omega C+K_\mathrm{t}+K-\dfrac{A_1^2}{A_2}}$。令 $A_3=-\omega^2 m_1+\mathrm{j}\omega C+K_\mathrm{t}+K$，得 $\dfrac{\vec{z}_1}{\vec{q}}=\dfrac{A_2 K_\mathrm{t}}{A_2 A_3-A_1^2}$。若令 $N=A_2 A_3-A_1^2$，则可写为

$$\dfrac{\vec{z}_1}{\vec{q}}=\dfrac{A_2 K_\mathrm{t}}{N} \tag{6-34}$$

对式（6-34）求模，经运算，可得车轮子系统的幅频特性：

$$\left|\dfrac{\vec{z}_1}{\vec{q}}\right|=\gamma\left[\dfrac{(1-\lambda^2)^2+4\zeta^2\lambda^2}{\Delta}\right]^{\frac{1}{2}} \tag{6-35}$$

式中，$\Delta=\left[(1-\lambda^2)\left(1+\gamma-\dfrac{1}{\mu}\lambda^2\right)-1\right]^2+4\zeta^2\lambda^2\left[\gamma-\left(\dfrac{1}{\mu}+1\right)\lambda^2\right]^2$；$\lambda$ 为频率比，$\lambda=\dfrac{\omega}{\omega_0}$（注意，$\omega_0$ 是车身部分的固有频率）；γ 为刚度比，$\gamma=\dfrac{K_\mathrm{t}}{K}$；$\mu$ 为质量比，$\mu=\dfrac{m_2}{m_1}$。

利用式（6-35）可以分析路面激励频率对于轮胎动变形的影响。系统参数取阻尼比 $\zeta=0.25$，质量比 $\mu=10$，刚度比 $\gamma=9$，读者可按式（6-35）计算频率比 λ 对幅频特性 $\left|\dfrac{\vec{z}_1}{\vec{q}}\right|$ 的影响，并以曲线 $\left|\dfrac{\vec{z}_1}{\vec{q}}\right|$-$\lambda$ 示之。结果表明：当频率比 λ 在 4 以下时，幅频特性 $\left|\dfrac{\vec{z}_1}{\vec{q}}\right|$ 基本围绕 1 波动。由 $\mu=10$、$\gamma=9$ 可知，车轮部分固有频率 ω_t 为车身部分固有频率 ω_0 的 10 倍，λ 在 4 以下也就是路面激励频率 ω_q 不到 $0.4\omega_\mathrm{t}$；$\left|\dfrac{\vec{z}_1}{\vec{q}}\right|\approx 1$ 则意味着车轮的起伏基本上就是路面不平度的位移，可以认为轮胎自身没有动变形。由此可以印证结论：当路面激励频率远低于车轮部分固有频率时，可以忽略轮胎的动变形，将车身-车轮双质量系统模型简化为车身单质量系统模型。

需注意"路面激励频率远低于车轮部分固有频率"这一条件。按上述计算，λ 超过 5 以后，幅频特性 $\left|\dfrac{\vec{z}_1}{\vec{q}}\right|$ 已明显大于 1，尤其是 λ 在 9 左右（即激励频率 ω_q 接近车轮偏频 ω_t）时，$\left|\dfrac{\vec{z}_1}{\vec{q}}\right|$ 峰值接近 2。高频激励下，轮胎的动变形不应忽略。

结合本节开头的论述，可以这样总结两种模型的关系：路面激励 q 的总强度主要集

中于低频范围,忽略高频分量,认为"路面激励频率远低于车轮部分固有频率"有一定合理性,在此条件下可以忽略轮胎的动变形,采用单质量系统模型研究汽车平顺性;如果为了提高计算的精确度,不忽略路面激励的高频分量,那就要考虑轮胎的动变形,就应使用双质量系统模型。

综上,车身-车轮双质量系统的频率响应函数为

$$\frac{\vec{z}_2}{\vec{q}} = \frac{\vec{z}_2}{\vec{z}_1} \cdot \frac{\vec{z}_1}{\vec{q}} = \frac{A_1 A_2 K_t}{A_2 \quad N} = \frac{A_1 K_t}{N} \tag{6-36}$$

频率响应函数的模就是幅频特性:

$$\left|\frac{\vec{z}_2}{\vec{q}}\right| = \left|\frac{\vec{z}_2}{\vec{z}_1}\right| \cdot \left|\frac{\vec{z}_1}{\vec{q}}\right| = \left[\frac{1+4\zeta^2\lambda^2}{(1-\lambda^2)^2+4\zeta^2\lambda^2}\right]^{\frac{1}{2}} \gamma \left[\frac{(1-\lambda^2)^2+4\zeta^2\lambda^2}{\Delta}\right]^{\frac{1}{2}} = \gamma \left[\frac{1+4\zeta^2\lambda^2}{\Delta}\right]^{\frac{1}{2}} \tag{6-37}$$

式 (6-37) 的运算关系如图 6-18 所示。

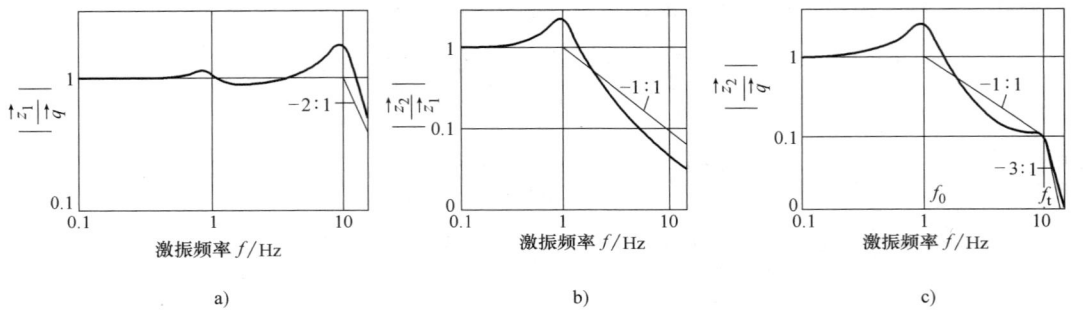

图 6-18 串联系统的幅频特性计算
a) 车轮-路面 b) 车身-车轮 c) 车身-路面

图 6-18 中,双质量系统幅频特性的计算关系可形象地表示为"a×b=c"。例如,在按照对数值分度的坐标体系中,图 6-18c 的渐近线斜率等于图 6-18a 与图 6-18b 的渐近线斜率之和。

上述各频率响应函数和幅频特性计算式(包括图 6-18 所示的规律),不能直接用于双质量系统模型平顺性的分析与评价,因为 z_2 和 z_1 都不是振动响应量,q 也不是速度输入。但这些特性是计算各振动响应量对路面不平度速度输入的幅频特性 $\left|H(f)_{y\sim\dot{q}}\right|$(也可记为 $\left|\frac{\vec{y}}{\vec{\dot{q}}}\right|$)的基础。

如果单纯为了求得 $\left|\frac{\vec{z}_2}{\vec{q}}\right|$ 而不需要 $\left|\frac{\vec{z}_1}{\vec{q}}\right|$,也可以将 $\frac{\vec{z}_2}{\vec{z}_1} = \frac{A_1}{A_2}$ [源自式 (6-32)] 变形为 $\vec{z}_1 = \frac{A_2}{A_1}\vec{z}_2$,而不是上文运用的 $\vec{z}_2 = \frac{A_1}{A_2}\vec{z}_1$ [可参见关于式 (6-34) 的推导],代入 $(-\omega^2 m_1 + j\omega C + K_t + K)\vec{z}_1 = (j\omega C + K)\vec{z}_2 + K_t\vec{q}$ [衍生自式 (6-33)],得到式 (6-36) 以及式 (6-37) 的结果。

第六章 汽车的平顺性

简言之，微分方程式（6-32）和式（6-33）建立了 q、z_1 和 z_2 三者的关系，灵活运用代换、消去的方法，即可得到所需的两者关系。

3. 振动响应量对路面不平度速度输入的幅频特性 $\left|\dfrac{\vec{y}}{\vec{\dot{q}}}\right|$

按式（6-14）、式（6-17）和图 6-8 所示的理论，求解响应量的功率谱密度 $G_y(f)$ 和均方根值 σ_y 的关键，是确定振动系统的幅频特性 $\left|\dfrac{\vec{y}}{\vec{\dot{q}}}\right|$。响应量 y 分别为车身加速度 $\ddot{z}_2$、车轮-地面的相对动载 K_D 和悬架动挠度 f_d。

（1）**车身加速度对路面不平度速度输入的幅频特性** $\left|\dfrac{\vec{\ddot{z}}_2}{\vec{\dot{q}}}\right|$ 令路面不平度为 $q = \vec{q}\mathrm{e}^{\mathrm{j}\omega t}$、车身垂直位移为 $z_2 = \vec{z}_2\mathrm{e}^{\mathrm{j}\omega t}$，分别求导得 $\dot{q} = \mathrm{j}\omega\vec{q}\mathrm{e}^{\mathrm{j}\omega t}$、$\ddot{z}_2 = -\omega^2\vec{z}_2\mathrm{e}^{\mathrm{j}\omega t}$，则两者复振幅分别为 $\vec{\dot{q}} = \mathrm{j}\omega\vec{q}$、$\vec{\ddot{z}}_2 = -\omega^2\vec{z}_2$。可得幅频特性 $\left|\dfrac{\vec{\ddot{z}}_2}{\vec{\dot{q}}}\right| = \omega\left|\dfrac{\vec{z}_2}{\vec{q}}\right|$，将式（6-37）代入，则得

$$\left|\dfrac{\vec{\ddot{z}}_2}{\vec{\dot{q}}}\right| = \omega\gamma\left[\dfrac{1+4\zeta^2\lambda^2}{\Delta}\right]^{\frac{1}{2}} \tag{6-38}$$

式（6-38）的幅频特性如图 6-19 所示。如果以响应量的功率谱密度 $G_{\ddot{z}_2}(f)$ 作为平顺性的定量评价，图 6-19 中的实线反映的就是均方根值谱 $\sqrt{G_{\ddot{z}_2}(f)}$［根据式（6-15），在该双对数坐标体系中，如果将 $\left|\dfrac{\vec{\ddot{z}}_2}{\vec{\dot{q}}}\right|$ 曲线向上平移 $\sqrt{G_{\dot{q}}(f)}$，就得到 $\sqrt{G_{\ddot{z}_2}(f)}$。$\sqrt{G_{\dot{q}}(f)}$ 取决于道路与车速］。由图 6-19 中的信息还可算出，车轮部分的偏频 $f_t = 10\mathrm{Hz}$，车轮部分阻尼比 ζ_t 与车身部分相等，分别为 0.25 和 0.5。

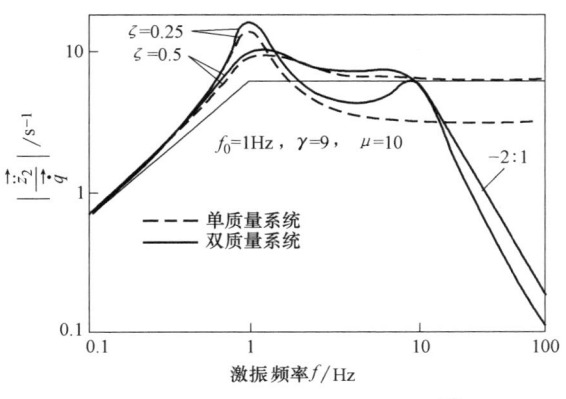

图 6-19 双质量系统的幅频特性 $\left|\dfrac{\vec{\ddot{z}}_2}{\vec{\dot{q}}}\right|$

> 图 6-19 以及图 6-20 和图 6-21 的计算基准,都是确定固有频率 f_0、质量比 μ 和刚度比 γ,令阻尼比 ζ 分别取不同值,相当于图 6-24a、图 6-24b 和图 6-24c。以图 6-19 为例,ζ 对 $\left|\dfrac{\vec{\ddot{z}}_2}{\vec{\dot{q}}}\right|$ 的影响:在低频及车身部分偏频 f_0 附近,大阻尼利于减振;在中频段,小阻尼减振效果较好;激励频率超过车轮部分偏频 f_t 后,大阻尼和小阻尼的减振效果基本相同。图 6-20 和图 6-21 的解读方法与之相同。
> 也可以分别令 f_0、μ 和 γ 单独变化,研究这些参数对于响应量的影响。具体结果可参见图 6-23、图 6-25 和图 6-26。

图 6-19 中还以虚线画出了单质量系统的 $\left|\dfrac{\vec{\ddot{z}}}{\vec{\dot{q}}}\right|$,即图 6-15 的内容。可以看出,在低频及车身部分偏频 f_0 附近,单质量系统和双质量系统的幅频特性基本相同;在车轮部分偏频 f_t 附近,双质量系统又出现一个峰值;激励频率进一步提高,双质量系统的幅频特性较快速衰减,说明对高频激励起减振作用的主要是车轮部分。这也说明对于并非"远低于车轮部分固有频率"的高频振动,单质量模型的计算准确度不高。图 6-20 和图 6-21 也有相同的结论。

(2) 车轮-地面的相对动载对路面不平度速度输入的幅频特性 $\left|\dfrac{\vec{K}_D}{\vec{\dot{q}}}\right|$ 微分方程的坐标原点取为系统的静平衡位置,则在此基准上轮胎动变形所对应的弹力就是动载 F_D,以向上为正,可得 $F_D = K_t(z_1 - q)$。静载 $G = (m_1 + m_2)g = (\mu + 1)m_1 g$。则相对动载 $K_D = \dfrac{F_D}{G} = \dfrac{K_t}{(\mu+1)m_1 g}(z_1 - q)$。

K_D 对 $\dot{q}$ 的频率响应函数为

$$\dfrac{\vec{K}_D}{\vec{\dot{q}}} = \dfrac{K_t}{(\mu+1)m_1 g} \dfrac{\vec{z}_1 - \vec{q}}{\vec{\dot{q}}}$$

已知 $\vec{\dot{q}} = j\omega \vec{q}$,于是有

$$\dfrac{\vec{K}_D}{\vec{\dot{q}}} = \dfrac{1}{j\omega} \dfrac{K_t}{(\mu+1)m_1 g} \left(\dfrac{\vec{z}_1}{\vec{q}} - 1\right) \tag{6-39}$$

将式 (6-34) 代入式 (6-39),则有

$$\dfrac{\vec{K}_D}{\vec{\dot{q}}} = \dfrac{1}{j\omega} \dfrac{K_t}{(\mu+1)m_1 g} \left(\dfrac{A_2 K_t}{N} - 1\right)$$

求模并整理,可得

$$\left|\dfrac{\vec{K}_D}{\vec{\dot{q}}}\right| = \dfrac{\gamma \omega}{g} \left[\dfrac{\left(\dfrac{\lambda^2}{1+\mu} - 1\right)^2 + 4\zeta^2 \lambda^2}{\Delta}\right]^{\frac{1}{2}} \tag{6-40}$$

式（6-40）的幅频特性如图6-20所示。根据式（6-15），将幅频特性$\left|\dfrac{\vec{K}_D}{\vec{\dot{q}}}\right|$曲线向上平移$\sqrt{G_{\dot{q}}(f)}$，就得到均方根值谱$\sqrt{G_{K_D}(f)}$。

图6-20中还以虚线画出了单质量系统的$\left|\dfrac{\vec{K}_D}{\vec{\dot{q}}}\right|$。前已指出，采用单质量系统模型时，相对动载的均方根值谱$\sqrt{G_{K_D}(f)}$与加速度的均方根值谱$\sqrt{G_{\ddot{z}_2}(f)}$的变化规律完全相同，也就是说，图6-20和图6-19中虚线的形状是完全相同的。对于本节的双质量模型来说，地面法向力F_Z不能"透过"车轮完全传至车身，有一部分用作车轮部分的惯性力，而车轮部分的质量远小于车身部分。因此，在图6-20中，当激励频率较低，即主要是车身振动时，代表双质量系统的实线和代表单质量系统的虚线比较接近；在车轮部分偏频f_t附近，双质量系统又出现一个峰值；而在高频段，两者差异较大，说明主要是车轮部分在抑制相对动载。

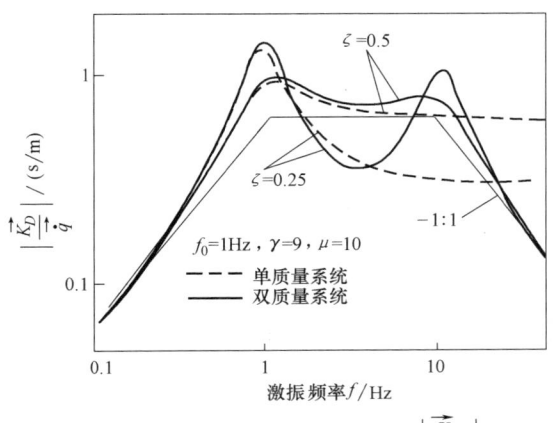

图6-20 双质量系统的幅频特性$\left|\dfrac{\vec{K}_D}{\vec{\dot{q}}}\right|$

（3）**悬架动挠度对路面不平度速度输入的幅频特性**$\left|\dfrac{\vec{f}_d}{\vec{\dot{q}}}\right|$ 悬架动挠度$f_d = z_2 - z_1$（也可定义为$f_d = z_1 - z_2$）。f_d对$\dot{q}$的频率响应函数$\dfrac{\vec{f}_d}{\vec{\dot{q}}} = \dfrac{\vec{z}_2 - \vec{z}_1}{\vec{\dot{q}}} = \dfrac{\vec{z}_2 - \vec{z}_1}{\mathrm{j}\omega \vec{q}} = \dfrac{1}{\mathrm{j}\omega}\left(\dfrac{\vec{z}_2}{\vec{q}} - \dfrac{\vec{z}_1}{\vec{q}}\right)$。将式（6-34）和式（6-36）代入，并求模，运算可得

$$\left|\dfrac{\vec{f}_d}{\vec{\dot{q}}}\right| = \dfrac{\gamma}{\omega}\lambda^2\left[\dfrac{1}{\Delta}\right]^{\frac{1}{2}} \quad (6-41)$$

式（6-41）的幅频特性如图6-21所示。根据式（6-15），将幅频特性$\left|\dfrac{\vec{f}_d}{\vec{\dot{q}}}\right|$曲线向上平移$\sqrt{G_{\dot{q}}(f)}$，就得到均方根值谱$\sqrt{G_{f_d}(f)}$。

图6-21中还以虚线画出了单质量系统的$\left|\dfrac{\vec{f}_d}{\vec{\dot{q}}}\right|$。可以看出，在低频及车身部分偏频$f_0$附近，双质量系统和单质量系统的计算值比较接近；在车轮部分偏频f_t附近，双质量系统又出现一个峰值；而在高频段，考虑车轮部分的双质量系统衰减更快。

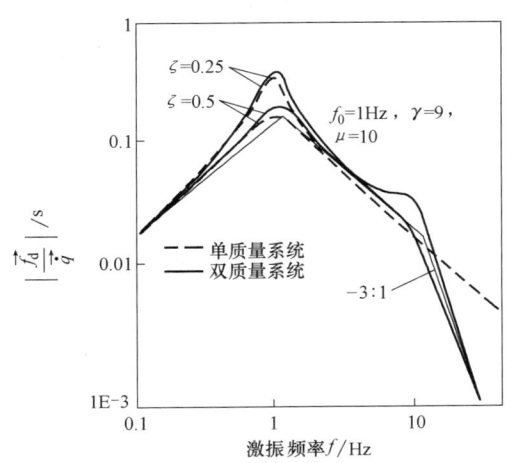

图6-21 双质量系统的幅频特性$\left|\dfrac{\vec{f}_d}{\vec{\dot{q}}}\right|$

按上述方法确定了三个振动响应量对路面不平度速度输入的幅频特性 $\left|\dfrac{\vec{y}}{\vec{\dot{q}}}\right|$，进一步可按式（6-17）计算响应量的均方根值 σ_y，作为汽车平顺性的定量评价。

4. 振动响应量的均方根值 σ_y

响应量的均方根值 $\sigma_y = \left[\displaystyle\int_0^\infty \left|\dfrac{\vec{y}}{\vec{\dot{q}}}\right|^2 G_{\dot{q}}(f)\,\mathrm{d}f\right]^{\frac{1}{2}}$，即式（6-17）。在给定路面和车速的条件下，路面不平度速度输入的功率谱密度 $G_{\dot{q}}(f)$ 是常数，结合式（6-11），可得

$$\sigma_y = 2\pi n_0 \sqrt{G_0 v}\sqrt{\int_0^\infty \left|\dfrac{\vec{y}}{\vec{\dot{q}}}\right|^2 \mathrm{d}f} \tag{6-42}$$

式（6-42）中，各响应量的幅频特性 $\left|\dfrac{\vec{y}}{\vec{\dot{q}}}\right|$ 已在上文求得。

σ_y 和 $\left|\dfrac{\vec{y}}{\vec{\dot{q}}}\right|$ 的计算关系如图 6-22 所示。由振动系统参数求得曲线① $\left|\dfrac{\vec{y}}{\vec{\dot{q}}}\right|$（图 6-22 仅作为示例，曲线①的形状并不代表某振动响应量的真实特性，如采用双质量系统模型时，幅频特性曲线 $\left|\dfrac{\vec{y}}{\vec{\dot{q}}}\right|$ 实际上有两个峰值，参见图 6-19、图 6-20 和图 6-21）；将其平方，得到曲线② $\left|\dfrac{\vec{y}}{\vec{\dot{q}}}\right|^2$；在无穷区间上积分得到③ $\displaystyle\int_0^\infty \left|\dfrac{\vec{y}}{\vec{\dot{q}}}\right|^2 \mathrm{d}f$（图 6-22 中的积分上限记为 f_c，③指的是曲线②下面的阴影面积）；求③的二次方根，再乘以若干包含道路和车速信息的常数，得到④ $\sigma_y = 2\pi n_0 \sqrt{G_0 v}\sqrt{\int_0^\infty \left|\dfrac{\vec{y}}{\vec{\dot{q}}}\right|^2 \mathrm{d}f}$。

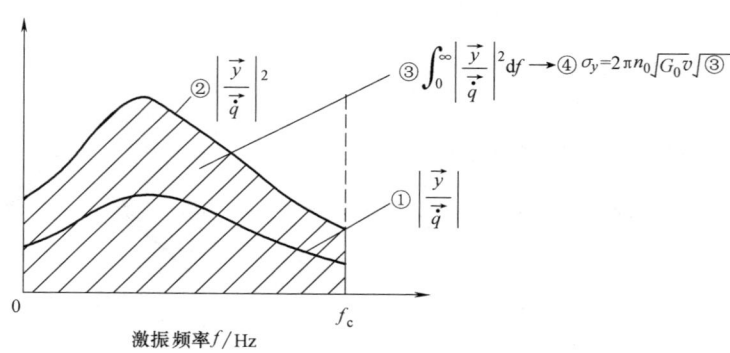

图 6-22 响应量的均方根值 σ_y 的计算过程示意

得到的定量指标 σ_y 是一个数值，而不是一个函数［有别于采用功率谱密度 $G_y(f)$ 做定量评价］。在给定道路和车速的前提下，σ_y 的数值取决于车辆振动系统特性。对于相同的车辆系统，可以采用单质量模型或双质量模型，区别仅在于曲线① $\left|\dfrac{\vec{y}}{\vec{\dot{q}}}\right|$ 不同。

第六章 汽车的平顺性

实际计算中，各响应量的幅频特性 $\left|\dfrac{\vec{y}}{\dot{\vec{q}}}\right|$ 的代数式比较烦琐，如式（6-38）、式（6-40）和式（6-41）。求定积分 $\int_0^\infty \left|\dfrac{\vec{y}}{\dot{\vec{q}}}\right|^2 \mathrm{d}f$ 的代数解非常困难，在工程计算中通常采用数值方法，将积分区间离散化，变积分为累加（类似第一章加速时间和第二章加速油耗的计算方法）。

5. 振动系统参数对汽车平顺性的影响

双质量系统有四个特性参数：车身部分固有频率 ω_0（或 f_0）、车身部分阻尼比 ζ、质量比 μ 和刚度比 γ。平顺性的评价指标，即振动响应量有三个：车身加速度 $\ddot{z}_2$、车轮-地面的相对动载 K_D 和悬架动挠度 f_d。下面以一个模拟算例，揭示四个系统参数对三个性能指标的影响规律。

> 如果确定了汽车系统参数，改变道路条件或车速，则响应量的均方根值将随 $\sqrt{G_0 v}$ 成正比变化，参见式（6-42）。由此可以分析同一辆汽车在不同道路或车速条件下振动响应量的变化情况。例如，在汽车平顺性试验中，有"车速特性"的思想，即给定试验车辆和试验道路，改变车速，将平顺性指标看成车速的函数。
>
> 若采用响应量的均方根 σ_y 作为评价指标，由式（6-42）可知，在给定车辆与道路条件下，σ_y 与 $\sqrt{v}$ 成正比。请思考，试验结果会不会完全符合这一理论规律？

双质量振动系统的基准参数值：$f_0 = 1.5\mathrm{Hz}$，$\zeta = 0.2$，$\mu = 11$，$\gamma = 10$。分析每个参数的影响时，令其分别加倍和减半，其余参数均保持基准值不变，如图 6-23～图 6-26 所示。不必给定路面不平度系数 G_0 和车速 v。

计算时，频率积分区间为 $0.1 \sim 36\mathrm{Hz}$。

（1）车身部分固有频率 f_0 的影响　固有频率 f_0 对平顺性的影响如图 6-23 所示。

固有频率 f_0 对车身加速度 $\ddot{z}_2$ 的功率谱密度的影响如图 6-23a 所示，实线是基准值 $f_0 = 1.5\mathrm{Hz}$ 的谱密度曲线，可由式（6-38）计算。当 f_0 加倍或减半时，得到虚线或点画线曲线。图 6-23a 中的各曲线，相当于图 6-22 中的曲线①。

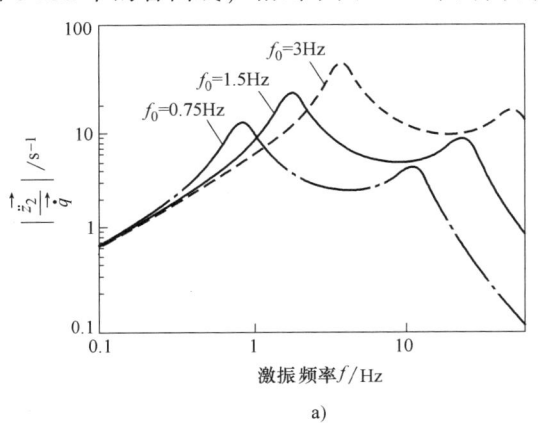
a)

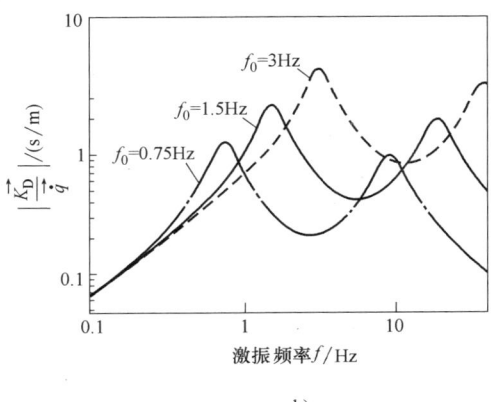
b)

图 6-23　固有频率 f_0 对平顺性的影响

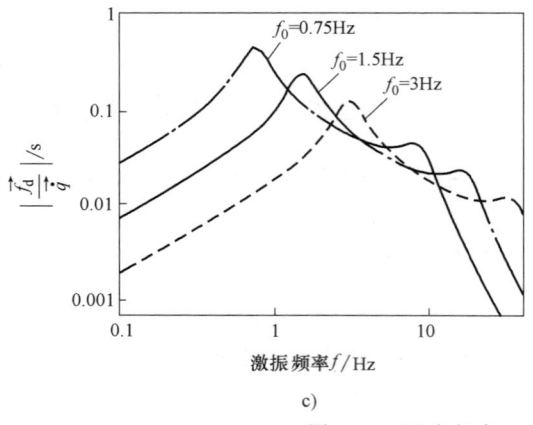 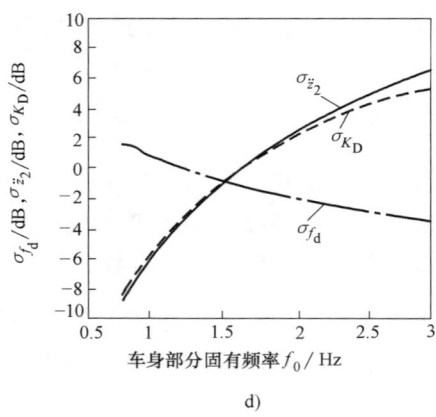

图 6-23 固有频率 f_0 对平顺性的影响（续）

当其他参数不变，固有频率 f_0 取不同值时，在图 6-22 的计算体系中就可以得到不同的 ④值，即车身加速度的均方根值 $\sigma_{\ddot{z}_2}$。图 6-23a 中的 f_0 有三个取值，就对应图 6-23d 中 $\sigma_{\ddot{z}_2}$ 线（实线）上的三个点。由于图 6-23d 以分贝值表达相对关系，式（6-42）中的系数 $2\pi n_0 \sqrt{G_0 v}$ 不起作用，因此不必指定道路和车速。

图 6-23b 和图 6-23c 分别表示 f_0 对 K_D 和 f_d 的功率谱密度的影响，其解读方式与图 6-23a 完全相同。f_0 对 K_D 和 f_d 的均方根值的影响，分别由图 6-23d 中的虚线和点画线表示。

也就是说，图 6-23a、图 6-23b 和图 6-23c 分别显示固有频率 f_0 对三个振动响应量的功率谱密度的影响，这三幅图的信息汇总起来，就得到图 6-23d：以响应量的均方根为定量指标，揭示 f_0 对汽车平顺性的影响。

> 图 6-23d 中的三条线交于（1.5Hz，0dB）点，是因为 f_0 的基准值是 1.5Hz，其相对增减的分贝值当然是 0。图 6-24d、图 6-25d 和图 6-26d 中的三条线都交于这样的"基准点"。

由图 6-23d 可以看出，降低车身部分固有频率 f_0，对于降低车身加速度和车轮-地面的相对动载非常有效，但是与此同时悬架的动挠度有所增大。

图 6-24 ~ 图 6-26 的体系和解读方法，都与图 6-23 相同，下文不过多重复。

（2）车身部分阻尼比 ζ 的影响 阻尼比 ζ 对平顺性的影响如图 6-24 所示。

由图 6-24d 可以看出：增大阻尼比，最大的好处是减小动挠度，也就是降低撞击悬架限位的概率；同时相对动载也有一定下降。其主要缺点是车身加速度水平有所上升。

> 有兴趣的读者可以思考：图 6-24 的三幅分图 a、b 和 c 中的曲线，与本节前面哪些图中的信息有相似之处？

（3）质量比 μ 的影响 质量比 μ 对平顺性的影响如图 6-25 所示。

由图 6-25d 可以看出：质量比的变化对车身加速度和悬架动挠度的影响很小，提高质量比的效果主要是降低相对动载。换言之，减轻汽车非簧载质量，对于乘坐舒适性的影响不大，主要是增强轮胎的附着能力，提高行驶安全性。

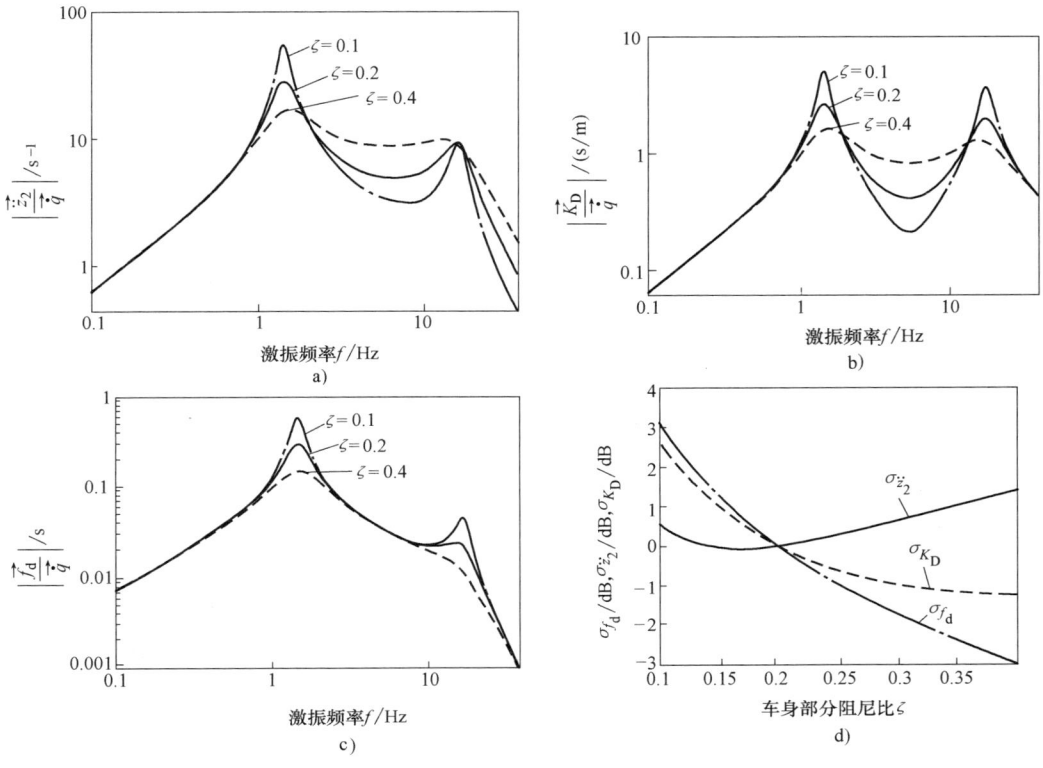

图 6-24 阻尼比 ζ 对平顺性的影响

(4) 刚度比 γ 的影响 刚度比 γ 对平顺性的影响如图 6-26 所示。

由图 6-26d 可以看出：降低刚度比能够降低车身加速度，提高乘坐舒适性。更大的效果是降低相对动载，也就是提高行驶安全性。刚度比对动挠度的影响很小。降低刚度比一般意味着选用较软的轮胎。

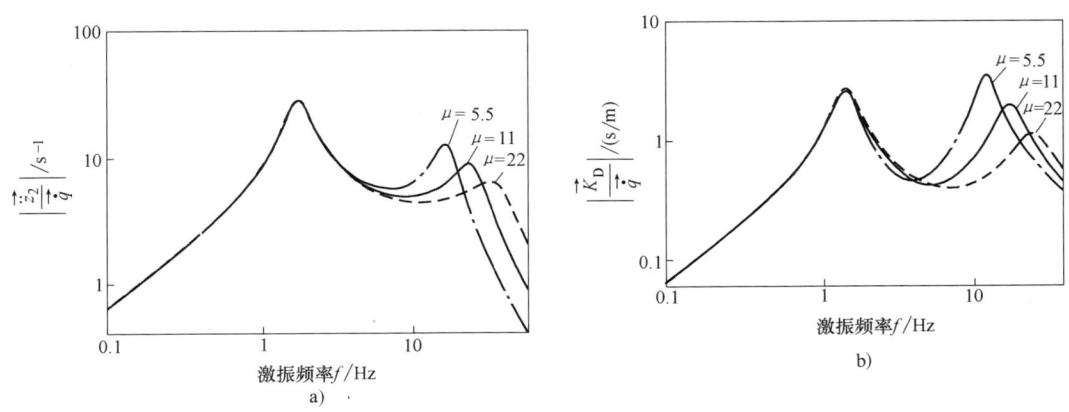

图 6-25 质量比 μ 对平顺性的影响

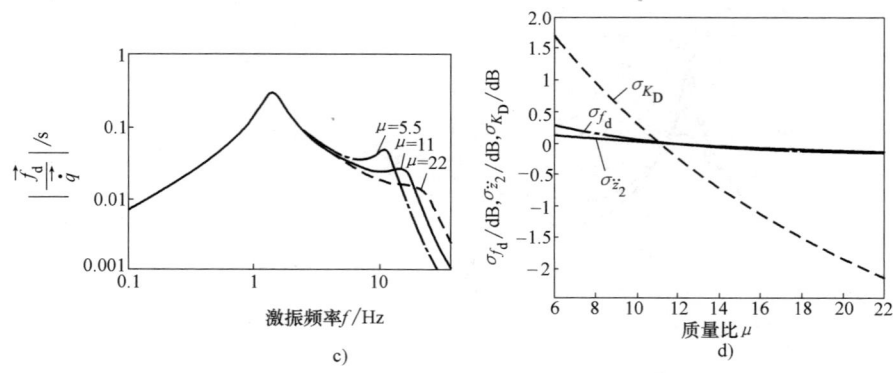

图 6-25 质量比 μ 对平顺性的影响（续）

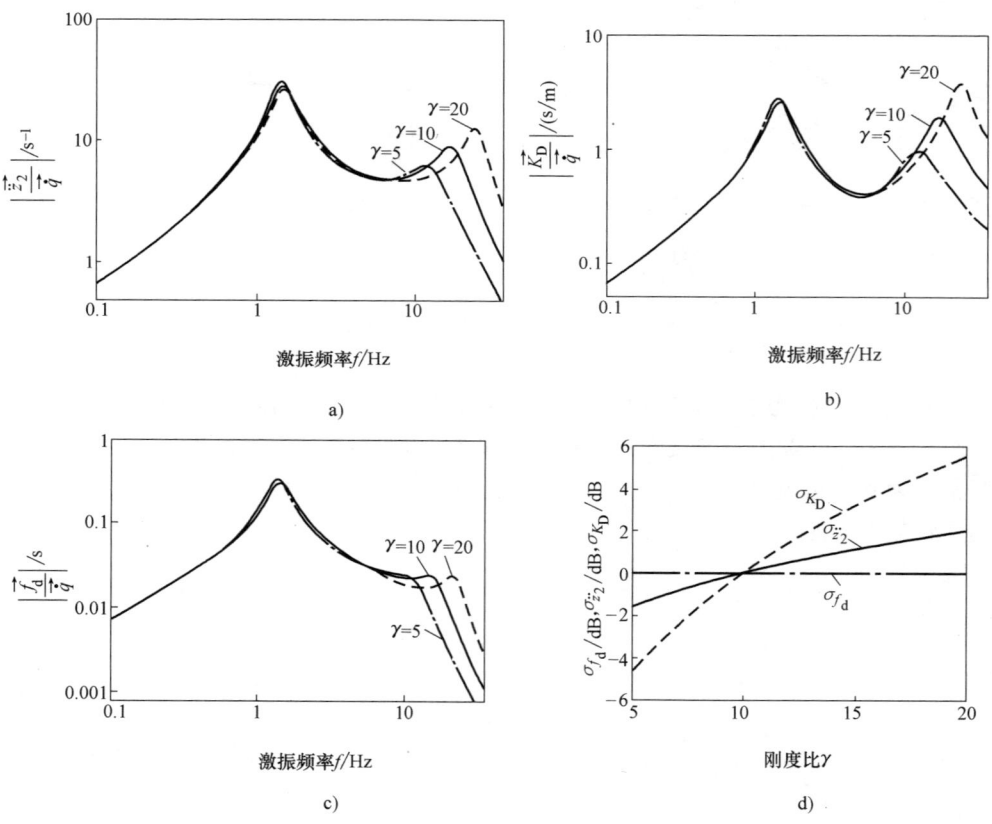

图 6-26 刚度比 γ 对平顺性的影响

以上算例的定性规律具有一定代表性，但是定量数据（如系统参数与振动响应量的增减幅度关系等）则依赖于所选定的振动系统各参数的基准值、各参数的变动幅度以及计算频带等，不一定具有普遍性。路况和车速不会影响增减幅度关系。

另外，此处最终得到的定量评价参数——均方根值 σ_y 没有进行频率加权，所以和 ISO 2631 等推荐的考虑人体主观反应的评价方法相比较，结果会有一定出入。

> 目前对平顺性进行工程评价，大都依据 ISO 2631 或 GB/T 4970—2009《汽车平顺性试验方法》等，进行轴加权和频率加权。

二、三质量系统模型的平顺性分析

1. 三质量系统模型

所谓"三质量系统"，是在上述双质量系统的基础上，再加上人体-座椅系统，也就是将振动系统的输出端由车身（可以理解为地板）进一步上移到乘员的身体。显然，这个模型更符合实际，以此为研究对象的平顺性分析更可靠。

三质量系统模型如图 6-27 所示。

图 6-27 中，m_s 是人体（含座椅）的质量，K_s 和 C_s 分别是座椅的刚度和阻尼系数。m_s、K_s 和 C_s 构成三质量系统的一个子系统，即人体-座椅系统。整个三质量系统的输入是路面不平度 q，输出是人体的垂直位移 p。

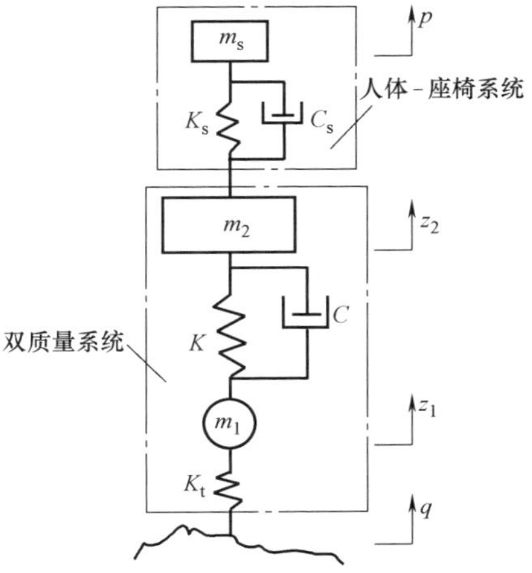

2. 三质量系统模型的平顺性分析

如前所述，在给定路面和车速的前提下，平顺性分析的主要工作是计算振动响应量对路面不平度速度输入的幅频特性 $\left|\dfrac{\vec{y}}{\vec{q}}\right|$。对于三质量系统，可以看成由下端的车轮-车身双质量系统和上端的人体-座椅系统

图 6-27 三质量系统模型

串联而成，整个系统的幅频特性由子系统的幅频特性相乘得到。当以人体加速度为振动响应量时，显然有 $\left|\dfrac{\vec{\ddot{p}}}{\vec{\dot{q}}}\right| = \left|\dfrac{\vec{\ddot{p}}}{\vec{\ddot{z}}_2}\right|\left|\dfrac{\vec{\ddot{z}}_2}{\vec{\dot{q}}}\right|$。

令 $p = \vec{p}\mathrm{e}^{\mathrm{j}\omega t}$、$z_2 = \vec{z}_2\mathrm{e}^{\mathrm{j}\omega t}$，有 $\vec{\ddot{p}} = -\omega^2\vec{p}$、$\vec{\ddot{z}}_2 = -\omega^2\vec{z}_2$，即 $\left|\dfrac{\vec{\ddot{p}}}{\vec{\ddot{z}}_2}\right| = \left|\dfrac{\vec{p}}{\vec{z}_2}\right|$。于是有

$$\left|\dfrac{\vec{\ddot{p}}}{\vec{\dot{q}}}\right| = \left|\dfrac{\vec{p}}{\vec{z}_2}\right|\left|\dfrac{\vec{\ddot{z}}_2}{\vec{\dot{q}}}\right| \tag{6-43}$$

关于 $\left|\dfrac{\vec{\ddot{z}}_2}{\vec{\dot{q}}}\right|$（图 6-28a）：一般来说，人体质量 m_s 远小于车身质量 m_2，对车身部分的运动来说，人体-座椅系统的作用（就是 m_s 加速时的惯性力）可以忽略不计，那么在图 6-27 中，车轮-车身子系统的上端可以认为是"自由端"，幅频特性 $\left|\dfrac{\vec{\ddot{z}}_2}{\vec{\dot{q}}}\right|$ 就按本节"一、双质量系统模型的平顺性分析"部分中的，由式（6-38）计算。

另外,在车轮-车身子系统的上端可以认为是自由端的条件下,三质量系统的车轮-地面相对动载 K_D 和悬架动挠度 f_d 这两个响应量的定量评价,与本节"一、双质量系统模型的平顺性分析"部分完全相同,不需重复。

关于 $\left|\dfrac{\vec{p}}{\vec{z_2}}\right|$(图 6-28b):对于人体-座椅系统,它和单质量系统(参见图 6-13)在本质上是相同的,参照式(6-26),可得

$$\left|\frac{\vec{p}}{\vec{z_2}}\right| = \left[\frac{1+4\zeta_s^2\lambda_s^2}{(1-\lambda_s^2)^2+4\zeta_s^2\lambda_s^2}\right]^{\frac{1}{2}} \tag{6-44}$$

式(6-44)中,频率比 $\lambda_s = \dfrac{\omega}{\omega_s}$,人体-座椅系统的固有频率 $\omega_s = \sqrt{\dfrac{K_s}{m_s}}$,人体-座椅系统的阻尼比 $\zeta_s = \dfrac{C_s}{2\sqrt{m_s K_s}}$。

式(6-43)反映的传递特性的计算关系如图 6-28 所示,计算关系也可形象地表示为 "a×b=c"。

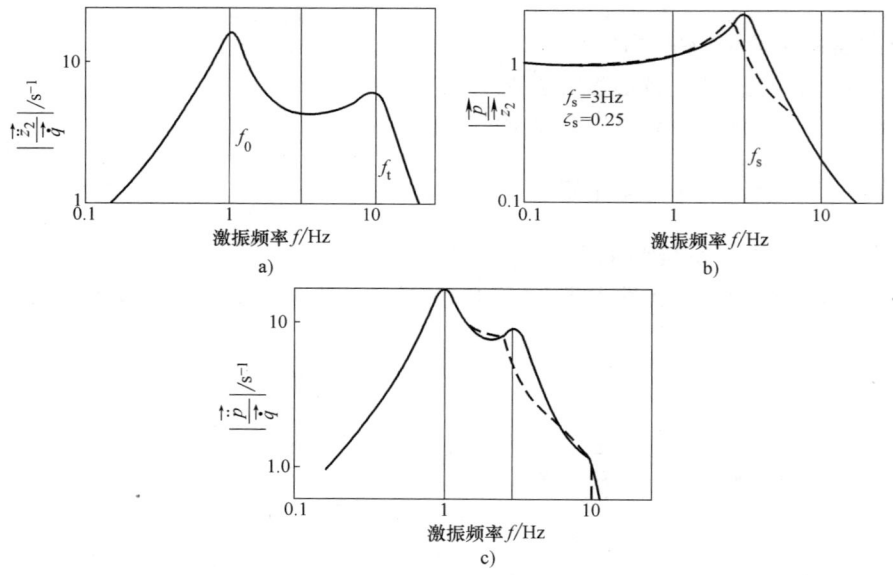

图 6-28 三质量系统的幅频特性

读者可以思考一下,图 6-28a 和图 6-28b 和本章的哪些图在本质上是相同的?

已知 $\left|\dfrac{\ddot{\vec{p}}}{\ddot{\vec{z_2}}}\right| = \left|\dfrac{\vec{p}}{\vec{z_2}}\right|$,所以图 6-28b 实际上反映了人体-座椅系统对车身加速度幅值的传递能力。由 6-28b 图可知,在较低频段,人体-座椅系统基本不起作用;对人体-座椅系统固有频率

f_s 附近的振动有一定放大；在约 $\sqrt{2}f_s$ 以上的高频段，人体-座椅系统则有较好的减振效果。

计算结果图 6-28c 揭示了三质量系统的人体加速度对路面不平度速度输入的幅频特性 $\left|\dfrac{\vec{\ddot{p}}}{\dot{q}}\right|$。结合道路和车速信息，可以进一步计算功率谱密度 $G_{\ddot{p}}(f)$ 和均方根 $\sigma_{\ddot{p}}$，基本关系参见图 6-22。

3. 人体-座椅系统参数的选取

人体-座椅系统是一个单质量系统，系统参数的选取主要涉及固有频率 f_s 和阻尼比 ζ_s。分析这些参数对平顺性的影响，主要应研究图 6-28b。

人体在垂直方向比较敏感的频率范围是 4~12.5Hz，该频段应处于人体-座椅系统的减振区，也就是说，应满足 $\sqrt{2}f_s\leqslant4\text{Hz}$，大致要求 $f_s\leqslant3\text{Hz}$。另外，f_s 还应避开车身部分的固有频率 f_0，以免在该频率的激励下幅频特性 $\left|\dfrac{\vec{\ddot{p}}}{\dot{q}}\right|$ 由于两个共振峰的叠加而突增。f_0 一般为 1~2Hz，f_s 应高于此值。综合考虑，一般认为 $f_s\approx3\text{Hz}$ 较合适（如果车身部分的固有频率非常高，达到 $f_0\geqslant2.5\text{Hz}$ 的水平，则可以考虑将 f_s 选择得比 f_0 更低，例如 $f_s\approx2.0\text{Hz}$，以实现 "f_s 还应避开车身部分的固有频率 f_0" 的要求）。

图 6-27 所示的模型是按人体为刚性质量建立的，实际上人的肌体组织具有一定的减振效能，按 $f_s=\dfrac{1}{2\pi}\sqrt{\dfrac{K_s}{m_s}}$ 计算得到的固有频率（可称为"名义固有频率"）偏高，共振峰值也偏大，图 6-28b 和图 6-28c 的实际特性应如虚线所示。有些座椅将名义固有频率 $f_s=\dfrac{1}{2\pi}\sqrt{\dfrac{K_s}{m_s}}$ 选择在 5~6Hz 之间，在适当的阻尼比配合下，仍然可以将实际固有频率控制在 3Hz 左右，确保激振频率达到 4Hz（人体垂直振动敏感频带的起点频率）时，人体-座椅系统的幅频特性已经进入减振区。

关于阻尼比 ζ_s，一般要求人体-座椅系统的 $\zeta_s\geqslant0.25$，这样在低频带和共振区的减振效果较好。座椅的座垫选用高阻尼系数的泡沫材料，可使 ζ_s 到 0.3~0.4。阻尼比也不宜过高，否则对于高频激振的衰减效果不佳。可参见图 6-14 中不同阻尼比的幅频特性对比（有的汽车在驾驶人座椅下面设有弹簧和减振器，构成一个小型的"悬架"，可以实现预期的阻尼比）。

需要注意的是，固有频率 f_s 和阻尼比 ζ_s 的数值，都与人体（含座椅）的质量 m_s 有关。也就是说随着乘员体重的不同，上述估算值会有变化。

三、可控悬架技术简介

本章前面讲述的悬架系统，其结构参数一经设定就不能改变，称为**被动悬架**或**不可控悬架**。而平顺性的各方面要求存在矛盾之处，汽车装载状况、车速和道路等条件也会经常变化，参数不可控的被动悬架难以全面满足要求。例如，降低车身加速度要求降低悬架系统的固有频率 f_0，而降低悬架动挠度则要求提高 f_0；提高阻尼比 ζ 有助于降低动挠度和动载，但是车身加速度会增大；车辆满载和空载时的簧载质量 m_2 差异较大，如果悬架系统的固有频

率 f_0 和阻尼比 ζ 适用于满载工况，那么在空载时就显得过高等。因此，对于普通的被动悬架，固有频率和阻尼比等特性参数在设计时一般采取折中的策略选取。

因而，希望能够根据使用工况和驾驶人意图的变化，对悬架系统的参数加以控制，全面提高汽车的平顺性以及其他相关性能。这种以性能提高为目标而可以对结构参数进行控制的悬架，就称为**可控悬架**。

可控悬架与不可控的被动悬架的本质区别在于所传递作用力的影响因素不同。传递车身部分和车轮部分之间的一切作用力，是汽车悬架系统的基本功用。在垂直方向上，可以将悬架所传递的作用力 F_s 看成两项之和，即 $F_s=F_k+F_c$。对于传统的被动悬架，F_k 是弹性力，与车身-车轮部分的相对位移（z_2-z_1）成正比，比例系数固定；F_c 是阻尼性质的力，与车身-车轮部分的相对速度（$\dot{z}_2-\dot{z}_1$）成正比，比例系数固定（理论上）。如果能设法突破这一限制，就可以得到各种类型的可控悬架。

一个比较熟悉的例子：货车后悬架在满载和空载时的簧载质量 m_2 差异很大，导致固有频率 $f_0=\dfrac{1}{2\pi}\sqrt{\dfrac{K}{m_2}}$ 大幅度变化，平顺性难以全面保证。因此，开发出了各种采用主、副簧结构的钢板弹簧悬架，以实现变刚度特性。这类悬架的基本出发点都是追求弹簧刚度 K 随簧载质量 m_2 同步变化，以确保载荷变动时固有频率 f_0 稳定在预期值附近。当然这是一种比较"简陋"的可控悬架，可将其视为某种"自适应刚度调节系统"，或者认为这还不属于可控悬架。这种悬架的一个问题是当 m_2 大幅度变动时，悬架的阻尼比和静平衡位置（即车身高度）也会有较大变动。

目前的可控悬架大多是电子控制的，故又称**电控悬架**，主要包括主动悬架和半主动悬架等类型（对于电控空气悬架或油气悬架，一般认为属于主动悬架；也有的研究观点认为其既不同于传统的被动悬架，也难以归入主动悬架或半主动悬架，可以认为自成一类。本书不涉及此问题的详细讨论）。主动悬架和半主动悬架，根据具体的可控参数、控制方法和硬件组成的不同，又可以进一步分类。

相对于参数不可控的传统被动悬架，电控悬架的结构更复杂，由于增添了参数可变的悬架元件，本章前面讲述的动力学分析的模型（如单质量、双质量和三质量系统等）也不再完全适用，而且存在种类较多的控制方法。此处仅对电控悬架的基本类型和性能参数的控制原理进行简介。具体的系统设计、控制算法和性能评价等问题可参考相关资料。

> 此部分所采用的各种技术术语，不同的研究者可能采用不同的称呼和定义。

1. 半主动悬架

半主动悬架是系统的阻尼系数和/或弹簧刚度可以调节的悬架。比较常见的是可调阻尼系数的半主动悬架，其基本原理如图6-29所示（输入控制器的传感信号，不仅指来自车身和车轮部分的运动参数）。

这种半主动悬架的传感-控制系统根据车身-车轮部分的相对速度和行驶工况等信息，调节减振器的阻尼系数 C。

半主动悬架又包括以下三种技术类型。

（1）自适应阻尼调节悬架系统 早期的可控悬架，是由驾驶人判断行驶工况和性能需求，人工手动调节减振器的阻尼系数。在此原理的基础上，由电控系统感知节气门位置、转向盘转角或角速度、制动踏板信号、悬架相对位移或相对速度等信号，按预定的控制策略调节减振器的阻尼系数，就形成了**自适应阻尼调节悬架系统**。

例如，很多车型采用了这样的两档阻尼自适应控制策略：正常行驶时，减振器处于低阻尼档；当车辆处于起步、加速、制动或转向等工况时，改为高阻尼档。高阻尼可以更好地抑制动挠度和相对动载，强调行驶安全性，低阻尼则侧重于乘坐舒适性。

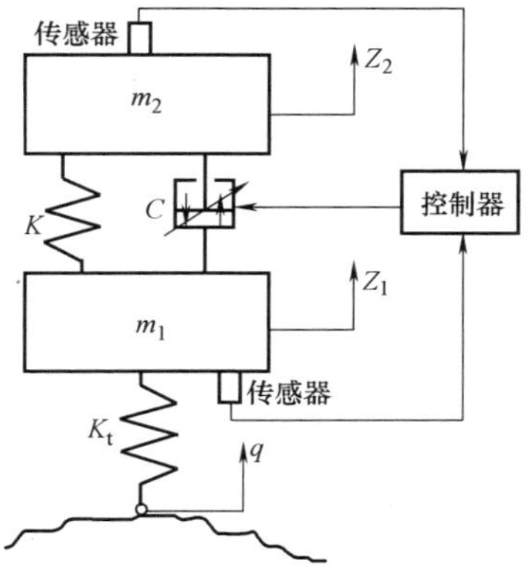

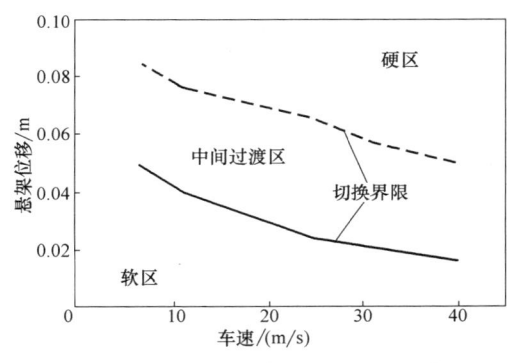

图 6-29 典型的可调阻尼半主动悬架基本原理

也有的可调减振器采用三级阻尼的设置。其基本控制策略如图 6-30 所示。这种减振器的阻尼系数有高、中和低三级（档），也可形象地称为硬、中间过渡和软三种状态。阻尼调节的基本依据是悬架位移和车速信息，如图 6-30 所示。另外，当车辆处于起步、制动或转向工况时，阻尼系数固定为硬态。

有些阻尼自适应悬架的调节系统还具有改变弹簧刚度和车身高度的功能，进一步提高车辆性能。

大多数自适应阻尼调节悬架系统所采用的减振器在本质上仍然是利用节流原理产生阻尼力的筒式液力减振器，电控系统通过执行元件（主要是各种控制阀），改变减振器内的流体过流面积，以实现不同阻尼系数值的切换。这类自适应调节系统的一个缺点是阻尼切换较慢（切换时间多在 30ms 以上，有的达到 200ms），系统只能在某一阻尼设置下保持较长时间，而难以迅速、频繁地切换。

图 6-30 一种具有三级可调阻尼的自适应悬架系统控制策略

（2）可切换阻尼悬架系统 采用较先进的控制阀技术，使得阻尼切换速度显著提高，则可以得到**可切换阻尼悬架系统**。这种系统和上文介绍的"自适应阻尼调节悬架系统"并无本质区别。可切换阻尼悬架系统的主要进步是切换时间可以缩短至 20ms 以内，允许采用更复杂的控制策略。

> 从理论上说，任何一种电控悬架（无论主动还是半主动）都具有特性参数的自适应功能。本节所采用的"自适应阻尼调节悬架系统"术语，专指上一部分介绍的那种阻尼切换较慢的半主动悬架。

一种比较常见的两档阻尼切换控制策略是：当车身振动的绝对速度与车身-车轮的相对速度同号，即 $\dot{z}_2(\dot{z}_2-\dot{z}_1)>0$ 时，将阻尼设置为硬档；当车身振动的绝对速度与车身-车轮的相对速度异号,即 $\dot{z}_2(\dot{z}_2-\dot{z}_1)<0$ 时,将阻尼设置为软档。

> 这种控制策略的出发点是尽量阻止车身的运动。分析可知,$\dot{z}_2(\dot{z}_2-\dot{z}_1)>0$ 时,阻尼力的方向与车身运动的方向相反,大阻尼有利于抑制车身运动;而 $\dot{z}_2(\dot{z}_2-\dot{z}_1)<0$ 时,阻尼力的方向与车身运动的方向相同,大阻尼将加剧车身运动,所以有研究认为可将此时的"软档"阻尼设置为0。

(3)**连续可变阻尼悬架系统** 采用更先进的步进电机-控制阀技术,或者使用磁流变液,可以进一步缩短减振器阻尼系数调节所需的时间。目前的**连续可变阻尼悬架系统**,可以将阻尼调节时间缩短至毫秒级别,因而可以根据实时工况的需求实现无级、连续的阻尼系数调节。由于该系统具有实时、连续的调节能力,与上文的自适应阻尼调节悬架系统和可切换阻尼悬架系统相比,其控制策略的设计可以有更广泛的空间,减振器所产生的阻尼力可以独立地追踪需求信号,而与减振器本身的相对速度 $(\dot{z}_2-\dot{z}_1)$ 无关(理论上)。

2. 主动悬架

主动悬架系统由一个作动器(或称主动力发生器)取代弹簧和减振器,产生主动控制力,作用于车身与车轮之间。作动器的工作需要很大的输入能量,有的主动悬架为了降低能耗,保留了传统悬架(可能仅保留弹簧或减振器之一),与作动器并联。传统悬架承受车身静载,作动器仅产生补偿作用力,与作用于悬架上的动态作用力相平衡,如图 6-31 所示(输入控制器的传感信号,不仅指来自车身和车轮部分的运动参数)。

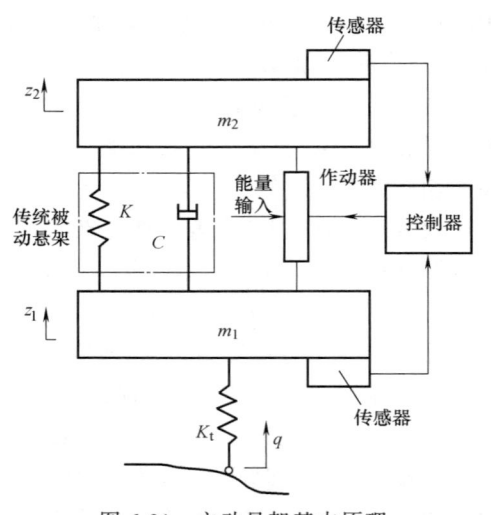

图 6-31 主动悬架基本原理

主动悬架与半主动悬架的主要区别,不是控制参数(某些半主动悬架也可以控制悬架刚度和车身高度),而在于半主动悬架系统是无源的,除了补偿执行元件的响应/切换动作能耗和系统运作时的少量内摩擦能耗外,不需要外界输入能量。而主动悬架是有源的,其作动器产生主动控制力,要消耗很大的能量,需由外界能源补充。

主动悬架又包括以下两种技术类型。

(1)**有限带宽主动悬架系统** 所谓"有限带宽",是指这种主动悬架的作动器仅对较低频带内(如 0~6Hz)的激励产生主动控制力。因为这种系统仅对低频输入有响应,所以又称为"慢主动悬架"。为了在高频激励下仍具备悬架的基本功能,系统必须具有传统的被动部分,其基本结构如图 6-32 所示。在高频激励下,作动器的控制阀关闭,相当于一个刚体,整个系统成为一个被动悬架(分析表明,被动悬架的高频减振效果较好)。

图 6-32 中的弹簧 K 一般是油气弹簧。如果将减振器 C 改为可调阻尼减振器(可参见上文各种半主动悬架),则这种有限带宽主动悬架系统的性能,基本上可以达到下文"全主动悬架系统"的水平。

（2）全主动悬架系统 全主动悬架系统一般要求至少达到 0~15Hz 的频率响应范围，即向上覆盖到车轮部分的偏频。其理想目标是实时追踪主动控制力的需求。为了降低能耗，作动器通常与一个承受静载的弹簧并联，可参见图 6-31（被动部分通常没有减振器 C）。

3. 车身高度可调悬架

一些悬架（包括不可控的被动悬架和可控的主动与半主动悬架）采用空气弹簧或油气弹簧，由于弹簧刚度较小或可调，使得乘坐舒适性较好。但是带来的问题是，随着簧上载荷的变化，悬架的静平衡位置，即车身高度会发生较大幅度的变化，这会影响悬架的动挠度限位值设定和底

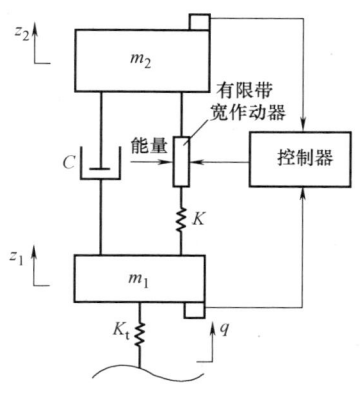

图 6-32 有限带宽主动悬架系统

盘的离地间隙等。另外，随着行驶工况和车辆状态的不同，不仅对（各轮）悬架的刚度和阻尼有不同的要求，悬架的静平衡位置也应该可以调节。

因此开发了具有车身高度调节功能的悬架系统。其并不是一个独立的悬架种类，该系统的其余部分，可能与传统的被动悬架相同，也可能是具有可变阻尼或可变刚度的电控悬架。

阻尼和刚度的调节，很重要的控制信号是车身和车轮部分的垂直振动信号（速度或加速度值）；而车身高度的调节主要采用行驶工况和车辆状态信号，如加速、匀速、转弯、制动、良好路面、崎岖路面、装载质量质心位置移动、停车上下客以及长时间停放引起空气囊泄漏等。另外，与阻尼和刚度的调节相比，目前车身高度调节的响应速度较慢，从控制器接收"需要调节高度"的传感信号，到调节（这种调节有时又称为"车身高度校正"）完成，通常会有几秒钟的时间滞后。

以上对电控悬架技术的含义、分类、控制原理和性能特点等进行了简介，在具体车辆的开发设计中，可能采取上述若干项功能的组合。

> 另外，还有一些与可控悬架类似的技术，也可以提高汽车的平顺性。例如主动行驶性能控制（Active Ride Control，ARC），此处"行驶性能"（Ride）基本等同于"平顺性"或"乘坐舒适性"。当汽车在较颠簸的路面上行驶时，ARC 系统通过调节汽车的驱动力或各车轮的制动力，"主动"产生适度的车身俯仰运动，在一定程度上与不平路面引起的车身俯仰运动相抵消，以提高乘坐舒适性。ARC 系统并不直接调节悬架系统的结构参数，相对于主动或半主动悬架来说，成本较低。

复习与思考

1. 掌握汽车的平顺性含义和振动响应量。
2. 了解基于实测的平顺性指标的计算方法。理解各种加权的原理。
3. 理解功率谱密度函数的含义。掌握空间频率与时间频率下，路面不平度的位移谱、速度谱和加速度谱。理解速度谱 $G_{\dot{q}}(f)$ 的特殊性。
4. 理解以功率谱密度或均方根作为响应量的定量评价参数。掌握这两个参数的计算原

理。结合速度谱 $G_q(f)$ 的特殊性，理解为什么本章着重研究响应量对不平度速度输入的幅频特性 $|H(f)_{y\sim\dot{q}}|$。

5. 掌握汽车振动系统逐级简化的条件。掌握单质量系统模型及其微分方程。掌握三个振动响应量对不平度速度输入的幅频特性 $|H(f)_{y\sim\dot{q}}|$ 的计算原理。掌握固有频率和阻尼比对三个振动响应量的功率谱密度的影响。

6. 掌握双质量系统模型及其微分方程。掌握利用传递特性的思想计算振动响应量对不平度速度输入的幅频特性 $|H(f)_{y\sim\dot{q}}|$ 的原理，理解采用数值方法计算均方根的原因。掌握固有频率、阻尼比、质量比和刚度比对三个振动响应量的均方根的影响。

7. 掌握建立三质量系统模型的方法。理解利用传递特性计算人体加速度的幅频特性的方法。了解人体-座椅单质量系统固有频率和阻尼比的选取原则。

8. 查阅有关资料，拓展各种电控悬架的原理和控制方法方面的知识。

9. 改变悬架刚度，对汽车的操纵稳定性和平顺性可能产生哪些影响？

第七章 汽车的通过性

第一节 概 述

汽车的**通过性**，是指汽车克服恶劣地面条件或地表几何障碍，以可以接受的平均速度行驶的能力。

"以可以接受的平均速度行驶"这一条件，是一种较为定性的说法，可以灵活掌握。在极其艰难的地带行驶时，可以不考虑车速方面的要求。

> 或者这样理解：通过性的好坏首先比较的是能否"过得去"；在都能通过的前提下，速度高者为优。

"恶劣地面"，指的是松软的无路地面、涉水或泥浆地面以及各种极度不平的崎岖路面。汽车在冰面或压紧的雪地等面上的通过能力，仅涉及弱附着系数问题，不会发生后文所述的"沉陷"，可以按动力性中的附着问题研究（参见第一章第五节）。

在某些通过性的研究中，也要考虑通过恶劣地面时的乘坐舒适性问题（例如，车辆在某些地面的通行速度难以提高，其主要限制因素不是行走机构的通过能力不足，而是悬架等振动系统的响应量过强）。本章主要研究通过能力，不平地面上的舒适性问题归入平顺性研究的范畴。

"地表几何障碍"，指的是各种可能托住汽车底部或卡住汽车侧边的障碍物，一般不考虑这些障碍物自身的变形能力，将其视为刚性几何轮廓。

根据以上的界定，汽车的通过性问题可以划分为两个分支：克服"恶劣地面条件"的能力，称为**牵引通过性**（或**支承通过性**），其失效形式一般是车辆行走机构的"沉陷"；克服"地表几何障碍"的能力，称为**几何通过性**（或**越障通过性**），其失效一般表现为车体各部位的"托住"或"卡住"。这两种通过性问题不是截然对立的，有时候是共同存在的，例如，汽车在山地或林区行驶，既要防止陷入松软地面，也要注意不被陡坡、大石或丛林小径卡住。

通过性有时又称为越野性或越野能力，但并非仅研究汽车在田野等非铺装路面上的行驶能力，如几何通过性问题，有时候是在城市道路行驶中出现的。

本章应明确区分若干术语的含义，例如，支承车辆行走机构的任何表现都可以称为"地面"，其中人工铺装的（可以包括土路和石路）且技术状况维护合格的，才可称为"路面"；当不强调轮式行走机构的表面机械特性时，称"车轮"，如果强调橡胶材料的机械特性与表面花纹等几何参数时，则称为"轮胎"。另外，采用履带式行走机构的车辆不属于"汽车"，但是其通过性也可采用本章的理论和方法进行研究。

第二节 牵引通过性

牵引通过性的研究范围较广，涉及的影响因素较多，分析方法与前面几章有所不同，而且很多问题目前存在多种学说和解释，尚无统一的通行理论。本书所讲述的只是一些基础的、应用较广泛的理论和方法。

一、牵引通过性的评价指标

通过前面各章的讲述、本章的基本概念介绍，以及对车辆工程专业和汽车行业的基础认知，现在可以尝试在总体上对地面车辆的评价指标体系加以归纳。

从实际使用需求出发，可以从有效性、安全性、可靠性、经济性、环保性、舒适与便利性这六个方面评价车辆的性能。

(1) **有效性指标** 有效性指标具体包括速度性、牵引性和越障性等方面。其中的"速度性"，是一种广义的提法，基本等同于第一章第一节中的"汽车行驶的平均速度"，即"高效完成运输工作的能力"，可以认为包含了汽车的动力性；另外，当路面激励引起的车身（或人体-座椅系统等）振动成为行驶速度的主要限制因素时，"速度性"主要涉及汽车的平顺性。牵引性和越障性，就是本章研究的牵引通过性和几何通过性。

(2) **安全性指标** 安全性指标具体包括操纵稳定性、制动性和碰撞安全性等。新能源汽车的电气安全性等也需要重视。

(3) **可靠性指标** 可靠性指标可以由耐久性、可靠度和维保性等来衡量。耐久性可以用车辆大修前的平均使用期（也称大修里程）来评价。车辆的耐久性从本质上取决于零部件的耐久性，主要涉及对零部件的极限磨损和疲劳损坏规律的研究。可靠度是指车辆产品在规定的条件下和规定的时间内，完成规定功能的概率，其具体研究涉及故障率、平均故障间隔时间和可靠寿命等问题。维保性又称维修性，可以用产品在规定的条件下和规定的时间内维修完毕的概率来衡量。

(4) **经济性指标** 经济性指标可以采用行驶效率和成本两类指标来衡量。行驶效率是车辆（或车辆的行走机构）输出的有用功率与输入总功率之比，如下文的牵引效率和行驶效率。成本指标可划分为车辆购置成本和使用成本，其中使用成本又包括燃油（或其他能源）成本、其他耗材成本、维修成本、税费成本以及驾驶人、车库等附加成本。

(5) **环保性指标** 环保性指标主要包括排放、噪声和电磁兼容等。广义而言，也应包含汽车产品及其消耗材料在采炼、制造、储运等诸多环节的相关环保指标。

(6) **舒适与便利性** 舒适与便利性主要涉及舒适性配置、便利性配置以及人体工程学设计等因素。

第七章 汽车的通过性

在地面车辆的评价指标体系中，与车辆的牵引通过性关系最为密切的，是牵引系数 TC，这是一个有效性指标。**牵引系数**是单位垂直负荷所具有的挂钩牵引力。牵引系数的主体可以是整车，也可以是车辆的行走机构，如某个驱动轮。**挂钩牵引力** F_d 是指车辆或行走机构获得的地面推力与地面阻力之差，即"净推力"。于是有

$$TC = \frac{F_d}{G} = \frac{F_X - F_r}{G} \tag{7-1}$$

此处 F_X 指的是地面与车辆相互作用中施加于车辆的向前的纵向力，即地面推力；地面阻力 F_r 则是地面施加于车辆的向后的纵向力。实际上，推力 F_X 和阻力 F_r 并不能截然分开，在受力分析图上很多时候无法明确指出哪个力是 F_X、哪个力是 F_r。"地面推力"和"地面阻力"的称呼很多时候是源于经验或习惯。

挂钩牵引力 F_d（有些资料写为 DP，Draw-bar Pull），简称牵引力，是一种"净推力"，表明车辆或行走机构在克服自身匀速行驶的地面阻力之后，还有一定的剩余牵引能力可以从"挂钩"上输出，用于牵引从动部分或者作为动力储备应付额外的行驶阻力（如加速、爬坡、应对更为艰难的地面条件等）。

另外，还有两个经济性指标——牵引效率和燃油利用指数，可以作为车辆牵引通过性的辅助评价。

牵引效率 TE（也称驱动效率）：车辆行走机构的输出功率与输入功率之比。

> 功率损失源于行走机构和地面相互作用过程中非保守力（耗散力）的做功，如图 1-6 研究的弹性迟滞损失就是不考虑路面变形而仅考虑轮胎径向变形得到的结果。对于本节的研究来说，地面阻力的形成和造成行驶中能量损失的因素都比第一章良好路面上的动力性问题更为复杂。

以轮式行走机构为例，有

$$TE = \frac{F_d v}{T_t \omega} \tag{7-2}$$

式中，F_d 为驱动轮的挂钩牵引力；v 为车速；T_t 为作用于驱动轮的驱动转矩（含义与图 1-4 中相同）；ω 为驱动轮的角速度。

越野行驶时，驱动轮与地面之间往往存在一定的滑转，令滑转率为 s [参见式（7-29）]，并将驱动轮无滑转时的滚动半径 [其含义类似式（4-3）中的 r_{t0}] 记为 r，则牵引效率为

$$TE = \frac{F_d r(1-s)}{T_t} \tag{7-3}$$

> 也有采用**行驶效率** DE 作为指标的，它是指车辆的输出功率与输入功率之比。整车的输入端在发动机，其转矩和角速度分别为 T_e 和 ω_e。分析可知，行驶效率 DE 比牵引效率 TE 多考虑了汽车传动系统的效率损失环节，可得
>
> $$DE = \frac{F_d v}{T_e \omega_e} = \frac{F_d r(1-s) \eta_T}{T_t} = TE \eta_T \tag{7-4}$$

燃油利用指数 E_f：单位燃油消耗量所输出的有用功，单位可取 J/ml 或 kJ/ml。燃油利用指数的主体是汽车，不是其行走机构。分析可得

$$E_f = \frac{F_d v}{Q_t} \tag{7-5}$$

式中，Q_t 为耗油速率，可参考第二章第二节的有关内容，按 $Q_t = \dfrac{bP_e}{1000\rho}$（L/h）或 $Q_t = \dfrac{bP_e}{3600\rho}$（mL/s）计算。

> 式 (7-5) 的基本定义为瞬时值。当需要计算某段行程的平均燃油利用指数时，基本计算思路是：对式 (7-5) 的分子和分母分别进行积分、再相除，这涉及地面-轮胎相互作用和发动机工况的详细研究。

本节主要讲述牵引系数 TC 的分析和计算问题。分析计算的一个前提是认为发动机的动力供应足够，也就是说造成牵引系数 TC 无法充分增长的限制在于地面的支承能力不足（在求得 TC 的基础上，按照汽车驱动动力学分析的基本方法，结合必要的相关参数，也可计算 TE、DE 和 E_f 等指标）。

地面车辆的牵引能力，来源于车辆行走机构与地面的相互作用，为了建立可供定量计算的模型，需要研究地面的力学特性。

本节主要研究车辆在松软地面的通过性问题，"地面"又习惯称为"土壤"，其范畴也可以包含沙地、松散的雪地和水网稻田等环境。

二、与车辆通过性研究有关的土壤力学特性

以车轮为代表，车轮-土壤相互作用关系如图 7-1 所示。（这是一种简化的模型，实际作用关系可能更复杂，例如，接触区的前缘可能有隆起，弹性轮胎也可能发生变形等，如图 7-4 和图 7-6 所示。）

图 7-1 中车轮-土壤接触区对应的圆心角为 θ_0，p 和 τ 分别为车轮-土壤接触区内任一点的法向应力和切向应力（单位通常为 kPa）。

在通过性的基本力学研究中，不考虑空气作用力和坡度的影响。

车轮受到的水平方向合力即挂钩牵引力 F_d，可以抽象表达为

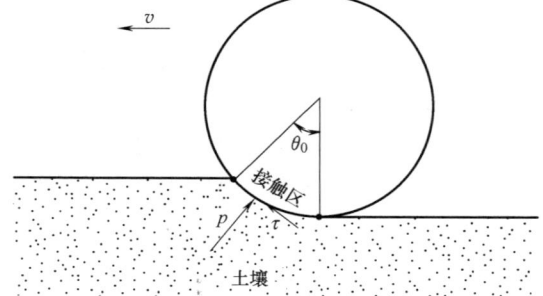

图 7-1　车轮-土壤相互作用关系

$$F_d = \int_{\text{接触区}} (\tau \text{ 的水平分量} - p \text{ 的水平分量}) \text{d}\text{接触区} \tag{7-6}$$

总体而言，F_d 的数值取决于土壤的特性、轮胎的特性以及两者的相互作用关系。对于土壤，需要研究其在法向和切向的受力-变形关系。

1. 土壤的法向力学特性

研究表明，土壤的法向应力 p 与沉陷量 z 有关。

第七章 汽车的通过性

不同的研究者，在不同性质的土壤上，使用不同形状和尺寸的压板，进行了大量的承压试验，得到许多法向应力-沉陷量关系曲线。运用力学理论，结合试验曲线，得出了各种半经验公式。其中，比较通行的是

$$p = \left(\frac{K_c}{b} + K_\varphi\right) z^n \tag{7-7}$$

式中，p 为土壤内一点的法向应力（kPa）；z 为该点的沉陷量（m）；b 为压板或行走机构接地印迹的短边长度（m）；K_c、K_φ 和 n 分别为土壤的**黏聚变形模量**（kN/m^{n+1}）、**摩擦变形模量**（kN/m^{n+2}）和**沉陷指数**。

K_c 和 K_φ 分别表示土壤源于黏聚性和摩擦性的抵抗外界扰动的能力。例如，高流动性的干沙与水分过饱和的塑形黏土对比，前者的 K_c 较小，后者的 K_φ 较小。n 表示土壤内法向应力的变化对沉陷深度的"敏感程度"，其值一般在 0～2 之间（对于给定土壤，n 应为常数，但如果土壤层下面有硬底，则 n 值随压板的沉陷深度变化，其规律由试验确定）。

汽车通过性研究有一个特点，即非常依赖试验方法，而这方面的一个难点是很多试验结论仍然停留在"对现象的归纳"这一层次上，尚未达到"对现象的解释"这一水平。

举例而言，表达理想弹性体受力-变形特性的"胡克定律"，即 $\Delta F = k \Delta x$，就是"对试验现象的归纳"，而这一事实是可以通过更深入、更本质的理论来解释的（当然，这些理论归根结底也是源于试验研究），如可以采用材料力学中线弹性材料的扭转理论来证明"螺旋弹簧的垂向刚度为常数"。但是汽车牵引通过性的研究，目前还缺乏对诸如式（7-7）等规律的更深层次的理论解释。也有学者从事土壤"本构关系"方面的基本理论研究（"本构关系"可以理解为研究对象的变形与内力之间关系的本质数学表达），取得了诸多成果，但是目前还缺乏普遍适用的机理解释模型。

也就是说，依据以式（7-7）为代表的各种经验或半经验公式计算得到的车辆牵引力等数值，都存在一定程度的误差，在某些情况下误差还很大。在具体的工程问题研究中，研究者需要依据问题背景、车辆工作环境和可用技术手段等条件，在众多模型和公式中选取适用的，或者直接针对特定问题开展专项试验研究。

式（7-7）以较简洁的形式表达了垂直压入土壤的压板与土壤之间的法向应力-沉陷量的关系。其中沉陷量 z 指的是所研究点至土壤上表面的垂直压入深度，"法向"指的是与压板或行走机构表面垂直的方向，不一定与水平面垂直，可参见图 7-1 或图 7-3 中的 p。

当行走机构与土壤之间的相互作用并非单纯的垂直压入，而是存在一定的相互剪切作用时，由式（7-7）计算得到的结果存在一定误差，应设法修正。

当车轮在土壤上滚动时，两者之间不仅存在法向的相互作用，还有切向作用，尤其是对于驱动轮。因此，提出了**滑动沉陷量** z_j 的概念：由于行走机构与土壤之间存在相互剪切作用，使得总沉陷量比静载沉陷量有所增加。可认为总沉陷量 z 等于静载沉陷量 z_s 与滑动沉陷量 z_j 之和，即 $z = z_s + z_j$。此处的静载沉陷量 z_s 即式（7-7）中的 z。

研究表明，干沙等摩擦性土壤中的滑动沉陷量比黏土等内聚性土壤中的大。在某些剪切变形严重的工况下，z_j 可能达到 z_s 的1.6倍。在研究沙地通过性时，不能忽略滑动沉陷量。

一个计算滑动沉陷量的公式：

$$z_j = \frac{j[p - cN_c - \gamma(N_q z_s + 0.5bN_\gamma)]}{c + p\tan\varphi + \gamma N_q j} \tag{7-8}$$

式中，j 为所研究点的土壤剪切变形（m）；N_c、N_q 和 N_γ 为土壤的**承载能力系数**（有资料称为 Terzaghi 承载能力系数）；c 为土壤的**黏聚系数**（kPa）；γ 为土壤的容重（即单位体积的重量，kN/m³）；φ 为土壤的摩擦角；p、z_s 和 b 的含义见式（7-7）。

式（7-8）中的 z_s 即式（7-7）中的 z，变形可得

$$z_s = \left(\frac{p}{\frac{K_c}{b} + K_\varphi}\right)^{\frac{1}{n}}$$

因此，按照 $z = z_s + z_j$，可以得到总沉陷量：

$$z = \left(\frac{p}{\frac{K_c}{b} + K_\varphi}\right)^{\frac{1}{n}} + \frac{j\left\{p - cN_c - \gamma\left[N_q\left(\frac{p}{\frac{K_c}{b} + K_\varphi}\right)^{\frac{1}{n}} + 0.5bN_\gamma\right]\right\}}{c + p\tan\varphi + \gamma N_q j} \tag{7-9}$$

在预测驱动轮以较大的滑转率在沙地等摩擦性土壤上的 p-z 关系时，式（7-9）的准确性比式（7-7）更高。

2. 土壤的切向力学特性

研究表明，土壤的切向应力 τ 与其剪切强度 τ_{max} 和剪切变形 j 有关。

（1）**土壤的剪切强度**　土壤的**剪切强度** τ_{max} 指的是土壤内一点抵抗外界切向作用的极限能力，如果切向作用应力超过此强度值，土壤将在此处被"剪断"。

土壤的抗剪能力源于黏聚和摩擦两方面因素。土壤黏聚性所提供的剪切强度，用**黏聚系数** c（kPa）表示；摩擦性所提供的剪切强度，可按库仑摩擦模型，取为 $p\tan\varphi$，其中 p 为法向应力，可按式（7-7）等预测，φ 为**摩擦角**，$\tan\varphi$ 可称为土壤的内摩擦因数。

因此，对于一般的兼具黏聚性与摩擦性的土壤，剪切强度为

$$\tau_{max} = c + p\tan\varphi \tag{7-10}$$

可见，土壤的剪切强度取决于土壤参数 c 和 φ，以及所研究点的法向应力 p。

如果将 τ_{max} 乘以接触面积 A，则可得到最大剪切力 $F_{X\max} = Ac + P\tan\varphi$，$P$ 为接触面上的法向压力，如果接触面水平，可取为重力 G，即 $F_{X\max} = Ac + G\tan\varphi$。可见，源于黏聚性质的抗剪能力 Ac，取决于接触面积，与法向压力无关；而源于摩擦性质的抗剪能力 $P\tan\varphi$，取决于法向压力，与接触面积无关。

车辆的行走机构在地面上获得的最大推力,可按 $F_{X\max}=Ac+G\tan\varphi$ 估算。按照牵引系数的思想,换算为单位重力下的最大土壤推力:$\dfrac{F_{X\max}}{G}=\dfrac{c}{p}+\tan\varphi$,此处 $p=\dfrac{G}{A}$ 为车辆行走机构的接地压强。可见,提高单位重力的土壤推力的一个重要设计方法,就是降低驱动装置的接地压强,如增加驱动轮数量、增大驱动轮或履带的接地面积、适当降低轮胎气压等(当然,对于黏聚性很低的土壤,即 $c\approx0$ 的场合,这些措施的效果不明显。或者说在沙地上降低车轮的接地压强,主要作用是降低阻力,而不是增大推力)。同时应指出,降低接地压强的技术措施基本上已经达到极限,多年来变化很小。

(2) **土壤的切向应力** 试验研究表明,在确定土壤剪切强度 $\tau_{\max}$ 的前提下,土壤的切向应力 τ 是剪切变形 j 的函数。**剪切变形 j** 可以理解为土壤承受切向作用力后,原本贴合在一起的土壤颗粒之间沿切向发生的相对位移[可参见式(7-31)和式(7-35)等的分析计算]。对给定土壤,当 j 取某特定数值时,τ 将达到或趋向 $\tau_{\max}$。土壤性质不同,τ 与 j 的具体函数关系也不同。

图 7-2 所示为典型土壤的切向应力-剪切变形特性,曲线源于试验数据,并经过适当平滑处理。注意,曲线 1 和曲线 2 代表两种不同的土壤,两者的形状和数值等特性均无可比性。单独研究某一特定土壤时,可去掉图中参数的下标 1 或 2。

松散的干沙、干雪、湿透的黏土以及大多数经过扰动的壤性土等,其内部颗粒之间的黏聚附着能力较差,称为"**塑性土壤**"。随着剪切变形 j 的增大,切向应力 τ 随之增大,当 j 很大时,τ 趋向其极限值 $\tau_{\max1}$,如图 7-2 中曲线 1 所示。研究认为,$\tau_{\max1}$ 基本上取决于土壤的内摩擦性质。

结合试验数据与数学分析,认为随着剪切变形 j 的增大,塑性土壤的切向应力 τ 按指数规律收敛于极限值 $\tau_{\max}$,定量关系为

$$\tau=\tau_{\max}(1-e^{-\frac{j}{K}}) \qquad (7-11)$$

式中,K(也有资料记为 j_0)为土壤的剪切变形模量(m 或 cm);$\tau_{\max}$ 按式(7-10)确定。

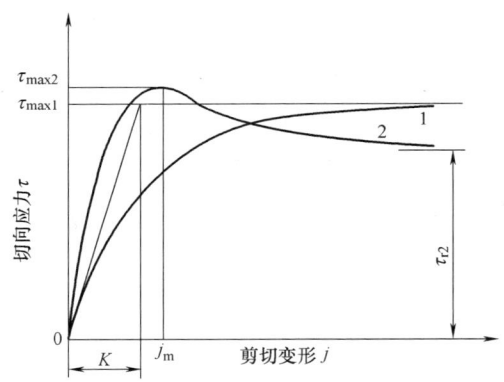

图 7-2 典型土壤的切向应力-剪切变形特性
1—塑性土壤　2—脆性土壤

K 值的几何求解:对式(7-11)求导数,并取 $j=0$,可得 $\dfrac{d\tau}{dj}(j=0)=\dfrac{\tau_{\max}}{K}$。也就是说,在图 7-2 中过原点做曲线 1 的切线,与曲线 1 的水平渐近线 $\tau=\tau_{\max}$ 交点的横坐标值就是 K。当 $j=K$ 时,$\tau=\tau_{\max}(1-e^{-1})=0.632\tau_{\max}$。$K$ 越大,说明发挥出相同程度的土壤抗剪能力 $\dfrac{\tau}{\tau_{\max}}$ 所需的剪切变形 j 越大,这通常意味着土壤越松散,例如,摩擦性干沙

的 K 值约为 2.5cm，压实的无摩擦黏土的 K 值约为 0.6cm。后者的特性已经接近于"脆性土壤"。

压紧的黏土或沙、未经扰动的淤泥和结冻的雪等，其内部颗粒之间的黏聚附着能力较强，称为**"脆性土壤"**。按图 7-2 中的曲线 2，在剪切变形 j 增大的初期，土壤被进一步压实，黏聚能力充分发挥，切向应力 τ 迅速增大而达到极限值 τ_{max2}；j 进一步增大，土壤内部开始发生剪切破坏，黏聚能力逐渐丧失，切向应力 τ 下降，在很大的 j 值下，τ 趋向其残余值 τ_{r2}。研究认为，τ_{r2} 基本上取决于土壤的内摩擦性质。

结合试验数据与数学分析，认为脆性土壤的切向应力 τ 与剪切变形 j 的关系服从以下模型：

$$\tau = \tau_{max} \frac{K(j)}{K(j)_{max}} \tag{7-12}$$

式中，τ_{max} 按式（7-10）处理；$K(j)$ 是一个以 j 为自变量的函数，$K(j) = e^{(-K_2+\sqrt{K_2^2-1})K_1 j} - e^{(-K_2-\sqrt{K_2^2-1})K_1 j}$，系数 K_1 和 K_2 是可由图解法得到的土壤常数；$K(j)_{max}$ 是函数 $K(j)$ 的最大值，可将 $K(j)_{max}$ 对应的剪切变形记为 j_m，如图 7-2 所示。

式（7-12）又可写为

$$\tau = \tau_{max} \frac{e^{(-K_2+\sqrt{K_2^2-1})K_1 j} - e^{(-K_2-\sqrt{K_2^2-1})K_1 j}}{e^{(-K_2+\sqrt{K_2^2-1})K_1 j_m} - e^{(-K_2-\sqrt{K_2^2-1})K_1 j_m}} \tag{7-13}$$

式（7-13）存在的一个问题：当剪切变形 j 趋向无穷大时，切向应力 τ 的计算值趋向于 0，这与试验数据明显不符。事实上，在很大的剪切变形 j 的作用下，土壤内仍存在源于内摩擦性的残余切向应力，如图 7-2 中的 τ_{r2}（也有学者提出了一些修正公式，意图解决此矛盾。本书从略）。

针对脆性土壤的一种**简化模型**：式（7-13）形式复杂，参数不易确定，同时，车辆越野行驶时，行走机构下的土壤经常存在超过 12cm 的剪切变形。也就是说，图 7-2 中曲线 2 的驼峰值意义不大。因此，有研究建议，可以仿照曲线 1 的变化趋势，对曲线 2 进行简化处理，即用单调函数式（7-11）表达脆性土壤的切向应力-剪切变形关系。如果土样的极限值 τ_{max} 与残余值 τ_r 差异较大，则可考虑按 $\tau = \tau_r(1-e^{-\frac{j}{K}})$ 建立模型，残余值 τ_r 需进行试验测定。注意，此问题是仿照塑性土壤曲线 1 的形状简化脆性土壤曲线 2，涉及的各特性参数值都是待研究的脆性土壤的，而不能照搬塑性土壤的。

此部分讲述的土壤力学特性，依赖于土壤的特性参数。这些参数均来自不同土样的试验，由于土壤类别众多，来源地和试验者各异，因此特性参数值非常多。下面给出两种有代表性的土壤的主要参数值，摩擦性土壤的代表是干沙，黏聚性土壤的代表是黏土。

表 7-1 摩擦性土壤和黏聚性土壤的特性参数

土样	含水率（%）	沉陷指数 n	黏聚变形模量 K_c /(kN/m^{n+1})	摩擦变形模量 K_φ /(kN/m^{n+2})	黏聚系数 c /kPa	摩擦角 φ /(°)	剪切变形模量 K /cm	容重 γ /(kN/m^3)
某种干沙	0	0.974	0.95	1528.43	1.32	31.4	1.64	16.35
某种黏土	38	0.4	13.19	692.15	4.14	10	—	—

另外,式(7-8)中的土壤承载能力系数N_c、N_q和N_γ,对于表7-1中的干沙,分别取41、23和17。

三、挂钩牵引力的分析计算

挂钩牵引力的具体数值,取决于行走机构特性、土壤特性以及两者的相互作用关系。一种在数学上普遍成立的求解思路是:对行走机构与土壤接触面上的各点应力进行积分,按式(7-6)计算挂钩牵引力F_d。

可将此思路称为**"总体法"**。其意图是全面考虑各种因素,在整个接触面上对所有作用力的水平分量进行积分,"一次性"地得到牵引力的最终结果。按总体法求解,需要确定行走机构表面-土壤的接触区范围,需要确定接触区内行走机构表面各点的土壤法向应力值和切向应力值。具体的求解是很复杂的,而且由于牵引通过性问题中轮胎特性,特别是土壤特性还缺乏普遍成立的可靠模型,定量计算(预测)结果的准确度很多情况下是不高的。另外,总体法的结果形式复杂,很多情况下只能采用数值解,写不出以车辆参数、土壤特性和相互作用关系为变量的显性代数式,难以从理论上分析牵引通过性的影响因素。

因此,很多研究采用**"分解法"**,即将地面作用于车辆行走机构的纵向合力分解为土壤推力和土壤阻力(其中土壤阻力可能还需根据不同情况再做分解),分别计算。分解法的计算也依赖于车辆模型和地面模型的可靠度,在当前的研究和认知水平下,其预测结果的准确度也有限,而且很多情况下挂钩牵引力不能按各分力数值的简单加减得到。但是由于采用了分解的思路,每项计算结果的表达相对简单,因素之间的交叉关联较少,更容易得出关于车辆牵引通过性的规律性结论,从而提出有针对性的车辆设计和使用方面的建议。

可以这样认为:"总体法"更适于实际工程问题中对于具体指标值的定量预测,需要更多的先决条件与参数,多数情况下需要编程计算;"分解法"则倾向于理论分析,得到包含地面特性、车辆参数和两者作用关系的代数式结果,用于总结理论规律、提出指导性的建议。

本节主要采用"分解法"的思路,研究轮式车辆受到的土壤阻力和土壤推力。以此为基础,介绍挂钩牵引力的总体计算原理。

另外,与前几章的性能研究方法不同,牵引通过性的研究一般不涉及动力学分析,不建立微分方程。通俗地说,就是要求土壤推力尽可能大于土壤阻力,但是不进一步研究这个"净推力"所产生的加速度问题。

1. 土壤阻力

在车轮-土壤的相互作用中,有多个因素可以引起土壤阻力,或者说土壤阻力包含若干分量。总体而言,可能存在压实阻力、推土阻力和弹滞损耗阻力等。在具体问题的研究中,应根据实际情况,选取合适的分量和计算模型。

(1) **压实阻力** 当直径为D、宽度为b的从动轮在松软的土壤上滚动时,相互作用的法向应力的水平分量形成对车轮的阻力，如图 7-3 所示。从动轮与土壤之间不存在切向作用。

车轮-土壤接触区的总沉陷深度为 z_0，对应的圆心角为 θ_0。接触区内一定深度 z 处存在法向作用应力 p，按预测模型式（7-7），其数值为 $p=\left(\dfrac{K_c}{b}+K_\varphi\right)z^n$。

在整个接触区内对 p 的水平分量求定积分，得到土壤阻力 F_{rc}：

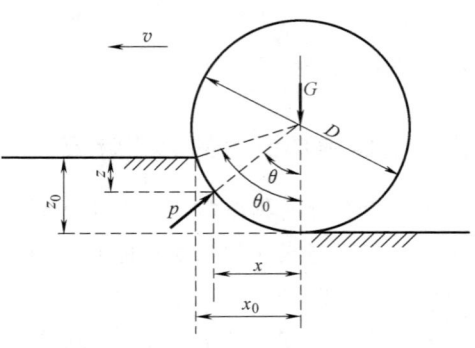

图 7-3　刚性从动车轮与土壤的法向作用力

$$F_{rc} = b\int_0^{\theta_0} pr\sin\theta\,\mathrm{d}\theta \tag{7-14}$$

式中，r 为车轮半径，$r=\dfrac{D}{2}$。

由于法向应力 p 是沉陷量 z 的函数，需将式（7-14）的积分变量化为 z。分析可知 $r\sin\theta\,\mathrm{d}\theta=\mathrm{d}z$，于是有

$$F_{rc} = b\int_0^{z_0} p(z)\,\mathrm{d}z \tag{7-15}$$

式（7-15）表示将宽度为 b、长度为单位 1 的压板，垂直压陷至土壤内 z_0 过程中所做的功，因此 F_{rc} 称为**压实阻力**。

> 压实阻力的本质机理：土壤垂直压缩所需的变形能，需要外界的水平推力做功来补偿（单位长度上的功就是力）。

将式（7-7）代入式（7-15），得

$$F_{rc} = b\int_0^{z_0}\left(\dfrac{K_c}{b}+K_\varphi\right)z^n\mathrm{d}z = \dfrac{K_c+bK_\varphi}{n+1}z_0^{n+1} \tag{7-16}$$

可见，在确定土壤参数和压板宽度（即车轮接地印迹短边长度）的条件下，压实阻力取决于最大沉陷量 z_0。

z_0 值由垂直方向的受力平衡关系确定：土壤法向应力的垂直合力 = 车轮负荷（重力），即 $G = b\int_0^{\theta_0} pr\cos\theta\,\mathrm{d}\theta$。分析可知 $r\cos\theta\,\mathrm{d}\theta=\mathrm{d}x$；接触区的纵向范围为（0，$x_0$），如图 7-3 所示。于是得

$$G = b\int_0^{x_0} p\,\mathrm{d}x = b\int_0^{x_0}\left(\dfrac{K_c}{b}+K_\varphi\right)z^n\mathrm{d}x = (K_c+bK_\varphi)\int_0^{x_0} z^n\mathrm{d}x \tag{7-17}$$

需将式（7-17）中的被积函数 z^n 和积分变量 x 统一起来。

由图 7-3 的几何分析可得 $x^2=r^2-[r-(z_0-z)]^2=D(z_0-z)-(z_0-z)^2$。车轮的沉陷量 z_0 通常远小于其直径 D（图 7-3 中 z_0 的比例有所夸大），故略去上式第二项，得 $x^2=D(z_0-z)$。两边取微分，可得 $\mathrm{d}x=\dfrac{-\sqrt{D}}{2\sqrt{z_0-z}}\mathrm{d}z$。令 $t^2=z_0-z$，于是 $\mathrm{d}z=-2t\mathrm{d}t$，进一步 $\mathrm{d}x=\sqrt{D}\,\mathrm{d}t$。

将 $z=z_0-t^2$ 和 $\mathrm{d}x=\sqrt{D}\,\mathrm{d}t$ 代入式（7-17），并变换积分区间，得

$$G = (K_\mathrm{c} + bK_\varphi)\sqrt{D}\int_0^{\sqrt{z_0}}(z_0-t^2)^n\mathrm{d}t \tag{7-18}$$

可以看出，式（7-18）是一个以 z_0 为未知数的方程。

将式（7-18）中的 $(z_0-t^2)^n$ 按牛顿二项式展开，有 $(z_0-t^2)^n = \sum_{i=0}^{n}C_n^i z_0^{n-i}(-t^2)^i$。考虑到 $t^2=z_0-z$，其数值较 z_0 为小，且沉陷指数 n 的数值也不大，因此可略去 $(-t^2)$ 的高次项，仅取上式前两项，可得近似式：

$$(z_0-t^2)^n \approx z_0^n - nz_0^{n-1}t^2 \tag{7-19}$$

将式（7-19）代入式（7-18），经运算解得

$$z_0 = \left[\frac{3G}{(3-n)(K_\mathrm{c}+bK_\varphi)\sqrt{D}}\right]^{\frac{2}{2n+1}} \tag{7-20}$$

可见，在给定土壤参数的条件下，车轮的沉陷量 z_0 与垂直载荷 G、车轮宽度 b 和车轮直径 D 有关。

将式（7-20）代入式（7-16），得到给定尺寸的从动车轮在一定特性土壤上的压实阻力预测值：

$$F_\mathrm{rc} = \frac{1}{(n+1)(3-n)^{\frac{2n+2}{2n+1}}(K_\mathrm{c}+bK_\varphi)^{\frac{1}{2n+1}}}\left(\frac{3G}{\sqrt{D}}\right)^{\frac{2n+2}{2n+1}} \tag{7-21}$$

由式（7-21）可以得出：在确定垂直载荷的前提下，压实阻力 F_rc 一方面与土壤特性有关，黏聚变形模量 K_c 和摩擦变形模量 K_φ 越大，即土壤越"坚硬"，F_rc 值越小；另一方面与车轮尺寸有关，车轮宽度 b 和车轮直径 D 越大，F_rc 值越小。

同样作为式（7-21）的分母，宽度 b 的因次是 $\frac{1}{2n+1}$、直径 D 的因次是 $\frac{n+1}{2n+1}$，可见增大车轮直径对于降低压实阻力的效果比增大车轮宽度更好。

例 7-1 某 SUV 采用的轮胎型号为 255/60 R18，车轮垂直载荷 $G=5\mathrm{kN}$。不考虑轮胎变形，计算该车轮在干沙上的压实阻力。

根据轮胎型号，可取断面宽 $b=255\mathrm{mm}$，直径 $D=763.2\mathrm{mm}$。土壤参数取表 7-1 中的"某种干沙"对应的数据。按式（7-20），可得最大沉陷量的预测值 $z_0=7.44\mathrm{cm}$；按式（7-21），可得压实阻力的预测值 $F_\mathrm{rc}=1.17\mathrm{kN}$。

进一步的讨论：将车轮宽度减小 10%、直径增大 11.1%，即维持 bD 值不变（基本等同于接地面积不变）。计算得到 $z_0=7.70\mathrm{cm}$，相对改动前增加 3.5%；$F_\mathrm{rc}=1.13\mathrm{kN}$，相对改动前减小 3.4%。印证了"增大车轮直径对于降低压实阻力的效果比增大车轮宽度更好"。

若改为某中级轿车，轮胎型号为 225/50 R17，土壤特性和垂直载荷不变。取 $b=225\mathrm{mm}$，$D=656.8\mathrm{mm}$。计算可得 $z_0=8.52\mathrm{cm}$，相对 SUV 轮胎增加 14.5%；$F_\mathrm{rc}=1.35\mathrm{kN}$，相对 SUV 轮胎增加 15.4%。

压实阻力是土壤阻力的基础分量，存在于所有行走机构-土壤的相互作用中。

以式（7-21）预测车轮的压实阻力，需要的基本条件是：①存在图 7-3 所示的相互作用关系，即土壤和车轮之间不存在切向相互作用；②土壤和车轮之间的法向 p-z 关系按式（7-7）表达。

因此，单纯以式（7-21）的计算值代表刚性从动轮（土壤较松软且轮胎气压较高、轮胎变形相对于土壤沉陷可忽略不计的场合，均可视为"刚性车轮"）在黏性土壤上通过时的压实阻力，是比较准确的。车轮直径 D 越大、沉陷量 z_0 越小，预测的准确度越高。

> 经验表明，当 $D < 508\mathrm{mm}$（20in）或 $z_0 \geq \dfrac{1}{6}D$（达到此程度的从动轮一般会陷住，无法运动）时，即使满足"刚性从动轮在黏性土壤上"的条件，式（7-21）的准确度也较低。

在松散的干沙等摩擦性土壤上，车轮存在较显著的滑动沉陷，上述条件②不成立，故式（7-21）的计算值可能与实际车轮的土壤阻力差异较大 [有研究建议采用式（7-9）或其他关系式来代表 p-z 关系，然后运用式（7-21）的推导方法，预测车轮在干沙等土壤上的压实阻力。由于公式较复杂，很难得到 F_{rc} 的代数公式，一般需要采用数值解法。这种预测结果在若干种有限的土样范围内与试验数据的一致性较高，是否适用于所有特性的土壤，尚需进一步研究]。如果认为从动轮在沙地上的滑转率很小，滑动沉陷可以忽略不计，那么式（7-21）的计算值也可代表刚性从动轮在沙地通过时的压实阻力。

对于驱动轮，无论在何种土壤上，上述条件①都不满足，因此式（7-21）的预测结果是不可靠的。

式（7-21）以代数式的形式给出了压实阻力与土壤特性、垂直载荷以及车轮尺寸之间的关系。尽管在某些行驶工况或土壤条件下的定量预测不够准确，但是其所揭示的理论规律仍然有意义。

对于其他情况，如车轮对土壤的纵向推移不能忽略，或者轮胎的变形也要考虑等场合，则需要在压实阻力的基础上再考虑其他阻力。

（2）**推土阻力** 由图 7-3 可知，压实阻力的产生机理可以解释为车轮将土壤垂直压陷，所需的变形能需要外力做功补充。而在实际的车轮-土壤相互作用中可以发现，土壤在纵向也有变形，如图 7-4 所示的"前缘波"，表明行走机构在纵向也在压缩（或者说"推移"）土壤。这种纵向的土壤变形，也需要外力做功来抵偿，这就表现为土壤对车轮的另一种阻力，即**推土阻力**。

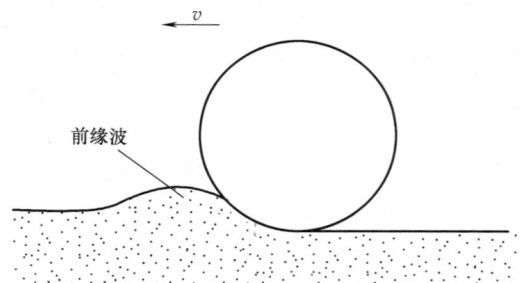

图 7-4 隆起的"前缘波"是推土阻力存在的例证

> 可以这样看待这个问题：按图 7-3 的思想，"（车轮-土壤）相互作用的法向应力的水平分量形成对车轮的阻力"本身是正确的。但是式（7-21）建立在式（7-7）的基础上，式（7-7）又是建立在各种垂直压陷试验的基础上，当车轮（或试验压板）对于土壤存在纵向推移时，式（7-7）的计算结果有误差。
>
> 现在不追求建立更精确、更普遍成立的 p-z 关系模型，而是设法直接对式（7-21）的预测结果进行补充，因而引入"推土阻力"这一分量。

当给定土壤特性、车轮宽度以及车轮在土壤上的沉陷量时,可以按土力学理论,认为车轮的推土阻力 F_{rb} 等于一定深度的垂直"挡土墙"在土壤中承受的水平作用力,即

$$F_{rb} = b(cK_{pc}z_0 + 0.5\gamma K_{p\gamma}z_0^2) \qquad (7\text{-}22)$$

式中,z_0 为沉陷量,可按式(7-20)计算;参数 $K_{pc} = (N_c - \tan\varphi)\cos^2\varphi$,$K_{p\gamma} = \left(\dfrac{2N_\gamma}{\tan\varphi} + 1\right)\cos^2\varphi$,其中**承载能力系数** N_c 和 N_γ 取决于土壤摩擦角 φ,可由图 7-5 查取;c 为土壤黏聚系数(KPa);γ 为单位体积的土壤重量,也称**容重**(kN/m³);b 为车轮宽度(m)。

如果地面非常松软,在水平相互作用力下土壤发生局部剪切失效,推土阻力有所降低,可对式(7-22)进行如下修正:

$$F_{rb} = b(0.67cK'_{pc}z_0 + 0.5\gamma K'_{p\gamma}z_0^2) \qquad (7\text{-}23)$$

式中,$K'_{pc} = (N'_c - \tan\varphi')\cos^2\varphi'$,$K'_{p\gamma} = \left(\dfrac{2N'_\gamma}{\tan\varphi'} + 1\right)\cos^2\varphi'$,$N'_c$ 和 N'_γ 为土壤局部剪切失效条件下的承载能力系数,也可由图 7-5 查取;φ' 为局部剪切失效条件下的土壤摩擦角,$\tan\varphi' = \dfrac{2}{3}\tan\varphi$。

> 何谓"地面非常松软"以及是否发生"土壤局部剪切失效",一般通过经验判断等手段来大致估量。

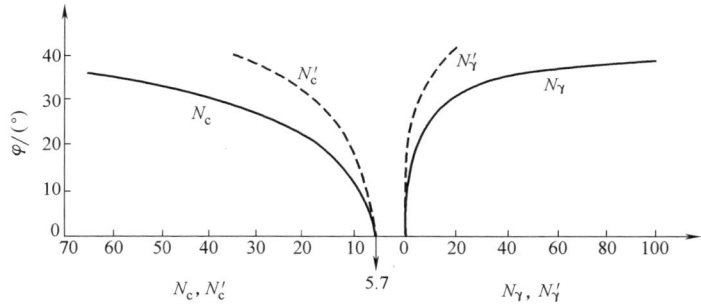

图 7-5 土壤的承载能力系数与摩擦角的关系

由式(7-22)或式(7-23)可知,推土阻力 F_{rb} 与车轮宽度 b 和沉陷量 z_0 有关。在同样的接地面积条件下,当车轮宽度减小一定幅度时,沉陷量的增大幅度通常相对较小(参见例 7-1,10%对比 3.5%),因此可以得出:当行走机构的接地面积一定时,窄而长的接地形状推土阻力更小。

和压实阻力 F_{rc} 一样,推土阻力 F_{rb} 也存在于所有车轮-土壤的相互作用中。不同的是,F_{rb} 是按"一定深度的垂直挡土墙在土壤中承受的水平作用力"计算的,并不需要"土壤和车轮之间不存在切向相互作用"这一条件。因此,式(7-22)或式(7-23)的计算准确度对于从动轮和驱动轮基本上是相同的[计算所需的沉陷量 z_0,若按式(7-20)预测,对于驱动轮不够准确]。

对于某些类型的土壤,推土阻力的数值远小于压实阻力,当土壤参数等条件不足时可大

致估算或忽略不计。如对黏聚性土壤，摩擦角 φ 很小，由图 7-5 可知，承载能力系数很小，按式（7-22）或式（7-23）预测的推土阻力 F_{rb} 就很小。

例 7-2 对例 7-1 的 SUV 轮胎、土壤条件和垂直载荷，计算推土阻力。

解：对于干沙，按"非常松软的土壤"，由式（7-23）可得推土阻力的预测值 F_{rb} = 0.36kN（有些参数的确定是在曲线图上查取，存在一定误差），其数值达到压实阻力 F_{rc} 的 30.8%。可见，对于干沙等摩擦性土壤，推土阻力是需要考虑的。

黏土的压实阻力和推土阻力对比：按表 7-1 中"某种黏土"的特性参数，并令容重 γ = 13kN/m³，取相同的轮胎型号和垂直载荷。由式（7-20）、式（7-21）和式（7-23）计算可得：最大沉陷量 z_0 = 2.40cm，压实阻力 F_{rc} = 0.73kN，推土阻力 F_{rb} = 0.10kN。黏聚性土壤上的推土阻力不到压实阻力的 1/7。

仿照例 7-1，令 b 和 D 分别减小 10% 和增大 11.1%，计算可得干沙上的 F_{rb} = 0.34kN，有一定下降。可见，"窄而长的接地形状推土阻力更小"。

另外，按原尺寸轮胎，在干沙上有 F_{rc} + F_{rb} = 1.53kN，土壤总阻力（暂不考虑其他阻力因素）与垂直载荷之比达到 30.6%，远高于充气轮胎在良好硬路面上的滚动阻力系数。可见，在松软地面上行驶时，为了克服很大的土壤阻力，需要提供足够的土壤推力。为此，在艰难地带行驶的轮式车辆，一方面需要有很高的发动机输出转矩和很大的传动系统传动比，以产生足够的驱动转矩；另一方面需要尽可能多的驱动轮数量，如采用全轮驱动形式，确保充分利用整车重量，将驱动转矩转化为土壤推力 [行走机构的土壤推力与垂直载荷有关，可参看式（7-32）]。

压实阻力的预测式（7-21）源于式（7-7），没有考虑滑动沉陷问题。有研究建议采用式（7-9）来代表 p-z 的关系，然后运用式（7-21）的推导方法，预测驱动轮在干沙等土壤上的压实阻力。应该指出，这种考虑滑动沉陷的压实阻力，和推土阻力的出发点不同，不能互相替代。

例如，对于干沙上的驱动轮，比较合理的研究模式应是车轮阻力=考虑滑动沉陷的压实阻力+推土阻力。简要总结：因为是驱动轮，所以压实阻力的预测中要考虑滑动沉陷这一因素；因为是干沙，所以推土阻力不应忽略。至于具体的压实阻力和最大沉陷量等计算，上述公式和方法可能不适用，因为驱动轮表面和土壤之间存在切向作用力，图 7-3 的相互作用模型不成立。在具体工程问题的定量计算中，通常并不分别计算各项土壤阻力与推力，而是在车轮-土壤接触面上积分，计算总的挂钩牵引力，可参考后文有关挂钩牵引力的总体计算的内容。

对于泥浆等具有流体性质的土壤，其承压能力很差，车轮受到的压实阻力较小，推土阻力是土壤阻力的主要成分。

对于具有硬底的泥浆层，建议按流体力学原理计算其推土阻力：

$$F_{rb} = \frac{C_D A \rho u_r^2}{2} \tag{7-24}$$

式中，C_D 为车轮在泥浆中的阻力系数；A 为车轮等行走机构浸入泥浆的横截面积；ρ 为泥浆的密度；u_r 为车轮相对泥浆的速度，当忽略泥浆的流动速度时，u_r 即为车速 u。

式（7-24）的原理与式（1-6）类似。泥浆阻力系数 C_D 是雷诺数 Re 的函数，雷诺数的计算式为

$$Re = \frac{\rho u_r l}{\eta}$$

式中，l 为车轮与泥浆相互接触区的某一特定尺寸（例如，可取车轮浸入泥浆的深度）；η 为泥浆的动力黏度。

关于雷诺数（又称雷诺准则）Re 的含义，可参看有关资料中关于"模型试验"和"相似准则"的内容。

按国际单位计算，式（7-24）得到的 F_{rb} 单位为 **N**。在具体计算中，当 F_{rb}、A、ρ 或 u_r 取不同单位时，量纲为一的系数 C_D 也可以对应不同的数值。

式（7-21）、式（7-22）、式（7-23）和式（7-24），表征的是刚性车轮受到的各种土壤阻力［其中式（7-21）用于驱动轮或干沙等流动性土壤上的从动轮计算时的准确度不高］，它们是研究土壤阻力的基础。

(3) **弹性轮胎的土壤阻力** 充气轮胎具有一定弹性，当弹性轮胎行驶在松软土壤上时，不仅土壤发生变形，轮胎也可能发生变形。这种变形，与第一章第二节"轮胎的弹性迟滞"部分（参见图1-6）所讲述的垂向变形，在本质上是相同的。但是本处讨论的变形，主要指尺寸比较大的、足以将轮胎接地部分"明显压平"以至于改变轮胎-土壤相互作用区形状的，特称之为"宏观变形"。换言之，如果轮胎没有发生宏观变形，那么仍然存在如图1-6所揭示的小幅度变形以及滚动阻力偶，但是轮胎与土壤的相互作用区可按图7-3的"刚性"车轮模型看待。

无论是否发生宏观变形，弹性轮胎的土壤阻力均由三部分构成：压实阻力 F_{rc}、推土阻力 F_{rb} 和弹滞损耗阻力 F_{rt}。轮胎是否发生宏观变形，将影响轮胎-土壤相互作用区的形状、最大沉陷量 z_0 的数值以及 F_{rc} 和 F_{rb} 的具体计算。

判定轮胎是否发生宏观变形，可以采用"假设法"：假设轮胎没有宏观变形，那么存在图7-3所示的相互作用模型。令 p_0 为轮胎最低点（即最大沉陷量处）的法向应力，按式（7-7）可得 $p_0 = \left(\dfrac{K_c}{b} + K_\varphi\right) z_0^n$，再将式（7-20）代入，则有

$$p_0 = \left(\frac{K_c}{b} + K_\varphi\right)^{\frac{1}{2n+1}} \left[\frac{3G}{(3-n) b\sqrt{D}}\right]^{\frac{2n}{2n+1}} \tag{7-25}$$

p_0 是圆形轮胎周缘受到的最大土壤法向应力，如果轮胎自身向外膨胀的应力达到或超过 p_0，轮胎就不会发生宏观变形，因此 p_0 又称为充气轮胎的**临界压强**。由式（7-25）可知，该临界值取决于轮胎尺寸、土壤特性和垂直载荷。将"轮胎自身向外膨胀的应力"记为 p_t，研究认为 $p_t = p_i + p_c$，p_i 为轮胎的充气压强，p_c 为胎体刚度产生的压强。因此，"轮胎没有宏观变形"这一假设成立的条件是 $p_i + p_c \geq p_0$。

轮胎充气压强 p_i 为已知的使用参数。

胎体刚度产生的压强 p_c 与垂直载荷和充气压强有关，可通过"滚动试验法"确定。

对被试轮胎施加一定的垂直载荷 G 和充气压强 p_i，令其在水平良好的硬表面上滚动，测出接地印迹面积 A_t（由滚动过程中的总接地印迹面积，减去车轮平动所"扫过"

的矩形面积，即可得出接地印迹面积 A_t)，于是轮胎接地压强 $p_g = \dfrac{G}{A_t}$。可认为 $p_g = p_i + p_c$，则 $p_c = p_g - p_i$。

也就是说，对于给定的轮胎，由滚动试验可确定函数关系 $p_c = f(G, p_i)$。

在给定轮胎尺寸、垂直载荷、充气压强和土壤特性的条件下，按式（7-25）确定临界压强 p_0，由上述"滚动试验法"［或由此得到的经验公式 $p_c = f(G, p_i)$］确定胎体刚度产生的压强 p_c。

如果 $p_i + p_c \geq p_0$，表明"轮胎没有宏观变形"的假设成立，则可按式（7-20）、式（7-21）、式（7-22）和式（7-23）等预测最大沉陷量 z_0、压实阻力 F_{rc} 和推土阻力 F_{rb}。

如果 $p_i + p_c < p_0$，表明"轮胎没有宏观变形"的假设不成立，轮胎-土壤的相互作用区不能用图 7-3 表示。此时，轮胎接地区中存在明显被压平的部分，轮胎与土壤的接触模型如图 7-6 所示。

在此条件下，轮胎在最大沉陷区被压平，该处的法向应力即为 $p_i + p_c$。按式（7-7）计算，可得最大沉陷量：

$$z_0 = \left(\dfrac{p_i + p_c}{\dfrac{K_c}{b} + K_\varphi} \right)^{\frac{1}{n}} \tag{7-26}$$

将式（7-26）代入式（7-16），可得轮胎发生宏观变形时的压实阻力：

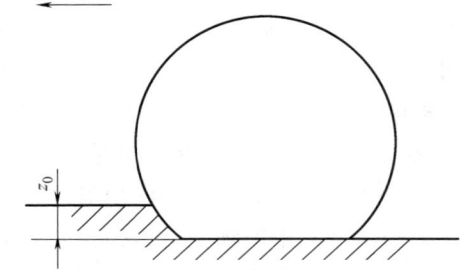

图 7-6 发生宏观变形的轮胎与土壤接触

$$F_{rc} = \dfrac{1}{n+1}(K_c + bK_\varphi)^{-\frac{1}{n}} \left[b(p_i + p_c) \right]^{\frac{n+1}{n}} \tag{7-27}$$

已知压实阻力的含义是"将宽度为 b、长度为单位 1 的压板，垂直压陷至土壤内 z_0 过程中所做的功"，这一表述与车轮的最大沉陷量 z_0 处土壤边界是圆形的（图 7-3）还是压平的（图 7-6）无关，即式（7-27）符合压实阻力的定义，按此计算并未引入新的误差。

将式（7-26）得到的 z_0 值代入式（7-22）或式（7-23），则可得到轮胎发生宏观变形时的推土阻力 F_{rb}。

无论是否存在轮胎宏观变形，具有硬底的泥浆地面上的行驶阻力均可按式（7-24）计算。

此部分对于压实阻力 F_{rc} 和推土阻力 F_{rb} 的定量计算仍然基于式（7-7）的 p-z 关系，且不考虑轮胎与土壤之间的切向相互作用，故用于驱动轮或流动性土壤条件下时准确度较低。

弹滞损耗阻力 F_{rt}，可以认为就是第一章第二节介绍的"滚动阻力"。可将其写为 $F_{rt} = Gf_{rt}$，f_{rt} 是单位垂直载荷的弹滞损耗阻力，也可称为滚动阻力系数。令轮胎以不同的充气压强在水平良好路面上滚动，测得的滚动阻力可认为就是弹滞损耗阻力 F_{rt}。越野行驶时轮胎气压往往相对较低，滚动阻力（系数）比普通道路条件下的要大。也有研究建议按下式确定滚动阻力系数与车速和轮胎气压的关系：

$$f_{rt} = \frac{u}{p_i^\alpha} \tag{7-28}$$

式中，α 为经验系数。

弹滞损耗阻力 F_{rt} 是在越野行驶的两大阻力——压实阻力 F_{rc} 和推土阻力 F_{rb} 基础之上，叠加的一项"硬路面上的滚动阻力"。按上述滚动试验或经验公式确定 F_{rt} 数值时，不需考虑是否存在轮胎宏观变形。

弹性轮胎的土壤阻力 $F_r = F_{rc} + F_{rb} + F_{rt}$，不同情况的土壤阻力分析见表 7-2。

表 7-2 不同情况的土壤阻力分析

	$p_i + p_e \geq p_0$，轮胎无宏观变形	$p_i + p_e < p_0$，轮胎发生宏观变形
轮胎-土壤相互作用模式	按图 7-3	按图 7-6
最大沉陷量 z_0	按式（7-20）	按式（7-26）
压实阻力 F_{rc}	按式（7-21）	按式（7-27）
推土阻力 F_{rb}	将式（7-20）代入式（7-22）或式（7-23）[泥浆地面则按式（7-24）]	将式（7-26）代入式（7-22）或式（7-23）[泥浆地面则按式（7-24）]
弹滞损耗阻力 F_{rt}	水平良好路面上滚动测定，或按式（7-28）估算	

2. 土壤推力

驱动轮获得的土壤推力，源于车轮-土壤相互作用的切向应力（图 7-1 中 τ）的水平分量。

由本节"二、与车辆通过性研究有关的土壤力学特性"部分可知，土壤的切向应力与剪切变形之间的关系见式（7-11），其中土壤的剪切强度 τ_{max} 按式（7-10）计算（对于某些脆性土壤，τ_{max} 可能需要改为残余值 τ_r，方便起见，以下一律按 τ_{max} 处理）。

可见，计算土壤施加于车轮的推力 F_X，需要研究车轮-土壤相互接触区各点的剪切变形 j。接触区中某点的剪切变形主要与车轮半径和车轮相对地面的滑转率有关。

车辆行驶时，驱动轮与地面之间不是纯滚动，尤其是在松软地面上越野行驶工况下，轮缘的线速度高于轮心的平动速度，表现为"车轮接地处相对地面向后打滑"，这种打滑程度用**滑转率** s 表示：

$$s = \frac{r_{r0}\omega - v_w}{r_{r0}\omega} \times 100\% \tag{7-29}$$

式中，r_{r0} 为车轮自由滚动（即不受驱动力矩或制动力矩作用的状态）时的滚动半径；ω 为车轮转动的角速度；v_w 为轮心平动速度，即车速。

式（7-29）中，$r_{r0}\omega$ 为轮缘线速度，即车轮接地点相对轮心的速度，$(r_{r0}\omega - v_w)$ 则是车轮接地点的绝对速度，即接地点相对地面向后滑动的速度，该速度与轮缘线速度之比 $\dfrac{r_{r0}\omega - v_w}{r_{r0}\omega}$ 反映"车轮的旋转运动中没有转化为前进运动的那部分比例"，故称为滑转率，记为 s。例如，纯滚动的车轮，$s = 0$；陷入沙坑或者在光滑冰面上原地旋转的车轮，$s = 100\%$。

此处滑转率 s 的含义，与第四章第二节"二、地面附着系数的变化"部分的滑动率 s 有类似之处。

（1）相对简单的分析计算——履带的土壤推力 为了方便理解并研究汽车驱动轮获得的土壤推力，先来分析履带的情形。履带是一种接地面积较大且具有"自铺路"功能的行走机构，适于在极其艰难的地带越野行驶（在一般的分类体系中，履带车辆不属于"汽车"范畴）。

由于履带接地区的长度固定，且各接地点的速度大小和方向均相同，其土壤剪切变形 j 和土壤推力 F_X 的计算相对简单。

> 事实上，由于履带接地区各点的沉陷量和法向应力均可认为相等，其压实阻力和推土阻力的理论计算也较轮式行走机构简单。对于接地长度为 l、宽度为 b、垂直载荷为 G 的履带，分析可得沉陷量为
>
> $$z_0 = \left(\frac{G/l}{K_c + bK_\varphi}\right)^{\frac{1}{n}} \quad (7\text{-}30)$$
>
> 压实阻力为
>
> $$F_{rc} = \frac{1}{(n+1)(K_c + bK_\varphi)^{\frac{1}{n}}} \left(\frac{G}{l}\right)^{\frac{n+1}{n}}$$
>
> 将式（7-30）代入式（7-22）或式（7-23）则可得到推土阻力 F_{rb}。增加履带长度比增加宽度更利于降低阻力，这个规律和车轮是一致的。

令履带宽度为 b，接地长度为 l，垂直载荷为 G，履带行驶时相对地面的滑转率为 s，式（7-29）中的 r_{r0} 可理解为履带驱动轮的节圆半径，如图 7-7 所示。

设履带驱动轮的角速度为 ω，则履带外缘的线速度为 $r_{r0}\omega$，履带接地区各点相对地面的滑动速度均为 $v_s = sr_{r0}\omega$。

无论对于车轮还是履带，在研究接地区的土壤剪切变形时，均认为行走机构表面某点的土壤，自该点进入土壤起始终与行走机构表面"贴合"在一起。

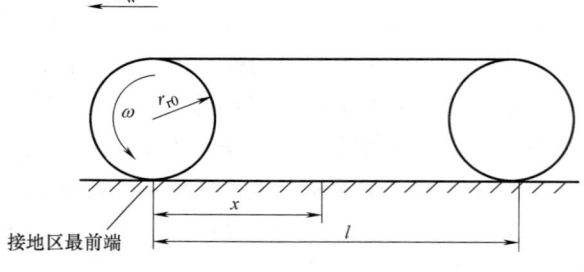

图 7-7 履带和土壤相互作用的运动分析

以履带上某接地点为研究对象，令其距接地区最前端的距离为 x，该点的土壤剪切变形 $j(x)$ 等于自该点进入土壤起相对土壤的累计滑动量。设该点自进入土壤起至到达 x 位置所历经的时间为 t，计算可得

$$j(x) = v_s t = sr_{r0}\omega \frac{x}{r_{r0}\omega} = sx \quad (7\text{-}31)$$

履带的土壤推力 $F_X = b\int_0^l \tau(x)\mathrm{d}x$。其中切向应力 $\tau(x)$ 按式（7-10）和式（7-11）计算，则履带的土壤推力 $F_X = b\int_0^l \tau(x)\mathrm{d}x = b\int_0^l (c + p\tan\varphi)(1 - e^{-\frac{j(x)}{K}})\mathrm{d}x$。认为履带接地区的土

壤法向应力均匀分布，则 $p=\dfrac{G}{bl}$，结合式（7-31），整理，并将接地面积 bl 记为 A，得到履带的土壤推力：

$$F_X = (Ac+G\tan\varphi)\left[1-\dfrac{K}{sl}(1-e^{-\frac{sl}{K}})\right] \qquad (7\text{-}32)$$

式中，$(Ac+G\tan\varphi)$ 为土壤最大推力，记为 $F_{X\max}$ [参见式（7-10）的讨论]，则有

$$F_X = F_{X\max}\left[1-\dfrac{K}{sl}(1-e^{-\frac{sl}{K}})\right] \qquad (7\text{-}33)$$

由式（7-33）可知，在给定土壤特性、履带接地尺寸和垂直载荷的条件下，履带的土壤推力 F_X 是滑转率 s 的函数。例如，当 $s=100\%$ 时，$F_X \approx F_{X\max}$（因为 $l \gg K$）。

如果给定土壤特性、履带接地面积和垂直载荷而令其具有不同的接地长度 l，由式（7-32）分析可知，为了获得同样的土壤推力 F_X，较长履带的滑转率 s 较小。滑转率越小，意味着行走机构对土壤的切向扰动越小，土壤的滑动沉陷量 z_j 就越小，越有利于降低压实阻力 F_{rc} 和推土阻力 F_{rb}。

而且，较低的滑转率通常意味着较高的牵引效率，参见式（7-3）。

即使不考虑驱动时滑转率造成的滑动沉陷以及牵引效率等问题，在式（7-21）和式（7-22）或式（7-23）的分析部分也已指出，接地面积相同的条件下，增大接地印迹的长度比增大接地印迹宽度更有利于降低压实阻力和推土阻力。

> 需要注意的是，履带过长会造成转向困难。

因此，在地面车辆的设计领域有这样的通用性结论：增大行走机构的接地面积是提高牵引通过性的有效方法；当接地面积一定时，窄而长的接地形状更好。

综合接地面积和接地印迹形状两方面因素，履带车辆的牵引通过性强于轮式车辆，尤其是在极其艰难的地带。

尽管窄而长的接地形状更好，出于对其他性能和车辆系统布置条件等方面的考虑，轮式车辆仍然把增大轮胎宽度作为提高通过性的重要设计手段。

（2）较复杂的分析计算——驱动轮的土壤推力 相对于履带，轮式行走机构土壤推力的计算更复杂一些，主要是由于车轮周缘接地各点剪切变形的计算更复杂。

对于具有一定滑转率 s 的车轮做速度分析，可以得到车轮-土壤接触区任意点的剪切变形 j，如图 7-8 所示。

设车轮半径为 r [即相当于式（7-29）和图 7-7 中的 r_{r0}]，角速度为 ω，车轮-土壤接触区内任一点所对应的圆心角记为 θ。分析可知，轮缘 θ 处的线速度（不是绝对速度）为 $r\omega$，轮心平动速度 $v_w = (1-s)r\omega$，此两矢量相加并取沿轮缘切线方向的分量，即得到轮缘 θ 处相对土壤的切向滑动速度，即

$$v_s = r\omega[1-(1-s)\cos\theta] \qquad (7\text{-}34)$$

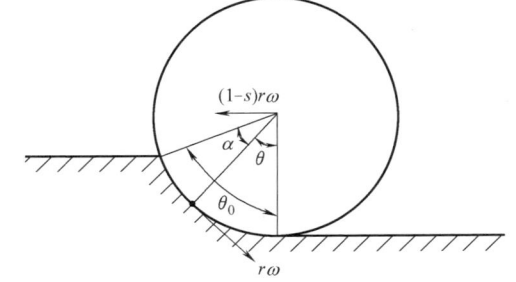

图 7-8 车轮-土壤接触区的剪切变形分析

设轮缘 θ 处的土壤，从车轮上该点进入土壤起始终与车轮"贴合"在一起。则该处土壤的剪切变形 j 等于上述切向滑动速度 v_s 在车轮转动时间 t_θ（车轮上该点从进入土壤直至到

达图 7-8 所示 θ 处所历经的时间）内的积分，即

$$j(\theta) = \int_0^{t_\theta} v_s \, dt = \int_0^{\theta_0 - \theta} r[1 - (1-s)\cos(\theta_0 - \alpha)] \, d\alpha$$

式中，θ_0 为车轮-土壤接触区对应的圆心角；α 为车轮上该点从进入土壤起转过的角度，如图 7-8 所示。

计算可得轮缘 θ 处的土壤剪切变形为

$$j(\theta) = r[(\theta_0 - \theta) - (1-s)(\sin\theta_0 - \sin\theta)] \tag{7-35}$$

将式（7-35）代入式（7-11），得到轮缘 θ 处的切向应力：

$$\tau(\theta) = [c + p(\theta)\tan\varphi](1 - e^{-\frac{j(\theta)}{K}}) = [c + p(\theta)\tan\varphi]\left\{1 - e^{-\frac{r[(\theta_0 - \theta) - (1-s)(\sin\theta_0 - \sin\theta)]}{K}}\right\} \tag{7-36}$$

式（7-36）中的法向应力 $p(\theta)$，在确定了车轮-土壤接触区对应的圆心角 θ_0 的条件下，按式（7-7）计算，可得

$$p(\theta) = \left(\frac{K_c}{b} + K_\varphi\right)[r(\cos\theta - \cos\theta_0)]^n \tag{7-37}$$

对车轮-土壤接触区内切向应力的水平分量进行积分，就得到驱动轮的土壤推力：

$$F_X = br\int_0^{\theta_0} \tau(\theta)\cos\theta \, d\theta \tag{7-38}$$

在此分析中，不考虑车轮自身的变形，即采用刚性车轮模型。

上述计算分析，更多的目的是解释驱动轮土壤推力的计算原理和影响因素，所得到的式（7-38）并不适于直接使用，因为车轮-土壤接触范围 θ_0 未确定。

3. 挂钩牵引力的总体计算

前文已经对行走机构（如车轮）与土壤的相互作用关系以及法向、切向应力的分布规律进行了较详细的分析，在此基础上，可以对挂钩牵引力的总体计算进行一个概括性的介绍。

研究车轮在土壤上的受力问题，首先要解决的是车轮-土壤接触范围的问题，即图 7-8 或图 7-1 中 θ_0 的确定。

由垂直方向的受力平衡关系确定 θ_0。基本原理如下：

$$G = br\int_0^{\theta_0}[p(\theta)\cos\theta + \tau(\theta)\sin\theta] \, d\theta \tag{7-39}$$

其中 $\tau(\theta)$ 和 $p(\theta)$ 按式（7-36）和式（7-37）确定。可见，在给定车轮尺寸、垂直载荷、土壤特性和滑转率的前提下，式（7-39）是一个以 θ_0 为未知数的方程。解之，即可得到车轮-土壤接触范围。

确定车轮-土壤接触范围 θ_0 后，在该范围内对各作用应力的水平分量积分，即可得到挂钩牵引力：

$$F_d = br\int_0^{\theta_0}[\tau(\theta)\cos\theta - p(\theta)\sin\theta] \, d\theta \tag{7-40}$$

如果需要计算牵引效率 TE 等指标［可参见式（7-3）等］，可以按力矩平衡的原理计算驱动轮的驱动转矩：

$$T_t = br^2\int_0^{\theta_0}\tau(\theta) \, d\theta \tag{7-41}$$

在实际工程问题中，解方程式（7-39）、计算积分式（7-40）和式（7-41）大都采用数值解法。

上述原理和方法以刚性车轮模型为基础，如图 7-1、图 7-3 或图 7-8 所示。

> 如果考虑轮胎的弹性，则存在轮胎底部被压平的可能，如图 7-6 所示。可按如下步骤处理：在按式（7-39）的原理初定接触范围 θ_0 后，验算最大沉陷处的法向应力 p_0 是否超过轮胎充气压强 p_i 与胎体刚度产生的压强 p_c 之和，具体方法参见前文相关部分。如果 $p_0 \leqslant p_i + p_c$，说明轮胎保持圆形，可沿用式（7-40）和式（7-41）的结果；如果 $p_0 > p_i + p_c$，说明轮胎底部存在压平区，仍然可以按如下步骤进行分析和计算：
> 1) 由垂直方向受力平衡确定轮胎-土壤接触区（其轮廓应如图 7-6 所示）。
> 2) 在接触区内对各应力的水平分量进行积分确定挂钩牵引力。
> 3) 在接触区内对各应力对轮心的力矩进行积分确定驱动转矩。
>
> 由于轮胎发生宏观变形，与土壤的相互作用轮廓如图 7-6 所示，具体计算时需对接触区分段进行积分，通常分为直线段和圆弧段（有些深入的研究还认为"圆弧段"的轮廓存在曲率的变化）。具体形式比式（7-39）、式（7-40）和式（7-41）更为复杂，都采用数值解法。

在给定车轮尺寸（对于弹性轮胎还需要充气压强 p_i 和胎体刚度产生的压强 p_c）、垂直载荷和土壤特性的前提下，挂钩牵引力以及驱动转矩都是滑转率的函数。研究表明，控制车轮在土壤上的滑转率，对车辆的牵引通过性有较显著影响。

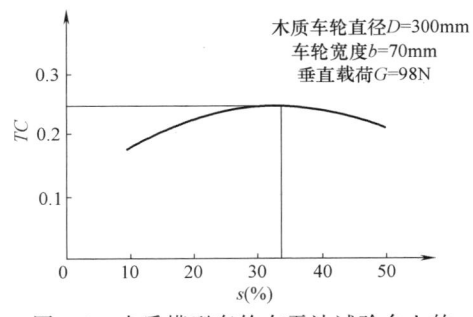

图 7-9 木质模型车轮在干沙试验台上的牵引系数-滑转率关系

例如，有研究采用填充干沙的土槽试验台，对木质模型车轮施加一定的垂直载荷，模拟车轮的驱动行驶，控制车轮相对土壤的滑转率，得到图 7-9 所示的试验数据曲线（经拟合圆滑处理）。

在该试验条件下，当滑转率控制在 $s \approx 33\%$ 时，牵引系数达到最大值，$TC_{max} = 0.247$。

此部分讲述的土壤阻力、土壤推力和挂钩牵引力的各计算公式，主要意义在于揭示通过性分析的力学原理和数学方法、各种作用力的影响因素等规律性结论。各公式本身都是建立在给定土样、行走机构特性和工况条件的试验研究基础上，其定量关系不一定具有普遍的准确性和可靠度。

四、影响牵引通过性的车辆结构因素

在给定土壤特性和运输任务的前提下，地面车辆的牵引通过性取决于车辆的结构设计（以及某些控制特性）。与牵引通过性有关的车辆结构因素主要包括以下方面：

1. 轮胎

轮胎尺寸是影响牵引通过性的重要结构因素。通过前面对行走机构的接地面积和接地印迹形状的优劣分析，可以得出结论：应尽量增大轮胎的直径和宽度，且增大直径的理论效果

优于增大宽度。

轮胎气压对牵引通过性也有影响。一般来说，在越野条件下适当降低轮胎气压，等同于增大接地面积，可以提高通过性。

> 轮胎在良好的铺装路面上长时间低压行驶，会增大阻力和磨损，降低寿命。为此开发了轮胎气压调节系统（或称"轮胎中央充放气系统"），可以根据不同路况条件调节各轮胎的气压。

轮胎花纹在道路条件下的主要作用是排水，确保胎面与路面的充分附着。轮胎花纹对于土壤阻力的影响不大。在无硬底、质地均匀的松软土壤上，粗大的越野轮胎花纹可以在一定程度上增大土壤推力。在具有硬底的泥浆地面，大花纹可以将泥浆挤出，使得花纹的凸起表面"抓住"硬底。在山石地面，大花纹可以"钩住"尖锐砾石块等地面突起物，相当于提高了附着系数（在轮胎外面加装防滑链，在一定条件下也可以起到类似上述大花纹的效果）。

轮式越野汽车倾向于将前、后轴的轮距设计得相等，这样前轮将土壤压紧和清理之后，后轮完全经过前轮的车辙，可以降低后轮的土壤阻力。基于同一出发点，应设法使前轮的接地压强适当低于（低20%～30%）后轮的接地压强，这样整车的总地面阻力有望降到最低。

为了进一步提高车辆在不同地面条件下的通过性，开发了不同形状、尺寸或花纹的特殊轮胎，或者对行走机构的总体外轮廓进行重新设计，改变轮胎和土壤的相互作用方式，提高牵引性能。图7-10所示为不同的特殊行走机构（车轮）。

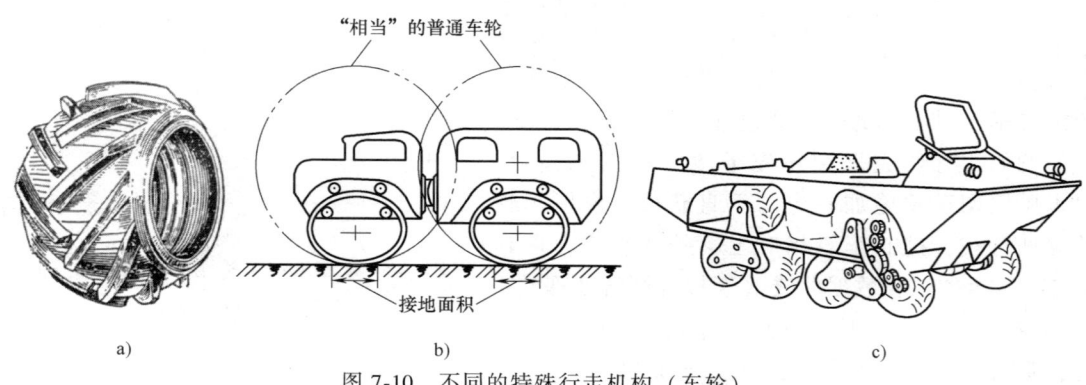

图7-10 不同的特殊行走机构（车轮）
a）宽断面拱形轮胎 b）金属弹性轮 c）半步行机构

> 宽断面拱形轮胎（配合低胎压）可以降低在松软地面上的沉陷量和土壤阻力，粗大的特种花纹可以提高土壤推力。金属弹性轮在垂直载荷下会变成椭圆形，相当于增大了车轮直径和接地面积。半步行机构在良好路面上以车轮行驶；在松软地面上车辆沉陷，星形的"步行足"起作用，一步一步"跨出"困难地带。
>
> 这些特殊行走机构或多或少都存在着成本高、效率低、通用性差以及不适于硬路面行驶等缺陷。

2．动力传动装置

越野行驶时的土壤阻力（包含陡坡带来的坡度阻力）远大于公路行驶时的，因此强调牵引通过性的车辆，往往装备功率较大的发动机，条件允许时，在功率大致相同的条件下优先选用转速低、转矩大的柴油机；传动系统的传动比数值较大，或者分动器具有低速档，以进一步提高穿越艰难地带时的驱动力供应。

多轴驱动技术也是提高牵引通过性的重要设计手段，对于常见的双轴汽车，就是指四轮驱动（4WD）。四驱技术可以将所有车轮都转变为驱动轮，降低了对地面附着能力的要求，提高了车辆通过弱附着地带或陡坡地面的能力。四驱车辆都存在动力在前、后轴之间分配的问题，分配元件可统称为"中央分动装置"，具体结构设计和控制特性各有不同。

四驱车辆的一个需要注意的问题是"差速与限制差速"。为了确保转弯顺利，在驱动桥的左、右半轴之间设置了轮间差速器。四驱车辆的前、后桥都是驱动桥，都具有轮间差速器。但是当同轴两侧驱动轮所处的地面附着力有显著差异（造成这种差异的原因有两方面：两侧地面附着系数不同；两侧车轮的垂直载荷相差很大，如一侧车轮陷入深坑或者脱离地面）时，普通的对称行星齿轮式差速器无法向两侧半轴输出不同的转矩，结果就是两侧车轮的驱动力都只能达到低附着一侧地面的附着力，浪费了附着良好一侧的地面附着能力。因此开发了各种差速锁和限滑差速器，在非对称地面上行驶时，将两侧半轴刚性锁止或者限制差速器的滑转，允许向两侧驱动轮输出不同的转矩，充分利用地面的附着条件，提高整根驱动轴的牵引力。现在很多四驱车辆采用"**电子限滑**"的技术，其前桥和后桥轮间差速器本身的机械结构还是普通对称行星齿轮式，但是车辆的电控系统可以监测驱动桥两侧车轮的运转工况，当某一侧的驱动轮转速明显高于另一侧时，说明这一侧的地面附着力较低，分配的驱动转矩"过剩"，电控系统会指令制动系统对这一侧车轮施加一定的制动力矩，使得两侧车轮的驱动转矩不同，其效果相当于将弱附着地面一侧车轮的驱动力"转移"到强附着地面一侧，提高了整根驱动轴的牵引力。

四驱车辆在转弯时，不仅同轴左、右轮之间需要差速，前、后轴之间也需要差速。因此，多数四驱车辆的中央分动装置都具有轴间差速功能。为了提高车辆的牵引通过性，这种中央差速器也可以设置差速锁、限滑差速器或电子限滑功能。而另有一些四驱车辆，为了提高轴间锁止的可靠性和整车的通过性，不设置中央差速器，即当这类车辆处于四驱模式时，中央分动装置是采取"硬连接"的方式，前、后轴刚性连接，转速相同，不适于在良好的硬路面上转弯行驶（即使是直线行驶，由于前、后轮胎半径不会完全相同，这种绝对同转速的四驱模式也会使得汽车在良好路面上行驶时出现操控异常、阻力偏大和轮胎过度磨损等不良现象）。这种四驱模式的目的在于单纯提高车辆在越野地面上的牵引通过性，而不是提高公路行驶时的稳定性和安全性。

对四驱车辆的传动模式和锁止机理有兴趣的读者，可以参考有关"分时四驱""全时四驱"和"适时四驱"等方面的理论和车型资料。

很多汽车具有牵引力控制 TCS（或称驱动防滑转 ASR）功能，可参见第四章第二节"二、地面附着系数的变化"中的相关内容。在道路条件下，TCS 可以使驱动轮胎具有合适的滑转率，提高纵向和侧向的附着性能。在越野条件下，TCS 也可以通过控制驱动轮相对土壤的滑转率，提高轮胎的牵引系数和车辆的通过性，如图 7-9 所示。

需要注意的是：主要在铺装路面上行驶的车辆，其 TCS（包括 VSC 等与车轮滑转率控制有关的系统）往往将车轮相对地面的滑转率控制在较低范围，而在较松软的非铺装地面上，发挥出最大牵引力所对应的滑转率较高，参见图 4-5 与图 7-9 的峰值滑动（转）率对比。因此，当车辆需要通过较艰难的越野地面时，关闭 TCS、VSC 等控制系统可能会有更好的效果。

3. 悬架

悬架系统对于车辆牵引通过性的一个影响，在于限位行程 $[f_d]$（参见图 6-3）的选取。越野车辆偏向于采用独立悬架并选取较大的 $[f_d]$，一方面是出于平顺性的考虑，减小在崎岖不平地面行驶时撞击悬架限位的概率；另一方面，当汽车通过极度不平的地面时，较大的 $[f_d]$ 值允许各车轮相对于车架有大幅度的伸缩，尽量保证所有车轮都接触地面，提高整车的牵引力。

有兴趣的读者可以思考："尽量保证所有车轮都接触地面"并不能提高整车的附着力，那么这一措施如何提高整车的牵引力？

强调越野能力的车辆，其悬架系统固有频率和阻尼比的选取也有一定的侧重点，可参见第六章第三节"四、悬架系统参数的选取"部分。

另外，越野车辆在若干关键部件的防水、防尘、散热和耐久性等方面也有特殊要求，车身结构倾向于采用具有高刚性车架的非承载式车身。

除了车辆结构设计和控制特性等因素外，驾驶人的经验和技术对车辆的牵引通过性也有一定影响。在艰难、复杂的越野地面，合理地规划路径，正确地控制加速踏板、变速器档位、四驱模式和转向盘操作，在前进和倒退之间灵活切换，以及在必要时适当利用惯性冲坡等，都有助于成功穿越或脱困。

五、快速评价土壤的可行驶性

车辆牵引通过性的影响因素有很多，行走机构和土壤相互作用的力学机理研究目前尚不充分，各种土壤阻力和土壤推力的理论预测模型缺乏普遍适用性，使得挂钩牵引力的定量计算不总是十分可靠。同时，牵引系数等定量参数的精确值，在工程实践中也不是绝对有必要的。例如，在确保可以充分通过的前提下，给定车辆在特定土壤上的牵引系数 TC 的准确数值是 0.2 还是 0.3，实际差别不是很大。这一点和动力因数、制动距离或车身加速度方均根值等其他性能指标的定量意义有所不同。

因此，研究者们一方面继续深入研究土壤的本构关系等基础理论问题，以期提高理论预测模型的准确性和普遍适用性；另一方面寻求在工程实践中操作方便且比较可靠的评价方法，以快速预测车辆能否通过特定土壤。给定车辆能否可靠通过特定土壤（以及可通过的次数有多少），称为土壤的**可行驶性**。

在若干种快速评价土壤可行驶性的方法中，**圆锥指数法**的效果较好，应用较为广泛。由于圆锥指数法由美国陆军工程兵的水道试验站（**Waterways Experiment Station**，**WES**）提出，故又称为 **WES 法**。该方法不详细研究土壤的机械特性，而是将土壤的阻力性质和推力性质汇集成一个参数：圆锥指数。

圆锥指数法是通过比较土壤额定圆锥指数 RCI 和车辆圆锥指数 VCI 的关系来确定车辆在土壤上的可行驶性。RCI 表征土壤的坚实程度；VCI 则反映车辆对土壤的破坏能力，或者说是车辆可靠通行对土壤坚实程度的最低要求。RCI 由现场实测和重塑试验确定，VCI 由建立在实际车型测试基础上的经验公式算出。

以下介绍中的参数均为英制：$1\text{lbf} \approx 4.45\text{N}$，$1\text{in} \approx 2.54\text{cm}$，$1\text{ft} = 12\text{in}$，1 马力 ≈ 0.735kW，读者可自行换算。

$$\text{额定圆锥指数 RCI} = \text{现场圆锥指数 CI} \times \text{重塑指数 RI} \tag{7-42}$$

现场圆锥指数 CI 由土壤的现场圆锥压入试验测定。按传统 WES 法的要求，圆锥测头顶角为 30°，底面积为 $\frac{1}{2}\text{in}^2$，装在长 36in、直径为 $\frac{3}{8}\text{in}$ 的刻度杆轴上。将测头以 6ft/min 的速率压入土壤至车辆影响所及深度所需之力，除以圆锥底面积，得到的压强（lbf/in^2），就是现场圆锥指数 CI。一些传统的圆锥压入仪，该指数由刻度杆轴上端的弹簧测力刻度盘直接标示。现代自动化设备，可以更准确地测量压入阻力，控制压入速度和深度。

CI 值与测头压入深度有关，典型的要求是：对于一般车辆，测量从地表到 6～12in 深的土层为宜；轻型车辆可浅 3in，重型车辆可深 3in。

由于车辆经常在同一车辙内重复行驶，会对土壤造成"重塑"，对于黏土、粉土或壤土等细粒土壤来说会降低土壤的承载能力，因此需要进行重塑试验以确定重塑指数。

重塑试验：将土样装入一个圆柱形小筒内，做圆锥测头压入试验，每隔 1in 深度记录一个圆锥指数，共测五个值，以其平均值作为"重塑前的圆锥指数"；然后用 2.5lbf 的重锤从 1ft 的高度落下，击打土样，共 100 次，这就是重塑。用与重塑前同样的方法测定，得到"重塑后的圆锥指数"。于是算出

$$\text{重塑指数 RI} = \frac{\text{重塑后的圆锥指数}}{\text{重塑前的圆锥指数}}$$

现场圆锥指数 CI 乘以重塑指数 RI，即得到土壤的额定圆锥指数 RCI。

车辆圆锥指数 VCI 是机动性指数（也称通过性指数）MI 的函数，两者关系如图 7-11 所示。图中 MI<20 部分的准确性较差；MI≥20 时则存在经验关系：

$$\text{VCI} = 0.456\text{MI} + 25.5 \tag{7-43}$$

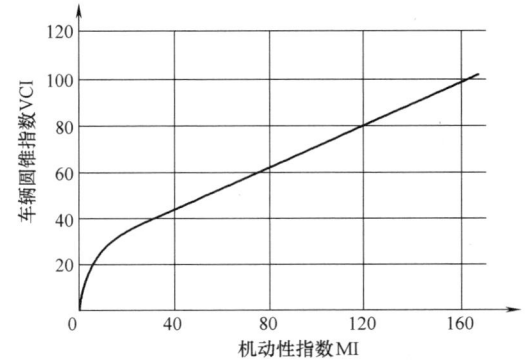

图 7-11　车辆圆锥指数 VCI 与机动性指数 MI 的关系

机动性指数 MI 取决于车辆。对于轮式车辆，WES 法推荐如下经验模型：

$$\text{机动性指数 MI} = 0.6\left[\left(\frac{\text{接地压力系数} \times \text{重量系数}}{\text{轮胎系数} \times \text{花纹系数}} + \text{车轮负荷系数} - \text{间隙系数}\right) \times \text{发动机系数} \times \text{传动系数}\right] + 20 \tag{7-44}$$

式中，接地压力指数 = $\dfrac{\text{总重量（lbf）}}{\text{轮胎宽度（in）} \times \text{轮辋直径（in）} \times \text{轮胎数}}$；总重量>35 000lbf 时，重量系数 = 1.1，15 000lbf<总重量≤35 000lbf 时，重量系数 = 1.0，总重量≤15 000lbf 时，重量系数 = 0.9；轮胎系数 = 1.25×轮胎宽度（in）/100，无防滑链情况，花纹系数 = 1.00，有防滑链情况，花纹系数 = 1.05；车轮负荷系数 = 总重量（lbf）/（车轮数×1000）；间隙系数 = 离地间隙（in）/10；比功率>10［马力/t］时，发动机系数 = 1.00，比功率≤10［马力/t］时，发动机系数 = 1.05；对于机械传动，传动系数 = 1.05，对于液力传动，传动系数 = 1.00。

> 装有液力变矩器或液力偶合器的汽车，可以长期维持极低的车速行驶，在起步时驱动转矩增加得较平缓，而且传动系统的扭振也得以减轻，这些都可以减小对松软脆弱土壤的扰动，维持土壤的剪切强度，也就相当于降低了车辆的机动性指数。

圆锥指数法重点研究车辆与土壤之间的法向相互作用，忽略剪切问题，因而在 MI 的确定中不考虑驱动轮数目这一因素。

确定机动性指数 MI 后，按式（7-43）或图 7-11 可求得车辆圆锥指数 VCI。

> 一些由试验确定的典型 VCI 值：步兵，19；某 6×6 运输车，46；某中型坦克，49；某 4×4 越野车，56；某 4×2 运输车，102。
> 经验表明，VCI 超过 100 的车辆，只适用于铺装道路条件。

综上，由现场试验和重塑试验的数据，按式（7-42）确定土壤额定圆锥指数 RCI，由车辆参数计算出机动性指数 MI，进而由式（7-43）等求出车辆圆锥指数 VCI，根据 RCI 和 VCI 的关系来预测给定车辆在特定土壤上的可行驶性。

RCI>VCI，说明土壤的坚实程度超过车辆可靠通行的最低要求，车辆可以通过 40～50 次。

RCI<VCI，说明土壤的坚实程度不满足车辆可靠通行的最低要求，车辆无法通过。

圆锥指数法对于某些黏性土壤的可行驶性预测准确度较高，但并不具有普遍性。另外，对于未经试验验证的新车型，车辆圆锥指数 VCI 的确定也不一定可靠。

> 上述车辆圆锥指数 VCI 考量的是能否重复通过 40~50 次，所以又可记为 VCI_{50}。有时并不考虑车队的多次通过问题，仅需确定车辆能否通过 1~2 次，此时的车辆圆锥指数就可记为 VCI_1。有研究认为 VCI_1 可取 VCI_{50} 的 75% 左右。例如，某土壤的 RCI 为 60，对于 VCI_{50}<60 的车辆，认为可以通过 50 次左右。如果另一辆车的 VCI_{50}=80，则无法多次重复通过，但是按"VCI_1 可取 VCI_{50} 的 75% 左右"，可认为这辆车的 VCI_1=60，也就是说在 RCI 为 60 的地面上可以"勉强"通过 1~2 次（注意，"VCI_1 可取 VCI_{50} 的 75% 左右"这一结论，与牵引通过性的大多数定量结论一样，不具有普遍精确性）。

圆锥指数法不区别慢速爬行和高速行驶，它是供车辆或车队人员在野外使用的、用以判断某一地域"可通过"或"不可通过"的快速方法。

圆锥指数法并不直接研究土壤的力学特性参数。也有学者试图建立两者的关系，如由 K_c、K_φ 和 n 等土壤特性参数推算土壤圆锥指数 RCI。

第七章 汽车的通过性

以传统的 WES 法为基础,很多研究部门都开发了以圆锥压入阻力为基础参数的快速评价土壤可行驶性的新方法和新仪器。

除了圆锥指数法,还有一些快速评价土壤可行驶性的实践经验方法,如有学者提出 **"含水量预测法"**。该方法认为车辆在土壤(特别是黏性土壤)上的牵引系数 TC 受土壤含水量 M_c(%)的控制,归纳出了以下拟合公式:

$$\begin{cases} 对于 6\times 6 汽车, TC = 218.8 M_c^{-2.2} \\ 对于 4\times 4 汽车, TC = 708 M_c^{-2.68} \\ 对于 4\times 2 汽车, TC = 0.852 - 0.038 M_c \end{cases} \quad (7-45)$$

土壤含水量(即湿度)的测量有各种专门仪器。也可以根据所研究地区的历年各季节气象资料估算。

按以上诸式判定,对于 4×4 和 6×6 汽车,牵引系数 TC 恒为正,即无论土壤含水量如何都不存在失去牵引通过性的可能;另外当含水量很低时,TC 值过高,预测无意义,如当含水量低至 10%(即 $M_c=10$)时,6×6 汽车的牵引系数 $TC=1.38$,4×4 汽车的牵引系数 $TC=1.48$。而对于 4×2 的汽车,可算出"临界含水量"为 22.4%,即 $MC \geq 22.4$ 时,$TC \leq 0$,车辆一定失去牵引通过性,反之则一定可以通过。

同圆锥指数法一样,含水量预测法也具有操作方便、易于判断的优点,但是由于过分依赖经验方法,其成立也存在相当的局限性。

第三节 几何通过性

几何通过性(或称越障通过性)主要研究汽车是否会被周围环境"托住"或"卡住"。如果车体某部位被周围环境"托住"或"卡住",就是发生了**间隙失效**。

与牵引通过性相比,几何通过性的分析和计算相对简单,主要涉及车辆的一些几何尺寸参数,这些参数可以认为就是汽车几何通过性的评价指标。

可以按不同方向研究汽车的几何通过性。

一、垂向几何通过性

垂向几何通过性主要考查车辆与支承面的间隙问题。

结合表 7-3 和图 7-12,可以比较直观地掌握垂向间隙失效的具体形式、相关几何参数和通过性要求。

表 7-3 垂向间隙失效形式和相关车辆几何参数

失效形式及典型工况	相关的车辆几何参数	优劣要求
触头失效:车辆前端触及地面而不能通过。如在陡坡底部驶上或驶下时,车头下缘触及地面	接近角 γ_1:汽车前端突出部位下缘向前轮所引切线与支承平面的夹角	γ_1 越大,越不易发生触头失效,车辆的几何通过性越好
托尾失效:车辆尾部触及地面而不能通过。如在陡坡底部驶上或驶下时,车尾下缘触及地面	离去角 γ_2:汽车后端突出部位下缘向后轮所引切线与支承平面的夹角	γ_2 越大,越不易发生托尾失效,车辆的几何通过性越好

(续)

失效形式及典型工况		相关的车辆几何参数	优劣要求
顶起失效：车辆底部触及地面而不能通过	在较平坦地面上遇到凸起物，车辆底部被卡住	最小离地间隙 h：车辆中间部分①最低点到支承平面的距离	h 越大，越不易发生顶起失效，车辆的几何通过性越好
	在纵向大曲率路面上，如在拱桥上，或者驶上或驶下陡坡顶部时，车辆底部着地而车轮离地	纵向通过角 β：分别通过前、后车轮外缘作垂直于车辆纵向对称面的切平面，两切平面交于车体下部某点时所夹的最小锐角	β 较大，就可以克服较大的地面曲率（即更小半径的纵向拱形），越不易发生顶起失效，车辆的几何通过性越好

① 要求"车辆中间部分"，意指最小离地间隙要在离车轮较远处选取（测量）。按相关国家标准的要求，指的是宽度为 $0.8b$ 且对称于车辆纵向对称面的横向区间。b 为同一轴上两端车轮内缘间最小距离，如图 7-12 所示。

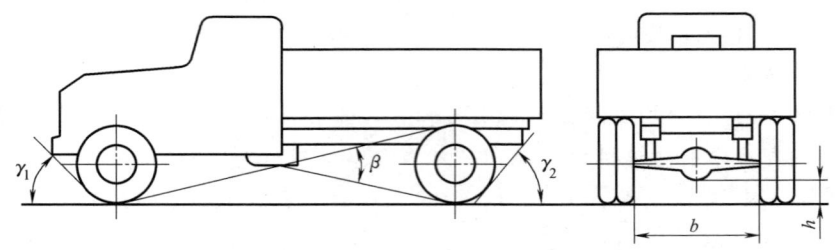

图 7-12 与通过性有关的车辆几何参数

需要注意上述几何参数与车辆载荷状况的关系。

图 7-12 所示的最小离地间隙 h 在驱动桥处，则此 h 值与车辆载荷状况的关系不大（载荷变化可以通过轮胎半径的变化对离地间隙产生细微影响）。如果车辆底部的最低点属于悬挂质量部分，则 h 值受载荷影响较大。有些车型给出的最小离地间隙数值注明了是空载状态还是满载状态。

由定义可知，接近角 γ_1、离去角 γ_2 和纵向通过角 β 的数值都与悬架变形有关，当车辆的载荷状况变化时，γ_1、γ_2 和 β 的数值都会发生变化。

相关标准规定：最小离地间隙指的是车辆满载状况的数值；接近角、离去角和纵向通过角，则区分空载数值和满载数值。

从理论上说，车辆的 h、γ_1、γ_2 和 β 等参数随载荷状况而变化，即不同载荷下的这些参数均有意义，故表 7-3 未规定载荷状况。

上述参数的标准状态是车辆静止于水平地面上，轮胎充气至标准值。实际行驶时的轮胎气压、坡度和加速度等对参数的实际值会有一定影响。

二、侧向几何通过性

侧向几何通过性主要考查车辆与周围环境的间隙问题。易于发生侧向间隙失效的典型工况是转弯行驶，因此有如下车辆几何参数，如图 7-13 所示。

最小转弯直径 d_{min}：转向盘转到极限位置，汽车以最低稳定车速做圆周行驶，外侧转向轮的中心平面在支承平面上滚过的轨迹圆直径。显然，d_{min} 值越小，车辆越能够在狭窄路面掉头，或者掉头时尽量减少反复进退与来回转动转向盘的次数。

第七章 汽车的通过性

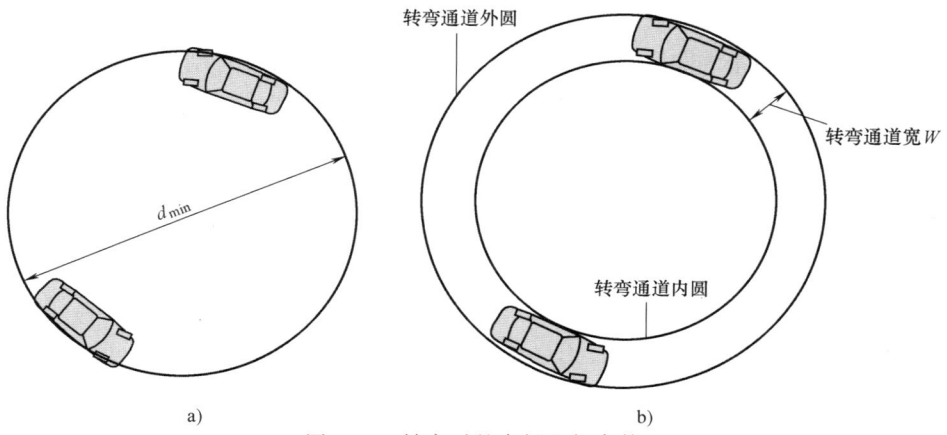

图 7-13 转弯时的车辆几何参数
a) 最小转弯直径 d_{min} b) 转弯通道圆与转弯通道宽 W

注意，上述 d_{min} 是通行的标准定义，它考查的是外侧转向轮的中心平面是否超出道路侧向限制。在实际行驶中，很多情况下应考虑外侧转向轮的最外点是否超出道路侧向限制，如路边石的阻挡。如果道路的侧向限制较高，如墙、树或其他车辆，那么构成最小转弯直径的车体部位可能是外后视镜等突出点。

转向盘转到极限位置，汽车以最低稳定车速做圆周行驶，车体上各点在支承平面上的投影轨迹形成各直径不同的同心圆。其中直径最小的圆，即车体上其他点的投影轨迹均位于其外的圆，称为**转弯通道内圆**；直径最大的圆，即车体上其他点的投影轨迹均位于其内的圆，称为**转弯通道外圆**。转弯通道外圆与内圆的半径差，称为**转弯通道宽 W**。如果转弯场地的侧向障碍物位于 W 范围内，将发生侧向间隙失效。

同一车辆，左转和右转时的最小转弯直径与转弯通道宽可能不同。

需要注意转向盘转角对于转弯直径和转弯通道宽的不同影响。转向盘转到极限位置，转弯直径 d 达到最小，即车辆对道路总宽度的要求最小，这是易于通过的一方面；但另一方面，转弯通道宽 W 达到最大，即车辆本身占用的宽度最大，与周围障碍发生侧向碰撞的可能性最大。因此，驾驶人在没有其他障碍的窄路上掉头时，往往将转向盘（反复）转到极限位置，以求快速掉头；而在进出两侧障碍物距离较近的车位时，往往将转向盘转角控制在较小范围，以避免碰撞。

在狭小、障碍物较多的环境中自如穿行以及灵便掉头的能力，有时称为车辆的**机动性能**。由上文的分析可知，机动性能不仅和车辆的转弯几何参数有关，驾驶人的操作有时也起一定的、甚至是很大的作用。准确判断所驾驶车辆的外廓尺寸，提前预测转向盘转角与车体姿态和位置的关系，在前进和倒退、左转和右转之间适时切换，都能够提高复杂障碍条件下的车辆机动性能。

三、纵向几何通过性——克服垂直障碍问题

在汽车行驶的纵向，几何通过性的主要问题是跨越台阶或壕沟等垂直障碍。对于台阶，

需要克服的是其垂直高度；对于壕沟，需要克服的是其水平宽度。在理论研究中，将台阶或壕沟看作边角垂直、没有变形、具有与支承平面相同附着系数的刚性障碍物，如图 7-14 所示。

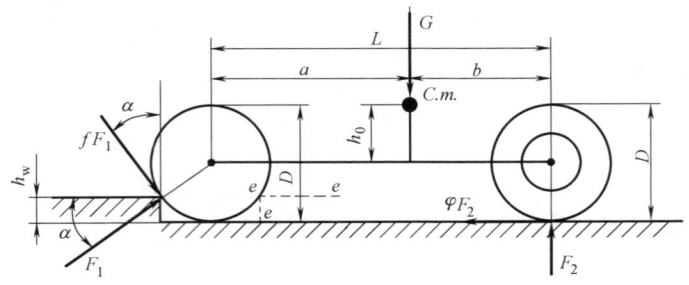

图 7-14　4×2 汽车的前轮越过台阶的受力分析

如果在图 7-14 所示的前轮处增添支承轮廓线 e—e—e，并去掉前轮底部的水平支承面，问题就转化为"前轮跨越壕沟"。

这类问题的研究，在发动机动力供应充足的条件下，主要涉及车辆的驱动形式（4×2 或 4×4 等）、轮胎尺寸、前后轮相对质心的位置和现场的地面附着系数等。不考虑"惯性冲坡"的影响。

研究方法主要采用作图分析结合静力平衡的计算，难度不大，但较烦琐，本书不做详述，仅列出相关结果，供有需要者参考。

克服垂直障碍的问题需区分前、后轮来研究。显然，汽车所能克服的垂直高度或水平宽度，受限于跨越能力较小的车轮。

1. 跨越台阶的垂直高度 h_w

研究认为，后轮驱动 4×2 汽车的前轮能克服的台阶最大垂直高度 h_w 与车轮直径 D 之比为

$$\left(\frac{h_w}{D}\right)_1 = \frac{1}{2}\left\{1-\left[1+\left(\frac{\varphi a}{L}\cdot\frac{1}{1-\frac{a}{L}-\frac{\varphi D}{2L}}\right)^2\right]^{-\frac{1}{2}}\right\} \tag{7-46}$$

式中，φ 为地面附着系数；a 为车辆质心到前轴的距离；L 为轴距。

后轮驱动 4×2 汽车的后轮能克服的台阶最大垂直高度与车轮直径之比为

$$\left(\frac{h_w}{D}\right)_2 = \frac{1}{2}\left(1-\frac{1}{\sqrt{1+\varphi^2}}\right) \tag{7-47}$$

式（7-46）和式（7-47）的推导中，略去轮胎的滚动阻力，即令图 7-14 中的 $f=0$。

分析可知，对于一般的后轮驱动 4×2 汽车，$\left(\frac{h_w}{D}\right)_2 < \left(\frac{h_w}{D}\right)_1$，即整车克服台阶最大高度的限制在于后轮。

对多轴汽车也有类似的结果，如对于 4×4 汽车的前轮，有研究认为

第七章 汽车的通过性

$$\left(\frac{h_w}{D}\right)_1 = \frac{1-\varphi\frac{D}{2L}+\eta^2-\eta\sqrt{1-\varphi\frac{D}{L}+\eta^2}}{2\left[\left(1+\varphi\frac{D}{2L}\right)^2+\eta^2\right]} \tag{7-48}$$

式中，$\eta = \dfrac{1-\varphi\dfrac{D}{2L}-(1+\varphi^2)\dfrac{a}{L}}{\varphi}$。

对比不同驱动形式对汽车克服台阶垂直高度能力的影响，如图 7-15 所示。

图 7-15 中四驱车的 $\dfrac{h_w}{D}$ 数据处在一"条带"范围内，是考虑到不同车辆的 $\dfrac{a}{L}$ 和 $\dfrac{D}{L}$ 有所不同；而后驱车后轮的 $\dfrac{h_w}{D}$ 只取决于 φ，见式（7-47）。由图 7-15 可知，在 $\varphi = 0.7$ 的良好路面上，四驱车的 $\dfrac{h_w}{D}$ 值为 $0.18 \sim 0.26$；后驱车的 $\dfrac{h_w}{D}$ 值仅将近其一半［按式（7-47），$\varphi = 0.7$ 时，$\left(\dfrac{h_w}{D}\right)_2 = 0.090$］。

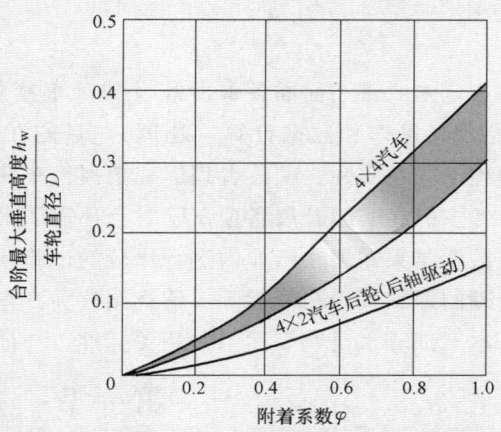

图 7-15 不同驱动形式的 $\dfrac{h_w}{D}$-φ 关系

2. 跨越壕沟的水平宽度 l_d

在确定了汽车的前轮或后轮所能跨越的台阶最大高度 $\dfrac{h_w}{D}$ 后，采用同样的分析方法可以计算该车轮所能跨越的壕沟最大水平宽度 l_d。结论为

$$\frac{l_d}{D} = 2\sqrt{\frac{h_w}{D}-\left(\frac{h_w}{D}\right)^2} \tag{7-49}$$

复习与思考

1. 掌握汽车的通过性含义和研究内容。
2. 掌握汽车的牵引通过性评价指标。
3. 掌握土壤法向与切向力学模型的常见公式及土壤阻力和推力的典型计算公式与适用条件。了解挂钩牵引力计算的基本原理。查阅相关资料，了解各种提高车辆牵引通过性的技术措施。
4. 为什么在非常松软的地面上，一味地用力踩加速踏板，汽车的牵引通过性可能更差？
5. 掌握汽车的几何通过性的研究方法和相关名词、术语。

第八章 相关汽车试验

本章主要讲述前面各章所涉及的汽车整车性能的试验条件、试验仪器设备和基本步骤（包括现场操作和数据计算、处理）。目的在于给读者提供一些汽车试验方面的基本认识，做到理论联系实际，使读者理解和把握汽车使用性能的评价方法，也可作为进行相关试验时的参考。但在实际开展各项试验时，还需认真查阅现行标准，制定周详的试验大纲，尤其是对于数据结果需要在行业内进行比较的试验项目。试验仪器设备的具体结构和工作原理、信号处理的详细理论与流程等，请查阅有关汽车试验学方面的资料。

本章部分术语和表述引自相关标准，与前面章节的理论讲述可能有所不同。

第一节 通 用 条 件

一、汽车试验的含义及分类

汽车试验是指在专用试验场、其他专用场地或试验室内，使用专用的仪器设备，依照试验大纲及有关标准，对汽车整车或总成、零部件进行各种测试的过程，也可根据需要在常规道路或典型地域进行相关试验，如限定工况的实际行驶试验和地区适应性试验等。

按试验场所的不同，汽车试验可分为试验室台架试验、室外道路试验和试验场试验三类。

试验室台架试验的重要特征在于试验环境可控性好，一些项目可进行24h不间断试验，它特别适用于汽车性能的对比试验和可靠性、耐久性试验。试验室台架试验的试验效率高，适用于汽车整车以及总成、零部件。

汽车产品在实际使用中必然会遇到不同的气候条件、道路条件、交通状况以及使用操作条件。要对汽车的各项性能进行真实准确的考查，就应在实际的道路上进行测试，即进行室外道路试验。

试验场试验是一种按照预先制定的试验项目和试验规范，在规定的行驶条件下进行的试验。在汽车试验场上可以设置各种不同的路（地）面，如扭曲路面、石砌路面、高速环形跑道和汽车性能试验专用跑道等。可以在不受实际道路交通干扰的条件下完成汽车各项性能试验，尤其是汽车的可靠性、耐久性及环境适应性试验。由于在汽车试验场上可以进行高强化水平（强化：将试验载荷等参数设定得大于实际行驶工况）的试验，可以大大缩短试验

第八章 相关汽车试验

周期。试验场试验的工况规范性更强，结果更具可比性。

由于试验场试验和室外道路试验均在室外道路上进行，行业内常将这二者统称为道路试验。

本章所载各试验项目的条件、操作及要求，主要源于相关标准规定。具体的企业、研究部门和院校进行试验时，也可以结合自身的试验条件和试验目的，在确保安全性、科学性、可操作性和可比性的前提下，适当改变。

二、试验条件

汽车试验必须在规定的条件下进行，以下列出的是 GB/T 12534—1990《汽车道路试验方法通则》中的一些通用性条件。

1. 装载质量

无特殊规定时装载质量均为厂定最大装载质量或使试验车处于厂定最大总质量状态。装载质量应均匀分布，装载物应固定牢靠，试验过程中不得晃动和颠离；不应因潮湿、散失等条件变化而改变其质量，以保证装载质量的大小、分布不变。乘员平均质量按表 8-1 计算，可用相同质量的重物代替。

表 8-1 乘员质量

车型			人均质量/kg	行李质量/kg	代替重物分布			
					座椅上	座椅前的地板上	吊在车顶的拉手上	行李箱（架）
载货汽车、越野汽车、专用汽车、自卸汽车、牵引汽车			65	—	55	10	—	—
客车	长途		60	13	50	10	—	13
	公共	座客	60	—	50	10	—	—
		站客	60	—	—	55（地板上）	5	—
	旅游		60	22	50	10	—	22
轿车			60	5	50	10	—	5

2. 轮胎气压

试验过程中，轮胎冷充气压力应符合该车技术条件的规定，误差不超过 10kPa（±0.1kgf/cm^2）（1kgf = 9.807N）。

3. 燃料、润滑油（脂）和制动液

试验汽车使用的燃料、润滑油（脂）和制动液的牌号和规格，应符合该车技术条件或现行国家标准的规定，除可靠性行驶试验、耐久性道路试验及使用试验外，同一次试验的各项性能测定必须使用同一批燃料、润滑油（脂）和制动液。

4. 气象

试验时应是无雨无雾天气，相对湿度小于 95%，气温为 0~40℃，风速不大于 3m/s。对气象有特殊要求的试验项目，由相应试验方法规定。

5. 试验仪器、设备

试验仪器、设备须经计量检定，在有效期内使用，并在使用前进行调整，确保功能正

常，符合精度要求。

当使用汽车上安装的速度表、里程表测定车速和里程时，试验前必须按 GB/T 12548—2016《汽车速度表、里程表检验校正方法》进行误差校正。

6. 试验道路

除另有规定外，车辆各项性能试验应在清洁、干燥、平坦的，用沥青或混凝土铺装的直线道路上进行。道路长 2~3km，宽不小于 8m，纵向坡度在 0.1% 以内。

7. 试验车辆准备

（1）接车检查　记录试验样车的生产厂名、牌号、型号、发动机号、底盘号、各主要总成号和出厂日期等。检查车辆装备完整性及装配调整情况，使之符合该车装配调整技术条件及 GB 7258—2017《机动车运行安全技术条件》的有关规定。行驶检查，行驶里程一般不大于 100km。

（2）车辆磨合　根据试验要求，对试验车辆进行磨合。除另有规定外，磨合规范按该车使用说明书的规定。

（3）预热行驶　试验前，试验车辆必须进行预热行驶，使汽车发动机、传动系统及其他部分预热到规定的温度状态。

第二节　汽车的动力性试验

汽车的动力性试验包括室外道路（含试验场）项目和室内台架项目。道路试验主要是测定最高车速、加速时间、最大爬坡度、最低稳定车速及滑行距离等整车评价指标。在试验室内可测定汽车的驱动力、行驶阻力以及其他动力特性参数。

一、道路试验

汽车动力性的道路试验应在混凝土或沥青路面上进行。路面要求平整、干燥、清洁、纵向坡度不大于 0.1%。试验时，大气温度为 0~40℃、风速不大于 3m/s。测量时汽车应处于良好的技术状况。

我国相关动力性试验标准规定的车辆试验质量及载荷分布如下。

1）M_1 类车辆和最大设计总质量小于 2t 的 N_1 类车辆：当车辆的 50% 最大允许装载质量小于 180kg 时，试验质量为整备质量加上 180kg；当车辆的 50% 最大允许装载质量大于 180kg 时，试验质量为整备质量加上 50% 的最大允许装载质量（包括测量人员和仪器的质量）。载荷分布尽量均匀。

2）M_2、M_3 类车辆和最大设计总质量不小于 2t 的 N 类车辆：除了特殊规定外，适用于 M_2、M_3 类城市客车为装载质量的 65%；其他车辆为满载。M_2、M_3 类车辆载荷按照 GB/T 12428—2005《客车装载质量计算方法》均布；N 类车辆的载荷按照 GB/T 12534—1990《汽车道路试验方法通知》均布。

国外的一些试验标准规定轿车为半载。一些轿车试验中，轿车的载荷为 100~180kg，客车或轿车的乘员可以用重物替代，每名乘客的质量按 65kg 重物计。

轮胎的充气压力应符合技术条件。

1. 最高车速试验

试验应在良好的直线道路或环形道路上进行（GB/T 12544—2012《汽车最高车速试验方法》，该标准适用于除电动汽车外的汽车，汽车列车可参照执行）。在直线道路上进行试验时，当车辆达到最高车速后，测定车辆通过一定距离路段（标准规定测量路段至少为200m）所需的时间，计算出最高车速，多次测量取平均值；记录汽车在环形道路（图8-1）上行驶一周所用的时间，计算出最高车速，一般汽车以最高车速在环形道路上至少行驶三次，取平均值进行计算。

图8-1 汽车试验场的高速环形跑道

> 标准中有"调整档位使汽车能够达到其最高稳定车速"的要求，请结合第一章的有关理论和计算方法，理解其含义。

通过时间可用高精度测时计（光电式传感原理或GPS系统授时）测量；通过距离除采用标杆等实物标记外，也可通过GPS定位来进行标记。

2. 加速性能试验

汽车加速性能试验包括全油门起步加速性能试验和全油门超越加速性能试验（GB/T 12543—2009《汽车加速性能试验方法》）。

全油门起步加速时间测定时，车辆由静止起步，全力加速，按最佳换档时刻逐次换至高档。车辆起步加速，应在车轮滑转最小的情况下使车辆达到最大加速性能。测量全力加速至100km/h（如果车辆最高车速的90%达不到100km/h，应取最高车速的90%向下圆整到5的整数倍作为试验终了车速）所需的时间。也可用原地起步加速行驶至一段距离（如400m）所需的时间来表征汽车的加速能力。

> 针对"应在车轮滑转最小的情况下使车辆达到最大加速性能"的规定，请结合第一章的有关理论，理解其含义和操作要求。

全油门超越加速时间测定时，汽车一般在最高档或次高档工作，车速控制在58~60km/h，变速器不换档，全油门加速，测量由60km/h加速至100km/h（如果车辆最高车速的90%达不到100km/h，应取最高车速的90%向下圆整到5的整数倍作为试验终了车速）所需的时间。

对于手自一体变速器汽车，可分别按自动和手动模式进行上述加速性能试验。

加速过程用非接触式汽车速度计或GPS测速仪来记录。非接触式汽车速度计是利用光电原理和跟踪滤波技术，将车辆的行驶速度转换为电信号频率来测量汽车车速，安装较方便，测量精度高，适用于高车速测量，最高测量速度可达250km/h，但在低速时误差较大。GPS测速仪基于全球卫星高精度定位原理，通过位置差分测量汽车的行驶速度，其优点是体积小、重量轻，便于安装携带，速度信号准确、精度高、响应快。但若遇隧道、桥涵、山区、密林等环境，所接收的信号质量受影响较大，不利于广泛环境应用。

3. 最大爬坡度试验

测量汽车的最大爬坡度，应有一系列不同坡度的坡道，其测试路段不小于 20m。坡度小于 30% 的坡道路面可用沥青铺装，等于或大于 30% 的坡道应为混凝土路面。为了防止爬陡坡中出现事故，坡度大于 40% 的坡道应设有安全装置。

试验时，汽车停于坡道前平地上，接上传动系统的最低档后迅速以全油门状态进行爬坡，直至试验终了。汽车所能通过的最陡坡道的坡度，就是汽车的最大爬坡度（爬坡成功的基本标志：车速不断升高或趋于稳定通过测试路段。若第一次爬坡失败的原因是发动机转速未达最大转矩点，则允许增大坡前的水平行驶路段，进行第二次爬坡，总共不得超过两次）。

如果现有道路的坡度不合适（过大或过小），可以采用增、减负荷或变换档位的方法测试，将实测值折算为最大总质量状态下的最低档最大爬坡度。

> 读者可思考如何测试和折算，并查阅相关标准，加深理解。并请思考，这种折算方法的可靠程度与汽车附着条件的关系。

4. 滑行试验

采用转鼓试验台（也称底盘测功机）进行汽车燃油经济性和排放性等试验时，需输入汽车的滚动阻力与空气阻力数值，这些参数可由道路滑行试验来测定。

滑行试验是汽车在水平路面无风条件下加速至某预定速度后，摘档脱开发动机，利用汽车的惯性继续减速滑行，直至停车。试验中用 GPS 测速仪或非接触式汽车速度计等测速仪器记录滑行过程中速度与时间的关系 u-t 曲线，通过换算与整理可以得到减速度与车速的关系 $\frac{dv}{dt}$-u 曲线，如图 8-2 所示。

滑行时汽车的滚动阻力与空气阻力之和为

$$F_f + F_w = \delta m \frac{dv}{dt} - \frac{T_r}{r} \quad (8\text{-}1)$$

式中，δ 为汽车滑行时的旋转质量换算系数；T_r 为滑行时各车轮受到的来自传动系统、行驶系或制动系统等的摩擦力矩之和，一般常忽略不计。

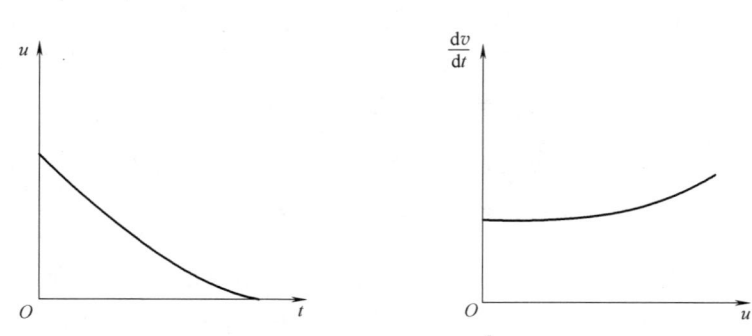

图 8-2 滑过程中的 u-t 曲线与 $\frac{dv}{dt}$-u 曲线

根据试验数据整理得到 $\frac{dv}{dt}$-u 曲线，进而由式（8-1）（略去 $-\frac{T_r}{r}$ 项）将行驶阻力表达为车速的函数 $F_{f+w}(u)$，作为转鼓试验的输入参数（深入研究表明，这种直接由减速度确定行驶阻力的方法的精确度并不高，研究者又开发了时间法、行程法和曲线拟合法等）。车速较低时，也可认为得到的就是滚动阻力 F_f。

如果确知行驶阻力（$F_f + F_w$）并不大，而实测滑行距离过短或减速度过大，说明 T_r 较大。此时，可以判定汽车的底盘技术状况不佳，应做修理或调整。

5. 最低稳定车速试验

最低稳定车速通常指在直接档下汽车能够稳定行驶的最低车速。该车速能保证汽车在急速踩下加速踏板时，发动机不应熄火，传动系统不应抖动，汽车能够平稳不停顿地加速，且对应的发动机转速不得下降。

试验前，应选取 50m 长的平坦、坚实直线路段，并在该路段的两端各插一根标杆。试验时，汽车变速器置于所要求的档位，使汽车保持较低的稳定车速驶入试验路段。通常各种汽车的变速器档位要求如下：对于货车、客车、专用汽车及重型矿用汽车，都挂直接档；对于越野汽车，除挂直接档试验外，还要增加挂传动系统最低档位的最低稳定车速试验。另外，还可以根据试验要求，挂超速档或其他档位进行试验；对于没有直接档的汽车，应选传动比最接近 1 的档位。

当汽车驶出试验路段时，快速踩下加速踏板，此时，发动机不应熄火，传动系统不得发生抖动，汽车能平稳地加速行驶。如果踩下加速踏板后，发动机没有熄火且传动系统也未发生抖动，应适当降低车速继续进行试验。反之，若发动机熄火或传动系统抖动，则应适当提高车速再进行试验，直至找到符合要求的该档最低稳定车速。试验至少往返各进行一次，取实测车速的算术平均值作为试验结果。另外，在试验过程中，不允许为保持汽车稳定行驶而切断离合器或使用制动器制动汽车。

二、室内试验

动力性室内试验主要是驱动力的测量以及动力性相关结构特性参数（传动系统的机械效率、滚动阻力系数及空气阻力系数）的测定等。

1. 驱动力的测量

汽车的驱动力可在转鼓试验台上测量。转鼓试验台包括单鼓式和双鼓式两种，单鼓式的测量精度较高，如图 8-3 所示。试验汽车的驱动轮置于转鼓上，驱动轮的中心与转鼓的中心在同一垂直平面内。试验前应使用从动轮三角楔木、后部铁链等约束装置确保安全。

试验台可测出转鼓受到的力矩 T，显然该力矩除以转鼓直径 R 即为驱动轮受到的纵向力 F_X。驱动力为

$$F_t = F_X + \frac{T_f}{r}$$

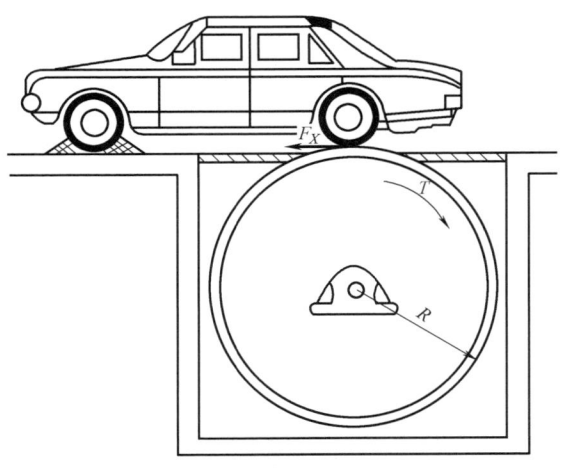

图 8-3 驱动力的测量

式中，T_f 为驱动轮受到的滚动阻力偶矩。

轮胎在转鼓上的变形比在道路上大很多，T_f 对 F_t 数值的影响不能忽略。研究者开发了很多方法，测量或估算轮胎在转鼓上的滚动阻力偶矩。

在各档位、各种车速下测量,可得到汽车的驱动力图。

转鼓试验台为试验车辆提供了一个在室内静止条件下模拟行驶工况的平台。若将汽车质量参数和滑行试验得到的 (F_f+F_w) 等输入试验台,再由试验台的飞轮机构或电力测功机模拟加速阻力 F_j(如有必要还包括坡度阻力 F_i),则可在转鼓试验台上施加全部行驶阻力,因而可以在转鼓试验台上进行各种工况下的整车燃油(能量)经济性和排放性等试验。

2. 与动力性相关的汽车结构特性参数测定

在室内还可进行一些与汽车动力性相关的结构特性参数的测定。传动系统的传动效率可在专门的传动系统效率试验台上测定。轮胎滚动阻力系数可以在轮胎试验台上测出。空气阻力系数可以在风洞(包括整车风洞和模型风洞)中测出。

第三节　汽车的燃油经济性试验

汽车的燃油经济性试验可分为等速行驶燃油消耗量试验和多工况燃油消耗量试验。等速行驶燃油消耗量试验可在道路或转鼓试验台上进行,多工况燃油消耗量试验通常在转鼓试验台上进行。

1. 等速行驶燃油消耗量试验

试验路段应为清洁干燥的沥青或混凝土铺装的直线道路,长度为 2~3km,宽度不小于 8m,纵向坡度在 0.1% 以内。

试验车辆必须清洁,关闭车窗和驾驶室通风口,只允许开动为驱动车辆所必需的设备,同时车辆应按照规定进行磨合,轮胎按照制造厂推荐的最大试验负荷和最高试验速度对应的轮胎气压进行充气,轮胎可以与车辆同时磨合或者轮胎花纹深度应在初始花纹深度的 50%~90% 之间。

国家标准(GB/T 12545)要求载荷为满载(货车)或半载(轿车),美国环保局(EPA)规定,测量汽车排放与燃油经济性时的载荷为 2 名 68kg 乘员。日本规定等速油耗试验中的载荷为 170kg。

汽车挂常用档(一般为最高档),以 20km/h(最低稳定车速高于 20km/h 时,从 30km/h)开始试验,以 10km/h 的整数倍均匀选取车速直至最高车速的 90%,至少测定 5 个试验车速,同一车速往返各进行两次。利用燃油流量计与秒表测出通过该路段的油耗与时间,计算得到相应的百公里油耗与实际平均车速。以此为基础可以得到等速燃油消耗量特性曲线。

2. 多工况燃油消耗量试验

与等速油耗相比,多工况循环油耗指标更符合车辆的实际行驶条件。多工况循环油耗是指在典型路段内汽车按设定的不同工况(至少要包含等速、加速和减速 3 种工况,复杂的还要计入起动和怠速停驶等多种工况)行驶的油耗,然后折算成百公里油耗指标。

为模拟各类汽车运行状况以准确评价其燃油经济性和排放性,很多国家都制定了多工况试验标准。我国根据不同车型采用不同的行驶工况标准来进行试验。依据国家标准 GB/T 12545.1—2008《汽车燃料消耗量试验方法　第 1 部分:乘用车燃料消耗量试验方法》,针对乘用车辆,采用"市区-郊区"15 工况法;针对商用车辆,大于 3.5t 的商用货车采用国家标准 GB/T 27840—2011《重型商用车辆燃料消耗量测量方法》中规定的"C-WTVC"循环市区、公路和高速"工况,小于或等于 3.5t 的轻型货车则采用 GB/T 19233—2008《轻型汽车燃料消耗量试验方法》中所规定的试验工况；国家标准 GB/T 12545.2—2001《商用车辆燃料消耗量试验方法》采用的 6 工况，主要适用于 M_2、M_3 类车辆，其中对城市客车和双层客车采用的是 4 工况法。

多工况燃油消耗量试验一般在转鼓试验台上进行。测试前，被试汽车应先进行道路上的滑行试验，以确定其行驶阻力（$F_f + F_w$），将该结果及汽车质量参数输入转鼓试验台。在室内配备油耗测定与排气分析的仪器，就可以利用转鼓试验台进行汽车的多工况燃油消耗量试验与排放试验。当然，在转鼓试验台上也可进行等速百公里油耗试验。

燃油消耗量的测量可使用专业油耗仪，也可采用"碳平衡法"，其理论参见第二章第一节。

3. 试验结果的重复性检验和置信区间

等速行驶燃料消耗量试验和多工况循环燃料消耗量试验，其结果均需经过重复性检验。

（1）**标准差** 第 95 百分位分布的标准差 R 与重复次数 n 有关，见表 8-2。

表 8-2　第 95 百分位分布的标准差 R 与重复次数 n

n	2	3	4	5	10
$R/(L/100km)$	$0.053\overline{Q}$	$0.063\overline{Q}$	$0.069\overline{Q}$	$0.073\overline{Q}$	$0.085\overline{Q}$

注：$\overline{Q}$ 为每项试验时，n 次试验所测得燃料消耗量的算术平均值，单位 L/100km。

（2）**重复性检验** ΔQ_{max} 为每项试验时，n 次试验结果中最大燃料消耗量与最小燃料消耗量之差，单位 L/100km。

当 $\Delta Q_{max} < R$ 时，认为试验结果的重复性好，不必增加试验次数。

当 $\Delta Q_{max} > R$ 时，认为试验结果的重复性不好，应增加试验次数。

（3）**置信区间** 试验结果的置信区间 ΔQ_v（置信度 90%）：

$$\Delta Q_v = \pm \frac{0.031}{\sqrt{n}} \overline{Q} \tag{8-2}$$

4. 试验数据的校正

燃料消耗量测定值应该按照标准状态进行校正。

（1）**标准状态**

1）气温：20℃。

2）气压：100kPa。

3）燃油密度：0.742g/ml（汽油），0.830g/ml（柴油）。

（2）**试验数据的校正公式：**

$$Q_0 = \frac{\overline{Q}}{C_1 C_2 C_3} \tag{8-3}$$

式中，Q_0 为校正后的燃料消耗量（L/100km）；$\overline{Q}$ 为实测的燃料消耗量的平均值（L/100km）；C_1 为环境温度校正系数，$C_1 = 1 + 0.0025(20-T)$，T 为试验时的环境温度；C_2 为大气压力校正系数，$C_2 = 1 + 0.0021(p-100)$，p 为试验时的大气压力；C_3 为燃料密度校正系数，$C_3 = 1 + 0.8(0.742 - G_s)$（汽油机）或 $C_3 = 1 + 0.8(0.830 - G_d)$（柴油机），其中 G_s 和 G_d 为试验用汽油和柴油的平均密度。

第四节 汽车的制动性试验

汽车的制动性试验主要在室外道路（含专用试验场地）上进行，涵盖了制动效能、制动时的方向稳定性和抗制动衰退性等方面，项目较多，且不同车型的试验条件、操作要求和限值等均有所不同。本节主要依据 GB 21670—2008《乘用车制动系统技术要求及试验方法》和 GB 12676—2014《商用车辆和挂车制动系统技术要求及试验方法》对道路试验的通用条件、试验仪器和有代表性的项目进行讲述，对台架试验检测方法也进行简单介绍。

1. **试验条件和仪器**

（1）**试验基本条件** 试验路段应为干净、平整、坡度不大于 1% 的硬路面。路面应具有良好的附着条件，其附着系数可为 0.72~0.75，不宜过小。试验时，风速应小于 5m/s，气温为 0~35℃。试验前，汽车应充分预热（以 $0.8~0.9u_{max}$ 行驶 1h 以上）。

（2）**试验仪器** 道路试验的主要仪器是 GPS 测速仪或非接触式汽车速度计等测速仪器和压力传感器。现代的 GPS 测速仪通过 GPS 高精度定位能够测量出制动距离和时间以及横向偏移，同时通过位置差分能精确测算出起始车速，明显提高了试验的准确性。

在制动性的道路试验中，主要测量参数是制动距离、制动减速度和车辆的侧向路径偏移量等。测量制动距离时，首先要测准制动的起始时刻，一般采用制动踏板开关和制动灯开关来进行测量。制动初速度在极限偏差为 3% 的范围内，制动距离按下式修正：

$$L=L'(u/u')^2 \qquad (8\text{-}4)$$

式中，L 为校正后的制动距离（m）；L' 为制动距离的测定值（m）；u 为初速度的规定值（km/h）；u' 为初速度的测定值（km/h）。

制动减速度的测量有两种方法：一种是采用减速度计；另一种是对测速仪的速度信号进行微分。减速度计的选择要注意频率响应特性、灵敏度和抗干扰能力。

侧向路径偏移量的测量有两种方法：一种是采用皮尺测量汽车相对行驶航道的偏移量，最大测量误差为 0.05m；另一种是采用 GPS 定位测量行驶轨迹的偏移量。

2. **冷态制动试验**

为保证试验结果的可靠性，一般试验前以 2~4m/s² 的制动减速度进行 200 次的制动器磨合制动试验。冷态制动试验时，制动器应处于冷态，制动盘或制动鼓摩擦表面测得的温度不能超过 100℃。使汽车加速超过起始制动车速 3~5km/h，空档滑行，待车速降至起始制动车速时，紧急制动直至停车。用仪器记录制动距离、制动时间与制动偏移量。制动过程中车体任何部位（不计入车宽的除外）不得超出试验通道的两侧边缘线，这反映了对制动时汽车方向稳定性的要求。

若汽车超越试验通道的两侧边缘线（或航向角变动超过规定值），应重新调整被测试汽车的制动系统，再进行试验。

3. **热衰退试验**

热衰退试验包含两个阶段：加热制动器与测定制动性指标。连续制动是一种常用的加热方法，即将汽车加速到 $0.8u_{max}$ 时，以 3m/s² 的减速度制动减速到 $0.4u_{max}$；再加速，再制动减速。每次制动的时间间隔为 45~60s。根据不同车型共制动 15~20 次。最后轿车制动器温度可升至 250~270℃，中型货车达 140~150℃，重型货车达 170~200℃。也可使汽车维持

40km/h 的车速驶下长为 1.7km、坡度为 7% 的坡道来加热制动器。加热前后及中间应进行数次制动性指标测定,以评定制动系的抗热衰退性能。例如 M_1 类汽车热态制动性能不能低于冷态的 75%,就是制动距离不大于 $0.1u_0+0.008\times u_0^2$ (u_0 为制动初速度),充分发出的平均减速度不小于 $4.82m/s^2$。

另一种热衰退试验是下长坡连续制动。如令汽车在坡度为 6%~10%、长为 7~10km 的坡道上以车速 30km/h 制动下坡,最后检查制动性指标。

4. 汽车制动方向稳定性试验

汽车转弯制动试验在平坦的干地面上进行(ABS 的转弯制动在低附着系数路面上进行)。试验时汽车沿一定半径做圆周行驶,达到下述开始制动前的稳定状态:转弯半径为 40m 或 50m,侧向加速度为 $(5\pm0.5)m/s^2$,相应车速为 51km/h 或 57km/h;或者转弯半径为 100m,侧向加速度为 $(4\pm0.4)m/s^2$,相应车速为 72km/h。保持转向盘转角不变动,放松加速踏板,迅速踩下制动踏板,离合器可以脱开也可以不脱开,使汽车以不同的制动减速度制动。记录制动减速度、汽车横摆角速度、汽车纵轴线转角以及制动时侧向路径偏移量等参数。根据试验结果绘制最大横摆角速度、汽车纵轴线转角、制动时侧向路径偏移量等参数与制动减速度的关系曲线。利用这些曲线来评价汽车的转弯制动方向稳定性。

因为湿路面附着系数降低很多,转弯制动试验也常在湿路面上进行。

评定制动时方向稳定性的试验,也在汽车左右两侧车轮行经不同附着系数路面的条件下进行,如左轮行经 $\varphi=0.7$ 的路面,右轮行经 $\varphi=0.3$ 的路面。

5. 汽车 ABS 性能试验

对于采用 ABS 的轿车,试验时测量附着系数利用率。附着系数利用率 ε 是 ABS 工作时的最大制动强度 z 与附着系数 φ 的比值,即 $\varepsilon=z/\varphi$。附着系数利用率 ε 应在 $\varphi\leq0.3$ 和 $\varphi\approx0.8$ 的两种路面上测量,且应满足 $\varepsilon\geq0.75$ 的要求。同时还应保证在对接路面(从高附着系数 φ_H 到低附着系数 φ_L 或者反过来。$\varphi_H\geq0.5$,$\varphi_H/\varphi_L>2$)和对开路面(左右车轮分别位于两种不同附着系数 φ_H 和 φ_L。$\varphi_H\geq0.5$,$\varphi_H/\varphi_L>2$)上,以 50km/h 起始制动车速制动,车轮不能抱死。并且还要求在对开路面上,用转向盘来修正汽车行驶方向时,在最初 2s,转向盘转角不得超过 120°,总转角不得超过 240°。

6. 应急制动系统试验

应急制动装置是指在车辆的常规制动系统出现故障的情况下,用来保证车辆仍然具有一定程度的制动性能的一组装置或一个系统。也就是说,在正常情况下,应急制动装置是不起作用的(或者不认为其产生的制动效果属于应急制动)。应急制动装置可以是单独的一套装置,独立于常规制动系统,这种情况并不常见。目前对于多数车辆来说,其常规制动系统通常具有两个或多个回路,此时应急制动装置(或系统)也可以是常规制动系统的一个回路或一部分,当其中一个回路发生故障失去制动功能后,另外的回路还可以提供制动,从而实现"应急"制动的效果。

应急制动系统可在发动机脱开的条件下,通过模拟制动系统实际失效状态,以一定的初始车速进行冷态制动试验来评价其性能。对装有电力再生式制动系统的车辆,还应在行车制动系统输出的电动部件完全失效并且无法产生制动力的情况下进行试验。

7. 制动性能的台架试验

道路试验虽能全面地反映汽车的制动性，但试验需要有特定的场地，且颇费时间。因此，在汽车使用企业及一般车辆检测单位，常通过室内试验装置测试汽车的制动力来检查汽车的制动性。

室内试验装置主要有平板式及滚筒式两种。图 8-4 所示为平板式制动试验台简图。试验台由四块活动的平板组成，左右平板中心的距离等于汽车的轮距，前后平板中心的距离等于汽车的轴距，每一块平板的长度都大于一个车轮的直径，约为 1m。试验时，车辆用低速驶上平板并踩下制动踏板。由于四个平板的纵向运动受到测力传感器的约束，于是每一块平板所测出的力等于轮胎和平板之间的纵向力，即制动力。

图 8-4 平板式制动试验台简图

> 读者可以思考一下，在平板式制动试验台上测得的制动力，其本质是"地面制动力"还是"制动器制动力"？
>
> 滚筒式试验台的原理则类似于动力性试验的转鼓试验台，车辆静止不动，踩下制动踏板，试验台测出制动器制动力。与滚筒式试验台相比，平板式试验台可以反映制动时的轴荷转移，测试方便、时间短，且平板式试验台容易模拟道路的附着情况。而滚筒式制动试验台为了增加筒面与轮胎胎面的附着力，筒面应有横向槽形花纹，以保持附着系数在 0.65 以上。有时还需使用一定的加载装置以增大附着力，确保测得最大制动器制动力。
>
> 平板式试验台不容易测量制动鼓的失圆度等技术状况参数，测量制动力随制动踏板力的变化也不如滚筒式试验台方便。在检测线上测量左、右侧制动力的偏差时，目前常用滚筒式试验台，通过计算机采集制动踏板力增长过程中的左、右侧制动力，计算出不相等度。

在平板式制动试验台上测得的制动力，代表动态行驶的汽车在实际路面上紧急制动时所能产生的最大地面制动力。采用平板式制动试验台进行测试时，注意要有一定的引车距离和稳定的车速，以提高其测试的重复性。

第五节　汽车的操纵稳定性试验

本节介绍汽车操纵稳定性的一些典型道路试验，主要依据 GB/T 6323—2014《汽车操纵稳定性试验方法》等标准。

第八章 相关汽车试验

1. 试验条件和仪器

(1) 试验条件 汽车的操纵稳定性道路试验通常在汽车试验场的专用场地上进行。场地应为平坦、干燥、清洁的混凝土或沥青路面，场地在任意方向的坡度不大于2%。试验风速不大于5m/s，大气温度一般在0~40℃之间。所有对试验结果有影响的零部件均应经过检查、紧固和调整，特别是转向系统和悬架的各零部件。所有轮胎和轮辋型式及大小必须满足有关要求。使用新轮胎需进行200km的正常行驶磨合；若使用旧轮胎，则要求在试验终了时，从花纹沟底测量残留花纹的高度不小于1.6mm。轮胎气压按有关规定，气压小于250kPa时，允许的偏差为±1.5kPa；若气压大于250kPa，则允许的偏差为±2kPa。应在汽车轻载⊖及最大设计总质量两种状态下进行试验。

(2) 试验仪器 汽车操纵稳定性道路试验的测量仪器和对应的被测参数见表8-3。

表8-3 汽车操纵稳定性道路试验的测量仪器和对应的被测参数

测量仪器	被测参数
非接触式速度计或GPS测速仪	车速和时间
转向盘力角仪	转向盘作用转矩及转角
侧（纵）向加速度计	汽车曲线运动时的侧向加速度和纵向加速度
角速度陀螺仪	汽车的横摆角速度
垂直陀螺仪	汽车横摆角和车身侧倾角、俯仰角
数据采集系统	

2. 试验项目和试验方法

(1) 稳态回转试验 汽车的稳态回转试验，简单地说，就是通过试验方法判定汽车的稳态响应是不足转向还是过多转向，并且确定不足/过多转向量。我国主要采用定转向盘转角连续加速法进行试验。

试验前，在试验场地上画出半径为15m或20m的圆周作为试验起始圆周。先使轮胎升温，而后汽车以最低稳定速度沿所画圆周行驶（请注意，标准并未规定如何进入该圆周行驶，即不要求做"转向盘角阶跃输入"。可参见第五章第三节有关稳态响应的内容）。此时转向盘转角为δ_{sw0}，测定此时的车速v_0及横摆角速度ω_{r0}。可计算出不计轮胎侧偏时的转向半径为$R_0 = v_0/\omega_{r0}$。

保持转向盘转角δ_{sw0}不变，使汽车缓慢连续而均匀地加速（纵向加速度不超过0.25m/s²），直至汽车的侧向加速度达到6.5m/s²，或者汽车出现甩尾致使车速无法升高，或者轮胎发出尖叫声为止。记录不同车速v下的横摆角速度ω_r，根据瞬时的v和ω_r值，按公式$R = v/\omega_r$，$a_y = v\omega_r$求出相应的R和a_y值，可绘出R/R_0-a_y曲线，参见图5-33。还可按式（5-15a）整理出图5-36。

> 也可以采用"定转弯半径法"测定汽车的稳态响应，参见第五章第四节"二、稳态响应特性的三种类型"部分。图8-5所示为一种"定转弯半径法"的试验通道。该方法对试验道路的要求不高，但是对驾驶技术要求较高，成功率较低。

⊖ "轻载"状态：汽车整备质量状态下除驾驶员、试验员及仪器外，没有其他加载物的状态。

(2) 转向盘转角阶跃输入试验

转向盘转角阶跃输入试验也称为瞬态横摆响应试验。目前常用来测定汽车对转向盘转角输入的瞬态响应。试验在平坦的场地上进行，汽车先以直线行驶，达到试验车速后，以最快的速度［我国国家标准规定不小于200°/s，美国ESV（安全试验车）规定不小于500°/s］转

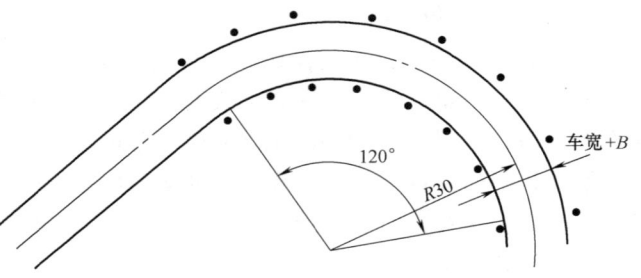

图 8-5　固定转弯半径 $R=30\mathrm{m}$ 的试验通道

动转向盘。转向盘转角位移因车速不同而异，但要求达到一定对应的稳态圆周行驶侧向加速度，如 $1\sim3\mathrm{m/s^2}$，间隔为 $0.5\mathrm{m/s^2}$ 或 $0.4g$（美国ESV规定）。转向盘转至应有转角后保持不变，车速也不变，汽车从直线行驶过渡到圆周行驶。试验要求在最高车速的70%下或在40km/h及110km/h两种车速下（美国ESV规定）进行。记录车速 u、时间 t、转向盘转角 δ_{sw}、横摆角速度 ω_r 和侧向加速度 a_y 等数据，进而按标准要求整理成 δ_{sw}、ω_r 和 a_y 的时间历程曲线。由曲线可求出反应时间、超调量和稳定时间等参数。

转向盘转角阶跃输入试验对场地和驾驶技术要求较高，如图8-6所示，需注意安全。

(3) 转向盘角脉冲输入试验　转向盘角脉冲输入试验的目的是确定汽车横摆系统的频率响应特性（其理论参见第五章第五节"二、横摆系统的频率响应特性中2. 前轮转角正弦输入下汽车的频率响应特性"部分）。

转向盘角脉冲试验在平坦的场地上进行。试验车速为最高车速的70%。汽车以试验车速行驶，然后给转向盘一个角脉冲输入。其脉宽为 $0.3\sim0.5\mathrm{s}$，其最大转角应使汽车瞬态侧向加速度的最大值为 $4\mathrm{m/s^2}$，如图8-7所示。在转向盘角脉冲输入作用下，汽车的运动响应做瞬态变化，经过一段时间恢复到直线行驶状态。记录试验过程的时间 t、转向盘转角 δ_{sw}、车速 u、横摆角速度 ω_r 和侧向加速度 a_y。对试验数据进行处理，以便得到汽车的横摆角速度频率特性。

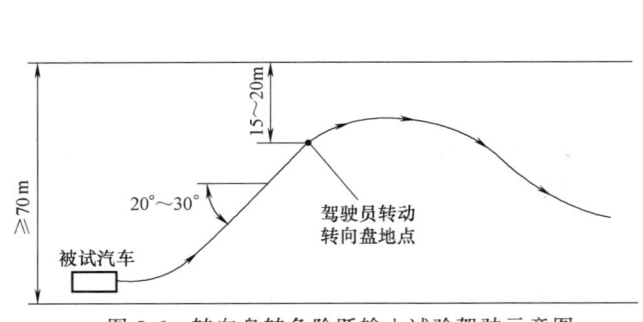

图 8-6　转向盘转角阶跃输入试验驾驶示意图

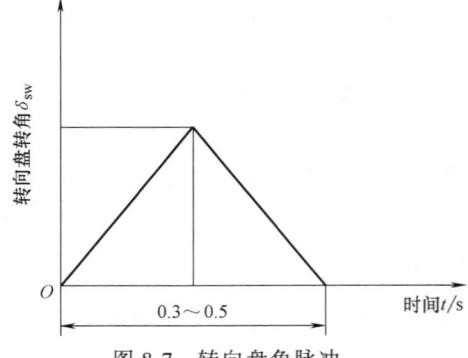

图 8-7　转向盘角脉冲

(4) 转向回正性能试验　转向回正性能试验是转向盘力输入试验的一个基本项目，在一定程度上还能反映汽车"路感"的好坏，用以表征和评价汽车从曲线行驶自动恢复到直线行驶的过渡过程和能力。

试验分低速回正性能试验和高速回正性能试验两项。测量参数是车速、横摆角速度和侧向加速度。

低速回正性能试验：汽车直线行驶，各测试量的记录曲线调零。调整转向盘转角，使汽车沿半径为（15±1）m 的圆周行驶，调整车速，使侧向加速度达到（4±0.2）m/s² [对于侧向加速度达不到（4±0.2）m/s² 的汽车，按试验车所能达到的最大侧向加速度进行试验，在试验报告中加以说明]。然后固定转向盘转角，稳定车速并开始记录。稳定 3s 后，驾驶员突然松开转向盘，至少记录松手后 4s 内的汽车运动过程，记录时间内保持加速踏板位置不变。试验应向左转和向右转各进行三次。

对于最高车速超过 100km/h 的汽车，应进行高速回正性能试验，试验车速为试验车最高车速的 70%，圆整至 10km/h 的整数倍。试验过程与低速回正性能试验类似。

按标准规定，回正性能试验的结果采用稳定时间、残留横摆角速度、横摆角速度超调量、横摆角速度自然频率、相对阻尼系数（即阻尼比）和横摆角速度总方差等参数来评价。

（5）**低速行驶转向轻便性试验** 该试验用于测定汽车在低速大转向角时的转向轻便性。

试验时汽车按照画在场地上的双纽线以 10km/h 的车速行驶，如图 8-8 所示。双纽线轨迹的极坐标方程为

$$l = d\sqrt{\cos 2\psi} \qquad (8-5)$$

在 $\psi = 0$ 时，双纽线顶点处的曲率半径最小，其数值为 $R_{min} = d/3$。双纽线的最小曲率半径应按试验汽车的最小转弯半径乘以 1.1 倍，并圆整到比此乘积大的一个整数来确定。

试验中记录转向盘转角及转向盘转矩，并按双纽线路径每一周整理出图 8-9 所示的转向盘转矩 M-转向盘转角 θ 曲线。通常以转向盘最大转矩、转向盘最大作用力及绕双纽线路径一周的转向盘作用功等来评价转向轻便性。

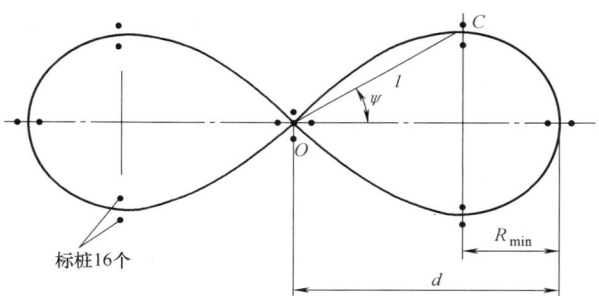

图 8-8　测定转向轻便性的双纽线

（6）**蛇行试验** 蛇行试验是一种比较常见的全面评价汽车操纵稳定性的试验，综合考查汽车的随动性、收敛性、操纵轻便性以及事故的可避免性等。和转向轻便性试验一样，蛇行试验也是要求按严格规定的工况、沿事先画定的复杂路径行驶，属于人-汽车-路组成的闭路试验，对于驾驶员的技术和反应能力有较高要求。蛇行试验场地如图 8-10 所示。

在试验场地上按图 8-11 所示，布置 10 根标桩，标桩间距和基准车速的要求见表 8-4。试验驾驶员应具有较丰富的驾驶经验，正式试验前，按图 8-11 所示

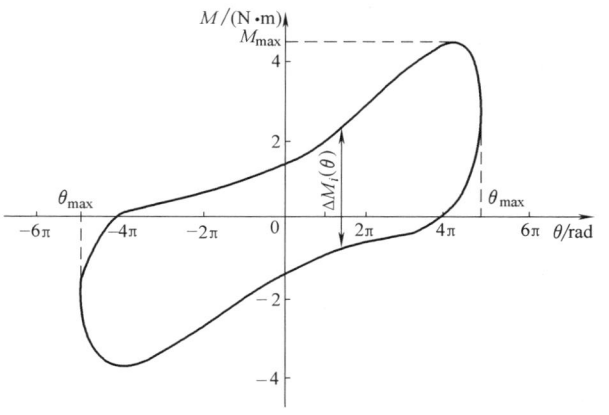

图 8-9　转向盘扭矩 M-转向盘转角 θ 曲线

图 8-10 蛇行试验场地

路线,练习至少五个往返。

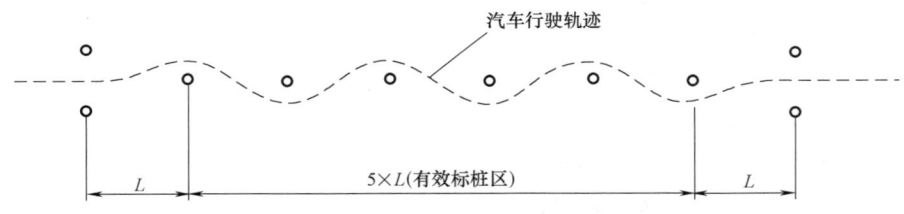

图 8-11 蛇行试验标桩布置

表 8-4 蛇行试验的标桩间距和基准车速

汽车类型	标桩间距 L/m	基准车速/(km/h)
M_1 类、N_1 类和 M_1G、N_1G 类车辆	30	65
M_2 类、N_2 类和 M_2G、N_2G 类车辆		50
M_3 类及最大总质量小于或等于 15t 的 N_3 类和 M_3G、N_3G 类车辆	50	60
M_3 类(铰接客车)及最大总质量大于 15t 的 N_3 类和 M_3G、N_3G 类车辆		50

首次试验时,试验车速为基准车速的 $\frac{1}{2}$ 并圆整为 10 的整数倍,以该车速稳定直线行驶,在进入试验区段之前,记录各测量参数的零线,然后按图 8-11 所示的路线蛇行通过试验路段,同时记录各测量参数的时间历程曲线。逐步提高车速(测速间隔自行选择),重复上述过程,共进行 10 次。最高车速不超过 80km/h。

测量的参数主要有汽车前进车速、转向盘转角、汽车侧向加速度、汽车横摆角速度及车身侧倾角等。通过速度测量系统、陀螺仪、转向盘力矩传感器等,计算出每次的蛇行车速、平均转向盘转角、平均横摆角速度、平均车身侧倾角、平均侧向加速度以及平均侧偏角。进而拟合出平均转向盘转角、平均横摆角速度、平均车身侧倾角、平均侧向加速度、平均侧偏角与蛇行车速的关系曲线,作为蛇行试验的客观评价结果。

作为一项典型的"闭路试验",蛇行试验结果受试验员的影响较大。有时就采取主观评价方法。驾驶员驾驶车辆以基准车速的 $\frac{1}{2}$(可以圆整为 10 的整数倍)稳定车速行驶通过试验路线;提高车速,每次增加 10km/h,重复操作,直到车辆极限。试验过程中,加速踏板位置尽可能保持不变。试验时若车辆碰到标桩,则此次试验无效。主要是通过驾驶员对汽车操控难易程度的感觉给出"很好""较好""中等""较差"或"很差"的定性评价。

事实上,有关操纵稳定性的许多道路试验项目都可以由驾驶员进行主观评价,根据各项分数进行加权,得到该车的操纵稳定性主观评价试验的综合结果。

第六节 汽车的平顺性试验

一、平顺性试验的主要内容

汽车的平顺性试验,包括室外道路试验和室内台架试验。前者是在道路行驶条件下测量汽车的振动加速度等响应量,后者是在室内台架上测试汽车振动系统的特性参数。

1. **随机输入行驶试验**

该试验是汽车平顺性的主要试验项目,可按照 GB/T 4970—2009《汽车平顺性试验方法》进行。试验时,汽车处于额定最大装载质量状态;车辆的各总成、部件及附件应按规定装备齐全,并装在规定位置;轮胎气压应符合汽车设计技术条件,误差不超过 3%;试验道路应平直,纵向坡度不大于 1%,路面干燥,不平度应均匀、无突变,可将路面分为良好路面或一般路面。根据路面情况,选择相应的试验起始车速,每隔 10km/h 或 20km/h 选取一种车速进行试验,汽车在相应的稳速段内保持稳定车速,然后以规定的车速匀速驶过试验路段,测量并记录测试部位的加速度时间历程。座椅随机输入试验主要以总加权加速度方均根值来评价,车厢底板及车轴上采用该处的加速度方均根值来评价。

> 汇总不同车速的试验结果,可以形成被试汽车的"车速特性"——被测加速度方均根值与车速的关系曲线。

2. **脉冲输入行驶试验**

按 GB/T 4970—2009《汽车平顺性试验方法》,将规定尺寸的三角形凸块放置在试验道路中间,并根据汽车的轮距调整好两个凸块的间距。凸块尺寸如图 8-12 所示,高度 h 可以在

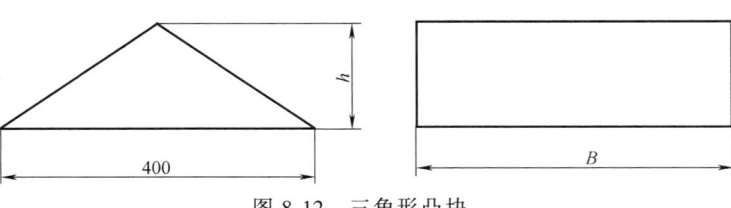

图 8-12 三角形凸块

60mm、90mm 和 120mm 中根据车型选取,同时必须保证宽度 B 大于车轮宽度。

试验时,汽车以规定的车速匀速驶过凸块,在汽车通过凸块前 50m 应稳住车速,当汽车前轮驶过凸块时开始记录,待驶过凸块且冲击响应消失后,停止记录。采用座垫上和座椅底部地板处的加速度最大值或加权加速度 4 次方和根值(即振动剂量值 VDV)进行评价。

3. 悬架系统固有频率（偏频）和阻尼比的测定

该项目是在室内环境中、整车不解体条件下测试车身和车轮部分的振动特性参数。

通常采用"抛下法"，即将汽车前轮（或后轮）从一定高度抛下，分别记录车身和车轮部分的衰减振动曲线，计算车身和车轮部分的偏频以及阻尼比。其理论可参见图 5-40。

4. 汽车振动系统频率响应函数的测定

在实际随机输入的路面上或在电液激振台上，给车轮以 0.5~30Hz 范围的振动输入，记录车轴、车身、座垫上各测点的振动响应，然后由数据分析仪处理得到悬架、座垫等环节的频率响应函数。由各环节幅频特性的峰值 A 可求出该环节的阻尼比，即 $\zeta = \dfrac{1}{2\sqrt{A^2-1}}$，峰值 A 所对应的频率就是该环节的固有频率。

二、平顺性试验的测试系统

典型的平顺性道路试验的硬件系统包括加速度传感器、前置放大器和数据采集装置。传感器一般采用压电式加速度传感器，安装位置：M 类车辆为驾驶员及同侧最后排座椅座垫上方、座椅靠背、脚部地板上；N 类车辆为驾驶员座椅座垫上方、座椅靠背、脚部地板、车厢地板中心以及驾驶员同侧距车厢边板、车厢后板各 300mm 处的车厢地板上。

座椅传感器布置如图 8-13 所示。脚部地板上的传感器布置在驾驶员（或乘员）两脚中间位置。

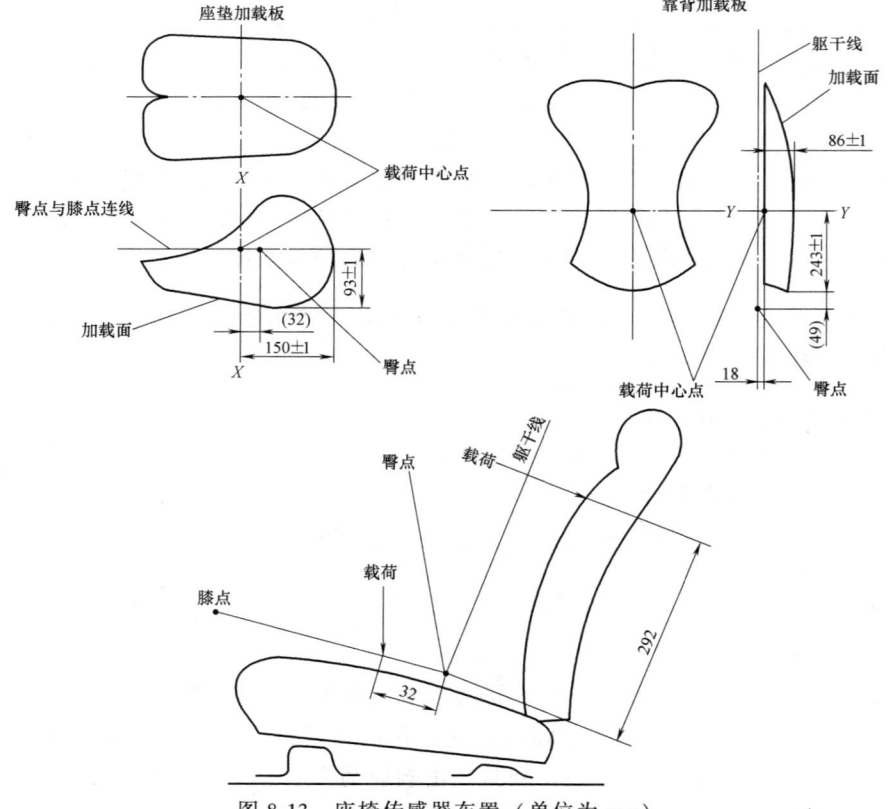

图 8-13 座椅传感器布置（单位为 mm）

安装在座椅座垫上方、座椅靠背上的传感器应与人体紧密接触,测量座垫上的加速度时,要把传感器安装在一个半刚性的垫盘内,推荐结构如图 8-14 所示。

测试部位的乘员应全身放松,佩戴安全带,双手自然地放在大腿上,其中驾驶员的双手自然地置于转向盘上,在试验过程中应保持坐姿不变。一般情况下,乘员应自然地靠在靠背上,否则应注明。

测试系统获得的试验信号,需送入数据处理系统,根据不同标准,采用相应算法计算得到所需的评价数据,如总加权加速度均方根值 a_w 或振动剂量值 VDV。

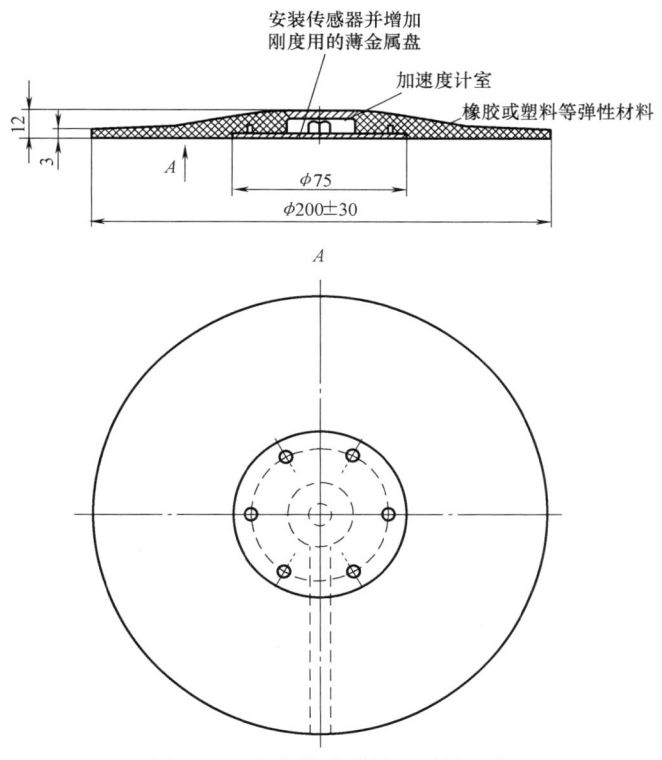

图 8-14　安装传感器的半刚性垫盘

第七节　汽车的通过性试验

汽车的通过性试验可以分为两大类:车辆的场地通过试验和土壤特性的测定。

各类场地通过试验,综合考查车辆的几何通过性、支承通过性以及可靠性和装配质量等。例如 GB/T 12541—1990《汽车地形通过性试验方法》,其试验"地形"包括垂直障碍、凸岭、水平壕沟、路沟、弹坑和涉水池等。下面对该标准中的部分试验项目进行简单介绍。

1. 通过凸岭试验

凸岭形状如图 8-15 所示,其尺寸见表 8-5。从坡度小的凸岭开始试验,汽车低速驶过凸岭。记录凸岭尺寸及通过情况等。

表 8-5　凸岭尺寸

长 L/m	6	6	6
高 h/m	0.6	1.3	2

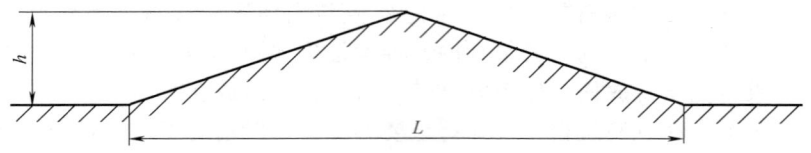

图 8-15 凸岭示例

2. 通过路沟试验

路沟形状如图 8-16 所示，其尺寸见表 8-6。试验车辆分别以与路沟成 45°和 90°两个方向，低速通过路沟后，检查汽车各部件和连接件有无松动，判断各总成工作情况有无异常。记录路沟尺寸及通过情况等。

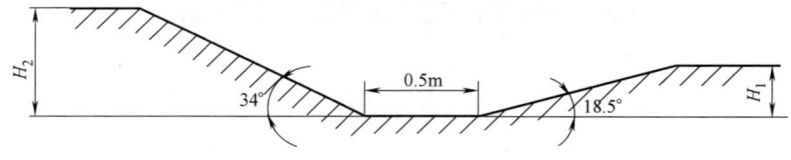

图 8-16 路沟示例

表 8-6 路沟尺寸

H_1/m	0.3	0.5	0.75
H_2/m	1	1.5	2

3. 涉水试验

人工涉水池如图 8-17 所示，要求总长 L 不小于 80m，总深 h 不小于 1.5m，总宽不小于 5m，出、入池坡度为 10%～15%（具体尺寸按各试验场的规定）。

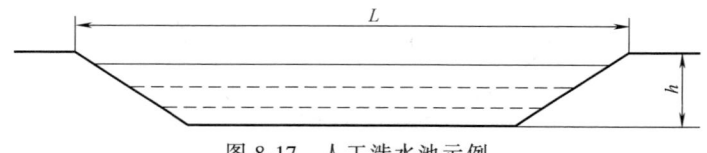

图 8-17 人工涉水池示例

汽车全轮驱动，低速通过符合设计任务书要求水深的水池。测定通过时间和发动机出水温度、机油温度，观察驾驶室等处进水及密封情况，试验往返各一次，同时用摄像机拍摄通过情况。试验结束后，立即停车熄火，检查涉水后的密封状况，5～15min 后，再起动车辆观察各部件工作是否正常。

记录以下数据：试验起始、终了时间，起始、终了时刻发动机冷却液温度、机油温度，车辆通过距离，涉水前后部件工作情况（起动机、离合器、电器附件、制动系统）以及涉水后密封情况（驾驶室、驱动桥、分动器、轮毂）等。

为了重点研究汽车的支承通过性，还应在各种典型的坏路和无路地带（如崎岖山地、林区、泥泞地、松软土壤、沙地、草地、雪地等）进行通过试验。所测定的参数一般包括土壤阻力、汽车的挂钩牵引力、汽车行驶的滑转率以及轮胎在给定胎压下的接地面积与接地比压、驱动轮上的转矩等。也可以由有经验的驾驶员驾驶不同试验车辆通过同一试验场地，评分，进行主观评价。

第八章 相关汽车试验

与汽车通过性有关的土壤机械特性，包括土壤的承压特性、剪切特性和以圆锥指数为代表的可行驶性等方面（参见第七章有关论述）。由于目前通过性的一些基本理论，如轮胎（行走机构）和土壤的力学模型的建立、轮胎与土壤相互作用机理的理论解释和数学抽象等，尚处于研究分析阶段，还没有普遍适用的、高度准确的可用模型，所以这方面的试验尚缺乏非常规范化的方法和通用标准，不同研究机构和学者开发了不同的试验研究设备和评价方法，如圆锥指数仪、土壤剪切仪、贝氏仪和土槽试验系统等，可根据需要查阅相关资料。

图 8-18a 所示为美国麻省理工学院搭建的一个土槽试验系统。其可测量车轮行驶过程中的挂钩牵引力、车轮沉陷量、车轮的滑转率以及驱动转矩等参数，根据这些参数可以动态地估测土壤的力学特性参数；通过协调控制车轮转动速度和托架的水平移动速度可以进行车轮滑转率控制；可使用图像处理技术进行车轮沉陷量的测量；还可对安装不同尺寸轮齿的模型车轮的行走性能进行试验分析。图 8-18b 所示为（原）吉林工业大学汽车系开发的一套土槽试验系统，其特点是轮架固定、试验车轮做定轴转动，土槽在液压机构带动下运动。

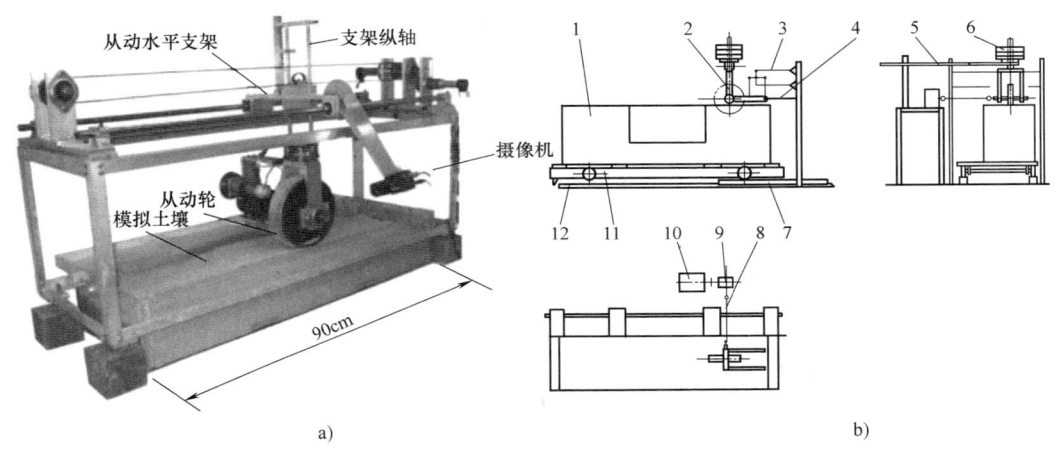

图 8-18　土槽试验系统

1—土槽　2—轮架　3—平行四杆机构　4—挂钩　5—加载机构　6—砝码
7—液压系统　8—传动轴　9—蜗轮蜗杆式减速器　10—调速电机　11—行走架　12—导轨

复习与思考

查阅相关标准，加深对各项试验方法的理解和掌握。

参 考 文 献

[1] 余志生. 汽车理论 [M]. 6版. 北京：机械工业出版社，2018.

[2] MITSCHKE M，WALLENTOWITZ H. 汽车动力学 [M]. 陈荫三，余强，译. 北京：清华大学出版社，2009.

[3] 喻凡. 汽车系统动力学 [M]. 2版. 北京：机械工业出版社，2017.

[4] 陈家瑞. 汽车构造：上册 [M]. 3版. 北京：机械工业出版社，2009.

[5] 陈家瑞. 汽车构造：下册 [M]. 3版. 北京：机械工业出版社，2009.

[6] 杨志华. 汽车试验学 [M]. 北京：机械工业出版社，2016.

[7] 庄继德. 地面车辆系统分析与设计 [M]. 北京：机械工业出版社，1989.

[8] 卡拉费斯. 越野车辆工程土力学 [M]. 北京：机械工业出版社，1986.

[9] WALLENTOWITZ H. 汽车工程学Ⅰ：汽车纵向动力学（英文版）[M]. 王霄锋，编注. 北京：机械工业出版社，2009.

[10] WALLENTOWITZ H. 汽车工程学Ⅱ：汽车垂向和侧向动力学（英文版）[M]. 李克强，编注. 北京：机械工业出版社，2009.

[11] 施瑞康，张德林. 汽车制动器制动效能因数计算及结果分析 [J]. 汽车技术，2005（6）：1-5.